卓越法律人才培养系列教材

刑事诉讼法学

Criminal Procedure Law

| 2019年修订 |

胡 铭 著

法律出版社
LAW PRESS · CHINA

缩略语表

《中华人民共和国宪法》	《宪法》
《中华人民共和国刑事诉讼法》(1979年)	1979年《刑事诉讼法》
《中华人民共和国刑事诉讼法》(1996年)	1996年《刑事诉讼法》
《中华人民共和国刑事诉讼法》(2012年)	2012年《刑事诉讼法》
《中华人民共和国刑事诉讼法》(2018年)	《刑事诉讼法》
《中华人民共和国刑法》	《刑法》
《中华人民共和国律师法》	《律师法》
《中华人民共和国人民法院组织法》	《人民法院组织法》
《中华人民共和国人民检察院组织法》	《人民检察院组织法》
《中华人民共和国监狱法》	《监狱法》
《中华人民共和国国家安全法》	《国家安全法》
最高人民法院《关于执行〈中华人民共和国刑事诉讼法〉若干问题的解释》	《最高法解释》
最高人民检察院《人民检察院刑事诉讼规则》	《最高检规则》
最高人民法院、最高人民检察院、公安部、国家安全部、司法部和全国人大常委会法制工作委员会《关于刑事诉讼法实施中若干问题的规定》	《六机关规定》
公安部《公安机关办理刑事案件程序规定》	《公安部规定》
《中华人民共和国看守所条例》	《看守所条例》
《中华人民共和国人民警察法》	《人民警察法》
《中华人民共和国国家赔偿法》	《国家赔偿法》
《中华人民共和国民事诉讼法》	《民事诉讼法》
《中华人民共和国行政诉讼法》	《行政诉讼法》
《中华人民共和国立法法》	《立法法》
全国人大人大常委《关于司法鉴定管理问题的决定》	《司法鉴定管理决定》
《中共中央关于全面推进依法治国若干重大问题的决定》	《依法治国的决定》
最高人民法院、最高人民检察院、公安部、司法部《关于进一步严格依法办案确保办理死刑案件质量的意见》	《办理死刑案件意见》

目　录

上　编

下 编

上　编

第一章　刑事诉讼法概述

|导读|

刑事诉讼法是重要的部门法之一，刑事诉讼制度是一项基本法律制度。如我国民国时期的六法全书系指宪法、民法、刑法、商法、民事诉讼法、刑事诉讼法的总称。刑事诉讼法对律师、警察、检察官、法官等主要法律职业都具有重要意义，是法律职业的基础。因此，刑事诉讼法学被认为是与司法实际联系最为紧密的法学学科之一。更为重要的是，“在现代社会，人们逐渐认识到完善的程序对于实现法治和保障人权所具有的重要性，有的论者甚至将程序视为法治与恣意的人治相区别的关键所在。”〔1〕也正是在这一意义上，刑事诉讼法被称为“国家基本法的测震器”。〔2〕

第一节　诉讼与刑事诉讼

一、什么是诉讼

刑事诉讼法的学习和研究需要从诉讼、刑事诉讼、刑事诉讼法等基本的概念入手。“由于法学不能没有法的定义，自古以来无数思想家、法学家呕心沥血、绞尽脑汁，提供了琳琅满目的释义。”〔3〕

理解刑事诉讼，首先需要解释什么是“诉讼”？“诉讼”一词有多种含义。从字面上看，据东汉许慎的《说文解字》解释：“诉，告也”，“讼，争也”。也就是说，“诉”是告诉、告发、控告之意；“讼”是争论、争辩之意。即一方控告，另一方争辩，把这种争议提交到裁判官处，由裁判官来裁决所谓的是非曲直，作出处理结论，这就是所谓的“诉讼”。因此，从争议双方当事人的角度来理解，“诉讼”就是“打官司”之意。在我国历代的著述中，一般认为，“诉讼”一词最早见于《后汉书 · 陈宠传》，文中：“西州豪右并兼，吏多奸贪，诉讼日百数。”《宋史》中记载的“审牛舌”案可作为诉讼一例。

---

〔1〕 陈光中主编：《刑事诉讼法》（第5版），北京大学出版社、高等教育出版社2013年版，前言第15页。

〔2〕 [德]克劳思 · 罗科信：《刑事诉讼法》（第24版），吴丽琪译，法律出版社2003年版，第13页。

〔3〕 张文显：《法哲学范畴研究》（修订版），中国政法大学出版社2001年版，第25～26页。

示例1-1 “审牛舌”案

包公在任安徽天长知县时,有个农民哭丧着脸到县衙门告状,说是有人割掉了他家耕牛的舌头,请求官府缉拿凶手。此等小案,于昏官是不屑一顾的,但爱民若子的包公深知一头牛对农家小户的价值,他受理了这个只有苦主,没有被告的“无头案”。包公经分析得出:人犯割牛舌并无利可图,不过为苦主的敌家报复的手段罢了。包公沉思片刻,计上心来,便对那农民说:“牛被割了舌头,也活不长了,你先把牛杀了,卖牛肉赚回几个钱吧。但不要说是我同意你杀的牛,否则就破不了案。”那农民听了,不解其意。朝廷法令不是有“禁杀耕牛”一条吗?这县太爷怎么要我违法宰牛呢?既然是县太爷的吩咐,那农民只好照办了。过不多久,便有人跑到县衙告状,说是有人私自屠宰耕牛。包公立即升堂,大声喝问:“大胆歹徒,为什么割了人家牛舌又来告人私宰耕牛?快快从实招来。”那人一听,心中非常震惊,以为事泄,只好招认了与牛主有积怨而先害其牛又害其人的罪行。[4]

在西方语境中,“诉讼”有多种表达方式。在英文中,我们一般将“诉讼”译为procedure,德语为prozess,法语为proces,均源自拉丁语procedere,意思为程序、过程、步骤等。其代表一种解决社会冲突的过程,是国家司法机关在当事人及其他参与人的参加下,依照法定程序解决法律上的权利争议和纠纷的活动。“诉讼程序应构造为,理论上平等的双方当事人将争议交给法院,由法院决定争议的结果。该诉讼模式要靠双方当事人确立起争议,并由双方当事人草拟答辩和协议,勾勒出争议的界限。”[5]

现代诉讼分为刑事诉讼、民事诉讼、行政诉讼三大类。作为一种专门解决争议的程序,诉讼具有以下特征:

1. 诉讼是对社会冲突的一种“公力救济”。诉讼的产生以存在社会冲突为前提,当社会关系中的不同主体基于不同的利益要求而发生冲突,这种冲突又不能或者不宜以同态复仇、和解、调解或者行政性处理方式解决,而需要由专门的国家司法机关做出法律评断时,就产生了诉讼。“评价诉讼存在的意义的最好角度是:如果没有诉讼,将会出现何种状况。实践表明,相当一部分社会冲突,特别是存在暴力侵害的社会冲突,唯有通过国家暴力强制,从而唯有通过诉讼才能得到真正解决。”[6]同时,诉讼作为一种“公力救济”方式,它既不同于同态复仇等“私力救济”方式,也不同于调解、仲裁等其他“公力救济”方式。因为诉讼既不以双方当事人的自由意志为基础,也不以争议双方的事先约定为前提。它是以国家强制力为后盾的权威性公力救济,是合法地解决社会冲突的最有效也是最后的手段。

2. 诉讼是一种“三方关系”,即争议的双方当事人和中立的裁判者之间的关系。

---

〔4〕 参见《宋史·包公列传》。
〔5〕 [英]詹妮·麦克埃文:《现代证据法与对抗式程序》,蔡巍译,法律出版社2004年版,第2页。
〔6〕 顾培东:《社会冲突与诉讼机制》,法律出版社2004年修订版,第41页。

其中,双方当事人在法律上处于平等的地位,而法官作为中立的裁判者则居于二者之上,作为权威的裁断者解决两造之间的争议和冲突。虽然在不同的诉讼中,这种“三方关系”可能会发生一些“形变”,但“三方关系”始终是一切诉讼的基本构造,并且决定了诉讼的基本运行方式。当然,在现实诉讼过程中,除了当事人双方和法官之外,可能还会有证人、鉴定人、翻译人、代理人、辩护人、书记员等参与诉讼活动,但是他们的活动都是围绕着“三方关系”进行的。在上述关系中,法官“应当听取双方当事人的陈述”被认为是自然正义的两大要求之一,[7]法官“对各方当事人的意见均应给予公平的关注”、“纠纷的解决者应当听取双方的论据和证据”,[8]从而形成两造平等对抗、法官居中裁判的现代诉讼构造。

3. 诉讼是体现动态过程的“法定程序”。诉讼的进行必须依据法定的程序进行,原告人提出诉讼请求,必须有法律上的依据,并且符合法定程式;被告人对原告人诉讼请求的答辩也同样必须符合法律上的要求;法官作为裁判者,对诉讼的主持和裁判更要严格遵守法律预先确立的程序规则和证据规则,以便使诉讼的过程和结果获得双方当事人的认可和社会公众的承认,以取得必要的正当性和权威性。为了保证诉讼各方进行的活动整体上符合基本的形式正义的要求,法律上通常都会对诉讼的过程分阶段作出明确的规定,并对各阶段的程序提出相应的要求,使各个阶段和步骤之间前后衔接和有效运转。当事人和法官严格遵守上述法律要求进行诉讼活动,就会使诉讼呈现为一种动态的过程,使诉讼过程技术化和程序化,从而使得最终作出的结论具有不可逆转性、有效性和权威性。

二、什么是刑事诉讼

根据诉讼所要解决的社会冲突即法律争议的性质不同,诉讼被划分为刑事诉讼、民事诉讼和行政诉讼三种类型。我国的刑事诉讼是指公安司法机关在当事人和其他诉讼参与人的参加下,依照法定的程序和要求,解决被追诉者刑事责任问题的活动。

示例 1-2　复旦投毒案(林森浩案)

在该案的一审判决书中,对于林森浩的定罪量刑表述如下:本院认为,被告人林森浩为泄愤采用投放毒物的方法故意杀人,致被害人黄洋死亡,其行为已构成故意杀人罪,依法应予惩处。公诉机关指控的罪名成立。被告人林森浩系医学专业的研究生,又曾参与用二甲基亚硝胺进行有关的动物实验和研究,明知二甲基亚硝胺系剧毒物品,仍故意将明显超过致死量的该毒物投入饮水机中,致使黄洋饮用后中毒。在黄洋就医期间,林森浩又故意隐瞒黄洋的病因,最终导致黄洋因二甲基亚硝胺中毒而死亡。上述事实,足以证明林森浩主观上具有希望被害人黄洋死亡结果发生的故意。林森浩关于其系出于作

---

〔7〕 自然正义的另一大要求是“不得作自己案件的法官”。

〔8〕 [美]戈尔丁:《法律哲学》,齐海滨译,三联书店 1987 年版,第 240 页。

弄黄洋的动机,没有杀害黄洋故意的辩解及辩护人关于林森浩属间接故意杀人的辩护意见,与查明的事实不符,均不予采纳。被告人林森浩因琐事而采用投毒方法故意杀人,手段残忍,后果严重,社会危害极大,罪行极其严重。林森浩到案后虽能如实供述罪行,尚不足以从轻处罚。辩护人建议对林森浩从轻处罚的意见,亦不予采纳。为保障公民的人身权利不受侵犯,依照《刑法》第 232 条、第 57 条第 1 款之规定,判决如下:被告人林森浩犯故意杀人罪,判处死刑,剥夺政治权利终身。[9]

与民事诉讼和行政诉讼相比,刑事诉讼具有明显的特殊性,上述案件便反映出了刑事诉讼案件的显著特点。归纳而言,刑事诉讼的特征主要表现如下:

1. 刑事诉讼是公安司法机关代表国家进行的一种活动,是国家司法活动的重要组成部分。《宪法》第 140 条规定:"人民法院、人民检察院和公安机关办理刑事案件,应当分工负责,互相配合,互相制约,以保证准确有效地执行法律。"《宪法》的这一规定清楚地表明,刑事诉讼是由人民法院、人民检察院和公安机关进行的一种专门活动。正因为如此,刑事诉讼通常由国家专门机关主动提起,国家专门机关对于刑事诉讼的推进和终结具有决定性意义。

2. 刑事诉讼是公安司法机关代表国家以实现国家刑罚权为目的而进行的活动。《刑事诉讼法》第 1 条表明,国家制定《刑事诉讼法》是"为了保证刑法的正确实施,惩罚犯罪,保护人民,保障国家安全和社会公共安全,维护社会主义社会秩序"。刑事诉讼的中心内容是解决犯罪嫌疑人、被告人的刑事责任问题,即查明和确定犯罪嫌疑人、被告人是否实施了犯罪行为,应否处以刑罚以及处以何种刑罚。

3. 刑事诉讼是严格依照法律规定的程序所进行的活动。由于刑事诉讼直接威胁到公民个人的生命、自由、财产、隐私等基本人权,宪法和法律对于刑事诉讼中的具体国家权力进行了较为严格的限制,刑事诉讼程序也具有严格的法律性质。前人早已经认识到刑事诉讼法对于公民的重要性,"刑律不善不足以害良民,刑事诉讼律不备,既良民亦罹其害。"[10] 也正因此,我国《刑事诉讼法》对各个阶段的诉讼活动提出了明确的严格要求。《刑事诉讼法》第 3 条规定:"人民法院、人民检察院和公安机关进行刑事诉讼,必须严格遵守本法和其他法律的有关规定。"遵守这一规定是保证司法公正、提高司法效率的重要前提,切实做到有法必依、执法必严,严格依照法定程序开展追诉犯罪的活动。

---

〔9〕 上海市第二人民法院《刑事判决书》(〔2013〕沪二中刑初字第 110 号),北大法宝引证码:CLI. C. 8076542。

〔10〕 夏勤:《刑事诉讼法释疑》(第 6 版),中国方正出版社 2005 年版,第 1 页。

第二节　刑事诉讼法

一、什么是刑事诉讼法

刑事诉讼法是调整刑事诉讼活动的法律规范的总称。在我国,其是指国家制定的规范公安司法机关在当事人和其他诉讼参与人的参加下进行刑事诉讼活动所应遵守的法律规范。它规定的内容包括:(1)刑事诉讼的任务、基本原则;(2)公安司法机关在刑事诉讼中的权力、义务以及三机关在刑事诉讼中的相互关系;(3)诉讼参与人的诉讼权利和义务;(4)证据制度和证据规则;(5)刑事诉讼的具体程序等。

刑事诉讼法有狭义和广义之分。狭义的刑事诉讼法指国家立法机关制定的、规范刑事诉讼活动的刑事诉讼法典,广义的刑事诉讼法指一切有关刑事诉讼法的法律规范。

对于刑事诉讼法,我们可以从不同的角度考察其法律属性,主要包括如下:

1. 刑事诉讼法在我国的法律体系中属于基本法律之一。我国的法律按其效力和层次可以分为宪法、基本法律和基本法律以外的其他法律。宪法是国家的根本大法,是制定其他一切法律的根据;基本法律,即由全国人大制定和修改的规范性法律文件;基本法律以外的其他法律,即由全国人大常委会制定和修改除应当由全国人大制定的法律以外的规范性文件。[11] 刑事诉讼法是十分重要的部门法,属于基本法律。

2. 刑事诉讼法是一种程序法。法律根据其内容和作用的不同,可以划分为实体法和程序法。实体法是指规定具体权利义务内容或者法律保护的具体情况的法律,如刑法主要涉及定罪量刑等问题。程序法是规定以保证权利和职权得以实现或行使,义务和责任得以履行的有关程序为主要内容的法律。刑事诉讼法是与作为刑事实体法的刑法相对应的刑事程序法,它规定了国家实现刑罚权的程序。

3. 刑事诉讼法属于公法。公法以研究公权力、公权力配置、公法关系和公法责任为主要内容。公法与私法的划分,最早是由古罗马法学家提出的。按照乌尔比安的解释,公法是以保护国家(公共)利益为目的的法律,私法是以保护私人利益为目的的法律。刑事诉讼法主要调整的是公安司法机关与当事人及其他诉讼参与人之间的关系,特别是与犯罪嫌疑人、被告人、被害人、辩护人之间的关系,属于公法体系的组成部分,对规范国家公权力的行使和保护公民的基本权利具有极其重要的意义。

---

〔11〕 张文显主编:《法理学》(第5版),高等教育出版社2018年版,第89页。

二、刑事诉讼法的渊源

法的渊源理论通常把法的渊源分为正式意义上的渊源和非正式意义上的渊源两种。正式意义上的法的渊源，主要指以规范性法律文件形式表现出来的成文法如立法机关或立法主体制定的宪法、法律、法规、规章和条约等。非正式意义上的法的渊源，主要指具有法的意义的观念和其他有关准则如正义和公平等观念，政策、道德和习惯等准则，还有权威性法学著作等。我国刑事诉讼法的正式意义上的渊源包括：

1. 宪法。我国《宪法》规定了国家的社会制度、经济制度、政治制度、国家机构及其活动原则、公民的基本权利和义务等，具有最高的法律效力，也是制定一切法律的根据。《宪法》不仅直接确定了刑事诉讼法在法律体系中的地位，而且直接规定了一系列与刑事诉讼密切相关的原则和制度，如尊重和保障人权，依法独立行使审判权、检察权，三机关分工负责、互相配合、互相制约等，这些都是刑事诉讼法的重要渊源。

2. 刑事诉讼法。我国的刑事诉讼法典是《刑事诉讼法》，它是由 1979 年 7 月 1 日第五届全国人民代表大会第二次会议通过的。经 1996 年 3 月 17 日第八届全国人民代表大会第四次会议、2012 年 3 月 14 日第十一届全国人民代表大会第五次会议和 2018 年 10 月 26 日第十三届全国人民代表大会常务委员会第六次会议三次修正，新法于 2018 年 10 月 26 日起实施。它是我国刑事诉讼法的主要法律渊源，也是公安司法机关进行刑事诉讼活动的基本法律依据。

3. 刑法等其他法律规定。这里指的是全国人民代表大会及其常务委员会制定的有关刑事诉讼的法律规定，具体又分为两种形式：(1) 全国人民代表大会及其常务委员会制定的法律中涉及刑事诉讼的规定，如《刑法》、《人民法院组织法》、《人民检察院组织法》、《律师法》、《监狱法》、《国家安全法》以及其他法律有关刑事诉讼的规定；(2) 全国人民代表大会及其常务委员会就刑事诉讼有关问题所作的专门决定，如 1983 年 9 月 2 日第六届全国人民代表大会常务委员会通过的《关于国家安全机关行使公安机关的侦查、拘留、预审和执行逮捕的职权的决定》等。

4. 司法解释。它们包括最高人民法院、最高人民检察院就审判工作和检察工作中如何具体应用刑事诉讼法所作的解释、通知和批复等，它们对于公安司法机关进行刑事诉讼活动具有普遍约束力。如 1998 年 6 月 29 日最高人民法院审判委员会通过、同年 9 月 8 日起施行的最高人民法院《关于执行〈中华人民共和国刑事诉讼法〉若干问题的解释》（以下简称《最高法解释》）；1998 年 12 月 16 日最高人民检察院检察委员会修订通过、1999 年 1 月 1 日起施行的《人民检察院刑事诉讼规则》（以下简称《最高检规则》）等。2012 年《刑事诉讼法》修正案通过之后，最高人民法院和最高人民检察院随即着手对上述司法解释进行修改，修订的《最高法解释》和《最高检规则》于 2013 年 1 月 1 日起开始实施。

此外，最高人民法院、最高人民检察院与中央有关部门联合发布的规范性文件，一般也被视为具有司法解释的效力。如 1998 年 1 月 19 日公布实施的最高人民法院、最高人民检察院、公安部、国家安全部、司法部和全国人大常委会法制工作委员会《关于刑事诉讼法实施中若干问题的规定》（以下简称《六机关规定》），2013 年 1

月 1 日起开始实施新的《六机关规定》,原规定同时废止。

5. 行政法规、部门规章和地方性法规。行政法规和部门规章是指国务院制定的法规以及国务院主管部门制定的规章中有关刑事诉讼程序的规定,如 1990 年 3 月 17 日国务院令第 52 号公布施行的《看守所条例》、2003 年 7 月 21 日国务院令第 385 号公布施行的《法律援助条例》、1998 年 5 月 14 日公安部令第 35 号发布施行的《公安机关办理刑事案件程序规定》(以下简称《公安部规定》)。2013 年 1 月 1 日起开始实施新的《公安部规定》,原规定同时废止。地方性法规是指地方人民代表大会及其常委会颁布的地方性法规中关于刑事诉讼程序的规定。

6. 国际公约、条约。根据国际惯例,国际法与国内法发生冲突时,应当遵循国际法优于国内法的原则,适用国际法。《维也纳条约法公约》第 27 条规定:"一当事国不得援引其国内法规定为理由而不履行条约。"我国政府在 1990 年对联合国禁止酷刑委员会明确表示:"条约一旦对中国生效,在中国便有法律效力,中国便有义务去施行该条约。"对于刑事诉讼程序而言,我国缔结或者参加的国际条约中有关于刑事诉讼程序具体规定的,适用该国际条约的规定,但我国声明保留的条款除外。我国加入的国际公约、条约中,有不少涉及刑事诉讼的内容,如 1984 年《禁止酷刑和其他残忍、不人道或有辱人格的待遇或处罚公约》、1989 年《儿童权利公约》、2000 年《联合国打击跨国有组织犯罪公约》、2003 年《联合国反腐败公约》等。1998 年 10 月 5 日我国政府还签署了《公民权利和政治权利国际公约》,该公约对国际刑事司法准则作了系统的规定。

三、刑事诉讼法的立法目的与刑事诉讼的目的

(一)我国刑事诉讼法的立法目的

这里要讨论的是刑事诉讼法是以什么为目的的法律,即制定刑事诉讼法的目的。这既是一个抽象的理论问题,又是对刑事诉讼的整个体系具有重要影响的问题。

研究刑事诉讼法的立法目的,首先要看法典中的规定。有的国家在法律中对此作出了规定。如《日本刑事诉讼法》第 1 条规定:"本法以在刑事案件上,于维护公共福利和保障个人基本人权的同时,明确案件的事实真相,正当而迅速地适用刑罚法令为目的。"这说明日本刑事诉讼法是将人权保障和查明事实真相作为双重目的。《美国联邦刑事诉讼规则》第 2 条规定:"本规则旨在使每一起刑事案件获得公正的处理,对它们的解释应当确保诉讼简便、程序公正,并避免不必要的费用和延误。"这说明美国刑事诉讼法的立法目的主要定位为正当程序与诉讼效率。

我国《刑事诉讼法》第 1 条规定:"为了保证刑法的正确实施,惩罚犯罪,保护人民,保障国家安全和社会公共安全,维护社会主义社会秩序,根据宪法,制定本法。"根据这一规定,我国刑事诉讼法的立法目的有两个方面:(1)直接目的是保证刑法的正确实施,惩罚犯罪,保护人民。作为程序法的刑事诉讼法具有保障作为实体法的刑法实施的功能。这里的"惩罚犯罪"是指通过刑事诉讼活动,在准确、及时地查明

案件事实的基础上,对构成犯罪的被告人公正地适用刑法,进行定罪量刑。这里的"保护人民"是指通过刑事诉讼活动保护公民的人身权利、财产权利和其他合法权益,保障无罪的人不受刑事追究,同时防止公安司法机关在刑事诉讼活动过程中滥用权力,侵犯公民的人权。(2)根本目的是保障国家安全和社会公共安全,维护社会主义社会秩序。对于国家而言,离开刑事诉讼法规定的司法程序,既不能公正合法地追究犯罪并实现国家的刑罚权,也无法充分有效地保护公民的合法权益。只有通过正确实施刑事诉讼法,依法惩罚犯罪、保护人民,才能最终保障国家安全和社会公共安全,维护社会主义社会秩序。

(二)刑事诉讼的目的

在立法的基础上,我们可以进一步从理论上探讨刑事诉讼的目的。在大陆法系国家,刑事诉讼偏向于实体真实发现主义但并不否定正当程序,如罗科信认为:"刑事诉讼的目的可以说是有其整体性的设计:亦即对有罪的被告应使受有罪的判决,对无辜者应加以保护,防止有危司法合法性之独裁行为及关于判决之法律稳定性等等所有这些对成为一个法治国家有重要影响的公共事务,均应受同等的重视。"[12]英美法系国家则更强调正当法律程序,"正当程序建立在政府不得专横、任性地行事的原则之上。它意味着政府只能按法律确立的方式和法律为保护个人权利对政府施加的限制进行活动。"[13]

在我国,以立法为依据并辅之以相关理论,我们可以将刑事诉讼的目的归纳如下:

1. 发现真实,又被称为实体真实发现主义。[14] 我国自古重视刑事诉讼发现真实之目的,许多制度设计明显具有实体真实发现的倾向。如在我国古代,刑讯制度是合法的,为了发现真实可以牺牲被追诉人的人权。被推崇为古代司法官典范的"包青天"的一句口头禅便是"大刑伺候"。但发展到今天,绝对的发现真实目的已经被摒弃,也就是说发现真实需要受到其他目的的限制,如我国刑事诉讼法规定的非法证据排除规则、近亲属作证豁免制度等都是对发现真实的限制。

2. 正当程序。一方面,我们日益认识到,从"现在的证据"去发现"过去的真实"常常是难以达到的。在这种情况下,通过建立一个公平、公正的程序可以吸纳矛盾、有效解决纠纷,使得当事人心服口服。这体现了程序的独立价值。另一方面,正当程序有利于发现真实,如交叉询问制度便是以一种真理越辩越明的制度设计来助益于发现真相。

3. 防止错案。错案主要包括两种形态:一是有罪之人被错判为无罪;二是无辜之人被错判为有罪。理想状态当然是既不冤枉好人也不放纵罪犯,但这很难真正做

---

〔12〕[德]克劳思·罗科信:《刑事诉讼法》(第24版),吴丽琪译,法律出版社2003年版,第6页。

〔13〕[美]彼得·G. 伦斯特洛姆:《美国法律辞典》,贺卫方等译,中国政法大学出版社1998年版,第15页。

〔14〕[日]田口守一:《刑事诉讼的目的》,张凌、于秀峰译,中国政法大学出版社2011年版,第45页。

到,法网过密则可能会冤枉好人,而法网过疏则会放纵罪犯,在两难抉择中,我们的底线应当是不冤枉任何一个好人。这也是社会主义法治的基本要求。近年来,"聂树斌案""呼格吉勒图案""张氏叔侄案""念斌案"等冤错案件,受到了社会广泛关注。国家十分重视错案防治,专门出台了最高人民法院《关于建立健全防范刑事冤假错案工作机制的意见》等司法解释,并将防止错案作为《刑事诉讼法》修改和刑事司法改革的直接目的之一。[15]

4. 保护人民权利与尊严。我国在2012年《刑事诉讼法》修改中,写入了"尊重与保障人权"。无罪推定原则、反对强迫自证其罪特权、一事不再理原则等基本原则均是对人权保障的彰显,审前羁押、涉及财产权的强制措施、辩护权保障等具体制度设计都涉及人民的权利与尊严。评价法律程序正当性的主要标准是它使人的尊严获得维护的程度。这种体现于法律程序本身之中的目的,是以人类普遍的人性为基础而提出的,其要求社会尊重每个人作为目的的个体之存在,不能对他任意贬低或奴役,不能把他视为实现社会目的或他人目的之手段。这种尊严目的是通过法律程序本身而不是裁决结果所体现出来,主要包括平等、可预测性、透明性、理性、参与、隐私等要素。[16]

5. 司法效率。对于任何一个国家而言,司法资源都是有限的,而犯罪却又总是呈现不断攀升之势,如何解决案多人少的问题,是世界各国刑事司法面临的共同难题。我国《刑事诉讼法》在1996年和2012年两次修改中都将扩大简易程序的适用作为修法的重点之一,试图通过案件繁简分流来提高效率并保障正当法律程序之实现。近年来,我国又在多个省、市试点认罪认罚从宽制度和刑事速裁程序,以进一步提高办案效率。2018年《刑事诉讼法》更是将试点工作中的成功经验上升为法律规范,认罪认罚从宽作为我国刑事诉讼的一项基本原则也得以确立。

上述均为刑事诉讼所追求的目的,需要我们综合考量,不能因为一个目的而不顾其他目的,但可以在某一个具体的程序设计中偏重某一目的。也就是说,刑事诉讼的目的具有综合性,程序设计便是在权衡各个目的的过程中不断优化。

四、实体真实主义与正当程序

深入理解刑事诉讼的目的,首先需要探讨实体真实主义与正当程序的关系,即实体公正与程序公正的关系。我国《刑事诉讼法》第1条规定的立法目的以及理论上刑事诉讼目的的概括,都只是宣示了理想状态。实际上,上述多元目的,特别是实体真实与正当程序之间的矛盾,常常在个案中凸显。是为了查明真相而牺牲人权保障,还是为了保障人权而牺牲实体真实,两者可能是对立的,不得不作出取舍。

---

〔15〕 参见胡铭等:《错案是如何发生的——转型期中国式错案的程序逻辑》,浙江大学出版社2013年版,第1页以下。

〔16〕 参见陈瑞华:"程序正义的理论基础",载《中国法学》2000年第3期。

（一）实体真实主义与正当程序的关系

罗尔斯认为社会公正分为实质公正和形式公正。实质公正（substantive justice）是关于社会的实体目标和个人的实体性权利与义务的公正。形式公正（formal justice）亦称“作为规则的公正”（justice as regulative），其基本含义是严格地一视同仁地依法办事。[17] 实质公正主要是为实体法所关注的，实体权利义务的确定本质上是对政治自由和平等、资源、社会合作的利益和负担进行公正地分配，接近于实体公正。形式公正主要为程序法所关注，其主要要求法律适用的公平性和一致性，接近于程序公正。

实体真实主义与正当程序的关系，是学界争议很大的一个问题，主要分为如下几种观点：

1. 实体真实主义优先。“从实体刑法与刑事诉讼法的关系来看，刑事诉讼法正是确定并实现国家于具体刑事个案中对被告刑罚权的程序规范，实体刑法借此而得到实现。”[18] 我国民国时期的学者陈谨昆更是指出：“刑事诉讼……应绝对采实体真实发现主义。在此主义之下，又有次述直接审理主义、言词审理主义、自由心证主义。”[19] 实体真实主义优先，充分认识到刑事诉讼法对刑法实施的保障作用，将程序的价值定位为工具性价值，这种观点尤其在大陆法系国家盛行。其背后又有两种观点：一是刑事诉讼法是实现刑罚权的程序，当然应该实体真实优先；二是真实当然是可以被发现的，信赖警察和司法机关有查明真相的能力。实体真实主义优先发展到极致则表现为程序工具主义，认为程序法的首要甚至唯一功能是保障实体法之实现。

2. 正当程序优先。强调程序自身价值的优位性。追本溯源，程序公正真正得到超乎于实体公正之上的地位，始于美国20世纪60年代的正当程序革命，这次革命使正当程序成为英美法系中人权保障的根本原则。50年代以后，日本一些学者也持此主张。例如谷口安平就曾提出两大命题：一曰“诉讼法是实体法之母”，“诉讼法具有先行于实体法，或者说诉讼具有作为实体法母体的重要意义”；二曰“权利先于实体法，判决创制了权利”。[20] 正当程序优先发展到极致，又衍生出了程序至上主义。在该说中，程序被视为至高无上的，并主张以“程序中心论”代替“实体中心论”。

3. 程序与实体平衡论。主张程序公正与实体公正的平衡，代表性观点认为：在

〔17〕［美］罗尔斯：《正义论》，何怀宏等译，中国社会科学出版社1988年版，第54～60页。

〔18〕林钰雄：《刑事诉讼法》（总论编），学林文化出版社2003年修订三版，第4页。

〔19〕按照陈谨昆的论述，直接审理主义（相对于间接审理主义）指法院对于当事人及证据，须亲自接触，以收集为裁判基础之诉讼资料；言词审理主义（相对于书状审理主义）指法院与当事人及其他关系人之交通，以言词行之，必依言词收集的诉讼资料，才能为裁判之基础；自由心证主义（相对于法定证据主义）指法院就证据的证明力得自由判断，不受法律何等拘束。参见陈谨昆：《刑事诉讼法通义》，法律出版社2007年版，第8～10页。

〔20〕［日］谷口安平：《程序的正义与诉讼》（增补本），王新亚、刘荣军译，中国政法大学出版社2002年版，第7页。

现代法治国家,实体法和诉讼法相互依存,相辅相成,构成统一的法制体系,不能有主次、轻重之分。程序公正与实体公正是公正的两个方面,如车之两轮,鸟之两翼,不可偏废。[21] 总体来说,惩罚犯罪的目的大体上倾向于实体公正;而程序公正有助于实现保障人权的目的。但是,实体公正与程序公正并不是截然对立的,而是一对矛盾统一体,在具体的诉讼活动中,是相辅相成、相互依存的。如果离开实体公正,那么程序正义便会徒具形式,成为无本之木;反过来,如果离开正当程序,则实体公正也就很可能无法实现,导致权力泛滥,甚至严重侵犯人权,发生冤假错案。因此,只有将实体公正与程序公正结合起来,才能完整地实现刑事诉讼的目的。

(二)程序的独立价值

罗尔斯曾将程序正义分为三种类型:(1)"纯粹的程序正义",即关于怎样才符合正义的标准的问题不存在任何标准时,无论结果如何,只要遵从程序规则,就认为符合正义。典型的例证是赌博,只要赌博的规则不是专门有利于某个特定的参加者,合乎程序就合乎正义。(2)"完全的程序正义",即程序之外存在着判断结果是否合乎正义的标准。典型的例证是分蛋糕:把蛋糕完全均等地分给数人的场合,只有达到均分的结果才合乎正义,其通过设计一个程序,也就是由分蛋糕的人最后选蛋糕,来确保这种均分的结果。(3)"不完全的程序正义",即在程序外存在着判断什么是正义的客观标准,但完全满足这个标准的程序不存在。典型的例证是刑事审判程序:刑事诉讼要求查明案件的真实情况,但无论怎样精巧地设计程序,认定无辜的人有罪或相反的结果也无法完全避免。[22] 考虑到刑事审判程序不能完全确保正当的结果,那么借助于程序正义使其正当化,以定分止争,并使结果被当事人所接受,这便彰显了正当程序的独立价值。[23]

随着对"重实体、轻程序"观念的批判和诉讼法研究的不断深入,承认程序具有独立的价值已经成为共识。这种程序的独立价值主要表现为以下四个方面:(1)程序强调当事人的人格尊严和主体地位,体现了公正、民主和法治的观念。刑事诉讼不同于科学实验,不只是一种纯粹的认识活动,还是一个程序价值的选择和实现过程,其本身是一个国家司法制度是否公正的缩影。刑讯逼供、秘密审判产生的判决,即使符合实体真实,也因其诉讼过程的野蛮、落后、专制,很难为当事人和公众接受。(2)民主、公正程序能使判决得到社会认可,也容易为当事人从心理上予以接受。这是程序的法定性、参与性、公开性等特点的直接影响。(3)程序在某种程度上能弥补实体的不足,并为实体的修订、完善积累经验。实践证明,立法对实体法条文的设计

---

[21] 陈光中、王万华:"论诉讼法与实体法的关系",载《陈光中法学文集》,中国法制出版社 2000 年版,第 636 页。

[22] [美]罗尔斯:《正义论》,何怀宏等译,中国社会科学出版社 1988 年版,第 85 ~ 87 页。

[23] 有学者将程序法的价值概括为以下三点:(1)内在价值,即程序自身符合正义要求;(2)外在价值,即程序因具备产生公正结果的能力而具有工具性;(3)次级价值,即程序符合经济效益的要求,这一价值标准相对于前两者而言居于次级地位。参见陈瑞华:《刑事审判原理论》,北京大学出版社 1997 年版,第 45 页。

不可能具体入微,罪刑法定原则也具有一定的相对意义。因此,具体办案时,每一被告人的罪责刑的确定,还要由法官结合案情决定。这样一来法官通过判决就解释了刑法模糊或不具体之处,在一定意义上弥补了刑法的不足。在判例法国家,更是有法官造法的功能。(4)程序法在特定情况下限制了实体法的实施。例如,在刑事诉讼中,根据不告不理原则,没有提起公诉或自诉,法院就不能进行审判;根据诉审同一原则,法院的审判要受到起诉的限制;根据起诉便宜主义,公诉方基于刑事惩戒的目的和权衡多重利益,可以选择是否作出控诉以继续或停止刑事程序。

在当下的中国,强调程序的独立价值,具有重要现实意义。我国历史上长期实行的是封建中央集权,维护皇权是第一要务,而打击不利于皇权统治秩序的行为,便是司法的主要目的。在这种观念下,程序公正、人权保障的精神很容易被窒息,刑讯逼供屡禁不止,"重实体、轻程序"仍广泛存在。这种影响很难在短期内革除,"虽然我们已经埋葬了皇帝集权,但是他们仍从坟墓出来统治我们。"[24] 因此,我们今天强调程序本身承载和映现着独立于实体目标的价值内涵,具有特殊的意义。程序正义是实现法治的重要途径,没有程序正义就无法实现法治国家。程序与自由、民主、司法权威等都有着犬牙交错的关系。通过程序来限制恣意的人治,把价值问题转变为程序问题,是我们打破司法改革的僵局、实现法治的必由之路。

那么,程序公正是绝对的吗? 只讲程序公正是不够的。一方面,公正的程序是产生公正结果的必要非充分条件,也就是说公正的程序不一定产生公正审判结果。苏格拉底之死便是典型的一例,稍具正义感的人都会认为苏格拉底的确不应被处死。然而,苏格拉底竟然死于十分公正的程序——雅典人通过真正的民主程序杀死了他:281 票对 220 票宣布他有罪,绝不是几个强权者处死了苏格拉底。[25] 另一方面,程序上的正当可能掩盖实体上的违法。一个典型的例子便是法律规避问题。大多数规避法律的行为从表面上看完全符合相关的法律程序,但考察这些行为背后的目的,我们会发现各种非法动机比比皆是。

(三)实体真实主义与正当程序间的权衡

实体真实主义和正当程序作为刑事诉讼的目的,两者一致当然是最好,如果发生冲突,我们必须做权衡和取舍。这里涉及利益衡量,特别是必罚主义和人权保障之间的均衡。

例如,"9·11"事件之后,对于恐怖主义犯罪和正当法律程序之间的权衡,成为不少国家面临的难题。[26] 美国的关塔那摩案便是其中典型一例。

---

〔24〕 参见何勤华主编:《外国法制史》,法律出版社 1997 版,第 2 页。

〔25〕 梁治平:《法辩》,贵州人民出版社 1992 年版,第 164 页。

〔26〕 参见胡铭:"价值权衡:反恐措施与刑事诉讼",载《政法论坛》2006 年第 6 期。

示例1-3　关塔那摩案

关塔那摩案的申诉者是2个澳大利亚人和12个科威特公民，他们是在美国和塔利班敌对期间在国外被抓获的，这些申诉者正被关在古巴关塔那摩美国海军基地。根据以前的判例法，美国政府主张在美国领土之外拘留的外国人无权提起人身保护令之申请。考虑到美国与古巴签订的协议给予美国对基地“完全的司法管辖和控制”，美国联邦最高法院裁决联邦地区法院当然有管辖权来考虑基地的囚犯提出的人身保护令之申请。5名大法官认为支配人身保护令之申请的联邦法律授权这样的考虑，第6名大法官认为宪法也是这样规定的，而3名大法官则不同意。裁决的结果是美国联邦地区法院现在必须考虑该人身保护令之申请。该案被视为权衡之后向正当程序的倾斜。[27]

实体真实主义和正当程序之间的权衡是一大难题，下面的因素可作为权衡时的参考：

1. 个案公正还是普遍公正。公正可以分为个案公正和普遍公正，个案公正强调的是具体案件中公正的实现，普遍公正反映了对于案件的处分对类似案件或是今后的司法公正的影响。虽然，我们不能让个案完全服从于整体、全局利益，但是，一般说来，个案公正应当让位于普遍公正。如个案中的刑讯逼供也许揭示了案件的真相，但是，考虑到遏制刑讯逼供这种严重背离程序公正的非法行为，牺牲个案，排除非法证据以戒后人，是普遍公正的要求。

2. 权利的位阶与绝对权利。不论是程序公正，还是实体公正，都要涉及公民的一系列权利，如辩护权、隐私权、知情权、自由权、生命权等。对于这些权利的取舍和处分直接关系到公民的切身利益，也是法律保障的重点。但是，这些权利并不都是一个层面的问题，而是有一定的位阶。例如，一般认为，自由权要优先于物权，生命权要优先于自由权，这种位阶为我们在程序公正与实体公正冲突时提供了一定的参照系。其中，生命权是绝对权，当涉及生命权时，其他权利应当让位，对于死刑案件的特殊救济和程序复杂化也就有了合理性。

3. 有利被告原则。有利被告最早可见于古罗马法“有疑，为被告人之利益”原则。被告人作为刑事诉讼中受到国家强制机关追诉者，其权利很容易受到公权力的侵犯，其权利的保障也是程序公正的主要内涵。例如在再审程序中，一事不再理体现了程序公正，而纠正错案则是实体公正的要求，当两者冲突时，限制不利于被告人的再审，减少对有利于被告的再审的限制便体现了有利被告原则，前者倾向于程序公正，而后者主要体现了实体公正。

4. 向弱势群体倾斜。罗尔斯曾构建了一种理想型的正义理论，提出了两个正义原则，第一个原则是平等自由原则，第二个原则是机会的公正平等原则和差别原则的结合。这两个原则的要义是平等地分配各种基本的权利和义务，坚持各种职务和地位平等地向所有人开放，只允许那种能给最少受惠者带来补偿利益的不平等分

---

〔27〕 Rasul v. Bush, 124 S. Ct. 2686, 2004.

配,体现了对弱势群体的特殊偏爱。[28] 例如被害人权利保护中,赋予被害方更多的知情权、参与权便体现了对弱势群体的特殊倾斜,但一旦被害人权利和被告人权利直接冲突时,作为对更加弱势的被告人的保护,就会限制被害方的权利。

当然,上述考量常常仍然无法让我们作出选择,因为在个案衡量中可能涉及的因素是很多的,从不同的角度可以得出不同的选择,最有名的例子便是洞穴奇案,该案中假设的法官提出了 14 种解释和选择。

示例 1-4 洞穴奇案

五名洞穴探险人受困山洞,水尽粮绝,无法在短期内获救。为了维生以待救援,大家约定抽签吃掉其中一人,牺牲他以救活其余四人。威特摩尔是这一方案的最初提议人,但在抽签前又收回了意见。其他四人仍执意抽签,并恰好选中了威特摩尔作牺牲者。获救后,这四人以杀人罪被起诉并被初审法庭判处绞刑。这是 20 世纪美国法理学大家富勒 1949 年在《哈佛法学评论》上发表的假想公案,富勒还进一步虚构了最高法院上诉法庭五位大法官对此案的判决书。这一著名的公案成了以后西方法学院学生必读的文本,并在此基础上演绎出了更多的公案,1998 年法学家萨伯延续了富勒的游戏,假设五十年后这个案子有机会翻案,另外九位大法官又针对这个案子各自发表了判决意见。[29]

五、刑事诉讼法与宪法的关系

(一)宪法是我国刑事诉讼法的立法依据

我国《刑事诉讼法》第 1 条明确规定了"根据宪法,制定本法"。《宪法》第 5 条规定:"国家维护社会主义法制的统一和尊严。一切法律、行政法规和地方性法规都不得同宪法相抵触。一切国家机关和武装力量、各政党和各社会团体、各企业事业组织都必须遵守宪法和法律。一切违反宪法和法律的行为,必须予以追究。"据此,包括刑事诉讼法在内的各个部门法的规定,均必须依据宪法,而不得与宪法相抵触。具体表现在以下三个方面:

1.《宪法》的基本精神是制定和修改《刑事诉讼法》时必须遵循的指导原则和出发点。《宪法》中关于国家性质、社会制度、政治制度、国家机关的组织体系和活动原则等规定,决定了我国《刑事诉讼法》的性质、目的、任务和基本原则。

2.《宪法》关于公民基本权利和"尊重和保障人权"的规定,是《刑事诉讼法》规

---

〔28〕[美]罗尔斯:《正义论》,何怀宏等译,中国社会科学出版社 1988 年版,第 60 ~ 65 页。

〔29〕观点一:尊重法律条文(特鲁派尼法官);观点二:探究立法精神(福斯特法官);观点三:法律与道德的两难(唐丁法官);观点四:维持法治传统(基恩法官);观点五:以常识来判断(汉迪法官);观点六:撇开己见(伯纳姆法官);观点七:判案的酌情权(斯普林汉姆法官);观点八:一命换多命(塔利法官);观点九:动机与选择(海伦法官);观点十:生命的绝对价值(特朗派特法官);观点十一:契约与认可(戈德法官);观点十二:设身处地(弗兰克法官);观点十三:判决的道德启示(雷肯法官);观点十四:利益冲突(邦德法官)。参见[美]萨伯:《洞穴奇案》,陈福勇、张世泰译,生活·读书·新知三联书店 2009 年版,第 1 页以下。

定“尊重和保障人权”的直接依据。根据《宪法》关于“公民在法律面前一律平等”（第33条）、“公民的人身自由不受侵犯”（第37条）、“公民的人格尊严不受侵犯”（第38条）、“公民的住宅不受侵犯”（第39条）、“公民的通信自由和通信秘密受法律保护”（第40条）等规定，要求刑事诉讼严格遵守法定程序，对人身的强制措施、对财产的强制性侦查措施、技术侦查等特殊侦查措施的适用条件、程序等作出了明确规定，同时强调严禁刑讯逼供并建立了非法证据排除规则等人权保障措施。

3.《宪法》关于人民法院、人民检察院的性质、职能、组织体系、领导体制、活动原则的规定，是《刑事诉讼法》相关规定的具体依据。特别是《宪法》明确规定了如下条款：中华人民共和国人民检察院是国家的法律监督机关（第134条）；人民法院审理案件，除法律规定的特别情况外，一律公开进行（第130条）；人民法院、人民检察院依照法律规定独立行使审判权、检察权，不受行政机关、团体和个人的干涉（第131条、第136条）；人民法院、人民检察院和公安机关办理刑事案件，应当分工负责、互相配合、互相制约，以保证准确有效地执行法律（第140条）。

（二）刑事诉讼法是“宪法测震器”

刑事诉讼法被称为是“宪法测震器”，亦被称为“小宪法”，足显刑事诉讼法与宪法的密切关系。

公民的基本权利和自由构成了现代宪法的基本内核，而这些权利和自由中又有相当大的一部分是与刑事诉讼息息相关的。国家追诉权因公民涉嫌犯罪而启动，它的运作无不深刻而广泛地影响着公民的基本权利：如逮捕、拘留、传讯等，必然严重影响被追诉人的人身自由权；搜查、扣押、冻结等，将严重影响公民住宅权、财产权等权利；采用技术侦查手段进行监听、秘密录音、秘密摄像，将严重影响公民的隐私权、言论自由权、通信自由权。可见，公民的基本权利和自由是宪法的主要内容之一，而公民在刑事司法程序中的权利又是公民宪法权利中最重要的权利。正因为宪法和刑事诉讼法这种极其紧密的关系，使得很多刑事诉讼问题从本质来看是宪法性基本权利的问题，也正是在这一意义上，阿马教授将宪法与刑事诉讼法的关系研究归纳为“宪法性刑事程序”。〔30〕

近代各国宪法为抑制国家权力，保护被追诉人的权利，除在宪法上列举各种基本权利，赋予这些基本权利直接效力外，还不断通过完善刑事程序基本权利体系并在条件成熟时将其在宪法上予以列举。这种做法的源头我们可以追溯到13世纪初的英国，在英国1215年的《自由大宪章》中，保障被追诉人的一些基本人权的思想已经初见端倪。如《自由大宪章》第39条规定：“凡自由民除经其贵族依法判决或遵守内国法律之规定外，不得加以扣留、监禁、没收其财产，褫夺其法律保护权或加以放逐、伤害、搜索或监禁。”〔31〕这种理念在美国发展为极致，美国《宪法》修正案即《权利法案》规定了公民的23项基本权利，有12项与刑事诉讼有关，如第四修正案保障公

---

〔30〕［美］阿希尔·里德·阿马：《宪法与刑事诉讼》，房保国译，中国政法大学出版社2006年版，前言。
〔31〕参见法学教材编辑部：《外国法制史资料选编》，北京大学出版社1982年版，第254页。

民反对不合理的搜查和扣押的权利;第五修正案要求对所有不名誉罪由大陪审团审查起诉,禁止双重处罚,反对强迫自我归罪;第六修正案列举了一系列在刑事指控中享有的权利:迅速审判,公开审判,由公正的陪审团审判,被告知指控的性质和理由,与对方证人质证,强制获得于己有利的证据,获得律师帮助;第八修正案增加了禁止收取过多保释金的权利。另外,在第五修正案和第十四修正案中规定了正当程序条款。道格拉斯大法官的话揭示了其中的深刻哲理:"权利法案的大多数规定都是程序性条款,这一事实绝不是无意义的。正是程序决定法治与恣意的人治之间的基本区别。"〔32〕

大陆法系国家也有类似的法律规定。法国的《人权宣言》直接宣示了许多涉及被追诉人人权的原则,如无罪推定、审判公开等。第二次世界大战以后,德国吸取魏玛宪法被悬置的历史教训,在1949年《联邦德国基本法》第1条第3款中明确规定:"下列基本权利作为可直接实施的法律,使立法、行政和司法机关承担义务。"现在的德国,宪法与刑事诉讼程序的特殊关系可以用"依赖性"来描述。罗科信教授形象地称刑事诉讼法是"国家基本法的测震器"。〔33〕 德国宪法对于程序法治、法官独立、公民自由权利等与刑事诉讼息息相关的问题都作出了重要的规定,构建了一道公民权利抵御国家公权力的强大屏障。同时,德国刑事诉讼的最后救济手段是宪法性申诉,即任何声称自己的宪法权利遭国家侵犯的公民都被允许在用尽其他法律手段后,向宪法法院申诉。这便使得这种"依赖性"可触可摸。在日本,第二次世界大战后受到美国宪法的深刻影响,基本人权也是其宪法价值体系的核心,如日本《宪法》第31~40条的规定,几乎涵盖了所有刑事程序中的基本权利。

目前世界各主要国家的宪法中,无不包含有公民权利与自由的规定。不仅如此,据我国学者的统计,世界各国的宪法中,直接规定被告人权利的有88.0%;发表意见的自由的有87.3%;财产权的有83.1%;平等权的有82.4%;私人生活的权利的有80.4%。〔34〕

我国宪法规定了一系列的公民权利和义务,对于切实保障公民的基本权利起到了很大的作用。但是对于公民在刑事诉讼中的基本人权问题却是很少直接在宪法中作出规定,如正当程序的审判、无罪推定、反对强迫自证其罪等都是涉及公民基本人权的重大权利,尚待上升为宪法性权利。就如戴雪所言:"人身自由……人人应有,绝不可视为一种特别利益。申言之:此类权利既为人人所应有,它只是寻常法律推行之下所成结晶品,又是寻常法院保护之下所得产物。准此以谈,我们当可适用一个通则于一特殊事件中。而知所谓人身自由的权利不是宪法的结果而是宪法的

---

〔32〕 参见季卫东:《法治秩序的建构》,中国政法大学出版社1999年版,第1页。

〔33〕 [德]克劳思·罗科信:《刑事诉讼法》(第24版),吴丽琪译,法律出版社2003年版,第13页。

〔34〕 徐秀义、韩大元:《现代宪法学基本原理》,中国人民公安大学出版社2001版,第75页。

根源。"[35]

六、刑事诉讼法与其他部门法的关系

(一)刑事诉讼法与刑法的关系

刑事诉讼法与刑法是刑事程序法与刑事实体法的关系。刑法是实体法,规定犯罪与刑罚;刑事诉讼法是程序法,规定如何查明犯罪和惩罚犯罪。对于国家追究犯罪的活动来讲,刑法和刑事诉讼法缺一不可。没有刑法,定罪量刑就没有依据和标准,诉讼活动就失去了方向;没有刑事诉讼法,不按照法律规定的程序去进行侦查、起诉和审判,惩罚犯罪便无从实现,刑法的规定也就沦为一纸空文。在现代法治社会,刑法实行"罪刑法定原则",即"法无明文规定不为罪、法无明文规定不处罚";刑事诉讼法则实行"程序法定原则",非经法定程序,不得对任何人采取强制措施、追诉、审判以及定罪量刑。现代法治要求,依据刑事诉讼法的规定启动诉讼程序并依法定条件、步骤推进诉讼进程,决定逮捕、起诉和审理,然后依据刑法规定的构成要件和量刑标准确定罪与非罪、此罪与彼罪以及判处刑罚。因此,刑事诉讼法对于刑法的实施,既有保障作用,也有限制作用。不能简单地把刑事诉讼法单纯作为刑法的"助法"和实施工具。

(二)刑事诉讼法与人民法院组织法、人民检察院组织法的关系

刑事诉讼法与人民法院组织法、人民检察院组织法是相邻近的法律部门。人民法院组织法和人民检察院组织法是规定人民法院、人民检察院的性质、任务、职权范围、活动原则、组织体系、机构设置和人员构成的法律,其中,大量的规定涉及法院、检察院在刑事诉讼中的任务、职权和活动原则。法院、检察院在刑事诉讼中扮演着重要的角色,刑事诉讼法作为规定刑事诉讼全过程的法律,当然涉及法院、检察院在刑事诉讼中的地位、职权、相互关系、活动原则和行为方式等。因此,刑事诉讼法与人民法院组织法、人民检察院组织法在内容上有部分交叉和重合,关系紧密,但是,它们各自有特定的调整对象和范围,而并非从属关系,只能互相补充而不能互相替代。

(三)刑事诉讼法与民事诉讼法、行政诉讼法的关系

刑事诉讼法与民事诉讼法、行政诉讼法同属于诉讼法(程序法),既有共性,也有特殊性。共性在于,三大诉讼法都是为正确实施实体法而制定的,有着许多共同的原则、程序和制度,如司法机关依法独立行使职权;以事实为根据、以法律为准绳;两审终审制、审判公开和回避制度;使用民族语言文字进行诉讼等。但因为各自所调整的对象、任务和目的不同,三大诉讼法所规定的原则、程序和制度又有一系列区别。刑事诉讼法调整刑事诉讼活动,解决的中心问题是被告人的刑事责任问题,参与刑事诉讼的国家机关不仅有人民法院,还有公安机关和人民检察院,设有侦查、强

---

〔35〕 [英]戴雪:《英宪精义》,雷宾南译,中国法制出版社 2001 年版,第 249 页。

制措施、审查起诉、死刑复核等区别于民事诉讼、行政诉讼的制度。民事诉讼法调整平等主体之间进行的民事诉讼活动,它规定民事诉讼实行当事人辩论和处分原则、调解原则,当事人对于自己积极主张的事实负有举证责任。行政诉讼法调整行政诉讼活动,所要解决的是由于行政机关及其工作人员的行政行为所引起的争议,为了保护行政相对人的合法权益,它规定由作为被告人的行政机关对行政行为的合法性承担举证责任。我国的行政诉讼法直接脱胎于民事诉讼法,在程序设置上,两者具有更多的共性。

第三节 刑事诉讼法学

一、刑事诉讼法学的研究对象

刑事诉讼法学是对刑事诉讼立法、司法实践和刑事诉讼理论进行研究的一门部门法学,它是我国法学体系中的一门重要分支学科。我国刑事诉讼法学的研究对象可以概括为以下三方面。

(一)刑事诉讼法律规范

作为刑事诉讼法学研究对象的刑事诉讼法律规范是指广义的刑事诉讼法,其中,《刑事诉讼法》又是我国刑事诉讼法学的主要研究对象。除了刑事诉讼法典,刑事诉讼法学还要对其他有关刑事诉讼的法律规范进行研究,主要包括《刑法》、《人民法院组织法》、《人民检察院组织法》、《监狱法》、《律师法》、《法官法》、《检察官法》、《人民警察法》和《国家赔偿法》等。另外,最高人民法院、最高人民检察院对刑事诉讼过程中具体应用法律问题所作的司法解释以及其他有关机关针对本机关执行刑事诉讼法的具体程序所作的规定等,联合国《公民权利和政治权利国际公约》等国际公约中关于刑事司法的准则,也是刑事诉讼法学的研究对象。

研究刑事诉讼法,要准确地解读法律条文的含义,全面地、完整地理解刑事诉讼立法的基本精神,厘清刑事诉讼法律规范之间的联系,研究制定法律的背景和实践需要。这样才能真正领会和掌握刑事诉讼法的内容和精神实质,并在实践中正确地贯彻实施。

(二)刑事诉讼司法实践

刑事诉讼法是一门实践性很强的应用学科,刑事司法实践是刑事诉讼法学研究的理论源泉。刑事诉讼法学研究如果离开司法实践,就将成为无源之水、无本之木。真正的刑事诉讼法律制度,不仅存在于法律规范中,而且植根于刑事司法实践中,只有在刑事司法实践中起实际作用的那些原则、程序和制度,才是真正有效的法律制度。因此,刑事诉讼法律规范的适用和实施情况是刑事诉讼法学研究的重点问题。也即我们应深入研究刑事司法实践,开展逻辑实证研究和经验实证研究,发现和解决刑事司法实践中的真问题,并推动刑事诉讼法律制度不断完善。

(三)刑事诉讼法学理论

刑事诉讼法学成为一门独立的学科,在西方国家已经有二百多年的发展历史,已经形成了独具特色的理论体系。我国自从清末引进大陆法系的刑事诉讼理论和制度,经历了一百余年的演进和发展,逐步丰富和发展出了一套中国本土的刑事诉讼法学理论。刑事诉讼的目的、价值、构造、主体、阶段、行为以及证据制度和刑事司法体制等一系列理论问题,得到了深入的讨论和长足的发展。这些学说和理论是长期以来我们对刑事诉讼的本质及其发展规律进行理论概括的成果,是对司法实务经验进行抽象和凝练而得到的理性结晶。但相关的理论研究仍然任重而道远,特别是考虑到我国刑事诉讼法学研究起步较晚,中间又因"文化大革命"而中断,导致多年停滞,改革开放以来虽然刑事诉讼法研究总体上呈现繁荣态势,但毕竟积累有限,因此我们亟待认真梳理古今中外的刑事诉讼理论和刑事司法规律,以期在继承前人已有成果的基础上,借鉴和参考当代各国先进的理论,深化刑事诉讼基础理论研究,使得刑事诉讼法学研究不断创新,理论水平不断提高。这是刑事诉讼法学科立基之本,也是刑事诉讼法不断完善、刑事司法实践不断发展的必然要求。

二、刑事诉讼法学的研究方法

刑事诉讼法学的研究应坚持辩证唯物主义和历史唯物主义的世界观和方法论。除此之外,结合学科特点,在刑事诉讼法学的学习和研究过程中还应当注意运用以下若干方法。

(一)法教义学方法

法教义学,也称法释义学,是一门在尊重现行实在法秩序的前提下,开展体系化研究与解释工作的规范科学。"法教义学家应当从那些无须检验就应当接受为真实的假设为出发点,他思考的是'既有给定'(ex datis),这是他与更多以批判为使命的法哲学的区别所在。"[36] 也就是说,刑事诉讼的法教义学研究是基于对现行立法的充分尊重的基础上进行的分析,是一种体系内的自我批判,而不同于从现行刑事诉讼法体系外部开展的颠覆性批判,其崇尚刑事法秩序的安定而拒绝对现行法律的过多指责,也不以修法建议为导向。"即使它在进行批判时,比如说批判性地检验一条法律规范,教义学也总是在现存体系本身固有的范围内开展论证。"[37] 刑事诉讼的法教义学研究的主要活动包括对现行有效的刑事诉讼法律的描述、对现行有效的刑事诉讼法律从事法概念体系研究,以及提出解决刑事司法实践疑难问题的建议。

(二)实证分析法

实证研究在当前日益受到刑事诉讼法学者的重视。[38] 当刑事诉讼研究者们发

---

〔36〕［德］沃尔福冈·弗里希:"法教义学对刑法发展的意义",赵书鸿译,载《比较法研究》2012 年第 1 期。

〔37〕白斌:"论法教义学:源流、特征及其功能",载《环球法律评论》2010 年第 3 期。

〔38〕参见胡铭:"略论刑事诉讼实证研究方法",载《清华法学》2011 年第 1 期。

现纯粹的思辨研究和比较研究无法解决中国的实际问题时，纷纷把视野投向了广袤的刑事司法“田野”，通过调研、座谈、访谈、问卷调查、观察、收集典型案例、查阅公检法司系统的有关数据、试点等方法，收集有关我国刑事诉讼实践的第一手资料进行分析研究。[39] 如前所述，刑事诉讼法学是一门应用学科，实践性很强。它是基于司法实践的需要而产生的，又是为指导司法实践服务的。因此，学习和研究刑事诉讼法学，必须使用理论联系实际和实证分析的方法，从司法实践中寻找研究的课题，注重对司法实践中的突出问题进行研究，通过对刑事诉讼法的某一制度或者程序的实施情况进行深入细致的社会调查，掌握第一手的统计数据、典型的案例和其他材料，然后经过分析研究，发现该制度和程序在实际适用中的制约因素和条件以及法律规定本身存在的问题，再有针对性地提出解决方案。

（三）价值分析法

如果说实证研究方法主要回答“是什么”的问题，那么价值分析法就是回答“为什么”的问题。价值分析方法不仅可以用来对刑事诉讼制度和司法实践情况进行评价和提出改革构想，而且可以就刑事诉讼程序的设置和基本模式等基础理论问题进行分析。关于公正、自由、秩序、效率、效益等价值的讨论和选择，使得刑事诉讼制度和实践有了不同的选择。如关于沉默权的争论，主要有引进说、否定说、肯定但暂不引进的折中说三种观点，这背后又是不同的价值观的支撑，带有明显价值倾向以及相应的对策研究。价值分析是与法理学甚至是哲学层面的研究相联系的，具有显著的思辨色彩。相关研究涉及当代刑事诉讼的基本价值取向、刑事诉讼中的主要利益和基本价值标准、不同利益和价值标准之间的相互关系、刑事诉讼价值选择的指导观念与操作原理等。这些问题实际上都属于刑事诉讼法律和司法实践中的法理学问题，对这些问题的研究所要探索的是刑事诉讼活动的一般规律及其应用。

（四）比较研究法

比较研究方法强调的是“以世界的眼光看中国的问题”，通过借鉴西方先进的刑事诉讼理论和制度，特别是通过对两大法系相关制度的比较来为我国刑事诉讼的完善提供思路。20 世纪 80 年代末 90 年代初以来，我国介绍外国刑事诉讼理论和制度的著作日趋增多；[40] 在老一辈学者的主持下，西方主要国家的刑事诉讼法典相继被翻译成中文，采用比较研究方法的论文大量发表，一时间可谓是汗牛充栋。无疑，比较的方法对于我们了解国外刑事诉讼理论动态以及吸收、借鉴外国刑事诉讼理论研究成果具有重要意义。西方发达国家和联合国刑事司法准则层面的一些基本理念、原则、规则和制度日渐被我国刑事诉讼学者所熟知，这为我们的理念更新和立法完

---

〔39〕 参见何挺等编译：《外国刑事司法实证研究》，北京大学出版社 2014 年版，第 1 页以下。

〔40〕 相关代表性著作可以参见陈光中主编：《外国刑事诉讼程序比较研究》，法律出版社 1988 年版；程味秋主编：《外国刑事诉讼法概论》，中国政法大学出版社 1994 年版；王以真主编：《外国刑事诉讼法学》，北京大学出版社 1994 年版；陈光中主编：《联合国刑事司法准则与中国刑事法制》，法律出版社 1997 年版等。

善提供了宝贵的可鉴之资，非法证据排除规则、反对强迫自证其罪原则、举证责任制度等在我国的《刑事诉讼法》中得以确立。另一方面，比较研究还包括对历史上的刑事诉讼立法、司法实践和理论进行比较研究。我国古代的法官责任制、证人免证制度、死刑复核制度、直诉制度等，对我国今天的刑事诉讼仍然有着深刻影响，我们需要深刻阐释影响刑事诉讼制度和司法实践发展的传统法律文化等因素，从而更加深入认识和运用我国刑事诉讼的本土资源。

第二章　刑事诉讼法的历史脉络

导读

历史是流动的现实，现实是凝固的历史。"刑事程序的历史，清楚地反映出国家观念从封建国家经过专制国家，直到宪政国家的发展转变过程。"[1]一国刑事诉讼制度往往是不同历史时期刑事诉讼活动积淀的结果，与其历史背景、权力结构、生产方式、时代思潮、文化传统等紧密相关。刑事诉讼的演进史往往以法律文化的形式影响到当下刑事司法的运作与改革前景。读史可以明鉴，知古可以鉴今。对刑事诉讼法历史的掌握可以更好地理解当前法律运行实践。

第一节　外国刑事诉讼法的历史演进

一、外国古代刑事诉讼法

人类社会自从有了纠纷，就有了纠纷解决的需求与方式；犯罪是一种特殊的社会纠纷形态，自从有了犯罪现象，也就有了追诉犯罪的需求与方式。在原始社会，不存在现代意义上的法，调整氏族成员行为的是风俗习惯，这其中就包括程序性内容。刑事诉讼法是随着国家的产生而产生，为解决纠纷和应对犯罪现象而发展并逐步完善起来的。根据史料记载，早在古埃及和古巴比伦时期就已经有了关于刑事诉讼制度的规定。如《汉谟拉比法典》中已经有追诉犯罪的相关规定，如控告、证人、神明裁判、法官责任等。这一时期的刑事诉讼法的规定相对较为零散，《汉谟拉比法典》并不是现代意义上的刑事诉讼法典，而是诸法合体的形态。

从总体上来看，根据不同的时期，可以将外国古代的刑事诉讼概括为以下两种诉讼模式。

（一）弹劾式刑事诉讼模式

弹劾式诉讼，是指个人享有控告犯罪的绝对权利，国家审判机关不主动追究犯罪，而是以居中仲裁者的身份处理刑事案件。弹劾式诉讼模式形成并发展于古罗马

---

〔1〕［德］拉德布鲁赫：《法学导论》，米健、朱林译，中国大百科全书出版社1997年版，第120页。

王政时期和共和国早期、古日耳曼和英国的早期。“古罗马、古日耳曼和不列颠的刑事诉讼无一例外地实行弹劾式诉讼。在此时期，追诉犯罪被视为个人的私事，除了极少数例外情况，国家并不积极地介入诉讼”。〔2〕

如《十二铜表法》共有105条，其包含了三种具有弹劾式诉讼特点的诉讼类型：私犯之诉、申诉制度、刑事法庭审判程序。古日耳曼法和英国早期刑事诉讼法也呈现出弹劾式诉讼的特点。归纳而言，弹劾式刑事诉讼模式的主要特征是：

1. 国家没有专门的追诉犯罪的机关，遵循严格意义上的“不告不理”原则。如《萨利克法典》第3条规定：“凡传唤别人到法庭者，应偕同证人，一同到被传唤人家，如本人不在，应使其妻子或其他家属通知他本人，前赴法庭。”

2. 原告、被告的诉讼地位平等，享有同等权利，承担同等义务。如在古雅典，案件在审判时先宣读原告的控诉书，再宣读被告的反驳书，然后由双方当事人发言和进行辩论，当事人也可以请懂法律的人为自己辩解，最后由法官作出判决。

3. 法院或其他裁判机构在诉讼中处于消极的地位。法官在收到当事人的控诉之后，并不主动进行收集证据、查明案情的工作，只是根据双方当事人在法庭上的陈述和辩论，以双方提供的证据作为依据进行裁判。

4. 神示证据制度。主要运用于疑难案件中，法官根据神的启示，借助神的力量来判断是非曲直，确定诉讼争议。如《汉谟拉比法典》第20条规定：“倘奴隶从拘捕者之手逃脱，则此自由民应对奴主指神为誓，不负责任。”第23条规定：“如强盗不能捕到，被劫者应于神前发誓，指明其所有失物，则盗劫发生地点或其周围之公社及长老，应赔偿其所失之物。”神示证据制度表现为多种形式，主要有热水审、冷水审、热铁审和食审等。以热水审为例，《罪恶之源》中曾记载：

> 仪式开始之前，在教堂中间点一把火，再由一名牧师端进来一大碗水和绑带。所有旁观者必须禁食，且在头天晚上与妻子分床，然后悄悄来到教堂，并在教堂里分成两排坐下来。碗里的水煮开时，除了水和面包、盐和草药外，已经三天没有进食，但每天还得参加弥撒活动的嫌犯，就朝那堆火走去。牧师会将嫌犯的双臂绑起来，旁观者就齐声讼祷，愿上帝将一切真情揭示出来。煮开的水底下是一块石头，如果这人只需经一次考验，则他只需将手浸及齐手腕深的开水就行；如果要经历三重考验，则需将手臂深入到沸水中，直到齐胳膊的地方，然后捞起那块石头。三天后，绑带要打开，如果有烫伤，则被视为有罪证据。〔3〕

弹劾式诉讼作为人类早期的纠纷解决方式，受到原始习惯和人类认识水平的限制，很大程度上保留了较强的原始色彩。例如，在古罗马，无论是一般的侵权行为还是犯罪行为，都被认为是一种私人间的纠纷。同时，发现真相的手段还是十分原始的，这在神示证据制度中表现得最为显著。一方面，其利用人们笃信神的力量，迫使

〔2〕 汪海燕：《刑事诉讼模式的演进》，中国人民公安大学出版社2004年版，第63页。

〔3〕 ［美］理查德·扎克斯：《西方文明的另类历史》，李斯译，海南出版社2002年版，第102页。

当事人或者证人说出真相，当今许多国家所实行的宣誓或类似的制度中仍然可见这种印迹；另一方面，这种方式利用人们对神的敬畏，认为这种结果是真实的或者至少是正当的，并推定通过程序（神示程序）所认定的“事实”是真实的。

（二）纠问式刑事诉讼模式

随着国家观念的增强，社会和国家日益分野，以及普通民众的犯罪观念的改变，犯罪行为从破坏个人安宁的性质逐渐转变为破坏君主和国家安宁的行为。弹劾式的诉讼模式受个人能力以及意思自治的限制，往往不能达到有效追究犯罪或惩戒罪犯的效果，从而逐渐淡出历史的舞台，而国家权力在刑事诉讼中日益强化，纠问式诉讼开始兴起。

纠问式诉讼是指国家司法机关对犯罪行为，无论是否有被害人控告，均依职权主动进行追究和审判的一种诉讼模式。它产生于罗马帝制时期，盛行于中世纪中后期的欧洲大陆各国。德意志帝国1532年颁布的《加洛林纳法典》和法国1539年的《法兰索瓦一世令》所规定的刑事诉讼程序就是典型的纠问式程序。纠问式诉讼模式的主要特征是：

1. 对刑事案件的追究，由代表国家的司法机关主动实施，而不再取决于被害人的控告。在这种模式之下，法官集追诉权与审判权于一身。不实行不告不理原则，刑事诉讼的启动与推进不取决于被害人的告诉，而是由国家官吏主动发现和追诉犯罪。被害人和被告人都没有诉讼主体地位。

2. 被告人沦为诉讼客体，成为刑讯的对象。在此时，被告人的口供是定罪的主要依据。刑讯的制度化、合法化是纠问式诉讼模式的显著特点。比如罗马教会统辖地区设立了“异端裁判所”，并制定了审理异端的特别审判程序，其规定，被告人若不承认罪行，就反复用刑拷问。不仅要承认自己的罪行，还要举出同伙和可疑分子。同时规定，一切有利于被告人的证词都不能成立，任何人从事有利于被告人的活动，都要予以最严厉的惩罚。“为了迫使罪犯交代罪行，为了对付陷于矛盾的罪犯，为了使罪犯揭发同伙，为了洗涤耻辱……而在诉讼中对犯人进行刑讯，由于为多数国家采用，已经成为一种合法的暴行。”[4]

欧洲的中世纪，发展出了一系列令人毛骨悚然的刑讯方法和工具，水刑就是其中的一种：

在中世纪的巴黎，在很长的时间里，水刑一直被作为刑讯手段，缘于其简便易行且危险性小。用水刑进行刑讯时，犯罪嫌疑人或被告人被绳子捆在一块由两个平行的支架支起的木板上，用一个号角做漏斗插进他的嘴里，将约9品脱的水慢慢灌进犯罪嫌疑人或被告人的肚子里，还要把他的鼻子夹上，以迫使其能将水吞咽下去。这还只是一般化的水刑，在更严酷的水刑中，刑讯人会将两倍的水灌进犯罪嫌疑人或被告人的肚子里。这应该算是欧洲中世纪各种刑讯手段中最“仁慈”的一种，当刑

---

〔4〕［意］贝卡利亚：《论犯罪与刑罚》，黄风译，中国大百科全书出版社1993年版，第40页。

讯结束时如果被刑讯人的供述令人满意，他还会被解开绳子送到厨房去暖和一下。[5]

3. 实行书面审理方式。纠问式的诉讼模式不允许当事人在法庭上辩论，审讯通常也不公开进行，判决的主要依据就是审讯被告人所得的书面记录。开庭审理，也就是对已经准备的书面材料进行宣读。整个诉讼过程都是书面和秘密的。

4. 实行法定证据制度。法定证据制度起源于古罗马法，完全确立于16～17世纪。该制度下，不同种类的证据的证明力大小以及它们的取舍和运用，都由法律预先加以规定。法官无权按照自己的判断来分析评价证据，运用证据认定案情需要符合法律规定的各种形式性的规则，具体表现在：(1)刑事案件中的证言被认为是"优先"证据，大多数案件都是通过此种手段来证明。对证言的推崇，使得法定证据制度与刑讯制度联系在了一起。(2)证明力次于证言的是书面证明。对书面证明的要求是，这些书面材料必须经过鉴定为真，而且必须是被告人承认签署了该文件。(3)如果符合一定的条件，推定也将构成完全证明。例如，在谋杀案中，如果两个证人看见一个人手中拿着一把鲜血淋漓的剑离开某地，而后在此地发现一具带着剑伤的尸体，那么，此二人的证言就构成完全证明的推定。

拉德布鲁赫在评价纠问式诉讼制度时曾指出，纠问式诉讼的历史功绩在于使人们认识到追究犯罪并非受害人的私事，而是国家的职责，因而建立起了国家追诉犯罪的机制。但同时，其严重错误则在于将追究犯罪的任务交给法官，从而使法官与当事人合为一体。被告人面对具备绝对权力的追诉人，束手无策。因此，在纠问式诉讼中，人们感慨："控告人如果成为法官，就需要上帝作为律师。"[6]对于法定证据制度，备受批判的是其机械性和形式主义。无疑，相对于现代的证据制度，这种评价并无不当。但是，法定证据制度相对于神示证据制度显然是有重要的进步意义的。任何法律制度都有其产生的背景，我们需要在当时的历史背景下去理解其产生的根源与历史意义。

二、外国近现代刑事诉讼法

(一)启蒙运动奠定了近现代西方刑事诉讼的理念基础

随着历史发展和时代变迁，英国的工业革命拉开了世界近代化的序幕。经济的发展，也带来了人们思想观念的变化。在17～18世纪，卢梭、孟德斯鸠等启蒙思想家提出了"主权在民"、"天赋人权"、"三权分立"等理论，奠定了西方政治法律制度的理论基础。1746年，意大利刑法学家贝卡利亚在《论犯罪与刑罚》一书中对纠问式诉讼和以刑讯为代表的法定证据制度进行了猛烈的抨击，并提出了一系列现代刑事法律的基本原则，如无罪推定原则、罪刑法定原则、罪刑相适应原则、刑罚人道化

---

[5] 崔敏主编：《刑讯考论——历史 现状 未来》，中国人民公安大学出版社2011年版，第85页。

[6] 参见[德]拉德布鲁赫：《法学导论》，米健、朱林译，中国大百科全书出版社1997年版，第120页。

原则等。1748 年,孟德斯鸠在《论法的精神》一书中指出了封建专制制度下诉讼专断的要害在于立法权、行政权和司法权的合一,认为“三权分立、互相制衡”是公民自由的保障,主张对被告人实行人道主义,反对酷刑。在反对封建特权和等级制度的过程中,资产阶级思想家提出的这些关于刑事诉讼的理论和主张,在批判封建专制的司法制度方面起到巨大作用,并为建立以法治原则为基础的刑事诉讼制度奠定了基础。

资产阶级革命成功之后,资本主义国家纷纷以宪法和法律的形式巩固革命成果,确认了启蒙思想家提出的一些法律原则,其中对后世影响较大的宪法性文件有英国 1679 年的《人身保护法》、1689 年的《权利法案》,美国 1787 年的《美利坚合众国宪法》,法国 1789 年的《人权和公民的权利宣言》(《人权宣言》)等。其中,法国《人权宣言》宣告:“在权利方面,人们生来是而且始终是自由平等的”,“任何政治结合的目的都在于保存人的自然的和不可动摇的权利,这些权利就是自由、财产、安全和反抗压迫。”为了保障这些权利,《人权宣言》规定了刑事程序法定、罪刑法定、无罪推定、反对酷刑以及财产神圣不可侵犯等多项原则。例如第 7 条规定:“除非在法律所规定的情况下并按照法律所指示的手续,不得控告、逮捕或拘留任何人。”第 8 条规定:“除非根据在犯法前已经制定和公布的且系依法施行的法律以外,不得处罚任何人。”第 9 条规定:“任何人在其未被宣告为犯罪以前应被推定为无罪。即使认为必须予以逮捕,但为扣留其人身所不需要的各种残酷行为都应受到法律的严厉制裁。”第 17 条规定:“财产是神圣不可侵犯的权利,除非当合法认定的公共需要显然必需时,且在公平而预先赔偿的条件下,任何人的财产不得受到剥夺。”这些原则成为各国制定《刑事诉讼法》或者推进刑事司法制度改革的依据。

在上述思想的指引下,近现代西方发展出三种刑事诉讼模式,分别是职权主义刑事诉讼模式、对抗式刑事诉讼模式和混合式刑事诉讼模式。

1. 职权主义刑事诉讼模式

法国在大革命成功之后,拿破仑亲自主持制定了多部法典,其中 1804 年公布、自 1808 年起实施的《法国刑事诉讼法典》,借鉴英国普通法诉讼程序,对传统的纠问式诉讼制度进行了彻底改造,建立了侦查、起诉、审判职能分离的原则和职权主义的诉讼程序,以及依据重罪、轻罪、违警罪分设审判法院的司法体系,确立了内心确信的证据制度和辩护、陪审、公开审判等一系列新的诉讼原则。这部法典对欧洲大陆各国以及亚洲、非洲和美洲的许多国家产生了深远的影响,成为大陆法系国家刑事诉讼制度的蓝本。

在法国革命风潮特别是《法国刑事诉讼法典》的影响之下,大陆法系许多国家也纷纷制定本国的刑事诉讼法典,掀起了一场轰轰烈烈的刑事诉讼制度法典化运动。早在 19 世纪中叶,德国多数前地方邦国内就已经出现了“改革的刑事程序”,1877 年制定、1879 年生效的《德国刑事诉讼法典》继承了这些先期改革所体现的立宪主义思想,摒弃了警察国家专制时代的纠问式诉讼程序,建立了检察机关,并通过侦查、起诉和审判职能的分离,限制法官的权利,赋予被告人辩护权和其他多项诉讼权利。这部法典以其严谨的结构、简洁的语言和法治国家法定程序的思想对明治后期至第二次世界大战前的日本以及我国近代的刑事诉讼制度产生了巨大影响。

职权主义刑事诉讼模式是由裁判者行使职权来掌握和推动刑事诉讼程序。具体是指，在诉讼中，法官居于主导地位，控辩双方居于从属地位，法官可以依职权主动调查取证，判决不局限于当事人的诉讼请求的一种诉讼模式。职权主义诉讼模式主要为法国、德国等大陆法系国家所实行，主要特征包括：(1)法官依职权主动推进诉讼进程；(2)法官主动依职权调查证据，可以主动询问被告人、证人、鉴定人并采取一切必要的证明方法；(3)采取不变更原则，案件一旦起诉到法院，控诉方不能撤回起诉，诉讼的终止以法院的裁判作为标志。现在，大陆法系国家，纯粹职权主义的诉讼模式已经被打破，诉讼中一般实行变更原则，允许控诉方撤回起诉。

职权主义刑事诉讼模式的主要功能便是揭示事实真相，即发现实体真实。在欧洲大陆，证据的收集者是法官或者类似于法官的调查人等公职人员，由他们来践行揭示事实真相的职责。这其中，刑事调查被认为是一项公共职能而非私人责任；审判由主审法官询问证人，控辩双方的律师仅仅起到次要作用或辅助性作用。这种以揭示事实真相为导向的诉讼模式，导致欧洲大陆国家建立起了强势的刑事调查和审判组织，这区别于英美法系的当事人对抗式诉讼。

2. 对抗制刑事诉讼模式

英国自1215年《大宪章》起，确立了“法律的正当程序”原则，并在16世纪逐渐建立起了大、小陪审团审判制度。1688年英国资产阶级革命之后，英国刑事诉讼制度得到进一步的发展。1836年，英国立法赋予辩护人向陪审团发表辩护意见的权利。随着律师的广泛参与和证据制度的不断发展，至18世纪，英国形成了当事人主义的诉讼程序，其法律依据除普通法上的判例以外，也有大量的成文法。美国独立后的法律制度基本上继受了英国法，但是有自己的特点。在诉讼制度方面，美国法的最大特点在于把刑事诉讼中的一些重要权利规定在宪法之中。1791年生效的《美国联邦宪法》第四修正案至第八修正案几乎全部是刑事诉讼的权利保障条款，如人民不受不合理的拘捕、搜查和扣押；非经大陪审团提起公诉，人民不得被判死罪或其他不名誉罪；不得强迫任何人证明自己有罪；刑事被告人享有接受迅速的、公正的陪审团审判的权利以及与控方证人对质、接受律师帮助的权利；不得对被告人课以过重的保释金、过多的罚金和残酷的刑罚，等等。美国“刑事程序宪法化”的特点，开创了后来世界各国宪法规定刑事诉讼原则的先河，并对第二次世界大战以后国际刑事司法准则的形成和普及产生了重大影响。

以英美法系的刑事诉讼为代表的对抗制刑事诉讼模式，也称当事人主义诉讼、辩论主义诉讼、竞争主义诉讼。对抗制刑事诉讼指诉讼的发动、继续和发展主要依赖于当事人及其律师，诉讼过程由当事人及其律师主导，法官仅处于消极的中立的裁判者地位。当事人及其律师要负责证据的调查、准备、提出和证据价值的陈述工作，法官不能在当事人指明的证据范围以外依职权主动收集证据。其主要特征是：(1)诉讼活动由当事人来发动、推动和主导；(2)法官不主动依职权调查证据，自我克制是法官在案件调查活动中的惯例;(3)案件事实的发现委诸控诉方和辩护方的举证和辩论,在法庭调查中实行交叉询问制度;(4)实行变更原则,允许控诉方变更、追加、撤回诉讼,允许控诉方与辩护方进行辩诉交易;(5)实行起诉认否程序,在刑事诉讼中如果被告人自愿而不是被强迫作出有罪供述,则对案件事实无须进行举证和辩论,法官可以径行作出有罪判决;(6)实行陪审团制度,由一定数量的非专业人士组成陪审团,在没有法官出席的情况下负责对事实的有无进行裁决。

英美法系的对抗制刑事诉讼模式,对抗双方的目的是赢得法庭上的战斗,而法庭的作用是依据控辩双方提交的证据做出有罪或无罪的判决。律师在对抗制诉讼中的作用十分显著,双方律师主导了证据的收集、选取、提交的责任。而实际上,律师主导的刑事审判在英格兰法律史上出现晚近而迅捷。直到17世纪90年代,在所有严重刑事案件,包括叛逆和重罪中,还禁止辩护律师参与。短短一个世纪之后,到了18世纪90年代,在严重刑事案件中,对抗式刑事审判的主要特征却已经完全成型。[7]

3. 混合式刑事诉讼模式

混合式刑事诉讼模式的代表是日本和意大利。从历史上来看,日本属于职权主义刑事诉讼模式。日本自1876年起实行以国家追诉为基础的控审分离原则,1879年正式废除拷问,1882年聘请法国巴黎大学教授邦索纳德(G. Boissonade)帮助制定第一部资产阶级性质的刑事诉讼法——《治罪法》,1890年和1922年又借鉴德国法,分别制定了"明治刑事诉讼法"和"大正刑事诉讼法",删除了根据罪行轻重分设审判法院的相关规定,加强了对强制措施的法律控制,将辩护制度扩充至预审阶段,不断提高了被告人的当事人地位;同时根据日本的实际情况放弃了德国的"起诉法定原则",改采"起诉便宜原则"。"二战"以后,日本刑事诉讼受到美国当事人主义的影响很大,相关改革向对抗制诉讼靠拢,在综合了职权主义和当事人主义的基础上发展出了有自身特点的混合模式,如裁判员制度便是典型代表。[8] 1865年,意大利也以1808年《法国刑事诉讼法典》为蓝本制定了自己的刑事诉讼法典。这部法典建立了法国式的预审制度和由职业法官与非职业法官共同组成合议庭进行审理的参审制,确立了自由心证制度和无罪推定原则。1913年,意大利对该法典进行了修改,扩大了被告人在侦查、预审程序中的权利,改善了被告人的诉讼地位。1988年颁布的意大利新刑事诉讼法典则标志着大陆法系国家在和平环境中移植当事人主义诉

---

〔7〕 参见[美]兰博约:《对抗式刑事审判的起源》,王志强译,复旦大学出版社2010年版,第1~2页。

〔8〕 日本传统上采行由专门的职业法官进行审判的制度。20世纪90年代初开始,日本民众强烈要求从以往的由统治客体意识而产生的对国家过度依赖的依存意识中把自己解放出来,要求广泛地参与到司法运作中去。2004年5月,日本通过了《关于裁判员参加的刑事审判的法律》从立法上确立了裁判员制度。从总体来看,日本的裁判员制度要求从一般国民中随机抽选裁判员以广泛吸收民众参与,这与英美法系的陪审制相似,但是裁判员要与法官一起参与从事实认定到量刑的全部过程,在这点上更接近大陆法系的参审制。参见张凌:"日本刑事诉讼法修改与裁判员制度",载陈光中主编:《21世纪域外刑事诉讼立法最新发展》,中国政法大学出版社2004年版,第265页。

讼制度的一种尝试。[9]

混合式刑事诉讼模式，又称折中主义诉讼，兼采当事人主义和职权主义诉讼模式的因素而形成。其主要特征是：(1)保留了法官主动依职权进行调查取证的权力，注重发挥法官在调查案件事实方面的能动性；(2)大力借鉴对抗制诉讼的因素，在诉讼中注重发挥控辩双方的积极性，注重控辩双方平等对抗。总的来看，混合式刑事诉讼模式是在原有的职权主义诉讼模式的基础上大力吸收对抗制诉讼模式的积极因素的结果，既强化对人权的保障，又注重发现案件真实和提高诉讼效率。

（二）现代西方刑事诉讼发展的趋势

1. 在立足本土资源的基础上，两大法系相互学习和融合成为一种趋势。实际上，第二次世界大战以后，英美法系和大陆法系一直都在相互吸收、相互借鉴，当事人主义和职权主义的差异在不断缩小，而且近年来这种趋势有增无减。例如俄罗斯的新刑事诉讼法典吸收了不少英美法系的东西，新法典确立了陪审团程序、在刑事被告人同意对他提出的指控时做出判决的特别程序、禁止重复追究刑事责任的原则；日本的裁判员制度可以说是英美法系的陪审制和大陆法系的参审制的结合。又如英国、美国面对犯罪的浪潮，也在学习职权主义的一些做法，加大对犯罪的打击力度。但是这些改革中的成功范例基本上都是建立在立足本国国情的基础之上的，同时又是与其原有的诉讼构造相适应的。当事人主义模式和职权主义模式没有绝对的优劣之分，尤其是在全球化的时代，国家和地区之间的诉讼制度的互相融合和借鉴已经是不可逆转的潮流，英美法系和大陆法系也不可能再有完全明确的界限，走向混合和融合已经成为各个国家共同的选择。

2. 国际刑事司法准则发挥日益重要的作用。从早期的《联合国宪章》、《公民权利和政治权利国际公约》，到新近的《联合国反腐败公约》、《联合国打击跨国有组织犯罪公约》，刑事司法领域的国际合作近年来一直在加强，各国经过反复磋商与谈判，就刑事司法领域的一些基本问题达成共识并形成公约或决议，这些共识构成了刑事司法的最基本的标准。世界各国只有在这些最基本的司法准则的基础上开展刑事司法活动，才能得到国际社会的尊重和认可。有的国家还在刑事诉讼法典中明确写入了国际法优先原则，如《俄罗斯新刑事诉讼法典》第1条第3项明确规定："公认的国际法原则和准则及俄罗斯联邦签署的国际条约是俄罗斯联邦调整刑事诉讼的立法的组成部分。如果俄罗斯联邦签署的国际条约规定了与本法典不同的规则，则适用国际条约的规则。"

3. 控制犯罪与保障人权并重，实体公正与程序公正相结合。近年来随着国际交往的日益频繁，全球化趋势的日益明显，刑事犯罪中的国际化、有组织化和智能化的趋势也日益凸显出来，全球共同合作，打击跨国犯罪的任务也随之艰巨起来。世界各国都在探索如何更加有效地控制犯罪，尤其是恐怖犯罪、暴力犯罪、腐败犯罪等恶性犯罪。但是，在打击犯罪时，我们需要考虑，是用不择手段的、违反程序的（如刑讯

---

〔9〕 参见陈瑞华："意大利1988年刑事诉讼法典评析"，载《政法论坛》1993年第4期。

逼供)的方法,还是通过合法的程序、正当的途径?显然,后者才是符合保障人权的要求的,才能把程序公正和实体公正结合起来。任何只追求打击犯罪、发现实体真实,或是只强调保障人权、程序公正,都是片面的,很难真正解决现实中的问题。因此,综观世界各主要国家和地区的近期改革,追求控制犯罪与保障人权、实体公正与程序公正的平衡,是一种总体的趋势。

4. 追求诉讼效率。面对堆积如山的案件,实现案件的繁简分流,提高办案的效率是必然的选择。这里不仅包括简化审判程序,如俄罗斯效仿美国的辩诉交易建立的被害人认罪程序,英国缩小陪审团审理案件的范围;还包括审前程序中的改革,如德国扩大检察官自由裁量不起诉的权力,法国扩大司法警察的权力,美国放宽反恐斗争中对秘密侦查手段的限制以及证据制度中的改革,如英国修改传统的传闻证据规则。这种对诉讼效率的追求尽管在一定程度上损害了程序公正,但是并没有违背程序公正的最低标准,如美国的反恐立法并没有废止反恐侦查中的司法审查,也没有剥夺公民申请人身保护令的权利,也就是说"公正第一,兼顾效率"仍然是世界各国的基本价值趋向。〔10〕

第二节 中国刑事诉讼法的历史演进

一、中国古代刑事诉讼法

中国古代是指从公元前 2600 年左右早期奴隶制国家的出现直到 1840 年清王朝走向崩溃这一漫长的历史时期,期间经历了奴隶制时期和封建制时期两个发展阶段。中国古代并未形成专门的刑事诉讼法典,但是很多法规都涉及刑事诉讼的内容。同时,在刑事诉讼立法的设计方面也不乏先进之处,在当时全世界范围来看处于领先地位。

(一) 中国古代刑事诉讼法的起源与发展

中国传统法律的调整范围广泛,法律形式多样。但就广义的法律形式而言,包括两大系统:刑与礼。刑起于兵,而礼发于祀。初始形态的中华古文明带有明显的军事征战的性质。中央盟主以武力讨伐其他部落,在部落之中,对破坏部落秩序的成员也需要一种强力惩戒手段。这种手段就是"刑事法律"的雏形。〔11〕

最早的刑事立法始于公元前 21 世纪的夏朝。"夏有乱政而作禹刑,商有乱政而作汤刑,周有乱政而作九刑。"〔12〕《尚书》记载,西周穆王时期已经出现了"祥刑"的

---

〔10〕 参见陈光中主编:《21 世纪域外刑事诉讼立法最新发展》,中国政法大学出版社 2004 年版,第 9 ~ 11 页。

〔11〕 参见朱勇:《中国法制史》,中国政法大学出版社 2008 年版,第 9 页。

〔12〕 《左传·昭公六年》。

思想，提出对待案情处理必须谨慎从事，对于没有佐证的单方面的言论，必须明察（“明清于单辞，民之乱，罔不中听狱之两辞”）。听取供词时，一定要心存公允，不可因听信一方之辞而有所私袒，更不可贪图贿赂而有所偏护（“非天不中，惟人在命”）。[13] 同时，对于重大的刑事案件，在考虑犯人的供词时，要考虑五天到六天，甚至要考虑十天，一定要非常慎重地去审查犯人的供词（“要囚，服念五六日，至于旬时，丕蔽要囚”）。[14]

春秋时期奴隶制开始瓦解，封建制逐渐兴起。各国开始公布成文法。战国时期，李悝制定了《法经》，包括《盗法》、《贼法》、《网法》、《捕法》、《杂法》、《具法》六篇。《网法》又称《囚法》，是关于囚禁和审判罪犯的法律规定。《捕法》是关于追捕盗贼及其他犯罪者的法律规定。可以说，《网法》、《捕法》两篇多属于刑事诉讼法的范围。

秦统一中国后建立了中国第一个中央集权的封建主义国家，其诉讼制度具有承前启后的特点。下面就主要从几个方面来介绍一下秦汉至明清时期刑事诉讼法的变化情况。

1. 司法机关。秦汉在中央设立廷尉专理司法。三国两晋南北朝时期，中央审判机关廷尉改称大理寺。唐代时，刑部不但是中央司法行政的最高机构，同时有权对大理寺审判的案件进行复核，受理各地在押犯的申诉案件。宋代时，御史台也享有对一些重大案件的审判权。元代时，撤销了大理寺，设立了大宗正府和刑部。明清时期中央司法机关为刑部、大理寺和都察院。

司法机关和行政机关合二为一。三国两晋南北朝时期，地方实行州、郡、县三级制。唐代地方设州、县两级政权机构，实行行政与司法合一的制度。宋代地方审判机构分为提点刑狱司、州、县三级。元代时，行省、路、府、州、县等地方行政机构，兼有司法职能。明代地方机构分三级设置。清朝的地方司法体制为省督抚、省按察司、府、县四级。

2. 告诉制度。秦代的诉讼案件分为官诉和举发，但是也设置了种种限制。比如限制子告父母以及奴隶告主人。在两汉时期，在一般情况下，必须按司法管辖逐级告劾，但有冤狱，可以越级上书皇帝。三国两晋南北朝时期，直诉制度形成。唐代严格了告诉的各项程序，对于越级告诉，以及官府受理者，规定了“各笞四十”的处罚。元代时，诉讼代理制度出现。明代实行军民不同的诉讼制度，禁止越诉。到了清代，我国古代的申诉制度发展到了巅峰，也逐渐走向了终结。[15] 这个时期的申诉，包括击登闻鼓、上书皇帝等，被统称为“京控”，即“其有冤抑赴都察院、通政司或步军统领衙门呈诉者，名曰京控。”[16]

---

〔13〕《尚书·吕刑》。

〔14〕《尚书·康诰》。

〔15〕参见胡铭：《刑事申诉论》，中国人民公安大学出版社2005年版，第55～64页。

〔16〕《清史稿·刑法志》。

3. 证据制度。秦代主要的证据原则包括以被告人的口供作为主要定案依据原则、官吏举告与民人告奸必须举证原则、广泛收集证据的原则等。唐律确认了“众证定罪”的原则。宋代时，基本证据仍是口供。宋代以后，司法检验制度更加完备，且法律要求地方官员如县尉等主持检验。南宋时，宋慈完成了世界上第一部法医学著作《洗冤集录》。[17] 中国古代的现场勘查及尸伤检验制度非常发达。

4. 强制措施。汉律规定，官府接到告劾，就要立即逮捕，进行羁押，但对身份不同的犯人，在逮捕、羁押方面采取不同的程序。唐代在逮捕人犯上，既要求严惩犯人的拘捕行为，又限制缉捕人员的非法擅杀。为了有效地镇压某些现行的犯罪，唐律又允许在特殊的情况下实行“私捕系”。

5. 审判制度。两汉时期，司法机关审理案件，主要是按照《周礼》的方法，根据犯人的口供进行判决。对原司法机关的判决不服，允许当事人上书，向上级司法机关请求复审。《大唐六典》第一次以法典的形式，肯定了法官的回避制度。同时，唐律还规定了级别管辖与地区管辖的制度。在审判制度上，宋代规定了翻异别勘制度。明代在唐宋法律的基础上，形成了一套较为齐备的会审制度。

6. 死刑程序。秦汉时的死刑，郡守有决定权。到三国时期，决定权开始集中于皇帝。唐代死刑案件，通常先由中央有关部门复查，然后报请皇帝裁定。同时规定死刑执行前必须进行复奏。明清时期，演变为秋审、朝审制度。

7. 执行制度。司法机关作出判决之后，重大案件有的须经皇帝裁决后方能执行。对死刑的执行，实行“秋冬行刑”制度。

（二）中国古代刑事诉讼法的特点

中国古代尤其是秦汉以后的刑事诉讼法在漫长的发展时期中形成了一系列相对稳定的基本特征。虽然在具体制度设置方面有所变化，但是更多的东西是一脉相承并保留了下来的。具体而言，这些特征主要包括：

1. 司法与行政不分。中国古代并未形成独立的审判机关，司法机构一般同时亦为行政机关。刑事案件的审理机关一般为各级衙门。官员既要负责收集证据，又要负责对案件进行裁判，其权力很少真正受到限制。

2. 程序法与实体法合体。中国古代的律令没有严格的实体法和程序法之分，有关诉讼程序的规范一般都与实体法律规范同时规定在法律之中。

3. 刑讯发展成了合法的制度。如秦代实行有条件的刑讯制度，其条件是：“诘之极而数訑，更言不服，其律当笞掠者，乃笞掠。”[18] 即反复诘问到犯人辞穷，犯人不断改变口供，仍拒不服罪，依法应当拷打的，就实施拷打。同时，秦律还要求对刑讯的详情作出“爰书”加以记录。《梁律》首定测罚之制，凡在押人犯，不招供者均施以测

---

〔17〕 宋代宋慈所著的《洗冤集录》，成书于公元 1247 年，是世界上第一部系统的法医学著作，比欧洲第一部系统的法医学著作——意大利人费德罗（Fortunato Fedele）于 1598 年所著的《医生的报告》——要早 350 余年。《洗冤集录》随后传播海外，有英、法、荷、德、朝鲜、日、俄等译本。

〔18〕《睡虎地秦墓竹简》，文物出版社 1978 年版，第 246 页。

罚之刑。具体做法是:“断食三日,听家人进粥二升,女及老小,一百五十刻乃与粥,满千刻止。”

4. 诉讼监督制度发达。为了保证司法的公正,在一定的程度上防止冤假错案的产生,建立了一系列的监督程序。从史籍记载来看,秦已创立御史监察之制,在中央以御史府(台)为官署,以御史大夫为官长,对地方则派遣监御史。汉代中央设御史府作为最高监察机关,在地方设立司隶校尉和州(部)刺史。

二、清末的刑事诉讼法

清朝末期主要是指从鸦片战争开始到清王朝灭亡的这段时期。这段时期,中国的社会具有明显的半殖民地、半封建的性质。根据 1843 年 7 月 22 日在香港公布的《中英五口通商章程及税则》及随后签订的《虎门条约》,外国获取了在华的领事裁判权。此外,西方列强还在中国建立了观审制度和会审公廨。[19]

在此背景下,有识之士试图变法图强,沈家本、伍廷芳等主持了清末修律。沈家本在其奏折中曾指出,一方面引进西方司法制度应该慎重,另一方面应积极引进契合我国国情和祖制的西方先进制度,“惟其中有为各国通例而我国亟应取法者,厥有二端。一宜设陪审员也。考周礼秋官司刺掌三刺之法……拟请嗣后各省会并通商巨埠及会审公堂,应延访绅富商民人等,造具陪审员清册,遇有应行陪审案件,依本法临时分别试行。”[20]沈家本的修律尝试建立陪审制度,并以周代的“三刺之法”作为先代依据。[21] 他认为,司法官一人毕竟知识有限,且难免舞弊徇私,为此应“延访绅富商民”,作为陪审员,集众人的智慧来查明案件真伪,保证审判的公正。

清末的立法不可避免地具有时代特征,但其在客观上迅速地打破了封建传统,在一定程度上促使中国的法制走上了近代发展的轨道。清末关于刑事诉讼的立法主要如下。

(一)《刑事民事诉讼法草案》

《刑事民事诉讼法草案》是我国首次将诉讼法规单独编纂的尝试,打破了两千多年诸法合体之立法例。针对该草案,沈家本曾言:“窃维法律一道,因时制宜,大体以

---

〔19〕 领事裁判权,是指一国通过驻外领事等对处于另一国领土内的本国国民根据其本国法律行使司法管辖权的制度。这是一种治外法权,是对国家属地管辖权的例外或侵犯。观审制度,是指外国人是原告的案件,其所属国领事官员也有权前往观审,如认为审判、判决有不妥之处,可以提出新证据等。会审公廨指 1864 年清廷与英、美、法三国驻上海领事协议在租界内设立的特殊审判机关。凡涉及外国人案件,必须有领事官员参加会审;凡中国人与外国人间诉讼案,由本国领事裁判或陪审,甚至租界内纯属中国人之间的诉讼也由外国领事观审并操纵判决。观审制度和会审公廨的确立,是外国在华领事裁判权的扩充和延伸。

〔20〕《进呈诉讼律拟请现行试办折》。

〔21〕《礼记・王制》记载:“司寇正刑明辟,以听狱讼,必三刺。”这里的“三刺”的含义是:“以求民情,断其狱讼之中:一曰讯群臣,二曰讯群吏,三曰讯万民。”也就是说,按照理想的状态,审案断狱不仅要听取原被告双方的辩诉之“辞”,而且要广泛征求“群臣”、“群吏”和“万民”对案件的看法和意见,这样才能取得判决的成功,使当事人“服”。

刑法为体,以诉讼法为用。体不全无以标立法之宗旨,用不备无以收行法之实功。二者相因,不容偏废。”[22]该草案一共有5章260条,规定了逮捕、拘传、搜查、取保等刑事诉讼程序,同时还规定了陪审制度、律师制度等现代诉讼制度如关于辩护与律师制度。“盖人因讼对簿公堂,惶悚之下,言词第多失措,故用律师代理一切质问、对诘、复问各事宜。”该草案的第四章“刑事民事通用规则”内,第一节便为“律师”之规定。[23]

但该草案最终被保守派否决,未能得到施行。

(二)《刑事诉讼律草案》

《刑事诉讼法草案》是我国首部独立的刑事诉讼法典草案。该草案共分6编515条。它引进了一系列英美法系的诉讼理念如采取“自由心证”、“言词辩论”等原则,规定被告人除自行辩护外,还可以请辩护人及辅佐人代为辩护。清末修律使得在中国合法存续数千年之久的刑讯逼供终于在法律上被彻底废除。《刑事诉讼律草案》第66条明确规定:“认定事实应依证据。证据证明力任推事自由判断”,“讯问被告人禁用威吓及诈罔之言”。在本条后的“理由”款中,草案制定者疏解道:“讯问被告时,若用威吓诈言,则惊恐之余,思想混乱,真实状况反为所淆,故本条采各国通例禁止之。”[24]

这部草案由于清廷的灭亡,最终未能颁布施行,但是其为此后民国时期的《刑事诉讼条例》的制定奠定了一定的基础。

(三)从晚清四大奇案看清末的刑事诉讼

清末是我国刑事诉讼从古代向现代转型的关键时期,通过深入观察清末的刑事诉讼,可以洞察中国传统刑事司法中的问题。在此,以晚清四大奇案为例,审视清末刑事诉讼的特点和问题:[25]

1. 极为残酷的刑讯。如在杨乃武与小白菜案中,杨乃武承受了各种酷刑的折磨,不仅被打得皮开肉绽、鲜血横飞,还被使用了专门针对江洋大盗的“天平踏杠”和最为残忍的“炮烙酷刑”。

2. 过分依赖言词证据,裁判者凭主观臆断取舍言词证据。如在太原奇案中,就连杀人的凶器这样的关键物证都没有查获,裁判者就已经草率地做出了裁断。

3. 裁判者持有罪推定。以名优奇冤为例,作为裁判者的叶县令素来讨厌优伶,在办案初期,叶县令便已经认定杨月楼有罪,而后续的工作只是逼出有罪供述来

---

[22] 李贵连:《沈家本传》,法律出版社2000年版,第280页。

[23] 《大清法规大全·法律部》卷十一。

[24] 李春雷:《中国近代刑事诉讼制度变革研究(1895~1928)》,北京大学出版社2004年版,第187页。

[25] 关于晚清四大奇案的案情,参见周愣伽:《清末四大奇案》,群众出版社1985年版;伍国庆主编:《晚清四大奇案》,岳麓书社1996年版。关于晚清四大奇案具体包括哪四个案件,实际上有所争议:一说为杨乃武与小白菜案、刺马案、杨三姐告状、淮安奇案;另一说为杨乃武与小白菜案、刺马案、赛金花瓦德西公案、春阿氏谋夫案;本文采周愣伽书界定的通说,即杨乃武与小白菜案、刺马案、名优奇冤、太原奇案。

定罪。

4. 办案的结果与封建统治者的利益相联系。在杨乃武与小白菜案中是为了袒护真凶,太原奇案与名优奇冤中初审裁判者是为了维护自身的权威,而刺马案中裁判者则是为了掩盖真相,维护封建统治秩序。

5. 申诉、告御状是一种常态,而人为因素在刑事案件中发挥了至关重要的作用。如在杨乃武与小白菜案中,被告人近亲属的申诉引发了前后八次不同裁判者的审判,最终还惊动了慈禧太后。如太原奇案中,为曹文璜申冤的新任山西提刑按察司既是曹家的世交又曾是曹文璜供职的县衙的长官,而如果没有这位高官的帮助,结果很可能大相径庭。

6. 官场潜规则、腐败问题。如在杨乃武与小白菜案中,初审裁判做出后,几乎后来的裁判者在接到案件时都产生了一定怀疑并试图查清真相,但是在知县刘锡彤的疏通、贿赂之下,维持原判、一错再错成了必然结果,以至于即便是一向以清廉著称的学政胡瑞澜也没有抵挡住10万两白银的诱惑。

7. 封建礼教是刑事审判中一个不可忽视的因素。如名优奇冤中,杨月楼作为戏子在封建社会属于被歧视的弱势者,连自由婚嫁的权利都没有,更不用说法律面前人人平等了。刺马案中体现的是典型的特权思想,马新贻作为封疆大吏可以杀弟夺妻、为所欲为,而张汶祥的义举却要遭受凌迟处死。[26]

三、民国时期的刑事诉讼法

民国时期主要是指1912年中华民国成立到1949年的这一段历史时期。这一时期,军阀混战,政治局势动荡。总体而言,这一时期主要可以分为三个阶段,即南京临时政府时期、北洋政府时期和国民党政府时期。

(一)南京临时政府时期

南京临时政府成立于1912年1月1日,结束于同年的3月12日。南京临时政府时期颁布了中国历史上第一部资产阶级性质的宪法性文件即《中华民国临时约法》。该法第6条规定了禁止非法逮捕拘禁的原则:“人民之身体,非依法律不得逮捕、拘禁、审问、处罚。”同时,该法还规定了公开审判的原则:“法院之审判须公开之。但有认为妨害安宁秩序者得秘密之。”此外,在其他一些文件中也规定了禁止刑讯、重证据不偏重口供等制度,同时还确立了律师辩护制度。

(二)北洋政府时期

北洋政府时期(1912~1928年)在刑事诉讼立法方面的主要贡献是在清末《刑事诉讼律草案》的基础上制定了《刑事诉讼条例》,这也是中国历史上正式颁布实施的第一部刑事诉讼法典。在北洋政府时期,普通法院实行四级三审制。同时规定县知事兼理司法审判,这在实际上相当于恢复了行政长官干预司法的审判制度,由此

---

〔26〕 参见胡铭:“冤案背后的程序逻辑——从晚清四大奇案透视正当法律程序”,载《政法论坛》2009年第4期。

造成了许多弊端。

(三)国民党政府时期

国民党政府时期主要是指从1927年到1949年的历史阶段。国民党政府在大陆统治时期先后颁行过两部刑事诉讼法典,第一部于1928年1月28日颁布,同年9月1日实施;第二部于1935年1月1日颁布,同年7月1日实施。第二部刑事诉讼法典主要是增加了"保安处分"的实施办法。这两部刑事诉讼法典在一定程度上借鉴和采纳了西方的刑事诉讼制度和原则,如公开审判制度、律师辩护制度、合议审判制度等。但这一期间的刑事诉讼法也存在一些缺陷,例如检察机关除了享有公诉权和指挥侦查权之外,还有批准采取羁押、搜查等强制措施的权力,不利于保护犯罪嫌疑人的权利。特别是在普通诉讼程序之外,又建立了多种特别诉讼程序,用于对付共产党人士,事实上导致了刑罚手段的滥用。

国民党政府时期的刑事诉讼法确立了一些近现代意义上的刑事诉讼原则,但在一定的程度上依然延续了清末的诉讼模式。例如,尽管国家立法层面确立了国家追诉主义原则,但在司法实践中和解依然占据了相当大的比重。[27] 这个时期的刑事诉讼法体现出明显的职权主义特征,相对于中国传统的刑事诉讼法而言,无疑是一种重大的突破,对于推动中国刑事诉讼制度的现代转型起到了积极作用。

我国台湾地区至今沿用南京国民政府制定和颁布的刑事诉讼法,该法是承继清朝法律和借鉴大陆法系国家法律的一种混合体。应当说,初期的立法是较为粗疏的,并残留着不少封建王朝刑事诉讼的痕迹,但在当时的立法过程中也曾充分吸收过德、日刑事诉讼法的诸多内容,后来又深受英美法系特别是美国法的影响,经过多次的改革与融合,在我国台湾地区一直沿用至今,表现出很强的生命力。[28]

四、中华人民共和国的刑事诉讼法

(一)中华人民共和国成立初期的刑事诉讼法

中华人民共和国成立初期,1951年9月中央政府公布了《人民法院暂行组织条例》、《中央人民政府最高人民检察署暂行组织条例》和《各级地方人民检察署组织通则》等。这些规则和条例规定了法院和检察署的职权,确立了公开审判、回避、辩护等诉讼原则和诉讼制度。1954年,第一届全国人民代表大会颁布了《人民法院组织法》和《人民检察院组织法》,同年12月颁布了《拘留逮捕条例》,对法院、检察院的职权、活动原则以及拘留、逮捕的程序作了明确的规定。50年代末期至60年代初

---

〔27〕 参见胡铭、张健:"转型与承续:民国时期的刑事和解——基于龙泉司法档案(1929~1949)的考察",载《浙江大学学报》(哲社版)2014年第1期。

〔28〕 近年来,我国台湾地区的刑事诉讼制度及其改革处于急剧的转型之中,1997年以来每年"刑事诉讼法"都有修改,有的年份甚至一年修改两次,如2000年。特别是在2002~2003年的修改中,台湾地区"刑事诉讼法"一共删除、修改、增订了120多个条文,从而基本实现了向当事人进行主义的转型。尔后,又实施了一系列重大改革,如2004年确立了协商程序,2006年将指定辩护延展到侦查阶段,2011年又在激烈辩论民众直接参与刑事司法机制的构建。

期,国家有关部门组织人员开始起草专门的刑事诉讼法,到1963年,《刑事诉讼法草案(初稿)》完成,但一直未能正式颁布施行。

(二)《刑事诉讼法》的制定

1979年2月,在全国人大常委会法制工作委员会的主持下,对1963年起草的《刑事诉讼法草案(初稿)》进行了修改,并于1979年6月完成了修正第二稿。1979年7月1日,第五届全国人民代表大会第二次会议通过了《刑事诉讼法》,同年7月7日公布,自1980年1月1日起实施。这是中华人民共和国第一部刑事诉讼法典。这部刑事诉讼法分为总则和分则两大部分,共4编17章164条。该部刑事诉讼法规定了公民在适用法律上一律平等、被告人有权获得辩护等诉讼原则,同时规定了两审终审、审判监督等刑事诉讼制度。该部刑事诉讼法的规定并不完善,仍然反映出强烈的国家职权主义色彩,但是在当时的历史条件下为规范公安司法机关的刑事诉讼活动、依法惩治犯罪、保护公民的合法权益提供了重要的法律依据。

(三)1996年《刑事诉讼法》的第一次修改

由于经济社会的不断发展,《刑事诉讼法》存在的弊端不断显露。自1993年开始,全国人大常委会法制工作委员会开始对《刑事诉讼法》实施的情况和问题进行调查研究。1995年10月拟出《刑事诉讼法(修改草稿)》,同年12月,拟出《刑事诉讼法修正案(草案)》,提交第八届全国人大常委会第十七次会议审议。而后又经过修改,最终于1996年3月17日正式通过了《全国人民代表大会关于修改〈中华人民共和国刑事诉讼法〉的决定》,于1997年1月1日起施行。

修正后的《刑事诉讼法》一共为225条,修改内容主要有:废除了免予起诉制度,确定了未经人民法院依法判决,对任何人都不得确定有罪的原则;完善了强制措施,取消了收容审查措施;加强了对诉讼当事人的权利保障;改善了辩护制度,将辩护人参加刑事诉讼的时间提前到审查起诉阶段;改革了庭审方式,增加了合议庭的职责;扩大了检察机关不起诉的范围;增设了简易程序等。在此次修改过程中,学者们发挥了至关重要的作用,最后的修改决定采纳了法学界提出的许多建议和意见。[29]

相对于1979年《刑事诉讼法》,修正后的《刑事诉讼法》反映了程序公正意识和保障人权观念在社会上的普及和发展,借鉴了一些国际公认的刑事司法准则,引进了控辩对抗的诉讼观念,加强了对追诉权力的限制,是一个巨大的进步。但是,受到政治体制、思想观念以及经济社会发展水平的限制,修正后的《刑事诉讼法》在实际运行过程中也遇到了不少问题。

(四)2012年《刑事诉讼法》的第二次修改

早在2003年,按照党的十六大提出的"推进司法体制改革"战略决策要求,再次修改《刑事诉讼法》就被纳入第十届全国人大常委会立法规划。但后来因各方意见

---

〔29〕 如陈光中教授领衔的专家组提出的修改意见和相关条文,其中65%的内容被1996年修订的《刑事诉讼法》全部或部分采纳。参见陈光中、严端主编:《中华人民共和国刑事诉讼法修改建议稿与论证》,中国方正出版社1999年版,第1~3页。

不一致、条件不成熟而被暂时搁置。[30] 2007 年,党的十七大召开,对司法改革和刑事诉讼法修改提出了更高要求。2009 年初,按照全国人大常委会的工作安排,全国人大常委会法制工作委员会开始着手《刑事诉讼法修正案草案》的起草工作。2011 年 8 月 24 日,十一届全国人大常委会第二十二次会议对《刑事诉讼法修正案草案》初审。会后,草案向社会公布并征求意见。2011 年 12 月 27 日,十一届全国人大常委会第二十四次会议对《刑事诉讼法修正案草案》二次审议。2012 年 3 月 14 日,十一届全国人大五次会议表决通过了《全国人民代表大会关于修改〈中华人民共和国刑事诉讼法〉的决定》,自 2013 年 1 月 1 日起实施。

修改后的《刑事诉讼法》分为 5 篇,共 290 条,着重从以下八个方面对 1996 年的《刑事诉讼法》进行了修改和完善:

1."尊重和保障人权"写入《刑事诉讼法》。尊重和保障人权是我国宪法确立的一项重要原则,体现了社会主义制度的本质要求。刑事诉讼法在程序设置和具体规定中都贯彻了这一宪法原则。考虑到刑事诉讼制度关系公民的人身自由等基本权利,新法将"尊重和保障人权"明确写入《刑事诉讼法》第 2 条,成为刑事诉讼法的重要任务之一,并在后续章节中对有关程序和制度作了详细的规定。这样,既有利于更加充分地体现我国司法制度的社会主义性质,也有利于司法机关在刑事诉讼程序中更好地遵循和贯彻这一宪法原则。

2. 证据制度方面,在严禁刑讯逼供的基础上,增加了"不得强迫任何人证实自己有罪"的规定,并正式确立了非法证据排除制度,明确规定了排除非法证据的范围和程序;还规定了拘留、逮捕后及时送看守所羁押,在看守所内进行讯问和讯问过程的录音录像制度;明确了证人出庭作证的范围,加强了对证人的保护;细化了证据"确实、充分"的证明标准。

3. 在强制措施方面,重点完善了逮捕、监视居住的条件、程序和采取强制措施后通知家属的规定。如进一步明确了逮捕必要性条件,增加了关于审查批捕过程中讯问犯罪嫌疑人和听取辩护律师意见以及人民检察院对羁押必要性进行继续审查的程序规定;将监视居住定位为减少羁押的替代措施,对监视居住规定了不同于取保候审的适用条件;严格限制拘留、逮捕后不通知家属的情形。

4. 在辩护制度方面,新法重点完善了辩护人在刑事诉讼中法律地位和作用的规定,扩大了法律援助的适用范围。如明确犯罪嫌疑人在侦查阶段可以委托律师担任辩护人,完善了律师会见程序,将审判阶段提供法律援助修改为在侦查、审查起诉、审判阶段均提供法律援助,并扩大了法律援助的对象范围,辩护律师在侦查、审查起

〔30〕 在这一过程中,学者们围绕着刑事诉讼法的再修改进行了诸多研究和探讨,提出了若干学者版的修改建议稿。比较有影响的成果包括:陈光中主编:《中华人民共和国刑事诉讼法再修改专家建议稿与论证》,中国法制出版社 2006 年版;徐静村主编:《中国刑事诉讼法(第二修正案)学者拟制稿及立法理由》,法律出版社 2005 年版;陈瑞华等:《〈中华人民共和国刑事诉讼法〉再修改律师建议稿与论证》,法律出版社 2007 年版;陈卫东主编:《模范刑事诉讼法典》(第 2 版),中国人民大学出版社 2009 年版。

诉和审判阶段的诉讼参与权得到进一步充实。

5. 在侦查措施方面，重点完善了讯问犯罪嫌疑人的程序和必要的侦查措施，同时，强化对侦查措施的规范和监督，防止其被滥用。如增加规定了口头传唤犯罪嫌疑人的程序，适当延长了特别重大、复杂案件传唤、拘传的时间；增加规定了询问证人的地点，完善人身检查的程序；在查询、冻结的范围中增加规定债券、股票、基金份额等财产；增加了关于技术侦查措施适用条件和程序的规定等。为保护相关诉讼参与人的合法权利，新法增加规定，当事人和辩护人、诉讼代理人、利害关系人，对司法机关及其工作人员采取强制措施法定期限届满不予以释放、解除或者变更强制措施的，应当退还取保候审保证金而不退还，对与案件无关的财物采取查封、扣押、冻结措施，应当解除查封、扣押、冻结而不解除，贪污、挪用、私分、调换、违反规定使用查封、扣押、冻结的财物等行为有权申诉、控告，并规定了相应程序。

6. 在审判程序方面，新法根据公正和效率价值的要求，对一审、二审、死刑复核和审判监督程序进行了适当的修改和完善。如将简易程序的适用范围扩大到基层人民法院管辖的可能判处有期徒刑以下刑罚、被告人承认自己所犯罪行的案件；对第一审普通程序中的案卷移送制度、开庭前的准备程序、与量刑有关的程序、中止审理的程序等作了补充完善；明确第二审应当开庭审理的案件范围，对发回重审作出限制规定；为进一步保证死刑复核案件质量，加强对死刑复核程序的法律监督。新法增加规定：最高人民法院复核死刑案件，应当讯问被告人，辩护律师提出要求的，应当听取辩护律师的意见；在复核死刑案件过程中，最高人民检察院可以向最高人民法院提出意见，最高人民法院应当将死刑复核结果通报最高人民检察院；对决定重审申诉案件的条件，指令原审人民法院以外的下级人民法院审理，人民检察院派员出席法庭，再审案件强制措施的决定程序，原判决、裁定的中止执行等内容作了补充完善。

7. 在执行方面，重点完善了暂予监外执行的条件和程序，强化了人民检察院对减刑、假释、暂予监外执行的监督，并增加规定："对于被判处管制、宣告缓刑、假释或者暂予监外执行的罪犯，依法实行社区矫正，由社区矫正机构负责执行。"

8. 增加规定了四种特别程序，即未成年人犯罪案件诉讼程序，当事人和解的公诉案件诉讼程序，犯罪嫌疑人、被告人逃匿、死亡案件违法所得的没收程序，依法不负刑事责任的精神病人的强制医疗程序。

总体来看，2012 年对《刑事诉讼法》的修改，坚持了社会主义法治理念，贯彻了宽严相济的刑事政策，巩固了近年来司法体制和工作机制改革的成果，在刑事诉讼的理论、制度方面均有重大进步。经过这次修改之后，我国刑事诉讼法的内容进一步丰富、完善，体系也更加完备，刑事诉讼法治化水平得到进一步提升。当然，其中也还存在一些不容忽视的问题，需要在实施过程中继续总结经验，不断完善。[31]

---

〔31〕 参见陈光中主编：《〈中华人民共和国刑事诉讼法〉修改条文释义与点评》，人民法院出版社 2012 年版，第 16～19 页。

（五）2018 年《刑事诉讼法》的第三次修改

为了协调国家监察体制改革和党的十八大以来的司法改革，全国人大常委会以修正案的方式对刑事诉讼法进行修改。2018 年 10 月 26 日，第十三届全国人大常委会第六次会议通过《关于修改〈中华人民共和国刑事诉讼法〉的决定》，自 2018 年 10 月 26 日起实施。决定共有 26 条，修改后的《刑事诉讼法》共 308 条。其修改主要体现在以下三个方面：

1. 完善监察与刑事诉讼的衔接机制。首先，调整了人民检察院侦查职权。修改后的《刑事诉讼法》第 19 条第 2 款规定，人民检察院在对诉讼活动实行法律监督中发现的司法工作人员利用职权实施的非法拘禁、刑讯逼供、非法搜查等侵犯公民权利、损害司法公正的犯罪，可以由人民检察院立案侦查。对于公安机关管辖的国家机关工作人员利用职权实施的重大犯罪案件，需要由人民检察院直接受理时，经省级以上人民检察院决定，可以由人民检察院立案侦查。其次，在涉及监察体制改革的衔接部分，对监察机关调查终结将案件移送到检察院进行审查起诉环节涉及的程序性机制作出衔接性规定。

2. 丰富反腐败和国际追逃追赃手段，即建立刑事缺席审判制度。修改后的《刑事诉讼法》建立刑事缺席审判制度，适用于贪污贿赂案件，以及需要及时进行审判，经过最高人民检察院核准的严重危害国家安全的犯罪和恐怖活动犯罪的案件，犯罪嫌疑人、被告人在境外的情形。刑事缺席审判制度的理论基础在于控诉原则、起诉法定原则以及对被告人庭审在场权的合理限制。刑事缺席审判制度在我国的建立，既有利于海外追逃、追赃等反腐败工作的开展，也有利于实现诉讼经济，有效保障诉讼当事人的合法权益。[32] 但是，作为一种非“常规”的审判制度，要求充分尊重和保障缺席审判被告人的相关权利，使缺席审判程序同样体现程序正义。

3. 吸收司法改革成果，将认罪认罚从宽制度及速裁程序写入法律。修改后的《刑事诉讼法》明确了刑事案件认罪认罚可以依法从宽处理的原则，完善了刑事案件认罪认罚从宽的程序规定，增加了速裁程序。认罪认罚从宽制度的初衷主要在于，及时有效惩罚犯罪，维护社会稳定；落实宽严相济刑事政策，加强人权司法保障；优化司法资源配置，提升司法公正效率；深化刑事诉讼制度改革，构建科学刑事诉讼体系。[33]

（六）其他相关的刑事诉讼立法

在刑事诉讼立法过程中，除了《刑事诉讼法》外，相关部门还陆续制定和出台了一些与刑事诉讼相关的司法解释和其他规范性文件。例如 2010 年最高人民法院、最高人民检察院、公安部、国家安全部、司法部印发了《关于办理死刑案件审查判断

---

〔32〕 陈卫东：“论中国特色刑事缺席审判制度”，载《中国刑事法杂志》2018 年第 3 期。

〔33〕 参见最高人民法院院长周强于 2016 年 8 月 29 日在第十二届全国人民代表大会常务委员会第二十二次会议上所作的《〈关于授权在部分地区开展刑事案件认罪认罚从宽制度试点工作的决定（草案）〉的说明》。

证据若干问题的规定》和《关于办理刑事案件排除非法证据若干问题的规定》的通知，规定采用刑讯逼供等非法手段取得的犯罪嫌疑人、被告人供述和采用暴力、威胁等非法手段取得的证人证言、被害人陈述，属于非法言词证据。经依法确认的非法言词证据，应当予以排除，不能作为定案的根据。这些规定在一定程度上有利于遏制刑讯逼供现象的发生。2010年《人民法院量刑程序指导意见（试行）》的发布，有利于进一步规范量刑工作，实现量刑的公正与公开。2011年《最高人民法院关于审理人民检察院按照审判监督程序提出的刑事抗诉案件若干问题的规定》的出台，规范了人民法院审理人民检察院按照审判监督程序提出的刑事抗诉案件的程序。2012年年底发布了新修订的《最高检规则》、《最高法解释》、《六机关规定》等新司法解释，重点针对修改后《刑事诉讼法》新增的或者有所修改、需进一步明确的有关条文作了解释。最高人民法院、最高人民检察院、公安部、司法部于2013年2月4日联合发布《关于刑事诉讼法律援助的规定》，贯彻实施修改后《刑事诉讼法》有关法律援助的规定，加强和规范刑事法律援助的工作。全国人民代表大会常务委员会根据《刑事诉讼法》修改后司法实践中遇到的问题，于2014年4月24日一连发布了第79条第3款、第271条第2款、第254条第5款、第257条第2款的解释。2016年1月13日，最高人民检察院通过了《办理羁押必要性审查案件规定（试行）》。2016年6月，最高人民法院、最高人民检察院、公安部、国家安全部、司法部通过了《关于推进以审判为中心的刑事诉讼制度改革的意见》。

2017年1月，最高人民法院、最高人民检察院通过了《关于适用犯罪嫌疑人、被告人逃匿、死亡案件违法所得没收程序若干问题的规定》。2017年6月，最高人民法院、最高人民检察院、公安部、国家安全部、司法部通过了《关于办理刑事案件严格排除非法证据若干问题的规定》。这些司法解释的出台，能够有效地弥补刑事诉讼法的缺陷与不足，更好地推进我国刑事法治的进步与发展。

此外，近年来我国刑事司法改革进入了“快车道”，而刑事司法改革的进程与刑事诉讼的完善紧密相关。2013年10月，全国第六次刑事审判工作会议，提出了“以庭审为中心”。2014年6月，中央通过《关于司法体制改革试点若干问题的框架意见》。2014年10月，中共十八届四中全会《中共中央关于全面推进依法治国若干重大问题的决定》明确“以审判为中心”推进刑事司法改革。2015年2月，《关于深化检察改革的意见（2013～2017年工作规划）》、《关于全面深化人民法院改革的意见全文》，明确了检察系统和法院系统的改革路线。同时，一些具体的刑事诉讼改革举措也不断出台，如2015年3月7日，最高人民检察院、司法部颁布了《深化人民监督员制度改革方案》；2015年5月20日，最高人民法院、司法部颁布了《人民陪审员制度改革试点工作实施办法》；2018年4月，第十三届全国人民代表大会常务委员会第二次会议通过了新的《人民陪审员法》。这些改革直接影响着我国刑事诉讼立法的完善和刑事司法实践，为我国刑事诉讼法的未来指明了方向。

第三章　刑事诉讼中的专门机关和诉讼参与人

导读

“程序是法治和恣意而治的分水岭。”为使诉讼程序有序进行，法律规定了专门机关和诉讼参与人。专门机关和诉讼参与人根据法律的规定形成了一整套自上而下的完整体系，它们之间存在多方利益关系的博弈，也构成了司法场域运行的主体。“法律最终根据的正当性在于，保障每一个人作为一个人他所应得之物：各得其份。”[1]建立在尊严价值和对主体的充分尊重的基础上，刑事诉讼的主体，在司法场域内展开竞争与博弈，追求公平、正义与权利。

第一节　刑事诉讼中的专门机关

刑事诉讼中的专门机关是指在刑事诉讼中依照法定职权进行侦查、起诉、审判、执行或者监督职能的国家机关，主要包括人民法院、人民检察院、公安机关以及国家安全机关、军队保卫部门、海关走私侦查机构和监狱等。

一、人民法院

（一）法院的含义

对于社会秩序的维系，司法权的有效行使至关重要。当讼争甚至是犯罪发生时，社会的安定性受到破坏，正常的社会秩序被打破，寻找一种有效平息纠纷、使得当事人心平气和、恢复原有的社会秩序的途径，是任何一个国家所必须要考虑的问题。于是，国家设立了法院以行使司法权，作为中立的第三方介入纠纷的解决，实现事后救济和恢复社会秩序的目的。从这一意义上来看，“为了达到争议解决的目的的三方结构是法院的基本社会逻辑，这一逻辑如此令人信服以至于法院已经成为了

---

〔1〕［德］考夫曼：《法律哲学》，刘幸义等译，法律出版社2004年版，第293页。

一个普遍的政治现象。"[2]

关于法院,可以有广义和狭义两种不同的理解。广义的法院是指组织上的法院或者行政管理意义上的法院,它分为作为司法行政机关行使司法行政权的法院和包括法院全体职员在内的以官署为单位的法院。狭义的法院是指诉讼法意义上的法院,即隶属于法院的法官或者法官与陪审员组成的行使审判权的机关。明确法院的不同含义,有助于厘清法院内部的司法职能与行政管理职能之间的关系,进而避免法院内部行政管理职能与司法职能混淆不清以及行政管理主体不当干预审判权行使的现象。

(二)人民法院的性质和地位

我国《宪法》第128条、第131条和《人民法院组织法》第2条、第4条规定,人民法院是国家的审判机关,代表国家独立行使审判权。我国《刑事诉讼法》第3条规定:"审判由人民法院负责。"第12条规定:"未经人民法院依法判决,对任何人都不得确定有罪。"据此,人民法院是代表国家统一行使审判权的国家司法机关,并且是唯一有权确定被告人有罪和对被告人判处刑罚的机关。

在我国,司法与审判不是同一个概念,司法的范围比审判要广。人民法院是唯一的审判机关,但并非唯一的司法机关。司法机关是行使司法权的国家机关。法院是典型的司法机关,在西方国家司法机关等同于法院,司法机关与立法机关、行政机关互不从属。在我国,司法机关包括人民法院、人民检察院两大类,司法机关从属于国家权力机关而独立于其他国家机关。

根据《宪法》、《刑事诉讼法》和《人民法院组织法》的相关规定,人民法院依法独立行使审判权,不受行政机关、社会团体和个人的干涉;人民法院对同级人民代表大会及其常务委员会负责并报告工作,接受其监督。

(三)人民法院在刑事诉讼中的职权

为保证人民法院审判职权的独立有效行使,《刑事诉讼法》赋予了人民法院以下职权:(1)强制措施权,例如决定使用拘传、取保候审、监视居住和逮捕等强制措施。(2)对该出庭而不出庭作证的证人有权强制其到庭、予以训诫和拘留;在审判过程中,必要时可以进行勘验、检查、查封、扣押、鉴定和查询、冻结。(3)对违反法庭秩序的行为进行警告、制止以及采取处罚措施。(4)执行某些判决和裁定。(5)对生效判决按照审判监督程序进行提审或者再审。(6)向有关单位提出司法建议,等等。这些职权通常也与人民法院的应尽职责相对应,必须严格依法履行。

人民法院在依法行使职权的同时,应当履行以下义务:(1)通知义务。开庭前,人民法院应当依法及时通知人民检察院、当事人及其他诉讼参与人出庭参加诉讼。(2)告知义务。开庭时,人民法院应当告知当事人、证人和鉴定人等的诉讼权利和诉讼义务。(3)保障义务。人民法院应当保障诉讼参与人诉讼权利的行使。(4)聆听

---

[2] [美]马丁·夏皮罗:《法院:比较法和政治学上的分析》,张生、李彤译,中国政法大学出版社2005年版,第2页。

义务。审判过程中,人民法院应当认真听取公诉人、当事人、诉讼代理人、辩护人对证据、案件情况和法律适用等问题所发表的意见。

(四)人民法院的组织体系及其上下级关系

根据《人民法院组织法》的规定,我国人民法院的组织体系由三部分组成:最高人民法院、地方各级人民法院和专门人民法院。

最高人民法院是我国的最高审判机关,监督各级人民法院和专门人民法院的工作。最高人民法院由院长1人,副院长、庭长、副庭长和审判员若干人组成,设刑事审判庭、民事审判庭、行政审判庭和其他根据需要设立的审判庭。最高人民法院监督地方各级人民法院和专门人民法院的审判工作,审判法律规定由它管辖的和它认为应由自己审判的第一审案件。同时,受理不服高级人民法院、专门人民法院判决和裁定的上诉、抗诉案件,以及依照审判监督程序提起的再审案件。此外,最高人民法院还对审判工作中如何应用法律的问题作出具有普遍约束力的司法解释。

最高人民法院巡回法庭是最高人民法院派出的常设审判机构。巡回法庭做出的判决、裁定和决定,是最高人民法院的判决、裁定和决定。党的十八届三中全会提出,探索建立与行政区划适当分离的司法管辖制度;党的十八届四中全会提出,探索设立跨行政区划的人民法院,办理跨地区案件。2014年,最高人民法院第一、第二巡回法庭设立。第一巡回法庭设在广东省深圳市,巡回区为广东、广西、海南三省区。第二巡回法庭设在辽宁省沈阳市,巡回区为辽宁、吉林、黑龙江三省。[3] 2016年11月1日,中央全面深化改革领导小组第二十九次会议审议通过了《关于最高人民法院增设巡回法庭的请示》,同意最高人民法院在重庆市、西安市、南京市、郑州市增设四个巡回法庭。

地方各级人民法院分为高级人民法院、中级人民法院和基层人民法院。

高级人民法院包括省、自治区和直辖市高级人民法院。高级人民法院根据法律规定,受理由它管辖的第一审案件、下级人民法院移送审判的第一审案件、不服中级人民法院第一审判决和裁定的上诉、抗诉案件以及按照审判监督程序提起的再审案件。

中级人民法院包括在省、自治区内按地区设立的中级人民法院,在直辖市内设立的中级人民法院,省、自治区辖市的中级人民法院,以及自治州中级人民法院。中级人民法院审理法律规定由它管辖的第一审案件、基层人民法院移送审判的第一审案件、对基层人民法院判决和裁定的上诉案件和抗诉案件、人民检察院按照审判监督程序提出的抗诉案件,以及适用违法所得没收程序的案件。中级人民法院对它所

---

〔3〕 法院的生命力在于审判,最高人民法院也不例外。所以最高人民法院设立巡回法庭的根本用意应当是寻求亲历审判。从一南一北两个巡回法庭的地域设置看,主要着眼点是与行政区划适当分离,又基本尊重地区特点与差异。巡回法院的设立,意味着从依"司法解释"裁决转型为依"判例"裁决,更贴近依法治国的本意。相关讨论参见胡铭:"大区巡回法院:一个现实主义的路径",载《浙江社会科学》2012年第9期。

受理的刑事和民事案件,认为案情重大应当由上级人民法院审判的时候,可以请求移送上级人民法院审判。

基层人民法院包括县人民法院、市人民法院、自治县人民法院、市辖区人民法院。基层人民法院根据地区、人口和案件情况可以设立若干人民法庭,行使部分审判权。人民法庭是基层人民法院的组成部分,它的判决和裁定就是基层人民法院的判决和裁定。基层人民法院审判第一审案件,但是法律另有规定的除外。基层人民法院对它所受理的案件,认为案情重大应当由上级人民法院审判的时候,可以请求移送上级人民法院审判。除审判案件外,基层人民法院还处理不需要开庭审判的民事纠纷和轻微的刑事案件,指导人民调解委员会的工作。

专门人民法院是在上述普通法院之外设立的专门性人民法院。我国目前建立的专门法院有军事法院和海事法院等。其中,海事法院对刑事案件不具有审判权。过去,我国曾经设有铁路运输法院,目前,铁路运输法院已经与铁路系统剥离,全部划归地方法院,并正在试点将铁路法院改造成跨行政区划法院。如 2014 年 12 月,上海市第三中级人民法院依托上海铁路运输中级法院设立,同时组建上海知识产权法院,与上海市第三中级人民法院合署办公,实行"三块牌子,一个机构"。[4] 2017 年 8 月,杭州互联网法院成立,成为全国第一家集中审理涉网案件的试点法院;2018 年 7 月,中央全面深化改革委员会又决定成立北京互联网法院、广州互联网法院。

根据我国法律的规定,人民法院上下级之间是监督与被监督的关系。上级人民法院监督下级人民法院的审判工作,最高人民法院监督地方各级人民法院和专门人民法院的审判工作。人民法院的监督不是通过对具体案例的指导实现的,各级人民法院依照职权独立地进行审判,上级人民法院不应对下级人民法院正在审理的案件作出处理,指令下级人民法院执行。下级人民法院也不应将应该由自己审判的案件在判决之前报送上级人民法院,请求审查批示。上级人民法院应当通过二审程序、审判监督程序、死刑复核程序维持下级人民法院正确的判决和裁定,纠正错误的判决和裁定来实现监督。

根据我国《宪法》和《人民法院组织法》的规定,最高人民法院院长由全国人民代表大会选举产生,对全国人民代表大会及其常务委员会负责并报告工作,全国人民代表大会常务委员会监督最高人民法院的工作;地方各级人民法院院长由本级人民代表大会选举产生,对本级人民代表大会及其常务委员会负责并报告工作,地方各级人民代表大会常务委员会监督本级人民法院的工作。

(五)审判组织

审判组织是指人民法院审判案件的具体组织形式。根据我国《刑事诉讼法》、

---

〔4〕 最高人民法院《关于全面深化人民法院改革的意见》(法发〔2015〕3 号)明确指出,将铁路运输法院改造为跨行政区划法院,主要审理跨行政区划案件、重大行政案件、环境资源保护、企业破产、食品药品安全等易受地方因素影响的案件、跨行政区划人民检察院提起公诉的案件和原铁路运输法院受理的刑事、民事案件。

《人民法院组织法》和《最高法解释》的规定,我国的刑事审判组织有独任庭、合议庭、审判委员会三种形态。

1. 独任庭

独任庭是由审判员一人独任审判案件的审判组织。根据我国《刑事诉讼法》第183条、第216条、第222条和《最高法解释》的规定,基层人民法院适用简易程序、速裁程序的案件可以由审判员一人独任审判,但并非所有的简易程序均适用独任庭进行审理。例如在上海某超服饰辅料有限公司等虚开增值税专用发票案中,法院"依法组成合议庭,适用简易程序,公开开庭审理了本案"。[5] 其中,适用简易程序审理案件,对可能判处3年有期徒刑以下刑罚的,可以组成合议庭进行审判,也可以由审判员一人独任审判;对可能判处的有期徒刑超过3年的,应当组成合议庭进行审判;适用简易程序独任审判过程中,发现对被告人可能判处的有期徒刑超过3年的,应当转由合议庭审理。案件是否独任审判,以及独任法官的指定问题,都由院长或庭长决定。

2. 合议庭

合议庭是由审判人员数人,根据合议原则建立的审判组织。合议庭是人民法院审判案件的基本组织形式。根据我国《人民法院组织法》第30条规定,合议庭由法官组成,或者由法官和人民陪审员组成,成员为3人以上单数。除法律规定可以独任审判的案件外,其他案件均应由合议庭审判。

示例3-1 吴某、周某故意杀人、窝藏、包庇罪案

2018年7月26日上午,上海市第一中级人民法院开庭审理一起故意杀人、窝藏、包庇罪案。该案采用七人合议庭进行审理,由上海一中院刑一庭余剑副庭长担任审判长,两名审判员和系统随机抽取的四名人民陪审员担任合议庭成员。这是2018年4月《人民陪审员法》出台后,上海法院首次适用"3+4"(3名法官+4名人民陪审员)大合议庭模式审理社会影响重大的刑事案件。公诉机关指控:2000年9月,被告人吴某及其妻周某至被害人金某住处,吴某因感情问题向金某实施报复,将金某殴打致死。案发后,吴某、周某四处潜逃并更换虚假身份,于2017年7月被公安机关抓获。本案案情重大复杂,被告人吴某涉嫌构成故意杀人罪,到案后不认罪,加上案发时间与被告人到案时间间隔17年之久,案件事实与在案证据均存在较大争议。上海一中院遂决定组成七人合议庭进行审理。[6]

合议庭的人员组成,因审判程序和法院级别的不同而不同。根据《刑事诉讼法》的规定,合议庭的组成有以下几种情况:(1)基层人民法院、中级人民法院审判第一

〔5〕 上海市金山区人民法院《刑事判决书》(〔2015〕金刑初字第408号),北大法宝引证码:CLI. C. 6153915。

〔6〕 "庭审直击 上海首例!上海一中院采用七人合议庭审理一重大刑事案",北大法宝引证码:CLI. CR. 45931065。

审案件,应当由审判员3人或者由审判员和人民陪审员共3人或7人组成合议庭进行;(2)高级人民法院审判第一审案件,应当由审判员3人至7人或者由审判员和人民陪审员共3人或7人组成合议庭进行;(3)最高人民法院审判第一审案件,应当由审判员3人至7人组成合议庭进行;(4)人民法院审理上诉和抗诉案件,由审判员3人或5人组成合议庭进行;(5)最高人民法院复核死刑案件,高级人民法院复核死刑缓期执行的案件,应当由审判员3人组成合议庭进行;(6)按照审判监督程序重新审判的案件的审判组织,应当分别依照第一审程序或第二审程序的有关规定另行组成相应的合议庭,原来参加审判的审判人员不能成为该合议庭的成员。

合议庭的成员人数应当是单数,评议表决时按照少数服从多数的民主集中制原则做出决定,作为案件判决的依据。合议庭评议的情况应当制作笔录,少数人的意见也应当写入笔录。全体合议庭成员应在合议庭笔录上签名并在判决书上署名。

审判长主持和组织合议庭的活动并指挥法庭审判的进行。审判长由院长或者庭长指定一人担任,院长或者庭长参加合议庭时,由院长或者庭长担任审判长。人民陪审员不能担任案件的审判长。审判长主持庭审、组织评议案件,评议案件时与合议庭其他成员权利平等。

3. 审判委员会

审判委员会是人民法院内部对审判实行集体领导的组织形式。根据我国《人民法院组织法》第36条、第38条的规定,各级人民法院设立审判委员会,实行民主集中制。审判委员会的任务是总结审判经验,讨论重大疑难案件和其他有关审判工作的问题。审判委员会也是人民法院的一种审判组织。地方各级人民法院审判委员会的委员由院长提请本级人民代表大会常务委员会任免,最高人民法院审判委员会,由最高人民法院提请全国人民代表大会常务委员会任免。

根据我国《刑事诉讼法》第185条的规定,对于疑难、复杂、重大的案件,合议庭认为难以做出决定的,由合议庭提请院长决定提交审判委员会讨论决定。审判委员会的决定,合议庭应当执行。《最高法解释》规定,拟判处死刑的案件、人民检察院抗诉的案件,合议庭应当提请院长决定提交审判委员会讨论决定。对合议庭成员意见有重大分歧的案件、新类型案件、社会影响重大的案件以及其他疑难、复杂、重大的案件,合议庭认为难以做出决定的,可以提请院长决定提交审判委员会讨论决定。

审判委员会评议案件采用会议的方式。审判委员会会议由院长主持,院长因故不能主持时,可以委托副院长主持。同级人民检察院检察长或者检察长委托的副检察长可以列席审判委员会会议,对讨论事项可以发表意见,但不参加表决。审判委员会讨论案件的情况和决定,应当记入笔录,并由参加讨论的审判委员会委员签名。审判委员会的多数人意见为审判委员会的意见,合议庭应当据以做出判决或裁定,但审判委员会委员在判决书上不署名,而由审理该案的合议庭成员署名,但判决书中多会写明案件由审判委员会讨论决定,如在汪某甲等聚众斗殴案中,“经本院审判委员会讨论决定……判决如下……”。[7]

在司法实践中，由于审判委员会不直接参与庭审却对案件有最终的裁判权，造成审与判的分离，审者不判、判者不审问题较为突出。这不利于调动庭审人员的积极性，不能充分发挥控、辩双方的作用，使庭审流于形式。如在张氏叔侄案的一审判决时，“审判长冯菁在合议庭评议时认为该案存在诸多疑点，证据不足，疑罪从无，应宣判张氏叔侄无罪释放。她的意见未被采纳，杭州市中级人民法院审委会集体讨论后决定，张辉判死刑，张高平判无期。”[8]

近年来，法学界对审判委员会制度进行了深入的反思和讨论，[9]例如，审判委员会通过听取承办法官的口头汇报，对案件进行检讨和决定，既不阅卷，也不参与法庭审判，违反了直接言词原则。而且，审判委员会这种“暗箱操作”的讨论方式剥夺了当事人参与裁判结果产生过程的机会，导致法庭审判流于形式，并使得所有为规范法庭审判而建立的制度和原则，如审判公开、交叉询问、辩论、合议、回避等名存实亡。

为此，2015 年，最高人民法院《关于全面深化人民法院改革的意见》明确指出：改革审判委员会工作机制，要求审判委员会主要讨论案件的法律适用问题。合理定位审判委员会职能，强化审判委员会总结审判经验、讨论决定审判工作重大事项的宏观指导职能。建立审判委员会讨论事项的先行过滤机制，规范审判委员会讨论案件的范围。

（六）人民陪审员制度

人民陪审员制度，是指国家审判机关审判案件时吸收非职业法官作为陪审员，陪审员与职业法官或职业审判员一起审判案件的一种司法制度。

世界上的多数国家都建立了吸收普通公民参加刑事审判的制度，主要有两种模式：一是英美法系的陪审制；二是大陆法系的参审制。英美法系的陪审制又称陪审团审判制度，[10]由随机挑选的一定数量的公民（一般为 12 人）组成陪审团，根据法庭出示的证据对被告是否有罪这一事实问题做出裁决，由职业法官对证据的可采性问题做出认定，向陪审团解释有关的法律；如果陪审团认定被告人有罪，法官应独立

---

〔7〕安徽省黄山市中级人民法院《刑事判决书》（〔2015〕黄中法刑终字第 00013 号），北大法宝引证码：CLI. C. 4368963。

〔8〕陈东升：“请记住这些有良知的法律人”，载《法制日报》2013 年 7 月 3 日。

〔9〕学界对审委会有两种针锋相对的观点：苏力为代表的社会结构与功能论，认为利大于弊，应保留之；贺卫方为代表的文化论或规范论，强调负面作用，主张废除之。参见苏力：“基层法院审委会制度的考察及思考”，载《北大法律评论》（第 2 期），法律出版社 1998 年版；贺卫方：“中国司法管理制度的两个问题”，载《中国社会科学》1997 年第 6 期；贺卫方：“关于审委会的几点评论”，载《北大法律评论》（第 2 期），法律出版社 1998 年版。

〔10〕陪审团制度分为大陪审团制度和小陪审团制度。我们这里所说的陪审团审判制度指的是狭义的陪审制，即小陪审团制度。小陪审团主要负责审判，大陪审团的主要职能则是对检察官的起诉权进行审查和制约。现在世界上保留大陪审团的国家主要是美国，目前，在美国联邦司法系统和大约一半的州适用大陪审团制度，在启用大陪审团的地方，其程序是秘密的，且仅听取检控方的证据。

地决定被告人应被判处的刑罚。参审制是大陆法系民众参与司法的一种代表性形式,由司法机关挑选普通民众作为非职业法官(陪审员)参与案件的审理。与陪审制相比,参审制是由非职业法官和法官共同组成混合审判庭,就案件的事实问题和法律问题进行审理并做出裁判。

吸收普通公民参与刑事审判是司法民主的体现,〔11〕具有重要的意义。首先,民众参与能够促进司法公正之实现,使刑事裁判体现社会的一般正义观。普通民众的生活经验和社会阅历使其能够根据一般的社会经验来判断是非,这种社会经验常常有助于认定、发现真实。从适用法律来看,普通民众的参与使得裁判的结果更具人性化而容易被当事人接受。“使用陪审团的实际后果是按照老百姓所认可的当代行为准则软化了法律。”〔12〕其次,民众参与司法有助于保障基本人权,防止国家公权力的滥用。“参与原则的主要优点是要确保政府尊重被统治者的权利和福利。”〔13〕民众的参与既使得民众直接行使了部分司法权,体现了司法主权在民,又是对司法机关和司法工作人员的一种监督和制约。再次,民众的参与有利于避免官僚型的司法体制。司法体制往往有官僚化的趋向,从普通法官一直做到法院院长便是很多中国法官一生奋斗的目标。普通民众的参与有助于打破司法权垄断和官僚化。最后,民众参与司法是教育民众的生动、有效的途径。托克维尔甚至认为这是陪审制的最大好处,“应当把陪审团看成是一所常设的免费学校,每个陪审员在这里运用自己的权利,经常同上层阶级的最有教养和最有知识的人接触,学习运用法律的技术,并依靠律师的帮助、法官的指点、甚至两造的责问,而使自己精通了法律。”〔14〕

根据我国《刑事诉讼法》第 183 条的规定,基层人民法院、中级人民法院审判第一审案件,应当由审判员 3 人或者由审判员和人民陪审员共 3 人或 7 人组成合议庭进行,但是基层人民法院适用简易程序、速裁程序的案件可以由审判员 1 人独任审判;高级人民法院审判第一审案件,应当由审判员 3 人至 7 人或者由审判员和人民陪审员共 3 人或 7 人组成合议庭进行。由此可见,我国的人民陪审员制度的性质更接近于大陆法系的参审制。

近年来,我国的人民陪审员制度实施的状况受到诸多批判,主要的质疑是陪审流于形式,甚至被戏称为“聋子耳朵——摆设”。为了完善人民陪审员制度,保障公民依法参加审判活动,第十届全国人民代表大会常务委员会第十一次会议通过了 2005 年 5 月 1 日开始生效的《关于完善人民陪审员制度的决定》。该决定对人民陪审员的任职条件、任免程序、审理案件的范围、权利和义务、任职保障等各方面都作出了比较明确的规定。之后的十年中,理论界和实务界在不断地深入探讨人民陪审

〔11〕 参见胡铭:《刑事司法民主论》,中国人民公安大学出版社 2007 年版,第 154 ~ 156 页。

〔12〕 [美]迈克尔 · D. 贝勒斯:《法律的原则——一个规范的分析》,张文显等译,中国大百科全书出版社 1996 年版,第 69 页。

〔13〕 [美]罗尔斯:《正义论》,何怀宏等译,中国社会科学出版社 1988 年版,第 227 页。

〔14〕 [法]托克维尔:《论美国的民主》(上卷),董果良译,商务印书馆 1997 年版,第 316 ~ 317 页。

员制度的进一步完善。2015 年 2 月 26 日公布的最高人民法院《关于全面深化人民法院改革的意见》明确指出,推动人民陪审员制度改革。[15] 2015 年 5 月 20 日,根据最高人民法院与司法部联合印发的《人民陪审员制度改革试点方案》(法〔2015〕100 号),出台了《人民陪审员制度改革试点工作实施办法》。[16] 2018 年 4 月 27 日,第十三届全国人民代表大会常务委员会第二次会议通过了《人民陪审员法》,以法律形式将 2014 年以来的人民陪审员制度改革试点成果确立下来。该办法是对 2005 年《关于完善人民陪审员制度的决定》和 2015 年《人民陪审员制度改革试点方案》的修改和完善,在公民担任人民陪审员的广泛性和概率提升方面进行了多方位、多渠道的法定化,主要包括以下内容:

1. 任职条件

公民担任人民陪审员,应当具备下列条件:(1)拥护中华人民共和国宪法;(2)年满 28 周岁;(3)遵纪守法、品行良好、公道正派;(4)具有正常履行职责的身体条件。担任人民陪审员,一般应当具有高中以上文化程度。下列人员不能担任人民陪审员:(1)人民代表大会常务委员会的组成人员,监察委员会、人民法院、人民检察院、公安机关、国家安全机关、司法行政机关的工作人员;(2)律师、公证员、仲裁员、基层法律服务工作者;(3)其他因职务原因不适宜担任人民陪审员的人员。有下列情形之一的,不得担任人民陪审员:(1)受过刑事处罚的;(2)被开除公职的;(3)被吊销律师、公证员执业证书的;(4)被纳入失信被执行人名单的;(5)因受惩戒被免除人民陪审员职务的;(6)其他有严重违法违纪行为,可能影响司法公信的。

2. 任免程序

人民陪审员选任工作由司法行政机关会同基层人民法院、公安机关组织开展。基层人民法院根据审判案件的需要以及本辖区人口数量、地域面积、民族状况等因素,并结合上级人民法院随机抽取人民陪审员的需要,提出不低于本院法官数 3 倍的人民陪审员名额数的意见,提请同级人民代表大会常务委员会确定。人民陪审员的名额数可以根据实际情况进行调整。调整应当由基层人民法院按照确定人民陪审员名额数的程序进行。通过个人申请和组织推荐产生的人民陪审员,不得超过所在基层人民法院人民陪审员名额数的 1/5。

基层人民法院应当将人民陪审员名额数及时通报同级司法行政机关。基层人民法院应当会同司法行政机关分别确定随机抽选以及需要通过个人申请和组织推荐的拟任命人民陪审员数。司法行政机关会同基层人民法院、公安机关,向社会发

---

〔15〕 具体内容包括:落实人民陪审员"倍增计划",拓宽人民陪审员选任渠道和范围,保障人民群众参与司法,确保基层群众所占比例不低于新增人民陪审员 2/3。进一步规范人民陪审员的选任条件,改革选任方式,完善退出机制。明确人民陪审员参审案件职权,完善随机抽取机制。改革陪审方式,逐步实行人民陪审员不再审理法律适用问题,只参与审理事实认定问题。加强人民陪审员依法履职的经费保障。建立人民陪审员动态管理机制。

〔16〕 该办法从 2015 年 5 月全面开始试点,试点时间 2 年。该办法仅适用于北京、河北、黑龙江、江苏、福建、山东、河南、广西、重庆、陕西 10 个省(自治区、直辖市)的试点法院。

布选任人民陪审员公告,内容包括选任名额、选任条件、选任程序等有关事项,公告期为30日。需要通过个人申请和组织推荐方式产生人民陪审员的,还应当在公告中明确申请和推荐期限。司法行政机关会同基层人民法院、公安机关,从辖区内年满28周岁的常住居民名单中,随机抽选拟任命人民陪审员数5倍以上的人员作为人民陪审员候选人。司法行政机关会同基层人民法院、公安机关,开展人民陪审员候选人信息采集工作,建立人民陪审员候选人信息库。基层人民法院、公安机关应当将人民陪审员候选人相关信息及时提供给司法行政机关。

司法行政机关会同基层人民法院、公安机关,依照人民陪审员法的规定对人民陪审员候选人进行资格审查。必要时,司法行政机关会同基层人民法院、公安机关到候选人所在单位、户籍所在地或者经常居住地的基层群众性自治组织、人民团体进行走访调查,或者对候选人进行当面考察。司法行政机关应当会同基层人民法院、公安机关向社会公示拟任命人民陪审员名单,公示期不少于5个工作日。经公示后确定的人民陪审员人选,由基层人民法院院长提请同级人民代表大会常务委员会任命。基层人民法院应当会同司法行政机关向社会公告人民陪审员名单,应当将人民陪审员名单逐级报省级司法行政机关、高级人民法院备案。

人民陪审员的任期为5年,一般不得连任。公民担任人民陪审员不得超过2次。公民不得同时在2个以上的基层人民法院担任人民陪审员。人民陪审员缺额数超过基层人民法院人民陪审员名额数1/10的,或者因审判工作需要,可以适时增补人民陪审员。增补程序参照选任程序进行。

3. 审理案件的范围

人民法院受理的第一审案件,除法律规定由法官独任审理或者由法官组成合议庭审理的以外,均可以适用人民陪审制审理。

人民法院审判下列第一审案件,由人民陪审员和法官组成七人合议庭进行:(1)可能判处10年以上有期徒刑、无期徒刑、死刑,社会影响重大的刑事案件;(2)根据民事诉讼法、行政诉讼法提起的公益诉讼案件;(3)涉及征地拆迁、生态环境保护、食品药品安全,社会影响重大的案件;(4)其他社会影响重大的案件。上述案件中,因涉及个人隐私、商业秘密或者其他原因,当事人申请不适用人民陪审制审理的,人民法院可以决定不适用人民陪审制审理。

4. 陪审员的选取

第一审刑事案件被告人、民事案件原告或者被告、行政案件原告申请由人民陪审员参加合议庭审判的,人民法院可以决定由人民陪审员和法官组成合议庭审判。人民陪审员的回避,适用审判人员回避的法律规定。基层人民法院审判案件需要由人民陪审员参加合议庭审判的,应当在人民陪审员名单中随机抽取确定。中级人民法院、高级人民法院审判案件需要由人民陪审员参加合议庭审判的,在其辖区内的基层人民法院的人民陪审员名单中随机抽取确定。人民陪审员的回避,参照有关法官回避的规定执行。人民陪审员回避事由经审查成立的,人民法院应当及时从候补人员中确定递补人选。

在部分特殊情形的案件中，实践中，法院可以根据相应情况来选择人民陪审员。

示例3-2 大庆杨某破坏公用电信设施罪案

该案中，因为被告人杨某只有17岁，系未成年人，因此在诉讼中，为有效保护其合法权益，法院依据刑事诉讼法规定为其免费指定律师，聘请心理专家实施心理矫正，并选定经验丰富教师作为人民陪审员参加合议庭，以"圆桌"方式进行不公开审理。〔17〕

5. 权利和义务

关于人民陪审员的履职保障等方面，《人民陪审员法》明确了对人民陪审员参与审判活动的权利保障：均等参审保障、参审权利保障、考核管理保障、人身安全保障、时间待遇保障等。此外，《人民陪审员法》还明确了"人民陪审员因参加审判活动而支出的交通、就餐等费用，由人民法院依照有关规定给予补助"，并将《关于完善人民陪审员制度的决定》规定的"无固定收入的人民陪审员参加审判活动期间，由人民法院参照当地职工上年度平均货币工资水平，按实际工作日给予补助"，调整为所有"人民陪审员参加审判活动期间，由人民法院依照有关规定按实际工作日给予补助"。

人民法院应当在开庭前，将相关权利和义务告知人民陪审员，并为其阅卷提供便利条件。在庭审过程中，人民陪审员有权依法参加案件调查和案件调解工作。经审判长同意，人民陪审员可以在休庭时组织双方当事人进行调解。

适用人民陪审制审理案件的，庭审完毕后，审判长应当及时组织合议庭评议案件。合议庭评议时，审判长应当提请人民陪审员围绕案件事实认定问题发表意见，并对与事实认定有关的证据资格、证据规则、诉讼程序等问题及注意事项进行必要的说明，但不得妨碍人民陪审员对案件事实的独立判断。人民陪审员应当全程参与合议庭评议，并就案件事实认定问题独立发表意见并进行表决。人民陪审员可以对案件的法律适用问题发表意见，但不参与表决。合议庭评议案件前，审判长应当归纳并介绍需要通过评议讨论决定的案件事实问题，必要时可以以书面形式列出案件事实问题清单。合议庭评议案件时，一般先由人民陪审员发表意见。

人民陪审员和法官共同对案件事实认定负责，如果意见分歧，应当按多数人意见对案件事实做出认定，但是少数人意见应当写入笔录。如果法官与人民陪审员多数意见存在重大分歧，且认为人民陪审员多数意见对事实的认定违反了证据规则，可能导致适用法律错误或者造成错案的，可以将案件提交院长决定是否由审判委员会讨论。提交审判委员会讨论决定的案件，审判委员会的决定理由应当在裁判文书中写明。

人民陪审员应当认真阅读评议笔录，确认无误后签名。人民陪审员应当审核裁

---

〔17〕 付建国、孙康凯："用伪基站群发短信7万条 17岁小伙获刑1年8个月"，北大法宝引证码：CLI. CR. 262981。

判文书文稿中的事实认定结论部分并签名。人民陪审员参与合议庭审理案件的,应当作为合议庭成员在裁判文书上署名。

上述规定从制度上规范和保障人民陪审员参与审判工作,无疑具有积极的作用,不仅有利于提升司法的民主性,而且能够发挥人民陪审员在熟知社情民意等方面的独特作用,弥补职业法官的知识局限,制约职业法官的意志和判决,防止司法腐败和司法僵化,促进司法公正。上述规定虽然还处于试点阶段,但代表着我国人民陪审员制度改革的方向。

二、人民检察院

(一)人民检察院的性质和职权

我国检察机关的性质在理论上有争议,主要观点包括:检察机关是行政机关、检察机关是司法机关、检察机关兼有行政机关和司法机关的双重属性、检察机关是法律监督机关。其理论基础主要是对检察权属性的判断,相应地认为:检察权是行政权、检察权是司法权、检察权兼有行政权和司法权的双重属性、检察权是法律监督权。主流观点认为,根据我国《宪法》第134条和《人民检察院组织法》第2条的规定,人民检察院是国家的法律监督机关,代表国家行使检察权。

根据《人民检察院组织法》第20条的规定,我国检察机关的职权主要包括:(1)依照法律规定对有关刑事案件行使侦查权;(2)对刑事案件进行审查,批准或者决定是否逮捕犯罪嫌疑人;(3)对刑事案件进行审查,决定是否提起公诉,对决定提起公诉的案件支持公诉;(4)依照法律规定提起公益诉讼;(5)对诉讼活动实行法律监督;(6)对判决、裁定等生效法律文书的执行工作实行法律监督;(7)对监狱、看守所的执法活动实行法律监督;(8)法律规定的其他职权。

根据《刑事诉讼法》的规定,人民检察院在刑事诉讼中具有以下职权:

1. 侦查权。2018年《刑事诉讼法》修改之前,检察机关具有完整的职务犯罪侦查权,对法律规定由其管辖的刑事案件行使立案、侦查权。但随着我国监察制度的改革,职务犯罪案件转由国家监察机关负责办理;《刑事诉讼法》随之修改,使得检察机关只保留了十分有限的侦查权。《刑事诉讼法》第19条第2款规定,人民检察院在对诉讼活动实行法律监督中发现的司法工作人员利用职权实施的非法拘禁、刑讯逼供、非法搜查等侵犯公民权利、损害司法公正的犯罪,可以由人民检察院立案侦查。对于公安机关管辖的国家机关工作人员利用职权实施的重大犯罪案件,需要由人民检察院直接受理时,经省级以上人民检察院决定,可以由人民检察院立案侦查。

2. 强制措施权。对犯罪嫌疑人决定适用拘传、取保候审、监视居住或者拘留措施;对犯罪嫌疑人批准或者决定逮捕,以及逮捕后对羁押的必要性进行审查。

3. 公诉权,即对监察机关公安机关等移送起诉的案件,有权进行审查,并依法作出提起公诉、不起诉的决定。决定提起公诉的,人民检察院有权派员出庭支持公诉。符合法定情形时,在提起公诉的同时还可以提起附带民事诉讼。发现人民法院做出的判决或裁定确有错误的,无论案件是否发生法律效力,均有权向有关人民法院提出抗诉。

4. 诉讼监督权，即有权对整个刑事诉讼活动开展的合法性进行监督。对立案、侦查、审判、执行活动是否合法以及对依法不负刑事责任的精神病人的强制医疗的决定和执行实行法律监督；对尚未发生法律效力的一审裁判按照第二审程序提出抗诉；对已经生效的裁判按照审判监督程序提出抗诉。

5. 启动缺席审判程序、违法所得的没收程序和强制医疗程序等特别程序的权力。符合法定条件的特殊案件，人民检察院可以向人民法院提出适用缺席审判程序的公诉；犯罪嫌疑人、被告人逃匿或者死亡，符合法定条件的，人民检察院可以向人民法院提出没收违法所得的申请；对依法不负刑事责任的精神病人符合强制医疗条件的，人民检察院有权向人民法院提出强制医疗的申请。

（二）人民检察院的组织体系和领导体制

根据我国《人民检察院组织法》的规定，人民检察院的组织体系包括最高人民检察院、地方各级人民检察院和军事检察院等专门检察院。

人民检察院的组织体系如下：中央设最高人民检察院，最高人民检察院是国家最高检察机关，是全国检察院的领导机关，设在首都北京。地方各级人民检察院包括：(1)省、自治区、直辖市设人民检察院；(2)省、自治区、直辖市人民检察院分院，自治州、省辖市人民检察院；(3)县、县级市、自治县和市辖区人民检察院。省一级人民检察院和县一级人民检察院，根据工作需要，提请本级人民代表大会常务委员会批准，可以在工矿区、农垦区、林区等区域设置人民检察院，作为派出机构。根据工作需要，各地检察机关还可以设立驻监狱、看守所的检察室、乡镇检察室、税务检察室等，作为派出机构。

我国设有铁路运输检察院。2009 年 7 月，中央有关部门下发铁路公检法管理体制改革的通知，提出了铁路检察院人财物管理与铁路部门、企业全部分离，一次性纳入国家司法管理体系，移交给驻在地省区市党委和省级检察院，实行属地管理的总原则。截至 2012 年，全国 17 个铁路运输检察分院、59 个基层铁路运输检察院已经全部分别移交给所在省区市人民检察院。[18] 此外，在军队还设有专门的军事检察院等。

与人民法院不同，人民检察院上下级之间是领导关系。根据《人民检察院组织法》的规定，最高人民检察院领导地方各级人民检察院和专门人民检察院的工作，上级人民检察院领导下级人民检察院的工作。在人民检察院内部实行检察长负责制，各级人民检察院的检察长领导本院工作。检察院内部设立若干检察业务部门，在检察长的统一领导下，各个部门互相分工、互相配合，完成侦查、审查逮捕、起诉、控告申诉等检察业务。

我国《宪法》规定，最高人民检察院对全国人民代表大会及其常务委员会负责，

---

〔18〕 参见肖玮、龙平川："发展和完善中国特色社会主义铁路运输检察制度"，载《检察日报》2012 年 8 月 14 日。

全国人民代表大会常务委员会监督最高人民检察院的工作;地方各级人民检察院对产生它的同级人民代表大会及其常务委员会负责,对其上级人民检察院负责,县级以上地方各级人民代表大会常务委员会监督本级人民检察院的工作。

(三)检察委员会

各级人民检察院设立检察委员会。检察委员会的委员由检察长提请产生它的各级人民代表大会的常务委员会任免。检察委员会实行民主集中制,在检察长的主持下,讨论决定重大案件和其他重大问题。如果检察长在重大问题上不同意多数人的决定,可以报请本级人民代表大会常务委员会决定。

完善检察权运行机制,涉及改革检察官办案责任制和检察委员会制度之间的关系。[19] 最高人民检察院《关于深化检察改革的意见(2013－2017年工作规划)》指出,深化检察官办案责任制改革。以落实和强化检察官执法责任为重点,完善主任检察官办案责任制,科学界定主任检察官、副检察长、检察长和检察委员会在执法办案中的职责权限。建立健全检察机关执法办案组织,完善检察机关执法办案责任体系。改革和完善执法办案指导决策机制,规范案件请示汇报制度,明确各层级的办案责任。《人民检察院组织法》规定,人民检察院实行检察官办案责任制。检察官对其职权范围内就案件作出的决定负责。检察长、检察委员会对案件作出决定的,承担相应责任。

(四)人民监督员制度

人民监督员制度,是我国检察机关近来推出的在办理职务犯罪案件中拓展外部监督的一项重要举措,是推进诉讼民主,解决“谁来监督监督者”这一难题的一种新尝试。2003年9月,最高人民检察院颁布了《关于实行人民监督员制度的规定(试行)》;从2003年10月起,中国检察机关开始在全国10个省(自治区、直辖市)推行人民监督员制度试点工作。“人民监督员制度的实行,不仅直接体现了刑事诉讼程序中的民主监督,创建了一条落实民主监督的新途径,而且有助于促进检察机关提高职务犯罪案件的查办质量,从而确保司法公正的实现。”[20] 日本的检察审查会制度属于此类民众监督检察活动的典型制度,其目的是“为了通过反映民意而实现公

---

〔19〕 2013年12月底,按照中央深化司法体制改革的部署,最高人民检察院出台了《检察官办案责任制改革试点方案》,决定在全国7个省份17个检察院试点开展检察官办案责任制改革。主要内容包括五个方面:(1)配备主任检察官。(2)建立办案组织。探索设立相应的主任检察官办公室。(3)确定主任检察官职责权限,突出检察官办案主体地位。除法律规定必须由检察长或检委会行使的职权外,其他案件处理决定可以由主任检察官负责的办案组织独立作出,属于主任检察官有权决定的事项,主任检察官对其决定负责,检察业务部门负责人主要负责案件审核、案件办理和行政管理。(4)完善监督制约机制。构建完备的执法办案监督制约制度体系,严格落实检察长、检委会审批决定制度,加强检察长、检委会对执法办案活动的领导和监督。(5)落实主任检察官待遇,实现检察官责权利相统一。

〔20〕 卞建林:“人民才是法律监督的源头活水”,载《检察日报》2003年12月22日。

诉权的正当实施。"[21]

为进一步完善人民监督员制度,2015 年 3 月 7 日,最高人民检察院、司法部颁布了《深化人民监督员制度改革方案》,开展改革试点。在相关改革探索的基础上,2016 年最高人民检察院、司法部通过了《人民监督员选任管理办法》,对人民监督员制度作了相关规定;2018 年全国人民代表大会常务委员会通过修订的《人民检察院组织法》将人民监督员制度由部门规章提升到国家基本法层面,即新增第 27 条规定"人民监督员依照规定对人民检察院的办案活动实行监督",为人民监督员制度提供了更加明确的法律依据。主要内容如下:

1. 任职条件

人民监督员应当是年满 23 周岁,拥护中华人民共和国宪法,遵守法律,品行良好,身体健康,具有高中以上文化程度的中国公民,具备较高的政治素质、广泛的代表性和扎实的群众基础。人民监督员每届任期 5 年,连续任职不得超过两届。

2. 任免程序

人民监督员由司法行政机关负责选任,省级和设区的市级司法行政机关分别选任同级人民检察院人民监督员。省级和设区的市级司法行政机关与同级人民检察院协商,根据本辖区案件数量、人口、地域、民族等因素合理确定人民监督员的名额及分布。省级和设区的市级司法行政机关协调有关机关、团体、企事业单位和基层组织推荐人民监督员人选,并接受公民自荐报名,对推荐和自荐人选进行审查,提出拟任人民监督员人选并向社会公示。人民监督员人选中具有公务员或者事业单位在编工作人员身份的人员,一般不超过选任名额的 50%。

3. 监督案件的范围

人民监督员对人民检察院办理直接受理立案侦查案件的下列情形实施监督:应当立案而不立案或者不应当立案而立案的;超期羁押或者检察机关延长羁押期限决定不正确的;违法搜查、扣押、冻结或者违法处理扣押、冻结款物的;拟撤销案件的;拟不起诉的;应当给予刑事赔偿而不依法予以赔偿的;检察人员在办案中有徇私舞弊、贪赃枉法、刑讯逼供、暴力取证等违法违纪情况的;犯罪嫌疑人不服逮捕决定的;采取指定居所监视居住强制措施违法的;阻碍律师或其他诉讼参与人依法行使诉讼权利的;应当退还取保候审保证金而不退还的。

4. 监督程序

(1)参与案件监督的人民监督员的产生程序。参与具体案件监督的人民监督员,由组织案件监督的人民检察院会同司法行政机关从人民监督员信息库中随机抽选产生。被抽选出的人员是本案当事人近亲属、与本案有利害关系或者担任过本案诉讼参与人的,不得担任该案件的人民监督员。

(2)案件材料提供和案情介绍程序。案件监督前,应向人民监督员提供充分的有关案件事实、证据和法律适用等材料;案件监督中,应全面客观地介绍案件事实、

---

[21]　[日]松尾浩也:《日本刑事诉讼法》(上卷),丁相顺译,中国人民大学出版社 2005 年版,第 153 页。

证据认定、法律适用以及对案件处理的不同观点和意见。必要时，人民监督员可以通过收听收看讯问犯罪嫌疑人相关录音录像了解当事人的意见。

(3)人民监督员评议表决和检察机关审查处理程序。人民监督员对所监督案件独立进行评议和表决，制作《人民监督员表决意见书》，说明表决情况、结果和理由。承办案件的人民检察院应当对人民监督员的表决意见进行审查。检察长不同意人民监督员表决意见的，应当提交检察委员会讨论决定。检察委员会应当根据案件事实和法律规定，全面审查、认真研究人民监督员的评议和表决意见，依法做出决定。检察长或者检察委员会的处理决定应及时告知参加监督的人民监督员。检察委员会的最终处理决定与人民监督员表决意见不一致的，应当向参加监督的人民监督员作出必要的说明。

(4)复议程序。人民检察院处理决定未采纳多数人民监督员评议表决意见，经反馈说明后，多数人民监督员仍有异议的，可以提请人民检察院复议一次。

三、公安机关

(一)公安机关的性质

公安机关是国家的治安保卫机关，是各级人民政府的职能部门，是带有武装性质的行政执法机关，担负着国家安全和社会治安保卫任务。

公安机关的任务是维护社会治安秩序，预防犯罪，侦查和打击犯罪，保护国家、集体和个人所有的财产，保护公民的人身安全和其他合法权益，保卫人民民主专政，保卫社会主义制度，保障社会主义现代化建设的顺利进行。

(二)公安机关在刑事诉讼中的职权

公安机关是我国主要的侦查机关，负责绝大多数刑事案件的侦查工作。为有效地制止、预防和打击犯罪，法律赋予公安机关以下广泛的职权：

1. 侦查权。对依法管辖的刑事案件立案侦查。对依法立案的刑事案件实施勘验、检查、搜查等一系列侦查行为。决定撤销案件或者侦查终结后将案件移送检察机关审查起诉。

2. 强制措施权。采取拘传、取保候审、监视居住、拘留等强制措施；根据检察机关的批准、决定或者人民法院的决定执行逮捕；对人民检察院做出的不批准逮捕、不起诉的决定要求复议、提请复核。

3. 执行权。对被判处拘役、剥夺政治权利犯罪的执行以及被判处死缓、无期徒刑、有期徒刑罪犯的交付执行；等等。

公安机关的上述职权也是其应尽的职责，必须严格依法行使。

(三)公安机关的组织体系与领导体制

公安机关由中华人民共和国公安部、地方各级公安机关以及专门公安机关组成。

中华人民共和国公安部是国家的公安领导机关，负责领导和指挥全国的公安工作，并根据协议与国际刑警组织和国外、境外的警察机构，共同打击跨国、跨境的犯罪活动。地方各级公安机关按照行政区划设立。在省、自治区、直辖市一级设公安厅、局；在地区、自治州和市设公安处（局）；在县、县级市、自治县设立公安局；在直辖市和中等城市的市辖区设公安分局。根据需要，在乡、镇、城市街道和其他必要的地方设立公安派出所，作为基层公安机关的派出机关，履行基层公安机关的部分职责。

另外，还有按行业系统在铁路、民航、林业等设立的公安机关，也是公安机关的组成部分，列入公安部序列，接受主管部门和公安部双重领导。如 2009 年年底，铁路公安转为公安部直接垂直领导管理，铁路公安人员转为中央国家机关公务员身份。

公安机关实行“统一领导，分级管理，条块结合、以块为主”的管理体制。“统一领导”就是全国的公安工作统一接受党中央和国务院的领导，地方公安机关接受公安部的统一领导。“分级管理”是指中央公安机关和地方公安机关分别接受党中央、国务院和各级地方党委、人民政府的管理，同时县以上地方公安机关对所辖公安机关实行领导和管理。公安机关在实际工作中接受自上而下的公安机关的“条”型领导管理与接受各级地方横向同级党委、政府的“块”型领导管理并行，实行双重领导组织制度。条块结合和以块为主是辩证统一的，既强调公安机关内部集中统一领导指挥与地方党委领导公安机关的结合，又强调各地公安机关从实际出发更有针对性、更有效地搞好公安工作。

公安机关上下级之间是领导关系，上级公安机关可以直接领导和指挥下级公安机关的侦查和其他业务活动，也可以调动下级侦查力量参与上级公安机关侦查的案件。不同地区、不同系统的公安机关则互不隶属，在办案过程中是配合、协作的关系。《刑事诉讼法》第 83 条规定，公安机关在异地执行拘留、逮捕的时候，应当通知被拘留、逮捕人所在地的公安机关，被拘留、逮捕人所在地的公安机关应当予以配合。公安机关在侦查案件的时候，还应接受人民检察院的制约和监督。公安机关侦查的刑事案件，应当向人民检察院提请审查批准逮捕和移送审查起诉。

四、其他专门机关

我国刑事诉讼中的专门机关除人民法院、人民检察院和公安机关以外，还有其他机关参与刑事诉讼活动，担负重要的刑事诉讼职能。

（一）监察机关

国家监察体制改革的根本目的是加强党对反腐败工作的统一领导，推进国家治理体系和治理能力现代化。2016 年 11 月 7 日，中共中央办公厅印发了《关于在北京市、山西省、浙江省开展国家监察体制改革试点方案》及《全国人民代表大会常务委员会关于在北京市、山西省、浙江省开展国家监察体制改革试点工作的决定》。监察委员会是整合监察部、国家预防腐败局、最高人民检察院反贪污贿赂局、最高人民检察院反渎职侵权局等机关组建起来的国家监察机关。2018 年 2 月 25 日，广西崇左市大新县监察委员会挂牌成立。至此，全国 31 个省、自治区、直辖市和新疆生产建设兵团各级监察委员会全部组建完成。我国宪法明确规定，“中华人民共和国各级监察委员会是国家的监察机关”。监察委员会是实现党和国家自我监督的政治机关，其性质和地位不同于行政机关、司法机关。2018 年 3 月 20 日，第十三届全国人大一次会议表决通过了《监察法》。监察委员会行使职务犯罪调查权等职权。

（二）国家安全机关

国家安全机关是为了适应改革开放的形势，满足加强同危害我国国家安全的行为做斗争的需要，于 1983 年 7 月 1 日成立了国家安全部。作为国务院的重要职能部门之一，国家安全部负责领导和管理全国的国家安全工作，开展隐蔽战线的斗争，保卫和促进社会主义现代化建设和统一祖国大业，巩固和加强人民民主专政，维护国家安全。在省、自治区、直辖市设国家安全厅、局，在省、自治区、直辖市以下，根据需要设立国家安全机构和人员。地方各级国家安全机关是地方各级人民政府的职能部门，业务上受国家安全部领导。《刑事诉讼法》第 4 条规定：“国家安全机关依照法律规定，办理危害国家安全的刑事案件，行使与公安机关相同的职权。”可见，国家安全机关与公安机关在刑事诉讼中的法律地位和职权相同，只是各自负责侦查的犯罪类型有所区别。

（三）军队保卫部门

根据我国的军事体制，中国人民解放军内部设立保卫部门，负责军队内部发生的刑事案件的侦查工作。《刑事诉讼法》第 308 条规定：“军队保卫部门对军队内部发生的刑事案件行使侦查权。”军队保卫部门办理刑事案件，适用《刑事诉讼法》的有关规定，行使与公安机关相同的职权。

（四）监狱

监狱是国家的刑罚执行机关，是实现人民法院的生效判决、对罪犯进行劳动改造的主要场所。根据《监狱法》和《刑事诉讼法》的规定，对罪犯在监狱内犯罪的案件由监狱进行侦查。监狱办理刑事案件，适用《刑事诉讼法》的有关规定，行使与公安机关相同的职权。监狱在刑事诉讼中还承担着重要的刑罚执行功能，对被判处死刑缓期二年执行、无期徒刑、有期徒刑的罪犯，由公安机关依法将该罪犯送交监狱执行刑罚。

（五）海关缉私部门

1998 年，国家在各级海关设立了走私犯罪侦查部门，专门负责对走私犯罪案件的侦查工作。例如，海关总署下设缉私局，负责走私案件的侦查，下级海关设设缉私分（支）局，负责走私案件的侦查。这些走私犯罪侦查部门在侦查活动中，享有与公安机关同样的权力，具有与公安机关同等的诉讼地位。因此，海关走私犯罪侦查部门也是刑事诉讼中的专门机关。2018 年《刑事诉讼法》第 308 条明确规定，中国海警局履行海上维权执法职责，对海上发生的刑事案件行使侦查权。

第二节　刑事诉讼参与人

一、刑事诉讼参与人的概念和分类

刑事诉讼参与人，是指除国家专门机关工作人员以外的，在刑事诉讼中享有一定诉讼权利、负有一定诉讼义务的人。诉讼参与人通过行使诉讼权利，承担诉讼义务，对刑事诉讼的进程和结局发挥着不同程度的影响和作用，保证刑事诉讼活动得以顺利、有效地进行。没有诉讼参与人的参与，刑事诉讼活动就会变成一种单纯的国家职权活动，而不再具有诉讼的性质，也不可能完成刑事诉讼的任务。

在我国刑事诉讼中，诉讼参与人有特定的含义，即并非所有参加刑事诉讼活动的人都是诉讼参与人。审判人员、检察人员、侦查人员、书记员以及其他专门机关工作人员尽管都参加刑事诉讼活动且承担重要诉讼职能，但因其在刑事诉讼中代表国家行使国家职权，其地位、作用等与其他参加诉讼活动的人有很大不同，因此没有被法律规定为诉讼参与人。

根据我国《刑事诉讼法》第 108 条第 4 项规定："诉讼参与人是指当事人、法定代理人、诉讼代理人、辩护人、证人、鉴定人和翻译人员。"以诉讼参与人与案件结局的利害关系及其对刑事诉讼处理结果的影响程度为标准，诉讼参与人一般可以分为两大类，即当事人和其他诉讼参与人。这两类诉讼参与人在诉讼地位、参与诉讼活动的范围和方式以及对刑事诉讼过程的影响程度等方面都有着很大的差异。

二、当事人

在我国的刑事诉讼中，当事人是指与案件的结局有着直接利害关系，对刑事诉讼进程发挥着较大影响作用的诉讼参与人。也就是说，当事人和其他诉讼参与人的区别在于同案件的利害关系不同。当事人具有两大特点：(1)与案件的最终结果具有直接的利害关系；(2)当事人在刑事诉讼中享有较为广泛的诉讼权利，并能够对诉讼过程和诉讼结果发挥比其他诉讼参与人更大的影响力。

根据我国《刑事诉讼法》第 108 条第 2 项的规定，当事人具体是指被害人、自诉人、犯罪嫌疑人、被告人、附带民事诉讼的原告人和被告人。

示例 3－3　李某某故意杀人案

法院认为："本院认为，附带民事诉讼原告人王某某、文某某与被害人文某某并非刑事法律规定的近亲属，与涉案侵权行为不存在刑法上的利害关系，其不具有适格的原告主体资格……裁定如下：驳回附带民事诉讼原告人王某某、文某某的起诉。”[22]

（一）犯罪嫌疑人、被告人

1. 犯罪嫌疑人、被告人的界分

“犯罪嫌疑人”和“被告人”是对涉嫌犯罪而受到刑事追诉的人的两种称谓。根据《刑事诉讼法》的规定，刑事诉讼中依法被追究刑事责任的人在不同的诉讼阶段有不同的称谓。在公诉案件的侦查阶段和审查起诉阶段，由于尚未对其提出正式的指控，因而一律称为“犯罪嫌疑人”；当人民检察院决定提起公诉以后，从制作起诉书开始，即改称“被告人”。[23] 1996 年修改《刑事诉讼法》时才将被刑事追诉的人区分为犯罪嫌疑人和被告人，并废除之前的“人犯”一词。[24]

犯罪嫌疑人、被告人在称谓上的界分，具有重要的实质意义：（1）符合无罪推定的原则，体现了民主、法治的精神。在法律没有确定行为人有罪或无罪前，应推定行为人无罪。犯罪嫌疑人是在侦查阶段和审查起诉阶段对于行为人的称呼，而被告人则是检察院提起公诉后的称谓，都标志着被追诉人在诉讼过程中不是“罪犯”。（2）符合不告不理的诉讼原理。正式提出控诉才是确定被告人的前提，如果没有提起正式控诉，则法院不能主动对案件进行审理和裁判，也不会形成控诉、辩护和裁判的三方诉讼法律关系。（3）符合刑事诉讼的实际进程，与被追诉人在诉讼中的地位相适应。从犯罪嫌疑人到被告人的称谓变化，反映了被追诉人在刑事诉讼中的法律地位的变化。

2. 犯罪嫌疑人、被告人的诉讼地位

刑事诉讼活动是一种旨在对犯罪嫌疑人、被告人的刑事责任问题作出权威确定的活动。犯罪嫌疑人、被告人是否应负刑事责任是刑事诉讼的中心问题，整个刑事诉讼活动就是围绕着犯罪嫌疑人、被告人应否负刑事责任而展开的，因而犯罪嫌疑人、被告人是刑事诉讼的中心人物。原则上，没有犯罪嫌疑人、被告人、就没有刑事诉讼。犯罪嫌疑人、被告人在刑事诉讼中具有特定的身份，必须亲自参与到侦查、起诉和审判程序中，不允许由他人代替参加诉讼。犯罪嫌疑人、被告人如果在诉讼过程中死亡，刑事诉讼活动就应当终止，但是对于贪污贿赂犯罪、恐怖活动犯罪等重大犯罪案件，依照刑法规定应当追缴其违法所得及其他涉案财产的，可以启动违法所得的没收程序。

人类社会从蒙昧、专制走向文明、民主的历史，在一定意义上也可以说是犯罪嫌

---

〔22〕 广东省广州市中级人民法院《刑事附带民事裁定书》（〔2013〕穗中法刑一初字第 167 号），北大法宝引证码：CLI. C. 2193433。

〔23〕 自诉案件没有“犯罪嫌疑人”的称谓，统称为“被告人”。

〔24〕 “人犯”一词曾是我国古代刑律中的专门用语，即在古代指受刑事追诉者或与犯罪有牵连的人。如《清律・刑律・断狱》中规定：“强盗、人命及情罪重大案件，正犯及干连有罪人犯，或证据已明，再三详究……”“人犯”作为封建法典所采用的含义广泛且带有有罪推定的名词，不科学、不规范，在 1996 年修改《刑事诉讼法》中被废除。

疑人、被告人由诉讼客体向诉讼主体逐渐转化的过程。在封建专制社会的纠问式诉讼中，犯罪嫌疑人、被告人居于诉讼客体的地位，是被追诉、被追究、被刑讯逼供的对象，而未被授予有效的辩护权和参与诉讼的机会，甚至也不具有基本的人格尊严，刑事诉讼仅仅是国家用来惩罚犯罪、维护统治的工具。现代各国刑事诉讼中，犯罪嫌疑人、被告人取得了诉讼主体的地位，是辩护职能的主要承担者，可以通过主动的防御活动对抗违法的或者无根据的追诉，并对裁判方施加积极影响，而不再是被动地接受传讯、追诉和审判的诉讼客体。

在某种程度上，刑事诉讼法的发展史实际就是被告人人权保障不断得到加强的历史，也就是被告人诉讼地位不断得到提高的历史。在现代刑事诉讼中，被告人一方面是拥有一系列诉讼权利的诉讼主体，另一方面又处于被追诉的地位。这两种身份和地位之间经常发生冲突。各国刑事司法改革的一个重要目的就是不断地从各个层次上调和这种冲突，使之得到平衡。

需要指出的是，我国《刑事诉讼法》虽然明确了犯罪嫌疑人、被告人的当事人地位，但是在实践中，犯罪嫌疑人、被告人仍然被公安司法人员当作主要的证据来源，因而犯罪嫌疑人、被告人的主体性尚未得到充分的体现。

3. 犯罪嫌疑人、被告人的分类

根据不同的标准，我们可以对犯罪嫌疑人、被告人作如下分类：

（1）根据案件性质，可以把犯罪嫌疑人、被告人分为公诉案件的犯罪嫌疑人、被告人和自诉案件的被告人。在这种分类中，犯罪嫌疑人、被告人的权利义务是有一定差异的。例如，自诉案件的被告人有权提起反诉，但公诉案件的被告人不能提起反诉；公诉案件中存在犯罪嫌疑人，自诉案件中则没有犯罪嫌疑人。

（2）根据主体自身的属性，可以把犯罪嫌疑人、被告人分为自然人犯罪的犯罪嫌疑人、被告人和单位犯罪的犯罪嫌疑人、被告人。应注意的是，对于单位犯罪案件而言，单位犯罪嫌疑人、被告人，参加刑事诉讼由其诉讼代表人代表。根据《最高法解释》的规定，代表涉嫌犯罪的单位参加诉讼的诉讼代表人，应当是单位的法定代表人或者主要负责人；法定代表人或者主要负责人被指控为单位犯罪直接负责的主管人员或者因客观原因无法出庭的，则应当由被告单位委托其他负责人或者职工作为诉讼代表人；但是，有关人员被指控为单位犯罪的其他直接责任人员或者知道案件情况、负有作证义务的除外。

示例 3－4 上海市浦东新区人民检察院诉上海安某生物科技股份有限公司、郑戈擅自发行股票案

检察院指控："被告人郑戈担任被告单位安某公司的董事长、法定代表人，为了给单位募集资金，经股东会集体决定，在未经证券监管部门批准的情况下，擅自委托中介公司与个人代理，向社会不特定公众转让安某公司自然人股东的股权，共计向 260 余人发行股票 322 万股，募集资金人民币 1109 万余元，用于单位的经营活动及支付代理费用。安某

公司未经证券监管部门批准擅自发行股票,其行为已构成擅自发行股票罪,且系单位犯罪;郑戈作为安某公司直接负责的主管人员,其行为亦构成擅自发行股票罪,提请法院依法惩处。"〔25〕在单位的法定代表人郑戈同样被指控犯罪时,被告单位上海安某生物科技股份有限公司的诉讼代表人为郑某某,而不是郑戈。

(3)根据同一刑事程序中被追诉人的人数,可以分为单独犯罪嫌疑人、被告人和共同犯罪嫌疑人、被告人。同一刑事程序中,如果只追诉一个犯罪嫌疑人、被告人,无论其涉嫌实施了一罪还是数罪,都是单独犯罪嫌疑人、被告人;如果利用同一刑事程序而合并侦查、起诉、审判两名以上的犯罪嫌疑人、被告人,则是共同犯罪嫌疑人、被告人。

4. 犯罪嫌疑人、被告人的诉讼权利和义务

保障犯罪嫌疑人、被告人的诉讼权利是现代各国刑事诉讼法普遍比较关注的问题,其实现程度表征着一个国家人权保障的水平。西方学者一般认为,尊重人的人格尊严和道德主体地位,是正义的基本要求;尊重刑事被告人的主体地位,就等于尊重他参与诉讼进程、影响诉讼结局、自主选择个人命运的能力,这是程序正义的核心内容。〔26〕

我国《刑事诉讼法》为犯罪嫌疑人、被告人确立了一系列诉讼权利。这些诉讼权利按照其性质和作用的不同,可以分为防御性权利、救济性权利、保障性权利三种。防御性权利是指犯罪嫌疑人、被告人为对抗追诉方的指控、抵消其控诉效果所享有的诉讼权利。救济性权利是指犯罪嫌疑人、被告人对国家专门机关所作的对其不利的行为、决定或裁决,要求另一专门机关予以审查并作出改变或撤销的诉讼权利。保障性权利是指犯罪嫌疑人、被告人被动性享有的程序性保障。

防御性权利主要包括:(1)有权使用本民族语言文字进行诉讼。(2)有权及时获知被指控的内容和理由、案件情况以及所享有的诉讼权利。(3)有权自行或者在辩护人协助下进行辩护。这也是犯罪嫌疑人、被告人最核心的权利。在公诉案件中,自被侦查机关第一次讯问或者采取强制措施之日起,犯罪嫌疑人有权聘请律师作为辩护人;有权在法定条件下获得法律援助机构为其指派的辩护人的法律帮助;有权拒绝辩护人继续为其辩护,也有权另行委托辩护人辩护。(4)有权拒绝回答侦查人员提出的与本案无关的问题,不被强迫证实自己有罪。(5)有权出席法庭,参加法庭调查、法庭辩论和向法庭做最后陈述。(6)自诉案件的被告人有权对自诉人提出反诉。(7)有权申请侦查人员、检察人员、审判人员、书记员、鉴定人、翻译人员回避。(8)有权申请排除追诉机关以非法方法收集的证据,等等。

救济性权利主要包括:(1)对于公安司法机关及其工作人员违法采取强制措施

---

〔25〕"上海市浦东新区人民检察院诉上海安某生物科技股份有限公司、郑戈擅自发行股票案",北大法宝引证码:CLI. C. 294835。

〔26〕参见陈瑞华:《刑事审判原理论》,北京大学出版社 2007 年版,第 223 页。

或者违法实施查封、扣押、冻结措施的，有权向该机关申诉或者控告，并在对该机关的处理决定不服时，向人民检察院申诉。(2)对驳回申请回避的决定，有权申请复议。(3)有权申请变更强制措施。(4)有权对特定种类的不起诉决定提出申诉；未成年犯罪嫌疑人、被告人还有权对人民检察院的附条件不起诉决定提出异议。(5)有权对侦查人员、检察人员、审判人员侵犯其诉讼权利和侮辱其人身的行为提出控告。(6)对于人民法院、人民检察院和公安机关采取的违法强制措施，有权申诉和控告。(7)对地方各级人民法院第一审的判决、裁定，有权以口头或者书面方式向上一级人民法院上诉，从而引起第二审程序的启动。(8)对各级人民法院已经发生法律效力的判决、裁定，有权向人民法院、人民检察院提出申诉，申诉符合法定条件的，人民法院应当重新审判，等等。

保障性权利主要包括：(1)在未经人民法院依法判决的情况下，不得被确定有罪。(2)获得人民法院的公开审判。(3)获得人民法院独立、公正的审判。(4)在刑事诉讼过程中，不受审判人员、检察人员、侦查人员以刑讯逼供等非法方法进行的讯问。(5)不受侦查人员实施的非法逮捕、拘留、取保候审、监视居住等强制措施，不受侦查人员的非法搜查、扣押等侦查行为。(6)在提起上诉时，不得被加重刑罚，等等。

犯罪嫌疑人、被告人是被追诉者，最后有可能被确定为罪犯而受到刑罚的处罚。为保障刑事诉讼任务的顺利完成，我国《刑事诉讼法》在赋予犯罪嫌疑人、被告人一系列诉讼权利的同时，也规定了一定的诉讼义务。对于这些诉讼义务，犯罪嫌疑人、被告人应当全面履行，否则必须承担相应的法律后果或法律责任。根据我国《刑事诉讼法》的规定，犯罪嫌疑人、被告人所应承担的法律义务主要有：(1)在符合法定条件的情况下承受逮捕、拘留、取保候审、监视居住、拘传等强制措施。(2)接受侦查人员的讯问、检查、搜查、扣押等侦查行为。(3)对侦查人员的讯问，应当如实回答。(4)承受检察机关的起诉，依法按时出席并接受法庭审判。(5)对于生效的裁定和判决，有义务执行或协助执行，等等。

(二)被害人

1. 被害人的诉讼地位

被害人是指其人身、财产或其他权益遭受犯罪行为侵害因而与案件处理结果具有直接利害关系的诉讼当事人。被害人在诉讼中有可能担当各种诉讼角色。根据我国《刑事诉讼法》第210条的规定，在告诉才处理的案件中，被害人有证据证明的轻微刑事案件，以及被害人有证据证明对被告人侵犯自己人身、财产权利的行为应当依法追究刑事责任，而公安机关或人民检察院不予追究被告人刑事责任的案件，被害人可以向人民法院提起自诉，从而具有自诉人的身份和地位。同时，被害人由于被告人的行为而遭受物质损失的，在刑事诉讼过程中还有权提起附带民事诉讼，从而成为附带民事诉讼的原告人，具有当事人的地位。对于被害人的上述两种身份和地位，将在后面有关章节中专门予以分析。本节所说的"被害人"专指在刑事公诉案件中以个人身份承担部分控诉职能的诉讼参与人。

第二次世界大战以后，随着国际人权保障运动的广泛开展，加强被害人在刑事司法中的权利保障成为各国司法改革的重要目标。被害人在刑事司法中的地位和诉讼角色问题引起了人们的广泛关注。加强被害人的权利保障,并对被害人与被告人的权利加以合理、适当的平衡,成为各国刑事诉讼法的普遍发展趋势。

我国《刑事诉讼法》赋予刑事被害人以独立的诉讼当事人地位。[27] 对于被害人的这一诉讼地位,可以从以下方面加以认识:(1)被害人作为遭受犯罪行为侵害的人,与案件结局有着直接的利害系。他不仅具有获得经济赔偿或补偿的欲望,而且有着让对其实施侵害的犯罪人受到法律上的谴责、惩罚的要求。(2)被害人基于实现使被告人受到合法的报应这一要求,具有积极主动地参与诉讼过程、影响裁判结局的愿望。(3)被害人作为诉讼当事人,拥有许多与被告人相对应的诉讼权利。为维护控、辩各方的地位平衡,我国《刑事诉讼法》对被害人的诉讼地位也作出了一些限制,使其不至于成为一般意义上的原告人。(4)被害人尽管具有当事人的诉讼地位,但他一般也是案件事实的知情人,因而被害人陈述既是一种法定证据种类,又是重要的证据来源。

2. 被害人的诉讼权利和义务

我国《刑事诉讼法》注重对被害人的权利保护,被害人除了享有一些为其他当事人所共有的诉讼权利外,也享有一系列特有的诉讼权利。

被害人与其他当事人所共同享有的诉讼权利主要有:(1)对于审判人员、检察人员和侦查人员侵犯其诉讼权利和人身侮辱的行为,有权提出控告。(2)对于审判人员、检察人员、侦查人员以及鉴定人员、翻译人员、书记员有《刑事诉讼法》第29条和第30条所规定的情形之一的,有权申请他们回避;对驳回申请回避的决定,有权申请复议一次。(3)有权参加法庭调查,在法庭上就起诉书指控的犯罪进行陈述,可以向被告人发问;有权向证人发问和质证;有权辨认、鉴别物证,听取书面证言及其他证据文书,并就上述证据向法庭陈述意见,有权申请通知新的证人到庭,调取新的物证,申请重新鉴定和勘验。(4)有权参加法庭辩论,对证据和案件情况发表意见,并与公诉人、其他当事人、辩护人等相互辩论。(5)有权对已发生法律效力的判决、裁定,向人民法院或人民检察院提出申诉,人民法院认为其申诉符合法定条件的,应当重新审判。(6)有权使用本民族语言文字进行诉讼,等等。

被害人享有的特有的诉讼权利主要有:(1)有权自案件移送审查起诉之日起,委托诉讼代理人。为此,人民检察院自收到移送审查起诉的案件材料之日起3日内,应当告知被害人及其法定代理人、近亲属有权委托诉讼代理人。(2)对于侵犯其人身、财产权利的犯罪事实或者犯罪嫌疑人,有权向公安机关、人民法院或人民检察院报案或者控告,要求有关机关立案;对于人民法院、人民检察院、公安机关不立案的决定,有权获知原因,并可以申请复议;对于公安机关应当立案侦查的案件而不立案侦查的,有权向人民检察院提出,由人民检察院要求公安机关说明理

---

[27] 对于被害人的诉讼地位,在理论上是有争议的。在大陆法系国家,被害人的诉讼地位较高,一般被定位为当事人;在英美法系国家,被害人的身份类似于证人。

由，并予以纠正。(3)对于人民检察院所作的不起诉决定，有权获得不起诉决定书，并向上一级人民检察院申诉，要求提起公诉；对于人民检察院维持不起诉决定的，有权向人民法院起诉；也可以不经申诉，直接向人民法院起诉。(4)被害人有证据证明对被告人侵犯自己人身、财产权利的行为应当依法追究刑事责任，而公安机关或者人民检察院不予追究被告人刑事责任的案件，被害人有权向人民法院提起自诉。(5)对地方各级人民法院第一审的判决不服的，有权请求人民检察院抗诉；人民检察院在收到这一请求后5日内，应当做出是否抗诉的决定并答复请求人，等等。

在诉讼过程中，被害人在享有上述诉讼权利的同时，还需要承担一些诉讼义务。这些义务主要包括：(1)如实向公安司法机关提供情况和陈述案情。不得作伪证，不得进行诬告、陷害，否则要承担相应的法律责任。(2)接受公安司法机关的传唤，按时到场。(3)不服公安机关、人民检察院不立案、不起诉的决定而直接向人民法院提起自诉时，应承担举证责任。(4)在法庭上接受询问和回答问题。(5)遵守法庭秩序，等等。

需要指出的是，对于机关、团体、企事业单位能否作为公诉案件的被害人参与刑事诉讼，学界存在不同的看法。我们认为，单位能够作为公诉案件的被害人参与刑事诉讼。理由如下：(1)单位被害人的实体权益遭受了犯罪的侵害，如同自然人一样，也有追诉犯罪的愿望与要求，案件的处理结果与其有切身的利害关系，因而允许其以公诉案件被害人的身份参与刑事诉讼，是程序公正的应有之义，也是案件处理结论得到当事人认同的前提和保证。(2)单位被害人不仅有参与刑事诉讼的积极性，而且具有参与刑事诉讼的权利能力和行为能力。我国《刑法》规定，单位可以构成犯罪的主体，事实上就承认了单位具有自己的意志和行为能力，只不过单位是通过其代表人来表达意志和实施行为的。(3)《刑事诉讼法》关于单位因犯罪遭受物质损失的，“人民检察院在提起公诉的时候，可以提起附带民事诉讼”的规定，也没有否定单位被害人的诉讼地位。(4)允许单位以被害人的身份参加刑事诉讼，有利于保护国家、集体的合法权益，促进社会主义市场经济的健康发展。在实践中，对于何为单位被害人陈述应当做出准确的认定。

示例3-5　顾某等销售假冒注册商标的商品案

法院认为，“博邦公司出具的鉴定情况说明并非刑事诉讼证据中的鉴定意见，其内容为被害单位的辨认，其证据属性应当归类于刑事诉讼证据中的被害人陈述”。[28] 在该案中，在被害人是单位的情况下，由于单位缺乏向司法机关进行陈述的能力，故通常是由其法定代表人或者其他相关人员代替单位向司法机关作陈述。上述陈述，并非上述人员的个人陈述，也并非证人证言，而是上述人员代表被害单位所作的被害人陈述。

---

〔28〕“顾某等销售假冒注册商标的商品案”，北大法宝引证码：CLI. C. 1765599。

3. 被害人权利保障与被告人权利保障的关系

刑事诉讼中,被告人和被害人的权利保障是息息相关的两个问题,可以说打断骨头连着筋,因为被告人和被害人常常直接针锋相对,无论增加哪一方的权利都可能厚此薄彼。被害人在法庭上的地位得到加强,付出的代价往往是被告人地位的削弱,因为被告人在面对以强大的国家机器为后盾的检察机关的同时,还要面对一个充满复仇欲望的被害人。也正是在这一意义上,有的学者批评大陆法系的被害人诉讼地位的提高,是导致被告人地位始终不高的一个重要原因。[29]

我们在构建被害人人权保障的体系时,应当综合考量被告人和被害人权利的平衡,其中,我们至少应从以下两个层面来理解这种平衡:(1)刑事诉讼应当兼顾被告人和被害人的权利保障,这应当在立法和司法上都得到体现。一方面,我们在确立刑事程序和证据规则时,应当考虑假设我成为犯罪嫌疑人、被告人,希望面对怎样的程序和证据规则;另一方面,应当考虑假设我或者我的家人成为被害人,希望面对怎样的程序和证据规则。(2)这种平衡不是说使得被告人和被害人的权利相对等,而是说我们在加强被害人权利的时候要考虑诉讼构造之平衡,使得控诉方(包括国家公诉机关和被害人)和辩护方(包括犯罪嫌疑人、被告人以及其律师)之间构筑一种动态的平衡,而被告人和被害人之间的权利恰恰是不对等的。这样才能使得刑事诉讼中的被追诉人能有效地防御,能真正维护自己的权利,而不至于沦为国家和被害人夹击下的"待宰羔羊"。[30]

(三)自诉人

在我国的刑事诉讼中,有一部分案件属于自诉案件,即以个人名义直接向法院提起诉讼,要求追究被告人刑事责任的诉讼。一般来讲,刑事诉讼中的自诉人通常都是犯罪被害人。但根据《刑事诉讼法》第 114 条规定:"被害人死亡或者丧失行为能力的,被害人的法定代理人、近亲属有权向人民法院起诉。人民法院应当依法受理。"因此,刑事诉讼中的自诉人应当包括犯罪行为的直接受害人及其法定代理人或近亲属。所谓近亲属,是指夫、妻、父、母、子、女、同胞兄弟姐妹。

由于自诉人是当事人,具有独立的诉讼权利和诉讼义务,因而并非所有提起自诉的人都可以成为自诉人。具体而言,只有在被害人死亡因而丧失法律上的自诉人

---

〔29〕 英美法系由于传统上一直对被害人诉讼权利保障重视不足,现在开始更多的关注加强被害人的诉讼内权利,调整被害人的诉讼地位,如美国 2004 年出台的《犯罪被害人权利法》从八个方面加强了被害人的权利。这八个方面的权利包括:安全保障权;获得通知权;参与程序权;听取意见权;与检察官进行商议权;获得完全和及时赔偿权;避免不合理程序延误权;受到公平对待的权利以及人格尊严和隐私受到尊重权。

〔30〕 在这方面,《联合国反腐败公约》为我们提供了范例。该公约在强调对被害人、证人的保护时,非常注意保障措施要受到被告人人权保障之限制,如公约第 32 条第 2 款规定:"在不影响被告人权利包括正当程序权的情况下,本条第 1 款所述措施(被害人、证人保护措施)可以包括……"以及该条第 5 款规定:"各缔约国均应当在不违背本国法律的情况下,在对罪犯提起刑事诉讼的适当阶段,以不损害被告人权利的方式使被害人的意见和关切得到表达和考虑。"

资格的情况下,被害人的法定代理人、近亲属才能以自己的名义提起自诉;倘若被害人没有死亡,即使其没有诉讼行为能力,被害人的法定代理人、近亲属也不能以自己的名义提起自诉,而必须以被害人作为自诉人,因为被害人仍然具有诉讼权利能力和当事人的资格。

对于单位能否成为自诉人,在学界一直存在争议。我们认为,单位可以成为自诉人,而且应当允许单位在因撤销、合并或者解散等原因终止的时候,由承受其权利和义务的单位作为自诉人提起自诉。其原因与前述单位能够作为公诉案件的被害人参与诉讼的理由是大致相同的。

作为自诉案件的一方当事人,自诉人在诉讼中承担着控诉职能,因而享有广泛的诉讼权利,主要包括:(1)有权直接向人民法院提起诉讼;(2)委托诉讼代理人;(3)提起附带民事诉讼;(4)有权申请回避;(5)参加法庭辩论,申请人民法院调取新的证据、传唤新的证人,申请重新鉴定和勘验;(6)在人民法院宣告判决前,自诉人有权同被告人自行和解或者撤回自诉;依法告诉才处理的案件和被害人有证据证明的轻微刑事案件中,自诉人有权在人民法院主持之下与被告人调解;(7)阅读庭审笔录或听取宣读庭审笔录,并有权请求补充或者改正;(8)如不服一审判决或者裁定,可以提出上诉;(9)对已经发生法律效力的判决或者裁定认为确有错误的,可以提出申诉,等等。

在享有权利的同时,自诉人也要承担必要的诉讼义务:(1)承担举证责任;自诉人对自己的主张和请求应当提供证据证明;(2)如实提供案件真实情况的义务。如故意伪造证据陷害他人,必须承担法律责任;(3)按时出庭、遵守法庭秩序的义务;(4)执行人民法院生效的调解协议、判决或者裁定的义务,等等。

(四)附带民事诉讼的原告人和被告人

附带民事诉讼的原告人是指因人身权利遭受犯罪侵犯或者财物被犯罪分子毁坏而遭受物质损失并要求赔偿的人。附带民事诉讼的原告人通常就是公诉案件的被害人或自诉案件的自诉人,也可以是已经死亡或者丧失行为能力的被害人的法定代理人、近亲属。我国《刑事诉讼法》第101条第2款规定:"如果是国家财产、集体财产遭受损失的,人民检察院在提起公诉的时候,可以提起附带民事诉讼。"附带民事诉讼的被告人,通常是刑事被告人,没有被追究刑事责任的其他共同致害人,也可以是未成年刑事被告人的监护人,共同犯罪案件中已死亡被告的遗产继承人,以及其他对刑事被告人的犯罪行为依法应当承担民事赔偿责任的单位和个人。

附带民事诉讼原告人主要享有以下诉讼权利:(1)提起附带民事诉讼,要求赔偿物质损失;(2)申请回避;(3)委托诉讼代理人;(4)参加法庭调查和法庭辩论,并对附带民事诉讼部分提供证据、发表意见;(5)如不服一审判决或者裁定,可以提出上诉;(6)请求人民法院主持调解或者与附带民事诉讼被告人自行和解;(7)申请人民法院采取查封、扣押或者冻结被告人的财产等财产保全措施,等等。诉讼义务主要包括:(1)对于附带民事诉讼请求提供证据;(2)如实陈述案情;(3)按时出庭、遵守法庭秩序,等等。

附带民事诉讼被告人与附带民事诉讼原告人的诉讼权利大致相同，但也有些许区别，主要表现在：附带民事诉讼原告人有权提出赔偿要求，有权放弃诉讼请求，有权与附带民事诉讼被告人达成和解，而附带民事诉讼被告人则有权提出反诉。附带民事诉讼被告人的诉讼义务与附带民事诉讼原告人基本相同。

三、其他诉讼参与人

（一）法定代理人

我国《刑事诉讼法》第108条第3项规定，法定代理人是指被代理人的父母、养父母、监护人和负有保护责任的机关、团体的代表。法定代理人根据法律规定参加刑事诉讼活动，而不是基于委托关系。因此，法定代理人在诉讼过程中具有独立的法律地位，不受被代理人意志的约束，在进入诉讼和行使代理权利时，无须通过被代理人同意或者授权；当法定代理人和被代理人在是否行使某项共同享有的诉讼权利意见不一致时，法定代理人的行为独立有效。而且，法定代理人的行为视为被代理人的行为，与之具有相同的法律效果。

法定代理人参与刑事诉讼的主要职责是依法保护未成年人、无行为能力人或者限制行为能力人的人身权利、财产权利、诉讼权利以及其他一切合法权益，因此其享有与被代理人相同的广泛的诉讼权利。《刑事诉讼法》及相关司法解释中增加了未成年人刑事案件诉讼程序，其中详细规定了法定代理人享有的诉讼权利：（1）未成年人刑事案件在进行讯问和审判活动时，应当通知未成年犯罪嫌疑人、被告人的法定代理人到场；（2）到场的法定代理人可以代为行使未成年犯罪嫌疑人、被告人的诉讼权利；（3）如果认为办案人员在讯问、审判中侵犯未成年人合法权益的，法定代理人可以提出意见；（4）讯问笔录、法庭笔录应当交给到场的法定代理人阅读或者向他宣读；（5）对于人民检察院做出的附条件不起诉决定，未成年犯罪嫌疑人的法定代理人有权提出异议；（6）审判的时候被告人不满18周岁的案件，不公开审理，但经未成年被告人及其法定代理人同意，未成年被告人所在学校和未成年人保护组织可以派代表到场；（7）审判程序中，未成年被告人作最后陈述后，其法定代理人可以进行补充陈述；（8）对未成年人刑事案件，人民法院决定适用简易程序审理的，应当征求未成年被告人法定代理人的意见，等等。但是，法定代理人不能代替被代理人实施供述、辩解或陈述等特定行为，也不能代替被代理人承担与人身自由相关联的义务。

（二）诉讼代理人

诉讼代理人是指公诉案件的被害人及其法定代理人或者近亲属、自诉案件的自诉人及其法定代理人和附带民事诉讼的当事人及其法定代理人的委托，或者法律援助机构的指派，以被代理人的名义参加诉讼、进行活动的诉讼参与人。

与辩护人向犯罪嫌疑人、被告人提供法律方面的专门帮助相类似，诉讼代理人是为公诉案件的被害人、自诉案件的自诉人以及附带民事诉讼的当事人提供专业性法律帮助的诉讼参与人，依法维护被害人、自诉人或者附带民事诉讼当事人的诉讼权利和其他合法权益。当事人委托诉讼代理人的，参照适用《刑事诉讼法》第34条有关委托辩护人的规定。

与法定代理人不同，诉讼代理人的代理权一般是基于被代理人的委托，而不是法律的直接规定。诉讼代理人以被代理人的名义参加诉讼，并且只能在被代理人授权范围内活动，不能与被代理人的意志相背离，否则诉讼代理人代理活动所产生的法律后果由其自己承担。

（三）辩护人

辩护人是指接受犯罪嫌疑人、被告人的委托或人民法院的指定，帮助犯罪嫌疑人、被告人行使辩护权，以维护其合法权益的人。我国《刑事诉讼法》第 33 条规定，犯罪嫌疑人、被告人除自己行使辩护权以外，还可以委托一人至二人作为辩护人。

辩护权是我国法律赋予犯罪嫌疑人、被告人的最为核心的诉讼权利。辩护人参与诉讼，有助于维护犯罪嫌疑人、被告人的诉讼主体地位，弥补犯罪嫌疑人、被告人与国家侦查机关、公诉机关之间的实力差距，确保刑事诉讼活动的公平性和公正性。

与诉讼代理人不同，辩护人在刑事诉讼中具有独立的诉讼地位，而不纯粹是犯罪嫌疑人、被告人利益的代理人，其辩护行为不受当事人意志的约束。

根据《刑事诉讼法》的规定，辩护人在整个刑事诉讼过程中享有许多诉讼权利，如会见通信权、阅卷权、调查取证权、申请变更强制措施权、申请回避权等，但在不同的诉讼阶段，其诉讼权利不尽相同。

（四）证人

证人是指知道案件事实情况，与案件无直接利害关系、向公安司法机关提供自己所知道的案件情况的人。凭借证人的证言来查清案件事实为古今中外的法律所重视，也是各种诉讼运用最广泛的一种证据形式。在我国，除因生理上、精神上有缺陷或者年幼而不能辨别是非、不能正确表达意志的人以外，凡是知道案件情况的人，都有作证的义务。证人应如实地提供证言，如果作伪证或隐匿罪证，要负相应的法律责任。

证人在刑事诉讼中享有以下诉讼权利：适用本民族语言文字进行诉讼的权利、查阅证言笔录并予以修正的权利、对侵犯其合法权益的诉讼行为提起控告的权利、法定情形下请求公安司法机关保护其本人或者近亲属人身安全的权利等。证人的诉讼义务主要有如实作证、保守案件秘密、出席法庭作证、遵守法庭秩序等。

（五）鉴定人

鉴定人是指受公安司法机关或个人的指派或者聘请，运用自己的专门知识或技能，对案件中的专门性问题进行分析判断并提出科学意见的人。

鉴定人必须是具有解决案件中某些专门性问题的知识和技能的自然人，机关、团体、单位、组织等不能作为鉴定人；鉴定人应当与本案没有利害关系，否则，当事人有权申请其回避；鉴定人应由公安司法机关指派或聘请。

鉴定人参加刑事诉讼，享有一系列诉讼权利，如有权了解有关案件材料，必要时有权参加现场勘验、检查等诉讼活动，有权单独提出鉴定意见，法定情形下有权请求公安司法机关保护其本人或者近亲属的人身安全等。鉴定人的诉讼义务主要有客观、真实地做出鉴定，对在鉴定过程中了解的案情保密，出席法庭接受双方质证等。

（六）翻译人员

翻译人员是指受公安司法机关聘请或指定在刑事诉讼中从事语言文字翻译工作的诉讼参与人。翻译人员在诉讼过程中主要对外国语言、少数民族语言、聋哑手势、盲文等进行翻译。由于涉及案件信息的传递，一旦出现错误对于诉讼参与人的权利和诉讼程序都可能产生影响，因此翻译人员与案件或者当事人不能有利害关系，否则应当回避。

翻译人员在诉讼过程中享有以下诉讼权利：(1)了解同翻译内容有关的案件情况；(2)有权查阅记载其翻译内容的笔录，如果笔录与实际翻译内容不符，有权要求修改或者补充；(3)有权获得相应的报酬和经济补偿。同时，翻译人员有义务按语言文字的原意如实翻译，不得隐瞒、歪曲或者伪造，如果有弄虚作假者应承担法律责任。翻译人员对翻译活动中所获知的案件情况和他人隐私，应当保密。

第四章　刑事诉讼的基本原则

导读

法律原则是法律体系中作为法律规则的指导思想、基础或本源的、综合的、稳定的法律原理和准则。法律原则无论是对一国刑事诉讼法的创制还是实施都具有重要的意义。一国刑事诉讼的基本原则深受本国法律制度与法律文化的影响。法律原则作为法律规则的基础和本源,在法律体系中居于核心地位,它不仅具有统摄具体诉讼制度和程序性规定的功能,同时,也可以解决立法和司法实践中出现的现实问题。

第一节　刑事诉讼基本原则概述

刑事诉讼法的基本原则,是指反映刑事诉讼理念和目的的要求,贯穿于刑事诉讼的全过程或者主要诉讼阶段,对刑事诉讼过程具有普遍或者重大指导意义和规范作用,为国家专门机关和诉讼参与人参与刑事诉讼必须遵循的基本行为准则。

《布莱克法律词典》将法律原则解释为:“法律的基本原理或者规则;作为其他原理或者规则的基础和源泉的综合性的原理或者规则;关于行为、程序或者法律决定的已经固定的原理。原则是被清楚地规定的,除非一个更加清楚的原则的规定,不能加以证明或者推翻。原则是某一学科的核心部分。”[1]刑事诉讼基本原则在本质上属于法律原则,既具有法律原则的基本特征,又有刑事诉讼的学科属性。它贯穿于刑事诉讼的始终,体现着刑事诉讼的目的和任务,决定刑事诉讼的框架和基本特征,并对刑事诉讼的立法和司法等活动具有普遍的指导意义。

刑事诉讼法的基本原则,一般具有以下特点:

1. 体现刑事诉讼活动的基本规律和原理。这些基本法律规则有着深厚的法律理论基础和丰富的思想内涵。例如,审判公开原则要求法院的审判活动从形式到内容应当向社会公开,使得审判活动受到社会公众的广泛监督。这是审判程序公正的

〔1〕 Black's Law Dictionary, sixth edition, West publishing Co., 1990, p. 1193.

基本保证,也符合司法审判活动的基本性质。

2. 刑事诉讼基本原则是由《刑事诉讼法》明确规定的法律原则。原则体现法律的基本精神,任何具体的法律规定都必须和基本原则相符合。我国《刑事诉讼法》规定的基本原则包括两大类:一类是一般原则即刑事诉讼和其他性质的诉讼都必须共同遵守的原则,例如以事实为根据、以法律为准绳原则,对一切公民在适用法律上一律平等原则,审判公开原则;另一类是刑事诉讼所独有的基本原则,如侦查权、检察权、审判权由专门机关依法行使原则,分工负责、互相配合、互相制约原则,犯罪嫌疑人、被告人有权获得辩护原则等,这些都是刑事诉讼的特有原则。

3. 刑事诉讼基本原则一般贯穿于刑事诉讼的全过程,具有普遍指导意义。刑事诉讼法的基本原则是规范和调整整个刑事诉讼程序的原则,适用于刑事诉讼的各个阶段或主要阶段,国家专门机关及其工作人员以及各诉讼参与人都应当遵守。

4. 刑事诉讼基本原则具有法律约束力。刑事诉讼基本原则虽然较为抽象和概括,但各项具体的诉讼制度和程序都必须与之相符合。而且,在具体诉讼制度没有作出详细规定的时候,可以直接适用刑事诉讼法的基本原则,即刑事诉讼原则具有弥补法律规定不足和填补法律漏洞的功能。

刑事诉讼原则在刑事诉讼法律规范体系中处于承上启下的中介地位,既是联结刑事诉讼指导思想、目的、任务与具体诉讼制度、规则、程序的桥梁,又是联结刑事诉讼原理与刑事诉讼具体法律规定的介质。[2] 其价值主要体现在:首先,刑事诉讼基本原则对国家立法机关在制定刑事诉讼法律规范时具有立法指导的功能,可以促进我国刑事诉讼立法的科学化。在刑事诉讼法律规范的立法过程中,应以刑事诉讼基本原则为根本规范,并以此为基础,建立目标一致、价值协调、逻辑严密的刑事诉讼法律规范体系。其次,刑事诉讼原则对刑事诉讼的解释具有指导和规范作用。再次,刑事诉讼基本原则还指导着刑事诉讼活动的开展,对司法机关及诉讼参与人正确理解刑事诉讼法,提高依法办案的质量和自觉性具有重大作用。最后,刑事诉讼基本原则是与刑事诉讼的目的紧密相连的,是实现刑事诉讼惩罚犯罪、保障人权的目的之保障。

第二节 国际通行的刑事诉讼基本原则

刑事诉讼基本原则可以从国际与国内两个视角来进行理解,且两个原则体系之间具有内在联系。一般认为,国际通行的刑事诉讼基本原则更具有普遍性、前瞻性。随着我国经济与社会的发展进步,我国刑事诉讼会不断吸收国际通行的原则,缩小与刑事诉讼国际标准的差异,不断提高刑事程序法制化水平。

---

〔2〕 参见宋英辉等:《刑事诉讼原理》(第3版),北京大学出版社2014年版,第36页。

一、程序法定原则

所谓程序法定原则，有两层含义：一是立法方面，国家追诉犯罪的职权与刑事程序，都只能由法律来加以明确规定；二是司法方面，刑事诉讼活动应当按照国家法律规定的职权和刑事程序来进行。[3]

罪刑法定原则与程序法定原则构成了法定原则的双重内涵。法国学者认为，“法定原则并非仅仅约束有关规定犯罪……因为，本义上的法律，也就是立法权力机关通过的法律，还确定着有关刑事诉讼程序的规则并创设新的法院制度……”。[4] 我们一向将罪刑法定原则视为刑法的首要原则，但是对程序法定原则却一直重视不足。确立程序法定原则，“这样做的目的是为了避免发生任何专断行为，以便受到追诉的个人能够进行自我辩护，防止个人受到不公正的有罪判决，或者说，避免犯罪人遭到法院的错误判决”。[5]

西方主要国家都在宪法或刑事诉讼法中对程序法定原则作了相应的规定或体现了类似的精神。在大陆法系，程序法定原则是一项基本的宪法性原则，并被认为是程序法的基石。在德国，程序法定原则被称为法治国家程序原则。德国学者认为，从该原则中，可以推导出两个方面的要求：一方面，可以推导出要公正地实施程序的规定，这一点，在禁止国家滥用权力，要求国家权力自我限制，应当给予公民防御权利，借以抵御国家权力侵犯的规定上，得到了体现；另一方面，推导出要建立能够发挥作用、伸张正义的刑事司法系统的规定。[6] 在法国，1789 年《人权宣言》第 7 条规定，“除非在法律规定的情况下，并按照法律所规定的程序，不得控告、逮捕和拘留任何人”。在日本，《宪法》第 31 条规定：“任何人，未经法律规定的程序，不得剥夺其生命、自由或者科处其他刑罚。”

在英美法系，虽然没有明确的程序法定原则之称谓，但是一般认为，英美法系的正当法律程序原则蕴含了程序法定原则的实质精神。根据正当法律程序原则，除非经过正当法律程序，任何人不得被剥夺生命、自由、财产或者法律赋予的其他权利。如美国《宪法》第十四修正案规定：“所有在合众国出生并受其管辖的人，都是合众国的和他们居住州的公民。任何一州，都不得制定或实施限制合众国公民的特权或豁免权的任何法律；不经正当法律程序，不得剥夺任何人的生命、自由和财产；在州管辖范围内，也不得拒绝给予任何人以平等法律保护。”从美国法院适用正当法律程序条款的情况来看，正当法律程序条款实际上是从“程序性正当程序”（procedural

---

〔3〕 有的学者认为，应当将程序法定原则称为程序合法性原则，参见陈卫东、程雷：“刑事程序合法性原则论纲”，载《法律科学》2004 年第 1 期。

〔4〕 [法]卡斯特·斯特法尼等：《法国刑事诉讼法精义》（上），罗结珍译，中国政法大学出版社 1999 年版，第 10 页。

〔5〕 [法]卡斯特·斯特法尼等：《法国刑事诉讼法精义》（上），罗结珍译，中国政法大学出版社 1999 年版，第 10 页。

〔6〕 参见[德]约阿希姆·赫尔曼：“《德国刑事诉讼法典》中译本引言”，载《德国刑事诉讼法典》，李昌珂译，中国政法大学出版社 1995 年版，第 11～12 页。

due process)与“实体性正当程序”(substantive due process)两个方面对国家公权力予以限制,通过法定程序保障公民的基本自由与人权,防止国家公权力的滥用。一般认为,实体性正当程序主要针对的是立法,指立法机关制定的任何一项涉及剥夺公民生命、自由或财产的法律都不能是任意的、不合理的,都必须为之提供具有正当性的程序保障。相应地,程序性正当程序主要针对的是司法机关与行政机关的执法活动,指司法机关和行政机关在做出剥夺公民的生命、自由或财产的决定时,必须遵守法定的具有正当性的法律程序。在实践中,美国联邦最高法院充分发挥了其解释功能,将正当程序的宪法要求阐释和发展为一整套刑事诉讼规则与证据规则,如陪审团审判制度、非法证据排除规则、传闻规则等便是以抽象的宪法原则为依据,以美国联邦最高法院的判例为助动力,逐步发展起来的。

程序法定原则在联合国的有关文件中亦有所体现,如《公民权利和政治权利国际公约》第 9 条第 1 款的规定即体现了这一精神,即“人人有权享有人身自由和安全。任何人不得加以任意逮捕或拘禁。除非依照法律所确定的根据和程序,任何人不得被剥夺自由。”

二、无罪推定原则

无罪推定原则,是指未经法庭审判证明有罪前,推定被控告者无罪的一种原则。无罪推定原则是现代法治国家刑事司法通行的一项重要原则,是国际公约确认和保护的一项基本人权,也是联合国在刑事司法领域制定和推行的最低限度标准之一。

无罪推定最早是在启蒙运动中被作为一项思想原则提出来的。1764 年 7 月,意大利刑法学家贝卡利亚在其名著《论犯罪与刑罚》一书中,抨击了残酷的刑讯逼供和有罪推定,提出了无罪推定的理论构想。无罪推定作为刑事诉讼的一项核心原则已经写入《世界人权宣言》和联合国《公民权利和政治权利国际公约》。《世界人权宣言》第 11 条规定:“凡受刑事控告者,在未经获得辩护上所需的一切保证的公开审判而依法证实有罪以前,有权被视为无罪。”联合国《公民权利和政治权利国际公约》第 14 条第 2 款规定:“凡受刑事控告者,在未依法证实有罪之前,应有权被视为无罪。”多数国家和地区的刑事诉讼法都蕴涵有无罪推定的意旨,近年来则进一步呈现出法典化的趋势。在法国,1789 年《人权宣言》第 9 条以及 1958 年 10 月 4 日的《宪法》序言中,都规定了“任何受指控犯罪的人,在未依法确定其有罪之前,推定其无罪”,但是并没有正式纳入刑事诉讼法典。2000 年 6 月 15 日的法律将无罪推定原则正式写进法国刑事诉讼法典的序言部分,载明“每个犯罪嫌疑人或被追诉人在其被确认为有罪之前均推定为无罪。侵害其无罪推定的行为,根据法律规定的条件防止、补救和惩处”。苏联的诉讼法学界普遍认同无罪推定原则,但法律上从未明确加以规定,俄罗斯新《刑事诉讼法典》第 14 条根据新宪法规定,确定了无罪推定原则及其相关内容。[7] 在我国台湾地区,2003 年修订“刑事诉讼法”,在证据法部分的首条增加第 1 项“被告未经审判证明有罪确定前,推定其为无罪。”[8]

虽然各国在立法中对无罪推定原则的表述不尽相同,但其基本含义是一致的,即任何人在未被依法确定为有罪以前,应被推定或者假定为无罪。首先,它是一种推定。任何人在没有被检察官举出充分证据证明有罪,并由法院通过合法、正当的程序做出有罪判决之前,应当被推定为无罪。因此,在刑事诉讼中,他应当拥有一系列旨在对抗国家追诉权的诉讼特权和程序保障,如有权获知被控的罪名和理由、有权获得律师帮助、不被强迫自证其罪等。其次,它是一种可以被推翻的推定。如果法官通过合法、正当的审判程序,认为检察官提出的证据已经充分证明被告人是有罪的,因此做出被告人有罪的生效判决,那么针对该被告人的无罪推定就被推翻,在法律地位上无罪的被告人就转化为罪犯。由此可见,无罪推定所设定的并不是任何事实,不等于无罪认定,而仅仅设定一种法律状态,一种具有暂时性、程序性的法律状态。

在刑事诉讼中,无罪推定原则包括以下基本要求:(1)犯罪嫌疑人、被告人不得被强迫自证其罪,没有证明自己无罪的义务。[9] (2)控方负举证责任,即检察官负有证明被告人有罪的责任,并且这一证明责任是不可转移的。(3)疑罪从无。检察官的证明应当达到法律规定的程度,如果不能达到该程度,不能确定任何人有罪,即被告人应被宣告为无罪。(4)犯罪嫌疑人既然被推定为无罪,其人身自由应不被限制和剥夺,除非追诉方有证据证明其有犯罪行为,不对其采取强制措施会导致案件无法或难以追诉和审判,并经过司法审查和授权。

无罪推定首先是刑事诉讼中被追诉人的一项权利,对于确保被追诉人获得公正审判具有重大意义,被视为现代刑事诉讼制度的基石之一。但从更广义的角度,它是社会上每一个人的权利。任何人在没有被判处有罪之前,都应有权被推定为无罪。反之,如果实行有罪推定,任何人都将生活在危险之中,都可能随时被要求表明自己是清白的。无罪推定原则作为对被追诉人在刑事诉讼过程中所处地位的保护性假定,其防止过早地和无根据地把任何人看成是罪犯。它要求检察官承担证明被告人有罪的责任,而被告人没有证明自己无罪或者有罪的责任,这就为国家追诉活

---

[7] 俄罗斯新《刑事诉讼法》明确规定了:(1)刑事被告人在未依照本法典规定的程序被证明其有罪并由已经产生法律效力的刑事判决确定以前,被认为无罪。(2)犯罪嫌疑人或刑事被告人没有义务证明自己有罪。举证证明对被告人的指控和推翻为犯罪嫌疑人或刑事被告人辩护的理由的责任由控方承担。(3)所有依本法典规定的程序不能确定的对被告人有罪的怀疑,均应作对被告人有利的解释。(4)有罪判决不得根据推测作出。

[8] 即我国台湾地区“刑事诉讼法”第 154 条。原“刑事诉讼法”第 154 条仅规定:“犯罪事实应依证据认定之,无证据不得推定其犯罪事实。”

[9] 无罪推定与沉默权的关系,理论上有争议。一般认为,从“犯罪嫌疑人、被告人不承担证明自己无罪或有罪的责任”可以推导出犯罪嫌疑人和被告人有沉默权,虽然沉默权的起源比无罪推定更早。参见孙长永:《沉默权制度研究》,法律出版社 2001 年版,第 23 页。

动设下了限制，使国家追诉机关本来强大的追诉权得到制衡，有利于实现控辩双方的实质对等，有利于排除法官的先入为主的偏见，使被告方可以有效参与刑事审判，积极影响案件结果。

三、公正审判原则

公正审判原则要求刑事审判程序本身应具备一些内在的“善”的品质，体现“过程”的正当性。判断某一审判程序是否符合公正审判的基本要求，要看它能否使那些可能受到裁判结果不利影响的人有效地参与到裁判结果的形成过程中。一般认为，公正审判原则的历史渊源主要有两个：一是英国的自然正义理论；二是美国《宪法》第五和第十四修正案规定的正当法律程序条款。

特别需要我们关注的是，联合国《公民权利和政治权利国际公约》第14条对公正审判作出了详细规定，是该公约中最长的条款，也是最重要的条款之一。它主要是从程序法方面，尤其是对审判机构的要求和对被告人的权利保障方面规定了公正审判的各种因素，具体要求如下：

1. 所有的人在法庭和裁判所前一律平等。在判定对任何人提出的任何刑事指控或确定他在一件诉讼案中的权利和义务时，人人有资格由一个依法设立的合格的、独立的和无偏倚的法庭进行公正的和公开的审讯。由于民主社会中的道德的、公共秩序的或国家安全的理由，或当诉讼当事人的私生活的利益有此需要时，或在特殊情况下法庭认为公开审判会损害司法利益因而需要严格限制时，可不使记者和公众出席全部或部分审判；但对刑事案件或法律诉讼的任何判决应公开宣布，除非少年的利益另有要求或者诉讼系有关儿童监护权的婚姻争端。

2. 凡受刑事控告者，在未依法证实有罪之前，应有权被视为无罪。

3. 在判定对他提出的任何刑事指控时，人人完全平等地有资格享受以下的最低限度的保证：(1)迅速以一种他懂得的语言详细地告知对他提出的指控的性质和原因；(2)有相当时间和便利准备他的辩护并与他自己选择的律师联络；(3)受审时间不被无故拖延；(4)出席受审并亲自替自己辩护或经由他自己所选择的法律援助进行辩护；如果他没有法律援助，要通知他享有这种权利；在司法利益有此需要的案件中，为他指定法律援助，而在他没有足够能力偿付法律援助的案件中，不要他自己付费；(5)询问对他不利的证人，并使对他有利的证人在与对他不利的证人相同的条件下出庭和接受询问；(6)如他不懂或不会说法庭上所用的语言，能免费获得翻译人员的帮助；(7)不被强迫作不利于他自己的证言或强迫承认犯罪。

4. 对少年的案件，在程序上应考虑到他们的年龄和帮助他们重新做人的需要。

5. 凡被判定有罪者，应有权请求由一个较高级法庭对其定罪及刑罚依法进行复审。

6. 在一人按照最后决定已被判定犯刑事罪而其后根据新的或新发现的事实确实表明发生误审，他的定罪被推翻或被赦免的情况下，因这种定罪而受刑罚的人应依法得到赔偿，除非经证明当时不知道的事实未被及时揭露完全是或部分是由于他自己的缘故。

7. 任何人已依一国的法律及刑事程序被最后定罪或宣告无罪者，不得就同一罪名再予审判或惩罚。[10]

公约的上述规定为刑事审判设立了最低限度的公正标准。公正审判要求适用正当程序和法制原则，这些都是对人权最基本的保护。因为人的其他权利遭受侵犯时，得到公正审判的权利是最后的保障。如果审判本身不符合保障人权的精神，则其他权利也很难得到保障。公正审判与刑事司法有极其密切的关系，因为刑事司法牵涉到人的尊严、隐私、自由甚至生命。此外，公正审判的权利在解决个人与国家之间的争议时也是至关重要的。

示例 4－1　赖昌星引渡案

该案中，加拿大法庭的审理旷日持久，核心问题便是如果赖昌星被遣返回中国并交付审判，能否受到符合联合国《公民权利和政治权利国际公约》规定的国际人权标准的公正审判的问题。庭审中，作为专家证人的杨诚和赖昌星的律师马塔斯之间，围绕有关公约的规定是否在中国法律和实践中得到承认和贯彻这一核心问题，对一百多个法律问题展开了论战。[11]

四、国家追诉原则

国家追诉原则有两个基本要求：一是检察官代表国家向法院提出公诉，要求法院通过审判确定被告人的刑事责任；二是检察官是否提起公诉，不以被害方的意志为转移。

在早期人类社会，实行的诉讼模式是弹劾制。当时，并不存在专门负责起诉的国家机关，一般都是由被害人一方向法院提起控告，而法院也只有被害人起诉后才能受理案件，即实行“不告不理”原则。虽然，这不再是原始社会的“以牙还牙、以眼还眼”的同态复仇，但制度设计的出发点是把犯罪人对被害人的侵犯，看成当事人之间的纠纷。随着国家职能的强化，以及人们对犯罪认识的转变，刑事犯罪不再仅仅看作对被害人的侵害，而更多地被看作对国家和社会利益的侵犯。特别是随着纠问制诉讼模式的出现，国家开始主动承担起追究犯罪的责任。相对于个人起诉而言，国家追诉更有利于有效惩治犯罪和维护社会秩序。从传统来看，大陆法系国家往往有着更加显著的国家追诉主义色彩，职权主义本身的特点便是强调国家的追诉职能；英美法系当事人主义也实行国家追诉原则，但不如大陆法系那么显著。如英国

---

〔10〕 参见陈光中主编：《〈公民权利和政治权利国际公约〉与我国刑事诉讼》，商务印书馆 2005 年版，第 217～218 页。

〔11〕 [加]杨诚：“论公正审判的国际标准——由加拿大赖昌星难民案聆讯看有关人权标准问题”，载陈光中主编：《〈公民权利和政治权利国际公约〉批准与实施问题研究》，中国法制出版社 2002 年版，第 637 页。

到了 1985 年才成立了正式的检察机构，“王室检察院（皇家检控署）作为一个国家机构，创立于 1985 年，1986 年开始运作。该机构的成立，在警方与刑事法庭之间，即在刑事案件的侦查与确定某人是否有罪之间架起了一座桥梁”。[12] 传统上英国实行私人起诉制度。19 世纪以后，警察机关形成并日益成为有组织的机构，才逐渐承担提起诉讼和指控犯罪的责任。现在，在英美法系国家，检察官被认为是国家聘请的律师，代表国家追诉犯罪。

采行国家追诉原则的优势主要体现在：（1）在无明确被害人的犯罪中，如走私犯罪，需要国家承担追诉责任。（2）在有明确被害人的案件中，被害人往往缺少收集证据、指控犯罪的能力，同时，个人容易受感情因素、经济因素等影响而放纵犯罪。（3）国家追诉有利于提高惩罚犯罪的效率，通过强有力的国家机器，对犯罪做出及时、有效的应对。需要注意的是，采行国家追诉主义，并不意味着国家可以不择手段来打击犯罪。现代意义上的刑事诉讼，无论是当事人主义还是职权主义模式，国家追诉犯罪的权力都需要受到限制，通过实行控审分离、控辩平等对抗、不告不理、裁判者独立行使审判权等保障刑事审判的公正性。

五、控审分离原则

控审分离是指控诉职能和审判职能必须分别由专门的诉讼主体来承担，而不能把两种职能集中由一个诉讼主体来承担，如果没有法定的控诉主体提起诉讼，承担审判职能的法院就不能主动审判任何案件。这也是刑事诉讼中不告不理原则的由来。

确立控审分离原则，是刑事司法制度史上的一个重大进步。控审分离的意义在于：（1）控审分离符合心理学规律，有利于防止控诉主体与审判主体人格与精神分裂，防止角色冲突。（2）控审分离有利于形成、维护诉讼应有的结构形态，实现外观正义。（3）控审分离有利于实现准确惩罚犯罪、防止冤及无辜的诉讼目的。（4）控审分离有利于实现程序公正，保护人权。[13]

控审分离原则的主要内容有：（1）明确划分刑事追诉权和裁判权，分别由不同主体各自独立行使，不允许逾越各自的职权范围。法院不得实施侦查、起诉等追诉活动，而由警察、检察机构作为专门的控诉机构，对符合法定条件的案件展开侦查和提起公诉。法院则专门承担审理和裁判职责，担负维护法律和正义的责任。（2）法院的审判必须在检察机关提出合法起诉的前提下才能启动。在开启审判程序方面，法院完全是被动的，没有正式的控诉请求，法院不得对任何案件进行审判。（3）法院审理和裁判的对象和范围必须仅限于检察官的起诉书所明确记载的对象和范围，而不得审理任何未经起诉的被告人和行为。（4）凡是旨在限制和剥夺公民基本人权，包

---

〔12〕［英］麦高伟、杰弗里·威尔逊主编：《英国刑事司法程序》，姚永吉等译，法律出版社 2003 年版，第 5 页。

〔13〕参见刘计划：《控审分离论》，法律出版社 2013 年版，第 4～6 页。

括自由权、财产权与隐私权的强制处分与秘密侦查措施都属于裁判范围,应由法官审查决定。

《欧洲人权公约》第6条第1款规定,任何人都享有其诉讼案件由独立的、公正的法院公平审理的权利。刑事案件中提出的任何控告是否有依据均应由法院决定。欧洲学者认为,这一规定包含了“职能分开”的原则:负责进行追诉的司法官(检察官)完全被排除出审判法院;同时,同一人在同一案件中不得既行使预审职能,又行使审判职能。[14] 在德国,“一旦做出起诉决定,德国的检察官将抛开他们的中立态度,尽力去赢得诉讼,甚至不亚于美国的检察官”,而“只有检察官和法官分别都认为被告人实际上有罪,才可以将其定罪”。[15] 也就是说,控审分离原则不仅有利于防止法官成为积极的调查者和先入之见的追诉者,而且明确了检察官的职责,并通过界定法院审判范围,使得被告人的防御有了明确的、具体的对象,便于被告人积极准备诉讼,维护自己的合法权益。

六、禁止强迫自证其罪原则

禁止强迫自证其罪,又称为反对强迫自证其罪特权,是国际社会公认的公民的一项基本权利。从联合国《公民权利和政治权利国际公约》第14条第3款第(庚)项规定:“不被强迫作不利于他自己的证言或强迫承认有罪”来看,不被强迫自证其罪的权利被规定为被告人获得公正审判的最低限度程序保障之一。《美洲人权公约》第8条、《联合国少年司法最低限度标准规则》(北京规则)第7条、世界刑法学协会第15届代表大会作出的《关于刑事诉讼中的人权问题的决议》第17条,均有关于该项特权的规定。几乎所有的法治国家,禁止强迫自证其罪原则都被确立为公民的宪法性基本权利,成为公民自由、生命、财产等权益免受公共权力机构任意剥夺的基本法律保障。如美国《宪法》第五修正案中规定:“不得在任何刑事案件中被迫自证其罪。”

一般认为,禁止强迫自证其罪原则源于英国普通法。在普通法上,有两句古老的法律格言,即任何人都没有背叛自己的义务(Nemo tenetur prodere seipsum)和任何人都没有指控自己的义务(Nemo tenetur seipsum accusare)。禁止强迫自证其罪原则旨在承认、尊重和保障被告人的人格尊严和诉讼主体地位,使控辩双方成为平等参与者,使被告人能积极地参与到裁判制作过程中,而不是被动地接受裁判,甚至成为协助检察官控告自己的工具。

理解禁止强迫自证其罪原则的关键是理解“强迫”一词。“‘被强迫’这一术语指的是各种各样直接的或间接的身体或心理压力的形式,其范围从第7条和第10

---

〔14〕 参见[法]卡斯特·斯特法尼等:《法国刑事诉讼法精义》(上),罗结珍译,中国政法大学出版社1999年版,第61页。

〔15〕 [德]托马斯·魏根特:《德国刑事诉讼程序》,岳礼玲、温小洁译,中国政法大学出版社2004年版,第41页。

条中禁止的酷刑和不人道待遇，到各种各样的欺诈或威胁方式，以及强加司法制裁以迫使被告供认。尽管第14条没有明文禁止在刑事审判中承认被告的被迫供认和声明作为证据，但人权事务委员会在其对第14条的一般性意见中，呼吁缔约国在其法律中设定对使用此类证据的相应禁止。”[16]

我国2012年修改《刑事诉讼法》在证据部分增加了该原则，即在第52条规定了：“不得强迫任何人证实自己有罪。”这是我国刑事证据制度发展的一大突破，首次以立法的形式公开承认了强迫公民认罪的非正当性。[17]

七、禁止双重危险原则

禁止双重危险原则在《公民权利和政治权利国际公约》第14条第7款中表述为：“任何人已依一国的法律及刑事程序被最后定罪或宣告无罪者，不得就同一罪名再予审判或惩罚。”对于该原则的内容，《欧洲人权公约》第7号议定书第4条规定：（1）在同一国家的管辖下，任何已依该国的法律及刑事程序被最后宣告无罪或者有罪者，不得就同一犯罪再予审判或惩罚。（2）如果有表明新的或新发现的事实的证据，或者如果在原诉讼程序中有根本性的瑕疵，有可能影响案件的结果，前款规定不应妨碍根据有关国家的法律和刑事程序对同一案件的重新开启。（3）不得根据公约第15条的规定，对本条规定予以克减。这说明该原则并不和再审制度绝对排斥，同时也说明该原则在国际人权公约中的重要地位，不允许任意克减。

禁止双重危险原则源于13世纪英国普通法，后被写入了美国《宪法》第五修正案：“任何人不得因同一犯罪行为而两次遭受生命或身体的危害。”该原则的基本含义是，任何人不得因同一行为而受到两次以上的刑事起诉、审判和科刑。按照美国联邦最高法院的观点，禁止双重危险原则的价值包括四个方面：（1）对同一犯罪再行起诉会使一个人蒙受尴尬、折磨和经济损失，并强迫他持续生活在焦虑和不安全的状态。（2）对同一犯罪再行起诉产生一种令人难以接受的高风险：政府会通过用它的优越资源消磨一个人而对无辜者定罪。（3）第五修正案保护被告人“由特定法庭完成审判的可贵权利”，审判从一开始，被告人的利益就有相当分量，因为他能够通过他信任的法庭裁判来一劳永逸地结束他与国家的对抗。（4）双重危险条款的主要目标是保持裁判的终局性。[18]

与英美法系国家的禁止双重危险原则相对应，大陆法系国家实行一事不再理原则。根据一事不再理原则，法院的判决一旦生效，就产生了“既判力”，而一般情况下，既判的事实应视为真实，不论其正确还是错误，任何法院或法官都不能将其推

---

〔16〕［奥］曼弗雷德·诺瓦克：《民权公约评注》，毕小青、孙世彦等译，三联书店2003年版，第260页。

〔17〕《刑事诉讼法》第50条的规定并未将禁止强迫自证其罪上升到我国刑事诉讼法的基本原则，而仅仅是刑事证据法的一个重要原则，表述上与国际通行的原则也还尚有差距，如我国用了“证实”一词。此外，我国《刑事诉讼法》保留了“如实供述”之规定，与该原则有所冲突。

〔18〕参见［美］约书亚·德雷斯勒、艾伦·C.迈克尔斯：《美国刑事诉讼法精解》（第2卷·刑事审判），魏晓娜译，北京大学出版社2009年版，第289～290页。

翻。这就意味着判决生效后，国家的处罚权就已经耗尽，不得再对被无罪释放的人提起诉讼，也不得再对已被判刑罚的人再次追究。

就一事不再理原则与禁止双重危险原则的关系而言，这两个原则的文字表述不尽相同，但出发点是一样的，即要求案件在审理程序结束后，不得就该案再次起诉、审判，只不过是侧重点略有不同。一事不再理原则侧重于裁判生效后的既判力，而禁止双重危险原则强调禁止被告人受到两次危险，裁判无论是否生效，对于控辩双方都有约束，甚至规定在判决对被告人有利的时候不给起诉方以上诉权，可见其适用范围略广于一事不再理原则。[19]

在美国，虽然其宪法规定的反对双重危险原则被认为比一事不再理原则更严格，但是即便如此，近年来对既判力的强调也是有松动的，如 1992 年发生的轰动一时的"罗德尼金"案就是一例。

示例 4－2　罗德尼金案

在该案中，洛杉矶的四名白人警察被指控殴打黑人青年罗德尼金。当时地方检察官以"使用致命武器和不必要的暴力殴打嫌疑人"的罪名起诉，但是负责审理该案的清一色白人陪审团却判定四名被告人无罪，由此引发了轰动世界的洛杉矶骚乱。骚乱发生后，迫于社会舆论的压力，虽然本案已经终审，美国联邦检察机关决定再次对四名白人警察提起公诉，其罪名是"侵犯民权"。[20]

第三节　我国刑事诉讼法确立的基本原则

一、侦查权、检察权、审判权由专门机关依法行使

我国《刑事诉讼法》第 3 条规定："对刑事案件的侦查、拘留、执行逮捕、预审，由公安机关负责。检察、批准逮捕、检察机关直接受理的案件的侦查、提起公诉，由人民检察院负责。审判由人民法院负责。除法律特别规定的以外，其他任何机关、团体和个人都无权行使这些权力。人民法院、人民检察院和公安机关进行刑事诉讼，必须严格遵守本法和其他法律的有关规定。"根据该条规定，侦查权、检察权、审判权由专门机关依法行使的原则，应从以下三个方面来理解：

首先，根据我国《刑事诉讼法》的规定，只有公安机关、人民检察院和人民法院三机关有权行使侦查权、检察权和审判权，其他机关、团体和个人都无权行使这些权力。侦查权、检察权和审判权是国家权力的重要组成部分，是国家实现刑罚权的重

〔19〕 参见陈光中主编：《〈公民权利和政治权利国际公约〉与我国刑事诉讼》，商务印书馆 2005 年版，第 319～320 页。

〔20〕 参见何家弘：《域外痴醒录》，法律出版社 1997 年版，第 226～229 页。

要保障，关系着政权的巩固和社会秩序的安定。但是法律也有例外规定，例如，关于侦查权的行使，《刑事诉讼法》第 4 条就规定："国家安全机关依照法律规定，办理危害国家安全的刑事案件，行使与公安机关相同的职权。"另外，军队保卫部门对军队内部发生的刑事案件进行侦查，监狱对罪犯在监狱内犯罪的刑事案件进行侦查，海关缉私部门可以对走私犯罪进行侦查，享有类似于公安机关的侦查权。

其次，公安机关、人民检察院和人民法院必须依照《刑事诉讼法》的规定行使职权。对于滥用职权的行为，行使该职权的机关及其直接责任人员应承担法律责任。

最后，公安机关、人民检察院和人民法院三机关只能依法律分别行使各自的职权，不能混淆，更不能相互取代。《刑事诉讼法》的这些基本原则，不仅要防止其他机关、社会团体和个人对刑事司法权的干预，而且也要防止混淆刑事诉讼的职能分工。

侦查权、检察权、审判权由专门机关依法行使的原则，是我国刑事诉讼法科学化、民主化的重要表现之一。该原则不仅有利于提高刑事诉讼的效率，更好地打击犯罪，而且有利于防止三机关滥用职权造成冤假错案，符合打击犯罪与保障人权的需要。

示例 4－3　陈某某等故意伤害案

该案中，"附带民事诉讼原告人及其代理人就刑事部分提出：以故意杀人罪追究被告人陈某某、附带民事诉讼被告人陈某、刘某某的刑事责任"，法院认为，"从以上查明的事实反映出，陈某某与陈某有共同的致害故意，并共同实施了致害行为。但桂林市人民检察院仅就被告人陈某某向本院提起公诉，根据《中华人民共和国刑事诉讼法》第三条、第五条的规定，对犯罪嫌疑人提起公诉，交付人民法院审判，是由人民检察院予以行使，且不受行政机关、社会团体和个人的干涉，而人民法院仅行使审判权。因此，附带民事诉讼原告人及其代理人要求本院直接追究陈某的刑事责任，不符合《中华人民共和国刑事诉讼法》的相关程序，不予支持，但是可以请求桂林市人民检察院依法追究陈某的刑事责任"。〔21〕

二、人民法院、人民检察院依法独立行使职权

我国《刑事诉讼法》第 5 条规定："人民法院依照法律规定独立行使审判权，人民检察院依照法律规定独立行使检察权，不受行政机关、社会团体和个人的干涉。"该规定是对《宪法》第 131 条和第 136 条、《人民法院组织法》第 4 条、《人民检察院组织法》第 4 条的重申，可以概括为人民法院、人民检察院依法独立行使职权原则，也称司法机关依法独立行使职权原则。

人民法院、人民检察院依法独立行使职权原则主要包含以下四方面的含义：

---

〔21〕 广西壮族自治区桂林市中级人民法院《刑事附带民事判决书》(〔2013〕桂市刑一初字第 9 号)，北大法宝引证码：CLI. C. 1861505。

首先,审判权作为对刑事案件进行审理和最终裁决的权力,只能由国家的审判机关——人民法院行使;检察权作为对法律的执行与遵守进行专门监督的权力,只能由国家的法律监督机关——人民检察院行使。人民法院独立行使审判权、人民检察院独立行使检察权,不受行政机关、社会团体和个人的干涉。

其次,人民法院行使审判权、人民检察院行使检察权,必须严格依照刑事诉讼法、刑法及其他有关法律的规定进行,不得违背法定程序,不得超越法定权限。也就是说,人民法院、人民检察院办理刑事案件,必须严格服从法律,包括实体法和程序法的规定。

再次,独立行使审判权的主体是法院而不是法官个人,独立行使检察权的主体是检察机关而不是检察官个人。这意味着,我国宪法和刑事诉讼法只是部分吸收了司法独立原则的内容,承认司法机关的整体独立,但不承认法官、检察官的个人独立。司法独立(judicial independence)是西方国家司法制度的第一大特点,源于三权分立学说,主张司法权必须同行政权和立法权分立,非经司法机关,非经正当司法程序,不得剥夺任何人的生命、自由和财产。就制度层面而言,司法独立要求做到:(1)司法权由法院统一行使,不受行政机关和立法机关的干预,公民个人或非国家机关的社会团体更不能干预。(2)司法系统内部的互相独立,即一个司法机关的司法活动不受另一个司法机关的干预。(3)法官独立审判,只服从法律,这是指一个法院内部不存在上下级服从关系。(4)法官保障制度。这是从社会地位、经济收入方面保障法官无所顾忌的捍卫法律。(5)法官职业伦理准则,即对法官的行为加以限制,以使其免受不正当的影响。

最后,人民法院、人民检察院依法独立行使审判权、检察权,并不意味着独立于党的领导之外,也不意味着不受社会和民众的监督。同时,按照宪法规定,人民法院、人民检察院还要受同级人民代表大会及其常务委员会的监督。

在我国,坚持和完善人民法院、人民检察院依法独立行使审判权、检察权,需要重点处理好三大关系。

1. 处理好该原则与党的领导的关系。党的领导是做好司法工作的根本保证,但是党对司法工作的领导,应当注意司法的特点,遵循司法运行的规律。党组织(包括党委和政法委)对司法工作的领导主要是方针、政策的领导和组织领导,原则上不宜具体参与办案工作。[22] 各级党政机关和领导干部要支持法院、检察院依法独立公正行使职权。建立领导干部干预司法活动、插手具体案件处理的记录、通报和责任追究制度。任何党政机关和领导干部都不得让司法机关做违反法定职责、有碍司法公正的事情,任何司法机关都不得执行党政机关和领导干部违法干预司法活动的要求。对干预司法机关办案的,给予党纪政纪处分;造成冤假错案或者其他严重后果

---

〔22〕 参见陈光中、龙宗智:“关于深化司法改革若干问题的思考”,载《中国法学》2013年第4期。

的，依法追究刑事责任。[23]

2. 处理好该原则和人民代表大会监督的关系。根据我国宪法以及相关组织法的规定，最高人民法院院长由全国人民代表大会选举，副院长、庭长、副庭长、审判员由全国人民代表大会常务委员会任免；地方各级人民法院院长由地方各级人民代表大会选举，副院长、庭长、副庭长和审判员由地方各级人民代表大会常务委员会任免。我国法院的产生机制是由作为根本政治制度的人民代表大会制度所决定的。作为我国现行宪法的体制安排，具有其合法性与正当性。但是需要说明的是，由于人民代表大会制度运作过程中存在的问题，比如地方各级人大受到地方党委及政府的影响，使得人民法院体现出较为强烈的"地方化"色彩，难以抗衡地方党政对司法权的不当干预。[24] 从长远来看，人大对司法的监督应当更多地从解决司法解释越权、司法解释之间冲突、解释部门化、司法改革中的违宪情形等全局性问题上着手。对于个案的监督权力应当仅限于全国人大常委会，可以考虑在人大常委会之下设立专门的委员会，负责受理违宪审查诉讼。[25]

3. 处理好该原则和民众监督的关系。民众监督司法的类型主要包括普通民众的监督、新闻媒体的监督、法学家的监督和社会团体的监督等。司法的一个重要目标便是，努力让人民群众在每一个司法案件中感受到公平正义。近年来，我国通过程序公开、裁判文书上网、网络庭审直播等不断提升司法透明度，特别是在自媒体不断发展的背景下，民众和媒体对司法的监督得到了不断发展。我们既要看到这种监督的必然性和积极意义，也要在独立审判和民众、媒体监督之间划定界限，防止以民意代替审判。对于新时期的媒体监督，一方面媒体应以合理方式、有限程度地介入刑事司法；另一方面司法机关应以更加理性的态度来审视刑事司法中的媒体要素。[26]

三、分工负责、互相配合、互相制约

我国《刑事诉讼法》第 7 条规定："人民法院、人民检察院和公安机关进行刑事诉讼，应当分工负责，互相配合，互相制约，以保证准确有效地执行法律。"这便是分工负责、互相配合、互相制约原则，也称三机关分工配合制约原则。这一原则是我国刑

---

〔23〕 2014 年出台的《中共中央关于全面推进依法治国若干重大问题的决定》第 4 条明确指出，完善确保依法独立公正行使审判权和检察权的制度。2015 年 3 月底，中共中央办公厅、国务院办公厅印发的《领导干部干预司法活动、插手具体案件处理的记录、通报和责任追究规定》明确指出，对领导干部干预司法活动、插手具体案件处理的情况，司法人员应当全面、如实记录，做到全程留痕，有据可查。司法机关应当每季度对领导干部干预司法活动、插手具体案件处理情况进行汇总分析，报送同级党委政法委和上级司法机关。

〔24〕 参见陈卫东："司法机关依法独立行使职权研究"，载《中国法学》2014 年第 2 期。

〔25〕 通过代表民意的议会监督司法在世界上是有先例的，如英国的上议院设有一个枢密院司法委员会，实际上是最高上诉审判机构，类似最高法院，受理各种案件，它是议会职能的一部分。又如在瑞典则设有议会选举监察专员，行使对法官和行政官员的监督，其中包括受理公民案件的申诉。

〔26〕 参见胡铭："转型社会刑事司法中的媒体要素"，载《政法论坛》2011 年第 1 期。

事诉讼各机关处理相互关系的一项基本准则,这一工作关系是在长期的刑事诉讼实践中确立的,是我国刑事诉讼活动的一大特点。

分工负责,是指公安机关、人民检察院和人民法院根据法律规定的职权,各负其责,各尽其职,严格依照分工进行诉讼活动,不允许互相代替和超越职责权限。根据《刑事诉讼法》第3条的规定,对刑事案件的侦查、拘留、执行逮捕、预审,由公安机关负责;检察、批准逮捕、检察机关直接受理的案件的侦查、提起公诉,由人民检察院负责;审判由人民法院负责。这是分工的法律依据。同时,三机关对属于自己分工范围内的活动也不能推诿。

互相配合,是指三机关在分工负责的前提下,为了实现惩罚犯罪保护人民的共同任务,全力合作、互相支持。各机关不应各自为战、互不联系,更不应互相扯皮、互相推诿。根据刑事诉讼法的规定,在侦查程序中,需要逮捕犯罪嫌疑人时,公安机关应当作出提请批准逮捕书,连同案卷材料、证据,一并移送同级人民检察院审查批准。人民检察院对于公安机关提请批准逮捕的案件进行审查后,应当根据情况分别做出批准逮捕或者不批准逮捕的决定,并由公安机关负责执行。在审查起诉程序中,公安机关应提交起诉意见书,连同案卷材料、证据一并移送同级人民检察院审查,检察院应在法定期限内做出起诉或不起诉的决定。人民检察院审查案件,可以要求公安机关提供法庭审判所必需的证据材料。在审判程序中,检察院和法院的互相配合主要体现在:检察机关决定起诉后,应当写好起诉书,并将案件移送人民法院;法院在对公诉案件进行审查后,符合法定条件的,应当决定开庭审理并依法作出裁判。

互相制约,是指公、检、法三机关的工作互为条件,彼此监督,并且依照法律规定的职权,对其他机关的有关决定提出异议,互相防止和纠正在诉讼过程中可能出现和已经出现的错误。在侦查程序中,人民检察院决定不批准逮捕本身就是对公安机关的一种制约;而且人民检察院在审查批捕时,如果发现公安机关的侦查活动有违法情况,应当通知公安机关予以纠正,公安机关则应将纠正情况通知人民检察院。在起诉程序中,人民检察院对于公安机关请求起诉的案件作不起诉的处理,也是对公安机关的制约;同时,人民检察院在审查起诉时应审查侦查活动是否合法,如发现侦查中有违法现象,应及时提出纠正意见。人民检察院对于公安机关移送起诉的案件,决定不起诉的,应将决定书送公安机关。公安机关认为不起诉决定有错误时,可要求复议;如意见不被接受,可向上级人民检察院提请复核。另外,人民检察院决定将案件退回公安机关补充侦查,也可视为对公安机关的制约。在审判程序中,公诉人在法庭上应接受审判长对庭审的指挥;在发现审判活动有违法情况时,有权提出纠正意见;人民检察院认为判决和裁定确有错误时,应向上一级法院提出抗诉。

三机关分工配合制约原则的三项内容是一个完整的、统一的整体,三者相辅相成,辩证统一。其中,分工负责是前提和基础,没有分工,配合和制约就无从谈起,相互配合和相互制约则是权力关系的两个具体方面,两者不可偏废。实践中,由于该原则在理论上有一定的模糊性,配合、制约的界限不清,很容易导致三机关关系异化,配合有余,而制约不足,造成了庭审程序形式化。

当前,在推进以审判为中心的诉讼制度改革中,理解和完善三机关分工配合制约原则需要从以下方面着手:

首先,我们需要准确理解分工配合制约原则。分工负责体现的是三机关地位的独立性和权力的有限性;互相配合体现的是工作程序上的衔接关系;互相制约是三机关相互关系的核心价值要求。这一原则体现了两种服从关系:在价值理念上,效率服从于公平、配合服从于制约;在工作程序上,侦查服从于起诉、起诉服从于审判。〔27〕 该原则的核心在于建立合乎司法规律且行之有效的制衡关系。

其次,构建司法权对侦查权的有效制约机制,通过司法审查来对侦查权进行控制。以令状主义为代表的司法审查是现代法治国家普遍遵循的原则。在我国,批捕制度体现了令状主义,捕后羁押必要性审查制度进一步强化了这种制约,非法证据排除制度则是司法权制约侦查权的关键所在。

再次,将刑事诉讼中的检察监督主要定位于制约侦查权,应调整检警关系,采行检警一体化。〔28〕 检察监督应适应审判中心的要求,避免检察机关公诉职能和检察监督职能的角色冲突。我国司法实践中已经开始摸索检警一体化模式,其实质是检察机关参与侦查权行使,而非检警机关在组织上一体化抑或两者角色混同。

最后,应关注法院内部的审判资源的配置,尤其是优化审判权与审判管理权的配置。目标主要是合理界定审判职权并建立最佳权力结构和运行机制,进一步规范法官与审判组织、审判部门与综合管理部门的分工,加强对审判流程各环节的过程控制,正确处理独立审判与院、庭长监督指导职能、审判权运行去行政化与法院管理成本控制和效益提升等关系问题。

四、人民检察院依法对刑事诉讼进行法律监督

我国《刑事诉讼法》第 8 条规定:“人民检察院依法对刑事诉讼实行法律监督。”在我国,人民检察院是国家的法律监督机关,有权对刑事诉讼、民事诉讼、行政诉讼实行法律监督。在刑事诉讼中,人民检察院对公安机关的立案侦查、法院的审判和执行机关的执行活动是否合法进行监督。这种监督贯穿于刑事诉讼活动的始终。这一原则的基本内容如下:

在立案阶段,人民检察院认为公安机关对应当立案侦查的案件而不立案侦查的,有权要求公安机关说明不立案的理由。人民检察院认为公安机关不立案理由不能成立的,应当通知公安机关立案,公安机关接到通知后应当立案。

在侦查阶段,人民检察院在审查批准逮捕工作中,如果发现公安机关的侦查活动有违法情况,应当通知公安机关予以纠正,公安机关应当将纠正情况通知人民检察院。人民检察院发现侦查中违反羁押和办案期限规定的,也应当依法提出纠正意

〔27〕 参见韩大元、于文豪:“法院、检察机关和公安机关的宪法关系”,载《法学研究》2011 年第 3 期。

〔28〕 参见刘计划:“检警一体化模式再解读”,载《法学研究》2013 年第 6 期。

见。人民检察院根据案件需要,通过派员参加公安机关对于重大案件的讨论和其他侦查活动,若发现公安机关在侦查活动中的违法行为,应当及时通知公安机关予以纠正。人民检察院通过审查公安机关执行人民检察院批准或不批准逮捕决定的情况,以及释放被逮捕的犯罪嫌疑人或者变更逮捕措施的情况,履行侦查监督职能。人民检察院发现公安机关或者公安人员在侦查或者决定、执行、变更、撤销强制措施等活动中有违法行为的,应当及时提出纠正意见。

在审查起诉阶段,人民检察院可以要求公安机关提供法庭审判所必需的证据材料。对于需要补充侦查的,可以退回公安机关补充侦查,也可以自行补充侦查。对于补充侦查的案件,人民检察院仍然认为证据不足,不符合起诉条件的,可以做出不起诉的决定。

在审判阶段,人民检察院在代表国家提起公诉的同时,监督法庭审理活动。人民检察院发现人民法院审理案件违反法律规定的诉讼程序,有权向人民法院提出纠正意见。地方各级人民检察院认为本级人民法院第一审的判决、裁定确有错误的时候,应当向上一级人民法院提出抗诉。对于已经发生法律效力的判决和裁定,人民检察院如果发现确有错误,有权按照审判监督程序提出抗诉。人民检察院抗诉的案件,接受抗诉的人民法院应当组成合议庭重新审理。

在执行阶段,人民法院在交付执行死刑前,应当通知同级人民检察院派员临场监督。批准暂予监外执行的机关应当将批准的决定抄送人民检察院。人民检察院认为暂予监外执行不当的,有权以书面意见送交批准暂予监外执行的机关,批准暂予监外执行的机关接到人民检察院的书面意见后,应当立即对该决定进行重新核查。人民检察院认为人民法院减刑、假释的裁定不当,有权向人民法院提出书面纠正意见。人民法院应当在收到纠正意见后 1 个月内重新组成合议庭进行审理,做出最终裁定。另外,人民检察院对执行机关执行刑罚的活动是否合法实行监督,如果发现有违法的情况,应当通知执行机关纠正。

五、辩护权保障

我国《宪法》第 130 条规定:“人民法院审理案件……被告人有权获得辩护”;我国《刑事诉讼法》第 11 条规定:“人民法院审判案件……被告人有权获得辩护,人民法院有义务保证被告人获得辩护”。我们称该原则为辩护权保障原则。

辩护权是指刑事案件的犯罪嫌疑人、被告人及其辩护人,从实体和程序上提出有利于犯罪嫌疑人、被告人的事实和理由,维护犯罪嫌疑人、被告人合法权益的诉讼权利。我国法律赋予犯罪嫌疑人、被告人辩护权,并在制度上和程序上予以保障。对任何犯罪嫌疑人、被告人,都不得以任何理由限制或剥夺其辩护权。犯罪嫌疑人、被告人行使辩护权的方式是多样的,在各个诉讼阶段,犯罪嫌疑人、被告人都可以自行辩护,也可以委托辩护人为其进行辩护。

保障犯罪嫌疑人、被告人辩护权,具有特别重要的意义。(1)刑事诉讼是由强大的国家发起并由其与弱小的、孤立的个人之间发生的诉讼,双方力量极其悬殊,辩护权保障是确保犯罪嫌疑人、被告人充分参与刑事诉讼活动，有效地对抗公安机关和检察机关的刑事追诉活动的要求。(2)刑事诉讼的过程及其结果都直接涉及对被刑事指控者的人身、财产权利的限制甚至剥夺，辩护权保障可以保护犯罪嫌疑人、被告人的自由和权益免受无理的限制和剥夺。(3)可以减少错案，确保犯罪嫌疑人、被告人以及社会公众对国家专门机关的诉讼活动保持最大限度的信任与尊重。

为充分保障犯罪嫌疑人、被告人辩护权，我国《刑事诉讼法》及相关司法解释从以下方面完善了辩护制度：(1)侦查阶段律师辩护人地位的确立。犯罪嫌疑人自被侦查机关第一次讯问或者采取强制措施之日起，有权委托辩护人，以确保犯罪嫌疑人、被告人的委托辩护权贯穿于刑事诉讼全过程。即在侦查阶段，律师由"提供帮助"改变为了"进行辩护"，从而名正言顺地具有了辩护人的法律地位。(2)律师辩护范围的扩大。在人民检察院审查批捕、案件侦查终结前、审查起诉中、开庭辩护前、二审法院决定是否开庭审理、死刑复核等活动中，应当听取辩护人的意见。(3)法律援助的范围扩大。犯罪嫌疑人、被告人是盲、聋、哑人，或者是尚未完全丧失辨认或者控制自己行为能力的精神病人，强制医疗程序中的精神病人，可能被判处无期徒刑、死刑的，以及未成年人，公、检、法机关均应通知法律援助机构指派律师为其提供辩护。如吕保成等聚众斗殴案中，上诉人吕某某系未成年人，其辩护人为指定辩护人，是江苏省南通市法律援助中心的律师。[29] (4)律师在侦查阶段会见权的保障。除危害国家安全犯罪、恐怖活动犯罪案件外，辩护律师持律师执业证书、律师事务所证明和委托书或者法律援助公函要求会见在押的犯罪嫌疑人、被告人的，看守所应当及时安排会见，保证辩护律师在48小时以内见到在押的犯罪嫌疑人、被告人。(5)律师阅卷权的保障。辩护律师自人民检察院对案件审查起诉之日起，可以查阅、摘抄、复制本案的案卷材料，阅卷时间和范围都得到拓展。(6)追究律师刑事责任程序的规范化。律师被追究刑事责任的行为中删除了模糊不清的"证人改变证言"；该法条所规范的对象不再仅限于辩护人，而是包括所有诉讼参与者；应当按照规定报请办理辩护人所承办案件的侦查机关的上一级侦查机关指定其他侦查机关立案侦查，或者由上一级侦查机关立案侦查，不得指定办理辩护人所承办案件的侦查机关的下级侦查机关立案侦查。[30]

六、未经人民法院依法判决，不得确定有罪

我国《刑事诉讼法》第12条规定："未经人民法院依法判决，对任何人都不得确定有罪。"这是1996年修改《刑事诉讼法》时增加的一项基本原则。该原则吸收了无罪推定原则的合理内核，明确了只有人民法院享有依法定罪权。

---

〔29〕 江苏省南通市中级人民法院《二审判决书》(〔2007〕通中刑一终字第0073号)，北大法宝引证码：CLI. C. 234360。

〔30〕 参见田文昌、陈瑞华：《刑事辩护的中国经验(增订本)》，北京大学出版社2013年版，第332~366页。

该原则包括以下基本含义:(1)确定被告人有罪的权力由人民法院统一行使,其他任何机关、团体和个人都无权行使。为此,1996年修改法律时废除了免于起诉制度,[31]人民检察院只能做出提起公诉的决定或者不起诉的决定,而不能做出免予起诉的决定。(2)被追诉者在刑事诉讼过程中被称为犯罪嫌疑人、被告人,而不能被称为"罪犯"或"人犯",人民法院判决被告人有罪才能称之为罪犯。为此,1996年修改法律时区分了犯罪嫌疑人、被告人和罪犯这三大称谓,废除了"人犯"这一不科学的称谓。(3)证明责任一般要由公诉人或自诉人承担,被告人没有证明自己无罪的义务。(4)确立了疑罪从无原则,对于证据不足、指控罪名不能成立的案件,人民法院应当做出证据不足、指控犯罪不能成立的无罪判决。不能采用疑罪从有、疑罪从挂或疑罪从轻。

示例4-4　黄某故意杀人案

本案审理过程中,被害人亲属多次到公检法机关、市委市政府上访、闹访,要求判处被告人黄某死刑。法院内部对本案的处理也有不同意见。一种意见认为,虽然本案证据存在疑点,但也有一定证据表明系黄某作案,如果宣告黄某无罪,被害人亲属必然闹访,甚至做出自杀等极端行为,不利于社会稳定。一旦放错人,法院更要承担打击不力的责任,做出留有余地的判决更为稳妥。另一种意见认为,本案没有中间路线可以走。如果在案证据能够认定黄某作案,根据其犯罪情节,应依法判处其死刑;反之,就必须保障被告人的合法权益,做出无罪判决。合议庭、庭领导、院领导、审判委员会经反复研究、数次讨论,最终达成共识,必须顶住压力,坚持疑罪从无原则,坚守法律底线。法院宣告被告人黄某无罪后,有关部门表示不理解,被害人亲属情绪一度比较激烈,认为司法不公,偏袒被告人,但经过反复解释,被害人亲属逐步认可了法院的判决,转而要求公安机关追查真凶。本案真凶出现后,法院的司法权威和司法公信力得到极大增强,赢得了有关部门对司法裁判的尊重,认为如果当年没有法院坚守住最后一道防线,本案就有可能成为一个冤错案件,造成难以弥补的损失。[32]

未经人民法院依法判决,不得确定有罪原则体现了无罪推定原则的基本精神。但与联合国有关人权公约所确立的无罪推定原则的表述相比较,仍存在差异。《公民权利和政治权利国际公约》第14条第2款规定:"凡受刑事控告者,在未依法证实有罪之前,应有权被视为无罪。"这里"被视为无罪"与我国《刑事诉讼法》第12条规定的"不得确定有罪"在对被追诉人权利保障的内涵上是有区别的。

七、保障诉讼参与人的诉讼权利

我国《刑事诉讼法》第14条规定:"人民法院、人民检察院和公安机关应当保障

[31] 所谓免予起诉制度,是指人民检察院对已构成犯罪,但依法不需要判处刑罚或可免除刑罚的被告人所作出的不提请人民法院审判而终结诉讼的处理决定。

[32] "黄某故意杀人案",北大法宝引证码:CLI. C. 1795454。

犯罪嫌疑人、被告人和其他诉讼参与人依法享有的辩护权和其他诉讼权利。诉讼参与人对于审判人员、检察人员和侦查人员侵犯公民诉讼权利和人身侮辱的行为，有权提出控告。”

该原则的基本含义是：(1)诉讼权利是诉讼参与人享有的法定权利，法律予以保护，公安司法机关不得以任何方式加以剥夺。诉讼参与人在诉讼权利受到侵害时，有权采用法律手段依法保护自己的诉讼权利，如控告或请求公安司法机关予以制止，有关机关对于侵犯公民诉讼权利的行为应当认真查处。(2)公安司法机关有义务保障诉讼参与人充分行使诉讼权利，对于刑事诉讼中妨碍诉讼参与人行使诉讼权利的各种行为，公安司法机关有义务采取措施予以制止。(3)诉讼参与人在享有诉讼权利的同时，还应当承担法律规定的诉讼义务。

只有切实保障诉讼参与人的诉讼权利，使得诉讼参与人受到应有的有尊严的对待，才能为其参加诉讼提供必要的条件，其合法权益才不会受到侵犯。同时，该原则也有助于公安司法机关文明、合法地开展刑事诉讼活动。

八、刑事案件认罪认罚可以依法从宽处理的原则

我国《刑事诉讼法》第15条规定：“犯罪嫌疑人、被告人自愿如实供述自己的罪行，承认指控的犯罪事实，愿意接受处罚的，可以依法从宽处理。”刑事案件认罪认罚可以依法从宽处理的原则，发端于我国“坦白从宽、抗拒从严”和“宽严相济”的刑事政策，是在新的历史条件下对其中宽缓一面的发展。

在总结认罪认罚从宽制度试点经验的基础上，2018年《刑事诉讼法》将认罪认罚从宽制度作为刑事诉讼基本原则写入法典，使得被追诉人认罪认罚可以依法从宽处理成为贯穿刑事诉讼全过程的指导性准则。该原则是建立在控诉机关指控被追诉人有罪的基础上的一种制度延伸，适用于任何案件性质、诉讼程序类型，广泛存在于刑事诉讼过程中，在性质上兼具实体与程序双重属性，且明显有别于域外的辩诉交易制度。其在充分听取犯罪嫌疑人、被告人和被害人的意见并保障其权利的基础上，犯罪嫌疑人、被告人认罪认罚并签署具结书，检察机关提出从宽的量刑建议，由法院予以确认，形成一种控辩审之间良性互动的关系，这将对现有控、辩、审三方诉讼结构产生积极的影响。

同时，对认罪认罚案件依法从宽、从简、从快处理，形成速裁程序、简易程序、普通程序有序衔接、繁简分流的多层次诉讼体系，有利于推动刑事诉讼程序的层次化改造，为完善我国刑事诉讼制度提供实践基础。对认罪认罚的犯罪嫌疑人、被告人依法从宽处理，充分发挥刑罚的惩罚警示和教育矫治功能，鼓励和促使更多的犯罪人认罪服法，可以减少社会对抗、修复社会关系，有利于提升社会治理法治化水平。

九、依照法定情形不予追究刑事责任

依照法定情形不予追究刑事责任原则是对我国《刑事诉讼法》第16条规定的概括。我国《刑事诉讼法》第16条规定：“有下列情形之一的，不追究刑事责任，已经追

究的，应当撤销案件，或者不起诉，或者终止审理，或者宣告无罪：(1)情节显著轻微、危害不大，不认为是犯罪的；(2)犯罪已过追诉时效期限的；(3)经特赦令免除刑罚的；(4)依照刑法告诉才处理的犯罪，没有告诉或者撤回告诉的；(5)犯罪嫌疑人、被告人死亡的；(6)其他法律规定免予追究刑事责任的。”

根据该条规定，不追究刑事责任的法定情形是以下六种：

1. 情节显著轻微、危害不大，不认为是犯罪的。根据《刑法》的规定，任何行为只有具有社会危害性，而且危害性须达到一定的严重程度才构成犯罪。对于情节显著轻微、危害不大的，《刑法》不规定为犯罪，不应追究刑事责任。但是，对于不追究刑事责任的行为，仍可以移送有关主管部门处理，如移送公安机关依法给予治安处罚。

2. 犯罪已过追诉时效的。追诉时效是刑法规定的追究犯罪分子刑事责任的有效期限，即超过一定期限便不再追究犯罪嫌疑人、被告人刑事责任的一种制度。根据我国《刑法》第 87 条的规定，犯罪经过下列期限不再追诉：法定最高刑为不满 5 年有期徒刑的，经过 5 年；法定最高刑为 5 年以上不满 10 年有期徒刑的，经过 10 年；法定最高刑为 10 年以上有期徒刑的，经过 15 年；法定最高刑为无期徒刑、死刑的，经过 20 年（如果 20 年以后认为必须追诉的，须报请最高人民检察院核准）。但是，在人民检察院、公安机关、国家安全机关立案侦查或者在人民法院受理案件以后，逃避侦查或者审判的，不受追诉期限的限制；被害人在追诉期限内提出控告，人民法院、人民检察院、公安机关应当立案而不予立案的，不受追诉期限的限制。

3. 经特赦令免除处罚的。特赦是对受罪刑宣告的特定犯罪人免除刑罚的一种赦免制度。我国《宪法》规定，有权发布特赦令的是全国人大常委会。经特赦令免除刑罚的犯罪分子，不论其刑罚是已经执行一部分还是完全没有执行，都等同于其刑罚已经执行完毕。以后无论何时，公安司法机关都不能以其刑罚没有执行或者没有执行完毕为由，再次对其进行刑事追诉，包括不得按照审判监督程序进行追诉。2015 年 8 月 29 日，全国人大常委会做出决定，决定在中国人民抗日战争暨世界反法西斯战争胜利 70 周年之际，对参加过抗日战争、解放战争等四类服刑罪犯实行特赦。

4. 依照刑法告诉才处理的犯罪，没有告诉或者撤回告诉的。告诉才处理，是指被害人告诉才处理的案件，被害人自愿不告诉的，刑法不予处理，但被害人因受强制、威吓无法告诉的，人民检察院和被害人的近亲属也可以告诉。根据我国《刑法》第 246 条、第 257 条、第 260 条、第 270 条的规定，告诉才处理案件包括：(1)侮辱罪；(2)诽谤罪（严重危害社会秩序和国家利益的除外）；(3)暴力干涉婚姻自由罪（致使被害人死亡的除外）；(4)虐待罪（致使被害人重伤、死亡的除外）；(5)侵占罪。

5. 犯罪嫌疑人、被告人死亡的。我国《刑法》实行罪责自负原则，犯罪分子死亡就失去了适用刑罚的对象，追究刑事责任已无实际意义，所以应终结诉讼并不再追究刑事责任。根据《刑事诉讼法》第 297 条规定，例外情况是：被告人死亡的，有证据证明被告人无罪，人民法院经缺席审理确认无罪的，应当依法作出判决。人民法院按照审判监督程序重新审判的案件，被告人死亡的，人民法院可以缺席审理，依法作出判决。

6. 其他法律规定免予追究刑事责任的。

对于以上六种情形，公安司法机关在不同诉讼阶段应做出不同的处理。在立案审查阶段应做出不立案的决定；在侦查阶段，应做出撤销案件的决定；在起诉阶段，应当做出不起诉的决定；在审判阶段，第一种情形应宣判无罪，其余情形应裁定终止审理。公安司法机关一经宣布不予追究刑事责任，刑事诉讼即告结束。在自诉案件中，法院应根据情形分别做出不立案的决定或准予撤诉、驳回起诉、终止审理的裁定，或者做出判决宣告无罪。例如，犯罪嫌疑人甲于 2009 年因琐事将邻居捅成轻伤后逃跑，2015 年春节他以为没事，回家过年，被害人发现后到当地公安机关报案，要求追究其刑事责任，公安机关决定立案侦查，并将其拘留，报请人民检察院批准逮捕。那么，对此案应当如何处理呢？人民检察院应当做出不批准逮捕的决定，公安机关应当做出撤销案件的决定，应当释放嫌疑人，并发给释放证明。

十、审判公开

我国《宪法》第 130 条规定："人民法院审理案件，除法律规定的特别情况外，一律公开进行……"；我国《刑事诉讼法》第 11 条也规定："人民法院审判案件，除本法另有规定的以外，一律公开进行……"。这就是我国刑事诉讼中公开审判原则的法律依据。审判公开原则是指人民法院审理案件和宣告判决，都公开进行，允许公民到法庭旁听，允许新闻记者采访和报道，即把法庭审判的全部过程，除休庭评议案件外，都公之于众。审判公开是一项民主的审判原则，已为现代各国立法所普遍规定。

就公开的内容而言，主要体现在三个层次上：一是法院的审理应当公开，公众可以旁听，新闻媒体可以报道，以监督和制约审判的进行；二是诉讼证据应当公开，任何人被定罪只能以由法庭上采信的证据所认定的事实为依据，以达公正判决之目的；三是法院的判决应当公开，并应当充分说明裁判理由和依据。

就公开的对象而言，审判公开包括向当事人公开和向社会公开。向当事人公开要求法庭开庭审理，而不是进行书面审理，案件事实与证据的调查应当在当事人的参加下进行。向社会公开就是允许公民到场旁听审判过程，允许新闻记者向社会公开报道审判活动和审判结果。

审判公开是诉讼民主的重要表现，是实现诉讼公正的重要保证。"程序公开和程序公正是司法程序设计中的两个核心要素……审判公开、司法透明是对历史上秘密司法的否定，体现了司法的民主性，同时也是对公正审判的保障。"〔33〕审判公开原则的意义主要体现在三个方面：首先，审判公开将审判活动置于当事人和社会的监督之下，有利于实现审判的公正性。当事人和社会的监督，可以促使法院严格遵守法定程序，贯彻各项审判制度，尊重和保障诉讼参与人的诉讼权利，准确适用法律，做出公正的裁判。其次，审判公开有利于增强刑事司法的公信力和权威性。审判公

---

〔33〕 夏勇主编：《法理讲义：关于法律的道德与学问》（下），北京大学出版社 2010 年版，第 597 页。

开增强了刑事司法的透明度，并且将刑事审判过程和审判结果置于当事人和公众的监督之下，不仅有助于防止司法腐败和司法权的滥用或专横行使，而且有利于当事人和公众对国家刑事司法活动的认同、信任和尊重，从而有利于提升刑事司法的公信力，增加刑事司法的权威性。最后，审判公开有利于加强法制宣传，增强民众的法律意识。

但是，并不是对所有的案件都可以适用审判公开原则。为了保护更重要的利益，审判公开原则要受到一定的限制。这种限制主要表现在两个方面：一是法庭评议不公开；二是对部分案件不公开审理。根据我国《刑事诉讼法》第 188 条的规定，下列案件不公开审理：(1)有关国家秘密的案件。其目的是防止泄露国家秘密，危害国家利益。是否属于国家秘密根据《保密法》确认。(2)有关个人隐私的案件，如强奸案件等。其目的是保护被害人或者其他人的名誉，防止对其正常生活和工作产生不利影响。(3)当事人申请不公开审理的涉及商业秘密的案件。此外，《刑事诉讼法》第 285 条为保护未成年人作出了特别规定：审判的时候被告人不满 18 周岁的案件，不公开审理。上述不公开审理的案件，应当当庭宣布不公开审理的理由，而且，宣告判决一律公开进行。

为实现公开审判，人民法院对于依法应当公开审判的案件，应在开庭前将案件的案由、被告人姓名以及开庭的时间、地点，以适当的方式、方法公之于众，以便群众能够到庭旁听，记者到庭采访。《刑事诉讼法》要求凡是公开审判的案件，应当在开庭 3 日以前先期公布案由、被告人姓名、开庭时间和地点。司法实践中，公布的方法，多是采用在法院门前公告牌公告的形式。对于影响较大或者教育意义深刻的案件，可采取新闻媒体报道等其他适当方式。如在薄熙来案的审判中，旁听人员有被告人亲属 5 人及陪同人员 2 人、新闻媒体记者 19 人及社会各界人士 84 人，共计 110 人。该案采用了全程微博直播的形式，运用这一新兴媒体实现了公开审判。

互联网的发展为审判公开提供了新的平台和契机。中国法院网于 2002 年 8 月 17 日开通，2003 年 5 月 14 日开始图文直播。[34] 2013 年 11 月 27 日，中国裁判文书网与各高级人民法院裁判文书传送平台联通，标志着全国四级法院裁判文书统一发布的技术平台搭建成功。[35]

十一、依靠群众

我国《刑事诉讼法》第 6 条规定："人民法院、人民检察院和公安机关进行刑事诉讼，必须依靠群众……"。该原则在我国《刑事诉讼法》及相关司法解释中有明确的

---

〔34〕 参见胡铭、梁斌："网络庭审直播视野下的刑事审判"，载《浙江大学学报》(哲社版)2011 年第 4 期。

〔35〕 2013 年 7 月，《最高人民法院裁判文书上网公布暂行办法》正式实施。依据该办法，除法律规定的特殊情形外，最高法发生法律效力的判决书、裁定书、决定书一般均应在互联网公布。对于社会关注度高的案件，生效裁判文书应当在互联网公布。2014 年 1 月 1 日，最高人民法院《关于人民法院在互联网公布裁判文书的规定》正式实施。该司法解释明确，最高法在互联网设立中国裁判文书网，统一公布各级人民法院的生效裁判文书。

体现。如《刑事诉讼法》第 52 条规定:"……必须保证一切与案件有关或者了解案情的公民,有客观地充分地提供证据的条件,除特殊情况外,可以吸收他们协助调查。"《刑事诉讼法》第 84 条规定了:对于现行犯、通缉在案的人、越狱逃跑的人或者正在被追捕的人,任何公民都可以立即将其扭送至公安机关。在刑事诉讼中,可以请公民担任人民陪审员参加审判,允许公民旁听公开审判的案件。如在山东平度"3·21"纵火案二审中,便有当事人的近亲属、案发地的村民、媒体记者及各界群众代表等共计 35 人参与了庭审旁听。[36]

依靠群众原则是党的群众路线在刑事诉讼中的体现,既是我国优良的司法传统,又是我国刑事诉讼的一大特点。如"枫桥经验"经过不断发展,形成了具有鲜明时代特色的"党政动手,依靠群众,预防纠纷,化解矛盾,维护稳定,促进发展"的枫桥新经验,成为新时期司法工作与群众路线相结合的典范。就地解决社会矛盾,最大限度地把问题解决在基层,解决在当地,解决在萌芽状态,是"枫桥经验"最大的特点。为此,枫桥地区建立了三级调解组织,分别是镇、片区和村组,广泛动员各种社会力量参与。具体包括四部分力量:(1)镇政府设立综合治理委员会,其中的调解组织包括司法所、人民调解委员会,其解决纠纷的数量占总量的 15% 左右。(2)社会力量调解组织,包括村民和居民委员会、企业组织等,并以老年协会、妇联组织、团支部和其他组织作为调解的辅助力量。社会力量占 75% 左右的调解。(3)个人调解,比如各级人大代表、老党员干部、企业主、老年人等的调解,占调解数量的 5% 左右。(4)司法机关,即派出所和法庭所调解的纠纷,仅占 5% 左右。[37] 上述数据表明,民间力量是"枫桥经验"中的核心与动力源,即是群众撑起并解决了调解中的绝大多数问题。

需要注意的是,贯彻依靠群众原则必须正确处理好专门机关和依靠群众的关系。依靠群众是公安司法机关智慧和力量的源泉,但刑事司法整体上是一项专门性、职业性、复杂性的活动,并非人人可为。刑事司法与民众之间应保持适当的距离:(1)司法民主化绝不是群众化、运动化,那种搞群众运动式的司法已经被历史证明是违背司法规律的;(2)法官的独立和中立应当得到切实的保障,法官的产生方式和任职制度应忠于司法自治与司法独立;(3)司法不能被简单地看作专政的工具,犯罪嫌疑人和被告人不能简单地被看作专政的对象,犯罪嫌疑人和被告人应当享有受到宪法保护的基本人权;(4)司法过程中,个体的权利保障、人格尊严与社会、国家的利益、群众意愿都应当得到应有的考量;(5)司法的主治和能动主义与司法的受制和克制主义之间应保持适度平衡。[38]

---

〔36〕"山东平度'3·21'纵火案二审　上诉人称量刑重",北大法宝引证码:CLI. CR. 3077560。

〔37〕参见胡铭:"论刑事和解的理念基础——浙江枫桥经验与美国 VOR 模式之比较",载《浙江社会科学》2010 年第 9 期。

〔38〕参见陈端洪:"司法与民主:中国司法民主化及其批判",载《中外法学》1998 年第 4 期。

十二、以事实为根据、以法律为准绳

我国《刑事诉讼法》第6条规定："人民法院、人民检察院和公安机关进行刑事诉讼……必须以事实为根据，以法律为准绳……"。该原则的目的是使司法机关所处理的案件真正做到正确、合法，以保证准确地惩罚犯罪，保障无罪的人不受刑事追究。

以事实为根据，就是公安司法机关在进行刑事诉讼时，应当以客观存在的案件事实作为处理问题的根本依据。公安司法机关必须重证据、重调查研究，忠于事实真相；据以定案的事实，必须以收集到的证据所证实的案件事实为根据，而不能以主观臆断为根据，没有确实充分的证据来证明案件事实，就不能对被告人定罪量刑。

以法律为准绳，就是指公安司法机关应该在查明案件事实的基础上，以法律为尺度来衡量案件的具体事实和情节，按照法律的规定对案件做出正确处理。公安司法机关及其工作人员应严格按照《刑事诉讼法》规定的原则、制度和程序办案。在办案过程中，切实保障公民的基本权利，在认定被告人的罪名及其刑罚时，只能以《刑法》为唯一依据。

以事实为根据，以法律为准绳是紧密联系，相辅相成的。事实是正确适用法律的基础，如果不以事实为根据运用法律，就会丧失客观标准，会对案件作出不正确的处理；不以法律为准绳，则无法保障调查事实的继续和诉讼目的之实现。只有两者相结合，才能既准确惩罚犯罪，又有效地保障人权，全面实现刑事诉讼的目的。

十三、对一切公民在适用法律上一律平等

我国《刑事诉讼法》第6条规定："人民法院、人民检察院和公安机关进行刑事诉讼……对于一切公民，在适用法律上一律平等，在法律面前，不允许有任何特权。"该原则的基本含义是指我国《刑事诉讼法》对于全体公民同等适用，人人平等，不存在任何例外，也不准搞任何特权或歧视。

根据我国《宪法》的规定，中华人民共和国公民，不论民族、种族、性别、职业、家庭出身、宗教信仰、教育程度、财产状况、社会地位，在法律上一律平等，不允许任何人拥有超越法律之上的特权。公安司法机关在进行刑事诉讼时，对所有公民，都要采取同样的原则、程序，适用同样的实体法律，对于触犯刑法构成犯罪的，都应依法追究刑事责任。

在法律规定的范围内区别对待，是依照案件具体情况，根据法律规定进行的。比如，未成年的被告人在刑事诉讼中未聘请辩护律师的，法院有义务为其指定辩护律师，但成年被告人在刑事诉讼中就不享有这项权利，除非其是可能被判处无期徒刑、死刑的人，或是盲、聋、哑人，尚未完全丧失辨认或者控制自己行为能力的精神病人。这种区别对待，显然是考虑到未成年人在生理、心理上还不成熟，不能很好地维护自己的合法权益，更需要律师的帮助。

十四、各民族公民有权使用本民族语言文字进行诉讼

我国《刑事诉讼法》第 9 条规定:“各民族公民都有用本民族语言文字进行诉讼的权利。人民法院、人民检察院和公安机关对于不通晓当地通用的语言文字的诉讼参与人,应当为他们翻译。在少数民族聚居或者多民族杂居的地区,应当用当地通用的语言进行审讯,用当地通用的文字发布判决书、布告和其他文件。”

这一原则包括以下内容:(1)各民族公民,无论是当事人还是辩护人、证人、鉴定人,都有权使用本民族的语言进行陈述、辩论,有权使用本民族文字书写有关诉讼文书;(2)公安司法机关在少数民族聚居或多民族杂居的地区,要用当地通用的语言进行侦查、起诉和审判,用当地通用的文字发布判决书、公告、布告和其他文件;(3)如果诉讼参与人不通晓当地的语言文字,公安司法机关有义务为其指派或聘请翻译人员进行翻译。

该原则的重要意义在于:(1)有利于贯彻《宪法》规定的民族平等原则,保护各民族公民,特别是少数民族公民在刑事诉讼中享有平等的诉讼权利,进而保护他们相应的实体权利,加强民族团结和合作,促进各民族人民积极进行社会主义建设事业。(2)保证刑事诉讼的顺利进行和刑事诉讼目的的实现。法律允许各民族公民使用本民族语言文字进行诉讼,陈述案情,提供证据和进行辩论,有利于公安司法机关准确及时地查明案件真实情况,对案件作出正确处理。(3)为刑事诉讼其他原则和制度的实现提供保障。没有这一原则,审判公开、在适用法律上一律平等、控辩平等对抗、辩护权保障等都很难实现。(4)有利于当地群众了解案件和诉讼情况,对群众进行法制宣传教育,从而加强公民的法制观念,提高他们同犯罪作斗争的积极性。

十五、追究外国人刑事责任适用我国刑事诉讼法

我国《刑事诉讼法》第 17 条规定:“对于外国人犯罪应当追究刑事责任的,适用本法的规定。对于享有外交特权和豁免权的外国人犯罪应当追究刑事责任的,通过外交途径解决。”这条规定成为追究外国人刑事诉讼责任的法律依据。

该原则的基本含义主要有以下两点:

1. 对于外国人犯罪应当追究刑事责任的,适用我国《刑法》和《刑事诉讼法》的规定。这里的外国人包括具有外国国籍的人、无国籍人以及国籍不明的人。我国作为一个主权独立的国家,在我国司法管辖权范围内,外国人应与中国人一样,应遵守中国法律。当外国人的行为触犯刑法,应当受到刑事追究时,公安司法机关应当按照我国刑事诉讼法的规定进行立案、侦查、起诉及审判活动。如 2010 年 6 月,德国人台森多夫(Teisendorf)在厦门街头用铁锤和刀具将他的前女友和前女友的新男友(也为德国人)杀害。2014 年 8 月 20 日,厦门市中级人民院以故意杀人罪判处德国人台森多夫死刑。

2. 依据国际惯例,享有外交特权和豁免权的外国人犯罪,应当追究刑事责任的,依据外交途径解决。依据 1986 年 9 月 5 日第六届全国人大常委会通过的《中华人民共和国外交特权与豁免条例》,享有外交特权和豁免权的外国人包括:外国驻中国

使馆的外交代表以及与他们共同生活的配偶和未成年子女；来中国访问的外国国家元首、政府首脑、外交部长及其他具有同等身份的官员；途经中国的外国驻第三国的外交代表和与其共同生活的配偶及未成年子女；持有中国外交签证或者持有外交护照来中国的外交官员；经中国政府同意给予外交特权和豁免的其他来中国访问的外国人。上述人员在中国犯罪的，不受我国法律刑事管辖，而是通过外交途径解决。解决方式可以是建议派遣国将其召回，依法予以处理；或者宣布其为不受欢迎的人，令其限期出境；或者由我国政府宣布将其驱逐出境。

该原则既能体现和维护我国的司法主权，保护我们国家和公民的利益，维护我国的法律尊严，又可以妥善处理我国与外国的关系，防止因对刑事案件处理不当而影响我国与其他国家之间平等正常的交往关系。

第五章　管辖与回避

导读

法谚道:“管辖权得不到普遍遵守将导致人类秩序的紊乱。”诉讼以实现公平正义为根本目的,作为诉讼入口的司法管辖制度则是通向公平正义的大门,因而被称为“司法公正的第一道生命线”。关于回避制度,其起源于一句著名的法谚“任何人不得做自己案件的法官”。如果案件审理的结果会影响法官本身的利益,那么法官的中立和公正都无法保证。所以,回避制度是自然正义法则对执法者的最基本要求,是一项旨在保证公正裁判的法律正当程序原则。

第一节　管　　辖

一、管辖概述

(一)管辖的概念与意义

刑事诉讼中的管辖,是指国家专门机关依法受理刑事案件的职权范围上的分工。其中,侦查机关与审判机关之间以及侦查机关内部的职能分工称为立案管辖,审判机关内部审理第一审刑事案件的分工称为审判管辖。我国《刑事诉讼法》中的管辖,是指公安机关、人民检察院和人民法院等国家专门机关依照法律规定立案受理刑事案件以及人民法院系统内审判第一审刑事案件的分工制度。

管辖是刑事诉讼活动中首先要解决的问题,明确刑事案件的管辖不仅有利于公安机关、人民检察院、人民法院及其他国家专门机关明确自己受理刑事案件的权限,保证刑事诉讼活动得以顺利开展,而且便于公民和单位在刑事案件发生后及时、准确地报案、控告和举报,使刑事案件及时进入刑事诉讼程序。

(二)确定管辖的原则

我国《刑事诉讼法》关于公安司法机关管辖权限划分的基本出发点是保证刑事诉讼任务的顺利实现,确定管辖应遵循以下原则:

1. 分工明确并符合公安司法机关及其他国家专门机关的性质、特点。为避免出现管辖争议,体现专门机关分工负责、互相配合、互相制约原则,对管辖的划分必须具体、明确。公安机关、人民检察院、人民法院及其他国家专门机关具有自身的性质和特点，管辖的划分应当符合上述机关不同的性质和特点，量体裁衣，以便各机关充分发挥其职能。

2. 有利于保证及时正确处理案件、便于诉讼参与人参加诉讼。在考虑及时有效查处刑事案件的同时，还必须为诉讼参与人参加诉讼活动提供便利条件。一方面有利于各专门机关调查取证，及时查清案件真相；另一方面有利于保障诉讼参与人的诉讼权利之实现。

3. 充分考虑刑事案件的实际情况，做到原则性与灵活性相结合。面对错综复杂的刑事案件和灵活办案的工作需要，除了要有明确的原则之外，还要有一定的灵活性。在遵循一般性规定的前提下有所变通，以便在具体案件中灵活处置。如《刑事诉讼法》第 24 条规定，上级人民法院在必要的时候，可以审判下级人民法院管辖的第一审刑事案件；下级人民法院认为案情重大、复杂需要由上级人民法院审判的第一审刑事案件，可以请求移送上一级人民法院审判。

二、立案管辖

刑事诉讼中的立案管辖，又称职能管辖或部门管辖，是指公安机关、人民检察院、人民法院以及其他国家专门机关之间在直接受理刑事案件上的权限划分。立案管辖主要依据国家专门机关在刑事诉讼中的不同职能以及案件的性质、复杂程度等情况而确定。

（一）公安机关直接受理的刑事案件

《刑事诉讼法》第 19 条第 1 款规定："刑事案件的侦查由公安机关进行，法律另有规定的除外。"

所谓"法律另有规定"，是指：(1)《刑事诉讼法》第 19 条第 2 款规定的人民检察院直接受理立案侦查的刑事案件。(2)《刑事诉讼法》第 4 条规定，国家安全机关依照法律规定，办理危害国家安全的刑事案件，行使与公安机关相同的职权。(3)《刑事诉讼法》第 308 条规定，军队保卫部门对军队内部发生的刑事案件行使侦查权。中国海警局履行海上维权执法职责，对海上发生的刑事案件行使侦查权。对罪犯在监狱内犯罪的案件，由监狱进行侦查。军队保卫部门、中国海警局、监狱办理刑事案件，适用该法的有关规定。此外，《监察法》规定，职务犯罪案件由监察委员会负责调查。

除上述"法律另有规定"的案件外，绝大多数的刑事案件都由公安机关负责立案侦查。

（二）人民检察院直接受理的刑事案件

2018 年《刑事诉讼法》为完善与《监察法》的衔接机制，调整了人民检察院的侦查职权。《刑事诉讼法》第 19 条第 2 款规定，人民检察院在对诉讼活动实行法律监督中发现的司法工作人员利用职权实施的非法拘禁、刑讯逼供、非法搜查等侵犯公民权利、损害司法公正的犯罪，可以由人民检察院立案侦查。对于公安机关管辖的国家机关工作人员利用职权实施的重大犯罪案件,需要由人民检察院直接受理时,经省级以上人民检察院决定,可以由人民检察院立案侦查。

综合考虑中国特色检察监督权的理论与实践、诉讼监督职能的巩固、反腐败整体效能的提升以及对监察机关监察全覆盖的配合和补充等现实需求,2018 年《刑事诉讼法》删去了人民检察院对贪污贿赂等案件行使侦查权的规定,保留人民检察院在诉讼活动法律监督中发现司法工作人员利用职权实施的侵犯公民权利、损害司法公正的犯罪的侦查权。此次修改表明:第一,《刑事诉讼法》保留了检察院部分自侦权,即自行立案侦查权。第二,这部分侦查权主要针对"司法工作人员利用职权实施的侵犯公民权利、损害司法公正的犯罪",在内涵上也属于职务犯罪的范畴。第三,检察机关只能在诉讼活动法律监督过程中行使这一职权。这实际上凸显了检察机关法律监督的重点在于诉讼领域的特点。

(三)人民法院直接受理的刑事案件

我国《刑事诉讼法》第 19 条第 3 款规定:"自诉案件,由人民法院直接受理。"自诉案件是指不经过侦查及人民检察院提起公诉,直接由被害人或者其法定代理人、近亲属向人民法院提起诉讼的案件。根据《刑事诉讼法》第 210 条、《最高法解释》的规定,自诉案件包括以下三类:

1. 告诉才处理的案件。这是指只有经被害人及其法定代理人提出控告和起诉,人民法院才予受理的案件。我国《刑法》规定的告诉才处理的案件包括四种:(1)侮辱、诽谤案,但严重危害社会秩序和国家利益的除外;(2)暴力干涉婚姻自由案;(3)虐待案;(4)侵占案。如果被害人及其法定代理人没有告诉或者告诉后又撤回告诉的,人民法院不予受理。被害人不予告诉或撤回告诉必须体现被害人本人的真实意思,如果被害人因受到强制、威吓等原因无法告诉的,人民检察院或者被害人的近亲属也可以告诉。此外,根据《刑事诉讼法》第 114 条的规定,告诉才处理的案件,如果被害人死亡或者丧失行为能力,他的法定代理人、近亲属有权向人民法院起诉,人民法院应当依法受理。

2. 被害人有证据证明的轻微刑事案件。这类案件包括:(1)故意伤害案(轻伤);(2)非法侵入他人住宅案;(3)妨害通信自由案;(4)重婚案;(5)遗弃案;(6)生产、销售伪劣商品案(严重危害社会秩序和国家利益的除外);(7)侵犯知识产权案(严重危害社会秩序和国家利益的除外);(8)属于《刑法》分则第四章、第五章规定的,对被告人可能判处 3 年有期徒刑以下刑罚的其他轻微刑事案件。这类自诉案件还必须同时符合两个条件:(1)必须是轻微的刑事案件;(2)被害人必须有相应的证据证明被告人有罪。上述八类案件中,被害人直接向人民法院起诉的,人民法院应当依法受理,对于其中证据不足、可由公安机关受理的,或者认为对被告人可能判处 3 年有期徒刑以上刑罚的,应当告知被害人向公安机关报案或者移送公安机关立案侦查。被害人向公安机关控告的,公安机关应当受理。

3. 被害人有证据证明对被告人侵犯自己人身、财产权利的行为应当依法追究刑事责任,而公安机关或人民检察院不予追究的案件。这类自诉案件也被称为公诉转自诉案件,1996 年修改法律时增加该类自诉案件的目的是维护被害人的诉讼权利,解决司法实践中被害人“告状难”的问题。这类自诉案件必须具备以下条件:(1)被告人的行为侵犯的是被害人的人身权利或财产权利;(2)被告人的行为应当依法追究刑事责任;(3)被害人有证据证明被告人的行为构成犯罪;(4)被害人有证据证明曾经向公安机关或者人民检察院提出控告,但公安机关或人民检察院不予追究被告人刑事责任。上述由被害人起诉的案件,由人民法院直接受理,有无证据证明,是否属于不需要侦查的轻微刑事案件,应由人民法院根据立案标准予以确认,并可以进行调解(公诉转自诉案件除外)。

示例 5-1　陈某诉徐某妨害作证罪案

启东市人民法院于 2015 年 3 月 30 日做出(2015)启刑诉初字第 00001 号刑事裁定,对自诉人陈某的起诉不予受理。陈某不服,向本院提出上诉称,被害人陈某有证据证明曾经向公安机关和人民检察院对徐某提出控告,而两机关均不追究徐某的刑事责任,并有法律文书为证,这已经符合法律和司法解释规定的公诉转自诉案件的受理条件。请求撤销原审裁定,依法受理本案。本院经审查认为……自诉人陈某对徐某及案外人提起了妨害作证罪及帮助毁灭、伪造证据罪的起诉,该类犯罪所侵犯的客体是司法机关正常的诉讼活动,不属于《刑事诉讼法》第 204 条规定的人民法院直接受理自诉案件的范围。因此,陈某的上诉理由不能成立。[1]

(四)立案管辖需要注意的问题

1. 我国《刑事诉讼法》关于立案管辖的规定,明确划分了人民法院、人民检察院和公安机关各自直接受理刑事案件的职权范围,公、检、法三机关在办案工作中,必须严格执行;既不能越权受理不属于自己管辖的案件,也不能放弃职守把属于自己管辖的案件推出不管。对于违反立案管辖规定,人民检察院已经提起公诉,人民法院在审判阶段才发现的案件,人民法院应当建议人民检察院撤回起诉。人民法院不应当对违反管辖规定的案件开庭审判。但是,为了及时、有效地与犯罪作斗争,便利和保护人民群众行使控告、检举的权利,公、检、法三机关对于控告、检举和犯罪人的自首,不管是否属于自己管辖,都应当接受,不得互相推诿。对于不属于自己管辖的,应当移送有管辖权的司法机关处理;对于不属于自己管辖而又必须采取紧急措施的,应当先采取紧急措施,然后再移送有管辖权的司法机关。根据《最高法解释》的规定,人民检察院没有提起公诉,被害人有证据证明的八类轻微刑事案件,被害人直接向人民法院起诉的,人民法院应当依法受理。对其中证据不足、可以由公安机关受理的,或者认为对被告人可能判处 3 年有期徒刑以上刑罚的,应当告知被害人向公安机关报案,或者移送公安机关立案侦查。

---

[1] 江苏省南通市中级人民法院《刑事二审裁决书》([2015]通中刑诉终字第 00001 号),北大法宝引证码:CLI. C. 16646163。

2. 公安机关或人民检察院在侦查过程中，如果发现被告人还犯有属于人民法院直接受理的罪行时，应分别情况进行处理。对于属于告诉才处理的案件，可以告知被害人向人民法院直接提起诉讼；对于属于人民法院可以受理的其他类型自诉案件，可以立案进行侦查，然后在人民检察院提起公诉时，随同公诉案件移送人民法院，由人民法院合并审理。侦查终结后不提起公诉的，则应直接移送人民法院处理。

3. 人民法院在审理自诉案件过程中，如果发现被告人还犯有必须由人民检察院提起公诉的罪行时，则应将新发现的罪行另案移送有管辖权的公安机关或者人民检察院处理。

4. 根据《六机关规定》，公安机关侦查刑事案件涉及人民检察院管辖案件时，应当将案件移送人民检察院；人民检察院侦查案件涉及公安机关管辖的刑事案件，应当将属于公安机关管辖的刑事案件移送公安机关。在上述情况中如果涉嫌主罪属于公安机关管辖，由公安机关为主侦查，人民检察院予以配合；如果涉嫌主罪属于人民检察院管辖，由人民检察院为主侦查，公安机关予以配合。

5. 根据《六机关规定》，具有下列情形之一的，人民法院、人民检察院、公安机关可以在其职责范围内并案处理：(1)一人犯数罪的；(2)共同犯罪的；(3)共同犯罪的犯罪嫌疑人、被告人还实施其他犯罪的；(4)多个犯罪嫌疑人、被告人实施的犯罪存在关联，并案处理有利于查明案件事实的。

6. 根据《监察法》规定，人民法院、人民检察院、公安机关、审计机关等国家机关在工作中发现公职人员涉嫌贪污贿赂、失职渎职等职务违法或者职务犯罪的问题线索，应当移送监察机关，由监察机关依法调查处置。被调查人既涉嫌严重职务违法或者职务犯罪，又涉嫌其他违法犯罪的，一般应当由监察机关为主调查，其他机关予以协助。

三、审判管辖

刑事诉讼中的审判管辖，是指人民法院审判第一审刑事案件的职权范围，包括各级人民法院之间、普通人民法院与专门人民法院之间，以及同级人民法院之间在审判第一审刑事案件上的权限划分。审判管辖所要解决的是某个刑事案件由哪个人民法院作为第一审进行审判的问题。根据《刑事诉讼法》第176条的规定，人民检察院决定起诉的案件，应当按照审判管辖的规定，向人民法院提起公诉。所以，人民检察院提起公诉的案件，应当与各级人民法院管辖审理的案件范围相适应。因此，明确了审判管辖，也就相应地确定了提起公诉的检察机关。

根据我国《人民法院组织法》的规定，我国设有四级人民法院：基层人民法院、中级人民法院、高级人民法院和最高人民法院。与人民法院的设置相适应，刑事案件的审判管辖分为级别管辖、地区管辖、指定管辖和专门管辖。

(一)级别管辖

级别管辖，是指各级人民法院之间在审判第一审刑事案件上的权限分工。我国《刑事诉讼法》划分级别管辖的主要依据是：案件的性质；罪行的轻重程度和可能判处的刑罚；案件涉及面和社会影响的大小；各级人民法院在审判体系中的地位、职责和条

件等。《刑事诉讼法》对各级人民法院管辖的第一审刑事案件,作了明确的规定:

1. 基层人民法院管辖的第一审刑事案件

《刑事诉讼法》第 20 条规定:"基层人民法院管辖第一审普通刑事案件,但是依照本法由上级人民法院管辖的除外。"可见,基层人民法院是普通刑事案件第一审的基本审级,普通刑事案件的第一审原则上由基层人民法院管辖,基层人民法院分布地区广,数量也最多,最接近犯罪地,也最接近人民群众。因此,把绝大多数的普通刑事案件划归它管辖,既便于法院就地审理案件,便于诉讼参与人就近参加诉讼活动,有利于审判工作的顺利进行和法院及时、正确地处理案件,也便于群众参加旁听案件的审判。

2. 中级人民法院管辖的第一审刑事案件

按照《刑事诉讼法》第 21 条规定,中级人民法院管辖下列第一审刑事案件:(1)危害国家安全、恐怖活动案件;(2)可能判处无期徒刑、死刑的案件。

上述两类刑事案件,属于性质严重,危害极大,案情重大、复杂,或者影响较大的案件,因此,必须更加慎重。同时,处理这类案件,无论在案件事实的认定上还是在适用法律上,难度往往也比较大,这就需要法律、政策水平更高、业务能力更强的司法工作人员。由中级人民法院作为第一审法院,是适宜的,也是必要的,有利于保证案件的正确处理。

中级人民法院是基层人民法院的上一级法院,《刑事诉讼法》既然将基层人民法院作为普通刑事案件的第一审法院,中级人民法院也就必然成为普通刑事案件的第二审法院。另外,它还有审判监督的任务。所以,划归中级人民法院管辖的第一审刑事案件不宜过多,只限于上述两类刑事案件。

对于《刑事诉讼法》第 21 条中所规定的可能判处无期徒刑、死刑的普通刑事案件如何理解的问题。一般情况下,人民检察院对侦查终结的案件进行审查后,认为被告人的犯罪事实已经查清,证据确实、充分,并可能判处无期徒刑、死刑时,应当向中级人民法院提起公诉。而中级人民法院受理后,认为不够判处无期徒刑、死刑而应判处其他刑罚或者应作其他处理时,不再将案件交由基层人民法院审理,而仍由中级人民法院依法审判,以利于案件的及时处理。

基层人民法院受理的公诉案件,认为案情重大、复杂或者可能判处无期徒刑、死刑的第一审刑事案件,请求移送中级人民法院审判,应当经合议庭报请院长决定后,在案件审理期满 15 日以前书面请求移送。中级人民法院应当在接到移送申请 10 日内作出决定。中级人民法院对于基层人民法院报请移送的这类案件,应当分别情形作出不同处理:认为不够判处无期徒刑、死刑的案件,决定不予受理;认为可能判处无期徒刑、死刑的案件,决定同意接受移送。中级人民法院不同意移送的,应当向该基层人民法院下达不同意移送决定书,由该基层人民法院依法审判;同意移送的,应当向该基层人民法院下达同意移送决定书,并书面通知同级人民检察院。基层人民法院接到上级人民法院同意移送决定书后,应当通知同级人民检察院和当事人,并将起诉材料退回同级人民检察院。

3. 高级人民法院管辖的第一审刑事案件

《刑事诉讼法》第 22 条规定："高级人民法院管辖的第一审刑事案件，是全省（自治区、直辖市）性的重大刑事案件。"高级人民法院是地方各级人民法院中最高一级的法院，也就是一个省（自治区、直辖市）的最高一级的审判机关，它的主要任务是审判对中级人民法院裁判的上诉、抗诉案件，复核死刑案件，核准死刑缓期二年执行的案件，以及监督全省（自治区、直辖市）的下级人民法院的审判工作。所以，高级人民法院管辖的第一审刑事案件不宜过宽。况且，高级人民法院管辖第一审刑事案件的多少，又直接关系着最高人民法院第二审的负担。法律规定高级人民法院只管辖为数极少的全省（自治区、直辖市）性的重大刑事案件，既可以保证这种重大案件的正确处理，又有利于它全面行使自己的职权，用更多的力量来监督、指导下级人民法院的审判工作。

示例 5－2　褚时健巨额财产来源不明案

该案即由云南省高级人民法院进行了一审。1998 年 9 月 23 日至 25 日，云南省高级人民法院公开开庭审理此案。经审理认为：被告人褚时健、罗以军、乔发科利用职务之便，私分公款 355.1061 万美元，折合人民币 2870 万元，其行为均已构成贪污罪，且数额特别巨大，情节特别严重。被告人褚时健在共同犯罪中起决定、组织作用，系主犯，应对全部犯罪事实负责，论罪应依法判处死刑。但鉴于其有自首和重大立功表现，以及赃款全部追回，经济损失已被挽回和其他情节，依法应当减轻处罚。被告人褚时健同时犯有巨额财产来源不明罪，依法应当数罪并罚。[2]

4. 最高人民法院管辖的第一审刑事案件

《刑事诉讼法》第 23 条规定，最高人民法院管辖的第一审刑事案件，是全国性的重大刑事案件。最高人民法院是全国的最高审判机关，除核准死刑案件外，由最高人民法院作为第一审审判的刑事案件只应当是极个别的，在全国范围内具有重大影响的，性质、情节都特别严重的刑事案件。只有这样，才有利于它集中主要精力监督、指导全国的人民法院的审判工作。

5. 级别管辖的例外

刑事案件的情况十分复杂，人民法院的审判工作由于主、客观因素的影响，也可能遇到这样那样难以解决的问题。所以，为了适应审判实践中可能出现的某种特殊情况的需要，保证案件的正确、及时处理，级别管辖还必须有一定的灵活性。为此，《刑事诉讼法》第 24 条又规定："上级人民法院在必要的时候，可以审判下级人民法院管辖的第一审刑事案件；下级人民法院认为案情重大、复杂，需要由上级人民法院审判的第一审刑事案件，可以请求移送上一级人民法院审判。"

对于上述法律对级别管辖所作的例外规定，应当注意以下问题：(1) 上级人民法

〔2〕"褚时健贪污、巨额财产来源不明，罗以军、乔发科贪污案"，北大法宝引证码：CLI. C. 67643。

院审判下级人民法院管辖的第一审刑事案件,可以由上级人民法院依职权自行决定,但只能"在必要的时候"对个别案件适用。(2)上级人民法院认为有必要审理下级人民法院管辖的第一审刑事案件,应当向下级人民法院下达改变管辖决定书,并书面通知同级人民检察院,被告人被羁押的,通知应送到羁押场所和当事人。(3)下级人民法院对自己管辖的第一审刑事案件,请求移送上一级人民法院审判的,只能是案情重大、复杂或者可能判处无期徒刑、死刑的刑事案件,并且只有在其请求得到上一级人民法院同意时,才能移送。(4)下级人民法院请求移送上一级人民法院审判的第一审刑事案件,应当在案件审理期限届满15日以前书面请求移送。上级人民法院应当在接到移送申请10日以内做出决定。不同意移送的,应当向下级人民法院下达不同意移送决定书,由该下级人民法院依法审判;同意移送的,向该下级人民法院下达同意移送决定书,并书面通知与上级法院同级的人民检察院,该下级人民法院应当通知其同级人民检察院和当事人,并将全部案卷材料退回同级人民检察院。(5)一人犯有数罪、共同犯罪的案件和其他需要并案审理的案件,应当合并一案审理,但如果其罪行分别属于不同级别的人民法院管辖时,在审判实践中,遇有这种情况,采取就高不就低的办法,就是只要其中一罪或者一人属于上级人民法院管辖,全案就都由上级人民法院管辖。

(二)地区管辖

地区管辖,是指同级人民法院之间,在审判第一审刑事案件上的权限划分。

1. 犯罪地法院管辖

《刑事诉讼法》第25条规定:"刑事案件由犯罪地的人民法院管辖。如果由被告人居住地的人民法院审判更为适宜的,可以由被告人居住地的人民法院管辖。"这一规定表明,在我国,确定刑事案件地区管辖的原则有两个,即犯罪地和被告人居住地。但两者在地区管辖中的地位并不是并列的,而是以犯罪地作为确定地区管辖的基本原则,被告人居住地作为确定地区管辖的辅助性原则。

刑事案件原则上应由犯罪地的人民法院管辖。按照《最高法解释》,犯罪地包括犯罪行为发生地和犯罪结果发生地。在理论上应当包括犯罪预备地、犯罪行为实施地、犯罪结果地以及销赃地等。以非法占有为目的的财产犯罪,犯罪地包括犯罪行为发生地和犯罪分子实际取得财产的犯罪结果发生地。而随着网络科技的的发展,对于犯罪地的认定也出现了一定的争议。按照《最高法解释》,针对利用计算机网络实施的犯罪,犯罪地包括犯罪行为发生地的网站服务器所在地,网络接入地,网站建立者、管理者所在地,被侵害的计算机信息系统及其管理者所在地,被告人、被害人使用的计算机信息系统所在地,以及被害人财产遭受损失地。

示例5-3　李汉霖等诈骗案

远程操控类诈骗是近几年出现的一种新类型诈骗犯罪案件。这类案件的犯罪手段主要表现为行为人在外地利用电话、网络等技术手段虚构事实,使被害人陷入认识错误而“主动”将钱款汇至行为人指定的外地银行账户。由于诈骗犯罪行为发生时行为人所在地与被害人所在地不一致,实践中对此类诈骗案件的审判管辖问题存在争议。就本案而言,一种意见认为,此案的四名犯罪人在广东省珠海市等京外地区实施诈骗行为,且实际取得被害人款项的地点亦在上述地区,因此北京市的法院对该案无管辖权。另一种意见行为,根据本案的具体情况,被害人所在地亦属于此类诈骗行为的发生地,北京市的法院对此案有管辖权。多数人支持第二种意见,主要理由如下:(1)被害人接受虚假信息之地属于诈骗犯罪行为的发生地;(2)被害人失去财物控制之地不能视为犯罪分子实际取得财产的犯罪结果发生地。[3]

法律规定刑事案件原则上由犯罪地的人民法院管辖的主要理由是:(1)犯罪地一般是罪证最集中存在的地方,案件由犯罪地人民法院管辖,便于及时地、全面地收集和审查核实证据,有利于迅速查明案情;(2)犯罪地是当事人、证人所在的地方,由犯罪地的人民法院审判,便于他们就近参加诉讼活动,有利于审判工作的顺利进行;(3)案件既然在犯罪地发生,当地群众自然关心案件的处理,由犯罪地人民法院审判,更能有效地发挥审判的法制教育作用,而且也有利于群众对法院审判工作的监督;(4)案件由犯罪地人民法院审判,便于人民法院系统地掌握和研究当地刑事案件发生的情况和规律,及时提出防范的建议,加强社会治安的综合治理,预防和减少犯罪的发生。

2. 被告人居住地法院管辖

刑事案件如果由被告人居住地的人民法院审判更为适宜的,可以由被告人居住地的人民法院管辖。单位犯罪的刑事案件由犯罪地的人民法院管辖,如果由被告单位住所地的人民法院管辖更为适宜的,可以由被告单位住所地的人民法院管辖。这是法律和司法解释对地区管辖所作的一项辅助性的规定。这里所说的被告人居住地,包括被告人的户籍所在地、居所地。至于什么是“更为适宜的”,这要根据案件和被告人的具体情况来决定。例如,被告人流窜作案,主要犯罪地难以确定,而居住地群众更为了解其犯罪情况的;案件发生在两个地区交界的地方,犯罪地的管辖境界不明确,致使犯罪地的管辖法院难以确定的;被告人在居住地民愤更大,当地群众强烈要求在其居住地审判的;可能对被告人适用缓刑或者判处管制,而应当在被告人居住地进行监督改造和考察的等,都适宜由被告人居住地的人民法院管辖。

示例 5-4 蔡民立等贪污案

法院认为:关于本案的管辖权问题。本案上诉人(原审被告人)蔡民立贪污对象表面为交安公司财产实为吕四公司财产,受害人应是启东企业,而非上海交安公司。犯罪行为地发生在上海,但犯罪结果地在启东。此外,原审被告人管益强具有帮助行为,与上诉人(原审被告人)蔡民立构成共同犯罪。因此,无论从犯罪结果地,还是从被告人所在地,

[3] “李汉霖等诈骗案”,北大法宝引证码:CLI. C. 1784277。

启东法院可以行使本案管辖权。[4]

3. 优先管辖和移送管辖

我国《刑事诉讼法》第26条规定:“几个同级人民法院都有权管辖的案件,由最初受理的人民法院审判。在必要的时候,可以移送主要犯罪地的人民法院审判。”《最高法解释》也规定,两个以上同级人民法院都有权管辖的案件,由最初受理的人民法院管辖。尚未开庭审判的,在必要时,可以移送被告人主要犯罪地的人民法院审判。对管辖权发生争议的,应当在审限内协商解决;协商不成的,由争议的人民法院分别逐级报请共同的上一级人民法院指定管辖。

这表明,几个同级人民法院都有权管辖的案件,如被告人数个犯罪或同一犯罪不同情节分散于几个同级法院管辖区内,哪个法院最先受理了起诉,一般应当由其审判,此即优先管辖,以使案件得到及时处理。只有在必要的时候,才可以将案件移送主要犯罪地的人民法院审判。主要犯罪地即最严重或影响最大的犯罪或犯罪情节所在地,如果由这些地方的人民法院审判将更有利于诉讼顺利进行、更有利于核实证据材料和查明事实、准确处理案件或者便于对群众进行法制教育的,就可认为有移送主要犯罪地法院审判的必要。但最初受理的人民法院在移送案件前必须先与犯罪地的人民法院协商并征得其同意,受移送法院接受移送后,不能再将案件移送其他同级人民法院,确需移送的,应报经上级人民法院决定。

4. 特殊情况的地区管辖

刑事案件错综复杂,使得有些案件尚不能完全适用一般地区管辖的规定,对此《最高法解释》对下列特殊情况作了特别规定:

(1)单位犯罪案件的地区管辖。单位犯罪的刑事案件,由犯罪地的人民法院管辖。如果由被告单位住所地的人民法院管辖更为适宜的,可以由被告单位住所地的人民法院管辖。

(2)涉外刑事案件的地区管辖。其一,对于中华人民共和国缔结或者参加的国际条约所规定的罪行,中华人民共和国在所承担条约义务的范围内,行使刑事管辖权。案件由被告人被抓获地的人民法院管辖。其二,在中华人民共和国领域外的中国船舶内的犯罪,由犯罪发生后该船舶最初停泊的中国口岸所在地的人民法院管辖。其三,在中华人民共和国领域外的中国航空器内的犯罪,由犯罪发生后该航空器在中国最初降落地的人民法院管辖。其四,在国际列车上的犯罪,按照我国与相关国家签订的有关管辖协定确定管辖。没有协定的,由犯罪发生后该列车最初停靠的中国车站所在地或者目的地的铁路运输法院管辖。其五,中国公民在驻外的中国使领馆内的犯罪,由该公民主管单位所在地或者他的原户籍所在地的人民法院管辖。其六,中国公民在中华人民共和国领域外的犯罪,由该公民离境前的居住地或者原户籍所在地的人民法院管辖。其七,外国人在中华人民共和国领域外对中华人

[4] “蔡民立等贪污案”,北大法宝引证码:CLI. C. 86708。

民共和国国家或者公民犯罪,依照《刑法》应受处罚的,由该外国人入境地、入境后居住地或者被害中国公民离境前居住地的人民法院管辖。

(3)罪犯在服刑期间发现漏罪及又犯新罪的地区管辖。其一,发现正在服刑的罪犯在判决宣告前还有其他犯罪没有受到审判的,由原审人民法院管辖;如果罪犯服刑地或者新发现罪的主要犯罪地的人民法院管辖更为适宜的,可以由服刑地或者新发现罪的主要犯罪地的人民法院管辖。其二,正在服刑的罪犯在服刑期间又犯罪的,由服刑地的人民法院管辖。其三,正在服刑的罪犯在脱逃期间的犯罪,如果是在犯罪地捕获并发现的,由犯罪地的人民法院管辖;如果是被缉捕押解回监狱后发现的,由罪犯服刑地的人民法院管辖。

(三)指定管辖

我国《刑事诉讼法》第27条规定:"上级人民法院可以指定下级人民法院审判管辖不明的案件,也可以指定下级人民法院将案件移送其他人民法院审判。"这一规定表明,有些刑事案件的地区管辖是根据上级人民法院的指定而确定的,这在诉讼理论上称为指定管辖,是相对法定管辖而言的。

指定管辖一般适用于两类刑事案件:一类为地区管辖不明或者有争议的刑事案件。在这种情况下,可以由上级人民法院指定某一个下级人民法院审判。这样就可以避免案件无人管辖或者因管辖争议而延误案件的处理。另一类为由于各种原因,原来有管辖权的法院不适宜或者不能审判的刑事案件,如为了排除干扰,保证审判活动的顺利进行,上级人民法院可以指定下级人民法院将其管辖的某一案件,移送其他人民法院审判,以保证案件能够得到正确、及时的处理。如薄熙来一案中即指定由济南市中级人民法院管辖。[5]

根据《最高法解释》的规定,上级人民法院指定管辖的,应当在开庭审判前将指定管辖决定书分别送达被指定管辖的人民法院及其他有关的人民法院。原受理案件的人民法院,在收到上级人民法院指定其他法院管辖决定书后,不再行使管辖权。对于公诉案件,应书面通知提起公诉的人民检察院,并将全部案卷材料退回,同时书面通知当事人;对于自诉案件,应当将全部案卷材料移送被指定管辖的人民法院,并书面通知当事人。上级人民法院在必要的时候,可以将下级人民法院管辖的案件指定其他下级人民法院管辖。第二审人民法院发回重新审判的案件,人民检察院撤回起诉后,又向原第一审人民法院的下级人民法院重新提起公诉的,下级人民法院应当将有关情况层报原第二审人民法院。原第二审人民法院根据具体情况,可以决定将案件移送原第一审人民法院或者其他人民法院审判。

(四)专门管辖

专门管辖,是指各种专门人民法院审判刑事案件的职权范围。它解决的是哪些刑事案件应当由哪些专门人民法院审判的问题。

---

〔5〕 山东省济南市中级人民法院《刑事判决书》(〔2013〕济刑二初字第8号),北大法宝引证码:CLI. C. 1780727。

根据《人民法院组织法》的规定,我国设立军事法院等专门人民法院。目前已建立的受理刑事案件的专门人民法院有军事法院、铁路运输法院。

我国《刑事诉讼法》第28条规定:"专门人民法院案件的管辖另行规定。"在司法实践中,军事法院管辖的刑事案件,主要是现役军人和军内在编职工违反《刑法》分则第10章,犯军人违反职责罪的犯罪案件。司法实践中,存在军队和地方互涉案件的管辖权争议问题,应该依据相关的司法解释,分不同情况分别处理,主要依据是2009年出台的《办理军队和地方互涉刑事案件规定》。

铁路运输法院于2012年6月全部划归地方。最高人民法院公布的《关于铁路运输法院案件管辖范围的若干规定》已于2012年8月1日正式实施。根据该规定,改制后的铁路运输法院刑事案件的管辖范围,除涉及铁路运输犯罪的各类公诉案件外,还包括有关刑事自诉案件。

(五)管辖权异议

管辖权异议,是指当事人认为受诉法院对案件无管辖权而向法院提出的不服管辖的意见或主张。作为当事人诉讼权利的重要组成部分,理应为三大诉讼法所共同规定。然而,我国只是在《民事诉讼法》和《行政诉讼法》中做出相应规定,《刑事诉讼法》对此却未明确做出规定。《最高法解释》对管辖权异议问题有所涉及。该解释规定,召开庭前会议,审判人员可以就是否对案件管辖有异议问题向控辩双方了解情况,听取意见。实践中,提出管辖权异议的案件还是很多的。

示例5-5 孟庆林侵占罪案

被上诉人陕西中兴林产有限责任公司原审时以上诉人孟庆林犯侵占罪提出控诉。孟庆林在答辩期间提出管辖异议申请。原审法院以本案原审所指控被告犯罪地之一在该院辖区,该院为最初受理的人民法院为由。依照《中华人民共和国刑事诉讼法》第24条、第25条之规定,裁定驳回被告人孟庆林对本案管辖权提出的异议。[6]

第二节 回 避

一、回避的概念和意义

刑事诉讼中的回避是指审判人员、检察人员、侦查人员等因与案件存在法定利害关系或者其他特殊关系,不得参与该案诉讼活动。目的是为了实现利益规避、防止预断,使得与案件有某种利害关系或者其他特殊关系的特定人员不能参与该案诉讼活动。

---

〔6〕 西安市中级人民法院《刑事裁定书》(〔2014〕西中刑立终字第00008号),北大法宝引证码:CLI. C. 16522989。

回避制度在刑事诉讼中有以下重要意义:(1)确保刑事案件得到客观、公正的处理。实施回避制度可以防止审判人员、检察人员、侦查人员等在处理案件的过程中出现先入为主、徇私枉法等不利于诉讼公正的行为,为诉讼的实体公正提供保障。(2)确保案件当事人在诉讼过程中得到公正的对待。回避制度可以使与案件有利害关系或者其他特殊关系的办案人员等及时退出诉讼活动,避免当事人受到偏袒、歧视或其他不公正对待,从而保证当事人平等、充分地享受诉讼权利、参与诉讼活动。(3)确保司法机关和司法活动的公信力。将与案件有利害关系或其他特殊关系的办案人员从诉讼活动中排除,可以消除当事人对诉讼活动的不信任,有利于案件处理结果得到当事人和社会公众的尊重,消除当事人和法定代理人的思想顾虑,增强刑事诉讼的公信力。

二、回避的种类、适用人员与理由

(一)回避的种类

1. 自行回避、申请回避和指令回避

根据回避实施的方式的不同,可以将回避分为自行回避、申请回避和指令回避三种。

自行回避,是指审判人员、检察人员、侦查人员等在诉讼过程中遇有法定回避情形时,主动要求退出刑事诉讼活动。《刑事诉讼法》第29条[7]确立了自行回避制度。这种回避制度的实质是通过公安司法人员的职业自律和自我约束意识,消除可能导致案件得不到公正处理的人为因素,使符合法定回避情形的公安司法人员自觉退出诉讼活动。

申请回避,是指案件当事人及其法定代理人认为审判人员、检察人员、侦查人员等具有法定回避情形,而向他们所在的机关提出申请,要求他们回避。根据《刑事诉讼法》的规定,申请公安司法人员回避,是当事人及其法定代理人的一项重要的诉讼权利。公安司法机关有义务保证当事人及其法定代理人充分有效地行使这一权利。

示例5-6　闫某某诈骗案

法院认为:"辩护人认为起诉书指控的第二笔犯罪事实中被害人闫某丙系本案侦查人员的亲外甥,其未按法律规定自行回避,侦查行为存在合理怀疑,形成的证据材料应当依法排除……意见成立,本院予以采纳。"[8]

---

〔7〕《刑事诉讼法》第28条规定:"审判人员、检察人员、侦查人员有下列情形之一的,应当自行回避,当事人及其法定代理人也有权要求他们回避:(一)是本案的当事人或者是当事人的近亲属的;(二)本人或者他的近亲属和本案有利害关系的;(三)担任过本案的证人、鉴定人、辩护人、诉讼代理人的;(四)与本案当事人有其他关系,可能影响公正处理案件的。"

〔8〕陕西省陇县人民法院《刑事判决书》(〔2015〕陇刑初字第00006号),北大法宝引证码:CLI. C. 6151161。

指令回避，又称职权回避，是指审判人员、检察人员、侦查人员等遇有法定的回避情形而没有自行回避，当事人及其法定代理人也没有申请其回避，法院、检察机关、公安机关等有关组织或行政负责人有权做出决定，令其退出诉讼活动。指令回避是回避制度的重要组成部分，是对自行回避和申请回避的必要补充。

2. 有因回避和无因回避

根据申请回避是否需要提出理由，回避在理论上又可分为有因回避和无因回避两种。

有因回避，又称为附理由的回避，是指拥有回避申请权的诉讼参与者只有在案件具备法定的回避理由的情况下，才能提出要求有关公安司法人员回避的申请。

无因回避，又可称为强制回避或无需理由的回避，是指有权提出回避申请的人无须提出任何理由，即可要求法定数量的司法人员回避，这种申请一旦提出，即可导致这些公安司法人员回避。无因回避主要适用于英美法系的陪审团审判，即无须提供理由而申请某个陪审员回避案件审理的要求。申请次数一般受到法律限制，根据指控的严重性的不同而不同。如在美国一般管辖权允许在不甚严重的条件中只能申请3次或5次陪审员回避，但是在死刑案件中允许可以提出多达50次的回避申请。无因回避的目的是确保陪审团的公正，但也可能出于策略上的原因。〔9〕

我国《刑事诉讼法》没有确立无因回避制度，当事人及其法定代理人提出回避申请，一般必须提供证据证明某一公安司法人员具有法定的回避理由。

（二）回避的适用人员

回避的适用人员是指在法律明确规定的回避情形下，应当回避的公安司法人员和其他人员的范围。属于这一范围内的人员，或者自行主动回避，或者由当事人等申请回避。当属于回避范围的人员有法定应当回避的情形而未自行回避，当事人等也没有提出申请要求他们回避时，有决定权的办案机关负责人或者组织应当指令有关人员回避。

根据《刑事诉讼法》第29条至第32条以及最高人民法院、最高人民检察院有关司法解释的规定，适用回避制度的人员包括：(1)审判人员。审判人员指各级人民法院院长、副院长、审判委员会委员、庭长、副庭长、审判员、助理审判员和人民陪审员。(2)检察人员。应当回避的检察人员包括检察长、副检察长、检察委员会委员、检察员和助理检察员。(3)侦查人员。包括具体负责案件侦查的侦查人员、机关负责和侦查部门的负责人。(4)参与侦查、起诉、审判活动的书记员、翻译人员、鉴定人。(5)司法警察。指在人民法院、人民检察院执行特定任务的人民警察。《最高检规则》第33条对此作出了规定。(6)记录人员。指在侦查过程中担任讯问笔录、询问笔录等侦查活动笔录的记录的工作人员。《公安部规定》对记录人员的回避作出了规定。

---

〔9〕 参见[美]彼得·G. 伦斯特洛姆编：《美国法律辞典》，贺卫方等译，中国政法大学出版社1998年版，第188～189页。

（三）回避的理由

回避的理由，是指法律明确规定的实施回避所必备的事实根据。从理论上来讲，可作为公安司法人员回避根据的情形主要是他们与案件或当事人有某种利害关系或其他关系，以至于难以使案件得到公正的处理。为了使这一抽象的根据具有可操作性，各国刑事诉讼法一般均明确设定了若干个符合这一根据的事实情形，使其成为回避的法定理由。我国《刑事诉讼法》第 29 条对回避的理由作出了明确的规定：

1. 是本案的当事人或者是当事人的近亲属的。审判人员、检察人员、侦查人员等如果本身就是本案的犯罪嫌疑人、被告人、被害人或其他当事人，那么他们的实体利益和诉讼目标就会与其所担当的诉讼角色发生激烈的冲突，他们极可能会从维护自身利益的角度进行诉讼活动，以至于难以使各方当事人受到公正的对待，也难以对案件做出公正客观的处理。同样，这些人员如果是某一方当事人的近亲属，也很可能出于亲情而对该当事人予以偏袒，或使其他当事人受到歧视性待遇，以至于影响诉讼的公正性。即使公安司法人员事实上没有偏袒一方当事人，能够公正无私地处理案件，但只要他们与案件当事人存有上述关系，刑事诉讼的公正性就会受到其他当事人乃至社会公众的怀疑。因此，具备这种情形的公安司法人员应当回避。至于当事人的近亲属的范围问题，根据《刑事诉讼法》第 108 条的规定，包括当事人的“夫、妻、父、母、子、女及同胞兄弟姐妹”。最高人民法院《关于审判人员在诉讼活动中执行回避制度若干问题的规定》第 1 条对此作了扩大解释，即近亲属包括与审判人员有夫妻、直系血亲、三代以内旁系血亲及近姻亲关系的亲属。

2. 本人或者他的近亲属和本案有利害关系的。如果侦查、检察或审判人员本人或者他们的近亲属与本案有着某种利害关系，案件的处理结果会直接影响到他们及其近亲属的利益，那么再由他们主持或参与诉讼活动，就可能使案件得不到公正客观的处理。因此，具备这一情形的公安司法人员应当回避。

3. 担任过本案的证人、鉴定人、辩护人或者诉讼代理人的。审判、检察或侦查人员如果在本案中曾担任过证人、鉴定人，为本案提供过证言或鉴定意见，即可能对案件事实或案件的实体结果产生先入为主的预断，无法再冷静、客观地收集、审查、判断证据，因而易导致误判。同时，公安司法人员如果曾担任过本案的辩护人或诉讼代理人，既可能与委托过他们的当事人发生过某种特殊关系，而且也对案件事实有所了解，以至于无法公正、客观地进行刑事诉讼活动，因此，公安司法人员遇有这样一种情形，应当回避。最高人民法院《关于审判人员在诉讼活动中执行回避制度若干问题的规定》第 1 条对此作了扩大解释，规定担任过勘验人、翻译人员的审判人员，当事人及其法定代理人有权要求他们回避；与本案的诉讼代理人、辩护人有夫妻、父母、子女或者同胞兄弟姐妹关系的，当事人及其法定代理人也有权要求他们回避。

4. 违反规定会见当事人及其委托人或接受其请客送礼的。《刑事诉讼法》第 30 条规定：“审判人员、检察人员、侦查人员不得接受当事人及其委托的人的请客送礼，不得违反规定会见当事人及其委托的人。审判人员、检察人员、侦查人员违反前款规定的，当事人及其法定代理人有权要求他们回避。”根据这一规定，公安司法人员接受当事人及其委托人的“请客送礼”，违反规定会见当事人及其委托人，构成回避的理由。《最高法解释》规定，审判人员违反规定，具有下列情形之一的，当事人及其法定代理人有权申请其回避：(1)违反规定会见本案当事人、辩护人、诉讼代理人的；(2)为本案当事人推荐、介绍辩护人、诉讼代理人，或者为律师、其他人员介绍办理本案的；(3)索取、接受本案当事人及其委托人的财物或者其他利益的；(4)接受本案当事人及其委托人的宴请，或者参加由其支付费用的活动的；(5)向本案当事人及其委托人借用款物的；(6)有其他不正当行为，可能影响公正审判的。《公安部规定》作出了类似规定，公安机关负责人、侦查人员不得有下列行为：(1)违反规定会见本案当事人及其委托人；(2)索取、接受本案当事人及其委托人的财物或者其他利益；(3)接受本案当事人及其委托人的宴请，或者参加由其支付费用的活动；(4)有其他不正当行为，可能影响案件公正办理。

5. 在本诉讼阶段以前曾参与办理本案的。在本诉讼阶段以前曾参与办理本案的人员不得再次参与本案的办理。这主要考虑的是参加过本案原审的审判人员对案件事实和案件结果已产生了先入为主的预断，这时他们参与或主持对该案的重审，难以保证审判的公正性。《最高法解释》规定，参与过本案侦查、审查起诉工作的侦查、检察人员，调至人民法院工作的，不得担任本案的审判人员。在一个审判程序中参与过本案审判工作的合议庭组成人员或者独任审判员，不得再参与本案其他程序的审判。但是，发回重新审判的案件，在第一审人民法院作出裁判后又进入第二审程序或者死刑复核程序的，原第二审程序或者死刑复核程序中的合议庭组成人员不受本款规定的限制。《刑事诉讼法》第239条规定：“原审人民法院对于发回重新审判的案件，应当另行组成合议庭，依照第一审程序进行审判”；第256条规定：“人民法院按照审判监督程序重新审判的案件，由原审人民法院审理的，应当另行组成合议庭进行”。根据该规定，对于第二审法院经过第二审程序裁定发回重审的案件，原审法院负责审理此案的原合议庭组成人员不得再参与对案件的审理；对于人民法院按照审判监督程序重新审判的案件，原负责审判此案的合议庭组成人员也不得再参与对该案的处理。《最高检规则》规定，参加过本案侦查的侦查人员，不得承办本案的审查逮捕、起诉和诉讼监督工作。

6. 与本案当事人有其他关系，可能影响案件公正处理的。社会生活是十分复杂的，法律不可能将公安司法人员与当事人之间可能发生的各种社会关系全部列举出来。审判、检察或侦查人员如果与当事人存有上述几种情形以外的其他关系，以至于无法使案件得到公正处理的，也应当回避。当然，这些人员与当事人之间存有其他特殊关系这一事实本身尚不足以单独构成回避的理由。只有在这种特殊关系的存在导致案件无法得到公正处理时，公安司法人员才应回避。

此外，最高人民法院还规定了任职回避。2011年2月10日，最高人民法院出台了《关于对配偶子女从事律师职业的法院领导干部和审判执行岗位法官实行任职回避的规定（试行）》，规定了人民法院领导干部和审判、执行岗位法官，其配偶、子女在其任职法院辖区内从事律师职业的，应当实行任职回避。2011年5月9日最高人民法院印发了《关于落实任职回避制度的实施方案》，以落实任职回避。

三、回避的程序

（一）回避权的告知

权利只有为享有者所知晓时才能得到行使，因此，权利的告知很重要。为了保障当事人的诉讼权利，主持各个阶段诉讼活动的机关都有义务告知当事人、诉讼代理人和辩护人有申请回避的权利，以便使该权利能够得到实现。

我国《刑事诉讼法》第190条规定："开庭的时候，审判长查明当事人是否到庭，宣布案由；宣布合议庭的组成人员、书记员、公诉人、辩护人、诉讼代理人、鉴定人和翻译人员的名单；告知当事人有权对合议庭组成人员、书记员、公诉人、鉴定人和翻译人员申请回避；告知被告人享有辩护权利。"《最高法解释》规定，人民法院应当依法告知当事人及其法定代理人有权申请回避，并告知其合议庭组成人员、独任审判员、书记员等人员的名单。《最高检规则》也规定，人民检察院应当告知当事人及其法定代理人有依法申请回避的权利，并告知办理相关案件检察人员、书记员等的姓名、职务等有关情况。

我国《刑事诉讼法》对侦查、起诉阶段回避的程序并没有作出明确的规定，但从保障诉讼参与人合法权利的原则出发，侦查人员和检察人员在侦查、审查起诉活动开始后，也应分别向犯罪嫌疑人、被害人等当事人告知回避申请权。

（二）回避程序的启动

对于自行回避，侦查人员、检察人员和审判人员等在办案过程中发现自己存在法定回避情形的，应当主动提出回避请求。

对于申请回避，有权申请回避的主体包括当事人及其法定代理人、辩护人和诉讼代理人。在刑事诉讼的各个阶段，享有申请回避权的主体都可以提出回避申请，同时公安司法机关也有义务告知上述主体有权申请回避。当事人及其法定代理人、辩护人、诉讼代理人提出回避申请，应当书面或者口头向办案机关提出，并说明理由；根据《刑事诉讼法》第30条的规定提出回避申请的，即针对审判人员、检察人员、侦查人员接受当事人及其委托的人的请客送礼，违反规定会见当事人及其委托的人申请回避的，应当提供有关证明材料。

对于指令回避，有决定回避权的主体在办案人员等没有主动提出回避请求，当事人及其法定代理人、辩护人和诉讼代理人也未提出回避申请时，一旦发现有法定的回避情形而未回避的，应立即做出决定，指令相关人员回避。

（三）回避的审查与决定

相关主体提出回避请求或回避申请之后，需要由有关组织或个人进行审查，依法做出批准回避的决定或驳回申请的决定。《刑事诉讼法》第31条第1款规定："审判人员、检察人员、侦查人员的回避，应当分别由院长、检察长、公安机关负责人决定;院长的回避,由本院审判委员会决定;检察长和公安机关负责人的回避,由同级人民检察院检察委员会决定。"《最高法解释》规定,院长自行申请回避,或者当事人及其法定代理人申请院长回避的,由审判委员会讨论决定。审判委员会讨论时,由副院长主持,院长不得参加。《最高检规则》作了类似规定。

《最高法解释》规定,书记员、翻译人员和鉴定人适用审判人员回避的有关规定,其回避问题由院长决定。《最高检规则》规定,书记员、司法警察和人民检察院聘请或者指派的翻译人员、鉴定人的回避由检察长决定。

有关的组织或个人经过审查,如果发现确有法定的回避情形之一的,应当依法作出决定,责令其回避;如果认为自行请求回避或被当事人申请回避的公安司法人员事实上并不具有法定的回避情形,其参加诉讼活动并不会影响案件的公正处理时,可以做出驳回回避申请的决定。

示例 5-7 张某甲等聚众扰乱社会秩序案

判决书指出:"在被告人张某甲、弥某、刘某甲及三被告人的辩护人均辩称公安机关侦查人员郭志强应当回避、调取的证据无效的辩护意见,经查,郭志强与赵某不属于近亲属关系,不在法律规定的应当回避范围内,其调取的证据合法有效,对该辩论意见本院不予采纳。"[10]

(四)对驳回回避申请的复议

《最高法解释》就审判阶段提出复议作出了具体规定,对当事人及其法定代理人提出的回避申请,人民法院可以口头或者书面做出决定,并将决定告知申请人。当事人及其法定代理人申请回避被驳回的,可以在接到决定时申请复议一次。不属于《刑事诉讼法》第 29 条、第 30 条规定情形的回避申请,由法庭当庭驳回,并不得申请复议。《最高检规则》规定,人民检察院作出驳回申请回避的决定后,应当告知当事人及其法定代理人如不服本决定,有权在收到驳回申请回避的决定书后 5 日以内向原决定机关申请复议一次。

作出这一决定的个人或组织复议后,认为驳回申请回避的决定不正确,应当撤销这一决定,同时作出准许回避的决定,并将复议的结果及时告知申请复议的当事人及其法定代理人、诉讼代理人和辩护人。

《最高检规则》第 28 条对检察机关就驳回申请回避的决定提出的复议规定了复议期限,当事人及其法定代理人对驳回申请回避的决定不服申请复议的,决定机关应当在 3 日内作出复议决定并书面通知申请人。《公安部规定》明确,当事人及其法定代理人对驳回申请回避的决定不服的,可以在收到驳回申请回避决定书后 5 日以内向作出决定的公安机关申请复议。公安机关应当在收到复议申请后 5 日以内作

〔10〕 河北省遵化市人民法院《刑事判决书》(〔2015〕遵刑初字第 00130 号),北大法宝引证码:CLI. C. 7753253。

出复议决定并书面通知申请人。

(五)回避的效力

回避决定一经作出,即发生法律效力,应当回避的人员必须立即退出诉讼活动。

在作出决定前,自行请求回避或被当事人申请回避的人员应当停止进行本案的诉讼活动,但鉴于刑事侦查工作的紧迫性和特殊性,为防止延误侦查,《刑事诉讼法》第31条第2款规定:“对侦查人员的回避作出决定前,侦查人员不能停止对案件的侦查。”根据这一规定,侦查人员在提出自行回避或当事人提出要求其回避的申请以后,可以照常进行刑事侦查活动,直到有关组织或个人依法对这一回避进行审查并作出正式的准许回避决定之后,该侦查人员才能停止对案件的侦查工作,但其他侦查人员应立即接替其继续或重新开始侦查工作。同样,《最高检规则》规定,人民检察院直接受理案件的侦查人员或者进行补充侦查的人员在回避决定作出以前或者复议期间,不得停止对案件的侦查。

对于回避决定作出前所取得的证据和进行的诉讼行为是否有效,根据公安机关的有关规定和最高人民检察院司法解释的相关规定,对符合《刑事诉讼法》第29条和第30条规定的情形之一而回避的侦查人员、检察人员在回避决定作出前所取得的证据和进行的诉讼行为,由作出决定的公安机关负责人、检察长或者检察委员会根据案件具体情况作出决定。

回避人员范围内的人员有法定回避情形之一却没有回避的,构成程序违法。在审判阶段,第二审人民法院发现或者根据当事人及其法定代理人、诉讼代理人、辩护人的举报,认为第一审人民法院的审理违反有关回避规定的,经核查属实,应当裁定撤销原判,发回原审人民法院重新审判。

第六章　辩护与代理

导读

“刑事诉讼的历史就是辩护权扩充的历史。”[1]辩护权的有无、大小反映一国司法文明、民主的程度，也是衡量一国人权保障的基本标准。辩护权源于东西方基本相同的法律原理，因为原告、被告各有主张，各执一词，我国传统法律文化讲求“讼听两造”，西方传统法律文化要求法官“既听取隆著者，也听取卑微者”。刑事诉讼中的代理也是一项保障当事人合法权益的措施，它所规定的是刑事诉讼中的代理权、代理人的范围、代理的种类与方式、代理人的职责和代理人的权利义务等内容。辩护与代理在刑事诉讼过程中扮演着极重要的角色。

第一节　辩　　护

一、辩护概述

（一）辩护、辩护权与辩护制度

辩护是指犯罪嫌疑人、被告人及其辩护人针对国家追诉机关的指控，从事实和法律出发，提出有利于被追诉人的观点，提出被追诉人无罪、罪轻或者减轻、免除刑事责任的材料和意见，维护被追诉人的程序性权利，以保护被追诉人合法权益的诉讼活动。律师作为辩护人，参加到刑事诉讼中，被认为具有至关重要的作用，“律师于刑事诉讼中能帮助法院发现真实，能协助无辜之人平反，能保护有罪之人的应有权利。”[2]

辩护权是法律赋予犯罪嫌疑人、被告人针对控方的指控进行辩解、反驳以及获得辩护人帮助的一种基本诉讼权利。辩护权是一项宪法性权利。我国《宪法》第130条规定：“被告人有权获得辩护”。我国《刑事诉讼法》第33条是对上述宪法性权利的具体化，规定：“犯罪嫌疑人、被告人除自己行使辩护权以外，还可以委托一至

---

〔1〕［日］田口守一：《刑事诉讼法》，张凌等译，中国政法大学出版社2010年版，第107页。

〔2〕王兆鹏：《刑事诉讼讲义》，元照出版有限公司2010年版，第417页。

二人作为辩护人。”这种辩护权的设立和行使，是为了帮助被追诉人反驳控诉，根据事实和法律，提出有利于被追诉人的材料和意见，论证犯罪嫌疑人无罪、罪轻或者应当从轻、减轻、免除处罚。就如布莱克大法官所说的，“如果被控犯罪的穷人没有律师的帮助而直面其指控者，那么，公正审判这一高贵理想就无从实现。”[3]

刑事辩护制度是法律规定的关于辩护权、辩护种类、辩护方式、辩护人的范围、辩护人的责任、辩护人的权利与义务等一系列规则的总称。辩护制度是刑事诉讼制度的重要组成部分，是一个国家现代法治程度的重要表征，但凡现代法治国家都有一整套较为完善的刑事辩护制度。辩护、辩护权、辩护制度三者之间密不可分。

（二）辩护制度的历史轨迹

辩护制度萌芽于古罗马共和国时期。当时在审判活动中，由于实行“弹劾式诉讼”，被告人和控告人享有同等权利，法院处理案件时听取双方当事人的“辩论”。后来社会上逐渐出现了一批被称为“保护人”、“雄辩家”、“辩护士”之类具有一定法律知识的人，他们参加到诉讼中替被告人反驳无根据的指控，并给被告人提供法律上的帮助，从而使法院对被告人的判决趋于合理。《十二铜表法》规定了法庭上辩护人进行辩护的条文，可以说是人类历史上辩护制度立法的雏形。它的出现既适应了古罗马国家法制建设的需要，又反映了平民阶层政治斗争的重要成果，也是奴隶社会民主制在刑事诉讼中的具体体现。

但是到了中世纪，辩护制度受到了压制。在中世纪欧洲，实行纠问式诉讼制度，这种封建专制的诉讼模式在本质上蔑视人的基本权利，表现在刑事诉讼中就是剥夺被告人几乎所有的权利，将其置于诉讼客体和司法处置对象的地位，司法官员奉行有罪推定原则。因此刑事被告人在中世纪的欧洲没有真正的辩护权。

西方现代意义上的辩护权保障的思想源于欧洲启蒙运动，辩护制度则产生于资产阶级革命胜利后。资产阶级革命成功后英、法等主要资本主义国家均在立法中肯定了刑事诉讼法的辩论原则，赋予了刑事被告人自己辩护和聘请他人辩护的权利。英美法系建立的所谓对抗制诉讼模式，最主要的特征之一便是律师主导刑事审判。对抗式刑事程序有两大显著的缺陷：敌对效应和财富效应。敌对效应是指对抗式体制具有歪曲事实真相的诱因。在英美式审判中，对抗双方的目的就是赢得法庭上的这次战斗，而胜诉往往需要运用歪曲或隐瞒事实真相的策略。例如，隐匿相关证据，将有利于对方的资料秘而不宣，教唆证人以影响其法庭证言，以及滥用交叉询问。财富效应是指对抗式程序给有钱人带来的巨大优势，他们有足够的财力聘请高水平的律师，并进行当事人主导的事实调查。可见，辩护制度和律师在西方对抗式程序中的重要地位。[4]

当下，律师辩护权保障已经是世界各国通行的原则，并得到了联合国人权公约的确认。如联合国《公民权利和政治权利国际公约》第14条第3款丁项规定：“出席

---

〔3〕［美］彼得·德恩里科、邓子滨编著：《法的门前》，北京大学出版社2012年版，第261页。

〔4〕参见［美］兰博约：《对抗式刑事审判的起源》，王志强译，复旦大学出版社2010年版，第1~2页。

受审并亲自替自己辩护或经由他自己选择的法律援助进行辩护；如果他没有法律援助，要通知他享有这种权利；在司法利益有此需要的案件中，为他指定法律援助，而在他没有足够能力偿付法律援助的案件中，不要他自己付费。”人权事务委员会认为：“被告及其律师必须有权勇敢地竭力进行各种可能的辩护；如果认为案件的处理不够公平，有权提出异议。”〔5〕

纵观西方法治发达国家，刑事辩护权的发展大致经历了三个阶段：第一阶段是自我辩护权；第二阶段是委托律师辩护权；第三阶段是获得免费律师帮助的权利。〔6〕 也就是说，世界各国刑事辩护制度的现代化过程是从自我辩护到法律援助辩护，从有限辩护到普遍辩护的发展历程。

在我国，古代并没有现代意义上的刑事辩护制度，清末修律从西方移植了这一制度。我国古代有类似于律师的讼师，〔7〕清末学者顾家相在《中国严禁讼师外国重用状师名实异同辩》中曾指出：“讼师和律师的职责是相似的，它们之所以在中国和西方遭受完全不同的对待，其根本原因在于中国和西方政权中心不同。中国注重君主权利，严禁对君权的侵凌，故没有把各国注重民权的律师成为正式的制度。”〔8〕可以说，近代中国刑事辩护制度的建立，是内外因共同作用的结果。一方面，中国自身社会的发展、法律文化的沉淀，在民间形成了对法律服务的需求，而以讼师为代表的法律服务市场一直以非正式的方式存在并发展着；另一方面，直到清末民初，随着西方文化的入侵，政府对辩护制度的引进，使中国的法律服务行业实现了从非正式制度向正式制度的转变。

大清《刑事民事诉讼法草案》在中国历史上首次规定了辩护制度和律师制度，“盖人因讼对簿公堂，惶悚之下，言词第多失措，故用律师代理一切质问、对诘、复问各事宜。”该草案的第 4 章“刑事民事通用规则”内，第 1 节便为“律师”之规定。〔9〕关于律师的单行规定则是从 1912 年北洋政府制定的《律师暂行章程》和《律师登录暂行章程》开始出现的。两个单行律师立法的出现是我国律师制度的开端。之后，民国政府在 1928 年和 1941 年分别制定和颁行了《律师章程》和《律师法》。总的来看，旧中国的辩护制度是有积极意义的，但由于种种原因没能在刑事诉讼中真正贯彻落实。

---

〔5〕 人权事务委员会第 13 号一般性意见，中文本全文参见杨宇冠主编：《联合国人权公约机构与经典要义》，中国人民公安大学出版社 2005 年版，第 188 ~ 191 页。

〔6〕 参见左卫民等：《中国刑事诉讼运行机制实证研究》（五），法律出版社 2012 年版，第 3 ~ 4 页。

〔7〕 我国古代，春秋时期已经出现帮人打官司的讼师。当时，讼师不被官方认可，没有获得合法的政治地位，是历代政府禁止和打压的对象。古代社会治理的理想状态是“无讼”，政府并不希望老百姓来打官司，讼师被认为官方认为是调词架讼、影响社会稳定和谐的罪恶渊薮。到了清代，《大清律例》规定：“与政府官员勾结、挑唆乡民提起诉讼，或以欺诈、威吓手段强迫他人提起诉讼，以‘讼棍’之罪，发云南、贵州等地充军。”因此，在中国古代讼师的活动基本处于地下状态，被政治和法律所拒绝。

〔8〕 党江舟：《中国诉讼文化——古代律师现象解读》，北京大学出版社 2005 年版，第 76 页。

〔9〕《大清法规大全·法律部》卷十一。

新中国的刑事辩护制度经历过成立之初的坎坷的道路。1979年《刑事诉讼法》的出台，正式确立了我国的刑事辩护制度。1980年《律师暂行条例》对于我国律师辩护制度具有里程碑式的意义。随着刑事诉讼理论和实践的不断发展，我国于1996年、2012年和2018年三次修改《刑事诉讼法》，对辩护制度进行了重要的修改与完善，不仅将犯罪嫌疑人、被告人委托辩护的时间从原来的审判阶段提前到了侦查阶段，扩大了刑事辩护的范围，而且对辩护人的会见通信权、阅卷权、调查取证权等不断加以完善。同时，1996年通过的《律师法》在2007年、2017年两次进行重要的修改和完善，进一步扩展了律师在刑事诉讼中的权利，完善了刑事辩护制度。2018年修改《刑事诉讼法》确立了新的值班律师制度。

（三）辩护制度的意义

1. 刑事辩护制度是一个国家民主法治程度的重要体现。“今天的民主共和政体比以往任何时候都更需要在经济上和道德上健全的律师制度，它不论对我们的司法，还是对整体的社会生活都必不可少。”〔10〕面对强大的国家机器，被追诉人作为刑事诉讼中权利最容易受到侵害的群体，为了防止其沦为任国家权力宰割的客体，现代刑事法治特别强调律师对被追诉人的帮助。

2. 刑事辩护制度是被追诉人权利保障的必然要求，有利于实现控辩平等对抗。被追诉人在律师的帮助下才能在诉讼中有效参与和防御，才能形成控辩平衡的状态，这在客观上有助于防止国家权力的滥用，而律师在这其中发挥着不可替代的作用，显然，“律师业作为法律工作者阶层中自由民主的要素，处于因职业而具有更为保守专断倾向的法官阶层的对立面。”〔11〕只有明确和保障被追诉人获得有效辩护和法律援助的权利，为处于弱势地位的被告人提供参与和有效防御的现实保障，才能实现刑事诉讼中的控辩平衡。

3. 刑事辩护制度是刑事诉讼顺利开展的保障，有利于查明事实真相。被追诉人作为非法律专业人士，往往很难仅凭自己的力量有效参与诉讼，而律师的帮助可以使得诉讼有序开展。律师可以帮助被追诉人取得准备辩护所需的文件及其他证据，也可以在程序上协助被追诉人。辩护律师作为公诉人的对立面，通过不同的角度对案件的事实进行阐述，能够给法官以更加全面的眼光来看待案件事实，从而有利于揭示真相，防止错案的发生。

二、我国辩护制度的基本内容

在我国，辩护权作为一项宪法性权利，辩护制度作为刑事诉讼确立的一项基本制度，任何人不得以任何理由限制或剥夺被追诉人辩护的权利。这种辩护的权利贯穿于整个刑事诉讼的全过程，并不受罪行的严重性等因素影响。近年来，随着司法体制改革深入推进，以审判为中心的刑事诉讼制度、刑事案件认罪认罚从宽制度试

〔10〕［德］拉德布鲁赫：《法学导论》，米健等译，中国大百科全书出版社1997年版，第115～116页。

〔11〕［德］拉德布鲁赫：《法学导论》，米健等译，中国大百科全书出版社1997年版，第115页。

点等刑事司法改革互相交织融合，在此过程中，如何把握惩治犯罪与保障人权的平衡，如何在改革庭审方式中推进庭审实质化，如何发挥律师作用促进司法公正，成为刑事司法体制改革需要思考的重要问题。2017 年 4 月，司法部提出“推动实现刑事辩护的全覆盖”；10 月，最高人民法院、司法部联合印发《关于开展刑事案件律师辩护全覆盖试点工作的办法》，掀开了刑事案件法律援助的新篇章。

（一）辩护的种类

犯罪嫌疑人、被告人行使辩护权的方式主要分为三种：一是自行辩护；二是委托 1 ~ 2 名辩护人为其提供辩护；三是在某些特定情况下，由法院为犯罪嫌疑人、被告人指定辩护人。

1. 自行辩护

自行辩护，是指犯罪嫌疑人、被告人针对自己受到的指控所进行的反驳、申辩和解释的行为。自行辩护是一种自然本能的反应，在被国家追诉的同时，就自动享有的自行辩护权，进行上述辩护行为。在刑事诉讼程序中，自行辩护是最基本的辩护方式，贯穿于刑事诉讼的各个阶段。

2. 委托辩护

委托辩护，是指犯罪嫌疑人、被告人依法委托律师或其他公民担任辩护人协助其进行辩护。

（1）委托辩护的时间。根据《刑事诉讼法》第 34 条的规定，犯罪嫌疑人自被侦查机关第一次讯问或者采取强制措施之日起，有权委托辩护人；在侦查期间，犯罪嫌疑人有权随时委托辩护人，但只能委托律师作为辩护人。允许犯罪嫌疑人在侦查期间聘请律师担任辩护人，是 2012 年修改《刑事诉讼法》的一大亮点。[12]

（2）告知权。为了保证被追诉人知悉其享有委托辩护的权利，《刑事诉讼法》第 34 条规定，侦查机关在第一次讯问犯罪嫌疑人或者对犯罪嫌疑人采取强制措施的时候，应当告知犯罪嫌疑人有权委托辩护人。人民检察院自收到移送审查起诉的案件材料之日起 3 日内，应当告知犯罪嫌疑人有权委托辩护人。人民法院自受理案件之日起 3 日内，应当告知被告人有权委托辩护人。犯罪嫌疑人、被告人在押期间要求委托辩护人的，人民法院、人民检察院和公安机关应当及时转达其要求。

（3）委托辩护人的人数及其他限制。《刑事诉讼法》第 33 条对辩护人的人数作了明确规定，即犯罪嫌疑人、被告人可以委托 1 ~ 2 人作为辩护人。《最高法解释》规定，在共同犯罪案件中，一名辩护人不能为 2 名以上的同案被告人辩护。《公安部规定》规定，对于同案的犯罪嫌疑人委托同一名辩护律师的，或者 2 名以上未同案处理但实施的犯罪存在关联的犯罪嫌疑人委托同一名辩护律师的，公安机关应当要求其

---

〔12〕 根据 1996 年《刑事诉讼法》第 96 条规定：“犯罪嫌疑人在被侦查机关第一次讯问后或者采取强制措施之日起，可以聘请律师为其提供法律咨询、代理申诉、控告。犯罪嫌疑人被逮捕的，聘请的律师可以为其申请取保候审。”这被学界称为律师在侦查阶段提前介入，从诉讼地位来看，律师在侦查阶段只是提供法律帮助的人，并不具备辩护人的身份。

更换辩护律师。

(4)委托权的行使主体。根据《刑事诉讼法》第34条的规定,犯罪嫌疑人、被告人除了可以自己委托辩护人外,也可以由其监护人、近亲属代为委托辩护人。

3. 指定辩护

指定辩护,又称法律援助辩护,是指犯罪嫌疑人、被告人在没有委托辩护人的情况下,存在法定情形,由法律援助机构指派律师为其提供辩护。[13] 具体分为以下两种:

(1)申请指派援助。根据《刑事诉讼法》第35条第1款规定,犯罪嫌疑人、被告人因经济困难或者其他原因没有委托辩护人的,本人及其近亲属可以向法律援助机构提出申请。符合援助条件的,指派律师为其辩护。

(2)法定指派援助。根据《刑事诉讼法》第35条第2款、第3款、第278条,以下情况没有委托辩护人的,人民法院、人民检察院和公安机关应当通知法律援助机构指派律师为其提供辩护:犯罪嫌疑人、被告人是盲、聋、哑人;犯罪嫌疑人、被告人是尚未完全丧失辨认或者控制自己行为能力的精神病人;犯罪嫌疑人、被告人可能被判处无期徒刑、死刑;犯罪嫌疑人、被告人是未成年人。此外,《最高法解释》规定,高级人民法院复核死刑案件,被告人没有委托辩护人的,应当通知法律援助机构指派律师为其提供辩护。

根据《最高法解释》的规定,具有下列情形之一,被告人没有委托辩护人的,人民法院可以通知法律援助机构指派律师为其提供辩护:共同犯罪案件中,其他被告人已经委托辩护人;有重大社会影响的案件;人民检察院抗诉的案件;被告人的行为可能不构成犯罪;有必要指派律师提供辩护的其他情形。

此外,2018年《刑事诉讼法》确立了值班律师制度。根据该法第36条规定,法律援助机构可以在人民法院、看守所等场所派驻值班律师。犯罪嫌疑人、被告人没有委托辩护人,法律援助机构没有指派律师为其提供辩护的,由值班律师为犯罪嫌疑人、被告人提供法律咨询、程序选择建议、申请变更强制措施、对案件处理提出意见等法律帮助。人民法院、人民检察院、看守所应当告知犯罪嫌疑人、被告人有权约见值班律师,并为犯罪嫌疑人、被告人约见值班律师提供便利。

示例6-1　徐某某、张某、张某某、王某某犯窝藏罪案

该案中,由于原审被告人徐某某不服,提出上诉。其上诉理由为上诉人与王某某构

---

[13] 我国从1994年开始展开法律援助的试点,到2003年颁布实施《法律援助条例》,法律援助制度在我国已经走过了20年的发展历程,初步形成了有中国特色的法律援助制度体系。据司法部法律援助司的统计数据表明,截至2012年,我国已建立各级法律援助机构3236个,全国共设立法律援助工作站6.4万个,全国共批准办理法律援助案件102万余件,首次突破百万件,各类受援人总数达到114万余人次。2012年法律援助经费收入14亿元,其中,财政拨款占经费总额的99%。参见司法部法律援助司:“2012年全国法律援助工作概览”,载《中国司法》2013年第6期。

成共同犯罪，而王某某委托了律师为其辩护，根据2012年《最高法解释》第43条第1项的规定，人民法院可以通知法律援助机构指派律师为其提供辩护，一审法院没有通知法律援助机构指派律师为上诉人提供辩护，程序不公正。人民法院根据其上诉理由，作出解释：《最高法解释》第43条第1项的规定，对于共同犯罪中未委托辩护人的被告人，人民法院"可以"通知法律援助机构指派律师为其提供辩护，而不是"必须"通知，因此，原审法院的审理程序并不违法，该上诉理由不成立。[14]

犯罪嫌疑人、被告人拒绝指定辩护的情形。根据《最高法解释》的规定，被告人拒绝法律援助机构指派的律师为其辩护，坚持自己行使辩护权的，人民法院应当准许。属于应当提供法律援助的情形，被告人拒绝指派的律师为其辩护的，人民法院应当查明原因。理由正当的，应当准许，但被告人须另行委托辩护人；被告人未另行委托辩护人的，人民法院应当在3日内书面通知法律援助机构另行指派律师为其提供辩护。

（二）辩护人的范围

根据《刑事诉讼法》第33条的规定，犯罪嫌疑人、被告人可以委托的辩护人包括：律师；人民团体或者犯罪嫌疑人、被告人所在单位推荐的人；以及犯罪嫌疑人、被告人的监护人、亲友。并对辩护人的人数作了明确的规定，即犯罪嫌疑人、被告人可以委托1～2人作为辩护人。

1. 律师。律师是指需要具备律师资格且取得律师执业证书，并为社会提供法律服务的执业人员。在我国，需要通过全国统一的司法考试（国家统一法律职业资格考试），[15]并在律师事务所实习一年，方可取得律师执业证书。相比于其他的法定辩护人，律师可运用其自身的法律知识和辩护技巧来为犯罪嫌疑人、被告人提供更好的辩护服务，完成辩护任务，保障犯罪嫌疑人、被告人的合法权益；法律赋予了律师相比于其他辩护人更多的权利，如在侦查期间，犯罪嫌疑人、被告人只能委托律师作为其辩护人；律师还要受到《律师法》等规定的执业道德、执业纪律的约束，接受律师协会的行业管理监督，从而更能够规范地维护当事人的利益。

2. 人民团体或者犯罪嫌疑人、被告人所在单位推荐的人。这里的人民团体是指工会、妇联、共青团等群众性团体。法律之所以扩宽辩护人的范围，允许律师以外的人充当辩护人，原因在于我国日益增长的刑事辩护需求。尽管我国律师队伍不断地壮大，但仍满足不了刑事辩护业务的需求。随着法律知识的普及以及人民群众法律意识的提高，允许人民团体和单位推荐具备一定辩护能力的人为犯罪嫌疑人、被告人进行辩护，有利于解决刑事辩护律师不足这一问题，同时也有利于维护犯罪嫌疑

---

〔14〕"徐某某等窝藏案"，北大法宝引证码：CLI. C. 1772991。

〔15〕原称为国家统一司法考试。根据2015年12月20日，中办、国办公布的《关于完善国家统一法律职业资格制度的意见》明确，司法考试制度调整为统一法律职业资格考试制度。2018年9月22日上午，47万余人走进考场参加首次国家统一法律职业资格考试，存在了16年的司法考试正式被法律职业资格考试取代。

人、被告人的合法权益。

3.犯罪嫌疑人、被告人的监护人、亲友。监护人是指对未成年人、无行为能力人或者限制行为能力的精神病人承担保护其合法权益责任的人或者单位。亲友是指犯罪嫌疑人、被告人的亲属、朋友。监护人通常由被监护人的亲属担任，若没有亲属，也可由有关的机关团体或者单位担任。犯罪嫌疑人、被告人的监护人、亲友担任辩护人，主要是考虑到他们可以更好地了解犯罪嫌疑人、被告的真实需求，维护被追诉人的合法权益以及减轻犯罪嫌疑人、被告人的经济负担。

我国《刑事诉讼法》对辩护人的范围作出了禁止性规定。根据《刑事诉讼法》第33条第2款规定，正在被执行刑罚或者依法被剥夺、限制人身自由的人，不得担任辩护人。根据《最高法解释》，进一步细化了不可以担任辩护人的情形，具体包括：(1)正在被执行刑罚或者处于缓刑、假释考验期间的人；(2)依法被剥夺、限制人身自由的人；(3)无行为能力或者限制行为能力的人；(4)人民法院、人民检察院、公安机关、国家安全机关、监狱的现职人员；(5)人民陪审员；(6)与本案审理结果有利害关系的人；(7)外国人或者无国籍人；(8)被开除公职和被吊销律师、公证员执业证书的人。其中第4项至第8项规定的人员，如果是被告人的监护人、近亲属，由被告人委托担任辩护人的，可以准许。

同样，根据《最高法解释》、《最高检规则》的规定，审判人员和人民法院其他工作人员、检察人员从人民法院、人民检察院离任后2年内，不得以律师身份担任辩护人。审判人员和人民法院其他工作人员、检察人员从人民法院、人民检察院离任后，不得担任原任职法院、检察院所审理案件的辩护人，但作为被告人的监护人、近亲属进行辩护的除外。审判人员和人民法院其他工作人员、检察人员的配偶、子女或者父母不得担任其任职法院、检察院所审理案件的辩护人，但作为被告人的监护人、近亲属进行辩护的除外。

(三)辩护人的诉讼地位和职责

1.辩护人的诉讼地位

辩护人在刑事诉讼中的法律地位是独立的诉讼参与人，是犯罪嫌疑人、被告人合法权益的维护者。

辩护人是独立的诉讼参与人。首先，其独立性体现在依据事实和法律为犯罪嫌疑人、被告人进行辩护，不受犯罪嫌疑人、被告人意见所左右，不是犯罪嫌疑人、被告人的“代言人”，更不是犯罪嫌疑人、被告人的附庸。这一点显然不同于诉讼代理人和当事人的关系。其次，辩护人独立于公诉方并与之直接对立，不承担证明被告人有罪的责任。最后，辩护人独立于审判方，即使是指定辩护的律师也是完全独立于法院的。但是，辩护人的独立诉讼地位，并不妨碍他们最终的目标是一致的，都是为了保证客观公正地查明案件事实，实现司法公正。

辩护人是犯罪嫌疑人、被告人合法权益的维护者。辩护人必须以维护被追诉者的合法权益为宗旨，既不能充当控诉者的角色去指控被告人，也不能充当裁判者的角色对被追诉人进行审判。但是，辩护人维护的应是被追诉者的合法权益，而不是被追诉人的非法利益，绝不能教唆犯罪嫌疑人、被告人翻供，引诱证人做伪证或者进行其他妨碍司法公正的行为。

示例6－2 杨佳故意杀人案

判决书记载：被告人杨佳以辩护人申请传唤薛耀、陈银桥、吴钰骅等证人出庭作证未获法庭准许，诉讼程序有失公正为由，拒绝回答法庭审理中的讯问和发问；对控辩双方宣读或出示的证据不发表意见，也没有为自己作辩护。被告人杨佳的辩护人则提出如下辩护意见：(1)芷江西路派出所民警对杨佳的盘查缺乏法律依据，且不能排除杨佳在接受盘查的过程中遭公安人员殴打的可能性，而警方对杨佳的投诉处置不当是引起本案发生的重要因素。(2)杨佳认为，闸北公安分局警务督察支队民警吴钰骅对杨佳的投诉处理不当。杨欲对吴进行报复伤害，其间遭到其他被害人的阻拦。被害人的死亡是出于杨佳的意料之外，且杨佳未对保安人员实施加害。因此，杨佳的行为构成故意伤害罪，不构成故意杀人罪。(3)参与部分侦查工作的闸北公安分局的侦查人员，与本案被害人是同事，没有依照《刑事诉讼法》第28条之规定进行回避，因此，所收集的证人证言不能作为定案的证据。(4)杨佳很有可能存在精神方面的异常，具有精神疾病，故有必要对其精神状态和刑事责任能力重新进行鉴定和评定。此外，辩护人还以杨佳案发前表现良好，到案后有一定的悔罪表现等为由，请求法庭对杨佳慎用极刑。[16]

2. 辩护人的职责

根据《刑事诉讼法》第37条的规定，辩护人的责任是根据事实和法律，提出犯罪嫌疑人、被告人无罪、罪轻或者减轻、免除其刑事责任的材料和意见，维护犯罪嫌疑人、被告人的诉讼权利和其他合法权益。

首先，辩护人为犯罪嫌疑人、被告人辩护，应当以事实和法律为依据，反驳追诉人的指控，运用正确的法律知识以及了解详细的案情事实，帮助被追诉人提出对其有利的辩护意见，同时，严格遵守律师职业道德，不能做出帮助犯罪嫌疑人、被告人隐匿、毁灭、伪造证据等违法行为。

其次，辩护人的主要职责是提出犯罪嫌疑人、被告人无罪、罪轻或减轻、免除其刑事责任的材料和意见，以维护其合法权益。如做无罪答辩时：证明被指控者的犯罪行为不是被指控者所为；被指控者的行为属于正当防卫、紧急避险、意外事件，等等。做罪轻答辩时提供材料和意见，证明被追诉人属于：已满14周岁不满18周岁的人犯罪；又聋又哑的人犯罪；预备犯；未遂犯；中止犯；胁从犯；从犯；有自首或立功情节；等等。

最后，辩护人可以做程序性辩护，维护被追诉人的程序性权利。所谓程序性辩护，是指通过指出侦查机关、公诉机关、审判机关在诉讼程序上存在的违法行为，请求法院对这种行为的合法性进行司法审查，进而宣告其违法和无效的辩护活动。[17]

---

〔16〕 上海市第二中级人民法院《刑事判决书》(〔2008〕沪二中刑初字第99号)，北大法宝引证码：CLI.C.104386。

〔17〕 参见田文昌、陈瑞华：《刑事辩护的中国经验》(增订本)，北京大学出版社2013年版，第67页。

根据《刑事诉讼法》,我国的程序性辩护主要有两种典型形态:一是非法证据排除,这主要是针对侦查行为的合法性进行的程序辩护;二是一审程序违法,要求撤销原判,发回重审的程序辩护。此外,还有权对侦查机关采取强制措施至法定期限届满不予释放、解除或者变更等违法行为,有权向该机关提出申诉或者控告,等等。

示例6-3 章国锡受贿案

该案中采用了程序性辩护,一审判决书中指出:章国锡及其辩护人提出侦查机关违法获取章国锡有罪供述,并提供相关证据和线索。公诉机关虽然出示、宣读了章国锡的有罪供述笔录、播放了部分审讯录像片段、提交了没有违法审讯的情况说明等,但没有针对章国锡及其辩护人提供的章国锡在侦查机关审讯时受伤这一线索提出相应的反驳证据,无法合理解释章国锡伤势的形成过程,其提出的证据不足以证明侦查机关获取章国锡审判前有罪供述的合法性,故章国锡审判前有罪供述不能作为定案根据。[18]

(四)辩护人的诉讼权利

辩护人的诉讼权利对于刑事辩护制度来说,具有至关重要的意义。特别是充分保障辩护律师能够依法享有会见权、通信权、阅卷权、调查取证权等,是当前《刑事诉讼法》有效实施中的重点和难点问题。根据我国《刑事诉讼法》以及其他相关法律,辩护人主要享有以下诉讼权利。

1. 会见、通信权

根据《刑事诉讼法》第39条和《律师法》第33条,以及相关的司法解释,会见通信权包括如下内容:

(1)辩护律师可以同在押的以及被监视居住的犯罪嫌疑人、被告人会见和通信。其他辩护人经人民法院、人民检察院许可,也可以同在押的以及被监视居住的犯罪嫌疑人、被告人会见和通信。

(2)辩护律师持律师执业证书、律师事务所证明和委托书或者法律援助公函要求会见在押的犯罪嫌疑人、被告人的,看守所应当及时安排会见,至迟不得超过48小时。根据《公安部规定》,辩护律师要求会见在押的犯罪嫌疑人,看守所应当在查验其律师执业证书、律师事务所证明和委托书或者法律援助公函后,在48小时以内安排律师会见到犯罪嫌疑人,同时通知办案部门。需要注意的是,这里用了"会见到"。

(3)危害国家安全犯罪、恐怖活动犯罪案件,在侦查期间辩护律师会见在押的犯罪嫌疑人,应当经侦查机关许可。上述案件,侦查机关应当事先通知看守所。

(4)辩护律师会见在押的以及被监视居住的犯罪嫌疑人、被告人,可以了解案件有关情况,提供法律咨询等;自案件移送审查起诉之日起,可以向犯罪嫌疑人、被告

---

〔18〕 浙江省宁波市鄞州区人民法院《刑事判决书》(〔2011〕甬鄞刑初字第320号),北大法宝引证码:CLI. C. 3415604。

人核实有关证据。辩护律师会见犯罪嫌疑人、被告人时不被监听。

示例 6-4 湖南宏法律师事务所诉桂阳县公安局不履行法定职责案

刘选俊律师以看守所在查验律师会见所需律师执业证等相关证件后，侦查机关并未准许安排会见向湖南省桂阳市人民法院提出诉讼。法院经审理查明：2002 年 10 月 10 日，犯罪嫌疑人李文伟因涉嫌参加黑社会性质组织被桂阳县公安局刑事拘留，羁押于桂阳县公安局看守所。刘选俊律师从 11 月 16 日起多次到桂阳县公安局看守所要求安排会见犯罪嫌疑人李文伟，并提交了委托协议，律师会见在押犯罪嫌疑人函，律师执业证，看守所在查验了上述证件后，均以李文伟案"涉黑"，应经侦查机关批准为由而未安排会见。法院经审理后认为：被告桂阳县公安局即属看守所在查验了原告湖南宏法律师事务所指派律师刘选俊所提交的委托协议、律师执业证、律师会见函后，未按照《刑事诉讼法》及《六机关规定》安排刘选俊律师会见在押犯罪嫌疑人李文伟，其不作为行政行为违反了法律规定，侵犯了原告的合法权益，由此造成损失应予适当赔偿。故原告的部分诉讼请求，法院予以支持。[19]

2. 阅卷权

《刑事诉讼法》第 40 条和《律师法》第 34 条，以及相关司法解释规定了辩护人的阅卷权，具体内容如下：(1)辩护律师自人民检察院对案件审查起诉之日起，可以查阅、摘抄、复制本案的案卷材料。其他辩护人经人民法院、人民检察院许可，也可以查阅、摘抄、复制上述材料。这里案卷材料包括案件的诉讼文书和证据材料。(2)合议庭、审判委员会的讨论记录以及其他依法不公开的材料不得查阅、摘抄、复制。辩护人查阅、摘抄、复制案卷材料的，人民法院应当提供方便，并保证必要的时间。复制案卷材料可以采用复印、拍照、扫描等方式。辩护人、诉讼代理人复制案卷材料的，人民法院只收取工本费；法律援助律师复制必要的案卷材料的，应当免收或者减收费用。

1996 年修改《刑事诉讼法》时，为了防止法官预断，取消了卷宗移送制度，改采主要证据复印件移送制度，而且其移送范围由检察机关决定。这样一来，辩方在庭前能够看到的证据材料往往非常少，尤其是对被告人有利的证据几乎见不到，加上审查起诉阶段对辩护人的阅卷范围又严格限定为诉讼文书和技术性鉴定材料，这就给辩护人的辩护带来了极大困难，引进对抗式诉讼机制的初衷却因为辩护手段的削弱而事与愿违。2012 年修改《刑事诉讼法》，为保障辩护人阅卷权，恢复了卷宗移送制度，使辩护人不仅在审判阶段可以看到全部卷宗材料，而且在审判前的阅卷范围也得到了扩展。

3. 调查取证权

根据《刑事诉讼法》第 43 条和《律师法》第 35 条的规定，以及相关的司法解释，

---

〔19〕"湖南宏法律师事务所诉桂阳县公安局不履行法定职责案"，北大法宝引证码：CLI. C. 44892。

明确规定了律师的调查取证权，具体内容如下：

(1)辩护律师经证人或者其他有关单位和个人同意，可以向他们收集与本案有关的材料，也可以申请人民检察院、人民法院收集、调取证据，或者申请人民法院通知证人出庭作证。辩护律师向证人或者有关单位、个人收集、调取与本案有关的证据材料，因证人或者有关单位、个人不同意，申请人民法院收集、调取，或者申请通知证人出庭作证，人民法院认为确有必要的，应当同意。辩护律师直接申请人民法院向证人或者有关单位、个人收集、调取证据材料，人民法院认为确有收集、调取必要，且不宜或者不能由辩护律师收集、调取的，应当同意。人民法院收集、调取证据材料时，辩护律师可以在场。《六机关规定》还明确规定，对于辩护律师申请人民检察院、人民法院收集、调取证据，人民检察院、人民法院认为需要调查取证的，应当由人民检察院、人民法院收集、调取证据，不得向律师签发准许调查决定书，让律师收集、调取证据。

(2)辩护律师经人民检察院或者人民法院许可，并且经被害人或者其近亲属、被害人提供的证人同意，可以向他们收集与本案有关的材料。辩护律师申请向被害人及其近亲属、被害人提供的证人收集与本案有关的材料，人民法院认为确有必要的，应当签发准许调查书。

(3)辩护人认为在侦查、审查起诉期间公安机关、人民检察院收集的证明被告人无罪或者罪轻的证据材料未随案移送，申请人民法院调取的，应当以书面形式提出，并提供相关线索或者材料。人民法院接受申请后，应当向人民检察院调取。人民检察院移送相关证据材料后，人民法院应当及时通知辩护人。

4. 依法提供辩护的权利

辩护律师在侦查期间可以为犯罪嫌疑人提供法律帮助；代理申诉、控告；申请变更强制措施；向侦查机关了解犯罪嫌疑人涉嫌的罪名和案件有关情况，提出意见。辩护律师在侦查期间可以向侦查机关了解犯罪嫌疑人涉嫌的罪名及当时已查明的该罪的主要事实，犯罪嫌疑人被采取、变更、解除强制措施的情况，侦查机关延长侦查羁押期限等情况。

在人民检察院侦查、审查逮捕、审查起诉过程中，辩护人提出要求听取其意见的，案件管理部门应当及时联系侦查部门、侦查监督部门或者公诉部门对听取意见作出安排。辩护人提出书面意见的，案件管理部门应当及时移送侦查部门、侦查监督部门或者公诉部门。

案件侦查终结前，辩护律师提出要求的，公安机关应当听取辩护律师的意见，根据情况进行核实，并记录在案。辩护律师提出书面意见的，应当附卷。对辩护律师收集的犯罪嫌疑人不在犯罪现场、未达到刑事责任年龄、属于依法不负刑事责任的精神病人的证据，公安机关应当进行核实并将有关情况记录在案，有关证据应当附卷。

人民检察院审查批准逮捕，可以听取辩护律师的意见，辩护律师提出要求的，应当听取辩护律师的意见。人民检察院审查案件，应当听取辩护人意见，并记录在案。

辩护人提出书面意见的,应当附卷。

人民法院决定开庭审判后,应当将人民检察院的起诉书副本至迟在开庭10日前送达辩护人。人民法院确定开庭日期后,应当将开庭的时间、地点通知辩护人,传票和通知书至迟在开庭3日前送达。

法庭审理过程中,辩护人经审判长许可,可以向被告人发问,可以对证人、鉴定人发问,对其他证据发表意见。辩护人有权申请通知新的证人到庭,调取新的物证,申请重新鉴定或者勘验。辩护人可以申请法庭通知有专门知识的人出庭,就鉴定人作出的鉴定意见提出意见。在法庭辩论阶段,辩护人可以对证据和案件情况发表意见并且可以和控方展开辩论。

5. 职务保障权

辩护人依法履行职责,受国家法律的保护。根据《律师法》第36条、第37条的规定,律师担任诉讼代理人或者辩护人的,其辩论或者辩护的权利依法受到保障。律师在执业活动中的人身权利不受侵犯。律师在法庭上发表的代理、辩护意见不受法律追究。但是,发表危害国家安全、恶意诽谤他人、严重扰乱法庭秩序的言论除外。律师在参与诉讼活动中因涉嫌犯罪被依法拘留、逮捕的,拘留、逮捕机关应当在拘留、逮捕实施后的24小时内通知该律师的家属、所在的律师事务所以及所属的律师协会。

根据《六机关规定》的规定,公安机关、人民检察院发现辩护人涉嫌犯罪,或者接受报案、控告、举报、有关机关的移送,依照侦查管辖分工进行审查后认为符合立案条件的,应当按照规定报请办理辩护人所承办案件的侦查机关的上一级侦查机关指定其他侦查机关立案侦查,或者由上一级侦查机关立案侦查。不得指定办理辩护人所承办案件的侦查机关的下级侦查机关立案侦查。

《刑事诉讼法》第49条规定,辩护人、诉讼代理人认为公安机关、人民检察院、人民法院及其工作人员阻碍其依法行使诉讼权利的,有权向同级或者上一级人民检察院申诉或者控告。人民检察院对申诉或者控告应当及时进行审查,情况属实的,通知有关机关予以纠正。《六机关规定》进一步明确,人民检察院受理辩护人、诉讼代理人的申诉或者控告后,应当在10日内将处理情况书面答复提出申诉或者控告的辩护人、诉讼代理人。

此外,根据《刑事诉讼法》、《律师法》以及相关司法解释,辩护人还享有其他一些权利。例如,辩护人有权申请有关司法人员回避;辩护人经被告人同意,有权对地方各级人民法院的一审判决、裁定提出上诉,为此,一审法院应当及时将判决书、裁定书送达被告人的辩护人,等等。

(五)辩护人的诉讼义务

1. 认真履行辩护职责义务

辩护人应根据事实和法律,提出犯罪嫌疑人、被告人无罪、罪轻或者减轻、免除其刑事责任的材料和意见,维护犯罪嫌疑人、被告人的诉讼权利和其他合法权益。律师接受委托后,无正当理由,不得拒绝辩护。这都是辩护人的最基本责任,以此来维护被追诉人的合法权益,这是辩护人接受委托后的基本义务。作为例外,《律师法》第 32 条第 2 款规定,委托事项违法、委托人利用律师提供的服务从事违法活动或者委托人故意隐瞒与案件有关的重要事实的,律师有权拒绝辩护或者代理。

担任法律援助人的律师同样应当认真履行辩护职责。按照《律师法》第 42 条规定,律师、律师事务所应当按照国家规定履行法律援助义务,为受援人提供符合标准的法律服务,维护受援人的合法权益。

2. 依法辩护义务

根据《刑事诉讼法》第 44 条的规定, 辩护人或者其他任何人,不得帮助犯罪嫌疑人、被告人隐匿、毁灭、伪造证据或者串供,不得威胁、引诱证人作伪证以及进行其他干扰司法机关诉讼活动的行为。违反规定的,应当依法追究法律责任,辩护人涉嫌犯罪的,应当由办理辩护人所承办案件的侦查机关以外的侦查机关办理。辩护人是律师的,应当及时通知其所在的律师事务所或者所属的律师协会。

根据《律师法》第 40 条的规定,辩护律师在执业活动中不得有下列行为:(1)私自接受委托、收取费用,接受委托人的财物或者其他利益;(2)利用提供法律服务的便利牟取当事人争议的权益;(3)接受对方当事人的财物或者其他利益,与对方当事人或者第三人恶意串通,侵害委托人的权益;(4)违反规定会见法官、检察官、仲裁员以及其他有关工作人员;(5)向法官、检察官、仲裁员以及其他有关工作人员行贿,介绍贿赂或者指使、诱导当事人行贿,或者以其他不正当方式影响法官、检察官、仲裁员以及其他有关工作人员依法办理案件;(6)故意提供虚假证据或者威胁、利诱他人提供虚假证据,妨碍对方当事人合法取得证据;(7)煽动、教唆当事人采取扰乱公共秩序、危害公共安全等非法手段解决争议;(8)扰乱法庭、仲裁庭秩序,干扰诉讼、仲裁活动的正常进行。

此外,在刑事诉讼过程中,辩护人收集的有关犯罪嫌疑人不在犯罪现场、未达到刑事责任年龄、属于依法不负刑事责任的精神病人的证据,应当及时告知公安机关、人民检察院。

3. 保守执业秘密义务

辩护律师对在执业活动中知悉的委托人的有关情况和信息,有权予以保密,包括国家秘密、商业秘密和当事人的隐私。但是,辩护律师在执业活动中知悉委托人或者其他人,准备或者正在实施危害国家安全、公共安全以及严重危害他人人身安全的犯罪的,应当及时告知司法机关。对此,人民法院、人民检察院应当记录在案,立即转告主管机关依法处理,并为反映有关情况的辩护律师保密。

4. 遵守庭审纪律义务

根据《最高法解释》的规定,法庭审理过程中,辩护人应当遵守以下纪律:(1)服从法庭指挥,遵守法庭礼仪;(2)不得鼓掌、喧哗、哄闹、随意走动;(3)不得对庭审活动进行录音、录像、摄影,或者通过发送邮件、博客、微博客等方式传播庭审情况,但经人民法院许可的新闻记者除外;(4)不得实施其他扰乱法庭秩序的行为。

第二节 代 理

一、刑事代理概述

(一)概念

刑事代理,是指代理人接受公诉案件的被害人及其法定代理人或者近亲属、自诉案件的自诉人及其法定代理人委托代为参加诉讼的人和附带民事诉讼的当事人及其法定代理人委托,以被代理人名义参加诉讼,由被代理人承担代理行为的法律后果的一项诉讼活动。刑事代理制度的意义在于为被代理人提供法律上的帮助,在特定情况下可以代替被代理人参加诉讼活动,以及协助司法机关推动刑事诉讼进程、正确处理案件。

根据刑事代理产生的依据不同,可以分为法定代理、委托代理、法律援助代理。法定代理是基于法律而产生的,在刑事诉讼中,一般针对未成年人、无民事行为能力人或者限制行为能力人而设立的,其代为行使的权利是法律予以规定。法定代理人包括被代理人的父母、养父母、监护人和负有保护责任的机关、团体的代表。委托代理是基于被代理人委托授权而行使的代理权。法律援助代理则是国家对因经济困难或者其他因素而难以通过一般意义上的法律救助手段保障自身权利的社会弱者,提供法律保障的制度。

(二)刑事代理和刑事辩护的异同

刑事代理和刑事辩护有一些相似之处但也有显著的差异。其相似之处在于两者都是被委托人在刑事诉讼中给予委托方提供法律帮助,以保障相关当事人的合法权益。其不同之处在于:

1. 委托方不同。刑事辩护是由犯罪嫌疑人、被告人及其监护人、近亲属的委托或者由法律援助机构的指派;刑事代理则是由公诉案件的被害人及其法定代理人或者近亲属、自诉案件的自诉人及其法定代理人委托代为参加诉讼的人和附带民事诉讼的当事人及其法定代理人委托,或者基于法律援助机构的指派。

2. 保障的对象不同。刑事辩护是针对公诉案件的犯罪嫌疑人、被告人和自诉案件的被告人;刑事代理则是针对公诉案件的被害人、自诉人和附带民事诉讼的当事人。

3. 诉讼地位不同。辩护人在诉讼地位中具有独立的诉讼地位,既不受犯罪嫌疑人、被告人意见的左右,也不受公安司法机关等其他机关、团体或者个人的干涉;刑事代理人是以被代理人的名义参加诉讼,对于一些实体权利的处分必须取得委托人的明确授权。

4. 权限范围不同。辩护人的权利由法律加以规定,如会见权、阅卷权、调查取证权等;刑事代理人的权利主要是基于被代理人的委托而产生,其权限范围不能超过被代理人的授权。

二、刑事代理的种类

(一)公诉案件代理

公诉案件的代理,是指诉讼代理人接受公诉案件的被害人及其法定代理人或者近亲属的委托,代理被害人参加诉讼,以维护被害人的合法权益。

根据《刑事诉讼法》第46条的规定,公诉案件的被害人及其法定代理人或者近亲属,自案件移送审查起诉之日起,有权委托诉讼代理人。人民检察院自收到移送审查起诉的案件材料之日起3日内,应当告知被害人及其法定代理人或者其近亲属有权委托诉讼代理人。

就诉讼地位和职能而言,被害人的诉讼代理人代表被害人参加刑事诉讼,履行的是控诉职能,这就使公诉案件的诉讼代理人与公诉人的诉讼地位有共性。不同之处则在于公诉人代表的是国家,除了履行控诉职能外,还有法律监督职能。公诉人有义务客观地收集有利和不利于被告人的证据。所以,公诉人和诉讼代理人意见有时可能是冲突的,这属于正常现象。在法庭审判过程中,应当允许被害人的诉讼代理人独立发表代理意见,并允许诉讼代埋人同辩护人、公诉人进行辩论。

公诉案件的诉讼代理人,根据被害方的授权,主要可行使如下权利:有权代理委托人向公安机关控告犯罪;人民检察院决定不起诉的案件,被害人如果不服,诉讼代理人可有权在被害人收到不起诉决定书后7日内,代其向人民检察院申诉,也可经被害人授权代向人民法院提起自诉;在法庭审判中,诉讼代理人经审判长许可,可以向被告人、证人发问,可以参加法庭辩论;在符合法定条件的案件中参与刑事和解,等等。

(二)自诉案件中的代理

自诉案件中的代理,是指在刑事案件中,代理人接受自诉人及其法定代理人的委托参加诉讼,以维护自诉人的合法权益。

根据《刑事诉讼法》第46条的规定,自诉案件的自诉人及其法定代理人,有权随时委托诉讼代理人。人民法院自受理自诉案件之日起3日内,应当告知自诉人及其法定代理人有权委托诉讼代理人。自诉人委托诉讼代理人应当同诉讼代理人签订委托合同,载明代理事项、代理权限、代理期间等重大事项。

自诉案件中的自诉人,在刑事诉讼中的职能主要是控诉职能。自诉人的诉讼代理人享有的诉讼权利,除了参加庭审等诉讼代理人一般性权利外,根据自诉案件的特点,还包括经自诉人授权,可以代写自诉状,向人民法院提起诉讼;经自诉人特别授权,可以处分自诉人的实体性权利,如承认、放弃或者变更诉讼请求,与被害方和解,或者撤回起诉,等等。

(三)附带民事诉讼中的代理

附带民事诉讼中的代理,是指诉讼代理人接受附带民事诉讼的当事人以及其法定代理人的委托,在所受委托的权限范围内,代理参加诉讼,以维护当事人及其法定代理人的合法权利。

根据《刑事诉讼法》第46条的规定,公诉案件中的附带民事诉讼的当事人及其法定代理人,自案件移送审查起诉之日起,有权委托诉讼代理人;自诉案件中的附带民事诉讼的当事人及其法定代理人,有权随时委托诉讼代理人。同时,还规定了公诉案件中,检察院自收到案件审查秋的案件材料之日起3日内应当告知双方当事人及其法定代理人有权委托诉讼代理人。

附带民事诉讼案件的当事人,在刑事诉讼中的职能类似于民事诉讼中的原被告的职能,其代理人也就和民事诉讼中的代理律师比较接近,主要职责是维护当事人的民事权益。附带民事诉讼案件中的诉讼代理人享有的诉讼权利,除了参加庭审等诉讼代理人一般性权利外,根据附带民事诉讼案件的特点,享有的权利还包括在法庭审理过程中,既有权参与附带民事诉讼部分的审理也有权参与刑事诉讼部分的审理,以便了解附带民事诉讼是否成立以及依法可获得的赔偿数额等;如果被告人或被害人授予了刑事和解、附带民事部分的撤诉或反诉等权利,还可以履行上述权利;等等。

第七章　强制措施

导读

“在刑事诉讼领域，秩序价值包括两种含义：其一是通过追究犯罪以恢复社会秩序；其二是追究犯罪的活动必须是有序的，不得导致无序状态。”[1]刑事强制措施是国家为了保障侦查、起诉、审判活动的顺利进行，而授权刑事司法机关对犯罪嫌疑人、被告人采取的限制其一定程度人身自由的方法。强制措施显然是为了保障刑事诉讼活动的有序进行而设定，但由于刑事强制措施关乎公民人身自由权这一宪法性权利，所以它又是一柄“双刃剑”，因此，各国对刑事强制措施的采用均规定了较为严格的条件和程序。

第一节　强制措施概述

一、强制措施的概念、特点和意义

（一）强制措施的概念

刑事诉讼中的强制措施，是指公安机关、国家安全机关、人民检察院和人民法院为保证刑事诉讼活动的顺利进行，依法对犯罪嫌疑人、被告人所采取的在一定期限内剥夺或限制其人身自由的各种强制性方法。我国《刑事诉讼法》明确规定的强制措施有拘传、取保候审、监视居住、拘留和逮捕五种。

刑事诉讼中的强制措施的概念不能等同于强制性措施。刑事诉讼中的强制性措施，除逮捕、拘留等这类涉及人身活动自由的强制措施外，还包括刑事诉讼过程中其他以国家强制力保证实施的各种具有强制性的措施。对人的强制性措施主要涉及公民的人身自由权、隐私权，如人身检查、通讯监听等，包括五种法定的强制措施；对物的强制性措施主要涉及公民的财产权，如搜查、查封、扣押、冻结等。对于具有强制性但又未纳入强制措施体系的，我国《刑事诉讼法》将其放在了侦查部分作出规

〔1〕［英］彼得·斯坦、约翰·香德：《西方社会的法律价值》，王献平译，中国人民公安大学出版社 1990 年版，第 38 页。

定,因此,强制性措施也被称为强制性侦查措施。

(二)强制措施的特点

我国刑事诉讼中的强制措施具有以下几个特点:

1. 强制措施只能由法定的专门机关适用。根据我国《刑事诉讼法》的规定,适用刑事强制措施的法定机关有公安机关、人民检察院和人民法院。另外,国家安全机关、军队保卫部门、中国海警局和监狱,在侦查其管辖的案件时,也有权实施强制措施。除此之外,任何国家机关、团体和个人都无权采取强制措施。

2. 强制措施具有特定的适用对象。强制措施的适用对象是犯罪嫌疑人、被告人,对于诉讼参与人和案外人不得采用强制措施。专门机关在适用强制措施过程中,要严格控制强制措施的适用,不得扩大其适用范围。

3. 强制措施的适用具有特定的目的。强制措施的性质是预防性措施,而不是惩戒性措施。适用强制措施的目的是保证刑事诉讼的顺利进行,防止犯罪嫌疑人、被告人逃避侦查、起诉和审判,进行毁灭、伪造证据等行为。

4. 强制措施须依照法律规定适用。我国《刑事诉讼法》对各种强制措施的适用机关、适用条件和程序都进行了严格的规定,其目的是严格控制强制措施的使用,防止出现因为强制措施滥用而产生的侵犯人权等问题。

(三)强制措施的意义

强制措施作为一种重要的刑事诉讼制度,其重要意义主要体现在两个方面:

一方面,我国传统上认为强制措施的主要意义是保障刑事诉讼程序的顺利进行。具体包括:(1)可以防止犯罪嫌疑人、被告人逃避侦查、起诉和审判。犯罪嫌疑人、被告人在实施犯罪之后,为了逃避法律的制裁,很有可能进行躲避,以逃避侦查、起诉和审判。当发现有这种可能性时,就有必要对犯罪嫌疑人、被告人的人身自由进行限制。(2)可以防止犯罪嫌疑人、被告人给诉讼制造障碍。犯罪嫌疑人、被告人为了掩盖证据,往往会进行毁灭、伪造证据等行为,给诉讼制造障碍。对犯罪嫌疑人、被告人采取强制措施,可以有效地防止这些现象的发生。(3)可以防止犯罪嫌疑人、被告人继续危害社会。对犯罪嫌疑人、被告人采取强制措施,限制或者剥夺其人身自由,可以防止其继续犯罪以及其他危害社会的行为。(4)以警戒社会上的不法人员,起到预防犯罪的作用。强制措施的采取,可以威慑社会上的不安定人员,使其不敢轻举妄动。这可以有效地减少犯罪,维护社会秩序的稳定。

另一方面,现代刑事司法理念更加强调严格规范公安司法机关的诉讼行为,保障被追诉人的人身自由权。使得公安司法机关按照法律规定的条件和程序对公民的自由进行处分,防止滥用权力、侵犯人权的现象的发生。在人的所有权利中,人身自由权被认为是最古老和最基本的权利之一。从1215年英国《自由大宪章》到1789年法国《人权宣言》、1791年美国《人权法案》,再到联合国《公民权利和政治权利国际公约》,[2]都可以发现对这一权利的强调。但是,人身自由权并不是一种绝对的权利,在特定情况下,国家需要采用剥夺自由这一重要方式来打击犯罪和维护社会安全。人们在保障人身自由权方面的奋斗理想并不是要完全废除剥夺人身自由的刑事诉讼中的强制措施,而是反对任意和非法的剥夺公民的人身自由权。因此,在人身自由权的保障上,人们追求的是一种程序上的保障。国家有义务准确界定允许剥夺人身自由的情形和应适用的程序,并在发生非法和任意剥夺人身自由的情形时迅速采取措施。

二、相关概念:刑罚、行政处罚、扭送

(一)强制措施同刑罚的区别

刑罚,是指依照法律对违法者实行的强制处分。强制措施与刑罚具有相似之处:两者都是以国家权力为后盾的强制方法;两者都使适用对象的人身自由受到限制或者被剥夺;两者都是同犯罪作斗争的手段。但同时,这两者在本质上是不同的,主要区别如下:

1. 适用的目的不同。强制措施是一种诉讼保障措施,其目的是保证刑事诉讼的顺利进行,具有程序上的保障和防范作用;刑罚是一种处罚措施,其目的是对犯罪分子进行处罚和改造。

2. 适用的对象不同。强制措施的适用对象是犯罪嫌疑人、被告人;刑罚的适用对象是已经被人民法院判定为有罪的人。

3. 有权适用的机关不同。有权适用强制措施的机关是公安机关、人民检察院和人民法院(三机关在适用强制措施的种类上并不相同);刑罚则只能由人民法院判处。

4. 法律依据不同。强制措施是根据《刑事诉讼法》规定的条件和程序适用的;刑罚则是以《刑法》为依据。

5. 适用的时间不同。强制措施适用于刑事诉讼过程中;刑罚是在人民法院作出确定判决之后适用。

6. 稳定性不同。强制措施是一种临时性措施,可以根据实际情况随时变更或者撤销;刑罚一经作出,非经法定程序不得改变。

---

[2] 联合国《公民权利和政治权利国际公约》第9条规定:(1)人人有权享有人身自由和安全。任何人不得加以任意逮捕或拘禁。除非依照法律所确定的根据和程序,任何人不得被剥夺自由。(2)任何被逮捕的人,在被逮捕时应被告知逮捕他的理由,并应被迅速告知对他提出的任何指控。(3)任何因刑事指控被逮捕或拘禁的人,应被迅速带见审判官或其他经法律授权行使司法权力的官员,并有权在合理的时间内受审判或被释放。等候审判的人受监禁不应作为一般规则,但可规定释放时应保证在司法程序的任何其他阶段出席审判,并在必要时报到听候执行判决。(4)任何因逮捕或拘禁被剥夺自由的人,有资格向法庭提起诉讼,以便法庭能不拖延地决定拘禁他是否合法以及如果拘禁不合法时命令予以释放。(5)任何遭受非法逮捕或拘禁的受害者,有得到赔偿的权利。

（二）强制措施同行政处罚的区别

行政处罚，是指行政机关为维护行政管理秩序，对违反行政法上义务的行政相对人给予的一种法律制裁。[3] 强制措施在强制力上与某些行政处罚（如行政拘留）有相似之处，但是两者存在重大区别，主要区别如下：

1. 性质不同。强制措施是诉讼保障性措施，具有程序性作用；行政处罚是行政制裁，是一种实体性结论。

2. 适用的对象不同。强制措施的适用对象是犯罪嫌疑人、被告人；行政处罚适用于违反行政法律的公民、法人和其他组织。

3. 有权适用的机关不同。强制措施由公安司法机关适用；行政处罚由行政机关适用。

4. 法律依据不同。强制措施是根据《刑事诉讼法》规定的条件和程序适用的；行政处罚是根据《行政处罚法》以及其他的行政法规适用的。

5. 稳定性不同。强制措施可以根据实际情况随时变更或者撤销；行政处罚作为一种行政制裁手段，相对稳定。

（三）扭送

我国《刑事诉讼法》第 84 条规定，对于有下列情形的人，任何公民都可以立即扭送公安机关、人民检察院或者人民法院处理：（1）正在实行犯罪或者在犯罪后即时被发觉的；（2）通缉在案的；（3）越狱逃跑的；（4）正在被追捕的。公民扭送，不具有诉讼性质，是立法上赋予公民同犯罪分子作斗争的一种权利，是配合公安司法机关采取强制措施的一种辅助手段。对于被扭送的公民是否采取强制措施以及采取何种强制措施，仍然要由公安司法机关依照法定条件和法定程序决定和执行；对于不需要采取强制措施的情形，公安司法机关应当将被扭送人释放。

三、强制措施的适用原则及相关因素

强制措施的适用在一定程度上会导致对犯罪嫌疑人、被告人的人身自由的剥夺。如果强制措施适用不当，会导致对犯罪嫌疑人、被告人人权的侵害。在适用强制措施时，要注意以下的几个原则和因素。

（一）适用原则

1. 合法性原则。这意味着在适用强制措施时，必须严格按照法律规定的适用对象、条件和期限等进行适用。我国《立法法》第 8 条规定，限制人身自由的强制措施，

---

〔3〕 我国《行政处罚法》于 1996 年 10 月 1 日起实施。该法律对行政处罚的设定、实施、程序等作出了基本规定，旨在统一各部门行政法中行政处罚的适用。参见章剑生：《现代行政法总论》，法律出版社 2014 年版，第 182 ~ 187 页。

只能由法律规定。为此,我国1996年修改《刑事诉讼法》时,废除了收容审查制度。[4]

2. 必要性原则。这意味着只有在为了保证刑事诉讼程序顺利进行而有必要时才适用强制措施,不得随意实施。该原则要求强制措施的采用应具有必要性和合理性,特别是对于羁押措施的采用,侦查人员必须说明现实、合理的理由。也就是说,强制措施的实施应是必要而不可替代的,不采用该措施可能就不能顺利地进行诉讼,使得强制措施对公民造成的不必要损害降到最低的程度。

3. 比例原则(相当性原则)。这意味着适用强制措施,要与犯罪嫌疑人、被告人的人身危险性程度以及犯罪的轻重程度相适应。源于德国的该原则要求强制措施的采用,特别是对于侵犯公民基本权利的措施在其种类、轻重上,必须和所要追究的犯罪行为的性质相适应。德国《刑事诉讼法》强调,施加审前羁押应当与犯罪的严重程度成比例,并且当必要性不存在时,则必须撤销(德国《刑事诉讼法》第112条第1款,第120条第1款);不允许在法定刑为6个月监禁,基于隐匿证据或串供的风险或将其限制在某些显然具有逃跑风险的案件,而施加审前羁押(德国《刑事诉讼法》第113条)。[5]

4. 可变更性原则。这意味着在刑事诉讼过程中,强制措施可以根据实际情况随时变更或者撤销。如我国2012年修改《刑事诉讼法》,新增加了羁押必要性审查制度,以打破之前"一捕了之"的实践困局,防止超期羁押和不正当关押,彰显尊重和保障人权。

此外,西方法治国家普遍采行司法令状主义,即针对羁押等涉及公民基本权利的强制措施,必须取得中立的法官签发的司法令状。在美国,人身保护令制度等一系列保护人权制度源于《宪法》第四修正案:"人民的人身、住宅、文件和财产不受无理搜查和扣押的权利,不得侵犯"和第五修正案:"不经正当法律程序,不得被剥夺生命、自由或财产。"美国《联邦刑事诉讼规则》规定,必须"在无不必要拖延"的情况下将被逮捕者立即送往"最近的法官处",由法官对嫌疑人实施"初次聆讯"。这种初次聆讯以开庭形式,负责逮捕的警察或检察官出庭提出控告,解释逮捕理由,法官要告知嫌疑人享有的权利,并就其是否允许保释作出裁决。[6] 在一定程度上,我国的

---

〔4〕 收容审查原是一种行政强制手段,主要适用于有轻微违法犯罪行为又不讲真实姓名、住址、来历不明的人,或者有轻微违法犯罪行为又有流窜作案、多次作案、结伙作案嫌疑需要收容查清罪行的人。收容审查由公安机关决定。这一措施在打击刑事犯罪中起过一定的作用,但是前些年的司法实践中,不少地区出现了以收容审查代替强制措施的情况。为适应与犯罪斗争的实际情况,1996年刑事诉讼法修改时将收容审查的一些内容吸收到强制措施中,修改和完善了拘留的条件,同时废除了收容审查制度。

〔5〕 参见[德]托马斯·魏根特:《德国刑事诉讼程序》,岳礼玲等译,中国政法大学出版社2004年版,第100页。

〔6〕 参见[美]约书亚·德雷斯勒、艾伦·C.迈克尔斯:《美国刑事诉讼法精解》(第一卷·刑事侦查),吴宏耀译,北京大学出版社2009年版,第155~158页。

批捕制度和捕后羁押必要性审查制度具有司法审查的性质。例如,在美国的哈姆迪案中,涉及羁押措施的争议。

示例7-1 哈姆迪案

亚瑟·哈姆迪是一个美国公民。2001年,他在阿富汗被反对塔利班的阿富汗武装逮捕并移交给美国军方。2002年6月,他的父亲代表他提起了一项人身保护令的申请,提出对他儿子的羁押没有合法的授权。而政府则声称哈姆迪是一名“敌方战士”,总统被授权拘留这样的人而不需要指控或程序,至少直到战争结束,同时,哈姆迪无权争辩政府的这一分类。在该案中,美国联邦最高法院考虑的第一个问题是总统是否有权将美国公民作为“敌方战士”拘留。4名大法官认为国会在批准阿富汗战争时也批准了这种羁押,1名大法官认为宪法给了总统以这种方式拘留的权力,另外4名大法官则认为该羁押没有国会的授权。该法院另一项考虑是,是否一个公民能够争辩政府关于他是一名“敌方战士”的决定。4名大法官认为法律的正当程序要求一个公民应被给予在一位中立裁判者面前争辩对他的羁押的事实基础之机会,同时,公民应有权获得一名律师的帮助。这便意味着必须提供给哈姆迪一个机会来争辩这一分类。〔7〕

(二)其他相关因素

此外,公安司法机关在决定是否适用以及适用何种强制措施时,还应当全面考虑以下相关因素:

1. 犯罪嫌疑人、被告人所实施的行为的社会危害性大小。一般而言,犯罪嫌疑人、被告人所实施的行为的社会危害性越大,表明犯罪嫌疑人、被告人的人身危险性程度越高,对其适用的强制措施的强度也就相对越强。

2. 犯罪嫌疑人、被告人是否有逃避侦查、起诉、审判的可能性以及可能性的大小。一般而言,犯罪嫌疑人、被告人逃避侦查、起诉以及审判的可能性越大,对其适用的强制措施的强度就越强。

3. 犯罪嫌疑人、被告人是否有进行各种妨害刑事诉讼的行为的可能性以及可能性的大小。犯罪嫌疑人、被告人进行妨害刑事诉讼的行为的可能性越大,对其适用的强制措施的强度就越强。

4. 公安司法机关对案件事实的调查情况以及对案件证据的掌握情况。适用何种强制措施均有一定的法定条件,只有根据已经掌握的案件事实情况以及证据情况,才能确定对犯罪嫌疑人、被告人适用强制措施的种类。

5. 犯罪嫌疑人、被告人的个人情况。如根据犯罪嫌疑人、被告人是否是怀孕的妇女,根据犯罪嫌疑人、被告人的身体状况来确定对其具体适用的强制措施的种类。

---

〔7〕 Hamdi v. Rumsfeld, 124 S. Ct. 2633, 2004.

第二节 拘 传

一、拘传的概念与特点

拘传，是指在刑事诉讼中，公安机关、检察院、法院对未被逮捕、拘留的犯罪嫌疑人、被告人依法强制其到案接受讯问的强制措施。拘传是刑事强制措施中严厉程度最轻的一种措施。

拘传和传唤是两种不同性质的诉讼行为，拘传是法定的刑事强制措施的一种，拘传具有一定的强制性。传唤是司法机关通知诉讼当事人于指定的时间、地点到案所采取的一种措施。也就是说，传唤就是通知，不具有强制性，这是两者的根本区别。我国《刑事诉讼法》第119条规定："对于不需要逮捕、拘留的犯罪嫌疑人，可以传唤到指定的地点或者他的住所、所在单位进行讯问。"传唤的目的是保证刑事诉讼活动有计划进行，及时处理案件，传唤必须使用法定的诉讼文书——传票。

拘传具有如下特点：(1)拘传的适用主体是刑事诉讼中的公安机关、检察院和法院。(2)拘传的适用对象是经过依法传唤，无正当理由拒不到案的犯罪嫌疑人、被告人，或者根据案件情况有必要拘传的犯罪嫌疑人、被告人。(3)拘传是强制犯罪嫌疑人、被告人到案接受讯问的强制方法。拘传具有强制性，必要时可以使用械具，但拘传不属于羁押措施，在讯问后应将被拘传人立即放回。

二、拘传的程序

根据《刑事诉讼法》、司法解释以及相关规定，拘传应按照下列程序进行：

1. 办案人员认为需要拘传的，应当填写呈请拘传报告书，并附有关材料，报人民法院、人民检察院、公安机关的负责人批准。拘传证上应载明被拘传人的姓名、性别、年龄、籍贯、住址、工作单位、案由、接受讯问的时间和地点，以及拘传的理由等。

2. 拘传的地点。拘传犯罪嫌疑人，应当在犯罪嫌疑人、被告人所在市、县内的指定地点。犯罪嫌疑人的工作单位与居住地不在同一市、县的，拘传应当在犯罪嫌疑人的工作单位所在的市、县进行；特殊情况下，也可以在犯罪嫌疑人居住地所在的市、县内进行。

3. 拘传的执行。拘传犯罪嫌疑人、被告人应当出示拘传证，并责令其在拘传证上签名、捺指印。犯罪嫌疑人、被告人到案后，应当责令其在拘传证上填写到案时间；拘传结束后，应当由其在拘传证上填写拘传结束时间。犯罪嫌疑人、被告人拒绝填写的，应当在拘传证上注明。对抗拒拘传的，可以使用械具，强制到案。执行拘传的人员不得少于2人。

4. 拘传的时间。拘传持续的时间不得超过12小时；案情特别重大、复杂，需要采取拘留、逮捕措施的，经相关的负责人批准，拘传持续的时间不得超过24小时。

不得以连续拘传的形式变相拘禁犯罪嫌疑人。两次拘传间隔的时间一般不得少于12小时。应当保证被拘传人的饮食和必要的休息时间。

5. 拘传的结果。需要对被拘传的犯罪嫌疑人、被告人变更强制措施的,应该经相关负责人批准,在拘传期限内办理变更手续。拘传期限届满,未作出采取其他强制措施决定的,应当立即结束拘传。

示例7-2 郭祯祥等申请蕲春县人民法院违法拘传司法赔偿案

该案中,涉案法官因严重违反程序采取拘传而被处罚。法院在审理案件事实中查明:蕲春县人民法院蕲州法庭在受理了原告吕旺喜诉被告郭祯向、蔡小兰拖欠建房材料款一案后,该法庭副庭长操祥顺负责主审此案。同年8月,在既没有送达起诉书副本、应诉通知书和开庭传票,又未经两次合法传唤的情况下,操祥顺即向该院分管院长要求开出了两张拘传郭祯祥和蔡小兰的拘传票。同日9日下午,操祥顺带领该院两名法警、原告方的代理人和邀约的社会闲散人员等8人,驱车前望武汉拘传郭祯祥和蔡小兰……以及后续的非法拘禁等非法执行行为。最终,黄冈市中级人民法院赔偿委员会审理认为:操祥顺身为国家审判机关工作人员,在执行公务时对郭祯祥、蔡小兰非法拘禁,并致郭祯祥重伤,其行为侵犯了赔偿请求人的人身自由权和生命健康权,依法应予赔偿。[8]

三、拘传与留置盘问的区别

(一)留置盘问的法条依据

我国《人民警察法》第9条规定:为维护社会治安秩序,公安机关的人民警察对有违法犯罪嫌疑的人员,经出示相应证件,可以当场盘问、检查;经盘问、检查,有下列情形之一的,可以将其带至公安机关,经该公安机关批准,对其继续盘问:(1)被指控有犯罪行为的;(2)有现场作案嫌疑的;(3)有作案嫌疑身份不明的;(4)携带的物品有可能是赃物的。对被盘问人的留置时间自带至公安机关之时起不超过24小时,在特殊情况下,经县级以上公安机关批准,可以延长至48小时,并应当留有盘问记录。对于批准继续盘问的,应当立即通知其家属或者其所在单位。对于不批准继续盘问的,应当立即释放被盘问人。经继续盘问,公安机关认为对被盘问人需要依法采取拘留或者其他强制措施的,应当在前款规定的期间作出决定;在前款规定的期间不能作出上述决定的,应当立即释放被盘问人。

(二)拘传与留置盘问的区别

拘传与留置盘问的区别主要表现在以下几个方面:

1. 两者的性质不同。拘传是一种刑事强制措施;留置盘问是一种行政措施。

2. 两者的适用机关不同。拘传的有权适用机关是公安机关、人民检察院和人民法院;留置盘问的适用机关是公安机关。

---

〔8〕"郭祯祥等申请蕲春县人民法院违法拘传司法赔偿案",北大法宝引证码:CLI. C. 26189。

3. 两者的适用对象不同。拘传的适用对象是犯罪嫌疑人、被告人;留置盘问的适用对象是有违法犯罪嫌疑的人员。

4. 两者的适用时间不同。拘传的适用时间是在刑事诉讼过程中;留置盘问是行政行为,并无固定的适用时间。

5. 两者的期限不同。拘传持续的时间不得超过 12 小时;案情特别重大、复杂,需要采取拘留、逮捕措施的,经相关的负责人批准,拘传持续的时间不得超过 24 小时。对被盘问人的留置时间自带至公安机关之时起不超过 24 小时,在特殊情况下,经县级以上公安机关批准,可以延长至 48 小时。〔9〕

此外,需要注意的是,2018 年出台的《监察法》确立了新的留置制度。不同于警察的留置盘问,监察委的留置是涉及被调查人的人身自由的一项严厉措施。根据《监察法》第 43 条第 2 款规定,"留置时间不得超过 3 个月。在特殊情况下,可以延长一次,延长时间不得超过 3 个月。省级以下监察机关采取留置措施的,延长留置时间应当报上一级监察机关批准。监察机关发现采取留置措施不当的,应当及时解除"。

第三节　取保候审

一、取保候审的概念和种类

(一)取保候审的概念

取保候审,是指在刑事诉讼中,公安机关、人民检察院、人民法院责令犯罪嫌疑人、被告人提出保证人或缴纳保证金,保证其不逃避或妨碍侦查、起诉、审判,并随传随到的一种强制方法。

取保候审就意味着被追诉人处于自由状态等候审判,作为一种羁押替代措施,具有重要的意义。联合国《公民权利和政治权利国际公约》第 9 条规定:"等候审判的人受监禁不应作为一般规则,但可规定释放时应保证在司法程序的任何其他阶段出席审判,并在必要时报到听候执行判决。"公约规定的被暂时释放等待审判的权

〔9〕 实践中,留置盘问有被滥用的情况,主要存在的问题是:(1)留置盘问适用的扩大化。由于使用留置能争取到最多 48 小时的办案时间,有的干警就把留置当成了办案法宝,只要有案子就往这个口袋里装。对案件中犯罪嫌疑人身份明确的,案情轻微不需要适用留置或是刑事案件中应当使用刑事强制措施的也都一概适用留置。(2)留置盘问与拘传交替使用。许多干警在办案过程中总是觉得时间不够用,希望对犯罪嫌疑人的滞留时间越长越好,以便有利于调查取证,因此将留置与拘传交替使用、循环使用,甚至将留置作为拘传的必然前置程序,造成当事人的人身自由长时间受限制。(3)拘传使用率过低。《刑事诉讼法》对拘传程序做了比较详细的规定,因此受到的限制也就较多,再加上拘传的期限比留置短,这使许多干警偏爱留置而宁可将拘传弃之不用,使许多本应该适用拘传的案件错用了留置,也就使得拘传的作用不能得到有效发挥。

利,是羁押例外原则和依据必要的保证作出释放的职权这两者相加的结果。也就是说,犯罪嫌疑人被关押等待审判应当作为一种万不得已的手段来使用,如有可能,应当积极寻求其他的替代措施。在我国,取保候审便是这样的一种替代措施。

(二)取保候审的种类

我国《刑事诉讼法》规定了两种取保候审的方式:一种是保证人保证方式;另一种是保证金保证方式。根据《刑事诉讼法》第68条的规定,保证人保证和保证金保证是选择关系,这两种方式只能根据案件的具体情况择其一而用之,不能同时使用。原则上讲,保证人和保证金这两种选择关系的保证方式可以根据案件情况择一而用之,但《最高检规则》规定,对于下列三种情况一般适用人保:(1)无力交纳保证金的;(2)未成年人或者已经年满75周岁的;(3)不宜收取保证金的其他被告人。

1.保证人保证

根据《刑事诉讼法》第69条的规定,保证人必须符合下列条件:(1)与本案无牵连;(2)有能力履行保证义务;(3)享有政治权利,人身自由未受到限制;(4)有固定的住处和收入。

保证人的责任主要包括:(1)监督被保证人遵守《刑事诉讼法》第71条的规定,发现被保证人可能发生或者已经发生违反第71条规定的行为的,应当及时向执行机关报告。保证上人未及时报告的,经查证属实后,由县级以上执行机关对保证人处以1000元以上20000元以下罚款。(2)根据案件事实,认为已经构成犯罪的被告人在取保候审期间逃匿的,如果保证人与该被告人串通,协助其逃匿以及明知藏匿地点而拒绝向司法机关提供的,对保证人应当依照刑法有关规定追究刑事责任。(3)具有前款规定情形的,如果取保候审的被告人同时也是附带民事诉讼的被告人,保证人还应当承担连带赔偿责任,但应当以其保证前附带民事诉讼原告人提起的诉讼请求数额为限。

根据《最高法解释》和《最高检规则》的规定,在取保候审期间,保证人不愿意继续履行保证义务或者丧失履行保证义务能力的,人民法院或者人民检察院应当在收到保证人不愿继续担保的申请或者发现其丧失保证能力后的3日内,责任被告人、犯罪嫌疑人重新提出保证人或者交纳保证金。

保证人被罚款或被取保候审人被没收保证金后,可以向执行机关的上一级主管机关申请复核一次。没收取保候审保证金和对保证人罚款均系刑事司法行为,不能提起行政诉讼。当事人如不服复核决定,可以依法向有关机关提出申诉。

2.保证金保证

《刑事诉讼法》第72条规定,取保候审的决定机关应当综合考虑保证诉讼活动正常进行的需要,被取保候审人的社会危险性,案件的性质、情节,可能判处刑罚的轻重,被取保候审人的经济状况等情况,确定保证金的数额。提供保证金的人应当将保证金存入执行机关指定银行的专门账户。

关于保证金,首先,采取保证金形式取保候审的,根据《公安部规定》和《最高检规则》,保证金起点数额为1000元。对于未成年犯罪嫌疑人,《最高检规则》规定的起点数额为500元。保证金仅限于人民币现金,向银行交纳。其次,在侦查或者审查起诉阶段已经采取取保候审的,案件移送至审查起诉或者审判阶段时,如果需要继续取保候审,原则上不变更保证金数额,不再重新收取保证金。

(三)取保候审与保释的区别

保释,是指在被逮捕的人提供担保或者接受特定条件的情况下将其释放的制度。保释制度发源于12~13世纪英国,被视为被追诉人的一项基本权利。保释制度的根据是以两个根本性前提为基础的:人在被证明有罪前都是无罪的;无罪的人都享有自由权利。英国法中,保释可分为无条件保释和附条件保释。无条件保释,释放时不要求提供金钱和保证人担保或其他条件。相比无条件保释,英国为附条件保释设置了各种各样的条件。附条件保释基本适用于触犯严重罪名的犯罪嫌疑人。最常适用的条件包括在指定的地址居住、不与指定的人员接触、不去特定地方、实行宵禁、在某一具体的时间向警察署汇报、在一定的限制条件下,法院可以要求提供保证金来确保被告人准时到庭。其他还有时间限制、交出护照、电子技术监控等。[10]

我国的取保候审与西方的保释有着不少相似之处,如都不对被检控者实施羁押而予以释放;无论被检控者是否被羁押,法定机关都可以准予;都要求提供必要的保证,或者要求提供财产作为保证;都要求被检控者必须听候审判等。

两者的区别主要如下:(1)关于准予的前提。保释如无法定的特殊情况,无论被检控者是否申请,都应当准予保释;取保候审是只有符合法定条件,而且经过有关机关批准才能够准许。(2)关于不准予的主体。无论在任何诉讼阶段,如果不准予保释,都要求由公正的法庭及时进行审理;取保候审不准予的主体视不同诉讼阶段而定。(3)关于不准予的救济措施。对于不准予保释的决定,各国的救济措施一般由两类:一是按照普通法传统申请人身保护令,二是向更高一级的法庭直接申请保释;对于不准予取保候审的决定,我国法律没有规定任何法律救济措施。(4)关于期限。由于及时审判原则的作用,保释通常没有规定期限,但是其效力通常只及于准予的诉讼阶段。取保候审规定有期限,最长不超过12个月。[11]

二、取保候审的适用对象

根据《刑事诉讼法》第67条的规定,取保候审的适用对象主要有四类:(1)可能判处管制、拘役或者独立适用附加刑的;(2)可能判处有期徒刑以上刑罚,采取取保候审不致发生社会危险性的;(3)患有严重疾病、生活不能自理,怀孕或者正在哺乳自己婴儿的妇女,采取取保候审不致发生社会危险性的;(4)羁押期限届满,案件尚未办结,需要采取取保候审的。此外,《公安部规定》还要求,对拘留的犯罪嫌疑人,证据不符合逮捕条件,以及提请逮捕后,人民检察院不批准逮捕,需要继续侦查,并

---

〔10〕 参见[英]麦高伟、杰弗里·威尔逊主编:《英国刑事司法程序》,姚永吉等译,法律出版社2003年版,第103~115页。

〔11〕 参见陈卫东主编:《保释制度与取保候审》,中国检察出版社2003年版,第161~162页。

且符合取保候审条件的,可以依法取保候审。

对于取保候审的适用对象除了上述法律规定,《公安部规定》和《最高检规则》还对不能适用取保候审的情形作了明确规定。《公安部规定》要求,对累犯,犯罪集团的主犯,以自伤、自残办法逃避侦查的犯罪嫌疑人,严重暴力犯罪以及其他严重犯罪的犯罪嫌疑人不得取保候审,但犯罪嫌疑人具有患有严重疾病、生活不能自理,怀孕或者正在哺乳自己婴儿的妇女,采取取保候审不致发生社会危险性的;羁押期限届满,案件尚未办结,需要继续侦查的情形除外。《最高检规则》规定,人民检察院对于严重危害社会治安的犯罪嫌疑人,以及其他犯罪性质恶劣、情节严重的犯罪嫌疑人不得取保候审。

三、取保候审的程序

(一)取保候审的决定

根据我国《刑事诉讼法》第 64 条和第 66 条的规定,人民法院、人民检察院和公安机关在办理案件的过程中均有权决定对犯罪嫌疑人、被告人采取取保候审。国家安全机关对其侦查的案件,根据案件的具体情况也有权依法作出取保候审的决定。根据《最高检规则》第 86 条的规定,被羁押或者监视居住的犯罪嫌疑人及其法定代理人、近亲属或者辩护人向人民检察院申请取保候审的,人民检察院应当在 3 日内作出是否同意的答复。

(二)取保候审的执行

我国《刑事诉讼法》第 67 条规定,取保候审由公安机关执行。根据《最高法解释》的规定,这里的公安机关一般是指当地同级公安机关,如果被告人不在本地居住的,则送交其居住地公安机关执行。以保证人方式保证的,还应当将保证人的《保证书》同时送达公安机关。国家安全机关决定取保候审的,以及人民检察院、人民法院在办理国家安全机关移送的犯罪案件时决定取保候审的,由国家安全机关执行。

(三)被取保候审人应当遵守的规定

根据《刑事诉讼法》第 71 条的规定,被取保候审的犯罪嫌疑人、被告人应当遵守以下规定:(1)未经执行机关批准不得离开所居住的市、县;(2)住址、工作单位和联系方式发生变动的,在 24 小时以内向执行机关报告;(3)在传讯的时候及时到案;(4)不得以任何形式干扰证人作证;(5)不得毁灭、伪造证据或者串供。人民法院、人民检察院和公安机关可以根据案件情况,责令被取保候审的犯罪嫌疑人、被告人遵守以下一项或者多项规定:(1)不得进入特定的场所;(2)不得与特定的人员会见或者通信;(3)不得从事特定的活动;(4)将护照等出入境证件、驾驶证件交执行机关保存。被取保候审的犯罪嫌疑人、被告人违反前两款规定,已交纳保证金的,没收部分或者全部保证金,并且区别情形,责令犯罪嫌疑人、被告人具结悔过,重新交纳保证金、提出保证人,或者监视居住、予以逮捕。对违反取保候审规定,需要予以逮捕的,可以对犯罪嫌疑人、被告人先行拘留。

对于采取保证人取保候审的方法，被取保候审的犯罪嫌疑人、被告人违反取保候审决定中规定的义务，而保证人未履行保证义务的，对保证人处以罚款，构成犯罪的，依法追究刑事责任。根据《最高法解释》的规定，这里的构成犯罪的情形主要是指，根据案件事实和法律规定，认为已经构成犯罪的被告人在取保候审期间逃匿的，如果系保证人协助被告人逃匿，或者保证人明知被告人藏匿地点但拒绝向司法机关提供。

对于采取保证金取保候审的方法，被取保候审的犯罪嫌疑人、被告人违反取保候审决定中规定的义务的，没收已经交纳的保证金的部分或者全部，并且区别情形，责令犯罪嫌疑人、被告人具结悔过、重新交纳保证金、提供保证人或者变更为监视居住、予以逮捕。其具体程序《最高法解释》和《最高检规则》作了详细的规定。

此外，《刑事诉讼法》第73条规定，犯罪嫌疑人、被告人在取保候审期间未违反该法第71条规定的，取保候审结束的时候，凭解除取保候审的通知或者有关法律文书到银行领取退还的保证金。

（四）对人大代表的取保候审

对县级以上的各级人民代表大会代表，采取取保候审的，应当经该级人民代表大会主席团或者人民代表大会常务委员会许可。乡、民族乡、镇的人民代表大会代表，如果被采取取保候审措施，执行机关应当立即报告乡、民族乡、镇的人民代表大会。

（五）取保候审的期限

《刑事诉讼法》第79条规定：人民法院、人民检察院和公安机关对犯罪嫌疑人、被告人取保候审最长不得超过12个月。在此期间，不得中断对案件的侦查、起诉和审理。

上述12个月的期限是从开始执行到解除取保候审之间的最长时限。《刑事诉讼法》并未规定12个月是侦查、起诉、审判阶段的累计期限还是独立适用的期限。但根据《最高法解释》以及《最高检规则》的规定来看，司法解释认可公、检、法三家独立适用期限，这就使取保候审在司法实践中最长可能达到36个月。

此外，严禁以取保候审变相放纵犯罪。

（六）取保候审的撤销、解除与变更

发现对被取保候审的人不应追究刑事责任，应撤销取保候审。这种情形包括已经查明无罪或符合《刑事诉讼法》第16条规定的六种法定情形之一。

取保候审期限届满，应解除取保候审。《刑事诉讼法》第99条规定，人民法院、人民检察院或者公安机关对被采取强制措施法定期限届满的犯罪嫌疑人、被告人，应当予以释放、解除取保候审、监视居住或者依法变更强制措施。犯罪嫌疑人、被告人及其法定代理人、近亲属或者辩护人对于人民法院、人民检察院或者公安机关采取强制措施法定期限届满的，有权要求解除强制措施。

变更取保候审，一般是变更为监视居住或逮捕。对于逮捕的，可以先行拘留。被取保候审的犯罪嫌疑人、被告人违反取保候审规定，情节严重的，可以予以逮捕。

根据《最高法解释》规定,被取保候审的被告人具有下列情形之一的,人民法院应当决定逮捕:(1)故意实施新的犯罪的;(2)企图自杀、逃跑的;(3)毁灭、伪造证据,干扰证人作证或者串供的;(4)对被害人、举报人、控告人实施打击报复的;(5)经传唤,无正当理由不到案,影响审判活动正常进行的;(6)擅自改变联系方式或者居住地,导致无法传唤,影响审判活动正常进行的;(7)未经批准,擅自离开所居住的市、县,影响审判活动正常进行,或者两次未经批准,擅自离开所居住的市、县的;(8)违反规定进入特定场所、与特定人员会见或者通信、从事特定活动,影响审判活动正常进行,或者两次违反有关规定的;(9)依法应当决定逮捕的其他情形。

示例 7-3　黄红中、王玉等贩卖、运输毒品、非法持有枪支案

被告人之一王玉因涉嫌贩卖毒品于2009年12月被抓获,2010年1月14日被取保候审,同年6月10日被监视居住。2010年上半年,王玉在大连市先后2次从被告人黄红中处购买共计370克甲基苯丙胺贩卖给他人。同年7月,王玉、吴小利与廖友全、王辉明商议合作买卖甲基苯丙胺,由王玉出资。同月28日,廖友全携带甲基苯丙胺乘车到达大连市与王玉交接时被抓获,公安人员当场从廖友全处搜出甲基苯丙胺317.5克,从王玉处搜出“麻古”14.61克。此案中,被告人王玉是在被取保候审后又转为监视居住的人员,即在被采取强制措施期间又继续违法犯罪,符合上述法条,被依法决定逮捕。[12]

此外,根据全国人民代表大会常务委员会关于《刑事诉讼法》第81条第3款的解释,对于被取保候审、监视居住的可能判处徒刑以下刑罚的犯罪嫌疑人、被告人,违反取保候审、监视居住规定,严重影响诉讼活动正常进行的,可以予以逮捕。

第四节　监视居住

一、监视居住的概念和性质

监视居住,是指人民法院、人民检察院、公安机关在刑事诉讼过程中对犯罪嫌疑人、被告人采用的,命令其不得擅自离开住所或者居住地并对其活动予以监视和控制的一种强制方法。

从性质上来看,监视居住和取保候审一样,是非羁押性的强制措施,可以用于替代羁押以降低羁押律。在2012年修改《刑事诉讼法》之前,监视居住一直饱受诟病,甚至有学者主张废除这一强制措施。最核心的问题有两点:(1)适用条件与限制人身自由的程度不匹配。在1996年《刑事诉讼法》中,取保候审和监视居住适用同一条件,而监视居住对人身自由的限制显然高于取保候审。(2)执行成本与执行效果

---

〔12〕“黄红中、王玉等贩卖、运输毒品、非法持有枪支案”,北大法宝引证码:CLI. C. 1427926。

不匹配。监视居住需要大量的警力和耗费大量的时间,实践中存在放羊式管理或变相羁押这两种错误的监管方式。[13] 以至于司法实践中,往往倾向于适用取保候审,而不是监视居住。为此,2012 年《刑事诉讼法》对监视居住制度进行了系统改造,提升了其适用标准,拉开了其与取保候审的层次,以达到独立的羁押替代性措施的效果。

二、监视居住的适用对象

我国《刑事诉讼法》第 74 条规定,人民法院、人民检察院和公安机关对符合逮捕条件,有下列情形之一的犯罪嫌疑人、被告人,可以监视居住:(1)患有严重疾病、生活不能自理的;(2)怀孕或者正在哺乳自己婴儿的妇女;(3)系生活不能自理的人的唯一扶养人;(4)因为案件的特殊情况或者办理案件的需要,采取监视居住措施更为适宜的;(5)羁押期限届满,案件尚未办结,需要采取监视居住措施的。此外,对符合取保候审条件,但犯罪嫌疑人、被告人不能提出保证人,也不交纳保证金的,可以监视居住。

三、监视居住的适用程序

(一)监视居住的决定

对犯罪嫌疑人、被告人采取监视居住,应当制作呈请监视居住报告书,说明监视居住的理由、采取监视居住的方式以及应当遵守的规定,经负责人批准后,制作监视居住决定书。

监视居住的对象如果是各级人民代表大会代表,应适用《全国人民代表大会和地方各级人民代表大会代表法》第 32 条第 2 款、第 4 款的规定,具体程序与取保候审相同。

(二)监视居住的执行

监视居住由公安机关执行。对于人民法院和人民检察院决定的监视居住,人民法院和人民检察院应当将《监视居住决定书》和《执行监视居住通知书》及时送达公安机关。

公安机关执行监视居住,应当向犯罪嫌疑人、被告人宣读监视居住决定书,由犯罪嫌疑人、被告人签名、捺指印,并告知被监视居住人应当遵守的规定以及违反法律规定应负的法律责任。

(三)被监视居住人应当遵守的规定

《刑事诉讼法》第 77 条规定,被监视居住的犯罪嫌疑人、被告人应当遵守以下规定:(1)未经执行机关批准不得离开执行监视居住的处所。固定住处,是指被监视居

---

〔13〕 参见陈光中主编:《〈中华人民共和国刑事诉讼法〉修改条文释义与点评》,人民法院出版社 2012 年版,第 111 ~113 页。

住人在办案机关所在的市、县内生活的合法住处；指定的居所，是指公安机关根据案件情况，在办案机关所在的市、县内为被监视居住人指定的生活居所。指定的居所应当符合下列条件：具备正常的生活、休息条件；便于监视、管理；保证安全。（2）未经执行机关批准不得会见他人或者通信。这里的他人应当不包括同监视居住人共同生活的家庭成员和其聘请的辩护律师。（3）在传讯的时候及时到案。（4）不得以任何形式干扰证人作证。（5）不得毁灭、伪造证据或者串供。（6）将护照等出入境证件、身份证件、驾驶证件交执行机关保存。第6款是2012年《刑事诉讼法》修改后新增的内容，考虑到随着经济社会的发展，人口流动增强，社会监管难度增大，犯罪嫌疑人、被告人逃脱的手段和工具日益增多，因此通过增加此条代管身份证件、护照等出入境证件和驾驶证件的方式，剥夺其逃避监控和交通、通行等的便利条件，有效保障监视居住措施的顺利进行。

被监视居住的犯罪嫌疑人、被告人违反上述规定，情节严重的，可以予以逮捕；需要予以逮捕的，可以对犯罪嫌疑人、被告人先行拘留。

此外，《刑事诉讼法》第78条规定，执行机关对被监视居住的犯罪嫌疑人、被告人，可以采取电子监控、不定期检查等监视方法对其遵守监视居住规定的情况进行监督；在侦查期间，可以对被监视居住的犯罪嫌疑人的通信进行监控。

四、指定居所监视居住

《刑事诉讼法》第75条规定，监视居住应当在犯罪嫌疑人、被告人的住处执行；无固定住处的，可以在指定的居所执行。对于涉嫌危害国家安全犯罪、恐怖活动犯罪，在住处执行可能有碍侦查的，经上一级公安机关批准，也可以在指定的居所执行。但是，不得在羁押场所、专门的办案场所执行。指定居所监视居住制度是2012年修改《刑事诉讼法》时确立的一种特殊的监视居住制度。

《刑事诉讼法》对监视居住的场所非常明确和严格，在一般情况下，监视居住的场所只能在其住处，《最高检规则》规定，固定住所是指犯罪嫌疑人在办案机关所在地的市、县内工作、生活的合法居所，不在其住处执行的唯一理由是无固定住处，而不得以有碍侦查作为改变住处监视的理由。而指定居所监视居住必须符合《刑事诉讼法》规定的严格条件，为了避免变相羁押，防止办案机关规避法律关于拘留、逮捕后及时送看守所羁押的规定以及刑讯逼供等违法取证行为，保障犯罪嫌疑人、被告人的诉讼权利和其他合法权益，相关规定明确指定的居所应当符合以下条件：（1）具备正常的生活、休息条件；（2）便于监视、管理；（3）保证办案安全。指定居所监视居住还会发生一定费用，由于它在性质上是一项限制公民自由的国家权力，由此产生的成本理应由政府承担。《公安部规定》与《最高检规则》均规定，指定居所监视居住的，不得要求被监视居住人支付费用。

指定居所监视居住的，除无法通知的以外，应当在执行监视居住后24小时内，通知被监视居住人的家属。无法通知包括以下情形：（1）被监视居住人无家属的；（2）与其家属无法取得联系的；（3）受自然灾害等不可抗力阻碍的。

指定居所监视居住的期限应当折抵刑期。被判处管制的，监视居住 1 日折抵刑期 1 日；被判处拘役、有期徒刑的，监视居住 2 日折抵刑期 1 日。

示例 7－4 路换丰运输毒品案

被告人路换丰，因涉嫌犯运输毒品罪，于 2017 年 10 月 13 日被指定居所监视居住，2017 年 10 月 15 日被刑事拘留，同年 11 月 16 日被执行逮捕。法院在审理查明后……判决如下：被告人路换丰犯运输毒品罪，判处有期徒刑 15 年（刑期从判决执行之日起计算。判决执行前先行羁押的，羁押 1 日折抵刑期 1 日，先前指定居所监视居住的，监视居住 2 日折抵刑期 1 日）。[14] 该案中，先后采用了指定居所监视居住、刑事拘留、逮捕三种强制措施，指定居所监视居住的日期应当 2 日折抵刑期 1 日，逮捕和拘留作为羁押则是 1 日折抵刑期 1 日。

需要注意的是，指定居所监视居住在《刑事诉讼法》确立后，一直背负着"是否会被滥用"的担忧。2015 年 12 月 28 日，最高人民检察院发布《人民检察院对指定居所监视居住实行监督的规定》，就加强和规范指定居所监视居住检察监督作出明确规定。该规定对检察院应当对指定居所监视居住决定是否合法启动监督的情形作出具体规定：（1）犯罪嫌疑人及其法定代理人、近亲属或者辩护人认为指定居所监视居住决定违法，向人民检察院提出控告、举报、申诉的；（2）人民检察院通过介入侦查、审查逮捕、审查起诉、刑事执行检察、备案审查等工作，发现侦查机关（部门）作出的指定居所监视居住决定可能违法的；（3）人民监督员认为指定居所监视居住决定违法，向人民检察院提出监督意见的；（4）其他应当启动监督的情形。

启动监督之后，检察院应当审查该决定是否符合《刑事诉讼法》规定的指定居所监视居住的条件，对需要进一步审查的内容作出了明确：（1）犯罪嫌疑人在办案机关所在的市、县无固定住处的；（2）涉嫌危害国家安全犯罪、恐怖活动犯罪或者特别重大贿赂犯罪的犯罪嫌疑人，在其住处执行有碍侦查，经上一级公安机关或者人民检察院批准指定居所监视居住的。

人民检察院在指定居所监视居住执行监督时发现下列情形之一的，应当依法向执行机关或者办案机关提出纠正意见：（1）执行机关收到指定居所监视居住决定书、执行通知书等法律文书后不派员执行或者不及时派员执行的；（2）除无法通知的以外，没有在执行指定居所监视居住后 24 小时内通知被监视居住人的家属的；（3）在看守所、拘留所、监狱以及留置室、办案区或者在不符合指定居所规定的其他场所执行监视居住的；（4）违反规定安排辩护律师同被监视居住人会见、通信，或者违法限制被监视居住人与辩护律师会见、通信的；（5）诉讼阶段发生变化，新的办案机关应当依法重新作出指定居所监视居住决定而未及时作出的；（6）办案机关作出解除或者变更指定居所监视居住的决定并通知执行机关，执行机关没有及时解除监视居住

〔14〕"路换丰运输毒品案"，北大法宝引证码：CLI. C. 10898323。

并通知被监视居住人的;(7)要求被监视居住人或者其家属支付费用的;(8)其他违法情形。

五、监视居住的期限及解除

《刑事诉讼法》第79条规定,人民法院、人民检察院和公安机关对犯罪嫌疑人、被告人监视居住最长不得超过6个月。在监视居住期间,不得中断对案件的侦查、起诉和审理。

根据司法解释和《公安部规定》,"监视居住最长不得超过6个月"是指公安司法机关在侦查、起诉和审判阶段各自适用的期限,人民检察院对于移送审查起诉的案件、人民法院对于提起公诉的案件需要对犯罪嫌疑人继续采取监视居住措施的,应当依法重新作出监视居住的决定,办理监视居住手续,重新计算监视居住期限。

对于发现不应当追究刑事责任或者监视居住期限届满的,应当及时解除监视居住。解除监视居住,应当及时通知被监视居住人和有关单位。犯罪嫌疑人、被告人及其法定代理人、近亲属或者辩护人对于人民法院、人民检察院或者公安机关采取强制措施法定期限届满的,有权要求解除强制措施。

根据《最高检规则》和《公安部规定》的规定,撤销监视居住的,由办案人员填写《撤销监视居住通知书》,经办案人员部门负责人审核后,由公安局局长、人民法院院长、人民检察院检察长批准签发。撤销监视居住的决定,应当通知被监视居住的犯罪嫌疑人、被告人。人民检察院、人民法院撤销监视居住的,应当将《撤销监视居住通知书》送达执行的公安机关。

第五节 拘 留

一、拘留的概念和特点

拘留,是指公安机关、人民检察院在侦查过程中,在紧急情况下,依法临时剥夺某些现行犯或者重大嫌疑分子的人身自由的一种强制措施。

拘留是一种限制人身自由的羁押措施,具有以下特点:(1)有权决定采用拘留的机关一般是公安机关。人民检察院在自侦案件中,对于犯罪后企图自杀、逃跑或者在逃的以及有毁灭、伪造证据或者串供可能性的犯罪嫌疑人也有权决定拘留,人民法院则无权决定拘留。同时,拘留一律由公安机关执行。(2)拘留是在紧急情况下采用的一种处置办法,并非逮捕的前置程序。只有在紧急情况下,来不及办理逮捕手续而又需要马上剥夺现行犯或者重大犯罪嫌疑人的人身自由的,才能采取拘留;如果没有紧急情况,公安机关、人民检察院有时间办理逮捕的手续,就不必先行拘留。(3)拘留是一种临时性措施,而非长时间羁押措施。拘留的期限较短,随着诉讼的进程,拘留一定要发生变更,或者转为逮捕,或者转为取保候审或监视居住,或者释放被拘留的人。

二、刑事拘留同行政拘留和民事拘留的区别

我国法律中有三种拘留方式:刑事拘留、行政拘留和民事拘留。

行政拘留,是指公安机关依法对违反行政法律规范的人,在短期内限制人身自由的一种行政处罚。刑事拘留与行政拘留的区别:(1)法律性质不同。刑事拘留是刑事诉讼中的一种保障性措施,其目的是保证刑事诉讼程序的顺利进行;行政拘留是一种行政制裁的手段。(2)法律根据不同。刑事拘留是按照《刑事诉讼法》的规定而采用的;行政拘留是根据《治安管理处罚法》而对特定违法人员给予的行政处罚。(3)适用对象不同。刑事拘留适用于刑事诉讼中的现行犯或者重大的嫌疑分子;行政拘留适用于尚未构成犯罪的一般违法的人。(4)期限不同。公安机关对被拘留的人,认为需要逮捕的,应当在拘留后的3日内,提请人民检察院审查批准。在特殊情况下,提请审查批准的时间可以延长1日至4日。对于流窜作案、多次作案、结伙作案的重大嫌疑分子,提请审查批准的时间可以延长至30日。行政拘留的期限为1至15日。

民事拘留,又称为司法拘留,是针对诉讼(民事诉讼和刑事诉讼)过程中严重违反法庭秩序的诉讼参与人而给予的惩戒性措施。刑事拘留与民事拘留的区别主要是:(1)法律性质不同。刑事拘留是一种预防性措施,是为了保障刑事诉讼程序的顺利进行而采用的;民事拘留是一种排除性措施,是针对已经出现的妨碍民事诉讼程序的严重行为而采取的。(2)法律根据不同。刑事拘留是根据《刑事诉讼法》的规定而采取的;民事拘留是根据《民事诉讼法》的规定而采取的。(3)适用机关不同。刑事拘留由公安机关或者人民检察院决定,由公安机关执行;民事拘留则由人民法院决定,并由人民法院的司法警察执行,然后交由公安机关有关场所看管。(4)适用对象不同。刑事拘留只适用于现行犯或者重大嫌疑分子;民事拘留适用于实施了妨碍民事诉讼程序行为的所有人员。(5)期限不同。公安机关对被拘留的人,认为需要逮捕的,应当在拘留后的3日内,提请人民检察院审查批准。在特殊情况下,提请审查批准的时间可以延长1~4日。对于流窜作案、多次作案、结伙作案的重大嫌疑分子,提请审查批准的时间可以延长至30日。民事拘留最长为15日。(6)与判决的关系不同。刑事拘留的期限可以折抵刑期;民事拘留与判决结果不发生关系。

三、拘留的条件

《刑事诉讼法》第82条规定,公安机关对于现行犯或者重大嫌疑分子,如果有下列情形之一的,可以先行拘留:(1)正在预备犯罪、实行犯罪或者在犯罪后即时被发觉的;(2)被害人或者在场亲眼看见的人指认他犯罪的;(3)在身边或者住处发现有犯罪证据的;(4)犯罪后企图自杀、逃跑或者在逃的;(5)有毁灭、伪造证据或者串供可能的;(6)不讲真实姓名、住址,身份不明的;(7)有流窜作案、多次作案、结伙作案

重大嫌疑的。

此外,《刑事诉讼法》第165条规定,人民检察院直接受理的案件中符合上述第4项、第5项规定情形,需要拘留犯罪嫌疑人的,由人民检察院作出决定,由公安机关执行。

四、拘留的程序

(一)拘留的决定

公安机关决定拘留犯罪嫌疑人,应当填写呈请拘留报告书,经县级以上公安机关负责人批准,制作拘留证。

人民检察院决定拘留犯罪嫌疑人,应当由办案人员提出意见,部门负责人审核,检察长决定。人民检察院作出拘留决定后,应当将有关法律文书和案由、犯罪嫌疑人基本情况的材料送交同级公安机关执行。必要时人民检察院可以协助公安机关执行。

此外,根据《全国人民代表大会组织法》和《地方各级人民代表大会和地方各级人民政府组织法》以及《最高检规则》的规定,公安机关、人民检察院在决定拘留下列具有特殊身份的人员时,需要报请有关部门批准或备案:(1)县级以上的地方各级人民代表大会代表,非经本级人民代表大会主席团许可,在大会闭会期间,非经本级人民代表大会常务委员会许可,不受逮捕或者刑事审判。如果因为是现行犯被拘留,执行拘留的公安机关应当立即向该级人民代表大会主席团或者常务委员会报告。[15] (2)决定对不享有外交特权和豁免权的外国人、无国籍人采用刑事拘留时,要报有关部门审批,同时要征求省、直辖市、自治区外事办公室和外国人主管部门的意见。(3)对外国留学生采用刑事拘留时,在征求地方外事办公室和高教厅、局的意见后,报公安部或国家安全部审批。

(二)拘留的执行

1. 公安机关在异地执行拘留的时候,应当通知被拘留人所在地的公安机关,被拘留人所在地的公安机关应当予以配合。根据《公安部规定》的规定:“异地执行拘留的,应当在到达管辖地后24小时以内将犯罪嫌疑人送看守所羁押。”这表明异地拘留的在途时间不在24小时的限制之内。

2. 公安机关拘留人的时候,必须出示拘留证,并责令被拘留人在《拘留证》上签名或盖章、捺指印。拒绝签名或盖章、捺指印的,应当加以注明。被拘留人如果抗拒

---

〔15〕 按照《最高检规则》的规定,拘留担任本级人民代表大会代表的犯罪嫌疑人,直接向本级人民代表大会主席团或常务委员会报告或者报请许可。拘留担任上级人民代表大会代表的犯罪嫌疑人,应当立即层报该代表所属的人民代表大会同级的人民检察院报告或者报请许可。拘留担任下级人民代表大会代表的犯罪嫌疑人,可以直接向该代表所属的人民代表大会主席团或者常务委员会报告或者报请许可,也可以委托该代表所属的人民代表大会同级的公安机关或人民检察院报告或者报请许可;拘留担任乡、民族乡、镇的人民代表大会代表的犯罪嫌疑人,由县级公安机关或人民检察院报告乡、民族乡、镇的人民代表大会。拘留担任两级以上人民代表大会代表的犯罪嫌疑人,分别按照上述规定报告或者报请许可。

拘留,执行人员可以使用强制方法,包括依法使用警械和武器等械具。

3. 拘留后,应当立即将被拘留人送看守所羁押,至迟不得超过 24 小时,并且 24 小时内通知被拘留人家属。这是 2012 年《刑事诉讼法》修改的内容,这一规定有三层意思:(1)拘留后的羁押场所只能是看守所,侦查机关不得设立其他场所进行羁押。(2)考虑到在途时间、依附于拘留的搜查、扣押等特殊情况,允许拘留后的必要延误,但不得超过 24 小时。(3)除无法通知或者涉嫌危害国家安全犯罪、恐怖活动犯罪通知可能有碍侦查的情形以外,[16]应当在拘留后 24 小时以内,通知被拘留人的家属。有碍侦查的情形消失以后,应当立即通知被拘留人的家属。

4. 公安机关对被拘留人,应当在拘留后的 24 小时以内进行讯问。在发现不应当拘留的时候,必须立即释放,发给释放证明。

5. 公安机关对被拘留的人,认为需要逮捕的,应当在拘留后的 3 日以内,提请人民检察院审查批准。在特殊情况下,提请审查批准的时间可以延长 1 日至 4 日。对于流窜作案、多次作案、结伙作案的重大嫌疑分子,提请审查批准的时间可以延长至 30 日。为了防止检察机关拘留期限的不当延长,《最高检规则》规定,犯罪嫌疑人及其法定代理人、近亲属或者辩护人认为人民检察院对拘留的犯罪嫌疑人法定羁押期限届满,向人民检察院提出释放犯罪嫌疑人或者变更拘留措施要求的,人民检察院侦查部门应当在 3 日以内审查完毕。侦查部门经审查认为法定期限届满的,应当提出释放犯罪嫌疑人或者变更强制措施的意见,经检察长批准后,通知公安机关执行;经审查认为未满法定期限的,书面答复申诉人。侦查部门应当将审查结果同时书面通知本院监所检察部门。

需要注意的是,拘留不同于留置。《监察法》第 22 条规定,对涉嫌行贿犯罪或者共同职务犯罪的涉案人员,监察机关可以采取留置措施;《监察法》第 43 条规定,留置时间不得超过 3 个月。在特殊情况下,可以延长一次,延长时间不得超过 3 个月。在性质上,法律将留置确定为一种监察权限,而不是刑事诉讼中的强制措施。此外,监察机关办理职务犯罪案件,为了留置措施与刑事强制措施的程序衔接,根据《刑事诉讼法》第 170 条的规定,对于监察机关移送起诉的已采取留置措施的案件,人民检察院应当对犯罪嫌疑人先行拘留,留置措施自动解除。人民检察院应当在拘留后的 10 日以内作出是否逮捕、取保候审或者监视居住的决定。在特殊情况下,决定的时间可以延长 1 日至 4 日。人民检察院决定采取强制措施的期间不计入审查起诉期限。

6. 人民检察院对直接受理的案件中被拘留的人,应当在拘留后的 24 小时以内

---

[16] 这一点,在 2012 年修改《刑事诉讼法》的过程中曾引起极大关注。1996 年《刑事诉讼法》第 64 条规定:拘留后,除有碍侦查或者无法通知的情形以外,应当把拘留的原因和羁押的处所,在 24 小时以内,通知被拘留人的家属或者他的所在单位。这里的"有碍侦查"情形的界限比较模糊,很容易被滥用。2012 年修法,严格限制采取强制措施后不通知家属的例外情形,将其限定于:涉嫌危害国家安全犯罪、恐怖活动犯罪通知可能有碍侦查的。

进行讯问。在发现不应当拘留的时候,必须立即释放,发放释放证明。

示例7－5 施金友违法刑事拘留国家赔偿案

金华市中级人民法院赔偿委员会查明:东阳市公安局在办理俞余民挪用资金案中发现,其有伙同施金友、杨心红共同实施诈骗的犯罪嫌疑,并据此于2010年9月25日决定对俞余民、施金友、杨心红涉嫌诈骗一案立案侦查。2011年1月21日该局批准对施金友、杨心红刑事拘留并予网上追逃。同月31日晚,施金友在台州市被当地警方抓获并宣布刑事拘留,次日被押回东阳市公安局。2011年2月3日,东阳市公安局决定延长刑事拘留羁押期限至30日,并于同年3月2日向东阳市人民检察院提请批准逮捕。3月9日,东阳市人民检察院作出决定,认为施金友的行为已涉嫌诈骗罪,但无逮捕必要,故不予批准逮捕。同日,东阳市公安局变更强制措施取保候审,将施金友释放。2011年12月20日,东阳市公安局经侦查认为现有证据不足以证实犯罪,作出撤销对施金友、杨心红刑事立案侦查的决定,同日决定解除取保候审。2012年4月17日施金友以违法刑事拘留为由,向东阳市公安局提出国家赔偿申请。

金华市中级人民法院赔偿委员会经审理,未支持施金友的国家赔偿申请。施金友不服,以赔偿义务机关东阳市对申诉人违法立案侦查、采取刑事拘留不符合《刑事诉讼法》第61条规定系违法拘留、对申诉人拘留38天属超期拘留等为由,向浙江省高级人民法院赔偿委员会提出申诉。浙江省高级人民法院赔偿委员会经审理认为:(1)公安机关刑事立案是否符合条件,是否越权插手经济纠纷与本案审理查明的事实没有必然的因果关系,故不属本案审理范围;(2)根据公安机关案卷材料证实,施金友涉嫌诈骗的事实由犯罪嫌疑人俞余民的供述指认及证人的证言材料相印证,且系涉嫌三人共同实施,故赔偿义务机关采取刑事拘留措施符合《刑事诉讼法》第61条的规定;(3)赔偿义务机关于2011年1月31日晚刑事拘留,同年3月2日向东阳市人民检察院提请批准逮捕,均符合刑事诉讼法对延长拘留和提请逮捕时限的规定。据此,驳回了施金友的申诉。〔17〕

第六节 逮 捕

一、逮捕的概念

逮捕,是指公安机关、人民检察院和人民法院,为防止犯罪嫌疑人或者被告人逃避侦查、起诉和审判,进行妨碍刑事诉讼的行为,或者发生社会危害性,而依法剥夺其人身自由,予以羁押的一种强制措施。

逮捕从性质上来看,是一种长时间限制被追诉人人身自由的羁押措施。我国《宪法》第37规定:“中华人民共和国公民的人身自由不受侵犯。任何公民,非经人

〔17〕“施金友违法刑事拘留国家赔偿案”,北大法宝印证码:CLI. C. 3409661。

民检察院批准或者人民法院决定,并由公安机关执行,不受逮捕。禁止非法羁押和以其他方法非法剥夺或者限制公民的人身自由,禁止非法搜查公民的身体。”在我国法定的五种强制措施中,具有羁押性的强制措施是拘留和逮捕,羁押并不是一项独立的强制措施,而是作为刑事拘留、逮捕的当然状态和必然结果。逮捕作为一种将导致长时间羁押的强制措施,直接关涉公民的基本人权,也正因此而备受关注。

二、逮捕的权限

《刑事诉讼法》第 80 条规定,逮捕犯罪嫌疑人、被告人,必须经过人民检察院批准、决定或者人民法院决定,由公安机关执行。也就是说,在我国,逮捕的批准或者决定权与逮捕的执行权是分离的,这既体现了对羁押措施的司法审查也是一种权力制衡。

人民检察院批准逮捕或决定,是检察机关对于公安机关提请批准逮捕的案件,或者是检察机关自侦案件需要逮捕犯罪嫌疑人的案件,进行审查后根据情况分别做出决定的程序。其中,职务犯罪案件审查逮捕程序上提一级,即《最高检规则》规定,省级以下(不含省级)人民检察院直接受理立案侦查的案件,需要逮捕犯罪嫌疑人的,应当报请上一级人民检察院审查决定。

人民法院决定逮捕,是人民法院在审理刑事案件的过程中,根据案件的需要而自行做出决定的程序。这里针对的是人民法院审理的公诉案件,被告人未被羁押,而在审理过程中发现有逮捕必要的,即符合逮捕条件的,可以由人民法院决定逮捕。

三、逮捕的条件

《刑事诉讼法》第 81 条规定,对有证据证明有犯罪事实,可能判处徒刑以上刑罚的犯罪嫌疑人、被告人,采取取保候审尚不足以防止发生社会危险性的,应当予以逮捕。具体而言,逮捕犯罪嫌疑人、被告人需要具备三个条件:证据条件、罪责条件和社会危害性条件。

(一)证据条件

逮捕的证据条件,是指有证据证明有犯罪事实。根据《最高检规则》以及《公安部规定》的规定:有证据证明有犯罪事实,是指同时具备下列情形:(1)有证据证明发生了犯罪事实;(2)有证据证明该犯罪事实是犯罪嫌疑人实施的;(3)证明犯罪嫌疑人实施犯罪行为的证据已有查证属实的。这里规定的“犯罪事实”既可以是单一犯罪行为的事实,也可以是数个犯罪行为中任何一个犯罪行为的事实。

(二)罪责条件

逮捕的罪责条件,是指可能判处徒刑以上刑罚,即根据已有证据证明的案件事实,比照《刑法》的有关规定,衡量对其所犯罪行,最低也要判处有期徒刑以上的刑罚。也就是说,对于可能判处管制、拘役、独立使用附加刑,而不可能判处徒刑以上刑罚的轻微犯罪,不能适用逮捕。这主要是考虑到,逮捕实质上剥夺了犯罪嫌疑人、被告人的人身自由,其强度已经达到了徒刑的程度。该条件体现了比例原则,即对于刑罚较为轻微的案件,不能采用强制性高的羁押措施。强调该条件,可以使逮捕的羁押期限能够折抵判处的刑期,并将逮捕的负面效应减小到最低程度。

(三)社会危害性条件

逮捕的社会危害性条件,是指采取取保候审尚不足以防止发生社会危险性,而有逮捕必要的。

《刑事诉讼法》第 81 条规定,对有证据证明有犯罪事实,可能判处徒刑以上刑罚的犯罪嫌疑人、被告人,采取取保候审尚不足以防止发生下列社会危险性的,应当予以逮捕:(1)可能实施新的犯罪的;(2)有危害国家安全、公共安全或者社会秩序的现实危险的;(3)可能毁灭、伪造证据,干扰证人作证或者串供的;(4)可能对被害人、举报人、控告人实施打击报复的;(5)企图自杀或者逃跑的。

同时,《刑事诉讼法》第 81 条基于对犯罪嫌疑人、被告人社会危险性的判断,分别规定了:(1)对有证据证明有犯罪事实,可能判处 10 年有期徒刑以上刑罚的,应当予以逮捕;(2)有证据证明有犯罪事实,可能判处徒刑以上刑罚,曾经故意犯罪或者身份不明的,应当予以逮捕。

该条还规定,被取保候审、监视居住的犯罪嫌疑人、被告人违反取保候审、监视居住规定,情节严重的,可以予以逮捕。关于"违反取保候审、监视居住规定,情形严重"应当如何界定,《最高法解释》、《最高检规则》以及《公安部规定》中作出了详细明确的规定。

《最高检规则》也从反面对社会危险性条件作出了判断,即犯罪嫌疑人涉嫌的罪行较轻,且没有其他重大犯罪嫌疑,具有以下情形之一的,可以作出不批准逮捕的决定或者不予逮捕:(1)属于预备犯、中止犯,或者防卫过当、避险过当的;(2)主观恶性较小的初犯,共同犯罪中的从犯、胁从犯,犯罪后自首、有立功表现或者积极退赃、赔偿损失、确有悔罪表现的;(3)过失犯罪的犯罪嫌疑人,犯罪后有悔罪表现,有效控制损失或者积极赔偿损失的;(4)犯罪嫌疑人与被害人双方根据刑事诉讼法的有关规定达成和解协议,经审查,认为和解系自愿、合法且已经履行或者提供担保的;(5)犯罪嫌疑人系已满 14 周岁未满 18 周岁的未成年人或者在校学生,本人有悔罪表现,其家庭、学校或者所在社区、居民委员会、村民委员会具备监护、帮教条件的;(6)年满 75 周岁以上的老年人。

此外,结合认罪认罚从宽制度的完善,2018 年《刑事诉讼法》新增规定,批准或者决定逮捕,应当将犯罪嫌疑人、被告人涉嫌犯罪的性质、情节以及认罪认罚等情况,作为是否可能发生社会危险性的考虑因素。

2015 年 10 月,最高人民检察院、公安部联合出台了《关于逮捕社会危险性条件若干问题的规定(试行)》。[18] 根据该规定,公安机关提请逮捕犯罪嫌疑人的,应当同时移送证明犯罪嫌疑人具有社会危险性的证据。对于证明犯罪事实的证据能够证明犯罪嫌疑人具有社会危险性的,应当在提请批准逮捕书中专门予以说明。对于证明犯罪事实的证据不能证明犯罪嫌疑人具有社会危险性的,应当收集、固定犯罪嫌疑人具备社会危险性条件的证据,并在提请逮捕时随卷移送。

人民检察院审查认定犯罪嫌疑人是否具有社会危险性,应当以公安机关移送的社会危险性相关证据为依据,并结合案件具体情况综合认定。必要时可以通过讯问犯罪嫌疑人、询问证人等诉讼参与人、听取辩护律师意见等方式,核实相关证据。依据在案证据不能认定犯罪嫌疑人符合逮捕社会危险性条件的,人民检察院可以要求公安机关补充相关证据,公安机关没有补充移送的,应当作出不批准逮捕的决定。

四、逮捕的程序

(一)逮捕的批准、决定程序

1. 人民检察院对公安机关提请逮捕犯罪嫌疑人的批准程序

公安机关需要提请批准逮捕犯罪嫌疑人的,应当经县级以上公安机关负责人批准,制作提请批准逮捕书,连同案卷材料、证据,一并移送同级人民检察院审查批准。

人民检察院审查批准逮捕,除了阅卷之外,可以采取的方法包括:(1)可以讯问犯罪嫌疑人,有下列情形之一的,应当讯问犯罪嫌疑人:一是对是否符合逮捕条件有疑问的;二是犯罪嫌疑人要求向检察人员当面陈述的;三是侦查活动可能有重大违法行为的;(2)可以询问证人等诉讼参与人;(3)可以听取辩护律师的意见,辩护律师提出要求的,应当听取辩护律师的意见。

人民检察院对于公安机关提请批准逮捕的案件进行审查后,应当根据情况分别作出批准逮捕或者不批准逮捕的决定。对于批准逮捕的决定,公安机关应当立即执行,并且将执行情况及时通知人民检察院。对于不批准逮捕的,人民检察院应当说明理由,需要补充侦查的,应当同时通知公安机关。人民检察院应当自接到公安机关提请批准逮捕书后的7日内,作出批准逮捕或者不批准逮捕的决定。人民检察院不批准逮捕的,公安机关应当在接到通知后立即释放,并且将执行情况及时通知人民检察院。对于需要继续侦查,并且符合取保候审、监视居住条件的,依法取保候审或者监视居住。

公安机关对人民检察院不批准逮捕的决定,认为有错误的时候,可以要求复议,但是必须将被拘留的人立即释放。如果意见不被接受,可以向上一级人民检察院提请复核。上级人民检察院应当立即复核,作出是否变更的决定,通知下级人民检察

---

[18] 该规定第5~9条,对涉及社会危险性问题的下列条件进行了解释和明确:犯罪嫌疑人"可能实施新的犯罪",犯罪嫌疑人"有危害国家安全、公共安全或者社会秩序的现实危险",犯罪嫌疑人"可能毁灭、伪造证据,干扰证人作证或者串供",犯罪嫌疑人"可能对被害人、举报人、控告人实施打击报复",犯罪嫌疑人"企图自杀或者逃跑"。

院和公安机关执行。

示例7-6 朱红蔚申请无罪逮捕国家赔偿案

2005年7月25日,广东省深圳市公安局以涉嫌犯合同诈骗罪将朱红蔚刑事拘留。同年8月24日,广东省深圳市人民检察院作出不予批准逮捕决定。同月26日,朱红蔚被取保候审。2006年5月25日,广东省人民检察院以粤检侦监核〔2006〕4号复核决定书批准逮捕朱红蔚。同年6月1日,朱红蔚被执行逮捕。2007年2月13日,深圳市人民检察院以深检公二刑诉〔2007〕31号起诉书向广东省深圳市中级人民法院提起公诉,指控朱红蔚犯合同诈骗罪。2008年9月11日,深圳市中级人民法院以指控依据不足为由作出(2007)深中法刑二初字第74号刑事判决,宣告朱红蔚无罪。同月19日,朱红蔚被释放。同月25日,深圳市人民检察院以深检公二刑抗〔2008〕16号刑事抗诉书向广东省高级人民法院提出抗诉。案件审理过程中,广东省人民检察院认为抗诉不当,向广东省高级人民法院撤回抗诉。2010年3月25日,广东省高级人民法院作出(2008)粤高法刑二终字第326号刑事裁定,准许广东省人民检察院撤回抗诉。朱红蔚被羁押时间共计875天。

最终,最高人民法院赔偿委员会经审理查明后于2012年6月18日作出(2011)法委赔字第4号国家赔偿决定:广东省人民检察院向朱红蔚支付侵犯人身自由的赔偿金142318.75元;广东省人民检察院向朱红蔚支付精神损害抚慰金50000元;驳回朱红蔚的其他赔偿请求。[19]

2. 人民检察院决定逮捕的程序

(1)对于人民检察院自己立案侦查的案件,侦查与逮捕应该分别由不同的部门负责。先由侦查部门填写《逮捕犯罪嫌疑人审批表》,连同案卷材料和证据一起移送审查批捕部门审查,由检察长决定。对重大、疑难、复杂案件的犯罪嫌疑人的逮捕,提交检察委员会讨论决定。

(2)由公安机关移送起诉尚未逮捕犯罪嫌疑人的案件,认为需要逮捕的,由审查起诉部门填写《逮捕犯罪嫌疑人审批表》,连同案卷材料和证据,移送审查起诉部门审查后,报检察长或者检察委员会决定。

人民检察院决定逮捕的,由检察长签发《决定逮捕通知书》,通知公安机关执行。

3. 人民法院决定逮捕的程序

(1)对于直接受理的自诉案件,认为需要逮捕被告人时,由办案人员提交法院院长决定,对于重大、疑难、复杂的被告人的逮捕,提交审判委员会讨论决定。

(2)对于检察机关提起公诉时未予逮捕的被告人,人民法院认为符合逮捕条件应予逮捕的,也可以决定逮捕。

人民法院决定逮捕的,由法院院长签发《决定逮捕通知书》,通知公安机关执行。

---

〔19〕"朱红蔚申请无罪逮捕国家赔偿案",北大法宝引证码:CLI. C. 889636。

如果是公诉案件,还应当通知人民检察院。

根据《最高法解释》的规定,人民法院作出逮捕决定后,应当将逮捕决定书等有关材料送交同级公安机关执行,并将逮捕决定书抄送人民检察院。逮捕被告人后,人民法院应当将逮捕的原因和羁押的住所,在24小时内通知其家属;确实无法通知的,应当记录在案。人民法院对决定逮捕的被告人,应当在逮捕后的24小时内讯问。发现不应当逮捕的,应当变更强制措施或者立即释放。

4. 对几种特殊犯罪嫌疑人进行逮捕的审判程序

根据我国《全国人民代表大会组织法》和《地方各级人民代表大会和地方各级政府组织法》以及《最高检规则》的规定,对几种特殊犯罪嫌疑人进行逮捕时,要经过有关部门批准或者报请有关部门备案,主要内容如下:

(1)人民检察院对担任本级人民代表大会代表的犯罪嫌疑人批准或者决定逮捕,应当报请本级人民代表大会主席团或者常务委员会许可。报请许可手续的办理由侦查机关负责。对担任上级人民代表大会代表的犯罪嫌疑人批准或者决定逮捕,应当层报该代表所属的人民代表大会同级的人民检察院报请许可。对担任下级人民代表大会代表的犯罪嫌疑人批准或者决定逮捕,可以直接报请该代表所属的人民代表大会主席团或者常务委员会许可,也可以委托该代表所属的人民代表大会同级的人民检察院报请许可;对担任乡、民族乡、镇的人民代表大会代表的犯罪嫌疑人批准或者决定逮捕,由县级人民检察院报告乡、民族乡、镇的人民代表大会。对担任办案单位所在省、市、县(区)以外的其他地区人民代表大会代表的犯罪嫌疑人批准或者决定逮捕,应当委托该代表所属的人民代表大会同级的人民检察院报请许可;担任两级以上人民代表大会代表的,应当分别委托该代表所属的人民代表大会同级的人民检察院报请许可。

(2)外国人、无国籍人涉嫌危害国家安全犯罪的案件或者涉及国与国之间政治、外交关系的案件以及在适用法律上确有疑难的案件,认为需要逮捕犯罪嫌疑人的,分别由基层人民检察院或者分、州、市人民检察院审查并提出意见,层报最高人民检察院审查。最高人民检察院经审查认为需要逮捕的,经征求外交部的意见后,作出批准逮捕的批复,经审查认为不需要逮捕的,作出不批准逮捕的批复。基层人民检察院或者分、州、市人民检察院根据最高人民检察院的批复,依法作出批准或者不批准逮捕的决定。层报过程中,上级人民检察院经审查认为不需要逮捕的,应当作出不批准逮捕的批复,报送的人民检察院根据批复依法作出不批准逮捕的决定。基层人民检察院或者分、州、市人民检察院经审查认为不需要逮捕的,可以直接依法作出不批准逮捕的决定。外国人、无国籍人涉嫌其他犯罪案件,决定批准逮捕的人民检察院应当在作出批准逮捕决定后48小时内报上一级人民检察院备案,同时向同级人民政府外事部门通报。上一级人民检察院对备案材料经审查发现错误的,应当依法及时纠正。

(3)人民检察院办理审查逮捕的危害国家安全的案件,应当报上一级人民检察院备案。上一级人民检察院对报送的备案材料经审查发现错误的,应当依法及时纠正。

（二）逮捕的执行程序

逮捕犯罪嫌疑人、被告人，一律由公安机关执行。公安机关执行逮捕时，应当遵守下列程序：

1. 执行逮捕时，必须出示逮捕证，并责令被逮捕人在逮捕证上签名、捺指印，拒绝签名、捺指印的，侦查人员应当注明。逮捕后，应当立即将被逮捕人送看守所羁押。

2. 执行逮捕的侦查人员不得少于2人。

3. 对被逮捕的人，必须在逮捕后的24小时以内进行讯问。发现不应当逮捕的，经县级以上公安机关负责人批准，制作释放通知书，送看守所和原批准逮捕的人民检察院。看守所凭释放通知书立即释放被逮捕人，并发给释放证明书。

4. 对犯罪嫌疑人执行逮捕后，除无法通知的情形以外，应当在逮捕后24小时内，制作逮捕通知书，通知被逮捕人的家属。逮捕通知书应当写明逮捕原因和羁押处所。

五、羁押必要性审查

羁押必要性审查，是指人民检察院根据《刑事诉讼法》第95条的规定，对被逮捕的犯罪嫌疑人、被告人有无继续羁押的必要性进行审查，对不需要继续羁押的，建议办案机关予以释放或者变更强制措施的监督活动。《刑事诉讼法》第95条确立了我国的羁押必要性审查制度："犯罪嫌疑人、被告人被逮捕后，人民检察院仍应当对羁押的必要性进行审查。对不需要继续羁押的，应当建议予以释放或者变更强制措施。有关机关应当在10日以内将处理情况通知人民检察院。"根据全国人大常委会的立法说明，该条旨在"强化人民检察院对羁押措施的监督，防止超期羁押和不必要的关押。"此规定是2012年《刑事诉讼法》修改的亮点之一，不仅明确赋予了检察机关对捕后羁押必要性进行审查的工作职责，而且强化了检察机关对羁押措施的监督，有利于防止超期羁押和不必要羁押，对保障被羁押人员合法权益具有重要作用。

根据《最高检规则》和2016年1月公布的《人民检察院办理羁押必要性审查案件规定（试行）》，羁押必要性审查制度的主要内容如下：

1. 审查主体。羁押必要性审查案件由办案机关对应的同级人民检察院刑事执行检察部门统一办理，侦查监督、公诉、侦查、案件管理、检察技术等部门予以配合。[20]

2. 申请的提出。犯罪嫌疑人、被告人及其法定代理人、近亲属、辩护人申请进行羁押必要性审查的，应当说明不需要继续羁押的理由。有相关证明材料的，应当一

〔20〕 原规定为：侦查阶段的审查由侦查监督部门负责，审判阶段的审查由公诉部门负责。监所检察部门在监所检察工作中发现不需要继续羁押的，可以提出释放犯罪嫌疑人、被告人或者变更强制措施的建议。也就是说，检察机关的侦查监督部门、公诉部门、刑事执行检察部门都有权进行羁押必要性审查，实践中由于职权不明，实施效果不好，故将该项职权统一到了刑事执行检察部门。

并提供。同时,即使没有相关人员的申请,检察机关也应主动进行羁押必要性审查。

3. 审查方式。人民检察院进行羁押必要性审查,可以采取以下方式:(1)审查犯罪嫌疑人、被告人不需要继续羁押的理由和证明材料;(2)听取犯罪嫌疑人、被告人及其法定代理人、辩护人的意见;(3)听取被害人及其法定代理人、诉讼代理人的意见,了解是否达成和解协议;(4)听取现阶段办案机关的意见;(5)听取侦查监督部门或者公诉部门的意见;(6)调查核实犯罪嫌疑人、被告人的身体状况;(7)其他方式。

4. 影响犯罪嫌疑人、被告人有无继续羁押必要性的因素。人民检察院应当根据犯罪嫌疑人、被告人涉嫌犯罪事实、主观恶性、悔罪表现、身体状况、案件进展情况、可能判处的刑罚和有无再危害社会的危险等因素,综合评估有无必要继续羁押犯罪嫌疑人、被告人。评估犯罪嫌疑人、被告人有无继续羁押必要性可以采取量化方式,设置加分项目、减分项目、否决项目等具体标准。犯罪嫌疑人、被告人的得分情况可以作为综合评估的参考。

5. 应当释放或变更强制措施的情况。经羁押必要性审查,发现犯罪嫌疑人、被告人具有下列情形之一的,应当向办案机关提出释放或者变更强制措施的建议:(1)案件证据发生重大变化,没有证据证明有犯罪事实或者犯罪行为系犯罪嫌疑人、被告人所为的;(2)案件事实或者情节发生变化,犯罪嫌疑人、被告人可能被判处拘役、管制、独立适用附加刑、免予刑事处罚或者判决无罪的;(3)继续羁押犯罪嫌疑人、被告人,羁押期限将超过依法可能判处的刑期的;(4)案件事实基本查清,证据已经收集固定,符合取保候审或者监视居住条件的。

6. 可以释放或变更强制措施的情况。经羁押必要性审查,发现犯罪嫌疑人、被告人具有下列情形之一,且具有悔罪表现,不予羁押不致发生社会危险性的,可以向办案机关提出释放或者变更强制措施的建议:(1)预备犯或者中止犯;(2)共同犯罪中的从犯或者胁从犯;(3)过失犯罪的;(4)防卫过当或者避险过当的;(5)主观恶性较小的初犯;(6)系未成年人或者年满75周岁的人;(7)与被害方依法自愿达成和解协议,且已经履行或者提供担保的;(8)患有严重疾病、生活不能自理的;(9)系怀孕或者正在哺乳自己婴儿的妇女;(10)系生活不能自理的人的唯一扶养人;(11)可能被判处1年以下有期徒刑或者宣告缓刑的;(12)其他不需要继续羁押犯罪嫌疑人、被告人的情形。

六、逮捕等强制措施的变更、撤销、解除和救济

1. 人民法院、人民检察院和公安机关如果发现对犯罪嫌疑人、被告人采取强制措施不当的,应当及时撤销或者变更。公安机关释放被逮捕的人或者变更逮捕措施的,应当通知原批准的人民检察院。

2. 犯罪嫌疑人、被告人及其法定代理人、近亲属或者辩护人有权申请变更强制措施。人民法院、人民检察院和公安机关收到申请后,应当在3日内作出决定;不同意变更强制措施的,应当告知申请人,并说明不同意的理由。

3. 犯罪嫌疑人、被告人被羁押的案件,不能在本法规定的侦查羁押、审查起诉、

一审、二审期限内办结的，对犯罪嫌疑人、被告人应当予以释放；需要继续查证、审理的，对犯罪嫌疑人、被告人可以取保候审或者监视居住。

4. 人民法院、人民检察院或者公安机关对被采取强制措施法定期限届满的犯罪嫌疑人、被告人，应当予以释放、解除取保候审、监视居住或者依法变更强制措施。犯罪嫌疑人、被告人及其法定代理人、近亲属或者辩护人对于人民法院、人民检察院或者公安机关采取强制措施法定期限届满的，有权要求解除强制措施。

第八章　附带民事诉讼

导读

刑事附带民事诉讼是刑事诉讼与民事诉讼的结合，是我国司法审判体制中一种独特的诉讼制度，旨在审理刑事案件的同时一并审理和解决由于刑事犯罪造成的被害人人身及财产的损害赔偿问题。附带民事诉讼在本质上属于民事损害赔偿案件，具有民事案件的客观特点，只是因为其起因是刑事犯罪问题，所以，民事制度中的平等、自愿、意思自治及调解原则均适用于附带民事案件的解决中。国家追诉主义使得经济赔偿在刑事案件中似乎没有那么重要，但对于被害方来说，附带民事诉讼要解决的是关涉被害方利益的关键性问题，刑事和解、恢复性司法和协商程序等现代刑事诉讼中极受关注的制度也都和附带民事诉讼关系紧密。

第一节　附带民事诉讼概述

一、附带民事诉讼的概念

附带民事诉讼，是指公安司法机关在刑事诉讼过程中，在解决被告人刑事责任的同时，附带解决由遭受物质损失的被害人或者由人民检察院提起的、由于犯罪嫌疑人、被告人的犯罪行为所引起的物质损失的赔偿而进行的诉讼。

附带民事诉讼作为一种诉讼制度，是赔偿被害人因为犯罪行为而遭受物质损失的需要。我国《刑事诉讼法》第101条明确规定“被害人由于被告人的犯罪行为而遭受物质损失的，在刑事诉讼过程中，有权提起附带民事诉讼。被害人死亡或者丧失行为能力的，被害人的法定代理人、近亲属有权提起附带民事诉讼。如果是国家财产、集体财产遭受损失的，人民检察院在提起公诉的时候，可以提起附带民事诉讼。”

传统上，我们将犯罪行为和侵权行为严格区分开来，这是刑民分野的主要标志之一。但是，从本质来看，犯罪行为实际上是一种严重的侵权行为。例如，在一起抢劫案件中，犯罪行为不仅侵犯了公民的人身、财产权利，而且侵犯了社会管理秩序从而危害了国家的公权。因此，犯罪行为作为一种特殊的侵权，与一般民事侵权相比较而言，只是侵犯的具体权益的不同和侵害的程度不同，犯罪行为往往是一种严重的侵权行为，而民事侵权再往前迈一步，就很可能发展成犯罪。

某些犯罪行为在触犯刑事法律的同时又具有民事侵权的性质，从而产生了刑事和民事两种法律责任。用不同的法律规范调整行为人与国家、被害人之间的利益关系，让其对同一行为分别承担不同性质的责任，已经得到世界各国普遍的承认。也就是说，对于这种既侵犯了公权，又侵犯了私权的犯罪行为，我们不仅要考虑通过惩罚犯罪来捍卫公权，也必须考虑对私权的保护和相应损失的弥补。在民事侵权中，要求侵权人对被害人作出赔偿是再自然不过的逻辑。被害人往往会向法庭提出损害赔偿的请求，通过两造对抗的审判来满足这一请求，被认为是审判的主要功能之一。可以说，“纠纷当事者之间存在对立，具有中立性的第三者应一方当事者的要求针对这一对立作出某种权威的判断，这就是审判。”[1]但是，与民事诉讼中被害人与侵权人的直接对立不同，在刑事审判中，是由代表国家公权力的公诉机关和被告人直接对抗。在这种情况下，对于作为一种特殊侵权的严重犯罪行为，这种对被害人的赔偿却很容易在严厉打击犯罪、捍卫公权力尊严的要求下而被忽视。

在解决犯罪引发的刑事责任和民事责任这两种不同责任时，以公诉救济为主的刑事诉讼与以私诉救济为主的民事诉讼的协调上，各国的做法并不一致。主要的模式有两种：一是平行式。这种模式特别强调民事诉讼的独立地位，将民事诉讼与刑事诉讼完全相分离，民事赔偿问题原则上由民事诉讼程序予以解决，民事诉讼与刑事诉讼不存在任何依附关系，而是一种纯平行关系。英美法系、日本采用此种模式。二是附带式。就是在刑事诉讼过程中附带解决民事损失赔偿问题，是将基于同一犯罪行为而发生的刑事、民事两种不同性质的诉讼案件纳入同一诉讼轨道。

在我国，传统上立法者认为犯罪本质是对社会主义社会关系的侵犯，即便是存在被害人的情形时，也是认为犯罪是对整个社会的侵犯，而非简单地对个人的侵犯。也就是说，当受侵害的公权与私权并存时，刑事诉讼中往往强调公权优于私权。因此，我国《刑事诉讼法》遵循的是“刑事优先民事”这一基本原则，即先解决被告人的刑事责任，再解决其民事责任，采用的是刑事附带民事诉讼模式。然而，公权所保护的社会利益并非总与被害人的利益相一致，对社会利益的过分关注，完全可能导致对被害人利益的淡漠。因此，如何更好地解决犯罪所引发的双重责任，特别是如何更好地加强对刑事被害人的赔偿、强化被害人权益保障是当前的一个重要课题。

示例8-1　马加爵故意杀人案

判决书认定：被告人马加爵仅因同学之间的琐事发生纠纷，即产生杀害同学的犯罪故意，并积极准备、实施、完成了整个犯罪过程，凶残地杀害了与其共同生活、学习、住宿三年有余的4名同学，在整个犯罪过程中杀人犯意坚决，作案时手段残忍；在犯罪行为完成后畏罪潜逃。而最终的判决是：(1)被告人马加爵犯故意杀人罪，判处死刑，剥夺政治权

〔1〕［日］棚濑孝雄：《纠纷的解决与审判制度》，王亚新译，中国政法大学出版社2004年版，第1页。

利终身;(2)被告人马加爵赔偿附带民事诉讼原告人李文杨、唐先和人民币 20000 元;(3)被告人马加爵赔偿附带民事诉讼原告人邵渭清、黄燮梅人民币 20000 元;(4)被告人马加爵赔偿附带民事诉讼原告人杨绍权、马存英人民币 20000 元;(5)作案凶器铁锤一把予以没收。〔2〕

二、附带民事诉讼的本质

从本质来看,附带民事诉讼实际上是一种特殊的民事诉讼。在刑事诉讼中附带解决民事诉讼的问题,除了必须遵守《刑事诉讼法》《刑法》《最高法解释》等法律和司法解释外,还应当适用民事法律规范。《最高法解释》在全面总结司法实践经验和过去有关附带民事诉讼的司法解释的基础上,对附带民事诉讼问题进行了全面的规定,是司法实践中重要的执法依据。

正确认识刑事附带民事诉讼的本质特征,是正确认识和处理刑事附带民事诉讼案件的重要前提。在刑事附带民事诉讼中,同时存在两种不同的诉讼法律关系,即刑事诉讼法律关系和民事诉讼法律关系。前者是基于对犯罪人追究刑事责任而产生,后者是基于损害赔偿的请求而产生的。立法者之所以规定了刑事附带民事诉讼,根本原因还在于这两种诉讼法律关系的产生是基于同一违法行为。被告人所实施的危害社会的行为,在刑法上构成犯罪,应当追究刑事责任;在民法上又属于民事侵权行为,应当承担民事赔偿责任。在刑事诉讼过程中附带解决民事诉讼,把两次诉讼活动简化为一次进行,既有利于提高法院的审判效率,也便于保障当事人的合法权益,减少讼累。

在刑事附带民事诉讼中,刑事诉讼法律关系居于主导和支配地位,而民事诉讼法律关系则处于附属和依从地位。这是因为犯罪行为对统治关系的侵害严重,而侵权行为对统治关系的侵害相对要轻。国家统治者为了维护自己的根本利益,首先要打击犯罪、追究犯罪分子的刑事责任。刑事附带民事诉讼的依附性决定了它在性质上虽为民事诉讼,但在某些方面却要受到刑事诉讼的制约,是刑事诉讼的一个组成部分,具有从属性。例如,附带民事诉讼立案上必须以刑事诉讼的存在为前提,审判组织与刑事诉讼的审判组织相同,在实体处理上依附于审判机关对刑事犯罪行为的认定,在上诉期限上依附于刑事上诉期限,在上诉审理活动上,必须对刑事部分进行全面审查,以确定民事部分裁决的正确性等;另一方面,附带民事诉讼在诉讼性质、审理程序、适用法律、诉权行使方式等方面均有不同于刑事诉讼之处,具有相对独立性。附带民事诉讼的根本目的在于解决损害赔偿问题,尽管这种诉讼是在刑事诉讼过程中提起的,但其根本性质仍旧属于民事诉讼。由此可见,附带民事诉讼在本质上是一种特殊的民事诉讼。

此外,要正确认识附带民事诉讼、刑事和解和"以钱买刑"的关系。我国《刑事诉

〔2〕 云南省昆明市中级人民法院《刑事附带民事判决书》(〔2004〕昆刑一初字第 107 号),北大法宝引证码:CLI. C. 49829。

讼法》第288条确立的刑事和解制度被认为是通过被害人与被告人之间的和解来更好地保护被害人的利益。即因民间纠纷引起，涉嫌侵犯人身权利民主权利、侵犯财产犯罪，可能判处3年有期徒刑以下刑罚的故意犯罪案件，以及除渎职犯罪以外的可能判处7年有期徒刑以下刑罚的过失犯罪案件，可以适用刑事和解程序，就民事赔偿达成和解协议。这便带来了一个新的问题，基于被告人经济基础的不同，可能影响到量刑，特别是对于死刑案件，相对于处于社会底层的被告人因为经济能力的缺乏而无力履行高额经济赔偿，而有钱人则获得了减免刑罚的可能性。普通民众基于“杀人偿命”这种朴素的正义观，认为实施了犯罪的人就应该处以同等的刑罚，将这种通过民事赔偿来减免刑罚的做法批判为“以钱买刑”。

对此，我们应该有正确的认识。刑事和解的本质是刑事司法从对抗到对话，使得追诉犯罪的过程更加理性化、人性化。这里的对话应是一种目的，而绝非仅仅是手段，对话比赔偿更重要。我们不能为了促成加害人与被害人之间的妥协，而将对话强加给当事人。在对话的过程中，需要强调的是加害人“真诚悔过”并与被害人达成共识。也就是说，“真诚悔过”是整个刑事和解制度的基础。如果仅仅有加害人对被害人承诺经济补偿，最多也就表明恢复了被害人个体被侵害的财产利益，却不能证明受损的社会关系已经得到平复并能够避免再次侵害或者类似侵害的发生。后者只能通过真诚悔过来做到，其体现了双重保险：一是加害人深刻认识自己行为的危害与后果，从而道歉并恳请被害人原谅，这满足了被害人精神上补偿的要求；二是表明加害人社会危害性、人身危险性的降低，从而成为从宽处理的情节，并达到犯罪预防之目的。换言之，经济补偿并不能代表真诚悔过，刑事和解更不能沦为“以钱买刑”，真诚悔过应通过公开道歉、公益劳动、社区服务、经济赔偿等多方面来实现，没有高额赔偿同样可以认定是真诚悔过，这便需要结合案情综合认定。

三、附带民事诉讼的意义

附带民事诉讼，是一项重要的诉讼制度，其意义可以概括为以下方面：(1)有利于维护被害人的经济利益。刑事犯罪往往会给被害人造成经济损失，附带民事诉讼制度的设立，可以使被害人通过附带民事诉讼程序，得到物质损害赔偿。(2)有利于保障公民和国家、集体的财产不受侵犯。我国《宪法》规定：社会主义公共财产神圣不可侵犯。犯罪行为往往给国家、集体的财产造成经济损失，犯罪人除了承担刑事责任以外，仍需要承担经济赔偿责任，从而使国家、集体的损失得以挽回。(3)有利于打击和制裁犯罪。打击和制裁犯罪活动除了要追究犯罪分子的刑事责任，还要让其承担民事赔偿，从而实现刑罚的威慑力。它从根本上否定了“打了不罚，罚了不打”的陈旧观念，这有利于有效地打击犯罪活动，教育和改造犯罪分子。(4)有利于提高诉讼的效率和效益。一方面，附带民事诉讼是在刑事诉讼过程中一并解决的，这就极大地避免了公安司法机关的重复劳动，节省了司法资源；另一方面，对于当事人而言，附带民事诉讼，可以减少他们重复出庭、重复举证等活动，减轻他们的讼累。(5)有利于全面、正确处理案件。犯罪分子由于其实施犯罪行为，对国家负有刑事责任;同时,其犯罪行为又导致了国家、集体和公民个人的财产遭受损失,他对这种物质损失负有赔偿责任。附带民事诉讼制度的设立,对于正确地认定案件事实,判断被告人认罪态度和悔罪表现,正确定罪量刑,具有重要参考价值。

第二节 附带民事诉讼的成立条件

一、附带民事诉讼以刑事诉讼的成立为前提,且必须在刑事诉讼过程中提起

从根源上来看,附带民事诉讼是由于刑事诉讼所追究的犯罪行为所引起的,是在追究被告人刑事责任的同时附带追究被告人所应当承担的民事赔偿责任。因此,附带民事诉讼必须以刑事诉讼成立为前提,如果刑事诉讼不成立或不存在,则附带民事诉讼也就失去了存在的基础。在这种情况下,被害人只能通过独立的民事诉讼来寻求救济,而不能提起附带民事诉讼。同样,如果刑事诉讼尚未启动或者刑事诉讼已经结束,被害人也只能提起独立的民事诉讼,而不能提起附带民事诉讼。需要注意的是,如果案件在刑事审判的过程中,被害人提起了附带民事诉讼,但是,被告人在经过法庭审判之后,刑事部分被作出无罪判决、免予刑事处罚或者不负刑事责任的判决,附带民事部分仍然可以依法作出判决,并给予被害人应有的赔偿。

二、附带民事诉讼原告人必须符合法定的条件

附带民事诉讼的原告人,即附带民事诉讼的请求权人,是以自己的名义向公安司法机关提出附带民事诉讼赔偿请求的人。根据我国《刑事诉讼法》和有关司法解释的规定,只有以下主体才可以作为附带民事诉讼原告人提起附带民事诉讼:

1. 因犯罪行为遭受物质损失的被害人。这里的被害人包括公民、法人和其他组织。也就是说,我们可以将被害人分为两大类:一类是因犯罪行为遭受物质损失的被害公民,这也是附带民事诉讼中最常见的原告人;另一类是因犯罪行为遭受物质损失的法人和其他组织,具体可以包括企业、事业单位、机关、团体等。在某些犯罪中,被害人只能是作为自然人的公民,如强奸犯罪、故意伤害犯罪、故意杀人犯罪等;但是在有的犯罪中,如盗窃犯罪、纵火犯罪、故意损害公私财物犯罪等犯罪形态中,法人和其他组织是可能成为被害人的。

2. 已死亡被害人的近亲属。即被害人死亡的,被害人的近亲属有权提起附带民事诉讼。根据《刑事诉讼法》第108条的规定,近亲属包括夫、妻、父、母、子、女、同胞兄弟姊妹。当被害人因被告人的犯罪行为遭受物质损失而应当获得赔偿时,即使被害人死亡了,这种损失也应当获得赔偿。该赔偿可以视为被害人的遗产,由其近亲属代为提起附带民事诉讼。

3. 无行为能力或者限制行为能力被害人的法定代理人。法定代理人是指被代理人的父母、养父母、监护人和负有保护责任的机关、团体的代表。当被害人是未成

年人或者精神病患者等无诉讼行为能力或限制诉讼行为能力时，他们的法定代理人或者监护人可以代为提起附带民事诉讼。

4. 人民检察院。如果是国家、集体财产遭受损失，受损失的单位未提起附带民事诉讼，人民检察院在提起公诉的时候，可以提起附带民事诉讼。也就是说，检察机关提起附带民事诉讼有两个条件：一是国家、集体财产遭受损失，而不是个人的财产遭受损失；二是受损失单位未提起附带民事诉讼。这时，检察机关既是公诉机关又是附带民事诉讼原告人，但是，不能就经济赔偿与被告人进行调解。

三、附带民事诉讼必须有明确的被告人和明确的诉讼请求

附带民事诉讼的被告人，指对犯罪行为造成的损失依法负有赔偿责任的人。通常情况下，附带民事诉讼的被告人就是刑事诉讼的被告人，但是，在特殊情况下，应当赔偿物质损失的附带民事诉讼被告人，可能不是承担刑事责任的被告人。根据我国《刑事诉讼法》和有关司法解释，刑事诉讼中负有赔偿责任的人包括：

1. 刑事被告人及没有被追究刑事责任的共同致害人。这里的刑事被告人包括公民、法人和其他组织。对于没有被追究刑事责任的共同致害人的情况，主要指数人共同犯罪的案件中，有的被告人被追究刑事责任而被交付法院审判，有的被公安机关作出行政拘留等处分，有的被检察机关作出不起诉决定，在这些情况下，被作出其他处理的同案人都可以作为附带民事诉讼的被告人。这类似于民事诉讼中对共同侵权行为的处理，作为共同侵权人，即使不构成刑事犯罪，也要就其共同加害行为承担民事赔偿责任。

2. 未成年刑事被告人的监护人。未成年人的监护人是其父母。如果父母死亡或者没有监护能力的，由下列人员中有监护能力的人担任监护人：祖父母、外祖父母；兄、姐；关系亲密的其他亲属、朋友愿意担任监护职责的，经未成年人父母所在单位或者未成人住所地的居民委员会、村民委员会同意后，也可以做监护人。监护人的职责是对未成年人进行抚养、教育、监督、引导等。对于未成年人的监护人而言，其在附带民事诉讼中的民事赔偿责任主要是基于其特定的监护关系以及没有尽到应尽的监护职责所引起的。

3. 已被执行死刑的罪犯的遗产继承人和共同犯罪案件中案件审结前已死亡的被告人的继承人。在这两种情况下，对于被害人的经济赔偿应当看作已经死亡的刑事被告人生前所负的债务，属于遗产的清偿范围。但是，如果该继承人明确表示放弃继承则不能继续以其为被告。遗产继承人以其继承的份额为限，在附带民事诉讼中承担赔偿义务。

4. 其他对刑事被告人的犯罪行为依法应当承担民事责任的单位和个人。这里的单位应当作广义的理解，既可以是法人组织，也可以是非法人单位。

此外，附带民事诉讼的成年被告人应当承担赔偿责任的，如果其亲属自愿代为承担，应当允许。这里的亲属不限于《刑事诉讼法》规定的近亲属，而应作广义的理解。

原告人提起附带民事诉讼，不仅要求有明确的被告人，而且对自己的诉讼请求应该明确、具体，即提出应当赔偿的明确数额，如误工费、医疗费、护理费等费用的具体数额。同时，对于加害事实所导致物质损失的指控，应承担举证责任，不得虚构和任意夸大受害范围。

四、被告人的犯罪行为给被害人造成物质损失

附带民事诉讼中的“物质损失”，是指被害人的人身、财产遭受犯罪行为的侵害所遭受的损失。如果被害人的损失不是刑事被告人所造成的，只能另外提起单独的民事诉讼，而不能提起附带民事诉讼。这里的损失一般指物质损失或者可以用物质损失的形式计算的损失。

因人身权利受到犯罪侵犯而遭受物质损失或者财物被犯罪分子毁坏而遭受物质损失的，可以提起附带民事诉讼。被害人因犯罪行为遭受的物质损失，是指被害人因犯罪行为已经遭受的实际损失和必然遭受的损失。在理解“必然遭受的损失”时，须把握物质损失与犯罪行为之间的一种内在的、必然的联系，如因伤误工减少的收入就应属于预期必然遭受的损失。对无法确定、无法计算、无法衡量、或然性大的损失，不能理解为“必然遭受的损失”，也不包括预期利润。

因受到犯罪侵犯，提起附带民事诉讼或者单独提起民事诉讼要求赔偿精神损失的，人民法院不予受理。《最高法解释》对此作出了明确规定。关于精神损失能否作为附带民事诉讼的理由，学术界是有争议的。不少学者认为，精神损失应该成为附带民事诉讼的理由，因为附带民事诉讼从本质上来看就是一种民事诉讼，既然精神损失可以提起民事诉讼，那么也理应可以在刑事审判过程中附带提起民事诉讼。但是，我国的法律和司法解释一直没有将精神损害纳入附带民事诉讼的赔偿范围。[3] 2012年修改《刑事诉讼法》坚持了这一规定，但根据《最高法解释》有了一点例外，即在调解、和解过程中，当事人可以自愿就精神损害赔偿达成协议，这体现了当事人的处分权。

示例8-2　黄某强奸案

法院认定：2012年2月23日5时40分，被告人黄某酒后回到其租住屋后，使用暴力手段与受害人陈某强行发生了性关系。原审判决认为，被告人黄某以暴力手段强奸妇女，其行为构成强奸罪，公诉机关指控的罪名成立。案发后，上诉人黄某的家属与受害人

---

〔3〕在2012年修改《刑事诉讼法》之前，最高人民法院于2000年通过的《关于刑事附带民事诉讼范围问题的规定》第1条曾明确规定：“对于被害人因犯罪行为遭受精神损失而提起附带民事诉讼的，人民法院不予受理。”最高人民法院2002年作出的《关于人民法院是否受理刑事案件被害人提起精神损害赔偿民事诉讼问题的批复》则进一步明确规定：“对于刑事案件被害人由于被告人的犯罪行为而遭受精神损失提起的附带民事诉讼，或者在该刑事案件审结以后，被害人另行提起精神损害赔偿民事诉讼的，人民法院不予受理。”

陈某就精神损害赔偿达成和解协议,取得了受害人陈某的谅解,可以酌情从轻处罚。依照《刑法》判决:被告人黄某犯强奸罪,判处有期徒刑3年。[4]

对附带民事诉讼作出判决,应当根据犯罪行为造成的物质损失,结合案件具体情况,确定被告人应当赔偿的数额。根据《最高法解释》的规定:(1)犯罪行为造成被害人人身损害的,应当赔偿医疗费、护理费、交通费等为治疗和康复支付的合理费用,以及因误工减少的收入。造成被害人残疾的,还应当赔偿残疾生活辅助具费等费用;造成被害人死亡的,还应当赔偿丧葬费等费用。(2)驾驶机动车致人伤亡或者造成公私财产重大损失,构成犯罪的,依照《中华人民共和国道路交通安全法》第76条的规定确定赔偿责任。[5] (3)附带民事诉讼当事人就民事赔偿问题达成调解、和解协议的,赔偿范围、数额不受上述规定的限制。

五、属于人民法院受理附带民事诉讼的范围和受诉人民法院的管辖

附带民事诉讼必须属于人民法院依法所应受理的附带民事诉讼案件的范围,即必须是归人民法院主管的案件,如果案件是归人民法院外的其他机关主管的,人民法院就不能对此案行使审判权,原告也不能就此案件向法院提起附带民事诉讼。受理附带民事诉讼的人民法院应符合我国《刑事诉讼法》规定的立案管辖和级别管辖的规定。

第三节 附带民事诉讼程序

一、附带民事诉讼的提起

(一)提起附带民事诉讼的期间

《最高法解释》规定,附带民事诉讼应当在刑事案件立案后及时提起。也就是说,附带民事诉讼应当在刑事案件立案以后第一审判决宣告以前提起。有权提起附带民事诉讼的人在第一审判决宣告以前没有提起的,不得再提起附带民事诉讼。但

---

〔4〕 湖南省湘潭市中级人民法院《刑事裁定书》(〔2012〕潭中刑终字第162号),北大法宝引证码:CLI.C.1850621。

〔5〕 机动车发生交通事故造成人身伤亡、财产损失的,由保险公司在机动车第三者责任强制保险责任限额范围内予以赔偿;不足的部分,按照下列规定承担赔偿责任:(1)机动车之间发生交通事故的,由有过错的一方承担赔偿责任;双方都有过错的,按照各自过错的比例分担责任。(2)机动车与非机动车驾驶人、行人之间发生交通事故,非机动车驾驶人、行人没有过错的,由机动车一方承担赔偿责任;有证据证明非机动车驾驶人、行人有过错的,根据过错程度适当减轻机动车一方的赔偿责任;机动车一方没有过错的,承担不超过百分之十的赔偿责任。交通事故的损失是由非机动车驾驶人、行人故意碰撞机动车造成的,机动车一方不承担赔偿责任。

可以在刑事判决生效后另行提起民事诉讼。这里之所以规定附带民事诉讼应当在刑事案件立案以后第一审判决宣告以前提起，是为了保证刑事案件和附带民事诉讼的审判能在同一审级解决。因为如果附带民事诉讼与刑事诉讼不在同一审级解决，将导致这两种性质的诉讼在程序上相分离，达不到设立附带民事诉讼制度提高效率、节省诉讼资源的目的，也不利于及时查明案情。此外，如果是国家、集体财产遭受损失，受损失的单位未提起附带民事诉讼，人民检察院在提起公诉的时候，可以提起附带民事诉讼。

需要注意的是，附带民事诉讼的提起并不限于审判阶段，也就是说，只要在刑事诉讼的过程中就可以提起附带民事诉讼，无论是侦查阶段、审查起诉阶段还是审判阶段。此外，《最高法解释》还规定，侦查、审查起诉期间，有权提起附带民事诉讼的人提出赔偿要求，经公安机关、人民检察院调解，当事人双方已经达成协议并全部履行，被害人或者其法定代理人、近亲属又提起附带民事诉讼的，人民法院不予受理，但有证据证明调解违反自愿、合法原则的除外。

虽然附带民事诉讼的提起并不限于审判阶段，但其终结时间是一审判决的宣告，即只有在一审判决宣告前才能提起附带民事诉讼，一旦一审刑事判决已经宣告，附带民事诉讼部分就失去了同刑事部分合并审判的基础。为此，《最高法解释》规定，第一审期间未提起附带民事诉讼的，在第二审期间提起的，第二审人民法院可以进行调解；调解不成的，告知当事人可以在刑事判决、裁定生效后另行提起民事诉讼。

（二）提起附带民事诉讼的方式

根据《最高法解释》的规定，提起附带民事诉讼一般应当提交附带民事起诉状。人民法院受理附带民事诉讼后，应当在5日内将附带民事起诉状副本送达附带民事诉讼被告人及其法定代理人，或者将口头起诉的内容及时通知附带民事诉讼被告人及其法定代理人，并制作笔录。由此，提起附带民事诉讼一般应当提交附带民事起诉状，对于符合一定条件，如书写诉状确有困难的等，也可以口头起诉。

附带民事起诉状，是指被害人或者其法定代理人、近亲属，在刑事诉讼过程中依法要求被告人或其他责任人承担民事赔偿责任的文书。书写诉状确有困难的，可以口头起诉。审判人员应当对原告人的口头诉讼请求详细询问，并制作笔录，向原告人宣读；原告人确认无误后，应当签名或者盖章。检察机关在提起公诉时一并提起附带民事诉讼的，只能采取书面形式，即应提交附带民事起诉状。

二、附带民事诉讼中的财产保全和先予执行

财产保全和先予执行是典型的民事诉讼制度，由于附带民事诉讼在本质上来看是一种特殊的民事诉讼，因此，在附带民事诉讼中可以适用财产保全和先予执行。

（一）附带民事诉讼中的财产保全

附带民事诉讼中的财产保全，是指在刑事诉讼过程中，在可能因被告人或其他人的行为导致将来发生法律效力的附带民事判决书不能或难以得到执行时，司法机

关对被告人的财产采取一定的保全措施,从而保证附带民事判决能够得到执行。《刑事诉讼法》第102条规定,人民法院在必要的时候,可以采取保全措施,查封、扣押或者冻结被告人的财产。附带民事诉讼原告人或者人民检察院可以申请人民法院采取保全措施。人民法院采取保全措施,适用《民事诉讼法》的有关规定。《最高法解释》作了更为详细的规定,人民法院对可能因被告人的行为或者其他原因,使附带民事判决难以执行的案件,根据附带民事诉讼原告人的申请,可以裁定采取保全措施,查封、扣押或者冻结被告人的财产;附带民事诉讼原告人未提出申请的,必要时,人民法院也可以采取保全措施。有权提起附带民事诉讼的人因情况紧急,不立即申请保全将会使其合法权益受到难以弥补的损害的,可以在提起附带民事诉讼前,向被保全财产所在地、被申请人居住地或者对案件有管辖权的人民法院申请采取保全措施。申请人在人民法院受理刑事案件后15日内未提起附带民事诉讼的,人民法院应当解除保全措施。

附带民事诉讼的财产保全应当注意以下几点:(1)必须存在紧急情况,即被告人或其他人可能实施某种行为导致法院未来作出的附带民事诉讼判决可能无法或难以得到执行。(2)财产保全的对象限于被告人的财产或与本案有关的财产,对于与被告人和本案无关的财产不得进行保全。(3)保全财产的价值必须相当于权利请求或诉讼请求的价额或金额,不能超出这一范围。(4)采取财产保全措施后,如果案件情况发生变化,据以采取财产保全的原因消失,应当及时撤销财产保全措施。

(二)附带民事诉讼中的先予执行

附带民事诉讼中的先予执行,是指在刑事诉讼过程中,在法院就附带民事诉讼作出判决之前,司法机关根据附带民事原告人的请求,要求附带民事被告人先行给付附带民事原告人一定款项或履行一定义务并立即执行的措施。我国《刑事诉讼法》并未明确规定附带民事诉讼的先予执行问题,但由于附带民事诉讼的特殊性,附带民事诉讼的先予执行问题可以参照《民事诉讼法》的相关规定。[6]

附带民事诉讼的先予执行必须符合以下条件:(1)附带民事诉讼当事人之间权利义务关系明确,即当事人之间谁享有权利谁负有义务是明确、肯定的,没有争议。(2)附带民事诉讼双方当事人之间不存在对等给付义务。(3)附带民事诉讼原告人有实现权利的紧迫性和迫切需要,即如果不预先实现有关的权利,则其生活或生产就会遇到极大的困难,如在故意伤害案件中,如果不先予执行医疗费,则被害人就无法获得及时的救治。(4)必须是附带民事诉讼当事人向人民法院提出了申请,否则司法机关不能依职权决定先予执行。(5)附带民事诉讼被告人必须有履行的能力,如果被告人确实没有履行能力,则即使原告人提出了申请,也不能先予执行。

---

〔6〕 2000年通过的最高人民法院《关于审理刑事附带民事诉讼案件有关问题的批复》规定,对于附带民事诉讼当事人提出先予执行申请的,人民法院应当依照《民事诉讼法》的有关规定,裁定先予执行或者驳回申请。该批复虽然因为《刑事诉讼法》的修改和新的《最高法解释》的出台而废止,但其精神是符合基本法理的。

三、附带民事诉讼的审判

(一)附带民事诉讼的审判程序

根据我国《刑事诉讼法》和有关司法解释，审判刑事附带民事诉讼案件应当注意以下诸方面问题：

1. 受理程序。被害人或者其法定代理人、近亲属提起附带民事诉讼的，人民法院应当在7日内决定是否立案。符合《刑事诉讼法》第101条以及司法解释有关规定的，应当受理；不符合的，裁定不予受理。

2. 审判组织。附带民事诉讼应当同刑事案件一并审判，只有为了防止刑事案件审判的过分迟延，才可以在刑事案件审判后，由同一审判组织继续审理附带民事诉讼。即对于被害人遭受的物质损失或者被告人的赔偿能力一时难以确定，以及附带民事诉讼当事人因故不能到庭等案件，为了防止刑事案件审判的过分迟延，附带民事诉讼可以在刑事案件审判后，由同一审判组织继续审理。如果同一审判组织的成员确实无法继续参加审判的，可以更换审判组织成员。

3. 人民法院的通知义务。人民法院受理附带民事诉讼后，应当在5日内向附带民事诉讼的被告人送达附带民事起诉状副本，或者将口头起诉的内容及时通知附带民事诉讼的被告人，并制作笔录。人民法院送达附带民事起诉状副本时，应当根据刑事案件审理的期限，确定被告人或者其法定代理人提交民事答辩状的时间。

4. 举证责任。附带民事诉讼案件的当事人对自己提出的主张，有责任提供证据。附带民事诉讼原告人的举证主要是证明自己所遭受的物质损失情况，以及该物质损失是由被告人的犯罪行为所引起的直接、必然的物质损失。附带民事诉讼原告人不承担证明被告人是否有罪的举证责任。

5. 附带民事诉讼案件的调解。审理附带民事诉讼案件，除人民检察院提起的以外，可以调解。调解应当在自愿、合法的基础上进行。经调解达成协议的，审判人员应当及时制作调解书。调解书经双方当事人签收后即发生法律效力。调解达成协议并当庭执行完毕的，可以不制作调解书，但应当记入笔录，经双方当事人、审判人员、书记员签名或者盖章即发生法律效力。与此同时，经调解无法达成协议或者调解书签收前当事人反悔的，附带民事诉讼应当同刑事诉讼一并判决。人民法院认定公诉案件被告人的行为不构成犯罪的，对已经提起的附带民事诉讼，经调解不能达成协议的，应当一并作出刑事附带民事判决。

6. 按撤诉处理的情况。附带民事诉讼的原告人经人民法院传票传唤，无正当理由拒不到庭，或者未经法庭许可中途退庭的，应当按自行撤诉处理。

7. 量刑情节。审理刑事附带民事诉讼案件，人民法院应当结合被告人赔偿被害人物质损失的情况认定其悔罪表现，并在量刑时予以考虑。

8. 适用法律。人民法院审判附带民事诉讼案件，除适用《刑法》、《刑事诉讼法》外，还应当适用民事法律的有关规定。

9. 诉讼费。人民法院审理刑事附带民事诉讼案件，不收取诉讼费。

(二)附带民事诉讼的二审和审判监督程序

根据我国《刑事诉讼法》和有关司法解释,在刑事附带民事诉讼案件二审和再审过程中,应当遵守以下特殊规定:

1. 上诉、抗诉期限。对附带民事判决或者裁定的上诉、抗诉期限,应当按照刑事部分的上诉、抗诉期限确定,即判决是 10 日,裁定是 5 日。附带民事部分另行审判的,上诉期限也应当按照《刑事诉讼法》规定的期限确定。

2. 全面审查原则。刑事附带民事诉讼案件,只有附带民事诉讼当事人及其法定代理人上诉的,第二审人民法院应当对全案进行审查。如果第一审判决的刑事部分并无不当,第二审人民法院只需就附带民事诉讼部分作出处理。如果第一审判决附带民事部分事实清楚,适用法律正确的,应当以刑事附带民事裁定维持原判,驳回上诉。

3. 刑事附带民事诉讼案件,只有附带民事诉讼的当事人和他们的法定代理人提出上诉的,第一审刑事部分的判决,在上诉期满后即发生法律效力。应当送监执行的第一审刑事被告人是第二审附带民事诉讼被告人的,在第二审附带民事诉讼案件审结前,可以暂缓送监执行。

4. 第二审人民法院审理刑事附带民事上诉、抗诉案件,如果发现刑事和附带民事部分均有错误需依法改判的,应当一并改判。

5. 第二审人民法院审理对刑事部分提出上诉、抗诉,附带民事诉讼部分已经发生法律效力的案件,如果发现第一审判决或者裁定中的民事部分确有错误,应当依照审判监督程序对附带民事部分予以纠正。

6. 第二审人民法院审理对附带民事诉讼部分提出上诉,刑事部分已经发生法律效力的案件,如果发现第一审判决或者裁定中的刑事部分确有错误,应当对刑事部分按照审判监督程序进行再审,并将附带民事部分与刑事部分一并审理。

7. 在第二审案件附带民事部分审理中,第一审民事原告人增加独立的诉讼请求或者第一审附带民事诉讼被告人提出反诉的,第二审人民法院可以根据当事人自愿、合法的原则进行调解,调解不成的,告知当事人另行起诉。

8. 按照审判监督程序进行再审的刑事自诉案件,应当依法作出判决、裁定;附带民事部分可以调解结案。

(三)附带民事诉讼的判决书

刑事附带民事诉讼判决书,是人民法院依照《刑事诉讼法》和《民事诉讼法》规定的程序,对审理终结的刑事附带民事案件,依法就被告人的行为是否构成犯罪和需要追究刑事责任以及是否需要承担民事责任作出的书面决定。刑事附带民事诉讼的判决由首部、事实、理由、判决结果、尾部五部分组成。

从司法实践来看,刑事附带民事判决可能有四种情形:(1)被告人构成犯罪并应赔偿经济损失。(2)被告人构成犯罪但不赔偿经济损失。(3)被告人不构成犯罪但应赔偿经济损失。(4)被告人不构成犯罪又不赔偿经济损失。

示例8-3 蒙某故意伤害案

法院的判决书认定:被告人蒙某的伤害行为给刘某甲造成经济损失,依法应对此后果承担相应的民事赔偿责任。刘某甲请求赔偿医疗费、护理费、误工费、交通费及住院伙食补助费、营养费等为治疗和康复支付的合理费用的请求合理,本院予以支持,经审查,刘某甲的经济损失如下:1. 医疗费13163.03元;2. 护理费,刘某甲与王某甲均住院10天,共同产生护理费910元,按一半计算为455元;3. 误工费,刘某甲住院10天,出院后全休3个月90天,共计误工100天,未提供收入证明,从事电子行业,主张每月收入2500元未超出国有同行业年平均工资,予以支持,误工费为8333.33元(2500÷30×100);4. 交通费酌情认定200元;5. 刘某甲住院10天,主张住院伙食补助费500元未超出法律规定的数额,予以支持;6. 刘某甲主张营养费2000元,被告人蒙某没有异议,本院予以支持。以上损失共计24651.36元,由被告人蒙某赔偿。

被告人蒙某的伤害行为给王某甲造成经济损失,依法应对此后果承担相应的民事赔偿责任。王某甲请求赔偿医疗费、护理费、误工费、交通费及住院伙食补助费、营养费等为治疗和康复支付的合理费用的请求合理,本院予以支持,经审查,王某甲的经济损失如下:1. 医疗费9787元;护理费,刘某甲与王某甲均住院10天,共同产生护理费910元,按一半计算为455元;3. 误工费,王某甲住院10天,出院后全休2周14天,共计误工24天,未提供收入证明,从事电子行业,主张每月收入2500元未超出国有同行业年平均工资,予以支持,误工费为2000元(2500÷30×24);4. 交通费酌情认定200元;5. 王某甲住院10天,主张住院伙食补助费500元未超出法律规定的数额,予以支持;6. 王某甲主张营养费1000元,被告人蒙某没有异议,本院予以支持。以上损失共计13942元,由被告人蒙某赔偿。

对于被告人蒙某抗辩同案人应共同承担赔偿责任的意见,本院认为,被告人蒙某与同案人共同导致被害人受伤,应承担连带赔偿责任,因同案人未归案,被告人蒙某承担赔偿责任后可向同案人追偿应承担的责任份额。被告人蒙某的其余抗辩不成立,本院不予采纳。[7]

---

〔7〕 广东省广州市白云区人民法院《刑事附带民事判决书》(〔2015〕穗云法刑初字第2801号),北大法宝引证码:CLI. C. 22942100。

第九章　期间与送达

导读

期间和送达是刑事诉讼不可或缺的环节。刑事诉讼法规定期间对于保障诉讼法律关系主体及时行使诉讼权利、履行诉讼义务，迅速解决纠纷具有重要的作用。关于期间的经典表述莫过于西方的一句法谚，"法律不保护躺在权利上睡觉的人。"其意在说明诉讼程序时间的重要性。送达则关系到刑事诉讼活动的正常开展，有利于公安司法机关正确履行职责，也有利于保证诉讼参与人权利的实现。

第一节　期间、期日

一、期间、期日概述

刑事诉讼中的期间，是指公安机关、人民检察院、人民法院进行刑事诉讼以及诉讼当事人及其他诉讼参与人参加刑事诉讼应当遵守的时间期限。

期间一般由法律明确规定，称作法定期间，个别情况下可以由公安司法机关指定，称作指定期间。刑事诉讼中除期间外，还有期日。期日是公安司法机关与诉讼参与人共同进行诉讼活动的特定时间。期日是一个特定的单位时间，如某日、某时，期日由公安司法机关指定；期日只规定开始的时间，不规定终止的时间。

期间和期日关系密切，都是刑事诉讼中规范时间的重要范畴，但是两者也有重大的区别，主要表现在：(1)期间是一个时间段，即从一个期日至另一个期日为止的一段时间；期日是一个时间点，如某日、某时。(2)期间是对特定诉讼主体进行诉讼的要求；期日是对多方主体共同进行诉讼的要求。(3)期间一般由法律明确规定，不得任意变更；期日由公安司法机关根据案件情况指定，遇有重大理由时，可以另行指定期日。(4)期间既规定始期又规定终期，在一个具体案件中一旦确定开始时间，终止的时间也随之确定；期日只有起点，不规定终止的时间，以诉讼行为的开始为开始，以诉讼行为实行完毕为结束。

二、期间计算

我国刑事诉讼的期间以时、日、月为计算单位。期间开始的时和日不计算在期间以内;期间以月计算的,自本月某日至下月某日为1个月。根据《最高法解释》规定,期限起算日为本月最后一日的,至下月最后一日为1个月。下月同日不存在的,自本月某日至下月最后一日为1个月。半个月一律按15日计算。以时为计算单位的,开始之时不计算在期间以内,从下一时起算,如某犯罪嫌疑人是某日9时30分被逮捕,那么相关机关将逮捕的原因和羁押场所通知其家属的时间应从该日10点起开始起算。法定期间不包括路途上的时间。上诉状或者其他诉讼文件在期满前已经交邮的,应当以交邮的时间即当地邮局盖印邮戳的时间为准。当事人花费在路途上的时间应当从法定期间内扣除。期间届满之日如果是法定节假日的,应当顺延至法定节假日后的第一个工作日,但对于被告人或者罪犯的在押期间,应当至期间届满之日为止,不得因节假日而延长在押期限。

在期间计算时,应当注意折抵有期徒刑刑期的情形。

示例9-1　杨福平等盗窃、掩饰、隐瞒犯罪所得案

检察机关抗诉称:原审判决刑罚执行期限计算错误,根据《最高法解释》第165条的规定,以月计算的期限,自本月某日至下月某日为1个月,原审确定的各被告人刑罚执行期限均为自本月某日至下月某日的前一日,计算有误。对此,法院认为:抗诉提出原审确定的各被告人刑罚执行期限计算有误的意见,经查,《最高法解释》第165条的"自本月某日至下月某日为一个月",是根据《刑事诉讼法》第103条第2款"期间开始的时和日不算在期间以内"而规定的期间计算方法,而按照《刑法》第47规定的"有期徒刑的刑期,从判决执行之日起计算;判决执行以前先行羁押的,羁押一日折抵刑期一日",故被告人被羁押当天作为刑期开始日应算入刑期之内,因此原审计算各被告人刑期的执行期间是正确的。[1]

在司法实践中,应注意以下特殊情况的期间计算:

1.重新计算期间的法定情形。(1)在侦查期间,发现犯罪嫌疑人另有重要罪行的,自发现之日起重新计算侦查羁押期限。(2)对于补充侦查后移送的案件,应重新计算办案期限。(3)改变管辖的,从改变后的办案机关收到案件之日起重新计算办案期限。(4)由简易程序转为普通程序的第一审刑事案件的期限,自案件决定转为普通程序次日起重新计算。(5)第二审人民法院发回重审的案件,原审人民法院从收到发回案件之日起,重新计算审理期限。

2.不计入法定期间的法定情形。(1)犯罪嫌疑人不讲真实姓名、住址、身份不明,侦查羁押期限自查清身份之日起计算,但是不得停止对其犯罪行为的侦查取证。(2)对犯罪嫌疑人作精神病鉴定的期间不计入办案期限。(3)中止审理、延期审理的期限不计入审限。(4)终止审理的期限不计入审限。(5)决定开庭审理的第二审

---

〔1〕 福建省漳州市中级人民法院《刑事裁定书》(〔2013〕漳刑终字第288号),北大法宝引证码:CLI.C.2401219。

公诉案件,自通知人民检察院查阅案卷的第2日起,人民检察院查阅案卷的时间不计入审理期限。(6)对于公安机关移送的没收违法所得案件,人民检察院经审查认为需要补充证据的,公安机关补充证据的时间不计入人民检察院办案期限。(7)审理申请没收违法所得案件,公告期间和请求刑事司法协助的时间不计入审理期限,等等。

示例9-2 杨福平等盗窃、掩饰、隐瞒犯罪所得案

检察机关还抗诉称"原审存在超审限",法院认为:对于抗诉机关提出原审存在超审限的问题,经核实,原审法院在审理过程中发现本案存在不宜适用简易程序的情形,于2013年5月17日决定转为普通程序,根据法律规定,本案审理期限从该日起重新计算,原审于2013年8月5日宣判,属在审理期限内结案,抗诉机关所述问题并不存在。〔2〕

3.期间的恢复。指当事人由于不能抗拒的原因或其他正当理由而在法定期间内没有完成应当进行的诉讼行为时,在障碍消除后的5日内,可以申请继续进行应当在期满前完成的诉讼活动的一种补救措施。申请是否准许,由人民法院裁定。期间恢复必须具备以下条件:(1)只有当事人才有权申请恢复期间。(2)期间耽误是由于不能抗拒的原因或者其他正当理由。不能抗拒的原因,是指在诉讼活动中发生了当事人不可预见又无法避免和克服的实际困难,如水灾、火灾、地震等情况。其他正当理由,是指足以使当事人停止诉讼行为的特殊事由,如患有严重疾病等。(3)应当在妨碍事由消除后5日内提出申请。(4)必须经人民法院裁定准许。

三、法定期间

法定期间是指由法律作出明确规定的诉讼期间。在法定期间内的任何时候都可以实施诉讼行为,同时,也只有在此期间内进行的诉讼活动才有效。

(一)强制措施期间

传唤、拘传持续的时间不得超过12小时;案情特别重大、复杂,需要采取拘留、逮捕措施的,传唤、拘传持续的时间不得超过24小时。不得以连续传唤、拘传的形式变相拘禁犯罪嫌疑人。

人民法院、人民检察院和公安机关对犯罪嫌疑人、被告人取保候审最长不得超过12个月,监视居住最长不得超过6个月。

公安机关在拘留后,应当立即将被拘留人送看守所羁押,至迟不得超过24小时。除无法通知或者涉嫌危害国家安全犯罪、恐怖活动犯罪通知可能有碍侦查的情形以外,应当在拘留后24小时以内,通知被拘留人的家属。有碍侦查的情形消失以后,应当立即通知被拘留人的家属。公安机关、人民检察院对被拘留的人,应当在拘

〔2〕 福建省漳州市中级人民法院《刑事裁定书》(〔2013〕漳刑终字第288号),北大法宝引证码:CLI. C. 2401219。

留后的24小时内进行讯问。

公安机关对被拘留的人，认为需要逮捕的，应当在拘留后的3日内，提请人民检察院审查批准。在特殊情况下，提请审查批准的时间可以延长1~4日。对于流窜作案、多次作案、结伙作案的重大嫌疑分子，提请审查批准的时间可以延长至30日。人民检察院应当自接到公安机关提请批准逮捕书后的7日以内，作出批准逮捕或者不批准逮捕的决定。

逮捕后，应当立即将被逮捕人送看守所羁押。除无法通知的以外，应当在逮捕后24小时以内，通知被逮捕人的家属。人民法院、人民检察院对于各自决定逮捕的人，公安机关对于经人民检察院批准逮捕的人，都必须在逮捕后的24小时以内进行讯问。犯罪嫌疑人、被告人被逮捕后，人民检察院仍应当对羁押的必要性进行审查。对不需要继续羁押的，应当建议予以释放或者变更强制措施。有关机关应当在10日以内将处理情况通知人民检察院。

示例9-3　周某甲等赌博、组织、领导传销、组织、领导传销活动案

上诉人（原审被告人）周某甲，因涉嫌犯组织、领导传销活动罪，于2014年6月15日被刑事拘留，同年7月24日被逮捕，现羁押看守所。判决书认定：上诉人周某甲提出其被涟源市公安局超期羁押。经查，上诉人周某甲因涉嫌犯组织、领导传销活动罪，被采取强制措施后，涟源市公安局在侦查阶段，报捕超过期限1日。[3]

（二）侦查羁押期间

对犯罪嫌疑人逮捕后的侦查羁押期限不得超过2个月。案情复杂、期限届满不能终结的案件，可以经上一级人民检察院批准延长1个月。

下列案件在《刑事诉讼法》第156条规定的期限届满不能侦查终结的，经省、自治区、直辖市人民检察院批准或者决定，可以延长2个月：(1)交通十分不便的边远地区的重大复杂案件；(2)重大的犯罪集团案件；(3)流窜作案的重大复杂案件；(4)犯罪涉及面广，取证困难的重大复杂案件。

对犯罪嫌疑人可能判处10年有期徒刑以上刑罚，依照《刑事诉讼法》第158条的规定，延长期限届满，仍不能侦查终结的，经省、自治区、直辖市人民检察院批准或者决定，可以再延长2个月。

在侦查期间，发现犯罪嫌疑人另有重要罪行的，自发现之日起依照《刑事诉讼法》第156条的规定重新计算侦查羁押期限。

犯罪嫌疑人不讲真实姓名、住址，身份不明的，侦查羁押期限自查清其身份之日起计算，但是不得停止对其犯罪行为的侦查取证。对于犯罪事实清楚，证据确实、充分的，也可以按其自报的姓名移送人民检察院审查起诉。

---

〔3〕　湖南省娄底市中级人民法院《刑事裁定书》（〔2015〕娄中刑二终字第92号），北大法宝引证码：CLI.C.7189010。

因为特殊原因,在较长时间内不宜交付审判的特别重大复杂的案件,由最高人民检察院报请全国人民代表大会常务委员会批准延期审理。

(三)审查起诉期间

人民检察院对于公安机关移送起诉的案件,应当在1个月内作出决定,重大、复杂的案件,可以延长半个月。人民检察院审查起诉的案件,改变管辖的,从改变后的人民检察院收到案件之日起计算审查起诉期限。

对于有被害人的案件,决定不起诉的,人民检察院应当将不起诉决定书送达被害人。被害人如果不服,可以自收到决定书后7日内向上一级人民检察院申诉,请求提起公诉。人民检察院应当将复查决定告知被害人。对人民检察院维持不起诉决定的,被害人可以向人民法院起诉。被害人也可以不经申诉,直接向人民法院起诉。人民法院受理案件后,人民检察院应当将有关案件材料移送人民法院。

对于人民检察院依照《刑事诉讼法》第177条第2款规定作出的不起诉决定,即对于酌定不起诉,被不起诉人如果不服,可以自收到决定书后7日内向人民检察院申诉。人民检察院应当作出复查决定,通知被不起诉的人,同时抄送公安机关。

(四)补充侦查期间

对于补充侦查的案件,应当在1个月内补充侦查完毕。补充侦查以两次为限。补充侦查完毕移送人民检察院后,人民检察院重新计算审查起诉期限。

(五)一审程序期间

人民法院决定开庭审判后,应当进行下列工作:将人民检察院的起诉书副本至迟在开庭10日前送达被告人。对于被告人未委托辩护人的,告知被告人可以委托辩护人,或者在必要的时候指定承担法律援助义务的律师为其提供辩护;将开庭的时间、地点在开庭3日前通知人民检察院;传唤当事人,通知辩护人、诉讼代理人、证人、鉴定人和翻译人员,传票和通知书至迟在开庭3日前送达;公开审判的案件,在开庭3日前先期公布案由、被告人姓名、开庭时间和地点。

人民法院审理公诉案件,应当在受理后2个月内宣判,至迟不得超过3个月。对于可能判处死刑的案件或者附带民事诉讼的案件,有《刑事诉讼法》第158条规定情形之一的,经上一级法院批准,可以延长3个月。人民法院改变管辖的案件,从改变后的人民法院收到案件之日起计算审理期限。人民检察院补充侦查的案件,补充侦查完毕移送人民法院后,人民法院重新计算审理期限。

申请上级人民法院批准延长审理期限,应当在期限届满15日前层报。有权决定的人民法院不同意延长的,应当在审理期限届满5日前作出决定。

因特殊情况申请最高人民法院批准延长审理期限,最高人民法院经审查,予以批准的,可以延长审理期限1~3个月。期限届满案件仍然不能审结的,可以再次提出申请。

适用简易程序审理的案件,应当在受理后20日内审结。对可能判处有期徒刑超过3年的,可以延长至1个半月。适用普通程序审理的被告人被羁押的自诉案件,与审理公诉案件的期限相同;适用普通程序审理的被告人未被羁押的自诉案件,应当在受理后 6 个月内宣判。适用速裁程序审理案件，人民法院应当在受理后 10 日以内审结；对可能判处的有期徒刑超过 1 年的，可以延长至 15 日。

（六）二审程序期间

第二审人民法院应当在决定开庭审理后及时通知人民检察院查阅案卷。人民检察院应当在 1 个月以内查阅完毕。人民检察院查阅案卷的时间不计入审理期限。

第二审人民法院受理上诉、抗诉案件，应当在 2 个月以内审结。对于可能判处死刑的案件或者附带民事诉讼的案件，以及有《刑事诉讼法》第 158 条规定情形之一的，经省、自治区、直辖市高级人民法院批准或者决定，可以延长 2 个月；因特殊情况还需要延长的，报请最高人民法院批准。最高人民法院受理的上诉、抗诉案件，由最高人民法院决定。

（七）再审程序期间

人民法院按照审判监督程序重新审判的案件，应当在作出提审、再审决定之日起 3 个月以内审结，需要延长期限的，不得超过 6 个月。接受抗诉的人民法院按照审判监督程序审判抗诉的案件，审理期限适用上述规定；对需要指令下级人民法院再审的，应当自接受抗诉之日起 1 个月以内作出决定，下级人民法院审理案件的期限适用上述规定。

（八）上诉、抗诉期间

被害人及其法定代理人不服地方各级人民法院第一审的判决的，自收到判决书后 5 日以内，有权请求人民检察院提出抗诉。人民检察院自收到被害人及其法定代理人的请求后 5 日以内，应当作出是否抗诉的决定并且答复请求人。

不服判决的上诉和抗诉的期限为 10 日，不服裁定的上诉和抗诉的期限为 5 日，从接到判决书、裁定书的第 2 日起算。

（九）执行期间

关于死刑案件的执行期间，接到执行死刑的命令后，应当在 7 日以内交付执行。对于死刑复核程序，法律未规定期间。

关于变更执行的监督期间。批准暂予监外执行的机关应当将批准的决定抄送人民检察院。人民检察院认为暂予监外执行不当的，应当自接到通知之日起 1 个月以内将书面意见送交批准暂予监外执行的机关，批准暂予监外执行的机关接到人民检察院的书面意见后，应当立即对该决定进行重新核查。

人民检察院认为人民法院减刑、假释的裁定不当，应当在收到裁定书副本后 20 日以内，向人民法院提出书面纠正意见。人民法院应当在收到纠正意见后 1 个月以内重新组成合议庭进行审理，作出最终裁定。

（十）特别程序相关期间

在未成年人刑事案件诉讼程序中，附条件不起诉的考验期为 6 个月以上 1 年以下，从人民检察院作出附条件不起诉的决定之日起计算；在缺席审判程序中，因被告人患有严重疾病无法出庭，中止审理超过 6 个月，被告人仍无法出庭，被告人及其法定代理人、近亲属申请或者同意恢复审理的,人民法院可以在被告人不出庭的情况下缺席审理,依法作出判决;在犯罪嫌疑人、被告人逃匿、死亡案件违法所得的没收程序中,人民法院受理没收违法所得的申请后,应当发出公告,公告期间为6个月;在依法不负刑事责任的精神病人的强制医疗程序中,对于符合强制医疗条件的,人民法院应当在1个月以内作出强制医疗的决定。

第二节 送 达

一、送达概述

刑事诉讼中的送达,是指公安司法机关按照法定程序和方式将诉讼文书送交收件人的诉讼活动。送达具有如下特点:

1. 送达只能是由公安司法机关向当事人和其他诉讼参与人以及有关机关实施的诉讼行为。诉讼参与人向公安司法机关递交诉讼文书或者相互之间传递诉讼文书的行为,不属于送达。

2. 送达的内容是诉讼文书,如传票、不起诉决定书、起诉书、裁定书、判决书等。

3. 送达的方式和程序是法定的。送达必须按照法律规定办理,否则无法产生法定效力,如当事人只有在收到一审判决书后才开始计算上诉期限。送达是一项严肃的法律活动,是诉讼程序的组成部分,它直接关系到整个刑事诉讼能否顺利进行,诉讼任务能否切实完成。

4. 送达必须有送达回证。送达回证又称送达证、送达证书,是指公安司法机关制作的证明业已进行送达及其结果的诉讼文件。送达回证是检查公安司法机关是否按照法定的方式和程序送达诉讼文书的标志,也是受送达人接受或者拒绝所送达文书的证明,同时还是认定当事人和其他诉讼参与人的诉讼行为是否有效的依据。

二、送达的方式

根据我国《刑事诉讼法》和有关司法解释,我国刑事诉讼中的送达分为以下几种方式:

1. 直接送达。直接送达是指公安司法机关将诉讼文书直接送达应交收件人本人的一种送达方式。本人应在送达回证上记明收到的日期,并且签名或盖章。如果本人不在,可以交给他的成年家属或者所在单位的负责人代收。这种代收也属于直接送达。代收人也应当在送达回证上记明日期,并且签名或者盖章。公安司法机关送达诉讼文书一般应以直接送达为原则。

2. 留置送达。留置送达是指如果收件人本人或者代收人拒绝接受或者拒绝签名、盖章时,送达人可以邀请他的邻居或者其他见证人到场,说明情况,把文件留在其住处,在送达证上注明拒绝的事由、送达的日期,由送达人签名,即认为已经送达。或者也可以把诉讼文书留在受送达人的住处,并采用拍照、录像等方式记录送达过程。但并非所有的诉讼文书都可以适用留置送达,如调解书就不适用。留置送达的前提是收件人本人或者代收人拒绝接受或者拒绝签名、盖章。

示例9-4 张某甲故意伤害案

该案中采用了留置送达,判决书指出:被告人张某甲归案后能如实供述自己的犯罪事实,系坦白,依法可以从轻处罚。经查,被告人张某甲于2012年9月3日前往浦江县公安局城东派出所接受询问并如实供述自己的犯罪事实,而公安机关已于2012年8月30日持传唤证传唤被告人张某甲,因被告人不在家,由他人转交送达,故辩护人提出被告人自首的理由不成立,本院不予采纳。[4]

3. 委托送达与邮寄送达。直接送达诉讼文书有困难的,可以委托收件人所在地的公安司法机关代为送达,或者邮寄送达。受委托的公安司法机关无法送达时,应当将不能送达的原因及时告知委托的公安司法机关,并将诉讼文书及送达回证退回。邮寄送达的,应当将诉讼文书、送达回证挂号邮寄给收件人。挂号回执上注明的日期为送达的日期。

4. 转交送达。转交送达是指公安司法机关将诉讼文书交收件人所在机关、单位代收后再转交给收件人的一种送达方式。通常适用于军人、正在服刑或者被采取强制性教育措施的人。诉讼文书的收件人是军人的,可以通过所在部队团级以上单位的政治部门转交。收件人正在服刑的,可以通过所在监狱或者其他执行机关转交。收件人正在被采取强制性教育措施的,可以通过强制性教育机构转交。代为转交的部门、单位收到诉讼文件后,应当立即交收件人签收,并将送达回证及时退回送达的公安司法机关。

5. 公告送达。公告送达是指在受送达人下落不明或者用其他方式无法送达的情况下,人民法院通过公告将诉讼文书有关内容告知受送达人的一种特殊的送达方式。我国1996年《刑事诉讼法》中没有规定公告送达,而我国《民事诉讼法》中有公告送达,[5]这被认为是两大诉讼中送达方式的主要区别。2012年修改《刑事诉讼法》时确立了一种新的特别程序——犯罪嫌疑人、被告人逃匿、死亡案件违法所得的没收程序。这一程序中确立了类似于民事诉讼的公告送达制度。根据《最高法解释》的规定,人民法院决定受理没收违法所得的申请后,应当在15日内发出公告,公告期为6个月。公告应当写明以下内容:(1)案由;(2)犯罪嫌疑人、被告人通缉在逃

[4] 浙江省浦江县人民法院《刑事判决书》(〔2013〕金浦刑初字第406号),北大法宝引证码:CLI.C.2882841。

[5] 《民事诉讼法》第92条规定,受送达人下落不明,或者用本节规定的其他方式无法送达的,公告送达。自发出公告之日起,经过60日,即视为送达。公告送达,应当在案卷中记明原因和经过。

或者死亡等基本情况;(3)申请没收财产的种类、数量、所在地;(4)犯罪嫌疑人、被告人的近亲属和其他利害关系人申请参加诉讼的期限、方式;(5)应当公告的其他情况。公告应当在全国公开发行的报纸或者人民法院的官方网站刊登,并在人民法院公告栏张贴、发布;必要时,可以在犯罪地、犯罪嫌疑人、被告人居住地、申请没收的不动产所在地张贴、发布。人民法院已经掌握犯罪嫌疑人、被告人的近亲属和其他利害关系人的联系方式的,应当采取电话、传真、邮件等方式直接告知其公告内容,并记录在案。

第十章　刑事诉讼的中止与终止

导读

“迟来的正义非正义”指的是正义本身具有时效性。正义来得过于迟缓就是一种不正义。公正与效率是司法工作永恒的追求，司法效率低下与司法不公一样，都会极大的损害司法权威。刑事诉讼中的中止与终止，不仅可以节省司法资源，而且使当事人及时从诉讼中解脱出来，减少讼累。

第一节　刑事诉讼的中止

一、刑事诉讼的中止之概念与意义

刑事诉讼的中止，是指在刑事诉讼的过程中，由于发生了某种特殊情况或者出现了某种障碍而影响到诉讼的正常进行，从而导致诉讼暂时停止，等到有关情况或障碍消除后再恢复诉讼的制度。

刑事诉讼的中止可能发生在诉讼的任何阶段，如在侦查阶段，其他侦查活动都已经完成，但是犯罪嫌疑人却因为潜逃而无法提起公诉，又如在审判阶段，被告人因为患有严重疾病而较长时间不能接受审判。在这些情况下诉讼将暂时停止，但是一旦引起诉讼中止的特殊情况或障碍消除了，就要继续进行诉讼，而且诉讼中止的时间不计入专门机关的办案期限。这一制度设计的意义主要在于：(1)有利于促进公安司法机关采取措施努力消除引起诉讼中止的情况，尽快恢复诉讼活动，从而实现刑事诉讼的目的；(2)有利于保证公安司法机关集中力量办理其他刑事案件，提供诉讼效率；(3)有利于保证当事人特别是犯罪嫌疑人、被告人及时到案参加诉讼，保障其诉讼权利的实现。

二、刑事诉讼的中止之条件与程序

刑事诉讼的中止在不同的诉讼阶段的具体条件和程序略有不同：

1. 在侦查阶段，刑事诉讼的中止表现为中止侦查。侦查过程中，犯罪嫌疑人长期潜逃，采取有效追捕措施仍不能缉拿归案的，或者犯罪嫌疑人患有精神病及其他严重疾病不能接受讯问，丧失诉讼行为能力的，经侦查机关负责人决定，可以中止侦查。但是，根据《刑事诉讼法》第298条的规定，对于贪污贿赂犯罪、恐怖活动犯罪等重大犯罪案件，犯罪嫌疑人、被告人逃匿，在通缉一年后不能到案，或者犯罪嫌疑人、被告人死亡，依照《刑法》规定应当追缴其违法所得及其他涉案财产的，人民检察院可以向人民法院提出没收违法所得的申请，公安机关应当写出没收违法所得意见书，移送人民检察院，而不得中止侦查。中止侦查的理由和条件消失后，经侦查机关负责人决定，应当恢复侦查。中止侦查期间，如果犯罪嫌疑人在押，对符合延长侦查羁押期限条件的，应当依法延长侦查羁押期限；对侦查羁押期限届满的，应当依法变更为取保候审或者监视居住措施。

2. 在审查起诉阶段，刑事诉讼的中止表现为中止审查。在审查起诉过程中犯罪嫌疑人潜逃或者患有精神病及其他严重疾病不能接受讯问，丧失诉讼行为能力的，人民检察院可以中止审查。共同犯罪中的部分犯罪嫌疑人潜逃的，对潜逃犯罪嫌疑人可以中止审查；对其他犯罪嫌疑人的审查起诉应当照常进行。但是，根据《刑事诉讼法》第298条的规定，对于贪污贿赂犯罪、恐怖活动犯罪等重大犯罪案件，犯罪嫌疑人、被告人逃匿，在通缉一年后不能到案，或者犯罪嫌疑人、被告人死亡，依照刑法规定应当追缴其违法所得及其他涉案财产的，人民检察院可以向人民法院提出没收违法所得的申请，而不宜中止审查。中止审查应当由办案人员提出意见，公诉部门负责人审核，报请检察长决定。中止审查的情况消失后，报请检察长决定，恢复审查起诉。

3. 在审判阶段，刑事诉讼的中止表现为中止审理。《刑事诉讼法》第206条第1款规定："在审判过程中，有下列情形之一，致使案件在较长时间内无法继续审理的，可以中止审理：（一）被告人患有严重疾病，无法出庭的；（二）被告人脱逃的；（三）自诉人患有严重疾病，无法出庭，未委托诉讼代理人出庭的；（四）由于不能抗拒的原因。"出现上述情形，人民法院决定中止审理的，应当使用裁定。

示例10－1　张某甲等故意伤害案

在张某甲等故意伤害案件，对于患病的被告人张某乙，裁判文书指出："因被告人张某乙患×××病尚在住院治疗，无法出庭，致使本案无法继续审理。依照《中华人民共和国刑事诉讼法》第二百条第（一）项及《最高人民法院关于适用〈中华人民共和国刑事诉讼法〉的解释》第二百五十七条第一款之规定，裁定如下：本案中止审理。"[1]

有多名被告人的案件，部分被告人具有《刑事诉讼法》第206条第1款规定情形的，人民法院可以对全案中止审理；根据案件情况，也可以对该部分被告人中止审理，对其他被告人继续审理。对中止审理的部分被告人，可以根据案件情况另案处

---

〔1〕 安徽省黄山市徽州区人民法院《刑事裁定书》（〔2014〕徽刑初字第00003号），北大法宝引证码：CLI. C. 2315759。

理。《最高法解释》规定，被告人在自诉案件审判期间下落不明的，人民法院应当裁定中止审理。被告人到案后，应当恢复审理，必要时应当对被告人依法采取强制措施。中止审理的裁定应当通知同级人民检察院或者自诉案件的对方当事人，中止审理的原因消失后，应当恢复审理，中止审理的期间不计入审理期限。

三、刑事诉讼的中止审理与延期审理的区别

刑事诉讼的中止审理是刑事诉讼的中止最主要的一种表现形式，具体来说，是指人民法院在审判案件过程中，因发生某种情况影响了审判的正常进行而决定暂停审理，待其消失后，再行开庭审理。这里我们要特别注意区分中止审理和延期审理这两种不同的程序。

延期审理，是指在法庭审判过程中，遇有足以影响审判进行的情形时，法庭决定延期审理，待影响审判进行的原因消失后，再行开庭审理。延期审理主要有以下三种情况：(1)需要通知新的证人到庭，调取新的物证，重新鉴定或者勘验的；(2)检察人员发现提起公诉的案件需要补充侦查，提出建议的；(3)由于当事人申请回避而不能进行审判的。

刑事诉讼中的中止审理与延期审理的差异主要体现在三个方面：(1)时间不同。延期审理仅适用于法庭审理过程中，而中止审理适用于人民法院受理案件后至作出判决前；(2)原因不同。导致延期审理的原因是诉讼自身出现了障碍，而导致中止审理的原因是出现了不能抗拒的情况；(3)再行开庭的可预见性不同。延期审理的案件，再行开庭的时间可以预见，但中止审理的案件，再行开庭的时间往往无法预见。

第二节 刑事诉讼的终止

一、刑事诉讼的终止之概念与意义

刑事诉讼的终止，是指在刑事诉讼过程中，因为出现了某种法定的情况，导致诉讼不必要或者不应当继续进行，从而结束诉讼的制度。

刑事诉讼的终止同样适用于刑事诉讼的各个阶段，如公安机关在立案阶段，如果发现犯罪嫌疑人的罪行已过追诉时效的，应当作出不立案的决定，从而终止诉讼的进程；又如在审判阶段，如果被告人死亡的，即使证明被告人确实有罪，也要终止审理。法律设计了刑事诉讼的终止这样一种制度，其意义与刑事诉讼的中止比较类似，主要目的是提高诉讼效率，对于不必要使得诉讼继续进行下去的情况，及时地结束诉讼进程，这样既可以使当事人特别是被追诉人及时摆脱讼累，又可以使公安司法机关避免无效劳动，提高司法资源的利用效益。当然，这样做的最大好处还是保障了犯罪嫌疑人、被告人的合法权益。

二、刑事诉讼的终止之条件与程序

《刑事诉讼法》第16条规定了刑事诉讼的终止的适用条件，即有下列情形之一的，不追究刑事责任，已经追究的，应当撤销案件，或者不起诉，或者终止审理，或者宣告无罪：(1)情节显著轻微、危害不大，不认为是犯罪的；(2)犯罪已过追诉时效期限的；(3)经特赦令免除刑罚的；(4)依照刑法告诉才处理的犯罪，没有告诉或者撤回告诉的；(5)犯罪嫌疑人、被告人死亡的；(6)其他法律规定免予追究刑事责任的。

需要指出的是，2012年修改《刑事诉讼法》时规定了"犯罪嫌疑人、被告人逃匿、死亡案件违法所得的没收程序"。据此，对于贪污贿赂犯罪、恐怖活动犯罪等重大犯罪案件，被告人死亡，依照《刑法》规定应当追缴其违法所得及其他涉案财产的，公安司法机关应当适用该程序继续进行诉讼活动，而不得终止诉讼。2018年修改《刑事诉讼法》时又规定了"缺席审判程序"。被告人死亡的，人民法院应当裁定终止审理，但有证据证明被告人无罪，人民法院经缺席审理确认无罪的，应当依法作出判决；人民法院按照审判监督程序重新审判的案件，被告人死亡的，人民法院可以缺席审理，依法作出判决。

这里需要特别注意的是，遇到上述法定的六种情况在不同的诉讼阶段有不同的处理方法：(1)在立案阶段，如果是公诉案件，公安机关和检察院应作出不立案决定。如果是自诉案件的，法院应当不予受理；(2)已经立案，在侦查阶段，侦查机关应当撤销案件；(3)在审查起诉阶段，检察院应当作出不起诉的决定；(4)在审判阶段，有宣告无罪和终止审理两种处理。对于情节显著轻微、危害不大，不认为是犯罪的，应当判决宣告无罪；对于被告人死亡的，根据已查明的案件事实和认定的证据材料，能够确认被告人无罪的，应当判决宣告被告人无罪。对于其他情形，应当裁定终止审理。

三、刑事诉讼中的终止审理与中止审理的区别

刑事诉讼中的终止审理是刑事诉讼的终止最主要的一种表现形式，具体来说，其是指人民法院在审判案件过程中，遇有法律规定的情形致使审判不应当或者不需要继续进行时终结案件的诉讼活动。终止审理的法定情形是《刑事诉讼法》第16条第2款至第6款规定的内容。中止审理和终止审理这两种不同的程序很容易混淆，我们要特别注意区分。

刑事诉讼中的终止审理与中止审理的差异主要表现在以下两个方面：(1)原因不同。终止审理缘于审理中出现不应当或者不需要继续进行的情形，而中止审理则是因为出现了使得案件无法继续审理的不可抗拒的情况。(2)法律后果不同。中止审理只是暂停诉讼活动，一旦中止原因消失，即应恢复审理，而终止审理后，诉讼即告终结，不再恢复。

第十一章 刑事证据

导读

法谚云:“证据者,诉讼之本也。”刑事诉讼中,全部诉讼活动所涉及的证据收集、举证、质证、采信或排除等问题,实际都是围绕证据收集和运用展开。侦查机关立案侦查、检察机关批准逮捕和审查起诉都必须立足于证据,法院对案件的审理也主要是围绕证据的审查判断进行。因此,证据是司法机关正确进行刑事诉讼活动的基础,是正确、及时揭露、证实犯罪和无辜的人不受追究的保证。随着现代高科技的发展,鉴定意见、电子数据等新型证据的涌现以及专家辅助人的引入,正在深刻地改变着刑事证据法。

第一节 刑事证据概述

一、证据的概念

证据这一概念是证据法学的基础概念,也在整个刑事诉讼法学体系中有着重要的地位。传统意义上,我们所说的证据是指:(1)据实证明,据史考证,如《后汉书·谬彤传》:“时县令被章见考,吏皆畏惧自诬,而彤独证据其事”;(2)用以证明的凭据,如《宋书·礼志》:“郑玄于礼特明,皆有证据”。[1] 在法学语境下,证据的概念却曾引发诸多争议。许多刑事诉讼法学者曾经给出不尽相同的证据定义,主要可以分为事实说、根据说、材料说、信息说、方法说、事物说等几大观点。这些学说体现了不同的思考逻辑、表述方式与考量角度,既有共识也有分歧。

从法律规定来看,多数国家并未规定证据的概念,但我国《刑事诉讼法》第50条作出了如下明确规定:用于证明案件事实的材料,都是证据。证据包括:(1)物证;(2)书证;(3)证人证言;(4)被害人陈述;(5)犯罪嫌疑人、被告人供述和辩解;(6)鉴定意见;(7)勘验、检查、辨认、侦查实验等笔录;(8)视听资料、电子数据。证

[1] 辞海编辑委员会:《辞海》,上海辞书出版社1989年版,第440页。

据必须经过查证属实，才能作为定案的根据。[2]

由此可见，我国《刑事诉讼法》将证据定义为一种材料。这里的"材料"是证据内容与证据形式的统一。其中，证据内容指的是事实材料，也就是与案件事实有关的情况；证据形式指的是证据的表现形式，即证据载体，又可称为证明手段。证据内容如果不依附于证据载体，就无法以特定的形式进入刑事诉讼程序；证据载体如果不含有证据内容，就不能起到证明的作用。换言之，证据这一种"用于证明案件事实的材料"，是证据事实与证据载体相统一的表述。

二、刑事证据的属性

属性是指事物固有的本性，即属于实体的本质方面的特性。证据的属性是指证据之所以为证据，其内在的规定性。证据属性的问题在英美法系与大陆法系中各有一套理论体系。

大陆法系通常将证据属性表述为证据能力与证明力。所谓证据能力，亦指证据资格，是指某一材料能否在严格证明中用来证明控辩双方所主张的，并且需要由事实裁判者加以判断的事实，也就是有无充当证据的资格。所谓证明力，又被称为证据价值，是指证据在认定事实上有无证明作用以及有多大的证明作用。

我国通说认为，英美法系通常将证据属性表述为证据的关联性和可采性。[3] 但实际上，很少有英美法系的教科书或者学者讨论证据的属性，而是将重点放在证据规则。如果说英美法系有证据属性一说，则主要指的是证据的可采性，这是与陪审团审判（非职业法官审判）相适应的，主要解决的是哪些证据在审判中可以被采用，也叫作容许性或许容性。可采证据，就是指提交法庭的证据具有法庭或者法官极有可能接受它的属性，也就是允许其在法庭上提出并展示给事实裁判者的资格。英美法系的证据规则十分发达，包括证据的关联性规则、排除规则等在内的一系列规则主要解决的都是可采性的问题，[4] 即通常说的"证据资格"，而不是解决证明力大小的问题。

---

[2] 1996年《刑事诉讼法》第42条规定，证据是"证明案件真实情况的一切事实"。2012年《刑事诉讼法》以证据材料说代替证据事实说，其意义在于证据概念与证据分类规范相协调，使得证据的内容和形式统一起来，避免了原法第42条的逻辑矛盾：其第1款讲证据是事实，第2、3款却实际指的是材料。

[3] 关联性通常指证据必须与案件的待证事实有关，从而具有能够证明案件待证事实的作用。关联性在英美法系被认为是一种十分重要的基础性的证据规则，我国通说认为，关联性既是英美法系证据法的基本属性之一，也是一项证据规则。参见陈光中主编：《证据法学》（第3版），法律出版社2015年版，第144、237页。

[4] 在英美法系，关联性规则是关于证据的可采性的基础性规则。这一规则有两方面的设立目的：其一，英美法系实行陪审团制度，陪审员是没有法律基础的普通公民。关联性规则能够防止当事人将与案件没有联系的证据提交陪审团，对陪审团产生诱导或者误导；其二，英美法系实行当事人主义，证据由都由双方当事人提出。关联性规则可以防止双方提出太多不必要的证据，导致案件审判旷日持久，影响效率。

我国刑事诉讼法学界,关于证据属性问题一直存在争议。目前学界的通说为三性说,即证据的属性可分为客观性、关联性与合法性。近年来,有的学者提出用大陆法系的证据能力、证明力理论代替三性说,有的学者提出将其改良为客观性、关联性和可采性,有的学者则对三性说的科学性提出了质疑,这些讨论无疑有助于深化证据法的基本理论。虽然有了不同的学说,但至今仍然没有一种学说有充分的说服力来替代三性说而成为大家普遍接受的通说,在司法实践中主要也是参考三性说对证据进行审查判断。在此,对三性说进行介绍。

(一)证据的客观性

证据的客观性,也可称为真实性、确实性,它指的是证据必须是客观存在的事实材料。证据的客观性要求证据不能是主观臆测,必须是客观存在的。如梦境中经历的事情,只是人脑对现实经历加工的产物,并非客观存在的事件,违背了证据的客观性要求,因此不能作为诉讼法上的证据来使用。

《刑事诉讼法》第50条第1款规定:"用于证明案件事实的材料,都是证据。"从诉讼原理来看,证据必须经过法定程序上的审查判断才能辨别真伪。换言之,在法院认定证据的客观性之前,证据是否符合客观事实是无法判断的。在证据收集过程中,就可能出现"真证据"与"假证据"。从语言逻辑角度来看,这些证据收集阶段获得的或真或假的材料,都属于证据。因此,法律仅仅将证据定义为"用于证明案件事实的材料",而并未将客观性要求涵摄在证据的定义中。但是这并非否认了证据的真实性这一本质属性,《刑事诉讼法》第50条第3款规定:"证据必须经过查证属实,才能作为定案的根据。"不符合客观性的证据,理论上将无法通过证据审查判断程序而成为裁判的依据,即证据只有符合客观性要求,才有推进刑事诉讼,实现公正审判的实质意义。从这一角度来看,客观性仍然是证据的本质属性。

有些学者提出,证据既具有客观性,又具有主观性,是主客观的统一,因为任何证据都不能离开提供和运用证据者的主观意识而独立存在,对同一个对象,不同主体观察所得出的结论可能大相径庭。毋庸讳言,证据经过有关人员的收集,会带有一定的主观因素。某些种类的证据甚至当然地带有个人偏向,如英美法上的专家意见。但实际上,我们所指的客观性并非指排除证据的主观因素,而在于强调证据的真实性,即证据必须是真实的,而不能是虚假伪造的。为了进一步强调客观性的实质意义,不少法律文件中逐步用"真实性"的表述取代了"客观性"。对证据的真实性,应当综合全案证据进行审查。

(二)证据的关联性

证据的关联性,又称相关性,是指证据事实与案件事实存在客观上的内在联系性,从而起到证明作用。即证据必须与待证的案件事实有内在联系,这种内在联系具体表现为,证据应当是证明待证的案件事实的全部或一部分。如《布莱克法律词典》中的定义:"关联性是指证据具有的可用来判断诉讼双方当事人所争议事项的真伪品质。关联性是指那种有助于证明有关假设的属性,这种假设一旦成立,将从逻

辑上影响争议事项。"[5]按照证据法的理论,下列证据被认为不具有关联性而应当被排除:

1. 品格证据。品格证据是指能够证明一个人的某些品格或品格特征,并推论其依照该品格或品格特征行事的证据。在英美法系,被告人可以提交能够证明其良好品格的证据;而控方不得提交证明被告人曾经有过当前指控犯罪以外的不端行为的证据。无论其他不端行为发生在当前指控犯罪之前还是之后,也不论其是否涉及刑事犯罪。换言之,英美证据法否认不良品格证据的关联性,这一规定的核心是避免品格证据可能带来的偏见给审判者以事实判断的误导。

2. 类似行为证据。即被告人曾实施的某一相似行为与他在当前实施的行为通常没有关联性。在刑事诉讼中,不能因为犯罪嫌疑人曾经实施过某种违法行为,就断定其在本案中实施了同种违法行为。与品格证据排除类似,排除类似行为证据的目的也是为了消除不公正的偏见。

3. 特定的诉讼行为。例如,被告人曾经作出有罪答辩,后来又撤回的,不得作为不利于被告人的证据采纳。

4. 特定的事实行为。例如,在某一事件发生后,被告人实施补救措施等事实,一般情况下不得作为行为人对该事件有负责的证据。

从关联性的构成来看,它可以包括两个要素:一是证明性;二是实质性。所谓证明性,又可以称逻辑上的相关性,是指证据及其所包含的证据事实的成立,足以使另一事实的成立变得更加可能或者可能性更小一些。所谓实质性,又称为法律上的相关性,是指证据所证明的事实与实体法上的诉讼主张有直接的联系,也就是说该证据的存在足以支持公诉方的某一主张,或者与被告方的抗辩事由具有一定的联系。[6]

我国法律和司法解释并未明文规定证据的关联性,但是体现了其精神。如《最高法解释》规定,对证据的证明力,应当根据具体情况,从证据与待证事实的关联程度、证据之间的联系等方面进行审查判断。这里规定了需要对证据的关联性进行审查判断。控辩双方申请证人出庭作证,出示证据,应当说明证据的名称、来源和拟证明的事实。法庭认为有必要的,应当准许;对方提出异议,认为有关证据与案件无关或者明显重复、不必要,法庭经审查异议成立的,可以不予准许。这表明庭审中出示的证据应当与本案具有关联性,否则法院可以不予准许出示证据或证人出庭。控辩双方的讯问、发问方式不当或者内容与本案无关的,对方可以提出异议,申请审判长制止,审判长应当判明情况予以支持或者驳回;对方未提出异议的,审判长也可以根据情况予以制止。即庭审中质询的证据应当与本案有关联性,否则法院可以制止双方发问,不予调查。

---

[5] Black's Law Dictionary (5th ed.), p. 1160.

[6] 参见陈瑞华:《刑事证据法学》,北京大学出版社2012年版,第84页。

(三)证据的合法性

证据的合法性,即指证据的形式以及证据收集的主体、方法和程序应当符合法律的规定,并且证据必须经过法定的审查程序,其中重点强调证据收集手段、方法的合法性。《刑事诉讼法》第52条规定:"审判人员、检察人员、侦查人员必须依照法定程序,收集能够证实犯罪嫌疑人、被告人有罪或者无罪、犯罪情节轻重的各种证据。严禁刑讯逼供和以威胁、引诱、欺骗以及其他非法方法收集证据,不得强迫任何人证实自己有罪……"一般认为,该条文是证据的合法性要求在刑事诉讼法典上的体现。证据合法性是证据的客观性、关联性的法律保障,有利于确保办案质量和实现诉讼正义。

有的学者将合法性等同于英美法系中证据的可采性,这样的对应并不全然正确。合法性与可采性尽管存在一定的相似,但是仍然存在不少差异。合法的证据并不必然可以采纳,譬如不符合关联性的证据、重复证据等;可采的证据也不必然合法,譬如非法证据排除规则的例外。

一般来说,合法性是可采性的前提,即可以采纳的证据应该都是合法的,非法证据应当予以排除。但是实践中,非法证据排除规则存在诸多例外。在英美法系,主要有这样一些例外规则:(1)必然发现证据规则(inevitable discovery),不管是否非法取证,该证据必然可以发现。(2)善意规则(good faith),搜查本身是非法的,但是该搜查为警察善意为之。[7] (3)独立来源规则(independent source),存在非法取证行为,但是证据的获取同时来自独立的、合法的渠道。例如警察非法搜查发现违禁品,但是并未当场扣押,事后合法持证搜查,并且扣押违禁品。(4)稀释规则(Attenuation),虽然证据源头是被"污染"的非法证据,但经历多次转接,最终派生的证据与源头非法证据的联系已经非常微弱,故无须排除。

因此,并非所有的非法证据都会必然进行排除,法官需要综合考虑法律规定、案件情况等因素后决定某项非法证据是否可采。我国已经确立了非法证据排除规则,而对于是否排除非法证据,除了合法性,还要综合考量文化传统、刑事政策等多种因素,往往是一种利益衡量的结果。例如法律规定了禁止取证中的威胁、引诱、欺骗,但并不意味着威胁、引诱、欺骗获得的证据材料一概排除,法官对于非法证据的排除显然具有一定的裁量的权利。

示例11-1 章国锡案

宁波市中级人民法院二审,对证据的采信问题做出如下认定:关于章国锡审判前供述可否作为定案的根据。一审期间,被告人及其辩护人提出章国锡审判前供述是非法取

[7] 在著名的辛普森案中,警察未取得搜索票,就前往辛普森家宅进行搜查,并且在辛普森家中取得了血手套、血迹等证据。辩方认为这些证据应当作为非法证据排除,而警方则以前往辛普森家宅并非为了搜查证据,而是为了"告知"一位亡妇的前夫为理由进行抗辩。该案中,警方抗辩的依据就是善意规则。

得,并提供了章国锡在侦查阶段审讯时受伤的线索。法庭调取并查看了看守所体表检查登记表,要求公诉人提供章国锡同步审讯录像等证据,以查明原因,但公诉机关拒绝提供。原审法院据此认为公诉机关提供的现有材料不足以证明其获取章国锡有罪供述的合法性,章国锡有罪供述在未排除非法获得的情况下,无法作为定案根据,因而未认定相关事实的做法,符合法律、司法解释规定。鄞州区人民检察院就此提出的抗诉理由尚不充分,不予采信。二审期间,检察机关提请行贿人周某、史某出庭作证,提交了行贿人史某的同步审讯录像、章国锡同步审讯录像以及侦查人员关于讯问过程合法性的证言。经合议庭、出庭检察员、辩护人共同观看同步审讯录像,确认本案线索来源正常,侦查机关系根据史某的交代而调查章国锡,章国锡右上臂小面积皮下淤血、皮肤划伤2cm并非刑讯逼供所致。章国锡并非在刑讯逼供的情况下作出有罪供述。宁波市人民检察院出庭检察员提供的证据足以证明侦查机关获取章国锡供述的合法性。故原审中涉及的前述相关问题已经解决,章国锡审判前的有罪供述可以作为证据采用。[8]

三、刑事证据法的帝王条款:证据裁判主义

证据裁判主义,又称为证据裁判规则、证据裁判原则,是指对案件事实的认定必须以证据为根据;没有证据不能认定案件事实。它包括三个方面的要求:(1)裁判所认定的案件事实必须以证据为依据;(2)裁判所依据的证据是具有证据能力的依据;(3)作为综合裁判所依据的证据,必须达到法律规定的证明标准。该原则被视为证据规定中的帝王条款,并认为它有效支配着刑事诉讼中所有犯罪事实的认定。[9]如我国台湾地区"刑事诉讼法"第154条规定:"犯罪事实应依证据认定之,无证据不得认定犯罪",从而直接地反映出了有证据才能认定被告人的犯罪事实,体现了无罪推定的精神。

实行职权主义的大陆法系国家普遍奉行证据裁判主义。大陆法系国家在强调法官依职权调查证据的同时,一般都规定了严格的证据调查程序,一方面,要求裁判必须依靠证据;另一方面,严格规范法官调查证据的程序,以规范法官权力的行使,并最终达到发现事实真相的要求。因此,大陆法系国家的法律大都明文规定了证据裁判主义,如日本《刑事诉讼法》第317条规定:"认定事实应当根据证据。"这一规定被认为是立法上对证据裁判主义的经典表述。

我国的立法和司法也遵循了证据裁判主义。《刑事诉讼法》第55条规定:"对一切案件的判处都要重证据,重调查研究,不轻信口供。只有被告人供述,没有其他证据的,不能认定被告人有罪和处以刑罚;没有被告人供述,证据确实、充分的,可以认定被告人有罪和处以刑罚。"《刑事诉讼法》第200条规定:"在被告人最后陈述后,审判长宣布休庭,合议庭进行评议,根据已经查明的事实、证据和有关的法律规定,

---

〔8〕 浙江省宁波市中级人民法院《刑事判决书》(〔2011〕浙甬刑终字第288号),北大法宝引证码:CLI.C.1334520。

〔9〕 参见林钰雄:《刑事诉讼法(总论编)》,台湾学林文化出版社2003年版,第400页。

分别作出以下判决……"可以说,尽管我国《刑事诉讼法》没有明确规定这一原则,但相关条文已经包含了证据裁判主义的内容,体现了证据裁判主义的精神。值得注意的是,2014 年的《中共中央关于全面推进依法治国若干重大问题的决定》明确指出了"全面贯彻证据裁判规则",并以此作为当前完善诉讼制度的一个重要方向。

按照《最高法解释》,证据裁判主义有以下三个方面的实施要求:(1)认定案件事实,必须以证据为根据。根据这一规定,裁判事实必须根据证据加以认定。(2)审判人员应当依照法定程序收集、审查、核实、认定证据"。据此,作为定案根据的证据,必须具有法定的证据资格。(3)证据未经当庭出示、辨认、质证等法庭调查程序查证属实,不得作为定案的根据,但法律和本解释另有规定的除外。据此,证据只有经过法庭调查程序才能成为裁判的依据。

四、刑事证据法的理论基础

对于刑事证据法的理论基础,我国理论界有所争议。在我国证据法研究的早期,仅将辩证唯物主义认识论作为理论基础。而近年来,学者们提出了认识论与价值论说;认识论与程序正义说;形式理性与程序正义说;认识论、价值论和概率论说等。在此,本章以较多学者认同的认识论与价值论作为刑事证据法的理论基础。

(一)认识论

认识论是关于人类认识自然、社会和具体事物的一般规律的科学,具体包括可知论和真理论两方面。其中,可知论认为世界是可以为人所认识的,世界上只有尚未被认识的事物,不存在不能认识的事物;真理论认为真理是符合客观实际的认识,是绝对性与相对性的辩证统一。在一定范围内,真理既具有相对性,又具有绝对性,二者互相联系渗透,相对之中有绝对,绝对值中有相对。只有把认识、思维同客体、客观联系起来的实践,才是检验真理的唯一标准。

诉讼认识论则是一般认识论原理在诉讼中的运用,与辩证唯物主义认识论是一般与特殊的关系。诉讼认识论受辩证唯物主义认识论的指导,也有自身的特殊性。譬如,诉讼认识的主客体是特定的。哲学上的认识主体是社会生活中的人;诉讼认识的主体是公安与司法机关及其工作人员,还有当事人及其法定代理人、诉讼代理人、辩护人等诉讼参与人。哲学上的认识客体是指客观存在的事物与规律,诉讼认识上的客体则是案件事实。

(二)价值论

哲学上认为价值反映了主体与客体的关系,是指主体对客体的需要和客体满足主体需要的程度。价值关系不仅发生在人与物之间,也发生在人与人之间以及其他一切可能的对象性关系中。[10] 诉讼价值则是指诉讼活动及其结果满足民众、社会和国家之需要的程度。作为证据制度基础理论的价值论主要包括程序正义、人权保

---

〔10〕 关于价值的概念,参见李德顺:《价值论》,中国人民大学出版社 2007 年版,第 27 页。

障、秩序、效率四个方面。

1. 程序正义

程序正义又被称为"正当程序",最早关于程序正义的规范表达可追溯至1215年英国《自由大宪章》,其中第39条规定:"凡自由民,如未经其同级贵族之依法裁判,或经国法判决,皆不得被逮捕和监禁,没收财产,剥夺法律保护权,流放,或加以任何其他损害。"现代法治是以程序正义为基本理念的,法律程序标志着一个国家的法制文明程度,法律程序的公正与否,在很大程度上决定了法治能否实现。程序正义在诉讼价值中居于重要位置,对证据制度的影响也很大。

现代证据法领域之所以重视程序正义,主要基于以下两方面的理由:(1)程序正义是通过证据实现公正司法的需要。程序可以保证刑事审判中证据运用的公正性、合理性,确保被告人的诉讼权利得到维护,可以使裁判者从不同甚至相反的角度认识案件事实真相,从而实现通过证据发现实体真实,并最终实现公平的定罪和量刑。(2)程序正义对于证据法的独立性价值。程序正义使那些受裁判结局直接影响的人与代表国家进行追诉和裁判的司法官员一起,拥有平等的诉讼主体地位,能够平等地运用证据并展开理性的辩论、说服和交涉,以对裁判结果发挥积极的影响和作用,而不是被动地等待官方对自己命运的判定,消极地听从国家权力机构对自己权益的处置,由此使其作为人的尊严得到承认和尊重。例如辛普森案显示出程序正义对于证据法的关键性价值。

示例11-2 辛普森案

在该案的审判中,对于相关证据问题的争议可谓一波三折。由于警方的几个重大程序问题,导致有罪证据被排除而不能达到排除合理怀疑的证明标准,辛普森最终被宣告无罪。辛普森的律师团紧紧抓住了警方取证程序的不合法做文章:(1)警方在未取得搜查证的情况下对辛普森住宅进行非法搜查。[11] (2)警方在抽取辛普森血样后不久辛普森就出逃了,此血样没有及时送检,导致样本污染的可能性被大大增加。(3)警员福尔曼在侦办此案中直骂"黑鬼",被认为会对案件侦查产生情绪化的影响,等等。这些程序上的漏洞对此案变局产生了决定性的影响。虽然这些问题没有一个能直接证明辛普森无罪,但在陪审团的心证中,它们已经足够让人相信,检方的证据并没有达到无可置疑的标准。最后,陪审团经过4个小时的审议,做出了辛普森无罪的裁决。

2. 人权保障

《刑事诉讼法》第2条明确写入了"尊重和保障人权",其中的重点是尊重和维护当事人特别是被追诉人的诉讼权利。在人权保障的要求下,我国《刑事诉讼法》设

---

〔11〕 西方有句民谚:"风能进,雨能进,国王不能进。"私人住宅在美国是神圣不可侵犯的领域,非法入侵住宅收集的证据即为非法证据。

立了诸多保障诉讼参与人权利的制度。如《刑事诉讼法》第 12 条,未经人民法院依法判决,对任何人都不得确定有罪;《刑事诉讼法》第 52 条,审判人员、检察人员、侦查人员必须依照法定程序,收集能够证实犯罪嫌疑人、被告人有罪或者无罪、犯罪情节轻重的各种证据,严禁刑讯逼供和以威胁、引诱、欺骗以及其他非法方法收集证据,不得强迫任何人证实自己有罪;《刑事诉讼法》第 193 条,经人民法院通知,证人没有正当理由不出庭作证的,人民法院可以强制其到庭,但是被告人的配偶、父母、子女除外,等等。这些条款都与刑事证据法密切相关。

3. 秩序

秩序是自然界和人类社会的关系处于相对稳定、和谐、连续的状态,它也是刑事证据法所追求的基本价值之一。秩序的价值一方面要求诉讼程序能够起到惩罚犯罪、维护社会秩序、解决社会纠纷、恢复被破坏的社会关系的作用,另一方面也要求刑事诉讼程序本身应当是合理有序的,不能在诉讼程序中产生新的混乱,从而应当理性应对犯罪。例如调查取证的方法便与秩序紧密相关,不择手段的取证方法不仅不能恢复被犯罪破坏的秩序,反而会对秩序造成新的损害。

4. 效率

效率的基本含义是以最小的资源消耗取得同样多的效果或以同样的资源消耗取得最大的效果。司法资源的总量是有限的,从而要求我们必须设计合理的程序制度,优化司法资源分配,提高诉讼效率,减少司法资源浪费。在这一理念下,诉讼法设计了诉讼期间制度、案件审限制度、证据收集与保全的及时性要求等。追求诉讼效率与发现案件事实真相之间一致时当然是最佳状态,但两者存在矛盾也是时常发生的现象。当发现案件事实真相与追求诉讼效率产生冲突时,应坚持“公平、公正优先,兼顾效率”的基本原则。

第二节　刑事证据的种类

证据的种类,也称为证据的法定形式,是指法律规定的证据的不同表现形式。《刑事诉讼法》第 50 条第 2 款规定,刑事诉讼中的证据包括:(1)物证;(2)书证;(3)证人证言;(4)被害人陈述;(5)犯罪嫌疑人、被告人供述和辩解;(6)鉴定意见;(7)勘验、检查、辨认、侦查实验等笔录;(8)视听资料、电子数据。

实际上,证据的法定形式并非一成不变,它随着社会的发展与司法实践的需要而不断地扩充与变化。我国 1979 年《刑事诉讼法》规定的证据种类只有六种,分别是:(1)物证、书证;(2)证人证言;(3)被害人陈述;(4)被告人供述和辩解;(5)鉴定结论;(6)勘验、检查笔录。随着科学技术的发展,越来越多以录音、录像、计算机硬盘、光盘等形式存在的证据在诉讼实践中出现。传统的物证、书证的形式很难涵盖这些带有新时代科技特征的证据形式。因此,从 1996 年开始,我国立法机关将“视听资料"列为法定的证据种类,2012 年修法又增加了"电子数据"。又如,1996 年《刑事诉讼法》将"鉴定结论"列为法定的证据种类之一,但是"结论"二字带有较强的误导性,让人误以为鉴定人出具的鉴定报告书具有"科学结论"之效力,比其他证据类型更权威、更科学、更可信。实际上,所有的证据都应该经过庭审质证并经法官审查判断之后才能成为定案的根据,不存在绝对科学、正确的证据。因此,2012 年的《刑事诉讼法》将"鉴定结论"修改成了"鉴定意见"。[12]

一、物证

物证的概念有广义和狭义之分。广义的物证指的是以物体为材料的证据,与广义的人证相对应的就是我们通常所说的"实物证据",即以物质形式表现出来的证据。诉讼法上的物证概念是狭义的物证,指以外部特征、存在形式或物质属性证明案件真实情况的物品和痕迹。外部特征是指物品或痕迹的形状、大小、数量、颜色、新旧程度等;存在形式是指物品或痕迹所处的位置、环境、状态等;物质属性是指物品的物理或化学性质、质量、成分、结构、功能等。

物证的范围广泛,刑事诉讼中常见的有以下几种:(1)犯罪使用的工具,如杀人凶器、非法拘禁的绳索、盗窃时使用的撬锁工具等。(2)犯罪时遗留下的痕迹,如犯罪分子遗留在现场的指纹、唾液、血迹等。(3)犯罪侵犯的对象,如杀人的尸体、盗窃的财产、侵占的物品等。(4)犯罪行为产生的物品,如伪造的假币、非法种植的罂粟等。

公安机关在收集物证的过程中,必须依照法定程序,收集能够证实犯罪嫌疑人有罪或者无罪、犯罪情节轻重的各种物证。必须保证一切与案件有关或者了解案情的公民,有客观、充分地提供证据的条件,除特殊情况外,可以吸收他们协助调查。

公安机关收集、调取的物证应当是原物。只有在原物不便搬运、不易保存或者依法应当由有关部门保管、处理或者依法应当返还时,才可以拍摄或者制作足以反映原物外形或者内容的照片、录像或者复制品。物证的照片、录像或者复制品经与原物核实无误或者经鉴定证明为真实的,或者以其他方式确能证明其真实的,可以作为证据使用。原物的照片、录像或者复制品,不能反映原物的外形和特征的,不能作为证据使用。物证的照片、录像或者复制品应当附有关制作过程及原件、原物存放处的文字说明,并由制作人和物品持有人或者物品持有单位有关人员签名。

对物证的审查主要包括物证的收集程序、方式是否符合法律和有关规定,在收集、保管、鉴定过程中是否受损或改变,有无伪造等情况;应当与其他证据进行对照

---

[12] 一般而言,西方国家的证据立法主要是就证据的合法性或证据能力做出明确的限定,并为此确立一些相应的证据排除规则,而几乎没有就证据的法定表现形式做出限制性的规定。有学者就认为,对于证据的载体和表现形式,一旦受到法律的限制,就有可能扼杀证据制度的弹性和活力,使得大量明明记载着证据事实的载体形式被排除于证据范围之外。参见陈瑞华:"证据的概念与法定种类",载《法律适用》2012 年第 1 期。

分析,从中发现矛盾或疑点;必要时,应当经过辨认、检验和鉴定,以便确定物证有无证明力以及证明力的大小。

根据《最高法解释》的规定,以下情形的物证不得作为定案的根据:(1)物证的照片、录像、复制品,不能反映原物的外形和特征的;(2)在勘验、检查、搜查过程中提取、扣押的物证,未附笔录或者清单,不能证明物证来源的;(3)对物证的来源、收集程序有疑问,不能作出合理解释的,该物证不得作为定案的根据。

物证的收集程序、方式有下列瑕疵,经补正或者作出合理解释的,可以采用:(1)勘验、检查、搜查、提取笔录或者扣押清单上没有侦查人员、物品持有人、见证人签名,或者对物品的名称、特征、数量、质量等注明不详的;(2)物证的照片、录像、复制品,未注明与原件核对无异,无复制时间,或者无被收集、调取人签名、盖章的;(3)物证的照片、录像、复制品,没有制作人关于制作过程和原物、原件存放地点的说明,或者说明中无签名的;(4)有其他瑕疵的。

对于刑事案件中的物证,呈现出各种具体的形态。

示例 11-3 莆田浮尸案

2006年9月6日上午10时左右,莆田市秀屿区平海镇村民林某到村里的水渠抽水,突然发现水渠一暗道附近漂浮着一具尸体,尸体已高度腐烂,头部脱落并与躯干分离。该水渠为南北流向,上游为东圳水库,下游为平海等地,现场水位约半米。根据警方检验,死者为女性,身高约1.55米,年龄约在15~20岁,脖子上戴有一块绿色的玉,外穿运动衣,下穿蓝色牛仔裤。根据尸体腐烂程度以及衣着情况,警方初步确定,案发时间应在去年11月至今年的五六月间。女尸的发现地应为抛尸现场,作案现场应在另一个地方。作案人作案后,用塑料编织袋将死者包裹住,运用一定的工具将尸体载到水渠边进行抛尸。山星村水渠比较偏僻,现场交通不便,警方分析,此案熟人作案的可能性较大。而在现场勘查时,警方仅在死者的口袋里发现一把锁匙和几颗塑料米,没有发现钱财或金银首饰等贵重物品,存在以侵财为目的进行杀人的可能性。根据警方公开的信息,该案现场勘查发现的主要物证包括:(1)死者脖子上一块绿色的玉;(2)死者外穿乳白色的运动衣;(3)死者脚穿一双带有红色、银白色及黑色的运动鞋;(4)死者外衣里面一件带帽子的秋衣。

二、书证

书证是以文字、符号、图画等表达的思想或者记载的内容来证明有关案件事实的书面文件或其他物品。从证据载体来看,书证通常表现为书面文件,如信件、文件、裁判文书等书面材料。但是书证也不限于书面文件,有时一些实物也可以成为书证,比如某些写有符号、图画的石块、墙体、金属物等。不论书证有怎样的证据载体,其核心特点是以其记载的内容或者表达的思想来发挥证明作用。也就是说,各种书证所记载的图形、符号、文字等表达了某种证据事实,而这类证据事实与本案的犯罪事实、量刑事实或者程序事实发生了关联性。

在诉讼实践中,物证和书证很容易发生交叉。物证与书证最重要的区别在于,书证是以其记载的内容和表达的思想来发挥其证明作用的,而物证则是以其外部特征、存在场所和物质属性来发挥其证明作用的。一个物品即使是记载有文字、符号、图画等,如果不是以其记载的内容或表达的思想来证明案件事实,它也不是书证而是物证。譬如一份书信,如果侦查人员通过书信内容查明案件事实,则该证据属于书证;如果侦查人员通过对书信进行笔迹鉴定,确认犯罪嫌疑人身份,则该证据属于物证;如果侦查人员既通过书信内容查明案件事实,又通过笔迹鉴定确认犯罪嫌疑人身份,则该证据既是物证也是书证。例如,公安机关在一盗窃案现场收集到犯罪嫌疑人书写的一张字条,收缴了被盗电视剧录像带、DVD 光盘、书籍等,被盗超市提供了被盗物品清单。其中,被盗的电视剧录像带、DVD 光盘、书籍是被盗的赃物,属于以其外部特征、存在形式或物质属性证明案件真实情况的物品,故属于物证。从案例的有限信息来看,本案中的字条应该并非以其内容发挥证据作用,而是以其笔迹用以证明书写人的身份,故也属于物证。而被盗超市提供的物品清单则以其记载的内容来证明有关案件事实,属于书证。

在书证的收集过程中,应当坚持原件优先原则。根据《最高法解释》的要求,据以定案的书证应当是原件。取得原件确有困难的,可以使用副本、复制件。书证有更改或者更改迹象不能作出合理解释,或者书证的副本、复制件不能反映原件及其内容的,不得作为定案的根据。书证的副本、复制件,经与原件核对无误、经鉴定为真实或者以其他方式确认为真实的,可以作为定案的根据。

对书证应当着重审查以下内容:(1)书证是否为原件,是否经过辨认、鉴定;书证的副本、复制件是否与原件相符,是否由二人以上制作,有无制作人关于制作过程以及原件存放于何处的文字说明和签名;(2)书证的收集程序、方式是否符合法律有关规定;经勘验、检查、搜查提取、扣押的书证,是否附有相关笔录、清单,笔录、清单是否经侦查人员、持有人、见证人签名,没有持有人签名的,是否注明原因;书证的名称、特征、数量、质量等是否注明清楚;(3)书证在收集、保管、鉴定过程中是否受损或者改变;(4)书证与案件事实有无关联;(5)与案件事实有关联的书证是否全面收集。

根据《最高法解释》的规定,以下情形的书证不得作为定案的根据:书证有更改或者更改迹象不能作出合理解释,或者书证的副本、复制件不能反映原件及其内容的;在勘验、检查、搜查过程中提取、扣押的书证,未附笔录或者清单,不能证明书证来源的;书证的来源、收集程序有疑问,不能作出合理解释的,该书证不得作为定案的根据。

书证的收集程序、方式有下列瑕疵,经补正或者作出合理解释的,可以采用,这一点类似于物证:(1)勘验、检查、搜查、提取笔录或者扣押清单上没有侦查人员、书证持有人、见证人签名,或者对书证的名称、特征、数量、质量等注明不详的;(2)书证的副本、复制件未注明与原件核对无异,无复制时间,或者无被收集、调取人签名、盖章的;(3)书证的副本、复制件没有制作人关于制作过程和原件存放地点的说明,或者说明中无签名的；(4)有其他瑕疵的。

三、证人证言

证人证言，是指证人就其所了解的案件事实向司法机关所作的口头陈述。证人是指当事人以外的，就自己所知道的案件情况客观地向公安司法机关提供言词证据的人。[13]

(一)证人的资格

在我国，证人应当具备如下条件：

1. 证人是案件的知情人。《刑事诉讼法》第 62 条第 1 款规定，凡是知道案件情况的人，都有作证的义务。换言之，证人应当知晓案件情况，否则可能构成虚假作证。

2. 具有辨别是非、正确表达的能力。《刑事诉讼法》第 62 条第 2 款规定，生理上、精神上有缺陷或者年幼，不能辨别是非、不能正确表达的人，不能作证人。换言之，如果生理上、精神上有缺陷或者年幼，但是能够辨别是非、正确表达仍然可以作为证人。此外，《最高法解释》还规定，处于明显醉酒、中毒或者麻醉等状态，不能正常感知或者正确表达的证人所提供的证言，不得作为证据使用。

3. 证人必须是自然人，法人和非法人组织不具有作证资格。这是因为只有自然人才具有对案件事实的感知、记忆和表达能力，而法人和非法人组织则没有这个能力。实践中，法人和非法人组织提供的有关档案材料、证明文件等材料，属于书证，不属于证人证言。

4. 证人是当事人以外的知情人。按照我国法律规定，证人证言和被害人陈述、犯罪嫌疑人、被告人供述辩解是互相独立的法定证据形式。因此，被害人、被告人、犯罪嫌疑人提供的言词证据都不属于证人证言。

5. 证人具有不可替代性。在诉讼角色上，如果证人角色与法官、检察官、鉴定人等角色发生冲突，则应当优先履行证人义务。同时，因为其不可替代性，证人不适用诉讼法上的回避制度。

需要注意的是，证人不同于见证人。所谓见证人，是指与案件无关，而仅在勘验、检查、搜查、扣押和侦查实验等诉讼活动中，被司法人员邀请在现场观察并为此作证的人。[14] 见证人与证人不同，见证人一般是可以选择和替代的。但是一旦见证人被邀请到现场作证，他就成了了解有关诉讼活动的特定人，具有不可替代性，这

---

〔13〕 我国的证人实际上特指事实证人。在英美法系有专家证人制度，所谓专家证人(expert witness)是指具有专家资格，并被允许帮助陪审团或法庭理解某些普通人难以理解的复杂的专业性问题的证人。

〔14〕 根据《最高法解释》第 67 条规定，下列人员不得担任刑事诉讼活动的见证人：(1)生理上、精神上有缺陷或者年幼，不具有相应辨别能力或者不能正确表达的人；(2)与案件有利害关系，可能影响案件公正处理的人；(3)行使勘验、检查、搜查、扣押等刑事诉讼职权的公安、司法机关的工作人员或者其聘用的人员。由于客观原因无法由符合条件的人员担任见证人的，应当在笔录材料中注明情况，并对相关活动进行录像。

又与证人有了相似之处。所以可以将见证人视为一种“特殊的证人”。

(二)证人作证义务与拒绝作证的特权

作证义务,是指当事人以外了解案件事实的人承担的提供自己所了解的有关案件情况的义务。除了法律规定的以外,了解案件情况的人都负有作证义务。作证义务包括三个方面:

1. 提供证言。在许多案件中,案件的重要情况可能会被当事人以外的第三人感知。这些人对侦查机关、审判机关提供的证言,就成为了证人证言。在案件侦查与审判中,这样的证人证言往往具有重要的意义。如若缺少证人证言,很多案件将无法还原真相,法院也无法做出最公正的判决。因此,证人作证义务的道义基础是整个社会对实现正义的普遍需要,是法律赋予每个公民的责任。

2. 出庭作证。出庭作证,是指证人接受法院的通知出庭陈述自己所感知的有关案件的事实。在庭审中,当公诉人、当事人或者辩护人、诉讼代理人对证人证言有异议,且该证人证言对案件定罪量刑有重大影响,人民法院认为证人有必要出庭作证的,证人就应当出庭作证。无正当理由拒不出庭作证,是不履行或者不适当履行其作证义务的表现,人民法院可强制其到庭或予以训诫;情节严重的,经院长批准,还可予以拘留。

3. 如实作证。证人应当如实作证,如若有意作伪证或者隐匿罪证,则需要承担相应的法律责任。

作为证人作证义务例外的是拒绝作证的特权,也称为作证豁免,即对于负有作证义务的证人,在特殊情形时,法律免除其作证义务的权利。证人作证豁免权的内容,主要表现为以下几个方面:

1. 公务特权。即证人有权就有关公务秘密的问题拒绝回答。对从事公务的人员在职业活动中获取的秘密予以特殊保护,免除其就此作证的义务,这是世界各国的普遍做法。例如,英国法律规定,本国国王(或元首)、外国国王(或元首)、驻外大使、高级专员和外交官,不能被迫作证。我国《刑事诉讼法》对此未做规定。

2. 反对强迫自证其罪特权。即如果证人提供证言,可能使自己或自己的亲属受刑事追究或被判有罪时,就可以免除该证人提供证言的义务。这一原则最早起源于1215年的英国大宪章,后在世界各国中得到普遍确立。我国《刑事诉讼法》第52条规定了“不得强迫任何人证实自己有罪”。

3. 近亲属的免证特权。在我国也称为“亲亲相为隐”的特权,[15]指夫妻之间或者特定亲等的亲属之间,不得就从对方获知的信息作证或作不利于对方的陈述。这

---

〔15〕 我国春秋时期,孔子在《论语·子路》里曾提出,“父为子隐,子为父隐,直在其中矣”。中国历代各朝多以孝治天下,在不同程度上对这一思想有所继承。如《唐律疏议》认为血缘关系是亲属相为隐的基础,同时在较大范围内承认人情的合理性。除谋反、谋大逆与谋叛等重大犯罪外,亲属和同居者可以相隐不告。历代立法者多肯定亲亲相为隐的原则,一直到民国《刑法》仍规定,藏匿犯罪的亲属可减轻处罚。

一特权主要目的是维持人们正常的伦理道德观。我国《刑事诉讼法》第193条规定了，被告人的配偶、父母、子女享有部分拒绝作证特权。即“经人民法院通知，证人没有正当理由不出庭作证的，人民法院可以强制其到庭，但是被告人的配偶、父母、子女除外。”值得注意的是，我国法律规定了被告人的配偶、父母、子女免于强制出庭作证的特权，但并非赋予其完全的拒绝作证权。在侦查阶段，近亲属仍然负有作证义务。在实践中，在庭审阶段，尽管近亲属免于出庭作证，但仍可能通过其他方式履行作证的义务，譬如书面证言、远程视频作证、录音录像作证等。这样的作证方式实际上侵害了被告方对不利于其的证人的对质权，因而颇受争议。

4. 职务上的特权。指证人由于职务上或业务上的保密义务而享有的作证豁免权，它是基于保护特定职务上的社会关系而产生的。例如在日本，医师、牙科医师、助产士、护士、律师、代办人、公证人、宗教在职人或担任过这些职务的人，对由于受业务上的委托而得知的有关他人秘密的事实，有权拒绝提供证言。我国现行法律规定了辩护律师的拒绝作证权。辩护律师因其职业特殊身份，必然拥有更多的机会得知刑事被告人的秘密，如若强制要求辩护律师作证，则违背了其“保护委托人利益”的职业要求，使刑事被告人的合法利益遭受侵害。在我国，辩护律师对在执业活动中知悉的委托人的有关情况和信息，有权予以保密。但是这一权利也存在例外，如果辩护律师在执业活动中知悉委托人或者其他人，准备或者正在实施危害国家安全、公共安全以及严重危害他人人身安全的犯罪的，应当及时告知司法机关。

（三）证人保护与经济补偿

关于证人保护。在刑事案件中，如果证人出庭对犯罪事实进行作证，就有可能受到犯罪分子的报复。因此有必要对证人、鉴定人、被害人出庭作证设计一系列的保护措施。人民法院、人民检察院和公安机关应当保障证人及其近亲属的安全。对证人及其近亲属进行威胁、侮辱、殴打或者打击报复，构成犯罪的，依法追究其刑事责任；尚不够刑事处罚的，依法给予其治安管理处罚。对于危害国家安全犯罪、恐怖活动犯罪、黑社会性质的组织犯罪、毒品犯罪等案件的证人则需要给予更严格的保护措施。证人、鉴定人、被害人因在此类诉讼中作证，本人或者其近亲属的人身安全面临危险的，人民法院、人民检察院和公安机关应当采取以下一项或者多项保护措施：(1)不公开真实姓名、住址和工作单位等个人信息；(2)采取不暴露外貌、真实声音等出庭作证措施；(3)禁止特定的人员接触证人、鉴定人、被害人及其近亲属；(4)对人身和住宅采取专门性保护措施；(5)其他必要的保护措施。如果证人、鉴定人、被害人认为因在诉讼中作证，本人或者其近亲属的人身安全面临危险的，也可以主动向人民法院、人民检察院、公安机关请求予以保护。

关于经济保障。出庭作证是证人的法定义务，这意味着证人无正当理由不得拒绝出庭作证。但是证人出庭往往要承担不小的时间和经济成本。例如：证人前往庭审地点所支付的交通费、因出庭承担的误工费、长途跋涉前往作证的证人还可能需要支付住宿费。这些损失由国家进行补偿是较为合理的做法。《刑事诉讼法》第65条规定：“证人因履行作证义务而支出的交通、住宿、就餐等费用，应当给予补助。证人作证的补助列入司法机关业务经费，由同级政府财政予以保障。”《最高法解释》也规定了证人出庭补助，证人出庭作证所支出的交通、住宿、就餐等费用，人民法院应当给予补助。

四、被害人陈述

被害人陈述，是指受犯罪行为直接侵害的人就其所了解的有关案件的事实向公安司法机关所作的陈述。由于被害人与案件具有直接的利害关系，因此被害人陈述相比于证人证言有以下特点：

1. 内容具体真切。被害人是受到犯罪行为直接侵害的人，因此，他们对犯罪过程往往记忆犹新，对犯罪行为的描述也更为具体，能够较为完整、详实地还原案件经过。

2. 陈述内容容易夸大其词。被害人与案件诉讼结果存在直接的利害关系，他们往往希望能够严惩犯罪嫌疑人，或者获得更多的补偿利益。因此被害人在陈述中会自觉或不自觉地夸大受害过程，有时甚至诬告陷害。

3. 被害人陈述往往包含三部分内容：一是对案件事实的陈述；二是对案件事实的分析判断；三是诉讼请求。其中，并非所有内容都有证据价值。

被害人陈述的特点表明，一方面，被害人陈述有着非常重要的证据价值，对于还原案件事实、证实犯罪有着难以替代的作用；另一方面，被害人陈述也存在夸大其词的可能。比起一般的证人证言，被害人因其利害关系而使得其证言有更明显的倾向性。公安司法机关在审查被害人陈述时，应当依照法定程序认真仔细地询问被害人，厘清陈述中有证据价值的部分，并核实证言的真实性与准确性。

示例 11-4 安乐抢劫案

2001年6月29日下午5时许，出租汽车司机杨志强驾驶他的红色夏利车行至西直门附近时，上来一位乘客，说要去个没人的地方。杨志强还以为乘客和他开玩笑。且小伙子又白又瘦，北京口音，杨志强没有一点儿戒心地和乘客搭讪着。乘车男子告诉杨志强，自己是越狱出来的，身上有伤，又从身上掏出一把手枪用衣服擦拭着。杨志强吓出了一身冷汗，只得按男子的指引顺从地往前开。车行至中华民族园附近时，乘车男子终于让杨志强停车，强行索要400元后离开。杨志强随即拨打“110”报警，亚运村交通中队两名民警事后将该男子抓获。在亚运村派出所，民警对二人分别进行了询问。经查，抢劫男子名叫安乐，不满20岁，无业。当即，民警还从安乐身上搜出了作案时使用的仿真手枪式打火机及事主杨志强被抢的400元。预审中安乐曾对上述事实供认不讳。他说是想学电影里的样子，拿枪向别人要钱。那天，他从家里准备沾了红药水的纸巾，捂在右肋处，出演了上述一幕。一审法院以抢劫罪，判处安乐有期徒刑四年。

安乐不服判决提出上诉。其间，被害人杨志强陆续向法院提交了三份“事情经过”说明，一再证明“安乐没有讲拉他去没人的地方，没有讲是越狱出来的，没有在车上打手机，没有在车上拿枪……”。新的证言推翻了杨志强自己在一审期间告发的安乐实施抢劫的所有细节，杨志强还道出了“事实真相”是因自己未使用计价器，安乐要求以一罚十，双方发生争执。因害怕安乐到公司投诉，杨志强只得给了他400元。事后杨志强又觉得太窝囊了，所以向巡警报了假案。上诉以后，安乐也推翻了自己以前的供述，一口咬定并未实施抢劫行为，二人间冲突属民事纠纷。案件的主要证据发生了根本变化，上诉案件被移送到北京市人民检察院第二分院审查。

经调查发现，一审开庭以后，安乐的父亲安平云及二审辩护律师铁振铎便与杨志强有了联系。为了让安乐逃避法律制裁，安平云和铁振铎几次对杨志强做工作，草拟“事实经过”材料让其改变证词，并分数次给了杨2500元，还允诺事后再给补偿。而杨志强觉得自己也没受到损失，又不忍心安乐为400元坐四年牢，所以动了“恻隐之心”。11月20日，法院对安乐上诉案作出终审裁定：驳回上诉，维持原判。[16]

五、犯罪嫌疑人、被告人供述和辩解

犯罪嫌疑人、被告人的供述和辩解，一般又称为“口供”、“自白”，是指犯罪嫌疑人、被告人就其被指控的犯罪事实和其他有关情况，向公安司法机关所作的陈述，通常包含以下三种情形：

1. 供述。即犯罪嫌疑人、被告人对被指控的犯罪事实表示承认，并如实陈述他实施犯罪的全部事实和情节。

2. 辩解。即犯罪嫌疑人、被告人否认自己实施了犯罪行为或者虽然承认犯罪，但辩称依法不应当追究刑事责任或者应当从轻、减轻或者免除处罚等。

3. 对共犯的检举。即犯罪嫌疑人、被告人揭发、检举他人犯罪行为的陈述。对共犯检举的事实应当是与本人所参与的共同犯罪有关的事实。如果犯罪嫌疑人、被告人检举的是共犯另外实施的，与本人所参与的共同犯罪无关的犯罪事实或者其他人的犯罪事实，则不属于这里的“对共犯的检举”，而属于证人证言。

犯罪嫌疑人、被告人也是与本案有着直接利害关系的人，其供述和辩解有着以下特点：

1. 可以全面直接地反映案件事实。不论犯罪嫌疑人、被告人所作的是有罪供述还是罪轻辩解，都会提供与案件相关的大量事实信息，包括犯罪动机、犯罪过程、犯罪结果等；而对于无罪辩解，尽管犯罪嫌疑人、被告人否认了犯罪行为的实施，但是仍然会提供案件相关的事实，这些都属于刑事诉讼中的重要证据，对于案件侦查与审判有着关键性作用。

2. 存在虚假的可能性。犯罪嫌疑人、被告人为了减轻罪责，很可能会作出虚假陈述，编造谎言，掩盖事实真相。也有一些犯罪嫌疑人、被告人因公安司法机关的刑讯逼供而被迫作出与事实相左的陈述。

3. 具有不稳定性。在侦查起诉中，犯罪嫌疑人、被告人的心理往往处于十分激

---

〔16〕 参见二萱：“为财，原告为被告翻供”，载 http://review.jcrb.com.cn/ournews/asp/readNews.asp?id=134670。案情略有删改。

动的状态,这导致其陈述可能并不稳定。在有些阶段,为了减轻罪责,逃避法律的惩处,犯罪嫌疑人、被告人会千方百计编造谎言,掩盖事实,作出无罪辩解。然而基于正义观念、道德观念或者坦白后法律从轻处理的心理预期,他们又可能翻供坦白,或者欲供又止,供后又翻。在有的案件中,在侦查阶段,犯罪嫌疑人、被告人因遭受刑讯逼供而作出不真实的有罪供述;在移送审查起诉阶段或者庭审阶段,他们又会翻供作无罪辩解。

4. 犯罪嫌疑人、被告人供述和辩解一般包含两方面的内容:一是对案件事实所作的陈述;二是对自己是否构成犯罪、承担何种刑事责任或者应受到何种量刑所作的陈述。其中并非所有内容都有证据价值。

由于犯罪嫌疑人、被告人的供述和辩解存在以上特点,公安司法机关工作人员在审查这些证据时,应当特别注意以下几点:(1)讯问的时间、地点,讯问人的身份、人数以及讯问方式等是否符合法律、有关规定;(2)讯问笔录的制作、修改是否符合法律、有关规定,是否注明讯问的具体起止时间和地点,首次讯问时是否告知被告人相关权利和法律规定,被告人是否核对确认;(3)讯问未成年被告人时,是否通知其法定代理人或者有关人员到场,其法定代理人或者有关人员是否到场;(4)被告人的供述有无以刑讯逼供等非法方法收集的情形;(5)被告人的供述是否前后一致,有无反复以及出现反复的原因,被告人的所有供述和辩解是否均已随案移送;(6)被告人的辩解内容是否符合案情和常理,有无矛盾;(7)被告人的供述和辩解与同案被告人的供述和辩解以及其他证据能否相互印证,有无矛盾。

被告人供述在获取过程中应当遵守法定程序,如果因违反程序而无法保证其真实性,则被告人供述不能作为定案的根据。例如讯问笔录没有经被告人核对确认的;讯问聋、哑人,应当提供通晓聋、哑手势的人员而未提供的;讯问不通晓当地通用语言、文字的被告人,应当提供翻译人员而未提供的。当然,在获取供述材料的过程中,并非出现程序瑕疵就直接否定其证据效力,有一些程序性瑕疵可以经事后弥补。例如,讯问笔录填写的讯问时间、讯问人、记录人、法定代理人等有误或者存在矛盾的;讯问人没有签名的;首次讯问笔录没有记录告知被讯问人相关权利和法律规定的,等等。这些瑕疵经补正或者作出合理解释的,可以采用;不能补正或者作出合理解释的,不得作为定案的根据。〔17〕

六、鉴定意见

鉴定意见是指公安司法机关或者当事人就案件中的专门性问题,指派或聘请具

---

〔17〕 瑕疵证据和非法证据有许多相似之处,如都违反了法律对收集证据的规定,都欠缺证据的合法性要件等。但两者又是不一样的。在我国,瑕疵证据是指不符合法定程序所收集的,在取证程序上存有瑕疵的物证、书证、证人证言、讯问笔录等言词证据;非法证据主要是指采用刑讯逼供等非法方法收集的犯罪嫌疑人、被告人供述和采用暴力、威胁等非法方法收集的证人证言、被害人陈述等言词证据。两者的主要区别在于侵犯的法益、证据的真实性、违法程度、法律后果、适用规则等方面存在不同。

有专门知识的人进行鉴定后做出的判断性意见。鉴定意见随着科学技术的发展而在刑事诉讼中发挥日益重要的作用,其往往被视为一种科学证据。“科学技术在刑事诉讼中的运用,对于实现司法公正和提高诉讼效率具有重要的积极价值,但是对于刑事诉讼程序的正当性和案件事实的准确查明也存在一些负面影响。”〔18〕因此,我们需要全面地审视鉴定意见。

(一)鉴定意见的特点

1. 鉴定意见需要运用专门知识作出。鉴定意见针对的问题往往是需要大量专业知识的问题,对于这些问题的检验、鉴别和判断需要一定的专业素养作为支撑,如骨龄鉴定、精神病鉴定、笔迹鉴定等。

2. 鉴定意见是一种意见性证据。意见证据规则是英美证据法的基本规则,这一规则要求证人作证不掺杂主观色彩,只针对实际状况进行复述。但鉴定意见作为专家证言的一种,在英美证据法中被纳入意见证据规则的例外,即当法官和陪审团因为缺乏某些特殊的知识而不能做出正确推断的时候,拥有这些特殊的知识的人将被允许在法庭上给出他们的意见。所以,与仅仅是复述事实的普通证言不同,鉴定意见本质上就是主观判断的产物,它“作为证据诞生于诉讼中,不是随着案件事实的发生而生成的,其内容一般是由其他证据的内容转化而来的,转化的每一个环节均存在否定转化内容真实性或者可靠性的可能,并且不表现为一种坚硬的客观化事实,是一种带有权威性的主观性判断意见”。〔19〕 在我国,鉴定意见这一证据形式,曾经被称为“鉴定结论”。从“鉴定结论”到“鉴定意见”,体现了立法者对这一证据种类法律性质的认识有了重要改变。鉴定意见不再是“科学的证据”,也不再是具有板上钉钉效力的“结论”,而只是普通的证据种类之一。法庭要对其证据能力和证明力进行全面的审查判断,才能对鉴定意见的证据效力做出评价。

3. 鉴定意见是在案件发生后形成的。大部分的证据是伴随着案件发生过程而产生的,但是鉴定意见往往产生于案件发生后,是基于是否启动诉讼程序或者在诉讼程序中发现新的问题的需要,而指派或聘请鉴定人对设计的专门性问题进行鉴定。

(二)我国的司法鉴定管理体制

2005 年全国人大常委出台的《关于司法鉴定管理问题的决定》(简称《司法鉴定管理决定》)是我国司法鉴定体制进行改革的纲领性法规。为了解决司法鉴定管理体制混乱的状况,《司法鉴定管理决定》界定了司法鉴定的立法概念,对国家登记管理的鉴定类别作出了明确规定,同时还将司法行政部门确定为司法鉴定主管部门,《司法鉴定管理决定》规定法院和司法行政部门不得设立鉴定机构,并且侦查机关根据侦查需要设立的鉴定机构不得面向社会接受委托从事司法鉴定业务。

---

〔18〕 陈学权:“科学技术在刑事诉讼中的价值”,载《法学研究》2007 年第 1 期。

〔19〕 郭华:“司法鉴定制度改革的基本思路”,载《法学研究》2011 年第 1 期。

2005年之前,司法鉴定中多头鉴定、重复鉴定问题突出,如黄静案[20]2005年之后,我国的司法鉴定管理逐步走上了统一的轨道。但当前的鉴定管理体制仍未达到统一、规范的要求。目前,司法行政部门主要负责法医类、物证类、声像资料类(俗称“三大类”)鉴定的管理;[21]侦查机关根据侦查工作的需要而设立的鉴定机构,在刑事诉讼中作出的司法鉴定归侦查机关内部管理;劳动保障部门负责劳动能力鉴定的管理;医学会下设鉴定机构所作的医疗事故鉴定归医学会管理;其他类型的鉴定,根据《司法鉴定管理决定》规定,由“国务院司法行政部门商最高人民法院、最高人民检察院确定”。实践中,这些未被归类的司法鉴定类型,往往由法院对相关鉴定机构分类登记造册,由省级人民法院统一管理。法院的分类登记主要是出于方便其委托鉴定的需要,并在特定情况下影响法官对于多份鉴定意见之间可信度高低的判断,但是这一做法并没有得到法律的授权。

此外,2007年8月7日司法部发布了《司法鉴定程序通则》,2016年3月2日司法部发布了修改后的新的《司法鉴定程序通则》,对司法鉴定的委托与受理、司法鉴定的实施、司法鉴定意见书的出具、司法鉴定人出庭作证等作出了明确规定。2017年7月19日,中央全面深化改革领导小组审议通过了《关于健全统一司法鉴定管理体制的实施意见》,健全统一司法鉴定管理体制,不断提高司法鉴定质量和公信力,保障诉讼活动顺利进行,促进司法公正。

(三)鉴定意见的审查

《最高法解释》规定了审查鉴定意见的要求,主要应当着重审查以下内容:(1)鉴定机构和鉴定人是否具有法定资质;(2)鉴定人是否存在应当回避的情形;(3)检材的来源、取得、保管、送检是否符合法律、有关规定,与相关提取笔录、扣押物品清单等记载的内容是否相符,检材是否充足、可靠;(4)鉴定意见的形式要件是否完备,是否注明提起鉴定的事由、鉴定委托人、鉴定机构、鉴定要求、鉴定过程、鉴定方法、鉴定日期等相关内容,是否由鉴定机构加盖司法鉴定专用章并由鉴定人签名、盖章;(5)鉴定程序是否符合法律、有关规定;(6)鉴定的过程和方法是否符合相关专业的规范要求;(7)鉴定意见是否明确;(8)鉴定意见与案件待证事实有无关联;(9)鉴定意见与勘验、检查笔录及相关照片等其他证据是否矛盾;(10)鉴定意见是否依法及时告知相关人员,当事人对鉴定意见有无异议。

在审查中,如果发现有以下的情形,鉴定意见则应当予以排除,不能作为定案的根据:(1)鉴定机构不具备法定资质,或者鉴定事项超出该鉴定机构业务范围、技术条件的;(2)鉴定人不具备法定资质,不具有相关专业技术或者职称,或者违反回避

---

[20] 湖南省湘潭市雨湖区人民法院《刑事附带民事判决书》([2004]雨刑初字第6号),北大法宝引证码:CLI. C. 28689。

[21] 法医类鉴定,包括法医病理鉴定、法医临床鉴定、法医精神病鉴定、法医物证鉴定和法医毒物鉴定;物证类鉴定,包括文书鉴定、痕迹鉴定和微量鉴定;声像资料鉴定,包括对录音带、录像带、磁盘、光盘、图片等载体上记录的声音、图像信息的真实性、完整性及其所反映的情况过程进行的鉴定和对记录的声音、图像中的语言、人体、物体作出种类或者同一认定。

规定的;(3)送检材料、样本来源不明,或者因污染不具备鉴定条件的;(4)鉴定对象与送检材料、样本不一致的;(5)鉴定程序违反规定的;(6)鉴定过程和方法不符合相关专业的规范要求的;(7)鉴定文书缺少签名、盖章的;(8)鉴定意见与案件待证事实没有关联的;(9)违反有关规定的其他情形。

(四)鉴定人出庭与专家辅助人

在诉讼程序中,当鉴定意见引发争议时,常见的解决方式主要是专家咨询、重新鉴定、鉴定人出庭质证三种。其中,专家咨询的方式可对有争议司法鉴定意见进行评价,为化解司法鉴定争议引起的矛盾纠纷提供依据。[22] 但是,由于专家咨询制度并未在诉讼法中明确规定,法官在处理争议鉴定意见时很难定位专家意见的法律效力,也无法在裁判文书中援引;重新鉴定可以解决一定的问题,但是当新的鉴定意见与原鉴定意见不一致时,问题不仅没有解决,反而变得更加复杂,因为两份鉴定意见的采信无疑比一份鉴定意见的采信更难处理。因而,鉴定人出庭是最好的选择。要求诉讼双方对鉴定意见提出意见并进行辩论,对鉴定意见的疑点要求鉴定人进行解释和说明。这种机制的运行可以消除当事人对鉴定意见的疑虑,降低鉴定意见作为证据使用的风险。

《刑事诉讼法》第192条规定:“公诉人、当事人或者辩护人、诉讼代理人对鉴定意见有异议,人民法院认为鉴定人有必要出庭的,鉴定人应当出庭作证。经人民法院通知,鉴定人拒不出庭作证的,鉴定意见不得作为定案的根据。”《最高法解释》将上述规定进一步细化:“经人民法院通知,鉴定人拒不出庭作证的,鉴定意见不得作为定案的根据。鉴定人由于不能抗拒的原因或者有其他正当理由无法出庭的,人民法院可以根据情况决定延期审理或者重新鉴定。对没有正当理由拒不出庭作证的鉴定人,人民法院应当通报司法行政机关或者有关部门。”该规定确立了鉴定人的出庭义务和不出庭的法律责任。[23]

2012年修订的《刑事诉讼法》确立了新的专家辅助人制度。即《刑事诉讼法》第197条第2款规定:“公诉人、当事人和辩护人、诉讼代理人可以申请法庭通知有专门知识的人出庭,就鉴定人作出的鉴定意见提出意见。”学理上将这种“有专门知识的人”称为“专家辅助人”。从立法意图来看,我国引入专家辅助人制度是为鉴定人出庭与鉴定意见的审查判断服务的,专家辅助人意见的性质是代表申请其出庭的一方就鉴定意见发表的专业质证意见,是申请方的控诉意见或者辩护意见的组成部分。

---

〔22〕 参见潘广俊:“司法鉴定意见争议评价机制研究”,载《证据科学》2012年第5期。

〔23〕 实践中,鉴定人出庭比例仍然很低。鉴定人出庭作证存在的主要问题并不是鉴定人出庭率低的问题,而是如何保证那些因当事人对鉴定意见有异议而需要鉴定人出庭接受质证的问题。由于法院在鉴定人出庭中享有终局性决定的权力,法官对鉴定人出庭的消极态度直接导致了鉴定人出庭较少。不管是出于长久以来的书面审理习惯,还是因为日益增多的案件数量压力,很多法官并不愿意鉴定人出庭。除此之外,由于专家辅助人制度仍然处于探索阶段,当事人、律师往往缺乏足够的专业知识,在庭审中很难对鉴定人进行充分的质询。权衡胜诉获益、败诉风险与鉴定人出庭费用后,不少当事人选择放弃申请鉴定人出庭。

没有相应专业知识的当事人、诉讼代理人和辩护人很难对鉴定意见进行有效质询，因而，专家辅助人对于保障被告方的对质权具有重要意义。[24] 在普通法国家，实行的则是专家证人制度。“兰德公司(Rand)一项研究成果表明，加利福尼亚州高等法院在20世纪80年代末审理的案件中，有专家证人出庭的占86%，平均起来，每个案件中有3.3个专家证人。”[25]实践中，方卫、王晖涉嫌故意伤害案被称为中国刑事诉讼专家辅助人第一案。

示例11-5 方卫、王晖涉嫌故意伤害案

在该案中，两位民警涉嫌刑讯逼供导致犯罪嫌疑人死亡。2013年4月16日，安徽省黄山市祁门县警察方卫、王晖涉嫌故意伤害案由马鞍山市中级人民法院二审开庭，华中科技大学同济医学院法医学系主任刘良教授，以“有专门知识的人”的身份出庭，就此案的司法鉴定结果提出意见。安徽省人民检察院司法鉴定中心和最高人民检察院司法鉴定中心的鉴定意见称，尸体具备一定的冻死表现，依据目前的送检材料确定“冻死”尚缺乏充足的依据(如死亡现场情况、衣着、尸斑等)，综合分析认为，熊军符合因饥饿、较长时间固定体位、寒冷，机体处于高度应激状态，在心脏潜在病变的基础上突然死亡，外来因素和其心脏潜在病变共同参与了死亡过程，其中寒冷等外来因素起主要作用，心脏潜在病变起一定的辅助作用。在刘良教授看来，两份鉴定认为熊军的死亡原因是“心源性猝死”，结论是对的，但在死因确定为心源性猝死的前提下，又试图用涉及另外一种死因，即饿死、冻死的尸体现象来说明生前机体处于饥饿、寒冷状态，既不科学，也违反逻辑。在刘良教授看来，应为心脏传导系统疾病(窦房结病变)所致的心源性猝死。引起窦性心动过缓的诱因很多，如外伤、感染、过冷过热、情绪激动等，也有一些诱因可能潜在，不易被人识别，如猝死发生在休息或睡眠状态中。而结合本案，熊军正是死在后半夜睡眠中，机体处于安静状态。刘良认为，原鉴定意见中提出“苦笑面容”“胃黏膜出血”“立毛肌收缩”等问题，以此证明熊军死亡是“寒冷等外来因素起主要作用”，与这一死亡过程是相悖的。熊军生前在室内有空调和电火桶的环境中，并不会感觉寒冷。熊军尸体上出现的“苦笑面容”“胃黏膜出血”“立毛肌收缩”等现象，都是在躯体死亡后细胞逐渐死亡的发展过程中出现的特征，与他的死亡过程无关。从法医专业角度看，认定其生前存在饥饿、冷冻和高度应激状态的依据不足，如果说他的死亡存在诱因的话，应同时考虑其自身夜间生理条件下的诱因(迷走神经兴奋所致的心率减慢)，共同在死亡中起轻微作用。[26]

---

〔24〕 参见胡铭：“鉴定人出庭与专家辅助人角色定位之实证研究”，载《法学研究》2014年第4期。

〔25〕 [美]约翰·W. 斯特龙主编：《麦考密克论证据》，汤维建等译，中国政法大学出版社2004年版，第31~32页。

〔26〕 参见李蒙：“新刑诉法下专家辅助人首次出庭”，载《民主与法制》2013年第15期。

七、勘验、检查、辨认、侦查实验等笔录

（一）勘验笔录与检查笔录

勘验笔录，是指办案人员对犯罪有关的场所、物品、尸体等进行勘验、检查后所作的记录。检查笔录，是指办案人员为确定被害人、犯罪嫌疑人、被告人的某些特征、伤害情况和生理状态，而对他们的人身进行检验和观察后所作的客观记载。勘验、检查笔录包括三类：勘验、检查过程中的文字记录，现场绘图，现场照片。

勘验、检查笔录是一种具有独立性质与特点的证据，它有别于物证、书证、鉴定意见等证据：

1. 勘验、检查笔录的制作主体是办案人员，其中以侦查人员为主，检察人员和审判人员在特定情况下也会进行勘验和检查。其他机关或个人无权进行勘验、检查。物证、书证等证据的制作主体则可以是普通公民。

2. 勘验、检查笔录不同于物证。物证是在案件发生过程中形成的物品或痕迹，而勘验、检查笔录则是在案件发生后由办案人员制作形成的。勘验、检查笔录可能记载和反映物证的特征、位置、物证之间的联系等情况，却不等同于物证本身。

3. 勘验、检查笔录不同于书证。勘验、检查笔录是以其内容来证明有关案件事实的书面材料，表面上看与书证类似，实际上两者存在本质差别。书证形成于案件发生之前或者发生过程之中，勘验、检查笔录则制作于案件发生之后。书证的提供主体具有广泛性，可以是办案人员，也可以是犯罪嫌疑人、被害人等，而勘验、检查笔录的提供主体只能是办案人员。

4. 勘验、检查笔录有别于鉴定意见。勘验、检查笔录的制作主体是办案人员，而鉴定意见的制作主体是司法鉴定人。勘验、检查笔录是办案人员运用感官或器材直接观察和测量，一般是案件事实的客观反映，不包含分析判断，而鉴定意见是鉴定人运用专门知识对某些专门性问题进行鉴别、分析后所作的一种判断，是一种“意见证据”。

对勘验、检查笔录应当着重审查以下内容：(1)勘验、检查是否依法进行，笔录的制作是否符合法律、有关规定，勘验、检查人员和见证人是否签名或者盖章；(2)勘验、检查笔录是否记录了提起勘验、检查的事由，勘验、检查的时间、地点，在场人员、现场方位、周围环境等，现场的物品、人身、尸体等的位置、特征等情况，以及勘验、检查、搜查的过程；文字记录与实物或者绘图、照片、录像是否相符；现场、物品、痕迹等是否伪造、有无破坏；人身特征、伤害情况、生理状态有无伪装或者变化等；(3)补充进行勘验、检查的，是否说明了再次勘验、检查的缘由，前后勘验、检查的情况是否矛盾。

经过审查，勘验、检查笔录存在明显不符合法律、有关规定的情形，不能作出合理解释或者说明的，不得作为定案的根据。

（二）辨认笔录

辨认笔录是指犯罪嫌疑人、被害人、证人按照法定程序对可能与案件相关的人、物或者场所辨认时由办案人员所作的记录。辨认笔录在2012年被确定为《刑事诉

讼法》规定的证据种类，解决了之前辨认笔录到底属于什么证据类别的纷争。根据辨认对象的不同，可以分为人身辨认、照片辨认、物品辨认、场所辨认以及尸体辨认；根据辨认方式的不同，可以分为"一对一"辨认和混杂辨认，其中混杂辨认中又包括了对照片、物品的混杂辨认以及对嫌疑人的列队辨认；根据辨认主体的不同，可以分为被害人辨认、犯罪嫌疑人（被告人）辨认以及证人辨认；根据辨认阶段的不同，可以分为侦查辨认和法庭辨认。

对辨认笔录应当着重审查辨认的过程、方法，以及辨认笔录的制作是否符合有关规定。辨认笔录具有下列情形之一的，不得作为定案的根据：(1)辨认不是在侦查人员主持下进行的；(2)辨认前使辨认人见到辨认对象的；(3)辨认活动没有个别进行的；(4)辨认对象没有混杂在具有类似特征的其他对象中，或者供辨认的对象数量不符合规定的；(5)辨认中给辨认人明显暗示或者明显有指认嫌疑的；(6)违反有关规定、不能确定辨认笔录真实性的其他情形。

（三）侦查实验笔录

侦查实验是指侦查机关为了确定对案件侦查有意义的某一事实或现象是否存在，或者某种条件下能否发生，而参照案件原有条件将该事实或现象加以再现的一种侦查活动。侦查实验笔录是指侦查人员按照法定格式制作的，用于描述和证明侦查实验过程中发生的具有法律意义的事实状况的书面记录。

对侦查实验笔录应当着重审查实验的过程、方法，以及笔录的制作是否符合有关规定。侦查实验的条件与事件发生时的条件有明显差异，或者存在影响实验结论科学性的其他情形的，侦查实验笔录不得作为定案的根据。进行侦查实验，禁止一切足以造成危险、侮辱人格或者有伤风化的行为。

值得注意的是，《刑事诉讼法》对本项证据种类的描述为"勘验、检查、辨认、侦查实验等笔录"。因此，法律承认的具有证据效力的笔录证据并不局限于上文中的三类证据。这里的"等"字，应该理解为公安司法机关工作人员依照法定程序制作的其他笔录也可以作为证据使用，例如搜查、扣押笔录、审判笔录等。

八、视听资料、电子数据

视听资料是存储作为证明案件事实的音响、活动影像和图形的录音磁带、录像带、电影胶片、电子计算机的磁盘等，包括录音资料和影像资料。对视听资料应当着重审查以下内容：(1)是否附有提取过程的说明，来源是否合法；(2)是否为原件，有无复制及复制份数；是复制件的，是否附有无法调取原件的原因、复制件制作过程和原件存放地点的说明，制作人、原视听资料持有人是否签名或者盖章；(3)制作过程中是否存在威胁、引诱当事人等违反法律、有关规定的情形；(4)是否写明制作人、持有人的身份，制作的时间、地点、条件和方法；(5)内容和制作过程是否真实，有无剪辑、增加、删改等情形；(6)内容与案件事实有无关联。

电子数据，是指案件发生过程中形成的，以数字化形式存储、处理、传输的，能够证明案件事实的数据。电子数据是随着现代电子技术和互联网技术的发展而出现的新型证据，在2012年修改《刑事诉讼法》时被确立为一种新证据种类。2016年9月，最高人民法院、最高人民检察院、公安部颁布了《关于办理刑事案件收集提取和审查判断电子数据若干问题的规定》。司法解释将电子数据列举为电子邮件、电子数据交换、网上聊天记录、博客、微博客、手机短信、电子签名、域名等。对电子数据证据应当着重审查以下内容：(1)是否随原始存储介质移送；在原始存储介质无法封存、不便移动或者依法应当由有关部门保管、处理、返还时，提取、复制电子数据是否由二人以上进行，是否足以保证电子数据的完整性，有无提取、复制过程及原始存储介质存放地点的文字说明和签名；(2)收集程序、方式是否符合法律及有关技术规范；经勘验、检查、搜查等侦查活动收集的电子数据，是否附有笔录、清单，并经侦查人员、电子数据持有人、见证人签名；没有持有人签名的，是否注明原因；远程调取境外或者异地的电子数据的，是否注明相关情况；对电子数据的规格、类别、文件格式等注明是否清楚；(3)电子数据内容是否真实，有无删除、修改、增加等情形；(4)电子数据与案件事实有无关联；(5)与案件事实有关联的电子数据是否全面收集。

视听资料、电子数据具有下列情形之一的，不得作为定案的根据：(1)经审查无法确定真伪的；(2)制作、取得的时间、地点、方式等有疑问，不能提供必要证明或者作出合理解释的。

示例11-6 陈某某非法经营、贩卖淫秽物品牟利案

在该案中，陈某某从2012年5月开始，在未经国家有关主管部门许可的情况下，在店内摆放10台电脑以每小时2.5元的价格非法经营接入互联网服务，经营数额为84299.5元，违法所得数额为15000元。其间，陈某某以牟利为目的，从一名男子处购买7215部淫秽电影(经鉴定均符合淫秽物品的标准)储存在其电脑提供给他人有偿下载，每下载两部收费1元，与提供下载普通电影一起共获利3000元。2013年10月27日，公安人员在该小店抓获陈某某，当场缴获上述电脑。上述事实，有经原审法庭质证、认证的下列证据予以证实：

1. 现场勘验检查笔录、现场图及现场照片：证实本案案发现场位于东莞市横沥镇某某工业区东某某厂对面小店。在小店内桌子上发现1套用于收取上网费用的电脑及一台路由器，在店内放有10套供人上网的电脑，均已提取。

2. 搜查笔录：证实案发小店上面横幅挂着"高速专业下载"六个字，进入大门放着一张桌子，摆有一部台式电脑(有两台主机和一台路由器，一台主机用来控制供人上网的10套电脑及收费，另一台电脑内存6000多部色情影片供人下载收费)，桌子上还放着两本成人伦理片文件夹，墙角摆有一台供人上网的台式电脑；木板隔开里面房内摆有7台供人上网的台式电脑；后门墙角摆有2台供人上网的台式电脑。

3. 提取电子数据笔录：证实(1)打开陈某某使用的服务器电脑主机二提取数据\桌面\万象网管.exe\日常管理(Y)\老板查账(S)……\按自定义条件统计\\Boss，在自定义统计条件输入2012年5月1日0时—2013年10月27日8时，显示现金收入和营业收入均为93323.5元。

4. 物证：电脑主机12台、液晶显示器11台、路由器1个、成人伦理片文件夹2本，证实从陈某某处缴获的作案工具。

5. 电子数据检验鉴定报告书：证实送检的服务器电脑一中共检验出涉嫌淫秽视频7237个（其中硬盘一中检验出67个，硬盘三中检验出7170个）；送检的服务器的电脑二中共检验出涉嫌淫秽视频392个。

6. 淫秽、色情物品审查鉴定书：证实送检的7629部影片中，7215部内容符合淫秽物品的标准，认定属淫秽物品。

7. 扣押决定书、扣押清单及照片：证实依法从陈某某处扣押台式电脑主机12台、液晶显示器11台、路由器1个、成人伦理片文件夹2本。

8. 审讯录像：证实公安人员依法审讯陈某某的情况。

9. 李某某的证言：2013年10月27日13时许，我到东莞市横沥镇某某村工业区东某某厂对面小店网吧上网，店老板（经辨认系陈某某）就开机收费，接着我就一直在上网。到了16时许，民警就过来检查了。该网吧有10台电脑供人上网，每小时2.5元，我去过6次，每次基本都上两个多小时，每次大概6元，最早一次是一个多月前。该网吧的生意还可以，一般少的时候都有五六台电脑有人上网。我见过有人在老板那台电脑下载影片，不知道什么影片，也不知道有没有收费。

10. 辨认笔录：李某某辨认出陈某某就是网吧的老板。

11. 陈某某的供述：从2012年5月开始，我在东莞市横沥镇某某工业区东某某厂对面租了一小店，在没有取得网吧经营许可等相关证件的情况下经营黑网吧……剩下一台主机总共储存了约7000多部影片（大部分是色情影片）视频供人下载到手机观看，每下载两部收费1元，下载这些视频总共收费约3000元，加上经营黑网吧赚的15000元，总共获利18000元……〔27〕

第三节　刑事证据的分类

证据的分类，是指在理论上从不同角度，根据不同标准将证据划分为不同类型。将证据进行分类，是为了研究不同证据的特点及其运用规律，从而指导公安司法人员在实践中运用证据，提高其查明事实的能力，最终实现程序正义与实体正义。根据分类的标准不同，证据可分为言词证据与实物证据、原始证据与传来证据、有罪证据与无罪证据、直接证据和间接证据等。

一、言词证据与实物证据

根据证据的表现形式，证据可分为言词证据和实物证据。言词证据是指以人的

〔27〕“陈某某非法经营、贩卖淫秽物品牟利案”，北大法宝引证码：CLI. C. 3797872。限于篇幅，未列出本案所有证据。

陈述为表现形式的证据;实物证据是指以物品的性质或外部形态、存在状况以及其内容表现证据价值的证据。在《刑事诉讼法》规定的八种证据中,物证、书证、勘验、检查、侦查实验笔录属于实物证据。证人证言、被害人陈述、被告人、犯罪嫌疑人供述和辩解、鉴定意见、辨认笔录属于言词证据。鉴定意见之所以是言词证据,原因在于鉴定意见本质上是鉴定人就某些专门性问题提供的个人意见。尽管鉴定意见的表现形式为书面材料,当鉴定意见发生争议时,法律仍然要求鉴定人出庭作证,接受控辩双方的质询,这与证人出庭作证义务是类似的。辨认笔录也被认为是言词证据,因为辨认是被害人、犯罪嫌疑人或者证人在侦查人员的主持下,对与犯罪有关的物品、文件、尸体、场所或者犯罪嫌疑人进行的自认、识别。辨认笔录本质上也是辨认人的个人意见,类似于侦查人员对犯罪嫌疑人进行讯问形成的讯问笔录或者对被害人、证人进行询问形成的询问笔录,都是以书面形式存在的言词证据。至于《刑事诉讼法》规定的视听资料、电子数据是言词证据还是实物证据,则需要根据其内容不同具体区分。如果视听资料、电子数据记录的是人的声音,则属于言词证据;如果记录的是形象、环境或者物品,则属于实物证据。

言词证据是通过人的陈述表现出来的,因此一般比实物证据表现得更加生动、具体。一方面,人们可以主动地表达出自己对案件相关事实的感知,这样的表述会显得较为形象。在公安司法机关工作人员的询问或讯问下,陈述人能够较为全面地展现案件的起因、经过、结果等具体细节,能较为全面地复述案件事实。所以,言词证据与待证事实之间的关联一般较为密切。另一方面,正因为言词证据是通过人的陈述表现的,言词证据与陈述人自身的生理因素密切相关,陈述人的感知能力、记忆能力、表达能力、沟通与理解能力都会对言词证据的形成产生影响,生理上的不足或缺陷都会导致言词证据的缺陷。〔28〕此外,言词证据比较容易受到各种主客观因素的影响,从而导致言词证据失实。被害人的陈述往往倾向于夸大事实,甚至可能捏造事实诬告陷害。而犯罪嫌疑人、被告人的供述往往又偏向于隐瞒真相,逃避罪责。其他与案件没有利害关系的证人,如果在作证过程中受限于记忆能力、表述能力的影响,或者受到外界的威胁、利诱,也可能作出偏离案件事实的表述。这就要求公安司法机关谨慎对待言词证据。在法庭审理过程中,应当要求有争议的关键证人出庭作证,接受控辩双方的质询,以便核实言词证据的客观性、关联性等。

实物证据相比于言词证据最大的特点是客观性强。实物证据一般随着案件发生而产生,具有较强的客观性,不像言词证据那样很容易受到陈述人主观因素影响。当然,实物证据也会出现失真,它会随着自然条件的改变而耗损、变形、灭失,也会因为人为干预而损毁或被隐匿。正因如此,实物证据需要妥善的保管与保存。如果实物证据没有得到科学合理的保存,就很可能遭受耗损或者污染,失去证据价值。特

---

〔28〕《刑事诉讼法》第62条第2款规定:"生理上、精神上有缺陷或者年幼,不能辨别是非、不能正确表达的人,不能作证人。"这一条文正是考虑到言词证据的特点,规定不能辨别是非、不能正确表达的人不能成为证人。

别是血液、DNA等，一旦样本被污染，就容易导致鉴定意见出现偏差，影响司法公正。此外，随着人类认识能力的增强，实物证据的证明力是不断变化的。在DNA技术成熟之前，人类的认识能力还不足以读取DNA中透露的证据信息，但是，随着科学技术的发展，如今DNA证据在同一认定中发挥着越来越重要的作用。

二、原始证据与传来证据

根据证据的不同来源与出处，证据可分为原始证据和传来证据。原始证据是指直接来源于案件事实或出自于案件事实的直接作用或影响下形成的证据。原始证据由于直接来源于案件事实或原始出处，因而也称为第一手证据。传来证据是指非直接来源于案件事实或原始出处，而是经过复制、复印、传抄、转述等中间环节形成的证据，因而又被称为第二手证据。

英美证据法上有传闻证据规则，需要注意的是传来证据与传闻证据并非一个概念。传闻证据是以直接感知或直接体验待证事实的人的陈述为基本内容，由其他人或者采用非直接表达的方式加以叙述的供述证据。具体表现为以下三种形式：(1)非目击者的当庭陈述；(2)目击者的书面证言；(3)警察或检察官在审前阶段制作的证人的书面笔录。传闻证据强调证据必须经过当庭质证，关注的重点在于证据是否在法庭上直接提出，并接受质询。传来证据强调的则是证据的来源问题，凡是非直接来源于案件事实的证据都是传来证据。

由于原始证据是直接来源于案件事实的证据，因此一般来说，原始证据比传来证据具有更强的可信度。这便要求诉讼参与主体在收集证据的过程中，尽可能获取原始证据，保留证据原件。在不能获取原始证据的情况下，应该尽可能获取中间环节最少、最接近案件事实的传来证据。显然，证据所经过的中间环节越多，就越可能受到干预而失真。《最高法解释》规定，据以定案的书证应当是原件。取得原件确有困难的，可以使用副本、复制件。书证有更改或者更改迹象不能作出合理解释，或者书证的副本、复制件不能反映原件及其内容的，不得作为定案的根据。这一规定就体现了法律确立的原始证据的优先性。

三、有罪证据与无罪证据

根据证据对事实的证明作用是肯定或否定犯罪嫌疑人、被告人实施了犯罪行为以及犯罪行为是否发生，证据可被分为有罪证据与无罪证据。有罪证据是指能够证明犯罪嫌疑人、被告人确实实施了犯罪行为的证据；无罪证据是指证明犯罪嫌疑人、被告人无罪或者犯罪事实不存在的证据。一般而言，有罪证据是检察机关提起公诉和法院作出有罪判决的依据，通常由控诉方提出；无罪证据是检察机关作出不起诉决定和法院作出无罪判决的依据，通常由辩护方提出，但检察机关也负有收集无罪证据的义务。

另一种观点认为，应当根据证据的证明方向，将证据分为有利于被告人的证据和不利于被告人的证据。这一划分主要基于以下考量：刑事诉讼并非仅仅是确定被告人是否构成犯罪的裁判活动,法院还要对那些构成犯罪的被告人确定具体的刑罚。围绕着量刑事实的证明,需要考量从轻、减轻、免除刑罚的情节,也要考量从重处罚的情节。此外,还有一些证据并非用来证明案件本身,而是用来证明诉讼程序中的合法行为或违法行为,如证明侦查人员刑讯逼供的录音录像,这种在程序性裁判中起证明作用的证据将无法纳入"有罪证据"与"无罪证据"的划分框架之内。因此,有学者认为可将证据划分为有利于被告人的证据和不利于被告人的证据;也有学者认为可以将证据分为"控方证据"和"辩方证据";还有学者认为可以从证明责任的角度将证据分成"本证"和"反证"。〔29〕

四、直接证据与间接证据

根据能否独立地证明案件的主要事实,证据可以划分为直接证据与间接证据。所谓案件的主要事实,是指犯罪事实是否存在以及犯罪行为是否系犯罪嫌疑人、被告人所实施的事实。凡是能直接证明案件的主要争议事实的,或能独立证明犯罪事实是否存在和该犯罪事实是否是犯罪嫌疑人、被告人所实施的证据,就是直接证据,如犯罪嫌疑人杀人的录像、行贿人行贿过程中的录音、被告人承认盗窃事实的供述等都属于直接证据。凡是不能够独立证明案件主要事实的,即只能证明案件事实的某方面情况的证据,是间接证据。间接证据需与其他证据相结合,以形成完整的证据链,才能证明案件的主要事实,如犯罪嫌疑人进出杀人现场的痕迹、被告人身上搜查出的盗窃用工具等都属于间接证据。

虽然直接证据能够证明案件的主要事实,但是司法实践中直接证据数量较少,很难收集。在刑事案件中,一般犯罪人的犯罪行为都较为隐蔽,目击证人较少。而犯罪嫌疑人、被告人也不会轻易主动坦白、供述罪行,因此一些刑事案件甚至无法取得直接证据。在这种情况下,收集的间接证据较为完整,能够形成完整的证据链,证明案件主要事实的,也能够定案。《最高法解释》规定,没有直接证据,但间接证据同时符合下列条件的,可以认定被告人有罪:(1)据以定案的间接证据已经查证属实;(2)据以定案的间接证据之间相互印证,不存在无法排除的矛盾和无法解释的疑问;(3)据以定案的间接证据已经形成完整的证明体系;(4)依据间接证据认定的案件事实,结论是唯一的,足以排除一切合理怀疑;(5)运用间接证据进行的推理符合逻辑和经验判断。如在彼得森杀人案中,充分展示了如何根据间接证据认定事实。

示例 11-7　彼得森杀人案

该案中,2002 年圣诞前夜,美国人斯科特出海钓鱼归来,发现他的妻子拉希·彼不见了。2003 年 4 月,有人在几十公里外的海滩上发现了一具腐烂的胎儿尸体及一具被砍掉头和四肢的女尸。经 DNA 测试,证明是拉希和她未出生的孩子。侦查过程中,种种迹象

〔29〕 所谓本证,是指负有证明责任的一方当事人提出的用于证明自己所主张事实的证据;所谓反证,是指没有证明责任的一方当事人提出的为证明对方主张事实不真实的证据。

表明拉希的丈夫斯科特是犯罪嫌疑人。但是警方在证据收集上陷入了困境。拉希的尸体在水里泡了好几个月,没有留下任何可以指向斯科特的证据。案发第一现场可能是家里,也没有留下可疑痕迹,更不用说证人了。没有任何东西能将斯科特和拉希的死直接挂钩。

经过一年多的准备,2004 年 6 月开庭。在法庭上,检察官出示了精心准备的 184 名证人的证词和几百件证物,其中包括:(1)斯科特和弗雷之间的 241 通电话记录,证明其早有外遇。(2)斯科特在案发当天打的几个电话经由的不同信号塔,表明其实际去海滨的时间比声称的晚了半小时,有杀人时间。(3)一位水文学家证实,拉希母子尸体冲上岸的位置表明其最初漂浮地点和斯科特的出海地点重合。(4)斯科特在凶案前买了一条船,申请了出海驾驶证,但是从未向家人提及此事。(5)斯科特在凶案前还购置了水泥,被认为较大可能用于沉尸……此外,还有一些看起来比较弱的间接证据,如妻子失踪后的斯科特全无悲戚、打算卖房等异常表现,企图跑路墨西哥未遂,等等。控方也不厌其烦地一一列举。

这些或强或弱的疑点或曰证据环节单独来看都不免显得薄弱,不必然指向犯罪事实,斯科特和他的律师总能找到一些特殊理由解释过去,但放到一起则指向一个明确和同样的事件:斯科特杀人,因此构成了一个强有力的证据链。经过半年的审判,2004 年 11 月,12 名陪审团成员一致裁定斯科特一级谋杀罪名成立,并同意判处死刑。[30]

---

〔30〕 宋珏:"为何没有直接证据的谋杀案也能定罪?",载 http://www.infzm.com/content/70294,2016 年 4 月 2 日访问。

第十二章　刑事证明与证据规则

导读

诉讼证明的过程是以庭审为核心场域的诉讼活动，诉讼证明直接关系到法院最终判决的指向，攸关各方利益。诉讼证明作为一项诉讼活动，由主体、对象、责任、标准等多个要素构成。其中，“证明责任乃诉讼的脊梁”，而确立可操作的、符合诉讼规律的证明标准，是准确地进行证明活动、实现诉讼目的之前提。对于现代刑事证明，审判中运用证据规则解决证据的可采性问题是难点和重点，“证据法是一个规则和标准系统，用以调整诉讼审判中的证据的可采性”。[1]

第一节　刑事证明概述

一、刑事证明的概念

证明一般指演绎论证，是根据已断定为真的一个或一些命题，运用必然性推理而确定另一命题为真的思维过程。只有进行证明，才能使一个真命题的真实性得到确定。在诉讼领域，证明是指证明主体运用证据对案件事实和诉讼主张进行阐明和证实的活动。

传统观点认为刑事证明的概念，是指以公安司法机关及其办案人员为主体，当事人及其辩护人、诉讼代理人参与所进行的收集、运用证据以认定案件事实的诉讼活动，即贯穿于刑事诉讼全过程中查明案件事实真相的活动。[2] 这一界定是与我国《刑事诉讼法》基本相适应的，而且符合我国刑事司法实践中的诉讼阶段和任务界定。但这与以审判为中心的刑事诉讼理念有所差距，特别是在我国打破侦查中心主义，推进构建以审判为中心的诉讼制度的背景下，我们亟须按照司法规律，围绕审判重塑刑事证明的概念。虽然侦查在查明事实的过程中很重要，但刑事证明的重心在

---

〔1〕［美］约翰·W. 斯特龙主编：《麦考密克论证据》，汤维建等译，中国政法大学出版社2004 年版，第1页。

〔2〕参见陈光中主编：《刑事诉讼法》（第5版），北京大学出版社、高等教育出版社 2013 年版，第 171 ~ 172 页。

于审判，取证、举证是为庭审中的质证、认证做准备，侦查阶段收集的证据材料并不必然具有可采性并进入庭审。由此，我们可以将刑事证明定义为侦查机关、检察机关和当事人依照法律规定的程序和要求向裁判者提出证据、运用证据阐明案件事实、论证诉讼主张的诉讼活动。

刑事证明具有以下特点：(1)证明主体特定。在刑事诉讼中，证明的主体主要是控诉案件的侦查机关、检察机关和自诉案件的自诉人，他们对自己提出的控诉负担证明责任。法院并不是证明主体，不承担证明责任。(2)证明对象特定。刑事证明对象是指在诉讼中需要运用证据加以证实的案件事实，又称待证事实。在刑事诉讼中，证明对象有犯罪事实是否发生、犯罪嫌疑人是否实施犯罪、是否有从轻、减轻、免除处罚的情节等。(3)证明过程法定。这种法定性主要体现为证明主体的法定性、证明对象的法定性、证明程序的法定性、证明标准的法定性、证明方法的法定性等。

二、刑事证明的分类

刑事证明可以从不同角度进行分类。

按照是否必须适用具有证据能力并经过合法调查的证据，刑事证明可以分为严格证明和自由证明。严格证明与自由证明是德国证据法中的概念，目前已经被中国证据法学者普遍接受。严格证明，是指使用法定的具有证据能力的证据，经过法定的证据调查程序而进行的证明。一般认为，对于检察机关指控的犯罪事实及其提出的不利于被告人的法定量刑情节一律适用严格证明。自由证明，是指可以使用不具有法定证据能力的证据，并且无须经过严格的法定程序的证明。一般认为，对于被告方所提出的法定和酌定量刑情节以及各种程序性争议事实，可以适用自由证明。〔3〕

按照证明对法官心证的影响程度，刑事证明可以分为狭义证明和释明。狭义证明，是指提出的证据能够使法官对待证事实达到完全确信的程度。释明，是指诉讼中法官根据有限的证据，可以大致推断出案件的事实为真，或是仅形成“薄弱”心证的一种诉讼证明的结果。释明的确信程度相对弱于狭义证明。一般来说，对于实体法事实使用狭义证明，对于某些程序法事实使用释明，如申请回避的事实、影响采用某种刑事强制措施的事实、申请恢复诉讼期间的事实等。

按照证明主体的不同，刑事证明可以分为控诉机关证明和当事人证明。在刑事诉讼中，公诉案件中的犯罪嫌疑人、被告人、自诉人、附带民事诉讼的原告人与被告

---

〔3〕 检察机关指控的犯罪事实，是刑事诉讼中最重要的证明对象，因此需要对其采取最严格的证明方法，适用严格证明的标准，这是证据学领域的一致观点。相对的，基于公平的双方平等对抗的诉讼理念以及对处于弱势的刑事被告人的倾斜性保护理念，对于有利于被告人的量刑情节可以适用自由证明也是没有争议的。当然，严格证明与自由证明的划分也并非绝对。在庭审实践中，出于稳妥考虑，对于某些适用自由证明的待证事实可以采用严格证明方法。但是对于本应适用严格证明的待证事实则不能改变为适用自由证明方法。

人，都可以提出积极的诉讼主张，并对该主张负证明责任。[4]

三、刑事证明的过程

（一）取证：刑事证明的基础

取证，又称证据的收集，是指法定的机关和人员依照法律规定的权限和程序，发现、采集和提取与案件有关的各种证据材料的活动。证据收集环节是证明活动的有机组成部分，缺少这一步骤，就无法展开后续的举证、质证与认证环节，因而也无法完成整个证明活动。在我国，证据收集的主体是公安司法机关及其办案人员、当事人、辩护律师、诉讼代理人。

《刑事诉讼法》第 52 条规定："审判人员、检察人员、侦查人员必须依照法定程序，收集能够证实犯罪嫌疑人、被告人有罪或者无罪、犯罪情节轻重的各种证据。"《刑事诉讼法》第 54 条第 1 款规定："人民法院、人民检察院和公安机关有权向有关单位和个人收集、调取证据。有关单位和个人应当如实提供证据。"这两条规定赋予了公安司法机关及其工作人员收集证据的权力。刑事案件的侦查中，公安机关通过勘验、搜查、检查、询问、讯问、辨认等方法收集证据；检察机关在审查起诉程序中，可以讯问犯罪嫌疑人，或者自行侦查收集证据；法院在审判程序中，如果对某些证据或事实有疑问，可以通过勘验、检查、查封、扣押、鉴定、查询、冻结等庭外调查程序自行收集证据。此外，在某些特殊案件中，国家安全机关、军队保卫部门、监狱作为侦查部门也拥有收集证据的权力。

刑事诉讼中的当事人也是收集证据的主体。《刑事诉讼法》第 51 条规定："公诉案件中被告人有罪的举证责任由人民检察院承担，自诉案件中被告人有罪的举证责任由自诉人承担。"既然自诉案件中的自诉人负有证明责任，则其当然地拥有收集证据的权利，并承担举证不能的法律后果。在公诉案件中，尽管法律未明文规定当事人收集证据的权利，但是基于当事人的诉讼地位，其应当享有收集证据的权利。再者，根据《最高法解释》的规定，人民法院审理附带民事诉讼案件，除刑法、刑事诉讼法以及刑事司法解释已有规定的以外，适用民事法律的有关规定。而根据《民事诉讼法》相关规定，当事人有权收集证据。

辩护律师亦享有收集证据的权利，这是有效行使辩护权的必然要求。根据我国《刑事诉讼法》的有关规定，辩护律师经证人或者其他有关单位和个人同意，既可以向他们收集与本案有关的材料，也可以申请人民检察院、人民法院收集、调取证据，或者申请人民法院通知证人出庭作证。辩护律师经人民检察院或者人民法院许可，并且经被害人或者其近亲属、被害人提供的证人同意，可以向他们收集与本案有关的材料。

---

[4] 如果被告人在庭审中提出了积极的抗辩主张，如案件发生当天有不在场事由等，需要就其主张事项负担证明责任。如果被害人、附带民事诉讼的原告人和被告人等其他当事人有积极的主张，其对于该主张事实也负有证明责任。

（二）举证：刑事证明的前提

举证，是指提出或提供证据，即控辩双方向法院提出证据用于证明其诉讼主张的活动，包括了出示物证、书证、电子数据，询问证人、鉴定人、被害人，讯问被告人，宣读未到庭的证人证言、被害人陈述、鉴定意见，播放视听资料等。

举证的主体是控辩双方。根据控辩审三方的职能划分，控方承担证明责任而辩方则不负证明自己无罪的证明责任。因此从举证顺序来看，应当是先由控方进行举证，再由辩方进行举证。就公诉人的举证程序而言，公诉人应当根据庭审情况合理安排举证顺序，遵循一罪名一举证、一事实一举证、证明同一事项的证据同组出示的原则，做到条理清楚、层次分明。一般先出示定罪证据，后出示量刑证据，先出示主要证据，后出示次要证据。特殊情况下，公诉人可以按照有利于指控犯罪的原则排列举证顺序。

从举证的方式来看，不同种类的证据应采用不同的方式进行举证。言词证据的举证方式应当以当庭口述的方式进行，这是直接言词原则的要求，也是实现庭审中心主义，实现诉讼公正的需要。以证人证言为例，公诉人、当事人或者辩护人、诉讼代理人对证人证言有异议，且该证人证言对案件定罪量刑有重大影响，人民法院认为证人有必要出庭作证的，证人应当出庭作证。经人民法院通知，证人没有正当理由不出庭作证的，人民法院可以强制其到庭。实物证据的举证方式应当以原始物为主：物证应该提供原件，书证应当提供原件，视听资料应该提供原始载体。只有在原始物确实无法提供的情况下，才可以复制物的方式举证。

（三）质证：刑事证明的核心

质证，是指控辩双方在审判过程中对对方举出的证据进行质疑和质问。质证是举证的后续环节，是认证的前提环节，在整个司法证明的过程中居于核心地位。质证的过程也是确认证据真实性的过程和确认现有证据能否定案的过程。质证制度的设计与运作，直接关系到案件的事实认定，也影响到双方当事人正当程序权利的实现。保障当事人的质证权，对于建立以审判为中心的诉讼制度，促进我国司法证明程序走向现代化、科学化、民主化有重要意义。

质证的方法主要是交叉询问。狭义上的交叉询问，是指控辩双方在法庭上对对方证人进行质询；广义上的交叉询问，则是指诉讼当事人从不同角度对原始人证进行调查，包括举证方的主询问和对方的反询问等。《刑事诉讼法》第194条第1款规定："证人作证，审判人员应当告知他要如实地提供证言和有意作伪证或者隐匿罪证要负的法律责任。公诉人、当事人和辩护人、诉讼代理人经审判长许可，可以对证人、鉴定人发问……"此处虽然并未明确出现"交叉询问"的字眼，但是其制度设计却契合交叉询问的设置。[5]

---

〔5〕 我国的交叉询问制度还比较简单。在英美法系，交叉询问制度包括了一系列的规则，譬如不得质疑己方证人，禁止主询问中的诱导性提问，反对复合式及其他混乱性问题。这些规则丰满了质证程序中的操作要求，使交叉询问能达到有效的质询目的。这些围绕交叉询问构建的质证规则，对于我国质证程序的完善有着一定的参考价值。

（四）认证：对证据能力和证明力的判断

认证，是指在诉讼中法官对控辩双方提供的证据或自行收集的证据，在质证的基础上确认其证据能力和证明力的活动。认证的主体是审判人员。审判人员是案件的最终裁判者，其职责是通过庭审活动，依据证据和法律对案件做出裁决。因此，法官拥有对案件中的证据进行认证的权力与义务。审判人员以外的主体都不能成为认证的主体。在审查起诉阶段中，检察机关对案件的相关证据也需要进行确认和核实，并对证据能力和证明力作出判断，但由于这一判断并非建立在质证基础上，因此并不是诉讼法意义上的认证。

认证的内容是证据的证据能力和证明力。因此，认证并非直接针对案件事实，而是对证据进行认定。对证据的证据能力和证明力进行认定，是对案件事实进行认定的前提，而认定案件事实则是认证的目的。认证的方式可以是当庭认证，也可以是庭后认证。当庭认证是指法官对经过控辩双方质证的证据在法庭上当即作出的证据能力与证明力的判断。庭后认证则是法官对经过控辩双方质证的证据在庭审后作出的证据能力与证明力的判断。从质证目的考虑，当庭认证更能够保障实质化的庭审质询，有利于防止庭审形式化。

四、刑事证明的对象

证明对象，是指证明主体进行证明活动所指向的对象。在刑事诉讼中，证明对象是指需要公安司法机关以及当事人运用证据加以证实的案件事实及相关情况，又被称为待证事实。

证明对象是一切刑事证明活动的直接指向，具有指导证明活动的功能。在诉讼实践中，所有证明活动都围绕着证明对象展开。明确证明对象，能保证在刑事诉讼过程中按照一定的目的和重点调查收集证据，确保不遗漏重要证据，也不被与案件无关的事实影响诉讼效率。

我们可以将刑事诉讼中的待证事实分为实体法事实、程序法事实以及免证事实。〔6〕

1. 关于实体法事实。《刑事诉讼法》第52条规定："审判人员、检察人员、侦查人员必须依照法定程序，收集能够证实犯罪嫌疑人、被告人有罪或者无罪、犯罪情节轻重的各种证据……"这里的犯罪嫌疑人有罪或无罪、犯罪情节轻重就是对刑事证明对象中实体法事实的概括。根据《最高法解释》的规定，应当运用证据证明的实体法事实包括：（1）被告人、被害人的身份；（2）被指控的犯罪是否存在；（3）被指控的犯罪是否为被告人所实施；（4）被告人有无刑事责任能力，有无罪过，实施犯罪的动机、目的；（5）实施犯罪的时间、地点、手段、后果以及案件起因等；（6）被告人在共同犯罪中的地位、作用；（7）被告人有无从重、从轻、减轻、免除处罚情节；（8）有关附带民事诉讼、涉案财物处理的事实；（9）与定罪量刑有关的其他事实。

---

〔6〕 有学者主张应将证据事实纳入刑事证明的对象。考虑到证据事实在刑事诉讼中实际上就是证明的手段，因此没有必要将证据事实单独列为一种证明的对象。

2. 关于程序法事实。除了实体法事实,刑事诉讼证明对象还包括程序法事实,主要包括如下:(1)关于管辖的事实;(2)关于回避的事实;(3)关于延期审理的理由的事实;(4)耽误诉讼期限是否有不能抗拒的原因或者其他正当理由的事实;(5)关于决定对犯罪嫌疑人应否采取强制措施的事实;(6)违反法定的诉讼程序的事实;(7)影响执行的事实;等等。

3. 关于免证事实。值得注意的是,刑事诉讼中存在一些不需要证据进行证明的事实,即免证事实。根据《最高检规则》的规定,在法庭审理中,下列事实不必提出证据进行证明,即刑事诉讼中的免证事实主要包括:(1)为一般人共同知晓的常识性事实;(2)人民法院生效裁判所确认的并且未依审判监督程序重新审理的事实;(3)法律、法规的内容以及适用等属于审判人员履行职务所应当知晓的事实;(4)在法庭审理中不存在异议的程序事实;(5)法律规定的推定事实;(6)自然规律或者定律。

第二节 证明责任

一、证明责任概述

对于证明责任(burden of proof)问题,早在古罗马时期,就已经提出了至今脍炙人口的著名诉讼法原则"谁主张,谁举证"。这时的证明责任的本意是指当事人对自己提出的诉讼主张,负有举出足够的证据加以证明的义务,否则就要承担不利于自己的后果。但是,仅凭这一简单原则无法完全解决问题,证明责任的概念在我国学界也有着众多的观点。[7] 从本质来看,证明责任是一种义务,即证明责任是指控诉或者辩护一方对于自己提出的诉讼主张有向法院提供相应证据加以证明的责任;在没有提供证据或者提供的证据不足以证明其诉讼主张时,要承受其诉讼主张不被法院采纳的风险。

自19世纪提出证明责任分层理论以来,在西方国家已逐步成为主流观点,并在实践中得到了广泛而有效的运用。"英美证据法中证明责任的多层学说,总体上看

---

〔7〕 主要有四种观点:(1)义务说,认为证明责任是当事人的法定义务。当事人不履行举证义务,就会承担败诉的不利后果。(2)权利说,认为举证是当事人的权利。在诉讼中,当事人为了防止败诉,有权利提供证明自己的主张,维护自身利益。(3)权利义务说,认为提供证据既是一种权利也是一种义务。此种学说可看作前两种的综合,认为从当事人的诉讼活动角度来看,举证是当事人的合法权利,而从法院审判的角度来看,举证又具有义务的性质。(4)败诉风险说,认为证明责任是一种法律责任,是在事实真伪不明的情况下,当事人承担的败诉风险。权利说的误区在于权利是为当事人的利益而设立的,放弃权利不会产生不利于权利人的后果,而证明责任的放弃会导致法院不采纳当事人的某项诉讼主张,并有可能最终导致败诉。因此,证明责任不应当被视为一种权利。败诉风险说则与义务说没有本质差别。因为当事人不履行义务就应当承受由此造成的不利益后果,就不履行证明责任而言,最后必然需要承担败诉风险。

是科学的。它基本上反映了审判实践中各方当事人在不同情况下承担的证明责任,不仅有利于证明责任的理论研究,而且有利于指导诉讼实践!”[8]证明责任分层理论,将证明责任分为推进责任(burden of going forward)和说服责任(persuasive burden)。其中,推进责任是指当事人提供证据证明其主张构成法律争端从而值得或者应当由法院进行审理,并引发法官或者陪审团对该主张进行审查判断的证明责任,简单地说就是利用证据推动诉讼进行的责任。也有学者将推进责任称为提出证据的责任。[9] 说服责任是指当事人提出证据使法官或者陪审团确信其诉讼主张成立的义务,否则就必然遭受不利裁判的证明责任。

在这里,我们可以将推进责任和说服责任的特点进行比较,以使我们对这种分层理论有进一步的理解:(1)推进责任可以由一方当事人转移到另一方当事人。如在杀人案件的审理中,面对控方指控,被告人辩称自己的行为是正当防卫,那么被告人就要举出相应的证据证明自己的主张,这时推进责任就转移到了被告方,而说服责任则固定于一方当事人,除非法律有明确规定,一般来说,说服责任始终在积极主张的一方当事人,在刑事诉讼中也就是公诉方。(2)推进责任与败诉风险没有必然的联系,当事人是否履行推进责任只能加大或减少这种风险。而承担说服责任的当事人如果不能提出有利的证据就要面对败诉的后果。(3)推进责任的要求比较低,只要提供初步证据就已经足够,在英美,一般认为低于盖然性优势的程度;说服责任的证明标准较高,在民事案件中要求盖然性占优势,刑事案件中要达到排除合理怀疑。

英美法系的证明责任分层理论对于合理分担控辩双方的证明责任是有理论和现实意义的,如果对证明责任不加以分层而完全固定于一方,就无法合理解释控辩双方举证行为的性质,也不符合控辩对抗的诉讼构造。证明责任分层理论对于解释犯罪嫌疑人、被告人在特定情况下承担部分证明责任,理解这种责任的性质、大小和后果是很有意义的,这有利于防止将证明责任分担理论僵化,从而使证明责任的分担更为科学。同时,我国三大诉讼的证明在客观上也存在推进责任和说服责任的区分,以行政诉讼为例,原告为了推动诉讼的进行,应当首先提出证据证明存在具体行政行为侵犯了其合法权益,这可以理解为推进责任,如果被告不能证明被诉行政行为的合法性,人民法院只能判决撤销被诉具体行政行为,行政机关承担的该证明责任在性质上就可以理解为说服责任。在刑事诉讼中,也有类似的证明责任分层现象,如在非法证据排除案件中,申请排除非法证据的被追诉人,在诉讼中处于弱者地位,根据无罪推定和反对强迫自证其罪原则,犯罪嫌疑人、被告人一般不负证明责任。但《刑事诉讼法》第58条第2款规定了:“当事人及其辩护人、诉讼代理人……申请排除以非法方法收集的证据的,应当提供相关线索或者材料。”被告人及其律师提供一定的证据证明刑讯逼供成立的责任,实际上便是一种推进责任,而说服责任

---

[8] 王以真:“英美刑事证据法中的证明责任问题”,载《中国法学》1991年第4期。

[9] 参见叶自强:“英美证明责任分层理论与我国证明责任概念”,载《环球法律评论》2001年秋季号。

则需要由控方承担。

二、证明责任的承担

《刑事诉讼法》第51条明确规定了我国的证明责任的分配:“公诉案件中被告人有罪的举证责任由人民检察院承担,自诉案件中被告人有罪的举证责任由自诉人承担。”〔10〕

(一)公诉案件中公诉人承担证明责任

在公诉案件中,被告人有罪的证明责任由人民检察院承担。这符合“谁主张,谁举证”这一基本原理,是由我国检察机关在刑事诉讼中的法律地位决定的。人民检察院是我国的法律监督机关和公诉机关,在刑事诉讼中处于控方地位,代表国家行使公诉权。作为公诉方的检察机关承担着代表国家追诉犯罪、惩戒犯罪、实现国家刑罚权的任务。因此,检察机关在公诉案件中当然地负有证明责任。

公诉人承担证明责任体现了无罪推定原则。无罪推定原则要求任何人在未经法院生效判决确定为有罪之前都被推定为无罪。该原则是现代法治国家通行的一项重要的刑事司法原则,也是联合国在刑事司法领域制定和推行的最低限度标准之一。既然被告人在诉讼过程中被推定为无罪,则检察机关需要承担证明被告人有罪的说服责任,如果检察机关无法提出证明被告人有罪的证据或综合提出的证据达不到证明标准,被告人将被宣告无罪。

公诉人承担证明责任是被追诉人人权保障的必然要求。被告人作为被追诉对象,以个人的微薄力量对抗检察机关这样强大的国家机器,基于控辩平等与人权保护的理念,显然有必要对其倾斜性保护。而且,在诉讼过程中被追诉人很可能被采取强制措施而被限制人身自由,这种情况下其便没有了收集证据的能力,或者收集证据的能力被大为限制。法律规定证明责任由检察机关承担,就是考虑到被追诉人的弱势地位而不要求被追诉人承担证明责任。

(二)自诉案件中自诉人承担证明责任

在自诉案件中,提出证据证明被告人有罪的责任由自诉人承担。由于自诉案件并不经过侦查阶段,也不由检察机关提起诉讼,因此自诉人必须自行收集证据并在诉讼中提出。人民法院对于自诉案件进行审查后,如果案件犯罪事实清楚,有足够证据,则应当开庭审判;如果缺乏罪证且自诉人提不出补充证据,则应当说服自诉人撤回自诉或者裁定驳回。自诉人的证明责任,在有法定代理人的时候由法定代理人承担。自诉人可以委托律师或者其他人代理自诉案件,协助自诉人履行证明责任。

在庭审中,自诉人经两次依法传唤,无正当理由拒不到庭的,或者未经法庭许可中途退庭的,按撤诉处理。缺乏罪证的自诉案件,如果自诉人提不出补充证据,应当说服自诉人撤回自诉,或者裁定驳回。

---

〔10〕 我国刑事诉讼立法中采用了“举证责任”一词。虽然有学者认为证明责任和举证责任之间存在差别,但本书认为对这两个概念进行区分的理论和实践意义有限,因此未做区分。

（三）被告人在特定情况下承担证明责任

一般情况下，不论是在自诉案件还是公诉案件中，被告人都不承担证明自己无罪的责任。尽管辩方通常会提出证据反驳控方的控诉或者证明己方的辩护主张，但这属于被告人行使辩护权利。人民法院不能因为被告人不提出证据证明自己无罪就作出有罪判决，而应根据控方提出的证据是否达到法定证明标准来判断被告人是否有罪。

我国法律对某些特定案件规定了被告人承担证明责任，以此作为控方负证明责任的例外情况，最为典型的便是巨额财产来源不明罪。《刑法》第395条规定："国家工作人员的财产或者支出明显超过合法收入，差额巨大的，可以责令说明来源。本人不能说明其来源是合法的，差额部分以非法所得论，处五年以下有期徒刑或者拘役，财产的差额部分予以追缴。"这是基于国家惩治贪污贿赂犯罪的特殊要求而作出的特别规定。[11] 此外，在非法持有型犯罪中，被告人也需要对其持有某项违禁品的合法性负证明责任，如《刑法》第128条规定："违反枪支管理规定，非法持有、私藏枪支、弹药的，处三年以下有期徒刑、拘役或者管制；情节严重的，处三年以上七年以下有期徒刑。"如果被告人被指控非法持有枪支，则被告人须承担提供证据证明自己基于合法的依据持有枪支的说服责任。

示例12－1　王某某案

判决书记载：案发后，查明被告人王某某家庭财产共计3123万余元，各项家庭支出共计477万余元，两项共计3601万余元，扣除家庭合法收入947万余元、受贿犯罪所得771万余元、违纪所得及赌博、出售礼品等所得共计987万余元外，王某某对差额894万余元的财产不能说明来源。法庭审理认为：被告人王某某身为国家工作人员，利用职务便利，为他人谋取利益，非法收受他人财物，其行为已构成受贿罪；王某某对其家庭财产、支出明显超过合法收入的部分不能说明来源，差额特别巨大，其行为已构成巨额财产来源不明罪。公诉机关指控王某某犯受贿罪、巨额财产来源不明罪的事实清楚，证据确实、充分，指控罪名成立。[12]

被告方提出某些积极主张时，应承担一定的证明责任。如被告人辩称自己在案发时不在现场，那么他就要提出证据证明当时他在哪里；被告人辩称自己没有作案时间，那么他就要提出证据证明当时他在做什么；如果辩称自己的行为是在别人的

---

〔11〕 这说明巨额财产来源不明罪实行的是被告方承担说服责任，公诉方只承担推进责任。也就是说，公诉方只要证明被告人是国家工作人员和被告人有来源不明的巨额财产，就可以推动诉讼的进程，而犯罪嫌疑人将承担说服责任，如果其不能提出足够的证据说明其财产的合法来源，就要承担败诉的法律后果。这一规定反映了国家严厉打击腐败行为的决心，也是世界各国的普遍做法，如英国、印度、泰国、新加坡、中国香港等国家和地区都有类似规定，这些国家和地区甚至还对贿赂行为采取严格的推定规则。

〔12〕 参见《最高人民检察院公报》2011年第3号（总第122号）。

威胁下实施的,那他就需要提出受到威胁的证据等。应将这种责任理解为推进责任,而不是说服责任(说服责任仍固定于控方),否则就违背了无罪推定和反对强迫自证其罪原则。[13]

被告人对一些程序性事实负有证明责任。如被告方提出回避申请、管辖权异议等程序性问题时,应承担证明责任,如果不能提出足够的证据支持自己的主张,就不能得到法庭的支持。

(四)法院不承担证明责任

对于法院是否承担证明责任,学术界有争议。认为法院应当承担证明责任的主要依据是《刑事诉讼法》第52条规定:"审判人员、检察人员、侦查人员必须依照法定程序,收集能够证实犯罪嫌疑人、被告人有罪或者无罪、犯罪情节轻重的各种证据……"

上述规定体现了我国刑事诉讼中的职权主义特色,是对法官职责的描述,并不能等同于法官应承担证明责任。之所以主张法院不承担证明责任,主要基于以下理由:(1)法官中立裁判的要求。法院应依法独立行使审判权,而法官在刑事诉讼中应当保持消极和超然的地位。法官主持法庭活动,并通过询问、查阅等方式参与法庭上的调查证据活动,这本身并不是举证,而是履行裁判者的主持庭审的职责。(2)证明责任要求在不能举证时承担不利的后果,而法官在审判中作为裁判者,自身并不因为案件裁判结果的不同而承担相应的后果。(3)法官的庭外调查权被严格限制,只是作为核实证据的一种补充性手段,而不是积极举证。在理想的抗辩式庭审模式中,程序的控制权应当交由控辩双方,法官不能随意依据职权主动收集和调查证据,也不能自行确定证据调查的方式、顺序和范围。

第三节　证明标准

一、证明标准概述

证明标准是指法律规定的运用证据证明待证事实所要达到的程度或者要求。积极主张的一方提供的证据达到了证明标准,则意味着其完成了自己的证明责任,其诉讼主张可以得到积极的评价。积极主张的一方提供的证据未达到证明标准,则意味着其未完成自己的证明责任,其诉讼主张会得到消极的评价。在刑事公诉案件中,积极主张的一方一般情况下就是公诉机关。

---

〔13〕 2001年颁布的北京市高级人民法院《关于办理各类案件有关证据问题的规定(试行)》第66条规定:"被告人以自己精神失常、正当防卫、紧急避险,或者基于合法授权、合法根据,以及犯罪时不在犯罪现场为由进行辩护的,应当提供相应的证据予以证明。"这体现的是被告方对某些控诉的反驳,应承担一定的证明责任。

传统观点认为,在我国,在不同的诉讼阶段有着不同的证明标准。公诉案件一般需要经过四大阶段:立案阶段、侦查阶段、审查起诉阶段、审判阶段。四个阶段中的立案、逮捕、移送审查起诉、提起公诉、判决等主要环节都有各自相异的证明主体与证明对象,因此这些环节的证明标准也存在差异。上述观点是建立在诉讼阶段论的基础之上的,对于证明采用了传统的公、检、法三机关都有证明的责任之观点。如前文所述,如果以审判为中心来看待证明的过程,证明便是围绕着法庭展开,是控诉方向裁判者提出证据、运用证据阐明案件事实、论证诉讼主张的诉讼活动,那么证明标准要解决的主要问题也就是庭审有罪判决的标准问题。而立案、逮捕、侦查终结、审查起诉中需要达到的标准,称为证据标准更为合适,而不宜称为证明标准。

我国《刑事诉讼法》第200条所确立的有罪判决的证明标准是:案件事实清楚,证据确实、充分。2010年,最高人民法院将"排除合理怀疑"的标准引入到我国的司法解释之中,并将其作为法院在裁判死刑案件时判断案件的标准之一。[14] 2012年修改《刑事诉讼法》则更是将"排除合理怀疑"直接纳入证明标准,并使其成为"证据确实、充分"的三大法定条件之一。

在西方国家,"控方负举证责任和要求达到排除合理怀疑的规则,绝非是普通法历史上的偶然。这是一项服务于以下价值的规则,即至关重要且相互强化的保护无辜者和促进法治的价值。"[15]而大陆法系则是采行"内心确信无疑"之标准。所谓内心确信,是指裁判者在诉讼中,通过听取当事人的举证、质证、辩论、审阅卷宗、查找法律规范依据等活动,并运用既有的法律知识,按照一定的诉讼规则,对争议标的的证据采信、法律适用、裁判调整等问题,在内心形成某种确定且坚信的结论性意见,产生成竹在胸的感觉。共性的是,这两种标准都是主观性证明标准,这是与西方国家的自由心证制度相适应的。

二、案件事实清楚,证据确实、充分

我国《刑事诉讼法》第200条规定:"……案件事实清楚,证据确实、充分,依据法律认定被告人有罪的,应当作出有罪判决……"该条所确立的有罪判决的证明标准,主要是一个客观性标准。

所谓"案件事实清楚",是指认定事实的裁判者对定罪量刑有关的事实和情节已经查清楚或认识清楚。按照《最高法解释》的规定,这里的案件事实具体包括:(1)被告人、被害人的身份;(2)被指控的犯罪是否存在;(3)被指控的犯罪是否为被告人所实施;(4)被告人有无刑事责任能力,有无罪过,实施犯罪的动机、目的;(5)实施犯罪的时间、地点、手段、后果以及案件起因等;(6)被告人在共同犯罪中的地位、作用;(7)被告人有无从重、从轻、减轻、免除处罚情节;(8)有关附带民事诉

---

〔14〕 参见《死刑案件证据规定》第33条。

〔15〕 Andrew Stumer, The Presumption of Innocence: Evidential and Human Right Perspectives, Hart Publishing, p. 190.

讼、涉案财物处理的事实;(9)有关管辖、回避、延期审理等的程序事实;(10)与定罪量刑有关的其他事实。

所谓“证据确实、充分”,是指对证据的质和量的综合要求,是实现裁判者对案件事实认识清楚的客观根据。按照《刑事诉讼法》第55条第2款的规定,具体而言需符合以下三点要求:(1)定罪量刑的事实都有证据证明。这是对证据量的要求。(2)据以定案的证据均经法定程序查证属实。这是对证据质的要求。(3)综合全案证据,对所认定事实已排除合理怀疑。这是我国引进英美法系“排除合理怀疑”的证明标准,从主观方面对我国传统的证明标准的一种改良。

如在呼格吉勒图案中,再审判决书认定原审判决并未达到法定的证明标准。

示例12-2 呼格吉勒图案

原判认定原审被告人呼格吉勒图采用捂嘴、扼颈等暴力手段对被害人杨某某进行流氓猥亵,致杨某某窒息死亡的事实,没有确实、充分的证据予以证实。(1)原审被告人呼格吉勒图供述的犯罪手段与尸体检验报告不符。呼格吉勒图供称从杨某某身后用右手捂杨某某嘴,左手卡其脖子同时向后拖动杨某某两三分钟到隔墙,与“死者后纵隔大面积出血”的尸体检验报告所述伤情不符;呼格吉勒图供称杨某某担在隔墙上,头部悬空的情况下,用左手卡住杨某某脖子十几秒钟,与“杨某某系被扼颈致窒息死亡”的尸体检验报告结论不符;呼格吉勒图供称杨某某担在隔墙上,对杨某某捂嘴时杨某某还有呼吸,也与“杨某某系被扼颈致窒息死亡”的尸体检验报告结论不符。(2)血型鉴定结论不具有排他性。刑事科学技术鉴定证实呼格吉勒图左手拇指指甲缝内附着物检出O型人血,与杨某某的血型相同;物证检验报告证实呼格吉勒图本人血型为A型。但血型鉴定为种类物鉴定,不具有排他性、唯一性,不能证实呼格吉勒图实施了犯罪行为。(3)呼格吉勒图的有罪供述不稳定,且与其他证据存在诸多不吻合之处。呼格吉勒图在公安机关侦查阶段、检察机关审查起诉阶段、法院审理阶段均供认采取了卡脖子、捂嘴等暴力方式强行猥亵杨某某,但又有翻供的情形,其有罪供述并不稳定。呼格吉勒图关于杨某某身高、发型、衣着、口音等内容的供述与其他证据不符,其供称杨某某身高1.60米、1.65米,尸体检验报告证实杨某某身高1.55米;其供称杨某某发型是长发、直发,尸体检验报告证实杨某某系短发、烫发;其供称杨某某未穿外套,尸体检验报告证实杨某某穿着外套;其供称杨某某讲普通话与杨某某讲方言的证人证言不吻合。原判认定的呼格吉勒图犯流氓罪除其供述外,没有其他证据予以证明。[16]

三、排除合理怀疑

将“排除合理怀疑”引入我国刑事诉讼的证明标准,意味着在原来客观化的证明

---

〔16〕 内蒙古自治区高级人民法院《刑事判决书》(〔2014〕内刑再终字第00005号),北大法宝引证码:CLI. C. 8307739。相关讨论还可参见何家弘:“刑事错判证明标准的名案解析”,载《中国法学》2012年第1期。

标准中注入了一种带有主观性的证明要求。所谓“主观性的证明要求”，原本是自由心证原则的内在应有之义，是指法律对裁判者认定案件事实提出了内心确信程度的要求。所谓“排除合理怀疑”，一般是指裁判者对案件事实的主观判断，达到了内心确信、排除合理疑问的程度。相对于那种外在的、客观化的证明要求，这是一种内在的、主观化的证明程度，对事实裁判者内心对案件事实的确信程度提出了法律要求。我国《刑事诉讼法》将“排除合理怀疑”的主观性要素注入“证据确实、充分”的客观化要求之中，形成了一种客观要求与主观要素相结合的证明标准立法模式。〔17〕

英美法系的排除合理怀疑是以自由心证原则为基础的。自由心证原则要求：对于证据的取舍及其证明力，由法官针对具体案情根据经验法则、逻辑规则和自己的理性良心自由判断，由此形成内心确信，并据此认定案件事实。〔18〕自由心证可被概括为两项原则：一是自由判断；二是内心确信。自由判断是指对证据的证明力判断不受事先设置的规则约束，而交由法官自由评判；内心确信是指证明标准是判断者的确实相信，一般也称之为排除合理怀疑。

理解排除合理怀疑，关键是理解什么是“合理怀疑”。对此，英美法系国家也存在相当大的争议，无论是在法律上还是在理论上都没有统一、具体的标准。主流的观点是接近确定性，约在95%以上。〔19〕合理怀疑并非是无端的怀疑和猜测，而是基于证据之上对于案件存在无罪可能性的一种怀疑。在著名的辛普森案中，主审法官认为：这不仅只是可能的怀疑，因为任何与人相关的事物都存在某种可能或想象的怀疑。（合理的怀疑）是指整个论控，在经过对所有证据全盘的比较与考量之后，陪审团心里仍然觉得没办法一直全然确信检方所论控的事实。〔20〕

引入英美法系的“排除合理怀疑”标准，是我国有罪判决证明标准的重要完善。“案件事实清楚，证据确实、充分”的证明标准是我国司法制度长期发展的产物，这一标准体现了刑事诉讼法“保证准确、及时地查明犯罪事实”的任务，体现了我们追求案件真相、追求司法公正的理想与决心。要求案件事实清楚，证据确实、充分，并非意味着证明标准必须达到绝对真实的程度。绝对的客观真实，虽然心向往之，但实践中往往无法达到。如在一案中，犯罪嫌疑人趁着被害人醉酒后将其带至宾馆强奸，被害人醒后发现自己衣衫不整地躺在宾馆床上，于是便报案了，但对于自己是否

---

〔17〕参见陈瑞华：“刑事证明标准中主客观要素的关系”，载《中国法学》2014年第3期。

〔18〕自由心证的经典表述来自于《法国刑事重罪法典》：“法院不要求陪审官报告他们建立确信的方法；法律不给他们预定一些规则，使他们必须按照这些规则来决定证据是不是完全和充分；法律所规定的是要他们集中精神，在自己良心的深处探求，对于所提出的反对被告人的证据和被告人的辩护手段在自己的理性里发生了什么印象。法律不向他们说：你们不要把没有由某种笔录、某种文件、多少证人或多少罪证……所决定的证据，认为是充分证实。法律只是向他们提出一个能够概括他们职务上的全部尺度的问题：你们是真诚地确信吗?”

〔19〕参见［美］爱伦·豪切斯泰勒等：《美国刑事法院诉讼程序》，陈卫东、徐美君译，中国人民大学出版社2002年版，第72页。

〔20〕［美］亚伦·德肖维茨：《合理的怀疑——从辛普森案批判美国司法体系》，高忠义、侯荷婷译，法律出版社2014年版，第60页。

被强奸并不清楚，尽管犯罪嫌疑人承认实施了强奸行为，由于缺乏相关的其他证据，该案最终也就不了了之了。该案例暴露出单纯依靠“案件事实清楚，证据确实、充分”证明标准可能会带来的弊端。[21]

我们要求的案件真实是基于证据的真实，要求所有证据在总体上已足以对所要证明的犯罪事实得出确定无疑的结论，即排除其他一切可能性而得出的唯一结论。也就是说，我国的“案件事实清楚，证据确实、充分”事实上已经吸收了排除合理怀疑标准的部分内核，即《刑事诉讼法》第55条第2款第3项规定，在认定证据是否确实、充分时，要“综合全案证据，对所认定事实已排除合理怀疑”。

示例12－3　郭涛挪用公款、贪污上诉案

判决书认定：公诉机关起诉指控被告人郭涛将一套（四册）单位购买的价值29800元的邮票据为己有，其行为构成贪污罪，这一指控的主要证据是2012年12月7日从郭涛家中搜出的第29届奥林匹克运动会世界邮票大全（四册），以及2012年12月4日镇原县邮政局有关经手人员对这套邮票的照片辨认笔录，而照片上所照的邮票为三册，邮票12月7日从被告人家中搜出四册，此张实物照片从何而来，卷内无相关说明，显属来源不清，且被告人郭涛辩解单位购买邮票属实，但所买邮票为单位创建省级文明单位疏通关系送人了，自己家中搜出的邮票系其在西安邮票市场上所买，公诉机关再没有进一步查证，证据之间存在矛盾，且不能排除合理怀疑，要认定郭涛将邮票据为已有缺乏足够的证据，故起诉这一指控亦不能成立。[22]

第四节　刑事证据规则

一、刑事证据规则的概念与演进

刑事证据规则是刑事诉讼中控辩双方提供证据、法庭采纳和运用证据认定案件事实等诉讼证明活动应当遵循的基本准则。刑事证据规则大体包括两类：一类是调整证据能力的规则，如非法证据排除规则、传闻证据规则、意见证据规则、最佳证据规则[23]等；另一类是调整证明力的规则，如补强证据规则、原始证据优先规则等。

现代意义上的证据规则起源英国。自13世纪末以来，随着以陪审团为主要特

---

〔21〕 参见杨宇冠：“‘排除合理怀疑’证明标准在中国适用问题探讨”，载《法律科学》2015年第1期。

〔22〕 甘肃省庆阳地区中级人民法院《刑事裁定书》（〔2013〕庆中刑终字第114号），北大法宝引证码：CLI. C. 7997524。

〔23〕 最佳证据规则在现代英美法系国家中，是关于文字材料可采性的一项重要证据规则。其基本精神是：以文件内容而不是以文件本身作为证据的一方当事人，必须提出文件内容的原始证据。因此被纳入调整证据能力的规则。但在我国，最佳证据规则既涉及书证又涉及物证，既有证据能力问题，也有证明力大小的问题。

征的对抗式诉讼制度的形成,各种证据规则在审判中日益频繁地使用。陪审团审判对于证据规则的形成有着重要的影响,因为陪审团审判作为非职业法官的审判,必然对哪些证据可以采用作出严格的规定。证据规则在美国得到了继受和发展,并且其功能得到不断拓展,从保障实体真实的规则发展到日益强调正当程序的规则。如马普诉俄亥俄州案、米兰达诉亚利桑那州案等案件,将证据规则与美国宪法修正案中的正当法律程序条款紧密联系在一起并影响了全世界主要国家。[24]

近年来,西方主要国家的证据规则出现了新的变化,即在一定程度上放宽了证据规则。在美国,米兰达规则受到越来越多的质疑,许多批评者们认为,米兰达规则帮助了罪犯,并损害了打击犯罪的努力。2000 年至 2004 年期间,四个重要的米兰达问题被提交到美国联邦最高法院:(1)是否国会有权改变米兰达规则;(2)是否毒树之果规则要求排除作为违反米兰达的结果的所发现的实物证据;(3)当警察机关故意违反米兰达规则时,将适用什么证据规则;(4)是否米兰达权利被侵犯的公民有权提起民事损害赔偿之诉。虽然美国联邦最高法院在迪克森案中拒绝推翻米兰达规则,指出米兰达"已经变成植根于日常警察机关的实践,在很大程度上这些警告已经变成我们国家的文化的一部分",[25]但是,米兰达规则还是有了一些松动,如针对违反米兰达规则的自白而获得的实物证据是否将被作为毒树之果而排除的问题,在 2004 年,美国联邦最高法院以 5∶4 的表决结果做出裁决,这种情况下毒树之果将不被适用,同时通过间接违反米兰达而获得的实物证据将不被排除。

英国政府的白皮书《所有人的公正》中,采纳了放松关于可采性的苛刻规则的建议,比如政府主张修改传闻证据规则,扩大证人书面证言适用的范围,允许证人参考他们先前的、原始的陈述;被告人先前定罪(前科)在一定情况下也可作为证据使用,除非有正当理由,如会危害公正审判的权利。之后,英国的《2003 年刑事司法法》的第 2 章改革了刑事诉讼中关于传闻证据可采性的法律规定,从而进一步改革了证据规则。在由英国内政部制定的关于该法的立法说明中指出,证据规则将被修改,以便于允许使用先前相关的定罪,以及允许使用符合特定条件的传闻证据(经转述的证据),包括原始的证据来源有正当理由不能出庭陈述,或者法官认为原始证据来源不出庭是适当的。[26]

在我国,证据规则立法的起步较晚,1996 年《刑事诉讼法》规定的证据规则较为简单。2010 年出台了两个刑事证据规则,即《关于办理死刑案件审查判断证据若干问题的规定》(以下简称《死刑案件证据规定》)、《关于办理刑事案件排除非法证据若干问题的规定》(以下简称《非法证据排除规定》),初步建立了我国的刑事证据规则体系。2012 年《刑事诉讼法》修改,进一步完善了非法证据排除规则等证据规则,

---

〔24〕 参见陈光中主编:《证据法学》(第 3 版),法律出版社 2015 年版,第 234 页。

〔25〕 Dickerson v. United States,530 U.S.443 (2000).

〔26〕 参见陈光中主编:《21 世纪域外刑事诉讼法立法最新发展》,中国政法大学出版社 2004 年版,第7~8 页。

特别是 2017 年出台的《关于办理刑事案件严格排除非法证据若干问题的规定》对非法证据排除规则再次做出重要推进。

二、非法证据排除规则

(一)非法证据排除规则的概念与价值定位

非法证据排除规则,是指违反法定程序,以非法方法获取的证据,不具有证据能力,不能为法庭所采纳。非法证据排除规则源自英美法,20 世纪初产生于美国。1914 年的威克斯诉合众国一案中,[27]美国联邦最高法院运用该规则否定了不合理的搜查和扣押,裁定警察的行为违反了《宪法》第四修正案的规定,“如果联邦执法官员实施搜查的行为‘未经法律授权’,法院不得事后——以采纳执法官员所得证据的方式——‘支持’或者‘认可’此类搜查或者扣押行为。”[28]该案标志着非法证据排除规则在美国正式确立。

非法证据的标准有广义和狭义之分。广义的非法证据主要是从以下方面来衡量:(1)证据收集主体是否合法;(2)证据的收集是否严格按照法定程序进行;(3)收集到的证据是否符合法定形式。狭义的非法证据则是以刑事证据是否符合法律规定的收集方法和收集程序为衡量标准的,我国非法证据排除规则即采用类似的衡量标准。《刑事诉讼法》第 56 条规定:“采用刑讯逼供等非法方法收集的犯罪嫌疑人、被告人供述和采用暴力、威胁等非法方法收集的证人证言、被害人陈述,应当予以排除。收集物证、书证不符合法定程序,可能严重影响司法公正的,应当予以补正或者作出合理解释;不能补正或者作出合理解释的,对该证据应当予以排除。在侦查、审查起诉、审判时发现有应当排除的证据的,应当依法予以排除,不得作为起诉意见、起诉决定和判决的依据。”在这一基础上,《最高法解释》进一步细化了刑讯逼供的概念,规定“使用肉刑或者变相肉刑,或者采用其他使被告人在肉体上或者精神上遭受剧烈疼痛或者痛苦的方法,迫使被告人违背意愿供述的,应当认定为《刑事诉讼法》第 56 条规定的‘刑讯逼供等非法方法’”。也就是说,作为一种程序性制裁的刑事证据规则,我国的非法证据排除规则主要是以刑事程序法为依据,强调程序违法的法律后果。其要求侦查机关在侦查和取证过程中应严格遵照法律设定的程序。立法本意在于通过设定严格的程序性后果,严禁刑讯逼供并防止公安司法机关为打击犯罪而不择手段,从而防止错案和保障被追诉人的权利。

从价值定位来看,非法证据排除规则的确立主要是为了实现宪法保障人权之目的。“非法证据排除规则是为了保护公民依照宪法享有的权利不受侵犯。因此,非法证据排除规则实际上就是公民宪法权利这棵大树上开出的一朵花。”[29]在美国,

---

〔27〕 Weeks v. United States, 232 U. S. 383 (1914).

〔28〕 参见孟军:《艰难的正义:影响美国的 15 个刑事司法大案评析》,中国法制出版社 2015 年版,第 122 页。

〔29〕 易延友:《刑事诉讼法——规则、原理与应用》(第 4 版),法律出版社 2013 年版,第 249 页。

《联邦证据规则》实际上并不规定非法证据排除规则，该规则实际上源于美国《宪法》第四修正案（隐私权、住宅区、财产权和人身权）、第五修正案（反对自我归罪的特权）和第六修正案（获得律师帮助的权利），从而作为宪法性问题而获得至高的地位。[30] 我国2004年《宪法》修正案明确规定："国家尊重和保障人权"，把保护人权作为一项宪法基本目标确定下来，这表明了我国立法理念的转变和进步。非法证据排除规则首先保障的是宪法赋予犯罪嫌疑人、被告人作为公民的基本权利。在刑事诉讼中，犯罪嫌疑人、被告人作为被国家公权力机关追诉的对象，其人身自由往往受到限制或剥夺，在侦查取证的过程中，其合法权益很容易被侵害。通过非法证据排除规则，严格证据收集和讯问程序，以此作为标准來衡量侦查机关在刑事诉讼过程中收集证据的合法性，排除那些通过非法方法取得的对犯罪嫌疑人、被告人不利的证据，才能做到定罪量刑更加公正，让违法取证现象得到遏制。

此外，根据联合国《禁止酷刑和其他残忍、不人道或有辱人格的待遇或处罚公约》第15条的规定，每一缔约国应确保在任何诉讼程序中，不得援引任何确属酷刑逼供做出的陈述为根据。我国作为缔约国，具有遵守这一规定的义务。

（二）非法证据排除的范围

1. 关于非法言词证据。我国《刑事诉讼法》对非法言词证据采用的是绝对排除，即采用刑讯逼供等非法方法收集的犯罪嫌疑人、被告人供述和采用暴力、威胁等非法方法收集的证人证言、被害人陈述，应当予以排除。这里所谓的"刑讯逼供等非法方法"，包括了使用肉刑或者变相肉刑，或者其他使被追诉人在肉体上或者精神上遭受剧烈疼痛或者痛苦的方法。

2. 关于非法实物证据。我国《刑事诉讼法》对非法实物证据采用的是相对排除，即收集物证、书证不符合法定程序，可能严重影响司法公正的，应当予以补正或者作出合理解释；不能补正或者作出合理解释的，对该证据应当予以排除。也就是说，与非法言词证据不同，非法实物证据并非绝对排除，而是可以经过补正或合理解释，不能补正或作出合理解释的实物证据才需要被排除。

这样规定的理由有二：（1）言词证据的取得需要公安司法机关与当事人进行直接接触，在证据取得中更容易发生刑讯逼供等非法取证，因此需要对言词证据的合法性作更高的要求；（2）由于实物证据的种类与形态多种多样，这就决定了非法实物证据远比非法言词证据复杂，而且实物证据往往具有不可替代性，为了发现实体真实，我国在立法的过程中对非法实物证据的排除条件进行一定的限制。

3. 关于"威胁、引诱、欺骗"。值得注意的是，《刑事诉讼法》第52条规定："严禁刑讯逼供和以威胁、引诱、欺骗以及其他非法方法收集证据，不得强迫任何人证实自己有罪"。从该条来看，法律明确了以威胁、引诱、欺骗取得的证据属于非法证据。但

---

〔30〕 美国联邦证据规则共分为11个部分，分别为总则、司法认知、民事案件中的推定、相关性及其限制、特免权、证人、意见与专家证言、传闻、验真与辨认、书写品、录制品和影像的内容、其他规则。参见王进喜：《美国〈联邦证据规则〉（2011年重塑版）条解》，中国法制出版社2012年版。

是在《刑事诉讼法》第56条中,却并未明确规定以威胁、引诱、欺骗取得的证据都需要进行排除。上述立法的目的是给实践中采用侦查策略取得的证据以合法性空间。但是威胁、引诱、欺骗与合法的侦查策略之间要如何区分,仍然是一个难题。

4. 关于"毒树之果"。"毒树之果"理论源于美国,其含义是指用最初采用非法手段获取的证据所提供的线索再获取的证据被认为是由"毒树"结出的"毒果",该证据被认为与原始非法证据一样不具有可采性。这一理论可以说是非法证据排除规则的延伸,对"毒树之果"的排除被认为是最彻底的非法证据排除规则。但是绝对地排除"毒树之果"在实践中往往妨碍侦查,弊端明显。就连"毒树之果"理论的母国——美国,近年来也确立了"最终或必然发现的例外"、"善意的例外"等一系列的例外从而对"毒树之果"的排除进行限制。我国《刑事诉讼法》并未确立"毒树之果"排除规则。[31]

2017年出台的《关于办理刑事案件严格排除非法证据若干问题的规定》的排除范围做了更为严格细致的推定。需要注意以下几点:(1)采用以暴力或者严重损害本人及其近亲属合法权益等进行威胁的方法,使犯罪嫌疑人、被告人遭受难以忍受的痛苦而违背意愿作出的供述,应当予以排除。(2)采用非法拘禁等非法限制人身自由的方法收集的犯罪嫌疑人、被告人供述,应当予以排除。(3)采用暴力、威胁以及非法限制人身自由等非法方法收集的证人证言、被害人陈述,应当予以排除。(4)采用刑讯逼供方法使犯罪嫌疑人、被告人作出供述,之后犯罪嫌疑人、被告人受该刑讯逼供行为影响而作出的与该供述相同的重复性供述,应当一并排除,但下列情形除外:一是更换侦查人员,其他侦查人员再次讯问时告知诉讼权利和认罪的法律后果,犯罪嫌疑人自愿供述的;二是检察人员、审判人员讯问时告知诉讼权利和认罪的法律后果,犯罪嫌疑人、被告人自愿供述的。

(三)非法证据排除程序

1. 排除的机关与诉讼阶段。《刑事诉讼法》第56条第2款规定:"在侦查、审查起诉、审判时发现有应当排除的证据的,应当依法予以排除,不得作为起诉意见、起诉决定和判决的依据。"这就意味着,我国的非法证据排除规则适用于侦查、起诉、审判各个阶段,明确了公安司法机关主动排除非法证据的义务。这一点不同于西方国家的非法证据排除特指审判阶段法官对非法证据的排除。

2. 审判阶段非法证据排除的启动。《刑事诉讼法》第58条规定:"法庭审理过程中,审判人员认为可能存在本法第五十四条规定的以非法方法收集证据情形的,应当对证据收集的合法性进行法庭调查。当事人及其辩护人、诉讼代理人有权申请人民法院对以非法方法收集的证据依法予以排除。申请排除以非法方法收集的证据

---

〔31〕 我国刑事诉讼法学界对待"毒果"问题主要有两种观点:"砍树弃果论"和"砍树食果论"。前者认为在我国非法证据排除不断完善的情况下,为真正实现非法证据排除,应排除"毒果",可以考虑通过司法解释的方式,对此作出明确规定;后者主张在我国侦查手段还比较落后的情况下,将非法证据排除扩展到"毒果",可能会影响对案件真相的揭示,影响办案的效率,因此不主张排除"毒果"。

的,应当提供相关线索或者材料。"即审判阶段的非法证据排除的启动方式有两种:(1)司法机关依职权启动,即法庭审理过程中,审判人员认为可能存在以非法方法收集证据情形的,应当对证据收集的合法性进行法庭调查;(2)司法机关依申请启动,即当事人及其辩护人、诉讼代理人有权申请人民法院对以非法方法收集的证据依法予以排除。

3. 法庭调查。对取证合法性的调查有两种形式:(1)庭前会议调查,即开庭审理前,当事人及其辩护人、诉讼代理人申请排除非法证据,人民法院经审查,对证据收集的合法性有疑问的,应当召开庭前会议,就非法证据排除等问题了解情况,听取意见,人民检察院可以通过出示有关证据材料等方式,对证据收集的合法性加以说明。(2)庭审中调查,即法庭审理过程中,当事人及其辩护人、诉讼代理人申请排除非法证据的,法庭应当进行审查。经审查,对证据收集的合法性有疑问的,应当进行调查;没有疑问的,应当当庭说明情况和理由,继续法庭审理。当事人及其辩护人、诉讼代理人以相同理由再次申请排除非法证据的,法庭不再进行审查。

4. 证明责任与证明方法。对于非法证据的排除,世界各国普遍采用证明责任倒置。根据我国《刑事诉讼法》第59条的规定,在对证据收集的合法性进行法庭调查的过程中,人民检察院应当对证据收集的合法性加以证明。证明取证合法性的方法有两种:(1)使用已经收集的现有证据材料证明;(2)人民检察院可以提请人民法院通知有关侦查人员或者其他人员出庭说明情况。人民法院可以通知有关侦查人员或者其他人员出庭说明情况。有关侦查人员或者其他人员也可以要求出庭说明情况。同时,申请排除非法证据的当事人方负有推进责任,即《刑事诉讼法》第58条第2款规定:"当事人及其辩护人、诉讼代理人有权申请人民法院对以非法方法收集的证据依法予以排除。申请排除以非法方法收集的证据的,应当提供相关线索或者材料。"

5. 证明标准。根据《刑事诉讼法》第60条的规定:"对于经过法庭审理,确认或者不能排除存在本法第五十六条规定的以非法方法收集证据情形的,对有关证据应当予以排除。"即排除非法证据的证明标准有两种:(1)人民法院确认存在《刑事诉讼法》第56条规定的非法取证的情形;(2)检察机关的证明不能排除《刑事诉讼法》第56条规定的非法取证的情形。

6. 检察机关对非法证据排除的监督。检察机关对非法取证行为拥有调查权、建议权与追诉权,这是检察机关法律监督职能的体现。根据《刑事诉讼法》第57条的规定,人民检察院接到报案、控告、举报或者发现侦查人员以非法方法收集证据的,应当进行调查核实。对于确有以非法方法收集证据情形的,应当提出纠正意见;构成犯罪的,依法追究刑事责任。

示例12-4 廖兵杀人案

内江市市中区人民法院于2012年11月29日作出判决:被告人廖兵犯故意杀人罪,判处有期徒刑十二年。宣判后,原审被告人廖兵向四川省内江市中级人民法院提起上诉。四川省内江市中级人民法院于2013年2月4日作出判决,认为原判采信廖兵有罪供述不当，认定犯罪事实不清，适用法律不当，量刑过重，将廖兵故意杀人罪的刑期改判为有期徒刑八年。

四川省内江市中级人民法院认为，上诉人（原审被告人）廖兵的有罪供述作为认定其犯罪事实的关键证据由于不能排除系通过刑讯逼供获取的“合理怀疑”，按照非法证据排除规则，依法应当予以排除。理由有四：一是无同步录音录像等证明力强的证据证明无刑讯逼供行为；二是内江市公安局市中区分局刑警大队重案中队（以下简称重案中队）关于廖兵辩称被刑讯逼供的情况说明和内江市市中区人民检察院函证实讯问的合法性，缺乏应有佐证；三是内江市市中区人民医院健康检查表是2011年8月1日出具，而重案中队的讯问次日才开始，此表不能证明廖兵被讯问后的情况；四是重案中队的情况说明承认廖兵在讯问中头部、手部受伤，但内江市看守所入所体检表却未反映廖兵的伤情，且该表无医生签名，客观性存在重大疑问。于此，按照《刑事诉讼法》第54条第1款、第58条，《最高法解释》第102条第1款的规定，对廖兵的有罪供述予以排除在定案证据之外。由于廖兵的有罪供述被排除，现有指控证据不能排除廖兵仅到现场等候并参与追撵，但未持刀砍杀谢某的合理怀疑，因此只能就低认定廖兵参与预谋和追撵的情节。上诉人（原审被告人）廖兵受黄德彬邀约与罗某某、刘某某等人守候并参与追撵被害人谢某，致谢某死亡，其行为构成故意杀人罪，且系共同犯罪。在共同犯罪中，廖兵参与预谋，并追撵谢某，起辅助作用，与黄德彬、罗某某、刘某某三人的行为相比明显较轻，系从犯，依法应当减轻处罚。原判对廖兵判处有期徒刑十二年偏重。鉴于原判认定的部分事实不清，适用法律不当，量刑过重，因此予以改判。[32]

三、传闻证据规则

美国《联邦证据规则》第801条（c）规定：“传闻是指这样的陈述：（1）该陈述并非陈述人在当前审判或者听证作证时作出的；并且（2）当事人将其作为证据提出，用以证明该陈述所主张事项之真实性。”所以传闻证据被定义为一种“陈述”，而所谓“陈述”是指：“一个人的口头主张、书面主张或者该人意图作为一项主张的非语言行为”。[33] 传闻证据包括两种形式：一是书面传闻证据，即亲身感受了案件事实的证人在庭审期日之外所作的书面证人证言，及警察、检察人员所作的询问笔录；二是言词传闻证据，即证人并非就自己亲身感知的事实作证，而是向法院转述他从别人那里听到的情况。

传闻证据规则是英美法系中一项非常重要的证据规则。这一规则要求排除传闻证据的可采性，不得将传闻证据提交法庭进行调查质证；已经在法庭出示的，不得提交陪审团作为评议的依据。传闻证据规则最早在英国确立，之后陆续为美国、日本等国家或地区的法律体系所吸收。如我国台湾地区2003年修改“刑事诉讼法”第159条，改采传闻证据规则：“被告以外之人于审判外之言词或书面陈述，除法律有

---

〔32〕 四川省内江市中级人民法院《刑事判决书》（〔2013〕内刑终字第24号），北大法宝引证码：CLI. C. 2783861。

〔33〕 参见王进喜：《美国〈联邦证据规则〉（2011年重塑版）条解》，中国法制出版社2012年版，第238页。

规定者外,不得作为证据。"

排除传闻证据的理由主要有以下几点:(1)传闻证据并未经过庭审宣誓、质询等程序,有违程序正义。未经当庭宣誓,证人容易缺少对法庭威严与作证神圣性的认识,交叉询问也沦为形式。同时,法官也无法通过证人的语气、神色等角度判断其证词的可靠性;控辩双方更加无法通过质询程序来辨明真伪。(2)传闻证据不是证人本人亲自在法庭上作的陈述,真实性难以保障。经过中间环节的转述后,容易产生信息的流失与偏差,而且这种偏差还无法像出庭陈述那样能得到及时的补正,最终不利于发现案件真实情况。(3)传闻证据侵犯了被告人的对质权。"所谓'对质'应指被告与证人同时在场彼此面对面且互为质问之义。"〔34〕对质权是国际社会公认的刑事审判中被告人所应享有的一项最基本的权利。《公民权利和政治权利国际公约》第14条第3款戊项明确规定了被告人的对质权,即被告人有权传唤和讯问(询问)对他不利的证人,并使对他有利的证人在与对他不利的证人相同的条件下出庭和受讯问。"在和检察官同等条件下传唤和获得证人出庭并予讯问的权利是'诉讼手段平等'原则因而也是公正审判的一个基本要素。"〔35〕因此,保障被告人对不利于其的证人的对质权,构成了排除传闻证据的最重要的一个理论依据。〔36〕

值得注意的是,传闻证据规则存在不少例外。总体来说,传闻证据得以作为证据使用的情形主要有以下两种:(1)传闻证据能够通过多方面证实其可靠性,即使不经过庭审质证,其虚假的危险性也较小,不至于损害对方当事人的利益;(2)传闻证据的使用有必要性。譬如原始证人死亡,无法进行交叉询问,同时也无法找到同等证明力的替代证据,以至于不得不使用该传闻证据。总体来看,传闻证据规则的例外在近年来不断扩大,如美国1987年修改《联邦证据规则》第801条(d)明确规定了"不是传闻的陈述"的范围,缩小了传闻规则的适用。以至于有学者认为,传闻证据规则已经被例外所包围,"例外成了原则,而原则反倒成了例外"。〔37〕

我国法律并未明文规定传闻证据规则,但是《刑事诉讼法》体现了直接言词原则之精神。大陆法系传统上不实行传闻证据规则,而是采行与传闻证据规则具有共通价值的直接言词原则。一方面,该原则要求办理案件的法官、陪审员只能以亲自在法庭上直接获取的证据材料作为裁判之基础;另一方面,该原则要求控辩双方在法庭上须用言词形式开展质证辩论。在直接言词原则的理念下,我国《刑事诉讼法》致力于构建一个对抗性的、拥有实质质证过程的庭审程序,如《刑事诉讼法》规定了证人、鉴定人的出庭作证义务,赋予法院强制证人到庭的权力,明确了对证人的安全保

---

〔34〕 王兆鹏:《美国刑事诉讼法》,北京大学出版社2005年版,第366页。

〔35〕 [奥]曼弗雷德·诺瓦克:《〈公民权利和政治权利国际公约〉评注》(修订第2版),孙世彦、毕小青译,生活·读书·新知三联书店2008年版,第356页。

〔36〕 参见熊秋红:"刑事证人作证制度之反思——以对质权为中心的分析",载《中国政法大学学报》2009年第5期;易延友:"证人出庭与刑事被告人对质权的保障",载《中国社会科学》2010年第2期。

〔37〕 陈光中主编:《证据法学》(第3版),法律出版社2015年版,第260页。

护与经济补偿。这些规定,最终是为了维护庭审中的直接言词原则,保障当事人质证权,最终实现以庭审为场域的看得见的公平正义。

四、意见证据规则

意见证据规则,是指证人只能就其感知的事实提供陈述,除特殊情况外,不能根据自己直接体验的事实发表推断性陈述。排除意见证据规则的原因主要在于诉讼程序中的职能划分:法官或陪审团行使裁判职能,需要在认定的事实的基础上对案件进行推断与评价,最终作出判决;而证人只能提供关于事实的陈述,不能提供推断性意见,以免侵犯裁判者的权力。除此以外,意见证据规则还能够避免证人提供的事实与证人提供的意见互相混淆,导致偏见或预断,影响司法公正。

意见证据规则的例外主要有两种情况:(1)证人凭借一般生活经验作出的推测。证人的意见或推测如果是以证人合理的经验和感知为基础,或者对于理解该证言或案件事实有益,则该意见可以采纳,譬如"看起来很高"、"闻起来像烧焦味"等。(2)专家证人作出的意见。英美证据法规定,当法官和陪审团因为缺乏某些特殊的知识而不能做出正确推断的时候,拥有这些特殊的知识的人将被允许在法庭上给出他们的意见。在《布莱克法律词典》中,专家证人(expert witness)这一词条直接标注的是见"证人"词条,即专家证人是指具备某种知识、技能、经验、接受过某种训练或教育,能够对证据或事实问题提供科学的、技术的或其他专业的意见的人。[38] 这里的专家证人,对于相关领域必须拥有充分的知识和技能,或者其推论能够帮助事实审理者发现真实。这种知识可能单独来自于对某一领域的研习,也可能单独来自于经验与实践,或者两者兼而有之。

我国的法律并未明确规定意见证据规则,但相关立法和司法解释体现了意见证据规则的精神。2010 年的《死刑案件证据规定》第 12 条第 3 款规定:"证人的猜测性、评论性、推断性的证言,不能作为证据使用,但根据一般生活经验判断符合事实的除外。"《最高法解释》吸收了这一规定,明确规定了证人的猜测性、评论性、推断性的证言,不得作为证据使用,但根据一般生活经验判断符合事实的除外。上述规定可以看出,我国刑事诉讼蕴含了意见证据规则的精神。

此外,我国已经确立了专家辅助人制度。《刑事诉讼法》第 197 条规定:"公诉人、当事人和辩护人、诉讼代理人可以申请法庭通知有专门知识的人出庭,就鉴定人作出的鉴定意见提出意见。"该条所确定的专家辅助人制度实质上是吸收了英美法系专家证人制度的某些特点,使所谓专家辅助人更像是"当事人辅助人"。但我国的专家辅助人制度的定位与英美法系的专家证人制度显然是不同的,并不是意见证据规则的例外。司法解释将专家辅助人意见定性为代表申请其出庭的一方就鉴定意见发表的专业质证意见,并视为申请方的控诉意见或者辩护意见的组成部分,并不

---

〔38〕 Bryan A. Garner ed., Black's Law Dictionary (Seventh Edition), West Group, 1999, pp. 600, 1597.

能作为一种证据。[39]

五、最佳证据规则

在普通法传统中，最佳证据规则是诉讼过程中的产物，直到18世纪末，最佳证据规则仍被视为英国证据法的单一原则。最佳证据规则的基本含义是指，以文字材料的内容证明案情时，必须提交该文字材料的原件。美国第二巡回法院在1945年的赫济格诉韦斯特公司一案的判决书中写道："最佳证据规则在其现代的应用中仅指这样一条规则，即一份文字材料的内容必须通过引入文书本身来证明，除非对原始文书的缺失提出令人信服的理由。"[40]可见，最佳证据规则是一项适用于书证的规则。华尔兹教授认为："最佳证据，这个名字给人带来一些不必要的误解，认为律师必须遵守这个普遍规则，即在所有案件中提供最有分量最强最好的证据。其实，把这个规则称为'原始文书规则'或许更为妥当，它仅是一项规定原始文字材料有优先权作为证据的简单原则。"[41]美国《联邦证据规则》将最佳证据规则从书证扩展到了录制品或者影像，其第1002条规定："为证明书写品、录制品或者影像的内容，应当提供其原件，本证据规则或者联邦制定法另有规定者除外。"[42]同时，美国《联邦证据规则》第1004～1007条对最佳证据规则的例外作了明确列举。最佳证据规则是一项规范证据的证据能力以保障真实性的规则，英美法系强调该规则的基本前提在于书面陈述在法律上的重要地位，正是因为这种重要地位，向法院提供文书的真实性和准确性是十分必要的。最佳证据规则被认为有两方面的意义：一方面防小人；另一方面防君子。例如，最佳证据规则的最早倡导者吉尔伯特就认为，最佳证据规则就是为了防止小人而设置的规则；但实际上，最佳证据规则不仅防小人，也防君子。小人因为不诚实而提交伪造的副本，君子因为不小心而提交有错误或遗漏的副本——因此，最佳证据规则不仅适用于不诚实的当事人，也适用于诚实的当事人。[43]

我国没有明确规定最佳证据规则，但是这一规则的精神体现在许多相关条文中。《最高法解释》规定，据以定案的物证应当是原物。原物不便搬运，不易保存，依法应当由有关部门保管、处理，或者依法应当返还的，可以拍摄、制作足以反映原物外形和特征的照片、录像、复制品。又如，《最高法解释》规定，据以定案的书证应当

---

〔39〕 实证研究显示，我国的专家辅助人在法庭上的角色定位是模糊的，在鉴定人、证人、辩护律师和独立的诉讼参与人之间徘徊。参见胡铭："鉴定人出庭与专家辅助人角色定位之实证研究"，载《法学研究》2014年第4期。

〔40〕 宋英辉等：《外国刑事诉讼法》，北京大学出版社2011年版，第110页。

〔41〕 [美]乔恩·R.华尔兹：《刑事证据大全》，何家弘等译，中国人民公安大学出版社2004年版，第420页。

〔42〕 王进喜：《美国〈联邦证据规则〉(2011年重塑版)条解》，中国法制出版社2012年版，第336～337页。

〔43〕 易延友："最佳证据规则"，载《比较法研究》2011年第6期。

是原件。取得原件确有困难的,可以使用副本、复制件。这些规定是最佳证据规则的具体化表现,并说明其适用扩展到了实物证据。

六、补强证据规则

补强证据规则,是指为了防止误认事实,在运用某些证明力薄弱的证据认定案情时,必须有其他证据补强其证明力。需要补强的证据一般是言词证据,包括犯罪嫌疑人、被告人供述、被害人陈述、证人证言等。某些言词证据需要补强的理由在于这些证据的可信度偏弱。以犯罪嫌疑人供述为例,犯罪嫌疑人在羁押过程中人身自由往往受限制,并且几乎与外界断绝联系。在讯问过程中,相比于侦查机关,犯罪嫌疑人处于极度弱势地位,很容易受到侦查机关的威胁、利诱而作出与事实不符的供述。因此,犯罪嫌疑人供述的可信度是偏低的,需要其他证据进行补强方能作为定案的根据。

在英美法系,依据制定法或惯例,一般对以下情形需要补强:(1)对伪证的证明;(2)对某些性犯罪的补强;(3)儿童提供的不经宣誓的证言;(4)共犯的证言;等等。

我国《刑事诉讼法》第55条规定:"对一切案件的判处都要重证据,重调查研究,不轻信口供。只有被告人供述,没有其他证据的,不能认定被告人有罪和处以刑罚;没有被告人供述,证据确实、充分的,可以认定被告人有罪和处以刑罚。"《最高法解释》规定,被告人庭审中翻供,但不能合理说明翻供原因或者其辩解与全案证据矛盾,而其庭前供述与其他证据相互印证的,可以采信其庭前供述。被告人庭前供述和辩解存在反复,但庭审中供认,且与其他证据相互印证的,可以采信其庭审供述;被告人庭前供述和辩解存在反复,庭审中不供认,且无其他证据与庭前供述印证的,不得采信其庭前供述。上述规定确立了我国的口供补强规则。此外,《最高法解释》还规定,下列证据应当慎重使用,有其他证据印证的,可以采信:(1)生理上、精神上有缺陷,对案件事实的认知和表达存在一定困难,但尚未丧失正确认知、表达能力的被害人、证人和被告人所作的陈述、证言和供述;(2)与被告人有亲属关系或者其他密切关系的证人所作的有利被告人的证言,或者与被告人有利害冲突的证人所作的不利被告人的证言。这说明我国的补强证据规则并不仅限于口供,而是还可适用于证人证言、被害人陈述等。

七、自白任意性规则

自白任意性规则,也称自白规则,是英美法系证据法中的一项重要规则。所谓自白,是指刑事案件中被追诉人以明确的语言对其被指控的犯罪事实或对犯罪事实中最基本部分的承认。自白任意性则是指自白应当自愿作出,且自白人应当在作出自白之时对自白的后果有清醒的认识。简言之,自白应具有"自愿性"和"明知性"。

自白任意性规则的设立是基于维护犯罪嫌疑人、被告人的合法权利之考虑。在理论上,被告人同时具有当事人和言词证据提供者的诉讼角色。一般说来,作为诉讼主体,被告人在行使辩护权方面的自愿性是可以得到保证的。但作为一种言词证据的提供者,被告人在选择做出有罪供述或者无罪辩解方面,却经常面临受到强迫的问题,其供述的自愿性难以得到普遍的保障。[44] 讯问天然具有一定程度的强制性特征,加之其往往于封闭秘密的环境中进行,此种程序本身即已给被追诉人造成强大压力。在讯问过程中,讯问人与作为被讯问对象的被追诉人本身力量相差悬殊,讯问人不但对程序的进行具有近乎完全的掌控能力,而且对采取何种方式进行讯问也有决定权。倘若其欲以强迫手段而实施讯问,被讯问人很容易屈服于此种强力,常常不得不作出违心的不利于己的自白。适用自白任意性规则并排除非任意性自白,则可以促使讯问中强迫手段的消减,从而确保侦查人员依法讯问,是对强迫取证的否定。从这一意义上来说,所谓的自愿性是非强迫性的另一种称谓,自白任意性规则和非法证据排除规则是相通的,只是侧重点有所差异。

我国《刑事诉讼法》第52条规定:“审判人员、检察人员、侦查人员必须依照法定程序,收集能够证实犯罪嫌疑人、被告人有罪或者无罪、犯罪情节轻重的各种证据。严禁刑讯逼供和以威胁、引诱、欺骗以及其他非法方法收集证据,不得强迫任何人证实自己有罪……”一般认为,该条规定了我国刑事诉讼中的反对强迫自证其罪规则。[45] 值得注意的是,反对强迫自证其罪规则与自白任意性规则并不能画上等号。自白任意规则强调口供作出的自愿性,而反对强迫自证其罪规则仅仅强调不得使用刑讯逼供等非法手段。言下之意,使用某些侦查手段取得的非自愿性口供则不属于该规则规制范围。除此以外,《刑事诉讼法》第120条规定:“犯罪嫌疑人对侦查人员的提问,应当如实回答。但是对与本案无关的问题,有拒绝回答的权利。”该条规定的犯罪嫌疑人“如实供述”义务与自白任意性规则存在矛盾之处。当然,反对自证其罪规则的确立体现了我国刑事诉讼人权保障的理念,反映了立法理念的进步,对于其积极意义,我们应当充分肯定。

自白任意性规则的最典型一例便是米兰达诉亚利桑那州案及米兰达规则。

示例12-5 米兰达诉亚利桑那州案

在该案中,当警察告知米兰达他已被两名妇人指认后,米兰达在他亲笔写的供述中,陈述了所发生的事情,还特别提到他是主动交代,并且对自己所享有的权利有充分的了解。之后,米兰达被控犯有抢劫、绑架和强奸罪行。在对米兰达案的审判中,法院为米兰达指定的辩护律师使警局官员承认了在对被告人进行讯问时没有告知被告人有权请辩护律师,当时也无辩护律师在场。在律师提出反对意见后,主持审判的法官仍同意米兰达的供述可以作为认定犯罪的证据。陪审团进行了5个多小时的评议后,宣告米兰达有罪。米兰达向亚利桑那州最高法院提出上诉失败后诉至美国联邦最高法院。

被告人米兰达认为,自己当时的招供是被迫的,警察违反了不得强迫被追诉人对自

---

〔44〕 参见陈瑞华:《刑事证据法学》,北京大学出版社2012年版,第158~159页。

〔45〕 反对强迫自证其罪之规定,置于我国2012年《刑事诉讼法》的证据部分,说明立法上是将该原则视为一项证据规则,而并非适用于刑事诉讼全过程的基本原则。

己作证的《宪法》第五修正案规定。美国联邦最高法院同意了被告人的观点，认为：虽然被告肉体上没有受到强迫，甚至也没有人直接告诉他必须招供，但“心理上”的强迫是存在的。联邦最高法院的判决里宣布，警察局审讯室里的“气氛”很令人担心。警察所问的并不是被追诉者做了没做，而是为什么要做。此外，警察还用各种方法松懈被讯问者的警觉，如常常假装同情或者把犯罪的责任推到受害人或社会身上，让被讯问人觉得案件并非那么严重；或者软硬兼施，一会儿口气粗鲁，一会儿温文尔雅。所有这一切，联邦最高法院认为，都给被讯问者造成了巨大的心理压力，而这样供认的可信度是很低的，不应作为合法证据使用。因此，联邦最高法院明确：“在审讯之前，警察必须明确告诉被讯问者：(1)有权保持沉默；(2)如果选择回答，那么所说的一切都可能作为对其不利的证据；(3)有权在审讯时要求律师在场；(4)如果没有钱请律师，法庭有义务为其指定律师。”如果警察在审讯时没有预先作出以上4条警告，那么，被讯问人的供词一律不得作为证据进入司法程序。这就是著名的“米兰达警告”。〔46〕

〔46〕 Miranda v. Arizona, 384 U. S. 436 (1966).

下　编

第十三章　以审判为中心与审判概述

导读

“在法律铸造的帝国里，法院是法律帝国的首都，而法官则是帝国的王侯。”[1]怀抱法律、追寻正义，是审判的应有之义和法官的天职。法官代表国家行使审判权，刑事审判是具有一定的司法仪式的程序性过程。“裁判做出的过程是一个基本的认知过程。如果包括人权在内的法律权利并不仅仅是抽象的权利的话，人们就必须严格执行这些权利保障。”[2]刑事审判遵循着一套特定的程序与规则，这些程序和规则有着相对稳定性，从而保证了司法过程的稳定性与权威性。国家推进“以审判为中心的诉讼制度”，刑事诉讼的程序设计应当是围绕着审判展开，以审判统摄刑事诉讼的全过程，以庭审为中心展示看得见的公平正义。我国的刑事诉讼制度正在向着审判中心主义迈进，从而对刑事诉讼的过程产生深远的影响。

第一节　以审判为中心

以审判为中心，是现代法治国家所普遍遵循之模式。在西方法治国家的刑事诉讼中，追究犯罪嫌疑人、被告人刑事责任的诉讼活动本身就是围绕着审判这个中心展开的，审判前阶段只是为审判阶段作准备，法院对侦查、起诉有权实行司法审查，审判前阶段权力主体的诉讼行为对审判阶段没有预决的法律效力，审判在刑事立法和司法现实中是毫无争议的核心阶段。大陆法系国家都围绕审判建构自己的刑事诉讼法典的篇章结构，如德国刑事诉讼法典在分则程序部分没有单列侦查、起诉程序，而是将其包含在第一审程序中。英美法系国家如美国，其联邦刑事诉讼规则和联邦证据规则则明确只适用于审判阶段。[3]

我国《刑事诉讼法》虽然还不是围绕审判来构建刑事诉讼的具体程序，现有法条

---

〔1〕［美］罗纳德·德沃金：《法律帝国》，李常青译，中国大百科全书出版社1996年版，第361页。

〔2〕Paul Roberts, Jill Hunter, ed., Criminal Evidence and Human Rights: Reimagining Common Law Procedural Tradition, Hart Publishing Ltd, 2012, p. 326.

〔3〕参见陈光中、步洋洋：“审判中心与相关诉讼制度改革初探”，载《政法论坛》2015年第2期。

仍是按照立案、侦查、起诉、审判、执行的诉讼阶段论展开具体的程序，但以审判为中心推进刑事诉讼制度的完善之方向已然明确。2014 年 10 月，党的十八届四中全会通过的《中共中央关于全面推进依法治国若干重大问题的决定》（以下简称《依法治国的决定》）中提出要“推进以审判为中心的诉讼制度改革”，〔4〕为优化司法职权配置，构建以审判为中心的刑事诉讼制度，实现看得见的公正司法提供了绝佳的契机。2016 年 6 月，最高人民法院、最高人民检察院、公安部、国家安全部、司法部联合颁布了《关于推进以审判为中心的刑事诉讼制度改革的意见》，对审判中心作出了具体的路线图。因此，本书以审判中心主义为指导，对刑事诉讼的具体程序进行讨论，在后面的各章中按照审前程序（含立案、侦查、起诉）和审判程序（含一审程序、二审程序、死刑复核程序、审判监督程序）的逻辑展开，而不是按照传统的诉讼阶段论来安排。

一、以审判为中心的内涵与定位

以审判为中心，又称审判中心主义，体现了刑事司法规律，是公正司法的必然要求，是严格司法的题中之义。〔5〕审判中心主义虽然涉及司法制度的诸多问题，但从本质来看是一个刑事诉讼构造问题，主要调整刑事诉讼中控诉、辩护、裁判三方的诉讼法律关系。依据这三方关系，我们可以将刑事诉讼归纳为两种主要模式：侦查中心主义与审判中心主义。所谓侦查中心主义，是指刑事诉讼的过程以侦查为本位，案件事实是在侦查阶段查明的，起诉与审判仅仅是对侦查结果的二次确认。因此，侦查是刑事诉讼程序的核心环节，是决定案件结果的关键所在，犯罪嫌疑人一旦进入追诉程序便很少会被无罪释放，起诉和审判就像是对侦查的接力，并最终以侦查阶段形成的案卷笔录为基础认定被告人的罪责。具体表现为案卷笔录中心主义、〔6〕口供中心主义〔7〕和羁押中心主义，〔8〕这三者又紧密地联系在一起。即在整

---

〔4〕《依法治国的决定》在“保证公正司法，提高司法公信力”一节中明确提出了“优化司法职权配置”和“推进以审判为中心的诉讼制度改革”，提到要“全面贯彻证据裁判规则，严格依法收集、固定、保存、审查、运用证据，完善证人、鉴定人出庭制度，保证庭审在查明事实、认定证据、保护诉权、公正裁判中发挥决定性作用”。

〔5〕陈光中：“推进‘以审判为中心’改革的几个问题”，载《人民法院报》2015 年 1 月 21 日。

〔6〕案卷笔录中心主义在刑事诉讼中表现为：(1) 侦查案卷是刑事诉讼程序的结点与核心，未经控辩双方质证和辩论的笔录类证据在开庭之前即可为裁判者所接触；(2) 法庭调查之举证与质证通过宣读案卷笔录，而非人证出庭作证的方式进行，公诉方提交的案卷笔录被视为具有天然证据资格以及高度证明力的证据材料；(3) 刑事法官在查阅、研读案卷材料的基础上作出裁判，公诉方提交的案卷笔录是定罪的主要依据。

〔7〕所谓口供中心主义，是指刑事诉讼尤其是侦查程序围绕着获得被告人有罪供述展开，通过口供再获得其他相关证据，以形成有罪证据链条，在审判阶段主要表现为依口供可以定案，而无口供不可定案。

〔8〕所谓羁押中心主义，又称逮捕中心主义，是指刑事诉讼中被告人处于普遍被羁押状态，以此保障侦查和其他诉讼行为的顺利展开，而批捕又与最终的有罪判决紧密相联系。

个刑事诉讼的过程，侦查中心将围绕获得对控方有利的案卷笔录展开，有罪口供成为其中的关键之所在，为了获得口供又对被追诉人普遍采用长期羁押，甚至采用刑讯逼供等非法取证方法以获得对定罪量刑至关重要的口供，而审判沦为对侦查结果的简单确认。

与此不同，所谓审判中心主义，强调审判对于整个刑事诉讼程序的统摄作用，侦查程序只是审判程序的准备阶段，案件事实和证据的查证必须以控辩平等对抗、法官居中裁判的法庭调查程序为准。审判中心语境下，整个刑事诉讼过程应当以司法权为中心，强调刑事审判（尤其是第一审程序）的决定性作用，事实证据调查、定罪量刑辩论、裁判结果形成均决定于法庭。其本质在于确立审判权威，通过控辩审之三角构造保持控辩双方地位平等，以法庭作为公正地解决国家权力与个人权利冲突的中心场域。具言之，这又囊括四个相互关联的论点：（1）在诉讼构造层面，即公、检、法三机关在以侦查、起诉、审判为己任的诉讼流程中，应当将审判作为刑事司法程序的中心环节，确立以法院审判为中心的三角构造；（2）在审判流程层面，即法官阅卷、审理、裁判等庭前、庭审及庭后行为中，应当以法庭审判为决定性环节，通过法官及合议庭的中心地位实现审判程序对于审前、审后程序的统摄作用；（3）在审理方式层面，庭审应去行政化，回归亲历性、中立性、判断性、终局性等司法的客观规律；〔9〕（4）在审级体制层面，即一审、二审与再审的审级体制中，一审最为重要，其他审判程序之展开均需以一审程序为基础和前提。

同时，我们应关注《依法治国的决定》对以审判为中心的价值定位。《依法治国的决定》将优化司法职权配置和推进以审判为中心的诉讼制度改革置于“保证公正司法，提高司法公信力”一节，并指明了司法公正对社会公正具有重要的引领作用，提出了“努力让人民群众在每一个司法案件中感受到公平正义”的要求。因此，推进以审判为中心的刑事诉讼制度改革，既是公正司法的要求，也是实现公正司法这一司法改革核心目标的必经之路，还是我国刑事司法改革的重点内容和主要突破口。

二、以审判为中心的刑事诉讼制度

我国刑事诉讼中的公检法三机关以往被称为是一种“接力棒”式（“流水作业”式）的关系，三机关在刑事诉讼中各自独立地实施诉讼行为，法院也具有追诉职能，侦查、审查起诉和审判的划分具有较大的弹性。审判前的诉讼活动没有法官的参与，也几乎不存在司法授权和司法审查机制，案卷笔录对法院的裁判结论仍具有至关重要的影响，刑事诉讼程序存在“逆向运行”现象。这也使我们清楚地认识到，实现以审判为中心的刑事诉讼制度尚需各个层面的考量和探究，从不同层面渐次展开，从而推动对整个刑事诉讼制度的全局性改革，以求实现看得见的公正司法。

---

〔9〕　参见顾永忠：“试论庭审中心主义”，载《法律适用》2014 年第 12 期。

(一)优化刑事诉讼中的司法职权配置是以审判为中心的根本保障

我国的《刑事诉讼法》虽然经历了数次修改,但很少涉及对纵向诉讼结构的改革,而我国"接力棒"式的诉讼构造主要牵涉到刑事诉讼中公、检、法三机关的分工问题,所以,要真正实现审判中心主义,首先需要优化刑事诉讼中的司法职权配置,调整公检法在刑事诉讼中的关系,这是以审判为中心的根本保障。

首先,应紧密化检警关系,检察机关应按照庭审的要求对侦查取证行为进行指导和监督,防止侦查权的滥用和遏制非法取证等程序性违法行为。由于现行体制下检察机关监督侦查行为的相对弱势以及侦控合力追诉犯罪的情形,检察机关应更多地参与到公安机关重大案件的侦查活动中来,对证据的收集、提取、固定及侦查方向等提出符合起诉条件的法律意见,并且通过行使检察监督职权纠正违法侦查行为,以引导侦查活动的依法进行。[10] 同时,法院的审判应当更多地关注到审前程序的违法行为,通过运用非法证据排除规则等程序性制裁来对审前程序进行规制。

其次,在强化检察机关对公安机关侦查活动监督的同时,要注意理顺检察机关的法律监督职能与法院行使审判权的关系。检察机关不仅是我国的公诉机关,同时也是法律监督机关,对法院的工作可以进行监督,这就会使得法院审判时常不得不顾忌到检察院的监督职能。准确定位检察机关对审判的监督,要求检察院的监督应是庭外监督、程序性监督,并不能直接改变案件结果。对于检察院的抗诉,法院应依法独立审判。

最后,要进一步明确法院中立裁判者的地位,使法院不再扮演追诉犯罪的角色。对于事实不清、证据不足,依法应当判处被告人无罪的案件,法院要敢于作出无罪判决,而不是通过推动程序的逆向运行来实现所谓的"不枉不纵",更不可因为舆论和政府的压力去追求片面的"社会效果"。同时,法院还应重视充分保障辩方的权利,严格贯彻控审分离原则,而不是替代检察机关行使控诉职能。

(二)以审判为中心要以贯彻证据裁判原则为基础

证据是认定案件事实的依据,也是整个刑事审判活动据以展开的依据,是诉讼的灵魂,而《依法治国的决定》在"推进以审判为中心的诉讼制度改革"中也明确提出要"全面贯彻证据裁判规则"。切实贯彻证据裁判原则,可以发挥审判对审前活动的规制作用,能够强化公安司法人员的证据意识和程序意识,有效遏制刑讯逼供,规范侦查行为,从而保障以审判为中心的实现。因此,贯彻证据裁判原则,是实现以审判为中心的基础。在我国的刑事诉讼活动中贯彻证据裁判原则,实现司法公正,需要明确以下几个方面的问题:

首先是证据的可采性问题,特别是完善非法证据排除规则。非法证据排除规则针对的是非法取得的证据,要求将非法取得的证据排除于刑事诉讼程序之外,这是证据裁判原则的应有之义。非法证据排除规则具有重要的实践意义。

---

〔10〕 参见陈岚:"我国检警关系的反思与重构",载《中国法学》2009 年第 6 期。

示例13-1　浙江张氏叔侄强奸再审案

律师指出："一、二审法院认定张辉、张高平犯罪的事实，主要证据是两人的有罪供述，但两人的供述包括指认现场的笔录系侦查机关采用刑讯逼供等非法方法收集，公安机关对其收集证据的合法性至今未提供充分的证据予以证明，应依法予以排除。侦查机关还违法使用同监犯袁某某采用暴力、威胁等方法参与案件侦查，协助公安机关获取张辉有罪供述，同时又以该同监犯的证言作为证据，直接炮制了本起冤案"。[11] 浙江省高级人民法院在该案的再审中排除了上述非法证据。

其次是明确待证事实。证据裁判原则主要规范的是实体法上的犯罪事实，而对于程序法事实是否适用证据裁判原则应当区别对待。对于控方主张的采取强制性措施的事实需要适用证据裁判原则；相对的，辩方提出的有利于己方的程序性请求中相关事实的证明就无须受到该原则的限制。[12] 这一区分凸显了证据裁判原则通过证据和程序来防止公权力的滥用、保障被追诉人的权利从而保障司法公正的价值。

最后是证明方式上要分清严格证明和自由证明的界限。证据裁判原则需要运用一定的证明方式来实现，依要求不同，证明方式可分为严格证明和自由证明，而证据裁判原则要求做到严格证明，即满足据以作出裁判的证据为法律规定的证据方法和证据必须经严格的司法程序进行调查这两个条件。[13] 对于犯罪事实的证明和控方提出的限制被告人人身自由等不利于被告人的程序性事实要适用严格证明，其他程序法事实则只需自由证明。

（三）以审判为中心要以质证权保障为重心

质证是司法证明的一个基本环节，既是举证的后续环节，也是认证的前提环节，在整个司法证明和审判的过程中居于核心地位。只有切实保障被告人的质证权，才能保证庭审各方的实质性参与，使得被告人在与控方的抗辩中拥有同等的机会，做到控辩平等，进而实现以审判为中心。因此，以审判为中心要做到以质证权保障为重心，而质证权保障又对侦查阶段的证人证言、口供的取证方式以及庭审程序产生实质性影响。针对目前我国犯罪嫌疑人、被告人质证权未得到充分保障的情况，保障质证权要重点做到以下几点：

首先是构建有争议的关键证人出庭制度。面对备受指责的我国证人出庭率低的问题，[14] 应当认识到实践中大多数案件，尤其是较为简单的案件，由于案件事实

---

〔11〕 浙江省高级人民法院《刑事附带民事判决书》（〔2013〕浙刑再字第2号），北大法宝引证码：CLI. C. 1795231。

〔12〕 参见闵春雷："证据裁判原则的新展开"，载《法学论坛》2010年第4期。

〔13〕 参见宋英辉、李哲："证据裁判原则评介"，载《政法论坛》2003年第4期。

〔14〕 在我国的审判过程中，鉴定人出庭率低是一个基本的认识。如有学者不完全统计，刑事案件的鉴定人平均出庭率仅为5%，如果算上民事案件则鉴定人的总体出庭率更低，各种统计数据很难界定哪个更为权威，但都很低，大体只有0.6%～2%。参见刘建伟："论我国司法鉴定人出庭作证制度的完善"，载《中国司法鉴定》2010年第5期。

清楚且当事人均无异议，盲目地要求证人出庭反而会造成诉讼成本提高和诉讼的拖延，对于司法公正的实现产生不利影响。因此，保障被告人质证权实现的途径应当是要求有争议的关键证人出庭。所谓关键证人，是指在案件事实存在争议的情况下能对争议事实起到直接证明作用的证人。而现实中的证人多为控方证人，由于证人证言的不稳定性，检察机关出于对证人在交叉询问中推翻之前证言的担心，多对证人出庭持消极态度。这就要求法院在确定关键证人时注重考虑被告方的意见，维护被告方的利益，确保对被告人不利的关键证人出庭作证。[15]

其次是完善鉴定人出庭和专家辅助人制度。随着科技的进步，查明真相越来越多地依赖于各种高科技手段，这也使得鉴定意见在诉讼领域发挥出日益重要的作用。但基于实践中对鉴定意见质证的忽略，为了保证被告人的质证权，最关键的措施在于完善鉴定人出庭和专家辅助人制度，实现鉴定意见在庭审程序中的实质性质询。应当完善鉴定人出庭的法律责任及义务，加强鉴定人出庭保障，改善鉴定人庭审地位；同时细化专家辅助人出庭程序，明确专家辅助人的法律地位和专家辅助人意见的法律属性，赋予专家辅助人意见以证据能力，以便实现被告方的质证权和为控方举证提供新的途径。[16]

最后是保障律师权利，进一步完善法律援助制度。“如果被控犯罪的穷人没有律师的帮助而直面其指控者，那么公正审判这一高贵的理想就无从实现。”[17]要在实践中切实保障法律赋予律师的各项权利，确保律师的阅卷权和会见通信权，明确在审查起诉阶段律师阅卷的范围和时间，为律师的会见和通信提供便利，让律师能够在充分了解案件各项证据与信息的基础上为被告人辩护，保证庭审质询环节能够更充分地进行；对法庭上律师的言论进行保护，使得律师能够真正发表对案件事实、量刑情节的真实看法；不打压律师自行搜集证据的活动，确保对被告人有利的证据能够进入庭审中。律师权利得到保障，才能真正使得被告人质证权得到实现。在保障律师权利的同时，还要进一步完善我国的法律援助制度，应加大对法律援助尤其是刑事法律援助方面的财政投入，同时，律师也要积极承担社会责任，担负起法律援助工作的重任。

（四）完善庭审程序是实现以审判为中心的基本方式

审判中心主义要求以庭审为中心，以法庭作为基本的场域，实现看得见的正义。只有具备完善的庭审程序，特别是第一审庭审程序，才能实现庭审的实质化，让法官通过庭审来作出裁判，实现案件审判中以庭审为中心，并且通过庭审程序对侦查和审查起诉程序的辐射作用，最终实现以审判为中心的诉讼构造。因此，完善庭审程序，是实现以审判为中心的基本方式。完善庭审程序，关键在于推动庭审的实质化。

---

〔15〕 参见熊秋红：“刑事证人作证制度之反思——以对质权为中心的分析”，载《中国政法大学学报》2009 年第 5 期。

〔16〕 参见胡铭：“鉴定人出庭与专家辅助人角色定位之实证研究”，载《法学研究》2014 年第 4 期。

〔17〕 ［美］彼得·德恩里科、邓子斌：《法的门前》，北京大学出版社 2012 年版，第 261 页。

首先是要使庭审摆脱对案卷笔录的依赖，减轻法官庭前预断对庭审活动的影响。2012年《刑事诉讼法》将案卷笔录改为了全案移送，因此，案卷笔录移送制度在很长一段时间内仍将继续存在。要限制案卷笔录对法官的影响，就应当在庭前程序中明确证据开示的范围，使控辩双方得以了解案件相关证据的基本情况，尤其应当注重检察机关不得隐瞒对被告人有利的证据，这样才可以保障辩方为庭审做好充足的准备，保证庭审中事实真相的查明。与此同时，关键证人、鉴定人及专家辅助人的出庭均可以助力庭审中直接言词原则的贯彻，使得法官可以在全面听取双方陈述和交叉质询的基础上作出裁判，从而减少对案卷笔录的依赖。在排除未出庭证人的言词笔录的证据能力尚有困难的情况下，可以先从限制其证明力入手，使得案卷笔录在法庭上的使用受到限制。

其次是对法庭调查程序的改进。为了防止原有的死板的调查程序对庭审带来的割裂以及对举证、质证带来的障碍，应当在听取控辩双方意见的基础上由法官来最终决定法庭调查的顺序和方法，在对认定一项案件事实的调查中，应当充分听取被告人、被害人陈述并对他们进行讯问或询问，再按照原则上控方先举证的顺序进行其他证据的调查。

再次是法院对检察机关任意变更起诉、撤回起诉的制约。法院应当拥有司法审查的权利，对检察机关不合理、不合法的公诉行为可以予以制止和纠正，尤其是面对检察机关在被告人应该被判决无罪的案件中，在审理结束后判决宣告前撤诉的情形，应当重点加强审查，以保障被告人的合法权利，妥善处理其他涉案问题。[18] 通过庭审活动来规范检察机关的行为，以保证审判能够成为诉讼的中心。

最后是发挥法官庭审指挥权在庭审中的作用。庭审指挥权即法官为保障诉讼程序合法进行，谋求公正而有效地审理案件，依职权对诉讼进程作出适当的安排和处理的权力。[19] 法官是庭审的主持人和被审案件的裁判者，是庭审的灵魂，要想完善庭审程序，必须使法官的庭审指挥权发挥实质性作用。庭审指挥权包括庭审引导权、诉讼许可和禁止权、进程控制权和秩序维持权。要发挥法官对于整个庭审活动的引导和控制权，维持良好的法庭秩序，保证控辩双方能够在平等的情形下进行抗辩，才能真正实现庭审的意义和价值，并以此规范审前程序。

三、完善认罪认罚从宽制度

认罪认罚从宽制度，是指犯罪嫌疑人、被告人对被指控的基本犯罪事实无异议并自愿认罪，同时，自愿接受所认之罪在实体法上带来的刑罚后果，则可以从宽处罚，包括实体上从轻、减轻处罚和程序上的简化。党的十八届四中全会通过的《中共中央关于全面推进依法治国若干重大问题的决定》提出“完善刑事诉讼中认罪认罚从宽制度”。最高人民法院出台的《人民法院第四个五年改革纲要（2014－2018）》

---

〔18〕 参见龙宗智：《刑事庭审制度研究》，中国政法大学出版社2001年版，第340页。

〔19〕 参见蔡杰、冯亚景：“我国刑事法官庭审指挥权之探讨”，载《法学研究》2006年第6期。

也明确了这一要求。2016年7月22日,中央全面深化改革领导小组第二十六次会议审议通过的《关于认罪认罚从宽制度改革试点方案》明确指出,完善刑事诉讼中认罪认罚从宽制度,涉及侦查、审查起诉、审判等各个诉讼环节,要明确法律依据、适用条件,明确撤案和不起诉程序,规范审前和庭审程序,完善法律援助制度。2018年《刑事诉讼法》第15条明确规定,犯罪嫌疑人、被告人自愿如实供述自己的罪行,承认指控的犯罪事实,愿意接受处罚的,可以依法从宽处理。2019年10月24日,最高人民检察院、最高人民法院、公安部、国家安全部、司法部联合发布了《关于适用认罪认罚从宽制度的指导意见》,对认罪认罚从宽制度的基本原则、当事人权益保障等作出了具体规定。

认罪认罚制度作为政策的制度化、规范化,集中于被追诉人在自愿基础上的认罪、认罚,并选择特定程序处理案件,充分体现了实体上的从宽与程序上的从简。其中,“认罪”是指犯罪嫌疑人、被告人如实供述了被指控的行为事实,并在后续的协商过程中达成了承认罪行指控的协议;“认罚”则是指犯罪嫌疑人、被告人在认罪的基础上自愿接受所认之罪在实体法上带来的刑罚后果。认罪认罚从宽制度与以审判为中心的刑事诉讼制度密切相关。

第二节　刑事审判概述

一、刑事审判的概念与意义

(一)刑事审判的概念

刑事审判,是指为了解决刑事被告人的刑事责任问题,由控辩双方在法庭上各自提出自己的主张和证据并进行辩论,法官站在第三方的地位上,基于国家权力依法进行审理并作出裁判的一种诉讼活动。刑事审判包含了对刑事案件的审理和裁判两个阶段。审理主要是控辩双方对案件的有关事实进行举证、调查、辩论,裁判方对控辩双方关于事实认定和法律适用的主张进行调查和听取意见的诉讼活动。裁判则是审理的基础上对案件的实体问题以及某些程序问题得出处理结论的诉讼活动。审理是裁判的前提和基础,裁判是审理的目的和结果,二者是辩证统一的关系,由此,审理权和裁判权共同构成了审判权整体。

刑事审判的特征主要包括:(1)刑事审判作为一种诉讼活动是在控辩审三方参与下进行的,是对审前程序的检验。审判是利益主张不同的冲突双方把这一争执交由具有权威性的第三方按照一定程序进行处理的活动。刑事审判是审判的一种特定表现形式,因此其中不仅包含了法院的审理和裁判活动,还包括检察机关或自诉人提出并证明诉讼主张、被告人及其辩护人承认或反驳控方的诉讼主张的活动。缺少上述任何一方都不能称之为完整的审判。(2)对刑事责任的判定是刑事审判的核心内容。虽然刑事审判活动既要解决案件的实体问题又要解决某些程序问题,但是其最主要的目的是为了解决刑事被告人责任的有无和大小,这便直接决定了侦查和审查起诉的成功与否。(3)刑事审判权由法院和法官行使,本质上是一种司法审查权。审判权专属于法院,由法官行使,其他任何机关、社会团体和个人均无权行使。法院对案件的处理有最终的独立决定权。

(二)刑事审判的意义

现代法治社会,审判作为刑事诉讼的决定性阶段和中心环节,只有通过刑事审判活动才能确定被告人刑事责任的有无及大小,从而确定对被告人的刑罚。因此,刑事审判具有终结刑事诉讼、检验侦查合法性、体现社会主流价值观、保护被告人不受错误追究、保障辩护权等多方面的意义。

根据我国《刑事诉讼法》的相关规定,我国的刑事审判按照诉讼程序的进程可分为第一审程序、第二审程序、死刑复核程序和审判监督程序,审前程序则包括立案程序、侦查程序和审查起诉程序。其中,第一审程序居于核心地位,是人民法院审判活动的基本程序,是刑事诉讼中一个极其重要的阶段。无论公诉案件还是自诉案件,都首先要经过第一审程序的审判,是所有进入审判程序的案件的必经程序,也是对审前程序进行审查的第一道工序。自一审程序起,人民法院对案件进行事实上的认定和法律适用上的判断。此后,即使通过上诉、抗诉进入之后的第二审程序、死刑复核程序或审判监督程序,第一审程序中人民法院做出的裁判中认定的事实和适用的法律仍将作为其他程序的基础。由此可见,第一审程序是人民法院审判活动的基础和关键,在整个审判程序中居于核心地位。保证一审案件的质量,对提高审判质量,保障诉讼参与人的合法权益有着重大的意义。

二、刑事审判的原则

(一)审判公开原则

审判公开,一般是指人民法院审理案件和宣告判决应公开进行,允许公民到法庭旁听,允许新闻记者采访报道,也就是把法庭的全过程,除了休庭评议之外都公之于众。我国《刑事诉讼法》第11条规定:“人民法院审判案件,除本法另有规定的以外,一律公开进行。被告人有权获得辩护,人民法院有义务保证被告人获得辩护。”除此之外,更为广义的审判公开还包括了将法官对证据的调查、核实等实质诉讼活动向刑事诉讼当事人公开,保证其在场参与;所有涉案证据在法庭上公开,除法律和司法解释规定可以不出庭的情形外,应当通知证人、鉴定人出庭作证;通过裁判文书,将法官心证的过程公开等内容。

审判公开是民主政治的要求,更是保证司法公正性和民主性的重要原则,其具有重要的意义。(1)审判公开原则的贯彻将法院的审判过程置于社会监督之下,加大了审判的透明度,保证了人民群众的知情权和监督权。(2)审判公开促使法院严格按照法定程序审理案件,更好地实现了依法办案的要求,从而保证了诉讼质量,一定程度上避免了片面性,降低了冤假错案发生的概率。(3)公开审判过程还可以起到宣传社会法制、威慑犯罪分子、教育人民群众的作用。

审判公开作为刑事审判阶段的一般原则,也存在例外情形,即对某些案件在一定的情况下实行不公开审理。具体情形包括:我国《刑事诉讼法》第188条第1款规定:“人民法院审判第一审案件应当公开进行。但是有关国家秘密或者个人隐私的案件,不公开审理;涉及商业秘密的案件,当事人申请不公开审理的,可以不公开审理。”以及第285条规定:“审判的时候被告人不满18周岁的案件,不公开审理。但是,经未成年被告人及其法定代理人同意,未成年被告人所在学校和未成年人保护组织可以派代表到场。”不公开审理的案件,任何人包括与审理该案无关的法院工作人员和被告人亲属均不得旁听,但法律另有规定的除外。依法不公开审理的案件应当在开庭时当庭宣布不公开审理的理由。无论案件是否公开审理,宣告判决一律公开进行。

如在受到社会广泛关注的“李某某涉嫌强奸案”中就有关于公开审理原则的体现。

示例13-2 李某某涉嫌强奸案

在该案中,被告人为未满18周岁的未成年人,因此纵使被告人及其法定代理人同意,亦不能公开审理。被告人李某某的母亲曾在案件开庭前向北京市海淀区人民法院递交申请书,以“让案件所有的证据、事实和办案过程都得以透明公开”,“使得案件能够真正回归到事实与法律的正常轨道上来”,“给社会一个全面真实的交代”等为理由希望公开审理此案。负责审理该案的海淀区人民法院回应称,由于申请违反了《刑事诉讼法》第183条第1款、第274条,《未成年人保护法》第58条,以及《最高法解释》第467条第1款有关涉及个人隐私、未成年人的案件不公开审理的规定,依法当场驳回了该申请。[20]

审判公开主要包括审理过程和审判结果的公开。我国《刑事诉讼法》规定,“公开审判的案件,应当在开庭3日以前先期公布案由、被告人姓名、开庭时间和地点”,以保证公众能够充分了解和参与法庭的公开审判活动。人民法院可以根据实际情况在法庭中设置媒体席或者通过庭审视频、直播录播等方式对庭审现场情况进行公开,但可以对旁听人员数量、类别进行一定的限制。根据2016年修订的《人民法院法庭规则》第9条的规定,下列人员不得旁听:(1)证人、鉴定人以及准备出庭提出意见的有专门知识的人;(2)未获得人民法院批准的未成年人;(3)拒绝接受安全检查的人;(4)醉酒的人、精神病人或其他精神状态异常的人;(5)其他有可能危害法庭安全或妨害法庭秩序的人。媒体记者及其他旁听人员应当遵守法庭纪律,未经批准不得录音、录像、摄像,不得妨碍法庭审判的正常进行。

曾经轰动一时的“薄某某案”,便是审判公开原则的最好体现。

示例13-3 薄某某案

在庭审前,山东省济南市中级人民法院发布公告:定于2013年8月22日在该院第五审判庭公开审理被告人薄某某受贿、贪污、滥用职权一案。2013年8月22日,济南市中

---

〔20〕 参见王梦婕:“法院驳回梦鸽‘公开审理李某某涉嫌强奸案’申请”,载《中国青年报》2013年7月31日。

级人民法院一审公开开庭审理被告人薄某某受贿、贪污、滥用职权案。薄某某出庭受审。济南中院以官方微博的形式对庭审过程进行了全程直播。庭审中,包括被告人亲属5人及陪同人员2人、新闻媒体记者19人及社会各界人士84人,共计110人旁听了本案审理。薄某某案宣判结束后,济南市中级人民法院还召开新闻通报会,由法院新闻发言人向媒体记者通报了案件的相关判决结果。[21]

近年来,法院在司法改革中推动审判公开,取得一定成效,但一些深层矛盾并未解决,最主要的是法院对审判公开呈现出选择性倾向,审判信息的实质性公开仍然不足。具体表现在:(1)庭审限制公开。面对大案要案、社会关注度高的案件,或可能引起一定社会逆向反应或有较大争议的案件时,法院往往通过设置旁听证等方式来限制公开。(2)部分程序不公开。如案件审理中一些实质性的请示汇报及与检察院等的协调程序被排除出公开范围。(3)部分裁判理由不公开。主要体现在裁判文书说理性不足。(4)某些审判公开制度未能有效执行。如《司法公开示范法院标准》第17条规定的"依法提请审判委员会讨论的案件,应当向当事人宣布审判委员会委员名单,并询问当事人是否对审判委员会委员申请回避"的内容,常常未得到有效执行。这便需要进一步深化司法改革,完善司法透明机制。通过细化具体规则,完善内外部监督机制,推动我国审判公开向着更深层次更广深度发展。

(二)直接言词原则

直接言词原则是学理上对直接原则和言词原则的统称。该原则既是一项证据法原则,也是一项刑事审判的基本原则。它是指法官、陪审员必须在法庭上亲自听取当事人、证人及其他诉讼参与人的口头陈述,案件事实和证据必须由控辩双方当庭口头提出并以口头辩论和质证的方式进行调查。

所谓直接原则,是指法官、陪审员必须与诉讼当事人和诉讼参与人直接接触,直接审查案件事实材料和证据。直接原则又可分为直接审理原则和直接采证原则。前者的含义是,法官审理案件时,公诉人、当事人及其他诉讼参与人应当在场,除法律另有特别规定外,如果上述人员不在场,不得进行法庭审理。否则,审判活动无效。在这一意义上,直接审理原则也称为在场原则。直接采证原则,是指法官对证据的调查必须亲自进行,不能由他人代为实施,而且必须当庭直接听证和直接查证,不得将未经当庭亲自听证和查证的证据加以采纳,不得以书面审查方式采信证据。

所谓言词原则,是指法庭审理须以口头陈述的方式进行。包括控辩双方要以口头进行陈述、举证和辩论,证人、鉴定人要口头作证或陈述,法官要以口头的形式进行询问调查。除非法律有特别规定,凡是未经口头调查之证据,不得作为定案的依据采纳。

直接言词原则作为刑事审判的重要原则之一,其意义包括:(1)有利于案件真相

---

[21] "薄某某受贿、贪污、滥用职权案开庭全纪录",载 http://politics.people.com.cn/GB/8198/368392/index.html,2013年8月22日访问。

的查明并规范查明真相的过程。鉴于直接言词原则的基本要求是诉讼各方及其证人均应出庭,而只有诉讼参与人充分参与到诉讼中并且以言词的方式进行举证和质证,真相才会更为清晰,侦查阶段获得的案卷笔录的使用才会受到限制,审判人员才能更好地听取双方的意见,防止偏私,作出公正的裁判。(2)直接言词原则还充分保障了诉讼各方的参与权,特别是对保护被告人合法权益具有重要的意义,体现了诉讼的民主性。控辩双方在同等条件下进行公开的举证、质证、辩论等程序,能够切实保障被告人辩护权的行使,从而最大限度的实现对被告人人权的保障。

虽然我国现行《刑事诉讼法》没有对这一原则作出明确规定,但在关于证人出庭、法庭调查和法庭辩论等相关程序中都可以体现出这一原则所包含的精神和要求,尤其是在第一审程序中和在开庭审理的第二审程序中有所体现。然而,我们也应该看到,目前,由于我国司法实践中证人、鉴定人出庭率很低,笔录类证据被大量使用,使得直接言词原则在我国并未得到全面的贯彻和落实。在刑事案件庭审过程中,违背庭审中心和直接言词原则的情况还比比皆是。

示例13-4 "宝马案"庭审实录

在《"宝马案"庭审实录全文本》中有以下内容:在被告人就指控的犯罪事实作出陈述、公诉人对其进行讯问、辩护人进行发问、审判长向其讯问后,公诉方向法庭出示询问(讯问)笔录。以下是公诉方出示证言笔录和被告人供述笔录的具体情况:(1)卷宗第2册第97页到第100页、第101页至第102页,证人代义权的证言;(2)卷宗第2册第138页到第139页、第140页到第141页,证人张海龙的证言;(3)卷宗第2册第124页至第126页,证人谢立案的证言;(4)卷宗第2册第127页到第130页,证人刘仲文的证言;(5)卷宗第2册第142页到第145页,证人郭东军的证言;(6)卷宗第3册第28页到第31页,证人苏君辉的证言;(7)卷宗第3册第32页至第34页,证人宫寒生的证言;(8)卷宗第2册第146页至第149页,证人王学彬的证言……(11)卷宗第2册第115页至第177页、第118页至第120页,证人苏秀琴的证言;(12)卷宗第2册第114页至第116页,证人关明波的证言;(13)卷宗第2册第85页至第91页、第93页至第96页、第103页至第110页,被告人苏秀文向侦查机关所作的供述,公诉人以"被告人苏秀文在法庭上供述的事实与在侦查机关供述的事实基本一致"为由,不再对该供述笔录进行当庭宣读。对于公诉人宣读的上述证言笔录,被告人除了对其中第(2)、第(3)、第(5)以及第(6)项向证人提出小的异议之外,对其他八项证言笔录没有提出任何疑问。[22]

由这一案例所显示的法庭调查过程可以看出,公诉方提交的侦查人员所做的案卷笔录材料已经成为法庭上定罪量刑的主要依据。公诉方无论是出示证言笔录、辨认笔录、被告人供述笔录,还是出示现场勘验笔录、搜查笔录、抓获经过和有关情况

〔22〕 参见陈瑞华:"案卷笔录中心主义——对中国刑事审判方式的重新考察",载《法学研究》2006年第4期。

说明等证据,几乎都是通过宣读侦查案卷笔录的方式来进行的。这种庭审方式与直接言词原则相背离,且在庭审前法官由于接触到大量案卷笔录类证据,使得庭审很容易变成走过场,庭审沦为对侦查结果的简单确认,这也显然违背了审判中心主义之要求。

(三)集中审理原则

集中审理原则,又称不中断审理原则,是指法院开庭审理案件,应当在不更换审判人员的条件下连续进行,不得中断审理的过程。根据最高人民法院《关于人民法院合议庭工作的若干规定》第3条、第9条、第14条的规定以及相应学理可知,集中审理原则主要包含了以下内容:(1)每起案件自始至终应由同一法庭进行审判。在案件审理开始后尚未结束前不允许此法庭再审理其他任何案件。(2)法庭成员不得更换。对于因故不能继续参加审理的,应由始终在场的候补法官、候补陪审员替换。否则,应重新审判。(3)集中证据调查与法庭辩论。(4)审判不中断。对一个案件的审判应该一次性持续完成,对需要2日以上审理的案件应当每日连续审理,直至审理完毕为止,除法定节假日外,不应当有日期上的间隔。

集中审理原则不仅能够保证法庭审理顺利、迅速、公正地进行,有利于实现刑事审判公正与效率双重价值目标,还有利于法官、陪审员通过集中、全面地接触证据对案件形成全面、准确的认识从而作出正确的裁判,以便更好地保障被告人的合法权益。可以说,集中审理原则体现的理念,符合人类认识规律,是对诉讼规律的科学总结。目前,集中审理原则已然成为现代法治国家共同采行的一项原则。

在我国司法实践中,由于延期审理和法院内部汇报审批的普遍存在,导致审判难以集中进行,审理结束后不能迅速作出裁判结果。集中审理原则的贯彻适用仍然存在很大的提升空间。

此外,2018年《刑事诉讼法》第15条确立了刑事案件认罪认罚可以依法从宽处理的原则。该原则对刑事审判具有重要的指导意义。该原则是我国宽严相济刑事政策的体现,有利于促使犯罪嫌疑人、被告人如实供述犯罪事实,配合司法机关依法处理好案件,有利于节约司法成本,提高司法效率,也有利于减少社会对抗,修复社会关系。其体现了如下价值取向:(1)公正基础上的效率观;(2)承载现代司法宽容精神;(3)探索形成非对抗的诉讼格局;(4)实现司法资源的优化配置。[23]

该原则与西方国家的辩诉交易制度和协商程序是一脉相通的。[24] “无论一个理想的世界是什么样的,事实上是有罪答辩和常常相伴的辩诉交易,是这个国家的

---

〔23〕 参见陈卫东:“认罪认罚从宽制度研究”,载《中国法学》2016年第2期。

〔24〕 辩诉交易(Plea Bargaining),是在法院开庭审理之前,作为控诉方的检察官和代表被告人的辩护律师进行协商,以检察官撤销指控、降格指控或者要求法官从轻判处刑罚为条件,来换取被告人的有罪答辩,进而双方达成均可接受的协议。通俗地说,辩诉交易就是在检察官与被告人之间进行的一种“认罪讨价还价”行为。通过这样一种制度,检察官、法官可以用最少的司法资源处理更多的刑事案件提高办案效率,同时罪犯也得到了较之原罪行减轻了一定程度的刑事制裁,从而对双方都有利,形成一种“双赢”的局面。

刑事司法系统的重要组成部分。恰当地执行,其能有益于刑事司法中的所有相关制度。"[25]辩诉交易不仅在美国、英国、加拿大、南非这样的普通法国家流行,而且在德国、法国、意大利、荷兰等大陆法国家也已经成为一种常态,如在德国表现为协商程序,在法国表现为庭前认罪答辩程序。因为"一个快速、高效的刑事程序是保证公正审判所必需的……辩诉交易保证了'清楚的'案件得到快速处理以为'值得的'案件获得更多的法庭时间"。[26]

三、审级制度

(一)审级制度的概念及意义

审级制度,是指法律规定的审判机关在组织体系上设置的等级,以及一个案件最多经过多少级法院审判后,判决、裁定即发生法律效力的诉讼法律制度。

审级制度作为一项诉讼制度其意义包括:(1)审级制度的实行是保障当事人特别是刑事诉讼中的被告人合法权益的重要措施。在不能保证一审裁判百分之百正确的情况下,审级制度的实行给予了当事人一条维护自身诉讼权利的救济渠道,体现了对人权的保障。(2)实行审级制度可以提高司法的公正性和准确性。当事人和人民检察院通过审级制度进行合法的上诉、抗诉活动,是上级法院监督下级法院工作的有效方式之一,利于上级法院及时发现并纠正下级法院在裁判中的错误,从而保证司法的准确性和公正性。(3)审级制度还可以及时终结刑事诉讼,保证诉讼的效率,增强裁判的公信力。

(二)我国审级制度的现状

世界范围内,由于各国的国情及司法体系的差异,在审级制度上也有所不同,包括了四级三审制、两审终审制、两审终审为主兼采三审终审制等形式。根据相关法律规定,我国实行四级两审终审制。即法院共有四级设置,分别是基层人民法院、中级人民法院、高级人民法院和最高人民法院。两审终审制,是指一个案件最多经过两级人民法院的审判即告终结的审级制度。根据我国《刑事诉讼法》的规定,各级人民法院都对一审刑事案件享有管辖权,除了最高人民法院做出的一审裁判外,对地方各级人民法院的一审裁判,在法定的上诉、抗诉期限内,上诉权人依法可以提出上诉,人民检察院可以提出抗诉,从而引起二审程序。二审法院做出的裁判除了发回重审外,不得再上诉、抗诉,案件审理即告终结。

目前,我国审级制度实施中还存在一些问题和障碍,突出表现为两审无法终审,存在无限申诉以及两审变一审等情况。审级制度要求上级法院作为上诉审法院要承担"勘误"的职责,要审慎地对待下级法院作出的尚未生效的判决、裁定,要通过司法权运行的过程达到纠错与救济的双重功效。但是,实践中,二审法院对部分应当直接改判的案件频繁发回重审以及一审、二审程序质量不高使得部分案件需要依靠

---

〔25〕 Blackledge v. Allison, 431 U. S. 63 (1977).

〔26〕 Regina Rauxloh, Plea Bargaining in National and International Law, Routledge, 2012, p. 2.

审判监督程序进行纠错,反复审理,历时多年难以终结。同时,法院内部存在的请示审批制度使得两级审判被架空,从而使得审级独立难以真正实现。近年来引发社会广泛关注的许多错案中,审级制度未发挥应有作用是重要原因之一。针对审级制度,2014 年《依法治国的决定》强调,“应进一步完善审级制度,明确一审重在解决事实认定和法律适用,二审重在解决事实法律争议、实现二审终审,再审重在解决依法纠错、维护裁判权威。”这便明确了一审、二审和再审的功能差别,为审级制度的完善指明了方向。

对于两审终审制,学术界有不同的观点。一般认为,我国之所以采行四级两审制,原因主要是这符合我国国情,能够便利群众。我国是一个地域辽阔,交通不便的国家。县、市、省三级法院相距甚远,不宜把过多的案件集中到省级法院终审。两审终审制有利于及时惩罚犯罪,又可以对当事人及其他诉讼参与人参与诉讼提供便利。随着交通的日益改善和国家经济的发展,有学者提出应将现有审级制度改造成三审制,以给当事人更多的救济机会。如有学者主张取消死刑复核程序,对死刑案件进行三审终审制改造,并提出了设计构想。[27] 对此,还有待进一步深入研究。

四、刑事判决、裁定和决定

判决、裁定和决定是公安机关、人民检察院、人民法院在刑事诉讼过程中依据事实和法律对案件的实体问题和程序问题作出的对诉讼参与人及其他机构和个人具有约束力的处理。

(一)判决

判决,是指人民法院根据查明和认定的案件事实,正确适用法律,以国家审判机关的名义,对案件中实体问题作出的处理。根据我国《刑事诉讼法》第 200 条的规定,刑事判决按内容的不同可分为有罪判决和无罪判决。有罪判决进一步划分如下:宣告被告有罪并处以刑罚的为定罪处刑判决;宣告被告有罪但免予处罚的为定罪免刑判决。无罪判决进一步划分,可分为:事实清楚、证据确实充分依法认定被告人无罪的判决;因证据不足,指控的犯罪不能成立的无罪判决。

(二)裁定

裁定,是指人民法院在案件审理过程中和判决执行过程中,对程序性问题和部分实体问题所作的处理。

裁定解决的程序性问题主要包括:是否恢复诉讼期限、中止审理、维持原判、撤销原判并发回重审、驳回公诉或自诉、核准死刑等。裁定解决的实体性问题主要指:减刑、假释、撤销缓刑、减免罚金以及对犯罪嫌疑人、被告人逃匿、死亡案件违法所得的没收等。

裁定和判决的主要区别表现如下:(1)适用对象不同。判决只解决案件的实体

---

〔27〕 参见陈卫东、刘计划:“死刑案件实行三审终审制改造的构想”,载《现代法学》2004 年第 4 期。

性问题;裁定除了解决部分实体问题,主要解决程序性问题。(2)适用范围不同。与判决相比,裁定的适用范围要广得多。判决只能适用于审判程序终结时,而裁定则适用于整个审判程序和执行程序。(3)适用方式不同。判决必须采用书面形式,而裁定则既可以采用书面形式也可以采用口头形式。(4)上诉、抗诉期限不同。不服判决的上诉、抗诉期限为10日;不服裁定的上诉、抗诉期限为5日。

在分类上,裁定根据解决的问题不同可以分为实体性裁定和程序性裁定;根据诉讼阶段不同可以分为一审裁定、二审裁定和再审裁定;根据方式不同可以分为口头裁定和书面裁定。

(三)决定

决定,是公安机关、人民检察院、人民法院在诉讼过程中,依法就有关诉讼程序问题作出的一种处理。

决定要处理的程序性问题主要包括:是否回避、是否立案、是否开庭审理、是否采取以及采取何种强制措施、强制措施的撤销、变更或解除、起诉或不起诉、庭审中通知新的证人到庭、调取新的物证、申请重新鉴定或勘验、是否延期审理、是否提起审判监督程序等。

决定与判决、裁定最大的不同之处在于:决定原则上一经作出即发生法律效力,不能上诉或抗诉。但某些决定,如不起诉决定、回避决定、不批准逮捕决定,为保护当事人合法权利,纠正可能出现的错误,法律允许当事人或有关机关申请复议、复核。而判决、裁定则可以在法定期限内进行上诉和抗诉。决定依作出方式不同可以分为书面决定和口头决定,二者具有同等的法律效力。只有人民法院有权作出判决和裁定,而决定可以由人民法院、人民检察院、公安机关分别作出。

第十四章 审前程序:立案

导读

审判中心主义理念下,立案、侦查、审查起诉都是对庭审的准备,属于审前程序。刑事立案是启动刑事诉讼活动的最初始环节,是审前程序的源头,对是否进入侦查和追诉程序起着过滤性的作用。“立案阶段的任务,概言之,就是决定是否开始刑事诉讼程序,具体而言,是公、检、法三机关通过对自行发现的或者报案、控告、举报、自首等材料进行审查,以判明是否存在犯罪事实和是否需要追究刑事责任,从而决定是否将案件交付侦查及审判。”[1]其中,侦查机关承担了大部分案件的刑事立案职能,其立案质量直接影响着后续刑事诉讼活动能否顺利展开。

第一节 立案的概念与意义

一、立案的概念

刑事诉讼中的立案,是指公安司法机关对自己发现的案件材料和控告、举报、报案、自首等材料,依照各自的管辖范围进行审查,以确定有无犯罪事实存在和是否需要追究刑事责任,并决定是否进行侦查和提交审判的一种诉讼活动。立案作为一个独立的诉讼阶段,具有以下特点:

1. 立案是法律赋予公安司法机关的权力和职责,是法定机关的专门活动,其他任何单位和个人都无权立案。我国《刑事诉讼法》第 109 条规定:“公安机关或者人民检察院发现犯罪事实或者犯罪嫌疑人,应当按照管辖范围,立案侦查”。第 114 条规定:“对于自诉案件,被害人有权向人民法院直接起诉。被害人死亡或者丧失行为能力的,被害人的法定代理人、近亲属有权向人民法院起诉。人民法院应当依法受理”。这说明,只有公安司法机关才有权进行刑事诉讼中的立案活动,并且公安机关、人民检察院、人民法院有明确的刑事案件立案的分工。

2. 立案是刑事诉讼的起始程序。立案作为整个刑事诉讼活动的开始,是一个独

---

〔1〕 陈光中、徐静村:《刑事诉讼法》,中国政法大学出版社 2002 年版,第 213 页。

立的诉讼阶段。立案、侦查、起诉、审判、执行被认为是刑事诉讼的五个程序。立案是一个开端，只有在立案之后，才能进入到侦查、起诉、审判和执行等诉讼程序，不能随意颠倒或超越任何一个诉讼阶段，这是程序法定原则的要求。实践中，一些公安司法机关为了片面追求破案率而实行“不破不立”“先破后立”等做法严重违反了刑事诉讼规定的立案程序的宗旨，是非常错误的。

3. 立案是刑事诉讼的必经程序。立案是每个刑事案件都必然经历的过程，必不可少。在某些案件中，可能不经过刑事诉讼的某些阶段，如自诉案件就不需要经过侦查和审查起诉阶段，不起诉案件在审查起诉阶段就终止了，但是任何一个案件都要经过立案阶段。也就是说，只有立案之后，其他诉讼阶段才能够依法进行下去并产生法律效果。

二、立案的意义

立案作为刑事诉讼的开端和必经程序，对于实现刑事诉讼的任务，保障刑事诉讼的顺利进行具有重要的作用。概言之，立案的意义主要体现在以下四个方面：(1)有利于准确、及时地揭露和惩罚犯罪。正确地执行立案程序，对于公安司法机关不失时机的及时开展打击犯罪活动，迅速揭露犯罪、证实犯罪和惩罚犯罪具有重要意义。(2)有利于保障无罪的人不受刑事追诉，保护公民的合法权益。依法立案，既能够及时保护被害人的利益，又可以保证无辜的公民免受刑事追究，起到一个过滤案件的作用，从而切实保障人权。(3)立案是公安司法机关依法进行侦查、起诉和审判的前提。依法立案是一个好的开端，从而保障刑事诉讼一开始就依法进行。(4)立案是准确评估社会治安形势和进行正确决策的重要依据。立案作为司法统计的重要材料，为我们准确掌握各个地区和各个时期的刑事案件发案情况，分析刑事犯罪的动态和规律，从而制定合理的预防犯罪、控制犯罪策略，理性应对犯罪，具有重要的指导作用。

在肯定立案程序的意义的同时，学术界也有不同的观点。有的学者认为，我国《刑事诉讼法》规定的立案条件比较高，可操作性不强，实践中“以罚代刑”、“不破不立”现象屡禁不止，立案程序在很大程度上被虚置和异化，并不能起到过滤案件的立法初衷。立法上规定侦查是在立案之后，也就是说，在立案程序中采用侦查手段并没有法律依据。然而，在实践中立案前往往需要采用一定的侦查措施，如勘验现场等，实务人员称之为初查。初查是必要的但是却没有明确法律依据，〔2〕这既违反了侦查法治原则的要求，也缺乏必要的制约。相比之下，“在司法权的动态控制下将侦

---

〔2〕 我国《刑事诉讼法》并未对初查做出规定。《公安部规定》第171条规定如下：“对接受的案件，或者发现的犯罪线索，公安机关应当迅速进行审查。对于在审查中发现案件事实或者线索不明的，必要时，经办案部门负责人批准，可以进行初查。初查过程中，公安机关可以依照有关法律和规定采取询问、查询、勘验、鉴定和调取证据材料等不限制被调查对象人身、财产权利的措施”。《最高检规则》第173条做出了类似的规定：“在初查过程中，可以采取询问、查询、勘验、检查、鉴定、调取证据材料等不限制初查对象人身、财产权利的措施。不得对初查对象采取强制措施，不得查封、扣押、冻结初查对象的财产，不得采取技术侦查措施”。

查权使用于一切适当的场合，与简单地借助立法设置的静态壁垒武断地界分侦查权适用空间相比，不仅能够更有助于保障人权，而且，能够更有效地追惩犯罪”。[3] 有鉴于此，有学者提出，可以考虑将刑事立案改造成对犯罪情况的登记程序，并定位为侦查工作的前期准备工作。[4]

第二节　立案的依据、条件和程序

一、立案的依据

立案的依据是指公安司法机关根据所获取有关犯罪事实和犯罪嫌疑人情况的材料。根据有关法律规定和司法实践，立案的材料来源主要包括以下几种：

1. 公安机关或者人民检察院直接发现的犯罪事实或者获得的犯罪线索。《刑事诉讼法》第 109 条规定：“公安机关或者人民检察院发现犯罪事实或者犯罪嫌疑人，应当按照管辖范围，立案侦查。”公安机关作为国家的侦查机关，处于同犯罪做斗争的第一线，在日常的值勤、执法的过程中，很可能发现犯罪事实和犯罪线索，在侦查工作中也很可能发现新的案件，这些都可能成为公安机关立案的材料来源。人民检察院在履行侦查、批捕、审查起诉职能的过程中也可能发现新的案件或线索，从而成为立案的材料来源。国家安全机关、军队保卫部门、中国海警局、监狱等拥有一定的刑事侦查权，在履行职务的过程中，如果发现犯罪事实或线索，也可以成为立案的材料来源。

2. 被害人的报案或者控告。即被害人（包括自诉人和被害单位）就其人身权利、财产权利遭受不法侵害的事实及犯罪嫌疑人的有关情况，向公安司法机关揭露和告发，要求依法追究其刑事责任的诉讼行为。《刑事诉讼法》第 110 条第 2 款规定：“被害人对侵犯其人身、财产权利的犯罪事实或者犯罪嫌疑人，有权向公安机关、人民检察院或者人民法院报案或者控告。”《刑事诉讼法》第 114 条规定：“对于自诉案件，被害人有权向人民法院直接起诉。被害人死亡或者丧失行为能力的，被害人的法定

---

〔3〕 宋英辉、吴宏耀：《刑事审判前程序研究》，中国政法大学出版社 2002 年版，第 145 ~ 146 页。

〔4〕 2015 年 4 月 1 日，中央全面深化改革领导小组第十一次会议审议通过《关于人民法院推行立案登记制改革的意见》，为充分保障当事人诉权，切实解决人民群众反映的“立案难”问题，改革法院案件受理制度，变立案审查制为立案登记制。即在民事、行政和刑事自诉案件中，正在进行立案登记制的改革。所谓立案登记制，是指案件受理制度，变立案审查制为立案登记制，对人民法院依法应该受理的案件，做到有案必立、有诉必理，保障当事人诉权。加大立案信息的网上公开力度。法院接到当事人提交的民事、行政、刑事自诉起诉状时，对符合法定条件的起诉，应当登记立案；对当场不能判定是否符合起诉条件的，应当接收起诉材料，并出具注明收到日期的书面凭证。需要补充必要相关材料的，人民法院应当及时告知当事人。在补齐相关材料后，应当在 7 日内做出决定是否立案登记。

代理人、近亲属有权向人民法院起诉。人民法院应当依法受理。”被害人是犯罪行为的直接受害者，一方面，具有揭露犯罪、惩罚犯罪的强烈愿望和积极主动性；另一方面，在许多案件中，又因为被害人与犯罪嫌疑人有过接触，能够提供较为详细、具体的有关犯罪事实和犯罪嫌疑人的情况，而使其控告对于追究犯罪具有重要的价值。因此，被害人的报案或者控告也是重要的立案材料来源。

3. 单位和个人的报案或举报。这里的报案是单位或个人发现有犯罪发生，向公安司法机关告发的行为；举报则是单位或个人对其发现的犯罪事实或者犯罪嫌疑人向公安司法机关进行告发、揭露的行为。《刑事诉讼法》第 110 条第 1 款规定：“任何单位和个人发现有犯罪事实或者犯罪嫌疑人，有权利也有义务向公安机关、人民检察院或者人民法院报案或者举报。”向公安司法机关报案或举报是任何单位或公民依法享有的权利，也是任何单位或公民依法应当履行的义务。报案、举报可以用书面或者口头提出。公安机关、人民检察院或者人民法院应当保障报案人、举报人及其近亲属的安全。

4. 犯罪人的自首。《刑事诉讼法》第 110 条第 4 款规定：“犯罪人向公安机关、人民检察院或者人民法院自首的，适用第三款规定。”即公安机关、人民检察院或者人民法院对于犯罪人的自首都应当接受。对于不属于自己管辖的，应当移送主管机关处理，并且通知报案人、控告人、举报人；对于不属于自己管辖而又必须采取紧急措施的，应当先采取紧急措施，然后移送主管机关。这里的自首，具体是指犯罪人作案以后自动投案，如实供述自己的罪行，并接受公安司法机关的审查和裁判的行为。

5. 其他途径。在司法实践中，立案的材料来源除了前述四种渠道外，常见的还有以下几种：(1)上级机关交办的案件；(2)群众的扭送；(3)监察机关移送追究刑事责任的案件，其中涉及职务犯罪的情况由监察机关办理，涉及普通犯罪则移送相关机关立案；(4)其他行政执法机关移送的案件。通过一系列的规定，[5]要求具有行政处罚权的行政执法机关如工商、税务等在查处违法行为过程中，发现违法事实涉及的金额、违法事实的情节、违法事实造成的后果等，涉嫌构成犯罪，依法需要追究刑事责任的，必须依照规定向公安司法机关移送。

二、立案的条件

立案条件，是指案件在刑事诉讼中得以成立并进入诉讼程序所必须具备的法定要件。《刑事诉讼法》第 112 条规定：“人民法院、人民检察院或者公安机关对于报

〔5〕 例如，2001 年 7 月，国务院通过了《行政执法机关移送涉嫌犯罪案件的规定》；2001 年 9 月，最高人民检察院制定了《人民检察院办理行政执法机关移送涉嫌犯罪案件的规定》，对检察机关受理、审查、立案、复议等行政执法移送案件的程序作出了较为详细的规定。2004 年 3 月，最高人民检察院与公安部、全国整顿和规范市场经济秩序领导小组办公室共同制定了《关于加强行政执法机关与公安机关、人民检察院工作联系的意见》；2006 年 3 月 1 日，最高人民检察院与公安部、监察部、全国整顿和规范市场经济秩序领导小组办公室联合公布了《关于在行政执法中及时移送涉嫌犯罪案件的意见》，上述两个规范性文件，提出了联席会议、提前介入等制度。

案、控告、举报和自首的材料,应当按照管辖范围,迅速进行审查,认为有犯罪事实需要追究刑事责任的时候,应当立案;认为没有犯罪事实,或者犯罪事实显著轻微,不需要追究刑事责任的时候,不予立案,并且将不立案的原因通知控告人。控告人如果不服,可以申请复议”。根据这一规定,立案必须同时具备两个条件:(1)有犯罪事实,称为事实条件;(2)需要追究刑事责任,称为法律条件。只有同时具备有犯罪事实、需要追究刑事责任这两个条件,才能立案。

(一)有犯罪事实

有犯罪事实,是指有被客观、真实的证据所证明的危害社会的犯罪行为的存在,包括犯罪的预备、实施、未遂、中止和既遂。这不意味着证实犯罪的证据需要达到确实、充分,但也不应是办案人员的主观臆断或随意猜想。这里的犯罪事实,是依照刑法规定构成犯罪的事实。这便要求公安司法机关对有关材料进行审查,正确区分犯罪与违规、违纪、行政处罚。这里的犯罪事实,还应当有相关的证据材料证明。主要是指有证据证明犯罪事件已经发生,而对犯罪主体、犯罪主观方面等的查明则不是立案的必要条件,而是立案后需要进一步查清的问题。因此,此时的证据并不要求达到充分的程度,也不要求一定要查获犯罪人,更不要求查明案件的全部事实和情节。

(二)需要追究刑事责任

需要追究刑事责任,是指立案追究的行为,必须是具有社会危害性和刑罚可罚性的行为,只有当这种犯罪事实确需追究行为人的刑事责任时,才予以立案。有犯罪事实并不意味着都需要立案以启动刑事追诉程序,因为立案是以追究犯罪嫌疑人、被告人的刑事责任,实现国家刑罚权为目的,而并不是所有的犯罪事实都需要追究刑事责任。

根据《刑事诉讼法》第 16 条规定,有下列情形之一的,不追究刑事责任:(1)情节显著轻微,危害不大,不认为是犯罪的。(2)犯罪已过追诉时效期限的。追诉时效是刑法规定的司法机关追究犯罪人刑事责任的有效期限。(3)经特赦令免除刑罚的。特赦是国家对某些犯罪或者特定的犯罪人免除刑罚的一部或全部的措施。(4)依照刑法告诉才处理的犯罪,没有告诉或者撤回告诉的。告诉才处理的案件,属于刑事自诉案件,被害人依法享有决定是否追究被告人的刑事责任的自主权。(5)犯罪嫌疑人或被告人死亡的。犯罪嫌疑人或被告人死亡的,刑事责任的承担者已不存在,再追究死者的刑事责任已没有意义,故不予立案。(6)其他法律规定免予追究刑事责任的。如精神病人在不能辨认或者不能控制自己行为时所造成的危害结果不负刑事责任。

对于依照法律规定不需要追究刑事责任的情形,即只要属于《刑事诉讼法》第 16 条规定的情形之一的,公安司法机关就不应当追究刑事责任,不予立案。已经立案追究的,在侦查阶段应撤销案件;在起诉阶段应不起诉;在审判阶段应终止案件或者宣告无罪。

示例 14-1 郝欣被控非法侵入住宅宣告无罪案

北京市宣武区人民法院经审理认为:被告人郝欣擅自进入张旭的房间,将张旭的东西挪至客厅,并让其公婆进入居住,其行为确有不当之处,但情节显著轻微,对社会的危害性不大,不应被认为是犯罪。公诉机关指控被告人郝欣犯非法侵入住宅罪罪名不成立。被告人郝欣及其辩护人关于不是犯罪行为的辩护意见,予以采纳。被告人郝欣的辩护人关于本案已过追诉时效的辩护意见与事实不符,不予采纳。[6]

《刑事诉讼法》规定的立案条件,只是原则性、概括性规定,各类刑事案件的具体情况十分复杂,构成要件各不相同。为了便于公安司法人员正确掌握和执行法定的立案条件,严格、统一执法,公安部、最高人民检察院、最高人民法院根据所管辖的案件,分别或者联合对各类案件的具体立案标准作出了规定,这是《刑事诉讼法》规定的立案条件的具体化,如最高人民检察院发布的《关于检察机关直接受理立案侦查案件中若干数额数量标准的规定(试行)》,最高人民法院、最高人民检察院、公安部联合发布的《盗窃罪数额认定标准问题的规定》等。

(三)自诉案件的立案条件

自诉案件的立案与公诉案件的立案有所不同。自诉案件把立案与起诉和受理相重合,并与审判相连接。即自诉人起诉后,只要符合立案条件,人民法院就应当受理;人民法院立案后,不经过侦查、提起公诉,直接进行审判。

对于自诉案件的立案条件除应具备上述条件以外,根据法律规定和最高人民法院的司法解释,还应当具备下列条件:(1)案件属于刑事自诉案件的范围;(2)案件属于受诉人民法院管辖;(3)有明确的被告人,具体的诉讼请求和能够证明被告人犯罪事实的证据;(4)提起自诉的主体是被害人或者他的法定代理人、近亲属。

三、立案的程序

立案程序,是指公安机关、人民检察院或者人民法院对立案材料接受、审查和处理过程中应当遵守的法定步骤、方式或方法。立案程序具体包括对于立案材料的接受、审查和处理三个部分。

(一)对立案材料的接受

对立案材料的接受,是指公安机关、人民检察院或者人民法院对于报案、控告、举报的受理。这是立案程序的开始。公安机关、人民检察院或者人民法院对于报案、控告、举报,都应当接受。对于不属于自己管辖的,应当移送主管机关处理,并且通知报案人、控告人、举报人;对于不属于自己管辖而又必须采取紧急措施的,应当先采取紧急措施,然后移送主管机关。这里的紧急措施包括保护现场、现行拘留犯

[6] 北京市第一中级人民法院《刑事判决书》([2009]一中刑终字第 2141 号),北大法宝引证码:CLI.C.874048。

罪嫌疑人、提取证据等措施。

报案、控告、举报可以用书面或者口头提出。接受口头报案、控告、举报的工作人员,应当写成笔录,经宣读无误后,由报案人、控告人、举报人签名或者盖章。接受控告、举报的工作人员,应当向控告人、举报人说明诬告应负的法律责任。但是,只要不是捏造事实,伪造证据,即使控告、举报的事实有出入,甚至是错告的,也要和诬告严格加以区别。公安机关、人民检察院或者人民法院应当保障报案人、控告人、举报人及其近亲属的安全。报案人、控告人、举报人如果不愿公开自己的姓名和报案、控告、举报的行为,应当为其保守秘密。

(二)对立案材料的审查

对立案材料的审查,是指公安机关、人民检察院或者人民法院对于自己发现的或者接受的立案材料进行核对、调查的活动。对立案材料的审查,是立案程序的中心环节,是能否正确、及时立案的关键。不论是公安机关、人民检察院或者人民法院接受的控告、举报、报案、自首材料还是自己发现的案件材料,都应当进行审查。

人民法院、人民检察院或者公安机关对于报案、控告、举报和自首的材料,应当按照管辖范围,迅速进行审查。审查的内容是:材料所反映的事实是否属于犯罪行为;如果属于犯罪行为,有无确实可靠的证据材料证明;依法是否需要追究行为人的刑事责任;有无法定不予追究刑事责任的情形。对于应当立案的,并不要求查清全部犯罪事实和查获犯罪嫌疑人。

(三)对立案材料的处理

对立案材料的处理,是指公安机关、人民检察院或者人民法院通过对立案材料的审查之后,分别针对不同的情况作出立案或者不立案的决定。

公安机关、人民检察院或者人民法院对立案材料审查后,认为有犯罪事实需要追究刑事责任的时候,应当立案;认为没有犯罪事实,或者犯罪事实显著轻微,不需要追究刑事责任的时候,不予立案,并且将不立案的原因通知控告人。也就是说,公安司法机关对案件材料审查后,应当依法作出立案或不立案的决定,并根据具体情况作出其他相应的处理。对于自诉案件,人民法院应当在收到自诉状或口头告诉的第 2 日起至第 15 日内作出是否立案的决定,并书面通知自诉人或者代为告诉人。

控告人如果对不立案决定不服的,有以下三种救济途径:(1)控告人对公安机关不予立案决定不服的,可以向作出决定的公安机关申请复议,对复议决定不服的可以上一级公安机关申请复核。根据《公安部规定》的规定,控告人对公安机关不予立案决定不服的,可以在收到不予立案通知书后 7 日以内向作出决定的公安机关申请复议;公安机关应当在收到复议申请后 7 日以内作出决定,并书面通知控告人。控告人对不予立案的复议决定不服的,可以在收到复议决定书后 7 日以内向上一级公安机关申请复核;上一级公安机关应当在收到复核申请后 7 日以内作出决定。对上级公安机关撤销不予立案决定的,下级公安机关应当执行。根据《最高检规则》的规定,控告人对于人民检察院不立案的决定不服的,可以在收到《不立案通知书》后 10 日以内申请复议,对不立案的复议,由人民检察院控告检察部门受理。控告检察部门应当根据事实和法律进行审查，并可以要求控告人、申诉人提供有关材料，认为需要侦查部门说明不立案理由的，应当及时将案件移送侦查监督部门办理。(2)控告人对于公安机关不立案的决定不服，还有权向人民检察院提出申诉，请求人民检察院按照立案监督程序要求公安机关立案。(3)如果控告人有证据证明对被告人侵犯自己人身、财产权利的行为应当依法追究刑事责任，而公安机关、人民检察院作出不立案决定的，控告人有权直接向人民法院起诉。

示例14-2 李某乙等故意伤害案

裁判文书指出：本院经审查查明，2012年9月14日，自诉人李某某的父母因自家下水道堵塞与被告人罗某某、李某乙发生纠纷，在此过程中自诉人李某某的父亲李某甲掉至兰坪县医院供应室背后的水沟内受伤，后经兰坪县人民医院、大理州人民医院抢救无效死亡，死亡原因系重型颅脑损伤。同年12月3日，兰坪县公安局以没有犯罪事实为由出具了《不予立案通知书》，后李某甲家属向兰坪县公安局申请复议，结果为维持原来不予立案的决定。2012年12月25日李某甲家属向兰坪县人民检察院提出立案监督申请，检察院办案人员审查后认为公安机关作出的不予立案决定书符合法律的相关规定，并于2013年7月12日召开检委会后作出《关于不启动立案监督程序的情况说明》，认为启动立案监督程序缺乏法律依据。后李某甲女儿李某某向本院提起刑事附带民事自诉。

上述事实由经自诉人申请，本院依职权向兰坪县公安局调取的证人证言、现场勘查笔录及照片、鉴定意见书、尸体检验分析意见书、不予立案决定书、复议决定书以及向兰坪县检察院调取的关于不启动立案监督程序的情况说明等证据予以证实。本院认为，该案缺乏证明被告人罗某某、李某乙实施故意伤害行为的证据，被害人李某甲的死亡结果与两名被告人的行为是否具有因果关系无法查清，经释明后自诉人提不出补充证据，依法应当说服自诉人撤回起诉，或者裁定驳回起诉。〔7〕

此外，对行政执法机关移送的案件，公安机关应当自接受案件之日起3日以内进行审查，认为有犯罪事实，需要追究刑事责任，依法决定立案的，应当书面通知移送案件的行政执法机关；认为没有犯罪事实，或者犯罪事实显著轻微，不需要追究刑事责任，依法不予立案的，应当说明理由，并将不予立案通知书送达移送案件的行政执法机关，相应退回案件材料。移送案件的行政执法机关对不予立案决定不服的，可以在收到不予立案通知书后3日以内向作出决定的公安机关申请复议；公安机关应当在收到行政执法机关的复议申请后3日以内作出决定，并书面通知移送案件的行政执法机关。

---

〔7〕 云南省兰坪白族普米族自治县人民法院《刑事附带民事裁定书》(〔2015〕兰刑初字第00015号)，北大法宝引证码：CLI. C. 8181308。

第三节　立案监督

一、立案监督概述

立案监督,是指人民检察院依法对公安机关的立案活动是否合法进行监督的活动。广义的立案监督还包括其他机关、团体和群众等的监督。立案监督的意义主要在于加强和完善了人民检察院对侦查工作的监督职能,有利于打击和惩罚犯罪,防止罪犯逍遥法外、逃避法律制裁,维护国家和人民的利益,保证国家法律的统一和正确实施。目前,我国司法实践中,"不破不立"、"以罚代刑"、"有案不立"等现象还屡有发生。这些问题的存在,不仅造成了对犯罪打击不力,而且严重妨碍了法律的正确实施,损害了法律的尊严和权威。鉴于此,加强立案监督,是当前刑事司法实践中的一个紧迫问题。

根据我国现行的刑事诉讼法,立案监督的重点是检察机关的立案监督。即通过检察监督,来控制立案的合法性与合理性。这符合大陆法系国家创设检察官制度的初衷,"在于以一受严格法律训练及法律拘束之公正客观的官署,控制警察活动的合法性,摆脱警察国家的梦魇"。〔8〕

二、检察机关立案监督

公安机关、人民检察院或者人民法院决定不立案时,应当将不立案的原因通知控告人。控告人如果不服,可以申请复议。我国《刑事诉讼法》第113条规定,人民检察院认为公安机关对应当立案侦查的案件而不立案侦查的,或者被害人认为公安机关对应当立案侦查的案件而不立案侦查,向人民检察院提出的,人民检察院应当要求公安机关说明不立案的理由。人民检察院认为公安机关不立案理由不能成立的,应当通知公安机关立案,公安机关接到通知后应当立案。

《最高检规则》对人民检察院依法对公安机关的刑事立案活动实行监督进行了详细的规定。被害人及其法定代理人、近亲属或者行政执法机关,认为公安机关对其控告或者移送的案件应当立案侦查而不立案侦查,或者当事人认为公安机关不应当立案而立案,向人民检察院提出的,人民检察院应当受理并进行审查。人民检察院发现公安机关可能存在应当立案侦查而不立案侦查情形的,应当依法进行审查。人民检察院接到控告、举报或者发现行政执法机关不移送涉嫌犯罪案件的,应当向行政执法机关提出检察意见,要求其按照管辖规定向公安机关或者人民检察院移送涉嫌犯罪案件。

人民检察院控告检察部门受理对公安机关应当立案而不立案或者不应当立案

---

〔8〕 林钰雄:《检察官论》,法律出版社2008年版,第7页。

而立案的控告、申诉，应当根据事实和法律进行审查，并可以要求控告人、申诉人提供有关材料，认为需要公安机关说明不立案或者立案理由的，应当及时将案件移送侦查监督部门办理。人民检察院侦查监督部门经过调查、核实有关证据材料，认为需要公安机关说明不立案理由的，经检察长批准，应当要求公安机关书面说明不立案的理由。有证据证明公安机关可能存在违法动用刑事手段插手民事、经济纠纷，或者利用立案实施报复陷害、敲诈勒索以及谋取其他非法利益等违法立案情形，尚未提请批准逮捕或者移送审查起诉的，经检察长批准，应当要求公安机关书面说明立案理由。

人民检察院进行调查核实，可以询问办案人员和有关当事人，查阅、复制公安机关刑事受案、立案、破案等登记表册和立案、不立案、撤销案件、治安处罚、劳动教养等相关法律文书及案卷材料。

人民检察院要求公安机关说明不立案或者立案理由，应当制作要求说明不立案理由通知书或者要求说明立案理由通知书，及时送达公安机关，并且告知公安机关在收到要求说明不立案理由通知书或者要求说明立案理由通知书后 7 日以内，书面说明不立案或者立案的情况、依据和理由，连同有关证据材料回复人民检察院。公安机关说明不立案或者立案的理由后，人民检察院侦查监督部门应当进行审查，认为公安机关不立案或者立案理由不能成立的，经检察长或者检察委员会讨论决定，应当通知公安机关立案或者撤销案件。侦查监督部门认为公安机关不立案或者立案理由成立的，应当通知控告检察部门，由其在 10 日以内将不立案或者立案的理由和根据告知被害人及其法定代理人、近亲属或者行政执法机关。

人民检察院通知公安机关立案或者撤销案件，应当制作通知立案书或者通知撤销案件书，说明依据和理由，连同证据材料送达公安机关，并且告知公安机关应当在收到通知立案书后 15 日以内立案，对通知撤销案件书没有异议的应当立即撤销案件，并将立案决定书或者撤销案件决定书及时送达人民检察院。人民检察院通知公安机关立案或者撤销案件的，应当依法对执行情况进行监督。公安机关在收到通知立案书或者通知撤销案件书后超过 15 日不予立案或者既不提出复议、复核也不撤销案件的，人民检察院应当发出纠正违法通知书予以纠正。公安机关仍不纠正的，报上一级人民检察院协商同级公安机关处理。公安机关立案后 3 个月以内未侦查终结的，人民检察院可以向公安机关发出立案监督案件催办函，要求公安机关及时向人民检察院反馈侦查工作进展情况。

对于由公安机关管辖的国家机关工作人员利用职权实施的重大犯罪案件，人民检察院通知公安机关立案；公安机关不予立案的，经省级以上人民检察院决定，人民检察院可以直接立案侦查。

对于公安机关认为人民检察院撤销案件通知有错误要求同级人民检察院复议的，人民检察院应当重新审查，在收到要求复议意见书和案卷材料后 7 日以内作出是否变更的决定，并通知公安机关。对于公安机关不接受人民检察院复议决定提请上一级人民检察院复核的，上级人民检察院应当在收到提请复核意见书和案卷材料后 15 日以内作出是否变更的决定，通知下级人民检察院和公安机关执行。上级人民检察院复核认为撤销案件通知有错误的，下级人民检察院应当立即纠正；上级人民检察院复核认为撤销案件通知正确的，应当作出复核决定并送达下级公安机关。

人民检察院侦查监督部门或者公诉部门发现本院侦查部门对应当立案侦查的案件不报请立案侦查或者对不应当立案侦查的案件进行立案侦查的，应当建议侦查部门报请立案侦查或者撤销案件；建议不被采纳的，应当报请检察长决定。

第十五章　审前程序:侦查

导读

“侦查程序是在为检察机关于决定是否应提起公诉时,所做的准备工作。”[1]侦查是刑事诉讼的一个基本的、独立的诉讼阶段,是审前程序的核心。虽然刑事诉讼活动始于立案,但全面收集证据、揭露和证实犯罪等实质性活动却是从侦查阶段才开始,因此,侦查工作进行得如何,对案件能否得到正确、合法、及时的处理,有着直接的影响。由于侦查活动具有极强的隐蔽性和强制性,极易发生侵害公民基本权利的行为,所以在侦查阶段严格按照法定程序进行,其意义显得尤为重大。在我国,刑事诉讼表现为“侦查中心主义”,当前正在向以审判为中心的诉讼制度转型。

第一节　侦查概述

一、侦查的概念

侦查,是指公安机关、人民检察院对刑事案件,依照法律进行的收集证据、查明案情的工作和采取的有关强制性措施。这里的侦查机关主要是指公安机关和检察机关,以及国家安全机关、监狱侦查部门、军队保卫部门、中国海警局等。随着2018年《宪法》修改和《监察法》出台,职务犯罪案件转由监察机关负责办理。检察机关只保留了有限的侦查权,即《刑事诉讼法》第19条规定,人民检察院在对诉讼活动实行法律监督中发现的司法工作人员利用职权实施的非法拘禁、刑讯逼供、非法搜查等侵犯公民权利、损害司法公正的犯罪,可以由人民检察院立案侦查。对于公安机关管辖的国家机关工作人员利用职权实施的重大犯罪案件,需要由人民检察院直接受理时,经省级以上人民检察院决定,可以由人民检察院立案侦查。

作为诉讼阶段,侦查阶段是刑事公诉案件的必经程序,在追诉犯罪中具有非常重要的地位。在公诉案件中,刑事案件立案后,即进入侦查阶段。在侦查阶段,侦查人员将依法开展侦查活动,收集确定、充分的能够证明犯罪嫌疑人有罪或者无罪、罪

---

〔1〕［德］克劳思·罗科信:《刑事诉讼法》(第24版),吴丽琪译,法律出版社2003年版,第354页。

重或者罪轻的各种证据材料,查明案情、查获犯罪嫌疑人,从而为检察机关提起公诉和人民法院进行审判做好充分的准备和奠定坚实的基础。

作为追诉犯罪的重要手段,侦查活动是一种具有严格法律属性的法律活动。具体而言,包括以下几个方面的特点:

1. 享有侦查权的主体具有特定性。由于侦查权的行使将直接关系到国家安全、社会稳定和公民合法权益是否受到侵犯,因此,国家法律对行使侦查权的主体作了明确规定。根据《刑事诉讼法》第 108 条第 1 项规定,侦查是指公安机关、人民检察院在办理案件过程中,依照法律进行的收集证据、查明案情的工作和有关强制性措施。由此可见,我国刑事诉讼中的侦查主体主要是公安机关和人民检察院。

此外,根据《刑事诉讼法》第 4 条、第 308 条的规定,国家安全机关依照法律规定,办理危害国家安全的刑事案件时,可以行使与公安机关相同的侦查权;对于军队内部发生的刑事案件,罪犯在监狱内犯罪的案件,分别由军队保卫部门和监狱进行侦查。海关缉私侦查部门有权侦查走私犯罪案件。中国海警局履行海上维权执法职责,对海上发生的刑事案件行使侦查权。除此以外,其他任何机关、团体和个人都无权行使侦查权。

2. 侦查活动具有法定的内容和方式。侦查活动的内容,包括收集证据、查明案情的工作和有关的强制性措施两个方面。其中,收集证据、查明案情的工作是指《刑事诉讼法》所规定的讯问犯罪嫌疑人、询问证人、勘验、检查、搜查、扣押物证书证、鉴定、通缉、技术侦查等侦查活动。所谓有关的强制性措施,是指为保证收集证据、查明案情的工作的顺利进行,侦查机关在必要时采取的诸如强制搜查、强制扣押等强制性方法,以及为防止犯罪嫌疑人逃跑、毁灭罪证、串供等而采取的限制或剥夺人身自由的强制措施,如取保候审、拘留、逮捕等。

基于程序法定原则的要求,侦查机关不得采取法律没有规定的限制或剥夺公民基本权利的侦查手段或强制性措施。

3. 侦查机关必须严格依法行使侦查权。由于侦查是以国家强制力为后盾的,每一项侦查活动的开展都程度不同地带有强制性,稍有违法,便会侵犯公民的合法权益。丹宁勋爵曾经说过:"社会必须有权逮捕、搜查、监禁那些不法分子。只要这种权力运用适当,这些手段都是自由的保卫者。但是这种权力也可能被滥用。而假如它被人滥用,那么任何暴政都要甘拜下风。"[2] 为了防止侦查权滥用或扩张而侵害公民合法权利,我国《刑事诉讼法》对各种侦查手段和强制性措施都规定了权限范围、适用条件、适用程序等程序性内容。侦查机关在进行侦查活动时,只有严格遵守法律规定,才能客观全面地收集证据、查明案件事实,在有效打击犯罪的同时,又不因此而侵害公民的合法权益。

---

〔2〕[英]丹宁:《法律的正当程序》,李克强等译,法律出版社 1999 年版,第 108 页。

二、侦查的任务和意义

(一)侦查的任务

一般认为,侦查的任务是侦查机关依照法定程序对已经立案的刑事案件进行侦查,收集调取犯罪嫌疑人有罪或者无罪、罪轻或者罪重的各种证据材料,准确、及时地查明犯罪事实,查获犯罪嫌疑人,并根据案件的具体情况采取必要的强制性措施,防止其逃避侦查或继续犯罪,毁灭、伪造证据,串供等,以便将犯罪嫌疑人顺利交付起诉和审判,保证诉讼活动的顺利进行,保护国家、集体和公民个人的合法利益不受侵犯。同时,在侦查过程中,还应当注意总结犯罪人作案的特点和规律,加强法制宣传教育,协同有关部门做好社会治安综合治理工作,以减少和预防犯罪。简言之,侦查的任务是收集证据,查明犯罪事实和查获犯罪嫌疑人,必要时采取相应的强制措施,从而保证刑事追诉的顺利进行。

需要注意的是,传统上,我们常常把侦查的任务简单地归结于查明真相、打击犯罪,而对于打击犯罪的渴望也常常使得侦查部门以破案作为第一要务。这种趋向是需要警惕的,因为将侦查的任务单一化为打击犯罪,势必导致不择手段地从重从快惩罚犯罪,而对于保障人权、遵守程序的要求则必然被忽略。福柯提出的刑事司法改革的首要目标是:"使对非法活动的惩罚和镇压变成一种有规则的功能,与社会同步发展;不是要惩罚得更少些,而是要惩罚得更有效些;或许应减轻惩罚的严酷性,但目的在于使惩罚更具有普遍性和必要性;使惩罚权力更深地嵌入社会本身"。〔3〕这段话对于我们理解侦查的任务,是有帮助的。

就目前我国司法实践的情况来看,很大程度上,侦查程序中的被追诉人仍然是消极客体,处于纠问者暴力的支配之下。这便需要我们更多地强调被追诉人的尊严和权利,"我们每个人都必须在自己的领域里竭尽所能,以保证所有阶层和所有国家的人不再是物,而是成为人"。〔4〕也就是说,对于犯罪嫌疑人、被告人,我们首先就必须把他们看作人,而不是物,这样也便不会不择手段地追究犯罪了。

同时,针对当下以审判为中心的司法改革,2014 年 12 月 23 日,公安部召开全国性刑侦工作会议,〔5〕要求主动适应以审判为中心的刑事诉讼制度改革要求,进一步调整完善公安机关刑事司法工作制度,全面贯彻证据裁判规则,从侦查工作一开始,就严格按照审判的标准依法收集、固定、保存、审查、运用证据。这便是新时期对侦查任务提出的更高的要求。

(二)侦查的意义

侦查作为审前程序的核心环节,在刑事诉讼中具有十分重要的意义:

1. 侦查是刑事审判的基础和前提。"整个刑事诉讼程序犹如一座大厦,而侦查程序则如同这座大厦的地基。如果地基的构造不合理,不坚固,那么整个大厦就有

---

〔3〕[法]米歇尔·福柯:《规训与惩戒》,刘北成等译,生活·读书·新知三联书店 1999 年版,第 91 页。

〔4〕[意]皮罗·克拉玛德雷:《程序与民主》,翟小波、刘刚译,高等教育出版社 2005 年版,第 79 页。

〔5〕这是自 1997 年全国刑事侦查工作会议后,公安部首次召开全国性刑侦工作会议。

可能发生倾覆。”[6]司法实践证明,侦查工作的好坏,将直接影响到起诉和审判。因为刑事案件立案以后,揭露犯罪、证实犯罪、查获犯罪嫌疑人的大量的实质性工作,是通过侦查程序完成的。《刑事诉讼法》要求侦查终结的案件必须达到案件事实清楚,证据确实、充分,这便对侦查终结提出了与有罪判决一样的证据标准。因此,在侦查过程中,侦查机关应按照法律规定,通过采用收集证据、查明案情的工作和有关的强制性措施,收集确实、充分的证据,为人民检察院准确、及时批捕、提起公诉,为人民法院依法进行审判,奠定坚实的基础和提供前提条件。

2. 侦查是查明事实真相、对犯罪做出理性应对的需要。按照实体真实发现主义之目的,侦查是揭示案件的事实真相的关键性阶段,也是直面犯罪的关键性阶段。由于犯罪是一种错综复杂的社会现象,犯罪活动大多是在极其隐蔽的情况下进行的,而犯罪人实施犯罪行为以后,为了逃避法律的制裁,又往往采取各种手段掩盖事实真相,毁灭证据,制造假象,如果公安司法机关不采取强有力的侦查手段,就难以收集到确实、充分的证据和准确、及时查清案件事实真相。同时,侦查应受到保障人权之限制,不能为了查明真相而违反正当法律程序,更不能为了打击犯罪而对社会秩序造成新的破坏,而应当以理性的态度面对犯罪,以恢复因犯罪而被破坏的社会秩序。

3. 侦查是预防犯罪的有力措施,有助于促进社会治安综合治理。侦查不仅是打击与惩罚犯罪的重要手段,在预防犯罪活动中也起着极为重要的作用。通过侦查活动,一方面,可以教育群众,强化群众的法制观念,提高守法的自觉性,提高同犯罪作斗争的积极性;另一方面,还可以总结和掌握犯罪的特点和规律,发现有关机关、单位和企业存在的隐患和漏洞,及时采取有效措施,消除隐患、堵塞漏洞,加强安全防范措施,加强社会治安综合治理,以预防和减少犯罪。

三、侦查程序的原则

为了更好地完成侦查任务,揭露、证实和惩罚犯罪,侦查人员在侦查活动中,除了必须遵守《刑事诉讼法》规定的基本原则外,根据侦查程序的特点,还应遵守下列各项原则:

1. 侦查法制原则。侦查是一项严肃的执法活动,侦查机关和侦查人员进行侦查活动必须严格遵守法律规定的程序。因为侦查机关所使用的各种专门侦查手段和采取的强制性措施,稍有不慎便会侵犯公民的人身权利、民主权利和其他合法权利。因此,侦查人员必须增强法制观念,严格依照《刑事诉讼法》的规定收集证据,严禁刑讯逼供,或以引诱、威胁、欺骗等非法方法获取口供。适用各种强制性措施,也必须坚持法律规定的条件和程序,以防止误伤好人而放纵真正的罪犯,从而保证侦查活动的顺利进行,维护社会主义法制,保护公民的合法权益不受侵犯。

2. 任意性侦查原则。源于日本的该原则要求尽量使用任意性侦查手段,以任意

---

[6] 李心鉴:《刑事诉讼构造论》,中国政法大学出版社1996年版,第179页。

性侦查为原则而以强制性侦查为例外。[7] 任意性侦查,是指不采用具有强制性的手段,不损害公民基本的权益,而是在有关人员同意的前提下自愿配合的侦查行为,如询问证人。相应的,强制性侦查则是指采用具有强制性的手段,不需要相关人员事先同意而实施的侦查。在日本法中规定的强制侦查包括逮捕、羁押、查封、搜查、勘验、鉴定处分等。[8] 该原则要求侦查行为具有必要性和合理性,特别是对于强制性侦查行为的采用,侦查人员必须说明现实、合理的理由。也就是说,侦查行为的实施应是必要而不可替代的,不采用该措施可能就不能有效地查明事实。

3. 客观义务原则。该原则体现了职权主义侦查模式的传统。职权主义不实行追诉机关的完全当事人化,而是要求警察和检察机关负有客观义务,应当不偏袒、公正地采取行动,特别是要全面地侦查事实真相。[9] 这是保障被追诉人权利的需要,也是与我国侦查制度的传统相契合的。侦查的任务就是依照法律规定,准确查明客观存在的案件事实,全面收集能够证明案件真实情况的一切证据。因此,侦查人员在侦查过程中,应当一切从实际情况出发,坚持重事实、重证据的态度,认真分析研究案情,如实反映案件的事实真相,切忌主观臆断和先入为主。在收集证据时也要注意全面性,既要收集能够证明犯罪嫌疑人有罪、罪重的证据,又要收集能够证明犯罪嫌疑人无罪、罪轻的证据;既要认真听取检察机关的意见,也要认真听取辩护方的意见,从而保证侦查案件的质量。

4. 比例原则。比例原则,是指侦查权在侵犯公民权利时必须在法律规定范围内选择侵犯公民权利最小的方式。比例原则要求侦查措施的采用,特别是对于侵犯公民基本权利的措施,在其种类、轻重上必须和所要追究的犯罪行为大小相适应。侦查权的行使可能涉及对公民个人权利和自由的限制或者剥夺,国家权力与公民个人权利之间的对抗比其他领域更为尖锐。鉴于侦查权的这一特性,继德国确立比例原则之后,[10] 现代法治国家纷纷建立了该原则,将侦查权对公民权利的侵犯设定在合理的范围内。比例原则集中体现在对侦查羁押运用的限制上,即将羁押的期限与犯罪的性质、危险性、危害程度等结合起来,并加以严格限制。我国《刑事诉讼法》相关条文体现了比例原则,如《刑事诉讼法》第81条规定:"对有证据证明有犯罪事实,可能判处徒刑以上刑罚的犯罪嫌疑人、被告人,采取取保候审尚不足以防止发生社会危险性的,应当予以逮捕。"但是,相关规定还是粗线条的,在司法实践中,羁押的比例还普遍偏高。

5. 适度公开原则。侦查程序的公开性体现在:(1)对当事人及其律师的公开。

---

〔7〕 日本《刑事诉讼法》第179条规定:"为了达到侦查目的,可以进行必要的调查。但是,如本法无特别规定的,不得进行强制措施。"

〔8〕 宋英辉等:《外国刑事诉讼法》,北京大学出版社2011年版,第465页。

〔9〕 [德]约阿希姆·赫尔曼:"《德国刑事诉讼法典》中译本引言",载《德国刑事诉讼法典》,李昌珂译,中国政法大学出版社1995年版,第15页。

〔10〕 例如,德国《刑事诉讼法》第113条规定:"对只判处6个月以下剥夺自由或者180个日额罚金以下的行为,不允许根据调查真相困难之虞命令待审羁押。"

如侦查机关的告知义务、辩护人享有与犯罪嫌疑人会见通信权等;(2)对社会的公开。主要体现在侦查程序向媒体的有限度公开,侦查程序应接受社会公众的监督。需要注意的是这种公开的限度。侦查过程中,如果将重要案情、侦查线索、方向和意图、侦查措施、证据材料或者当事人、其他诉讼参与人以及举报人、控告人等有关情况公开,则可能会干扰、破坏侦查工作的顺利进行,影响案件的及时侦破。因此,侦查人员应严格遵守侦查纪律、保守侦查秘密,涉及国家秘密、商业秘密、个人隐私的,应当保密。

6. 诉讼及时原则。该原则要求侦查程序应当在合理的期限内尽可能迅速地进行。这本身是被追诉人权利保障的需要,也是迅速审判原则在侦查阶段的延伸。“迅速审判,不仅在审判程序中应该如此,在侦查、公诉程序中也应该如此。”〔11〕同时,侦查工作本身的特点决定了侦查工作必须迅速及时。立案后,侦查机关应立即组织侦查力量,制定侦查方案,采取侦查措施,开展侦查活动,拘捕、审讯犯罪嫌疑人,收集案件的各种证据,防止犯罪分子隐匿、毁灭、伪造证据,或逃跑、自杀、或继续犯罪。如果侦查机关行动迟缓,就有可能因时过境迁、犯罪现场遭破坏、犯罪痕迹消灭、罪犯潜逃等,给侦查工作造成困难。

第二节　侦 查 行 为

侦查行为,是指侦查机关在办理案件过程中,依照法律规定进行的各种收集证据、查明案情的工作。我国《刑事诉讼法》规定的侦查行为主要有以下几种。

一、讯问犯罪嫌疑人

讯问犯罪嫌疑人,是指侦查人员依照法定程序以言词方式向犯罪嫌疑人查问案件事实及其他与案件有关问题的一种侦查活动。

讯问犯罪嫌疑人是每一个刑事案件侦查中的必经程序,在侦查中具有十分重要的意义:一方面,其有利于侦查人员收集、核实证据,查明案件事实,查清犯罪情节,并发现新的犯罪线索和其他应当追究刑事责任的犯罪分子;另一方面,其又可以为犯罪嫌疑人如实供述罪行或充分行使辩护权提供机会,使侦查机关通过听取犯罪嫌疑人陈述和申辩,在保护犯罪嫌疑人合法权益的同时,保障无罪的人和其他依法不应追究刑事责任的人免受刑事追诉。

讯问犯罪嫌疑人的程序如下:

1. 讯问主体。讯问一般由 2 名侦查人员进行,也就是说,不能由侦查人员单独进行讯问。讯问犯罪嫌疑人必须由公安机关或者人民检察院的侦查人员负责进行。

---

〔11〕［日］田口守一:《刑事诉讼法》,刘迪等译,法律出版社 2000 年版,第 14 页。

之所以要求讯问的时候侦查人员不得少于2人，是为了保证侦查机关依法进行讯问工作，加强侦查人员在讯问过程中的相互监督和相互配合，保证讯问质量，防止指供诱供、刑讯逼供等非法讯问，以及保障侦查人员的人身安全，防止意外事件发生。

2. 讯问地点。对于不需要拘留、逮捕的犯罪嫌疑人，可以传唤到犯罪嫌疑人所在市、县内的指定地点或者到他的住处进行讯问，但应当出示公安机关或者人民检察院的证明文件。传唤犯罪嫌疑人应当用《传唤通知书》。但为防止丧失最佳时机获取重要证据，《刑事诉讼法》第119条第1款规定："对在现场发现的犯罪嫌疑人，经出示工作证件，可以口头传唤，但应当在讯问笔录中注明。"犯罪嫌疑人经合法传唤，无正当理由而不到案的，可以拘传。但事先不经传唤，直接拘传犯罪嫌疑人，也是合法的。犯罪嫌疑人被送交看守所羁押以后，侦查人员对其进行讯问，应当在看守所内进行。

示例15-1 陈某某等组织、领导黑社会性质组织、参加黑社会性质组织、寻衅滋事、开设赌场、容留他人吸毒、非法拘禁、妨害公务、故意伤害案

二审法院认定：原审判决存在违反《刑事诉讼法》规定的如下诉讼程序的情形：……对被羁押后的被告人进行讯问应当在看守所进行，本案对刘某1、周某某、周某某1的讯问笔录大部分未在看守所内进行，违反《刑事诉讼法》第116条之规定……原审审判程序违法。[12]

3. 有关讯问的时间限制。传唤、拘传持续的时间最长不得超过12小时，案情特别重大、复杂，需要采取拘留、逮捕措施的，传唤、拘传持续的时间不得超过24小时。不得以连续拘传的形式变相拘禁犯罪嫌疑人。对于已被拘留、逮捕的犯罪嫌疑人，应当在拘留、逮捕后的24小时以内进行讯问。传唤、拘传、讯问犯罪嫌疑人，应当保证犯罪嫌疑人的饮食和必要的休息时间，并记录在案。

4. 讯问步骤。侦查人员在讯问犯罪嫌疑人的时候，首先，应当讯问犯罪嫌疑人是否有犯罪行为，并告知犯罪嫌疑人如实供述自己罪行可以从轻或者减轻处罚的法律规定；如果犯罪嫌疑人承认有犯罪行为，则让其陈述有罪的情节，如果犯罪嫌疑人否认有犯罪事实，则让其作无罪的辩解；其次，就其供述或辩解中与认定案件事实有关，影响对其定罪量刑的问题向其提问。犯罪嫌疑人对侦查人员的提问，应当如实回答。但是对与本案无关的问题，有拒绝回答的权利。[13] 同时，根据《刑事诉讼法》

---

〔12〕 湖南省湘潭市中级人民法院《刑事裁定书》(〔2013〕潭中刑终字第165号)，北大法宝引证码：CLI.C.7210343。

〔13〕 需要注意的是，我国法律没有赋予犯罪嫌疑人沉默权。根据《刑事诉讼法》第120条的规定，对侦查人员的提问，犯罪嫌疑人应当如实回答。但与本案无关的问题，犯罪嫌疑人有权拒绝回答。至于侦查人员的提问是否与本案无关，应当以对查明本案事实是否具有实际意义或证据价值为准。

第120条的规定,侦查人员在讯问犯罪嫌疑人时,应当告知犯罪嫌疑人享有的诉讼权利,如实供述自己罪行可以从宽处理和认罪认罚的法律规定。

5. 非法证据排除。侦查人员讯问犯罪嫌疑人,严禁采用刑讯逼供或以威胁、引诱、欺骗以及其他非法方法。犯罪嫌疑人对侦查人员侵犯其诉讼权利的违法行为,有权提出控告;构成犯罪的,应当依法追究其刑事责任。《刑事诉讼法》第56条规定,采用刑讯逼供等非法方法收集的犯罪嫌疑人、被告人供述,应当予以排除;收集物证、书证不符合法定程序,可能严重影响司法公正的,应当予以补正或者作出合理解释;不能补正或者作出合理解释的,对该证据应当予以排除。在侦查时发现有应当排除的证据的,应当依法予以排除,不得作为起诉意见、起诉决定和判决的依据。[14]

6. 同步录音录像。根据《刑事诉讼法》第123条和《公安部规定》有关规定,讯问犯罪嫌疑人,在文字记录的同时,可以对讯问过程进行录音或者录像。对于可能判处无期徒刑、死刑的案件或者其他重大犯罪案件,应当对讯问过程进行录音或者录像。这里的"可能判处无期徒刑、死刑的案件"是指应当适用的法定刑或者量刑档次包含无期徒刑、死刑的案件。"其他重大犯罪案件"是指致人重伤、死亡的严重危害公共安全犯罪、严重侵犯公民人身权利犯罪,以及黑社会性质组织犯罪、严重毒品犯罪等重大故意犯罪案件。对讯问过程录音或者录像的,应当对每一次讯问全程不间断进行,保持完整性。不得选择性地录制,不得剪接、删改。

7. 讯问笔录。讯问犯罪嫌疑人应当制作笔录。讯问笔录应当如实记载提问、回答和其他在场人的情况。讯问笔录应当交犯罪嫌疑人核对,对于没有阅读能力的,应当向他宣读。如果记录有遗漏或差错,犯罪嫌疑人可以提出补充或改正。犯罪嫌疑人承认笔录没有错误后,应当签名或盖章。侦查人员也应当在笔录上签名。犯罪嫌疑人请求自行书写供述的,应当准许。必要时,侦查人员也可以要求犯罪嫌疑人亲笔书写供词。根据《死刑案件证据规定》第20条,讯问笔录没有经被告人核对确认并签名(盖章)、捺指印的,被告人供述不得作为定案的根据。

8. 其他特殊规定。对于共同犯罪案件的同案犯罪嫌疑人的讯问,应当分别进行,未被讯问的不得在场,以防止同案犯串供或者相互影响供述。讯问未成年犯罪嫌疑人时,应当通知其法定代理人或者其他合适的成年人到场。侦查人员讯问聋、哑犯罪嫌疑人,应当有通晓聋、哑手势的人参加,并将这种情况在笔录上加以注明;对于不通晓当地通用语言文字的犯罪嫌疑人,讯问时,应当有翻译人员参加。根据《死刑案件证据规定》第20条,讯问聋哑人、不通晓当地通用语言文字的人员时,应当提供通晓聋、哑手势的人员或者翻译人员而未提供的,被告人供述不得作为定案的根据。

---

〔14〕 对于非法证据排除的具体程序,详见本书第十二章第四节相关部分。

二、询问证人、被害人

（一）询问证人

询问证人，是指侦查人员依照法定程序以言词方式向证人调查了解案件情况的一种侦查行为。询问证人作为侦查过程中广泛采用的一种侦查行为，在侦查程序中起着重要的作用。通过询问证人，有助于侦查人员发现、收集证据和核实证据，查明案件事实真相，查获犯罪嫌疑人，揭露、证实犯罪，保障无罪的人不受刑事追究。

询问证人应当遵守下列程序：

1. 询问证人应当由侦查人员进行。

2. 讯问地点。询问证人，既可以在现场进行，也可以到证人所在单位、住处或者证人提出的地点进行。在必要的时候，可以通知证人到公安机关和检察机关提供证言。[15] 在现场询问证人，侦查人员应当出示工作证件。到证人所在单位、住处或者证人提出的地点询问证人，应当经办案部门负责人批准，制作询问通知书。询问前，侦查人员应当出示询问通知书和工作证件。与讯问犯罪嫌疑人不同，询问证人不得另行指定其他地点。

3. 询问证人应当个别进行。为了避免证人之间相互影响，保证证言的真实性，同一案件若有几个证人时，应当分别进行、个别询问，即不能采用"座谈会"的方式将多名证人召集在一起进行询问，更不能让多名证人共同出具一份书面证词。询问证人没有个别进行而取得的证言，不得作为定案的根据。

示例 15－2　范甲妨害公务案

法院判决书认定如下：对上诉人范甲的辩护人提供的证人彭某、郑某造、范丙、李某平、杨某江、贾某波、余某玲调查笔录的效力，经查：根据《刑事诉讼法》第 122 条第 2 款规定，询问证人应当个别进行；《最高法解释》第 76 条亦明确规定，询问证人没有个别进行的，不能作为定案依据。辩护人将上述证人召集在一起，让他们按顺序作答，属于程序违法……证据不予采纳。[16]

4. 告知如实作证的义务。询问证人时，侦查人员应当告知其应当如实地提供证据、证言和有意作伪证或者隐匿罪证要负的法律责任。所谓要负的法律责任，主要

---

〔15〕 关于询问证人地点的选择，侦查人员应当从有利于获取证言，保证证人作证的积极性方面考虑。为了方便证人作证，消除证人不必要的紧张情绪，及时得到证人单位的支持，及时了解证人情况，侦查人员一般应到证人所在单位或者住处进行询问。只有在案件涉及国家秘密，证人所在单位或者住处周围的人与案件有利害关系，证人在侦查阶段不愿意公开自己的姓名和作证行为等必要的情况下，为保守秘密，保证证人安全，防止证人单位、亲属或其他人的干扰，保证证人如实提供证言，侦查人员才通知证人到人民检察院或公安机关进行询问。

〔16〕 广东省江门市中级人民法院《刑事裁定书》（〔2013〕江中法刑一终字第 25 号），北大法宝引证码：CLI. C. 16153302。

是指《刑法》第305条规定的伪证罪和第310条规定的包庇罪。[17] 明确告知证人作伪证或隐匿罪证所应当承担的法律责任，有利于证人如实提供证言。

5. 询问方法。侦查人员在询问证人时，一般应先让证人就他所知道的案件情况作连续的详细叙述，然后对其所陈述的事实，问明来源和根据。侦查人员应当耐心听取证人的陈述，然后根据案件的具体情况进行询问，提出的问题应当明确清楚，不得用提示性、暗示性的方式询问，更不得以暴力、胁迫、引诱、欺骗等非法方法逼取证人证言。

6. 询问笔录。询问证人，应当制作笔录。证言笔录应当如实记载证人的陈述，询问结束后，交证人核对或者向他宣读。如果记载有遗漏或差错，证人可以申请补充或者纠正。证人确认笔录无误后，证人和侦查人员都应当在笔录上签名或盖章。如果证人愿意提供书面证言，应当允许，必要时，侦查人员也可以让证人亲笔书写证词。但是书面证言不能代替口头询问。没有经证人核对确认的书面证言，不得作为定案的根据。

7. 证人保护。《刑事诉讼法》第63条规定："人民法院、人民检察院和公安机关应当保障证人及其近亲属的安全。对证人及其近亲属进行威胁、侮辱、殴打或者打击报复，构成犯罪的，依法追究刑事责任；尚不够刑事处罚的，依法给予治安管理处罚。"因此，在询问证人时，应当告知证人有权要求获得保护，并询问是否有需要提供保护。

（二）询问被害人

询问被害人，是指侦查人员依照法定程序，以言词方式向直接遭受犯罪行为侵害的人就其受害及犯罪嫌疑人的有关情况进行调查了解的一种侦查活动。

根据《刑事诉讼法》第127条的规定，询问被害人适用询问证人的程序。但是，由于被害人是刑事诉讼的当事人，与案件的处理有直接利害关系。因此，在询问被害人时，除了依照询问证人的各项规定进行外，还要注意被害人的特点。一方面，由于被害人直接遭受犯罪行为侵害，在不少案件中被害人与犯罪分子还有过直接接触，因此，通过询问被害人，可以更多地掌握犯罪事实和犯罪嫌疑人的有关情况；另一方面，也要考虑到被害人与案件的利害关系，在询问时，既要认真听取他的陈述，又要注意分析是否合乎情理，有无夸大情节。对于被害人的个人隐私，应当为他保守秘密，对于被害人的人身安全，也应当采取切实有效的措施予以保护。

三、勘验、检查

勘验、检查，是指侦查人员对与犯罪有关的场所、物品、尸体、人身等进行勘查和

---

[17] 《刑法》第305条规定："在刑事诉讼中，证人、鉴定人、记录人、翻译人对与案件有重要关系的情节，故意作虚假证明、鉴定、记录、翻译，意图陷害他人或者隐匿罪证的，处3年以下有期徒刑或者拘役；情节严重的，处3年以上7年以下有期徒刑。"《刑法》第310条规定："明知是犯罪的人而为其提供隐藏处所、财物，帮助其逃匿或者作假证明包庇的，处3年以下有期徒刑、拘役或者管制；情节严重的，处3年以上10年以下有期徒刑。"

检验,以发现、收集和固定犯罪活动所遗留下来的各种痕迹和物品的一种侦查行为。勘验、检查的主体、任务和性质相同,但适用对象有所区别:勘验的对象是现场、物品和尸体,而检查的对象则是活人的身体。

勘验、检查是侦查中取得第一手证据材料的一个重要途径。犯罪分子实施犯罪行为,往往会在客观外界留下各种痕迹、物品,即使在犯罪后对现场加以破坏或伪装,也会留下新的痕迹和物品。因此,通过勘验和检查,可以及时发现、收集和固定犯罪的痕迹和证物,了解案件性质、作案手段和犯罪活动情况,确定侦查范围和方向,并为进一步查清案情、揭露、证实犯罪分子提供可靠的依据。

根据《刑事诉讼法》的规定,勘验、检查的种类包括:现场勘查、物证检验、尸体检验、人身检查和侦查实验。

(一)现场勘查

现场勘查,是指侦查人员对发生犯罪事件或者发现犯罪痕迹的特定地点、场所所进行的勘验和检查的一种侦查活动。

及时发现和严密保护好现场,是做好勘查工作的前提条件。犯罪现场所发现的物品、痕迹都有可能成为查获犯罪嫌疑人的关键线索,只有保护好现场,勘查人员才能观察到现场物品、痕迹的原始状态,并据以准确分析判断犯罪人的作案情况,为侦破案件打下基础。因此,《刑事诉讼法》第129条规定:"任何单位和个人,都有义务保护犯罪现场,并且立即通知公安机关派员勘验。"

进行现场勘查时必须持有公安机关或人民检察院的证明文件,如公安机关的刑事犯罪现场勘查证。必要时,可以指派或聘请具有专门知识的人员在侦查人员的主持下进行现场勘查。勘查现场时,应当按照勘查现场规则的要求拍摄现场照片,制作现场勘查笔录和现场图。对重大案件、特别重大案件的现场,应当录像。

侦查人员在现场勘查时,还应当及时向现场周围的群众、被害人、目击人、报案人等进行调查访问,以便了解案发前和案发时现场的状况,并进行实地勘验,发现和收集同案件有关的各种证据,并及时采取紧急措施和各种技术手段固定和保全各种证据。

公安机关对案件现场进行勘查不得少于2人。勘查现场时,应当邀请与案件无关的公民作为见证人。现场勘查情况应制成笔录,侦查人员、参加勘验的其他人员和见证人都应当在笔录上签名或盖章。

示例15-3 浙江张氏叔侄强奸再审案

法院认定:"张辉、张高平指认现场的录像镜头切换频繁,指认现场的见证人未起到见证作用……因此,本案不能排除公安机关存在以非法方法收集证据的情形,张辉、张高平的有罪供述、指认现场笔录等证据,依法应予排除"。[18]

---

〔18〕 浙江省高级人民法院《刑事附带民事判决书》(〔2013〕浙刑再字第2号),北大法宝引证码:CLI.C.1795231。

(二)物证检验

物证检验,是指侦查人员对侦查过程中已经收集到的物品和痕迹进行检查和验证,以确定该物证与案件事实之间的关系的一种侦查活动。

物证检验应当由侦查人员进行,必要时可以指派或者聘请具有专门知识的人在侦查人员主持下进行。进行物证检验的侦查人员必须出示公安机关或者人民检察院的证明文件。物证检验应当制作笔录。参加检验的侦查人员、鉴定人和见证人均应签名或者盖章。

(三)尸体检验

尸体检验,是指侦查人员指派、聘请法医或医师对非正常死亡的尸体进行尸表检验或尸体解剖的一种侦查活动。其目的在于确定死亡的原因和时间,判明致死的工具、手段和方法,以便分析作案过程,为查明案情和查获犯罪嫌疑人提供线索和证据。

对于死因不明的尸体,为了确定死因,经县级以上公安机关负责人批准,可以解剖尸体或者开棺检验,并且通知死者家属到场,让其在解剖尸体通知书上签名。死者家属无正当理由拒不到场或者拒绝签名的,不影响解剖或开棺检验,但是应当认真核实死者家属提出的不到场或者拒绝签名的理由。对于有正当理由的,应当予以妥善处理,争取家属的配合。对确无正当理由的,应当在解剖尸体通知书上注明。对于身份不明的尸体,无法通知死者家属的,应当在笔录中注明。对于已经查明死因,没有继续保存必要的尸体,应当通知家属领回处理,对无法通知或者通知后其家属拒绝领回的,经县级以上公安机关负责人批准,可以及时处理。对于死因未定、身份不明或者其他需要复验的,应当保存尸体。尸体检验的情况,应当制作笔录,并由侦查人员、法医或医师、死者家属等签名或者盖章。

(四)人身检查

人身检查,是指侦查人员为了确定被害人、犯罪嫌疑人的某些特征、伤害情况或者生理状态,依法对其人身进行检查的一种侦查活动。

人身检查是对活人人身进行的一种特殊检验。其目的确定被害人、犯罪嫌疑人的某些特征、伤害情况或者生理状态,具体措施包括可以对人身进行检查,可以提取指纹信息,采集血液、尿液等生物样本。根据法律的规定,对被害人、犯罪嫌疑人进行人身检查,必须由侦查人员进行。必要时也可以在侦查人员的主持下,聘请法医或医师严格依法进行,不得有侮辱被害人、犯罪嫌疑人人格或其他合法权益的行为。

人身检查应注意以下两点:(1)对犯罪嫌疑人进行人身检查,如果有必要,可以强制进行。但对于被害人的人身检查,应征得本人同意,不得强制进行。(2)检查妇女的身体,应当由女工作人员或者医师进行。此外,人身检查的情况应当制作笔录,并由参加检查的侦查人员、检查人员、被检查人员和见证人签名。被检查人员拒绝签名的,侦查人员应当在笔录中注明。

(五)侦查实验

侦查实验,是指侦查人员为了确定和判明与案件有关的某些事实或行为在某种情况下能否发生或怎样发生，而按照原有条件实验性地重演的一种侦查活动。

在侦查阶段，为查明案情，在必要的时候，经县级以上公安机关负责人批准，可以进行侦查实验。进行侦查实验时，禁止一切足以造成危险、侮辱人格或者有伤风化的行为。

示例15－4 湖北的“二次强奸案”

鄂州市鄂城区杨叶镇白沙村六组村民李某到杨叶派出所报案，称一蒙面男子于2004年6月4日和5日晚两次入室对其进行强奸（其中6月4日未遂），当晚可能还要作案。接到报案后，值班民警设计了荒唐的抓捕取证方案，设计让被害人等待强奸完成后再进行抓捕，并组织人员到李某家守候。7日零时许，作案人再次持刀入室对李某实施强奸。抓捕时，守候人员反应迟钝、处置不当，致使作案人从后门脱逃，致使被害人再一次受到了身心上的伤。[19]

侦查实验是一种特殊的侦查行为。在司法实践中，对于以下情况，可以进行侦查实验：（1）确定在一定条件下能否听到或者看到；（2）确定在一定时间内能否完成某一行为；（3）确定在什么条件下能够发生某种现象；（4）确定在某种条件下某种行为和某种痕迹是否吻合一致；（5）确定在某种条件下使用某种工具可能或者不可能留下某种痕迹；（6）确定某种痕迹在什么条件下会发生变异；（7）确定某种事件是怎样发生的。

对侦查实验的经过和结果，应当制作侦查实验笔录，由参加实验的人签名。必要时，应当对侦查实验过程进行录音或者录像。

四、搜查

搜查，是指侦查人员依法对于犯罪嫌疑人以及可能隐藏罪犯或者罪证的人的身体、物品、住处和其他有关地方进行搜查、检查的一种侦查行为。

搜查的目的是为了收集犯罪证据，查获犯罪嫌疑人。搜查的对象和范围，既可以是犯罪嫌疑人，也可以是其他可能隐藏罪犯或者犯罪证据的人；既可以对人身进行，也可以对被搜查人的住处、物品和其他有关场所进行。侦查机关不得违背法律规定的搜查目的和滥用搜查措施，同时也不得超越法律所规定的搜查对象和范围而滥行搜查权。

由于搜查直接关系到我国《宪法》所规定的公民的人身自由和住宅不受侵犯的权利，还直接关涉公民的隐私权。“搜索时，人民不得妨碍搜索（公务执行），等于人民暂时丧失对于财产之独立控制权，等于侵犯人民之‘财产权’。但人民更在意的，更觉得受侵犯的，应该不是财产权，而是‘隐私权’，例如私人信件或私密物品遭他人（警察）翻阅，人民比较在意的不是信纸或物品的‘财产价值’，而是私密内容被他人

---

〔19〕 姜远海、龚轩、李慧君：“设计二次强奸案警察受严处”，载《江南时报》2004年9月9日。

知悉的羞辱与困窘。”[20]正因为涉及公民基本人权,搜查权应该受到严格规制,《刑事诉讼法》明确规定了搜查应当严格遵守以下法律程序:

1. 搜查只能由侦查人员进行,执行搜查的侦查人员不得少于2人。

2. 搜查时,必须向被搜查人出示搜查证,否则被搜查人有权拒绝搜查。但侦查人员在执行逮捕、拘留的时候,遇有紧急情况,不另用搜查证也可以进行搜查。所谓紧急情况,是指下列情形之一:(1)可能随身携带凶器的;(2)可能隐藏爆炸、剧毒等危险物品的;(3)可能隐匿、毁弃、转移犯罪证据的;(4)可能隐匿其他犯罪嫌疑人的;(5)其他突然发生的紧急情况。

3. 公安机关可以要求有关单位和个人交出可以证明犯罪嫌疑人有罪或者无罪的物证、书证、视听资料等证据。遇到阻碍搜查的,侦查人员可以强制搜查。

4. 搜查时,应当有被搜查人或者他的家属、邻居或者其他见证人在场。这主要是为了证实搜查情况,监督侦查机关搜查行为的合法性,以及保证搜查所取得的证据的真实性。遇到阻碍搜查的,侦查人员可以决定强制搜查,并记录在案。

5. 搜查妇女的身体,应当由女工作人员进行。

6. 搜查的情况应当写成笔录,由侦查人员和被搜查人员或者他的家属、邻居或者其他见证人签名。如果被搜查人拒绝签名,或者被搜查人在逃,他的家属拒绝签名或者不在场的,侦查人员应当在笔录中注明。

五、查封、扣押

查封、扣押,是指侦查机关依法强行封存、留置和提取与案件有关的财物、文件的一种侦查行为。即在侦查活动中发现的可用以证明犯罪嫌疑人有罪或者无罪的各种财物、文件,应当查封、扣押;但与案件无关的财物、文件,不得查封、扣押。持有人拒绝交出应当查封、扣押的财物、文件的,可以强制查封、扣押。

查封、扣押的目的在于取得和保全证据。及时查封、扣押相关的书证、物证,可以防止能证实犯罪嫌疑人有罪或无罪,罪重或罪轻的物品和文件发生毁弃、丢失或被隐藏等现象,从而保证侦查人员依法揭露、证实犯罪,保障无罪公民不受刑事追诉。在司法实践中,扣押物证、书证通常与勘验、搜查同时进行,即在勘验、搜查过程中发现可以用于证明犯罪嫌疑人有罪或无罪的物品和文件都应当扣押。

根据《刑事诉讼法》和《公安部规定》相关条款,查封、扣押应当遵守下列程序:

1. 只能由侦查人员进行。执行查封、扣押的侦查人员不得少于2人,并持有相关法律文书或者侦查人员工作证件。

2. 对查封、扣押的财物和文件,应当会同在场见证人和被查封、扣押财物、文件的持有人查点清楚,当场开列查封、扣押清单一式三份,写明财物或者文件的名称、编号、数量、特征及其来源等,由侦查人员、持有人和见证人签名,一份交给持有人,一份交给公安机关保管人员,一份附卷备查。对于无法确定持有人的财物、文件或

---

〔20〕 王兆鹏:《刑事诉讼讲义》,元照出版有限公司2010年版,第103页。

者持有人拒绝签名的，侦查人员应当在清单中注明。依法扣押文物、金银、珠宝、名贵字画等贵重财物的，应当拍照或者录像，并及时鉴定、估价。

3. 对作为犯罪证据但不便提取的财物、文件，经登记、拍照或者录像、估价后，可以交财物、文件持有人保管或者封存，并且开具登记保存清单一式两份，由侦查人员、持有人和见证人签名，一份交给财物、文件持有人，另一份连同照片或者录像资料附卷备查。财物、文件持有人应当妥善保管，不得转移、变卖、毁损。

4. 扣押犯罪嫌疑人的邮件、电子邮件、电报，应当经县级以上公安机关负责人批准，制作扣押邮件、电报通知书，通知邮电部门或者网络服务单位检交扣押。不需要继续扣押的时候，应当经县级以上公安机关负责人批准，制作解除扣押邮件、电报通知书，立即通知邮电部门或者网络服务单位。

5. 对查封、扣押的财物、文件、邮件、电子邮件、电报，经查明确实与案件无关的，应当在3日以内解除查封、扣押，退还原主或者原邮电部门、网络服务单位；原主不明确的，应当采取公告方式告知原主认领。在通知原主或者公告后6个月以内，无人认领的，按照无主财物处理，登记后上缴国库。

6. 对被害人的合法财产及其孳息权属明确无争议，并且涉嫌犯罪事实已经查证属实的，应当在登记、拍照或者录像、估价后及时返还，并在案卷中注明返还的理由，将原物照片、清单和被害人的领取手续存卷备查。查找不到被害人，或者通知被害人后，无人领取的，应当将有关财产及其孳息随案移送。

7. 对查封、扣押的财物及其孳息、文件，公安机关应当妥善保管，以供核查。任何单位和个人不得使用、调换、损毁或者自行处理。对容易腐烂变质及其他不易保管的财物，可以根据具体情况，经县级以上公安机关负责人批准，在拍照或者录像后委托有关部门变卖、拍卖，变卖、拍卖的价款暂予保存，待诉讼终结后一并处理。对违禁品，应当依照国家有关规定处理；对于需要作为证据使用的，应当在诉讼终结后处理。

六、查询、冻结

查询、冻结，是指侦查机关根据侦查犯罪之需要，依法向金融、证券、邮电或相关企业查询犯罪嫌疑人的存款、汇款、债券、股票、基金份额等财产，必要时予以冻结的一种侦查行为。侦查机关的查询、冻结，可以要求有关单位和个人配合。

根据《刑事诉讼法》和《公安部规定》，查询、冻结的程序如下：

1. 向金融机构等单位查询犯罪嫌疑人的存款、汇款、债券、股票、基金份额等财产，应当经县级以上公安机关负责人批准，制作协助查询财产通知书，通知金融机构等单位执行。

2. 需要冻结犯罪嫌疑人在金融机构等单位的存款、汇款、债券、股票、基金份额等财产的，应当经县级以上公安机关负责人批准，制作协助冻结财产通知书，通知金融机构等单位执行。

3. 不需要继续冻结犯罪嫌疑人存款、汇款、债券、股票、基金份额等财产时，应当经县级以上公安机关负责人批准，制作协助解除冻结财产通知书，通知金融机构等单位执行。

4. 犯罪嫌疑人的存款、汇款、债券、股票、基金份额等财产已被冻结的，不得重复冻结，但可以轮候冻结。[21]

5. 冻结存款、汇款等财产的期限为 6 个月。冻结债券、股票、基金份额等证券的期限为 2 年。有特殊原因需要延长期限的，公安机关应当在冻结期限届满前办理继续冻结手续。每次续冻存款、汇款等财产的期限最长不得超过 6 个月；每次续冻债券、股票、基金份额等证券的期限最长不得超过 2 年。继续冻结的，应当按照规定重新办理冻结手续。逾期不办理继续冻结手续的，视为自动解除冻结。

6. 对冻结的债券、股票、基金份额等财产，应当告知当事人或者其法定代理人、委托代理人有权申请出售。权利人书面申请出售被冻结的债券、股票、基金份额等财产，不损害国家利益、被害人、其他权利人利益，不影响诉讼正常进行的，以及冻结的汇票、本票、支票的有效期即将届满的，经县级以上公安机关负责人批准，可以依法出售或者变现，所得价款应当继续冻结在其对应的银行账户中；没有对应的银行账户的，所得价款由公安机关在银行指定专门账户保管，并及时告知当事人或者其近亲属。

7. 对冻结的存款、汇款、债券、股票、基金份额等财产，经查明确实与案件无关的，应当在 3 日以内通知金融机构等单位解除冻结，并通知被冻结存款、汇款、债券、股票、基金份额等财产的所有人。

七、鉴定

作为刑事诉讼中一种侦查行为的鉴定，是指侦查机关指派或聘请具有专门知识的人员就案件中某些专门性问题进行科学鉴别和判断并作出鉴定意见的一种侦查行为。

在侦查实践中，鉴定的适用范围极其广泛，凡是与刑事案件有关的能够证明犯罪嫌疑人有罪、无罪的各种物品、文件、痕迹、人身、尸体等都可以进行鉴定。因此，鉴定对于准确揭示物证、书证在诉讼中的证明作用，鉴别案内其他证据的真伪，查明案件事实真相，查获犯罪嫌疑人具有重要作用。在侦查中经常采用的鉴定主要有：刑事技术鉴定、人身伤害的医学鉴定、精神病的医学鉴定、扣押物品的价格鉴定、文物鉴定、电子数据鉴定等。

侦查活动中的鉴定，应当遵守下列程序：

1. 鉴定人必须具有中立性。根据《刑事诉讼法》关于回避制度的规定，鉴定人属于回避的对象，如果具有法定的回避事由，依法应当自行回避；当事人有权申请其回避。

---

〔21〕 轮候冻结，是指对其他公安司法机关已经查封、扣押、冻结的有登记的财产，侦查机关或执行机关可以进行轮候查封、扣押、冻结登记。查封、扣押、冻结撤销或者解除的，登记在先的轮候查封、扣押、冻结即自动转为查封、扣押、冻结。

2. 侦查机关指派或者聘请的鉴定人，必须具备鉴定人的资格，即必须是具有解决本案中专门性问题的专门知识和技能，并且与本案或本案当事人没有利害关系，且能够保证以客观、公正的态度进行鉴定的人。

3. 侦查机关应当为鉴定人进行鉴定提供必要的条件，及时向鉴定人送交有关检材和对比样本等原始材料，介绍与鉴定有关的情况，并且明确提出要求鉴定解决的问题，但是不得暗示或者强迫鉴定人作出某种鉴定意见。侦查人员应当做好检材的保管和送检工作，并注明检材送检环节的责任人，确保检材在流转环节中的同一性和不被污染。

示例 15－5　念斌案

法院认定："鉴定机构在对铝壶水、高压锅和铁锅表面残留物检材的检验过程中，未按照专业规范要求进行'空白'对照检验，以防止假阳性检验结果，因此难以排除该3份检材被污染的可能……因此，认定铝壶水有毒缺乏确实依据，原判认定念斌将鼠药投放在铝壶水中事实不清，关键证据链条中断"。〔22〕

4. 鉴定人应当按照鉴定规则，运用科学方法进行鉴定。鉴定后，应当出具鉴定意见，并由鉴定人签名，同时附上鉴定机构和鉴定人的资质证明。如果是多名鉴定人对同一专门问题共同进行鉴定，可以互相讨论，提出共同的鉴定结论，但每一位鉴定人都应当签名；如果意见不一致，则可以分别提出自己的鉴定意见，分别签名。鉴定只能涉及案件中的专门性问题，无权对案件的法律问题作出评判。

5. 侦查机关应当将用作证据的鉴定意见告知犯罪嫌疑人、被害人。

示例 15－6　姜某故意杀人案

上诉人姜某提出："公安机关未向其送达被害人伤情鉴定意见，属程序违法"，法院经查后认为，"本案案发后，经公安机关委托，鉴定机构于2013年5月10日对被害人伤情出具鉴定意见，公安机关依法及时于2013年5月14日将鉴定意见告知上诉人姜某，上诉人姜某未提出异议，有在卷的上诉人姜某签字捺印的鉴定结论告知笔录为证，公安机关并未违反法定程序，上诉人姜某所提该上诉意见不成立，不予采纳"。〔23〕

6. 如果犯罪嫌疑人、被害人提出申请，可以补充鉴定或者重新鉴定。经审查，发现有下列情形之一的，经县级以上公安机关负责人批准，应当补充鉴定：(1) 鉴定内容有明显遗漏的；(2) 发现新的有鉴定意义的证物的；(3) 对鉴定证物有新的鉴定要求的；(4) 鉴定意见不完整，委托事项无法确定的；(5) 其他需要补充鉴定的情形。

---

〔22〕 福建省高级人民法院《刑事附带民事判决书》(〔2012〕闽刑终字第10号)，北大法宝引证码：CLI.C.3215599。

〔23〕 江苏省宿迁市中级人民法院《刑事裁定书》(〔2013〕宿中刑终字第0108号)，北大法宝引证码：CLI.C.2411898。

经审查,发现有下列情形之一的,经县级以上公安机关负责人批准,应当重新鉴定:(1)鉴定程序违法或者违反相关专业技术要求的;(2)鉴定机构、鉴定人不具备鉴定资质和条件的;(3)鉴定人故意作虚假鉴定或者违反回避规定的;(4)鉴定意见依据明显不足的;(5)检材虚假或者被损坏的;(6)其他应当重新鉴定的情形。重新鉴定,应当另行指派或者聘请鉴定人。经审查,不符合上述情形的,经县级以上公安机关负责人批准,作出不准予重新鉴定的决定,并在作出决定后3日以内书面通知申请人。

7. 公诉人、当事人或者辩护人、诉讼代理人对鉴定意见有异议,经人民法院依法通知的,公安机关鉴定人应当出庭作证。经人民法院通知,鉴定人拒不出庭作证的,鉴定意见不得作为定案的根据。[24]

八、辨认

刑事侦查中的辨认,是指侦查人员为了查明案情,在必要时让被害人、证人以及犯罪嫌疑人对与犯罪有关的物品、文件、尸体、场所或者其他犯罪嫌疑人进行辨认的一种侦查行为。

《刑事诉讼法》没有明确规定辨认的内容。但是,在司法实践中,辨认常常被用以甄别证据和犯罪嫌疑人。[25]《公安部规定》和《最高检规则》对此作了专门规定。侦查的中的辨认应当遵守下列程序:

1. 公安机关、人民检察院在侦查各自管辖的案件过程中,需要辨认犯罪嫌疑人时,应当分别经办案部门负责人或者检察长批准。

2. 辨认应当在侦查人员主持下进行,主持辨认的侦查人员不得少于2人。在辨认前应当向辨认人详细询问被辨认对象的具体特征,禁止辨认人见到被辨认对象,并应当告知辨认人有意作假辨认应当承担的法律责任。

3. 几名辨认人对同一辨认对象进行辨认时,应当由每名辨认人单独进行。必要时,可以有见证人在场。

4. 辨认时,应当将辨认对象混杂在其他人员或物品中,不得给辨认人任何暗示。公安机关侦查的案件辨认犯罪嫌疑人时,被辨认的人数不得少于7人;对犯罪嫌疑人的照片进行辨认的,不得少于10人的照片;辨认物品时,混杂的同类物品不得少于5件。根据《最高检规则》规定,人民检察院自侦案件侦查过程中辨认犯罪嫌疑人时,被辨认的人数为5到10人,照片5到10张;辨认物品时,同类物品不得少于5件,照片不得少于5张。

---

〔24〕 参见胡铭:“鉴定人出庭与专家辅助人角色定位之实证研究”,载《法学研究》2014年第4期。

〔25〕 刑事司法实践中,错误的辨认是导致刑事错案的一个极为重要的原因。相关的统计显示,在过去15年,美国发现并纠正的242起错案中,其中75%的案件中存在着辨认错误。Sheck等人分析了62件因为DNA技术的发展而被宣告无罪的案件,发现84%的案件涉及证人的辨认错误。相关研究参见王佳:《刑事辨认的原理与规制》,北京大学出版社2011年版,第1页。

5. 对犯罪嫌疑人的辨认，辨认人不愿意公开进行时，可以在不暴露辨认人的情况下进行，侦查人员应当为其保守秘密。

6. 辨认的经过和结果等情况，应当制作笔录，由主持和参加辨认的侦查人员、辨认人、见证人签字。对辨认对象应当拍照，必要时应对辨认过程进行录音录像。

7. 人民检察院主持进行辨认的，可以商请公安机关参加或者协助。

九、通缉

通缉，是指公安机关以发布通缉令的方式对应当逮捕而在逃的犯罪嫌疑人，采取措施追捕归案的一种侦查行为。通缉是公安机关内部通力合作、协同作战，及时制止和打击犯罪的一种重要手段，同时又是公安机关动员和依靠广大人民群众积极同犯罪作斗争的一项有力措施。

根据《刑事诉讼法》及《公安部规定》的有关规定，通缉应当遵守下列程序：

1. 只有公安机关有权发布通缉令，其他任何机关、团体、单位、组织和个人都无权发布。人民检察院在办理自侦案件过程中，需要追捕在逃的犯罪嫌疑人时，经检察长批准，作出通缉决定后，通知公安机关，由公安机关发布通缉令。

2. 县级以上公安机关在自己管辖的地区以内，可以直接发布通缉令，如果超出自己管辖的地区，应当报请有权决定的上级机关发布。通缉令的发送范围，由签发通缉令的公安机关负责人决定。

3. 被通缉的对象必须是依法应当逮捕而在逃的犯罪嫌疑人，包括依法应当逮捕而在逃的和已被逮捕但在羁押期间逃跑的犯罪嫌疑人。

4. 通缉令中应当尽可能写明被通缉人的姓名、别名、曾用名、绰号、性别、年龄、民族、籍贯、出生地、户籍所在地、居住地、职业、身份证号码、衣着和体貌特征、口音、行为习惯，并附被通缉人近期照片，可以附指纹及其他物证的照片。除了必须保密的事项以外，应当写明发案的时间、地点和简要案情。

5. 通缉令发出后，如果发现新的重要情况可以补发通报。通报必须注明原通缉令的编号和日期。

6. 有关公安机关接到通缉令后，应当及时布置查缉。抓获犯罪嫌疑人后，应当迅速通知通缉令发布机关，并报经抓获地县级以上公安机关负责人批准后，凭通缉令或相关法律文书羁押。原通缉令发布机关应当立即进行核实，依法处理。对于通缉在案的犯罪嫌疑人，任何公民都有权扭送公安司法机关处理。

7. 需要对犯罪嫌疑人在口岸采取边控措施的，应当按照有关规定制作边控对象通知书，经县级以上公安机关负责人审核后，层报省级公安机关批准，办理全国范围内的边控措施。需要限制犯罪嫌疑人人身自由的，应当附有关法律文书。紧急情况下，需要采取边控措施的，县级以上公安机关可以出具公函，先向当地边防检查站交控，但应当在7日以内按照规定程序办理全国范围内的边控措施。

8. 为发现重大犯罪线索，追缴涉案财物、证据，查获犯罪嫌疑人，必要时，经县级以上公安机关负责人批准，可以发布悬赏通告。悬赏通告应当写明悬赏对象的基本情况和赏金的具体数额。悬赏通告可以更大程度地动员群众，如在马加爵案中，公安机关在破获马加爵案后，立刻召开新闻发布会，并宣布20万元的奖赏承诺，并且最后通过海南一摩的司机的举报而抓获马加爵。[26]

9. 通缉令、悬赏通告应当广泛张贴，并可以通过广播、电视、报刊、计算机网络等方式发布。

10. 经核实，犯罪嫌疑人已经自动投案、被击毙或者被抓获，以及发现有其他不需要采取通缉、边控、悬赏通告的情形的，发布机关应当在原通缉、通知、通告范围内，撤销通缉令、边控通知、悬赏通告。

十、技术侦查

技术侦查，是指侦查机关根据侦查犯罪的需要，依法使用专门的技术设备和方法，对犯罪嫌疑人以及与犯罪活动相关联的人员、物品、场所，进行秘密调查、取证的一种侦查行为。

技术侦查是侦破案件的重要侦查手段，特别是随着现代信息化程度和互联网技术的提高，这一手段对于惩罚犯罪、维护社会公共利益的作用越发重要。我国1996年《刑事诉讼法》对于技术侦查没有做出规定，虽然《人民警察法》对技术侦查有笼统的规定，[27] 侦查实践中也早就有所运用，但由于缺乏明确且可操作的法律依据，这就难免侦查人员在侦查过程中感觉无法可依、畏首畏尾，不敢采用这些有效的侦查手段，或者就是感觉不受约束而滥用这些直接涉及人权的侦查手段。习而惯之，有的侦查人员甚至产生这样的错觉：法律没有规定更好，就可以怎么方便怎么办案了。2012年《刑事诉讼法》将现有的合理而又未纳入刑事诉讼法典的技术侦查法定化。这既是明确授权侦查机关更是一种控制与约束，使得相关制度有了边界。[28]

技术侦查在执行过程中可能涉及公民基本权利而备受关注。“执法活动要求允许将这些设备用于犯罪调查活动，当这种压力遇到来自民众的反压力，后者认为政府对公民私生活的彻底侵犯意味着个人自由的彻底丧失，这些奥维尔主义（未达到目的而篡改并歪曲事实）的预期向刑事诉讼程序提出了难度更大的问题。”[29] 因此，现代法治国家都要求严格规制技术侦查措施。[30] 在我国，技术侦查应严格遵守以下正当法律程序：

1. 技术侦查的主体。在我国，只有公安机关、人民检察院等侦查机关有权采取技术侦查措施，其他任何机关、团体和个人无权采用。

2. 技术侦查的适用范围。《刑事诉讼法》第150条规定：“公安机关在立案后，对

---

〔26〕 参见肖余恨：“发动公众抓捕更多‘马加爵’”，载《京华时报》2004年3月17日。

〔27〕 《人民警察法》第16条规定：“公安机关因侦查犯罪的需要，根据国家有关规定，经过严格的批准手续，可以采取技术侦察措施。”

〔28〕 胡铭：“技术侦查：模糊授权抑或严格规制”，载《清华法学》2013年第6期。

〔29〕 [美]哈伯特·L.帕克：《刑事制裁的界限》，梁根林等译，法律出版社2008年版，第194页。

〔30〕 胡铭：“英法德荷意技术侦查的程序性控制”，载《环球法律评论》2013年第4期。

于危害国家安全犯罪、恐怖活动犯罪、黑社会性质的组织犯罪、重大毒品犯罪或者其他严重危害社会的犯罪案件,根据侦查犯罪的需要,经过严格的批准手续,可以采取技术侦查措施。人民检察院在立案后,对于利用职权实施的严重侵犯公民人身权利的重大犯罪案件,根据侦查犯罪的需要,经过严格的批准手续,可以采取技术侦查措施,按照规定交有关机关执行。”

《公安部规定》和《最高检规则》对技术侦查的适用范围又进行了具体化,即只有以下特定类型的案件才能采取技术侦查措施:(1)公安机关在立案后,根据侦查犯罪的需要,可以对下列严重危害社会的犯罪案件采取技术侦查措施:其一,危害国家安全犯罪、恐怖活动犯罪、黑社会性质的组织犯罪、重大毒品犯罪案件;其二,故意杀人、故意伤害致人重伤或者死亡、强奸、抢劫、绑架、放火、爆炸、投放危险物质等严重暴力犯罪案件;其三,集团性、系列性、跨区域性重大犯罪案件;其四,利用电信、计算机网络、寄递渠道等实施的重大犯罪案件,以及针对计算机网络实施的重大犯罪案件;其五,其他严重危害社会的犯罪案件,依法可能判处 7 年以上有期徒刑的。(2)人民检察院在立案后,对于采取其他方法难以收集证据的利用职权实施的严重侵犯公民人身权利的重大犯罪案件,经过严格的批准手续,可以采取技术侦查措施,交有关机关执行。[31] (3)追捕被通缉或者批准、决定逮捕的在逃的犯罪嫌疑人、被告人,经过批准,可以采取追捕所必需的技术侦查措施。

3. 技术侦查的批准程序。需要采取技术侦查措施的,必须经过严格的批准手续。应当制作呈请采取技术侦查措施报告书,报设区的市一级以上公安机关负责人批准,制作采取技术侦查措施决定书。人民检察院等部门决定采取技术侦查措施,交公安机关执行的,由设区的市一级以上公安机关按照规定办理相关手续后,交负责技术侦查的部门执行,并将执行情况通知人民检察院等部门。批准决定应当根据侦查犯罪的需要,确定采取技术侦查措施的种类和适用对象。批准决定自签发之日起 3 个月以内有效。对于不需要继续采取技术侦查措施的,应当及时解除;对于复杂、疑难案件,期限届满仍有必要继续采取技术侦查措施的,经过批准,有效期可以延长,每次不得超过 3 个月。

4. 技术侦查的执行。技术侦查由公安机关执行。采取技术侦查措施,必须严格按照批准的措施种类、适用对象和期限执行。侦查人员对采取技术侦查措施过程中知悉的国家秘密、商业秘密和个人隐私,应当保密;对采取技术侦查措施获取的与案件无关的材料,必须及时销毁。采取技术侦查措施获取的材料,只能用于对犯罪的侦查、起诉和审判,不得用于其他用途。采取技术侦查措施收集的与案件无关的材料,必须及时销毁,并制作销毁记录。公安机关依法采取技术侦查措施,有关单位和

---

〔31〕 此处的贪污、贿赂犯罪包括《刑法》分则第八章规定的贪污罪、受贿罪、单位受贿罪、行贿罪、对单位行贿罪、介绍贿赂罪、单位行贿罪、利用影响力受贿罪。利用职权实施的严重侵犯公民人身权利的重大犯罪案件包括有重大社会影响的、造成严重后果的或者情节特别严重的非法拘禁、非法搜查、刑讯逼供、暴力取证、虐待被监管人、报复陷害等案件。

个人应当配合,并对有关情况予以保密。

此外,侦查措施收集的材料在刑事诉讼中可以作为证据使用。如果使用该证据可能危及有关人员的人身安全,或者可能产生其他严重后果的,应当采取不暴露有关人员身份、技术方法等保护措施,必要的时候,可以由审判人员在庭外对证据进行核实。采取技术侦查措施收集的材料作为证据使用的,批准采取技术侦查措施的法律文书应当附卷,辩护律师可以依法查阅、摘抄、复制,在审判过程中可以向法庭出示。

我国《刑事诉讼法》第 150 ~ 154 条规定了技术侦查措施,实际上包括了技术侦查、秘密侦查和控制下交付三种具体的侦查措施。

(1)关于秘密侦查。《刑事诉讼法》第 153 条第 1 款规定:"为了查明案情,在必要的时候,经公安机关负责人决定,可以由有关人员隐匿其身份实施侦查。但是,不得诱使他人犯罪,不得采用可能危害公共安全或者发生重大人身危险的方法。"秘密侦查是有关人员隐瞒身份进行的侦查活动,主要有卧底侦查、化妆侦查、诱惑侦查等形式。只有在没有其他更好的替代性措施的情况下才能采取秘密侦查措施。隐匿身份实施侦查时,不得使用促使他人产生犯罪意图的方法诱使他人犯罪,[32]不得采用可能危害公共安全或者发生重大人身危险的方法。即只能采用"机会提供型"秘密侦查,而不能采用"犯意诱发型"秘密侦查。所谓"犯意引诱型",是指行为人本没有实施某种犯罪的主观意图,而是在特情诱惑和促成下形成犯意,进而实施犯罪。

示例 15 - 7　吴晴兰非法出售珍贵、濒危野生动物案

法院认定:"上诉人吴晴兰是从事贩卖鱼类和附带收购、出售一些山麂、野兔等非国家明文规定为珍贵、濒危野生动物的商贩。从本案事实上看,吴晴兰并没有出售国家保护的野生动物的犯意,公安机关在未掌握吴晴兰有出售国家保护的野生动物事实的情况下,派侦查人员陈某主动引诱吴晴兰向其出售国家保护的野生动物,吴晴兰才以中介人身份参与 4 只熊掌的交易,其从中获取的介绍费仅为 20 ~ 30 元。侦查机关以引诱的方式收集证据,有悖于刑事诉讼法的规定,其收集的证据具有非法性,其证据不予采纳……上诉人(原审被告人)吴晴兰无罪"。[33]

(2)关于控制下交付。《刑事诉讼法》第 153 条第 2 款规定:"对涉及给付毒品等违禁品或者财物的犯罪活动,公安机关根据侦查犯罪的需要,可以依照规定实施控制下交付。"控制下交付是侦查机关在发现非法或可以交易的违禁品后,在对物品进行秘密监控的情况下,允许其继续流转,从而查明参与该犯罪的所有人员,彻底查明

〔32〕 国内研究成果探讨侦查机关利用犯罪引诱手段时所使用的相关术语不尽相同,包括诱惑侦查、诱饵侦查、警察圈套、侦查陷阱等。参见程雷:"诱惑侦查的程序控制",载《法学研究》2015 年第 1 期。

〔33〕 黄尔梅主编:《新刑事诉讼法及司法解释案例精析与理解适用》,法律出版社 2013 年版,第 46 页。

案情的一种侦查活动。[34] 根据《公安部规定》,对涉及给付毒品等违禁品或者财物的犯罪活动,为查明参与该项犯罪的人员和犯罪事实,根据侦查需要,经县级以上公安机关负责人决定,可以实施控制下交付。

第三节 侦查终结

一、侦查终结的概念

所谓侦查终结,是指侦查机关对于自己立案侦查的案件,经过一系列的侦查活动,认为案件事实已经查清,证据确实、充分,足以认定犯罪嫌疑人有罪并需要追究刑事责任而决定结束侦查,并对案件依法作出结论和处理的一种诉讼活动。在程序上,侦查终结与撤销案件恰恰相反:[35] 撤销案件是因为不应追究被告人刑事责任,追诉活动就此而终结;侦查终结则是因为已经有足够证据证明应当追究被告人刑事责任,追究活动因此而进一步向前发展并进入下一个诉讼阶段。

侦查终结是侦查阶段对已经开展的各种侦查活动和侦查工作进行审核和总结的最后一道程序,是侦查任务已经完成的标志。因此,正确及时的侦查终结,可以为人民检察院准确提起公诉、人民法院正确进行审判奠定基础,为公安司法机关准确及时惩罚犯罪,保障无罪的人和依法不应当受到刑事追究的人免受刑事追究,保护公民合法权益提供可靠的根据和保障。

二、侦查终结的条件和对案件的处理

(一)侦查终结的条件

《刑事诉讼法》第 162 条第 1 款的规定:"公安机关侦查终结的案件,应当做到犯罪事实清楚,证据确实、充分,并且写出起诉意见书,连同案卷材料、证据一并移送同级人民检察院审查决定;同时将案件移送情况告知犯罪嫌疑人及其辩护律师。"据此,侦查终结应当具备以下两个条件:

1. 犯罪事实清楚,证据确实、充分。这说明我国《刑事诉讼法》确立的侦查终结的证据标准与有罪判决的证明标准是一致的。"侦查、审查起诉工作是否符合法律

---

[34] 联合国《反腐败公约》和《打击跨国有组织犯罪公约》等国际公约对控制下交付做出了规定。例如,《打击跨国有组织犯罪公约》第 2 条规定:"控制下交付"系指在主管当局知情并由其进行监测的情况下允许非法或可疑货物运出、通过或运入一国或多国领土的一种做法,其目的在于侦查某项犯罪并辨认参与该项犯罪的人员。

[35] 根据我国《刑事诉讼法》第 160 条、第 161 条的规定,侦查活动终止的原因有两种:一种是因侦查终结而终止;另一种则是因撤销案件而终止。如果侦查机关在侦查阶段发现案件具有《刑事诉讼法》第 15 条规定的不应追究刑事责任的法定情形之一的,应当及时撤销案件。犯罪嫌疑人已经逮捕的,应当立即释放,发给释放证明,并且通知原批准逮捕的人民检察院。

规定、是否达到法定标准,不是由哪个人或哪个部门说了算,最终需要通过,也只能通过公开、公正的审判加以检验和确认。只有通过审判这一最终诉讼程序,才能将统一但抽象的法律标准'落地'为具体的司法标准。"[36]所谓犯罪事实,是指犯罪嫌疑人有罪或无罪、罪重或罪轻以及是否应受刑事处罚的全部事实和情节。所谓证据确实、充分,是指案件的证据材料来源可靠,经核对无误,证据与案件事实之间的联系,案件各种证据之间能够互相印证,足以确实证明犯罪嫌疑人的行为已经构成犯罪,综合全案证据,对所认定事实已排除合理怀疑。

2. 法律手续完备。法律手续完备,同样是侦查终结必不可少的条件。法律手续是侦查机关办案的依据,也是对侦查工作的一种监督。它要求侦查机关采取的收集证据、查明案情的工作和有关的强制性措施的各种法律文书及其审批、签字、盖章等手续都是齐全、完整并符合法律规定的。如果发现有遗漏或不符合法律规定之处,应当及时采取有效的措施予以补充或改正。此外,根据《刑事诉讼法》第162条第2款的规定,在认罪认罚案件中,犯罪嫌疑人自愿认罪的,应当记录在案,随案移送,并在起诉意见书中写明有关情况。

(二)公安机关侦查终结的处理

对侦查终结的案件,应当制作起诉意见书,经县级以上公安机关负责人批准后,连同全部案卷材料、证据,以及辩护律师提出的意见,一并移送同级人民检察院审查决定;同时将案件移送情况告知犯罪嫌疑人及其辩护律师;犯罪嫌疑人自愿认罪的,应当记录在案,随案移送,并在起诉意见书中写明有关情况。侦查终结后,应当将全部案卷材料按照要求装订立卷。向人民检察院移送案件时,只移送诉讼卷,侦查卷由公安机关存档备查。对查封、扣押的犯罪嫌疑人的财物及其孳息、文件或者冻结的财产,作为证据使用的,应当随案移送,并制作随案移送清单一式两份,一份留存,另一份交人民检察院。对于实物不宜移送的,应当将其清单、照片或者其他证明文件随案移送。在共同犯罪案件中,起诉意见书应当写明每个犯罪嫌疑人在共同犯罪中的地位、作用、具体罪责和认罪态度,并分别提出处理意见。被害人提出附带民事诉讼的,应当记录在案;移送审查起诉时,应当在起诉意见书末页注明。

对于犯罪情节轻微,依法不需要判处刑罚或者免除刑罚的案件,公安机关在移送起诉时,可以注明具备不起诉的理由和证据,由人民检察院审查决定是否作出不起诉决定。

经过侦查,发现没有犯罪事实或者不应对犯罪嫌疑人追究刑事责任的,应当撤销案件。对于经过侦查,发现有犯罪事实需要追究刑事责任,但不是被立案侦查的犯罪嫌疑人实施的,或者共同犯罪案件中部分犯罪嫌疑人不够刑事处罚的,应当对有关犯罪嫌疑人终止侦查,并对该案件继续侦查。需要撤销案件或者对犯罪嫌疑人终止侦查的,办案部门应当制作撤销案件或者对犯罪嫌疑人终止侦查报告书,报县级以上公安机关负责人批准。公安机关决定撤销案件或者对犯罪嫌疑

---

[36] 沈德咏:"略论推进以审判为中心的诉讼制度改革",载《中国法学》2015年第3期。

人终止侦查时，原犯罪嫌疑人在押的，应当立即释放，发给释放证明书。原犯罪嫌疑人被逮捕的，应当通知原批准逮捕的人民检察院。对原犯罪嫌疑人采取其他强制措施的，应当立即解除强制措施；需要行政处理的，依法予以处理或者移交有关部门。公安机关作出撤销案件决定后，应当在3日以内告知原犯罪嫌疑人、被害人或者其近亲属、法定代理人以及案件移送机关。公安机关作出终止侦查决定后，应当在3日以内告知原犯罪嫌疑人。对查封、扣押的财物及其孳息、文件，或者冻结的财产，除按照法律和有关规定另行处理的以外，应当解除查封、扣押、冻结。

为了保障律师的参与，保障犯罪嫌疑人的权利，在案件侦查终结前，辩护律师提出要求的，侦查机关应当听取辩护律师的意见，并记录在案。辩护律师提出书面意见的，应当附卷。

三、侦查中的羁押期限

根据《刑事诉讼法》和《六机关规定》的相关规定，[37] 侦查中的羁押期限可以分为一般羁押期限、特殊羁押期限和重新计算的羁押期限三种：

1. 一般羁押期限。《刑事诉讼法》第156条规定："对犯罪嫌疑人逮捕后的侦查羁押期限不得超过2个月。"这是一般刑事案件的侦查羁押期限的规定。如果犯罪嫌疑人在逮捕以前已被拘留的，拘留的期限不包括在侦查羁押期限之内。一般情况下，侦查机关应当在法律规定的侦查羁押期限内侦查终结案件。

2. 特殊羁押期限。特殊羁押期限是《刑事诉讼法》根据案件的特殊需要，规定在符合法定条件时履行相应的审批手续和程序，便可以延长的侦查羁押期限。分为以下几种情况：(1)根据《刑事诉讼法》第156条规定，案情复杂、期限届满不能终结的案件，可以经上级人民检察院批准延长1个月。(2)根据《刑事诉讼法》第157条规定，因为特殊原因，在较长时间内不宜交付审判的特别重大复杂案件，由最高人民检察院报请全国人民代表大会常务委员会批准延期审理。(3)根据《刑事诉讼法》第158条规定，下列案件在《刑事诉讼法》第156条规定的期限届满仍不能侦查终结的，经省、自治区、直辖市人民检察院批准或者决定，可以延长2个月：交通十分不便的边远地区的重大复杂案件；重大的犯罪集团案件；流窜作案的重大复杂案件；犯罪涉及面广，取证困难的重大复杂案件。(4)根据《刑事诉讼法》第159条规定，对犯罪嫌疑人可能判处10年有期徒刑以上刑罚，依照本法第158条规定延长期限届满，仍不能侦查终结的，经省、自治区、直辖市人民检察院批准或者决定，可以再延长2个月。

应当注意的是，根据《六机关规定》的规定，公安机关对案件提请延长羁押期限时，应当在羁押期届满7日前提出，并书面呈报延长羁押期限案件的主要案情和延

---

[37] 我国《刑事诉讼法》规定了侦查阶段的羁押期限，而对于审查起诉和审判阶段的羁押期限没有做出明确规定，仅仅规定了办案期限。实践中，审查起诉和审判阶段的羁押期限往往与办案期限重叠。

长羁押期限的具体理由，人民检察院应当在羁押期限届满前作出决定。

3. 重新计算的羁押期限。遇有下列情况不计入原有侦查羁押期限，即重新计算羁押期限：(1)在侦查期间，发现犯罪嫌疑人另有重要罪行的，自发现之日起依照《刑事诉讼法》第156条的规定重新计算侦查羁押期限。公安机关在侦查期间，发现犯罪嫌疑人另有重要罪行，重新计算侦查羁押期限的，由公安机关决定，不再经人民检察院批准。但须报人民检察院备案，人民检察院可以监督。(2)犯罪嫌疑人不讲真实姓名、住址、身份不明的，侦查羁押期限自查清身份之日起计算，但不得停止对其犯罪行为的侦查取证。对于犯罪事实清楚，证据确实、充分的，也可以按其自报的姓名移送人民检察院审查起诉。(3)对被羁押的犯罪嫌疑人作精神病鉴定的时间，不计入侦查羁押期限。其他鉴定时间则应当计入羁押期限。但是，对因鉴定时间较长，办案期限届满仍不能终结的案件，自期限届满之日起，应当对被羁押的犯罪嫌疑人、被告人变更强制措施，改为取保候审或者监视居住。

第四节　补充侦查

一、补充侦查的概念

补充侦查，是指公安机关或者人民检察院对于案件部分事实不清、证据不足或者尚有遗漏罪行、遗漏同案犯罪嫌疑人的，依照法定程序，在原有侦查工作的基础上作进一步调查、补充证据的一种诉讼活动。

补充侦查并不是每一个刑事案件都必须经过的诉讼程序，它只适用于没有完成原有侦查任务，部分事实、情节尚未查明的某些刑事案件。正确、及时进行补充侦查，对于国家追诉机关查清案件事实、客观公正地处理案件，完成揭露、证实和惩罚犯罪的任务，防止和纠正在诉讼过程中可能发生或已经发生的错误和疏漏，准确适用国家法律具有重要的意义。

二、补充侦查的种类

根据《刑事诉讼法》第90条、第175条、第204条和第205条的规定，补充侦查在程序上有三种，即审查逮捕阶段的补充侦查、审查起诉阶段的补充侦查和法庭审理阶段的补充侦查。

(一)审查逮捕阶段的补充侦查

在侦查阶段，对于公安机关提请批准逮捕的案件，人民检察院认为需要进一步收集证据的，可以要求公安机关进行补充侦查。《刑事诉讼法》第90条规定："人民检察院对于公安机关提请批准逮捕的案件进行审查后，应当根据情况分别作出批准逮捕或者不批准逮捕的决定。对于批准逮捕的决定，公安机关应当立即执行，并且将执行情况及时通知人民检察院。对于不批准逮捕的，人民检察院应当说明理由，需要补充侦查的,应当同时通知公安机关。”

(二)审查起诉阶段的补充侦查

《刑事诉讼法》第175条规定:“人民检察院审查案件,对于需要补充侦查的,可以退回公安机关补充侦查,也可以自行侦查。对于补充侦查的案件,应当在1个月以内补充侦查完毕。补充侦查以2次为限。补充侦查完毕移送人民检察院后,人民检察院重新计算审查起诉期限。对于补充侦查的案件,人民检察院仍然认为证据不足,不符合起诉条件的,应当作出不起诉的决定。”

据此,审查起诉阶段的补充侦查具有以下特点:

1. 对于公安机关侦查终结移送审查起诉的案件,人民检察院经审查起诉而认为需要补充侦查的,既可以决定将案件退回公安机关补充侦查,也可以决定自行侦查,必要时可以要求公安机关协助。但是,如果是人民检察院自行侦查终结的案件需要补充侦查的,则不能退回公安机关补充侦查。

2. 退回公安机关补充侦查的案件,补充侦查期限不得超过1个月,补充侦查完毕后,要及时移送人民检察院审查起诉。人民检察院审查起诉中决定自行侦查的,应当在审查起诉期限内侦查完毕。

3. 补充侦查的次数不得超过2次。对于需要补充侦查的案件,人民检察院决定补充侦查的次数最多不得超过2次,这既包括退回公安机关的补充侦查,也包含人民检察院的自行补充侦查。对于在审查起诉期间改变管辖的案件,改变后的人民检察院对需要补充侦查的案件,可以通过原受理案件的人民检察院退回原侦查的公安机关补充侦查,也可以自行侦查。改变管辖前后退回补充侦查的次数总共不得超过2次。

4. 经过补充侦查,再次移送审查起诉的,人民检察院审查的期限从案件补充侦查完毕移送起诉之日起重新计算。

5. 经过补充侦查的案件,人民检察院仍然认为证据不足,不符合起诉条件的,可以作出不起诉的决定。经过一次补充侦查,仍然证据不足的,人民检察院可以不起诉;经过两次补充侦查,还是证据不足,不符合起诉条件的,人民检察院应当作出不起诉决定。对于经过补充侦查,仍然证据不足,不符合起诉条件的案件,赋予人民检察院相应的处分权,与限定补充侦查的期限、次数的目的一样,都是为了切实维护犯罪嫌疑人的合法权益,防止案件久拖不决,提高诉讼效率,保证人民检察院审查起诉工作的顺利进行。

(三)法庭审理阶段的补充侦查

根据《刑事诉讼法》第204条和第205条的规定,在法庭审理过程中,检察人员发现提起公诉的案件需要补充侦查,并提出补充侦查建议的,人民法院可以延期审理,补充侦查应当在1个月以内完毕。根据这一规定,法庭审理阶段补充侦查的决定权属于人民检察院；人民法院无权决定补充侦查。[38] 在庭审过程中，公诉人发现案件需要补充侦查，提出延期审理建议的，合议庭应当同意。但是建议延期审理的次数不得超过两次。合议庭在案件审理过程中，发现被告人可能有自首、立功等法定量刑情节，而起诉和移送的证据材料中没有这方面的证据材料的，应当建议人民检察院补充侦查。在法庭审理阶段的补充侦查只能由人民检察院自行进行，必要时可以要求公安机关协助。法庭宣布延期审理后，人民检察院在补充侦查的期限内没有提请人民法院恢复法庭审理的，人民法院应当决定按人民检察院撤诉处理。

第五节　人民检察院对直接受理案件的侦查

人民检察院对直接受理的案件的侦查，也称自侦案件的侦查，是指人民检察院对自己受理的案件，依法进行的收集证据、查明案情的工作和有关的强制性措施。根据《刑事诉讼法》第 164 条的规定，人民检察院对直接受理的案件的侦查，适用《刑事诉讼法》关于侦查的一般规定。但考虑到人民检察院法律监督机关的性质和自侦案件本身所具有的特殊性，我国法律又对人民检察院在自侦案件中的侦查权限及侦查终结案件的处理作了一些特殊规定。监察体制改革以及相应的职务犯罪侦查权的转隶，使得人民检察院直接受理案件的范围发生了重大变化，但相关侦查活动的程序规定基本保持了稳定。

一、人民检察院自侦案件侦查中的特别规定

根据《刑事诉讼法》第 165 条的规定，人民检察院直接受理的案件中符合本法第 81 条、第 82 条第 4 项、第 5 项规定情形，[39] 需要逮捕、拘留犯罪嫌疑人的，由人民检察院作出决定，由公安机关执行。人民检察院对自行决定拘留的犯罪嫌疑人，应当由人民检察院在拘留后的 24 小时以内进行讯问。在发现不应当拘留的时候，必须立即释放，发给释放证明。

根据《刑事诉讼法》第 167 条规定，人民检察院对直接受理的案件中被拘留的人，认为需要逮捕的，应当在 14 日以内作出决定。在特殊情况下，决定逮捕的时间可以延长 1 日至 3 日。对不需要逮捕的，应当立即释放；对需要继续侦查，并且符合

---

〔38〕 法院退回补充侦查权是指法院对于检察院移送审查起诉的案件，发现事实不清，证据不足时，所享有的将案件退回检察院补充侦查的权力。1979 年《刑事诉讼法》中有这方面的规定，1996 年《刑事诉讼法》修改时，基于防止法院“先定后审”与加强法官中立裁判、控辩平等对抗的考虑，取消了法院庭前审查时退回补充侦查权与庭审时退回补充侦查权。在 2012 年《刑事诉讼法》修改时，部分实务工作者和学者提出了恢复法院退回补充侦查权的建议，但未被立法机关所采纳。

〔39〕 我国《刑事诉讼法》第 80 条第 4 项、第 5 项规定情形指：犯罪后企图自杀、逃跑或者在逃的；有毁灭、伪造证据或者串供可能的。

取保候审、监视居住条件的,依法取保候审或者监视居住。

二、自侦案件侦查终结后的处理

人民检察院经过侦查,认为犯罪事实清楚,证据确实、充分,依法应当追究刑事责任的案件,应当写出侦查终结报告,并且制作起诉意见书。对于犯罪情节轻微,依照刑法规定不需要判处刑罚或者免除刑罚的案件,应当写出侦查终结报告,并且制作不起诉意见书。侦查终结报告和起诉意见书或者不起诉意见书由侦查部门负责人审核,检察长批准。提出起诉意见或者不起诉意见的,侦查部门应当将起诉意见书或者不起诉意见书,查封、扣押、冻结的犯罪嫌疑人的财物及其孳息、文件清单以及对查封、扣押、冻结的涉案款物的处理意见和其他案卷材料,一并移送本院公诉部门审查。国家或者集体财产遭受损失的,在提出提起公诉意见的同时,可以提出提起附带民事诉讼的意见。

上级人民检察院侦查终结的案件,依照刑事诉讼法的规定应当由下级人民检察院提起公诉或者不起诉的,应当将有关决定、侦查终结报告连同案卷材料、证据移送下级人民检察院,由下级人民检察院按照上级人民检察院有关决定交侦查部门制作起诉意见书或者不起诉意见书,移送本院公诉部门审查。下级人民检察院公诉部门认为应当对案件补充侦查的,可以退回本院侦查部门补充侦查,上级人民检察院侦查部门应当协助。下级人民检察院认为上级人民检察院的决定有错误的,可以向上级人民检察院提请复议,上级人民检察院维持原决定的,下级人民检察院应当执行。

人民检察院在侦查过程中或者侦查终结后,发现具有下列情形之一的,侦查部门应当制作拟撤销案件意见书,报请检察长或者检察委员会决定:(1)具有刑事诉讼法第16条规定情形之一的;(2)没有犯罪事实的,或者依照刑法规定不负刑事责任或者不是犯罪的;(3)虽有犯罪事实,但不是犯罪嫌疑人所为的。对于共同犯罪的案件,如有符合本条规定情形的犯罪嫌疑人,应当撤销对该犯罪嫌疑人的立案。检察长或者检察委员会决定撤销案件的,侦查部门应当将撤销案件意见书连同本案全部案卷材料,在法定期限届满7日前报上一级人民检察院审查;重大、复杂案件在法定期限届满10日前报上一级人民检察院审查。对于共同犯罪案件,应当将处理同案犯罪嫌疑人的有关法律文书以及案件事实、证据材料复印件等,一并报送上一级人民检察院。上一级人民检察院侦查部门应当对案件事实、证据和适用法律进行全面审查,必要时可以讯问犯罪嫌疑人。上一级人民检察院侦查部门经审查后,应当提出是否同意撤销案件的意见,报请检察长或者检察委员会决定。人民检察院决定撤销案件的,应当告知控告人、举报人,听取其意见并记明笔录。上一级人民检察院审查下级人民检察院报送的拟撤销案件,应当于收到案件后7日以内批复;重大、复杂案件,应当于收到案件后10日以内批复下级人民检察院。情况紧急或者因其他特殊原因不能按时送达的,可以先行通知下级人民检察院执行。上一级人民检察院同意撤销案件的,下级人民检察院应当作出撤销案件决定,并制作撤销案件决定书。上一级人民检察院不同意撤销案件的,下级人民检察院应当执行上一级人民检察院的决定。报请上一级人民检察院审查期间,犯罪嫌疑人羁押期限届满的,应当依法释放犯罪嫌疑人或者变更强制措施。

人民检察院撤销案件的决定,应当分别送达犯罪嫌疑人所在单位和犯罪嫌疑人。犯罪嫌疑人死亡的,应当送达犯罪嫌疑人原所在单位。如果犯罪嫌疑人在押,应当制作决定释放通知书,通知公安机关依法释放。人民检察院作出撤销案件决定的,侦查部门应当在 30 日以内对犯罪嫌疑人的违法所得作出处理,并制作查封、扣押、冻结款物的处理报告,详细列明每一项款物的来源、去向并附有关法律文书复印件,报检察长审核后存入案卷,并在撤销案件决定书中写明对查封、扣押、冻结的涉案款物的处理结果。情况特殊的,经检察长决定,可以延长 30 日。

第六节 侦查监督

一、侦查监督的概念与意义

侦查监督,是指人民检察院依法对侦查机关的侦查活动是否合法所进行的监督。根据《刑事诉讼法》的规定,除公安机关外,国家安全机关、监狱、军队保卫部门、中国海警局以及人民检察院的侦查部门也依法行使侦查权。因此,人民检察院对上述机关或部门的侦查活动是否合法同样行使侦查监督职权。

侦查监督是人民检察院刑事诉讼法律监督职能的重要组成部分,侦查监督在刑事诉讼中具有重要的意义:[40]

1. 侦查监督有利于保证侦查行为的合法性和客观性。人民检察院对侦查机关的侦查活动是否合法实行监督,可以使侦查机关在侦查活动中违反法律规定的行为,得以及时、有效地发现和纠正,从而保证侦查活动严格依照法定程序和要求进行,从诉讼程序上保障对犯罪及时、准确、合法地追究,保证国家刑事法律的统一正确实施,防止冤假错案,保证案件的质量。

2. 侦查监督有利于保障犯罪嫌疑人的合法权益。司法实践显示,在侦查活动中,不按法定程序和要求收集证据、采取有关的强制性措施,而通过刑讯逼供、诱供、骗供等非法方法取证,或进行非法拘禁等,都将严重损害犯罪嫌疑人的人身权利和其他合法权益。因此,人民检察院对侦查活动实行法律监督,就可以及时发现、制止和纠正上述违法行为,从而切实维护和保障犯罪嫌疑人的合法权益。

---

〔40〕 我国侦查监督制度的基本特点是,由承担侦查、公诉职能的检察机关对侦查实施监督,从而形成了侦查监督制度的中国模式。我国的侦查监督制度,在传统上主要围绕检察机关这一国家专门的法律监督机关,行使审查批准逮捕权、立案监督权、侦查活动监督权等权力构筑起来。这一模式的本质在于,强调检察机关作为侦查监督主体的唯一性,排斥法院和律师对侦查的监督。参见刘计划:"侦查监督制度的中国模式及其改革",载《中国法学》2014 年第 1 期。

3. 侦查监督有利于检察引导侦查，提高侦查人员的办案水平，体现了审判中心主义的要求。人民检察院通过侦查监督，可以及时纠正侦查人员的违法取证行为，从而促使侦查机关或部门认真总结经验教训，提高对严格依法办案的意识和执法水平。同时，通过侦查监督，促使侦查机关或部门按照审判中的证据的合法性要求开展调查取证，为庭审做好充分准备，从而为检察机关在法庭上的公诉活动提供支撑。

二、侦查监督的内容

根据《最高检规则》的规定，人民检察院对公安机关的侦查活动是否合法实行监督，主要是发现和纠正以下违法行为：(1)采用刑讯逼供以及其他非法方法收集犯罪嫌疑人供述的；(2)采用暴力、威胁等非法方法收集证人证言、被害人陈述，或者以暴力、威胁等方法阻止证人作证或者指使他人作伪证的；(3)伪造、隐匿、销毁、调换、私自涂改证据，或者帮助当事人毁灭、伪造证据的；(4)徇私舞弊，放纵、包庇犯罪分子的；(5)故意制造冤、假、错案的；(6)在侦查活动中利用职务之便谋取非法利益的；(7)非法拘禁他人或者以其他方法非法剥夺他人人身自由的；(8)非法搜查他人身体、住宅，或者非法侵入他人住宅的；(9)非法采取技术侦查措施的；(10)在侦查过程中不应当撤案而撤案的；(11)对与案件无关的财物采取查封、扣押、冻结措施，或者应当解除查封、扣押、冻结不解除的；(12)贪污、挪用、私分、调换、违反规定使用查封、扣押、冻结的财物及其孳息的；(13)应当退还取保候审保证金不退还的；(14)违反刑事诉讼法关于决定、执行、变更、撤销强制措施规定的；(15)侦查人员应当回避而不回避的；(16)应当依法告知犯罪嫌疑人诉讼权利而不告知，影响犯罪嫌疑人行使诉讼权利的；(17)阻碍当事人、辩护人、诉讼代理人依法行使诉讼权利的；(18)讯问犯罪嫌疑人依法应当录音或者录像而没有录音或者录像的；(19)对犯罪嫌疑人拘留、逮捕、指定居所监视居住后依法应当通知家属而未通知的；(20)在侦查中有其他违反刑事诉讼法有关规定的行为的。

三、侦查监督的途径与程序

侦查监督的途径，是指人民检察院发现侦查活动中违法行为的具体方式和监督手段。根据《刑事诉讼法》和《最高检规则》的有关规定，人民检察院主要通过和采取以下途径和措施，对侦查活动实行法律监督：

1. 人民检察院通过审查逮捕、审查起诉，审查公安机关的侦查活动是否合法。发现违法情况应当提出意见通知公安机关纠正。构成犯罪的，移送有关部门依法追究刑事责任。人民检察院发现侦查中违反法律规定的羁押和办案期限规定的，也应当依法提出纠正意见。

2. 人民检察院根据案件需要，通过派员参加公安机关对于重大案件的讨论和其他侦查活动，发现公安机关在侦查活动中的违法行为。人民检察院发现后，应当及时通知公安机关予以纠正。

3. 人民检察院通过接受诉讼参与人对侦查机关或侦查人员侵犯诉讼权利和人

身权利的行为提出的控告,行使侦查监督权。人民检察院对于诉讼参与人的这种控告,应当受理,并及时审查,依法处理。

4. 人民检察院通过审查公安机关执行人民检察院批准或不批准逮捕决定的情况,以及释放被逮捕的犯罪嫌疑人或者变更逮捕措施的情况,发现侦查活动中的违法行为,履行侦查监督职能。人民检察院发现公安机关或者公安人员在侦查或者决定、执行、变更、撤销强制措施等活动中有违法行为的,应当及时提出纠正意见。根据《刑事诉讼法》,对于批准逮捕的决定,公安机关应当立即执行,并且将执行情况及时通知人民检察院。对于不批准逮捕的,人民检察院应当说明理由,需要补充侦查的,应当同时通知公安机关。人民检察院不批准逮捕的,公安机关应当在接到通知后立即释放,并且将执行情况及时通知人民检察院。公安机关对人民检察院不批准逮捕的决定,认为有错误的时候,可以要求复议,但是必须将被拘留的人立即释放。如果意见不被接受,可以向上一级人民检察院提请复核。上级人民检察院应当立即复核,作出是否变更的决定,通知下级人民检察院和公安机关执行。

对于侦查违法行为的处理,主要包括如下方式:(1)口头通知纠正。对于情节较轻的违法行为,由检察人员以口头方式向侦查人员或者公安机关负责人提出纠正,并及时向本部门负责人汇报;必要的时候,由部门负责人提出。(2)书面通知纠正。对于情节较重的违法行为,应当报请检察长批准后,向公安机关发出纠正违法通知书。人民检察院发出纠正违法通知书的,应当根据公安机关的回复,监督落实情况;没有回复的,应当督促公安机关回复。人民检察院提出的纠正意见不被接受的,应当向上一级人民检察院报告,并抄报上一级公安机关。上级人民检察院认为下级人民检察院意见正确的,应当通知同级公安机关督促下级公安机关纠正;上级人民检察院认为下级人民检察院纠正违法的意见错误的,应当通知下级人民检察院撤销发出的纠正违法通知书,并通知同级公安机关。(3)排除非法证据。办案人员在审查逮捕、审查起诉中经调查核实依法排除非法证据的,应当在调查报告中予以说明。被排除的非法证据应当随案移送。对于确有以非法方法收集证据情形,尚未构成犯罪的,应当依法向被调查人所在机关提出纠正意见。对于需要补正或者作出合理解释的,应当提出明确要求。(4)追究刑事责任。人民检察院发现侦查人员在采取侦查措施或者决定、执行、变更、撤销强制措施等活动中的违法行为情节严重,构成犯罪的,应当立案侦查;对于不属于人民检察院管辖的,应当移送有管辖权的机关处理。

人民检察院审查逮捕部门或者审查起诉部门对本院侦查部门侦查或者决定、执行、变更、撤销强制措施等活动中的违法行为,应当根据情节分别处理。情节较轻的,可以直接向侦查部门提出纠正意见;情节较重或者需要追究刑事责任的,应当报请检察长决定。

第十六章 审前程序:刑事起诉

导读

"没有告诉人就没有法官。"同样,没有起诉也就没有审判。我国刑事起诉制度由刑事公诉与刑事自诉构成,公诉为主,自诉为辅。其中,公诉是检察机关核心的、标志性的职能。检察院代表国家行使公诉权,包括审查起诉、提起公诉、出庭支持公诉以及由提起公诉派生出来的不起诉等活动。其中,审查起诉是提起公诉的准备与基础,出庭支持公诉则是提起公诉活动在法院审判阶段的必然延伸。

第一节 刑事起诉概述

一、刑事起诉的概念与分类

刑事起诉,是指法定的国家机关或个人,依照法律规定向有管辖权的法院提出控告,要求该法院对被指控的被告人进行审判并予以刑事制裁的一种诉讼活动。

以起诉的主体为标准,可分为公诉和自诉两种。公诉是指由国家设立的专门机关和官员向法院提出诉讼请求,要求法院通过审判确定被告人刑事责任并给予相应制裁的一种诉讼活动。在我国,提起公诉有狭义和广义两种理解:狭义的公诉仅指《刑事诉讼法》第176条的规定,即人民检察院认为犯罪嫌疑人的犯罪事实已经查清,证据确实、充分,依法应当追究刑事责任的,应当作出起诉决定,按照审判管辖的规定,向人民法院提起公诉;而广义的提起公诉则包括《刑事诉讼法》第二编第三章的全部内容。自诉又称为私诉,是指由被害人或其法定代理人以及其他法律规定享有起诉权的个人或团体直接向有管辖权的法院提出诉讼请求,要求追究被告人刑事责任的诉讼活动。

按照起诉的原则,可以做以下两种分类:

1. 起诉独占主义与起诉分享主义。所谓起诉独占主义,是指一切刑事案件都只能由法定的国家机关代表国家将被告人提交法院审判,被害人等无权直接向法院起诉。如日本由检察官垄断追诉权。[1] 在法国,原则上由检察院作出是否发动公诉的决定,但如果被害人向刑事法院提起民事诉讼,也可能不经检察院的干预而发动公诉。[2] 所谓起诉分享主义,是指国家专门的机关并不垄断刑事案件的起诉活动,被害人等在法定情形下也可以直接向法院起诉。这种公诉和自诉并行的起诉方式,为大多数国家所采取。我国的起诉模式即属于此种类型。

2. 起诉法定主义与起诉便宜主义。所谓起诉法定主义,是指检察院等法律规定享有起诉权的国家专门机关如认为刑事案件具备起诉的条件,就必须向法院提起公诉,而不能根据案件的具体情况自行斟酌处理。所谓起诉便宜主义,又称起诉裁量主义,是指检察院等法律规定享有起诉权的国家专门机关对于具备起诉条件的犯罪,并非一律要提起公诉,而是可以根据案件具体情况进行利害权衡之后,再裁量决定起诉或者不起诉。英美等国家实行较为彻底的起诉便宜主义,我国实行的是起诉法定主义为主,兼采起诉便宜主义的做法。

二、刑事起诉的意义

刑事起诉的任务在于通过享有起诉权的机关或个人依据事实和法律向有管辖权的法院提出请求,并提供相关证据证明,支持其诉讼请求,从而追究被告人刑事责任。在现代刑事诉讼中,起诉的意义主要体现在以下几个方面:

1. 起诉是审判程序启动的前提和依据。现代刑事诉讼程序的一个基本要求是贯彻“不告不理”,即审判以起诉为前提和基础,没有起诉方的起诉,法院不能主动追究犯罪。检察官、被害人以及其他法律规定享有起诉权的主体由此成为裁判入口的把关者,这就摒除了法院自诉自审、被告人仅为程序客体的纠问式做法。

2. 履行控诉职能。通过起诉活动,公诉人或者自诉人充分履行作为现代刑事诉讼三大职能之一的控诉职能,使法院能够依据法律规定的程序和标准将犯罪人绳之以法,实现犯罪控制之诉讼目的。在控辩审三方组合而成的现代刑事诉讼结构中,公诉人被赋予主导性(带有司法性的)功能,不仅仅是对立的一方当事人,而是有义务确保正义的实现。[3]

3. 起诉限制了国家的审判职能。从效力上来看,起诉限制法院对案件的审判范围。控审分离和不告不理原则的确立使法院审判范围受起诉范围的制约,即法院不得审判未经起诉的被告人和未经起诉的犯罪,必须保持审判与起诉的一致性。

---

[1] 参见[日]松尾浩也:《日本刑事诉讼法》(上卷),丁相顺译,中国人民大学出版社 2005 年版,第 154~155 页。

[2] 参见[法]贝尔纳·布洛克:《法国刑事诉讼法》(第 21 版),罗结珍译,中国政法大学出版社 2009 年版,第 324 页。

[3] 参见[美]虞平、郭志援编译:《争鸣与思辨:刑事诉讼模式经典论文选译》,北京大学出版社 2013 年版,第 108 页。

第二节 审查起诉

一、审查起诉的概念和意义

审查起诉，是指人民检察院对公安机关侦查终结移送审查起诉的案件、监察机关移送起诉的案件和自行侦查终结的案件进行审查，依法对犯罪嫌疑人作出提起公诉、不起诉或者撤销案件的决定的诉讼活动。

《刑事诉讼法》第169条规定："凡需要提起公诉的案件，一律由人民检察院审查决定。"在我国，凡是需要对犯罪嫌疑人提起公诉的，只能由人民检察院代表国家行使审查起诉的权力，除此之外，其他任何机关、团体和个人都无权行使该项权力。

审查起诉是刑事公诉案件的必经程序，对实现刑事诉讼的任务具有重要意义：首先，审查起诉是追究和惩罚犯罪，实现国家刑罚权的重要程序环节。其次，审查起诉是人民检察院实现侦查监督职能的重要方式。最后，审查起诉是保证案件质量，保障公民合法权益不受侵犯的重要阶段。

二、审查的内容

根据《刑事诉讼法》第171条和《最高检规则》的规定，人民检察院对于移送审查起诉的案件，必须查明以下内容：

1. 犯罪嫌疑人身份状况是否清楚，包括姓名、性别、国籍、出生年月日、职业和单位等；单位犯罪的，单位的相关情况是否清楚。

2. 犯罪事实、情节是否清楚；实施犯罪的时间、地点、手段、犯罪事实、危害后果是否明确。

3. 认定犯罪性质和罪名的意见是否正确；有无法定的从重、从轻、减轻或者免除处罚的情节及酌定从重、从轻情节；共同犯罪案件的犯罪嫌疑人在犯罪活动中的责任认定是否恰当。

4. 证明犯罪事实的证据材料，包括采取技术侦查措施的决定书及证据材料是否随案移送；证明相关财产系违法所得的证据材料是否随案移送；不宜移送的证据的清单、复制件、照片或者其他证明文件是否随案移送。

5. 证据是否确实、充分，是否依法收集，有无应当排除非法证据的情形。

6. 侦查的各种法律手续和诉讼文书是否完备。

7. 有无遗漏罪行和其他应当追究刑事责任的人。

8. 是否属于不应当追究刑事责任的。

9. 有无附带民事诉讼；对于国家财产、集体财产遭受损失的，是否需要由人民检察院提起附带民事诉讼。

10. 采取的强制措施是否适当，对于已经逮捕的犯罪嫌疑人，有无继续羁押的必要。

11. 侦查活动是否合法。

12. 涉案款物是否查封、扣押、冻结并妥善保管,清单是否齐备;对被害人合法财产的返还和对违禁品或者不宜长期保存的物品的处理是否妥当,移送的证明文件是否完备。

此外,根据《刑事诉讼法》第 170 条的规定,人民检察院对于监察机关移送起诉的案件,依照该法和监察法的有关规定进行审查。人民检察院经审查,认为需要补充核实的,应当退回监察机关补充调查,必要时可以自行补充侦查。

三、审查起诉的步骤和方法

审查起诉人员应当对上述审查起诉的 12 项内容,严格地进行审查。审查的重点和趋势是采用言词方式审查证据的合法性和客观性,逐步限制案卷笔录的证据效力,以契合审判中心主义和直接言词原则之要求。根据我国《刑事诉讼法》和《最高检规则》等司法解释,审查起诉的步骤和方法如下:

1. 审阅案卷材料。审查案卷材料是我国审查起诉环节的重点工作。[4] 办案人员应当全面审阅案卷材料,必要时制作阅卷笔录。发现问题时,可向侦查人员询问。《刑事诉讼法》第 56 条、第 175 条规定,人民检察院审查案件,可以要求公安机关提供法庭审判所必需的证据材料;认为可能存在《刑事诉讼法》第 56 条规定的以非法方法收集证据情形的,可以要求其对证据收集的合法性作出说明。对于物证、书证、视听资料、勘验检查笔录存在的疑问,可以要求侦查人员提供相关的情况说明,必要时也可以询问提供证据材料的人员或进行技术鉴定。对证人证言笔录中存在的疑点或认为对证人的询问不够全面具体的,可以再次对证人进行询问调查,并制作笔录。《最高检规则》规定,人民检察院公诉部门在审查中发现侦查人员以非法方法收集犯罪嫌疑人供述、被害人陈述、证人证言等证据材料的,应当依法排除非法证据并提出纠正意见,同时可以要求侦查机关另行指派侦查人员重新调查取证,必要时人民检察院也可以自行调查取证。

2. 讯问犯罪嫌疑人。《刑事诉讼法》第 173 条规定,人民检察院审查案件,应当讯问犯罪嫌疑人。《最高检规则》也做了类似规定。人民检察院讯问犯罪嫌疑人,首先应当告知其在审查起诉阶段所享有的诉讼权利;既要听取犯罪嫌疑人的有罪供述,又要听取犯罪嫌疑人无罪或罪轻的辩护;应当由 2 名以上办案人员进行,并制作笔录;对于未成年人刑事案件,在讯问的时候,应当通知未成年犯罪嫌疑人、被告人

---

〔4〕 案卷笔录在我国的刑事诉讼中具有独特的地位,呈现出“案件笔录中心主义”之特点。有学者指出:现行侦查案卷制度迎合了我国刑事诉讼传统价值理念和结构模式的需要,导致控辩对抗严重失衡、刑事审判流于形式。改造这一制度的主要着力点在于扩大侦查案卷制度中的辩方权利和严格限制侦查案卷的证据效力。参见林劲松:“我国侦查案卷制度反思”,载《中国刑事法杂志》2009 年第 4 期。

的法定代理人到场。

3. 听取被害人的意见。被害人与案件的诉讼结果有着直接的利害关系，又是证据的重要来源，对于查明案件事实往往起着重要的作用。人民检察院在审查起诉时，应当听取被害人的意见。2012 年《刑事诉讼法》增加规定要求，被害人提出书面意见的，应当附卷。《最高检规则》规定，对于无法直接听取被害人意见的，可以通知被害人提出书面意见，在指定期限内未提出意见的，应当记录在案。办案人员直接听取被害人的意见主要包括两方面的内容：一是通过询问被害人进一步查清案件事实，核实其他证据；二是听取被害人关于案件处理的意见以及对惩罚犯罪的要求，告知被害人有权就因犯罪行为遭受的物质损害提出附带民事诉讼。

4. 听取辩护人、值班律师、诉讼代理人的意见。《刑事诉讼法》第 173 条规定，人民检察院审查案件，应当听取辩护人、值班律师、诉讼代理人的意见，并记录在案。辩护人、值班律师、诉讼代理人提出书面意见的，应当附卷。这一规定的目的，在于强化审查起诉人员对辩护人、值班律师、诉讼代理人意见的尊重和收集，提高审查起诉人员审查起诉及其处理决定的质量，保障当事人的合法权益。直接听取辩护人或者值班律师、被害人及其诉讼代理人的意见有困难的，可以通知辩护人或者值班律师、被害人及其诉讼代理人提出书面意见，在指定期限内未提出意见的，应当记录在案。因此，听取被害人、犯罪嫌疑人委托人的意见是人民检察院审查起诉的必经程序，对相关口头意见应记录在案，对相关书面意见应附卷保存。

5. 进行必要的鉴定活动。《最高检规则》规定，人民检察院认为需要对案件中某些专门性问题进行鉴定而侦查机关没有鉴定的，应当要求侦查机关进行鉴定；必要时也可以由人民检察院进行鉴定或者由人民检察院送交有鉴定资格的人进行。人民检察院自行进行鉴定的，可以商请侦查机关派员参加，必要时可以聘请有鉴定资格的人参加。在审查起诉中，发现犯罪嫌疑人可能患有精神病的，人民检察院应当依照有关规定对犯罪嫌疑人进行鉴定。犯罪嫌疑人的辩护人或者近亲属以犯罪嫌疑人可能患有精神病而申请对犯罪嫌疑人进行鉴定的，人民检察院也可以依照有关规定对犯罪嫌疑人进行鉴定，鉴定费用由申请方承担。

6. 调查核实其他证据。具体包括：(1) 人民检察院对物证、书证、视听资料、电子数据及勘验、检查、辨认、侦查实验等笔录存在疑问的，可以要求侦查人员提供获取、制作的有关情况。必要时也可以询问提供物证、书证、视听资料、电子数据及勘验、检查、辨认、侦查实验等笔录的人员和见证人并制作笔录附卷，对物证、书证、视听资料、电子数据进行技术鉴定。(2) 对于随案移送的讯问犯罪嫌疑人录音、录像或者人民检察院调取的录音、录像，人民检察院应当审查相关的录音、录像；对于重大、疑难、复杂的案件，必要时可以审查全部录音、录像。(3) 人民检察院对鉴定意见有疑问的，可以询问鉴定人并制作笔录附卷，也可以指派检察技术人员或者聘请有鉴定资格的人对案件中的某些专门性问题进行补充鉴定或者重新鉴定。公诉部门对审查起诉案件中涉及专门技术问题的证据材料需要进行审查的，可以送交检察技术人员或者其他有专门知识的人审查，审查后应当出具审查意见。(4) 人民检察院审查案件的时候，对公安机关的勘验、检查，认为需要复验、复查的，应当要求公安机关复验、复查，人民检察院可以派员参加；也可以自行复验、复查，商请公安机关派员参加，必要时也可以聘请专门技术人员参加。

7. 补充侦查。根据《刑事诉讼法》第175条和《最高检规则》规定，人民检察院认为犯罪事实不清、证据不足或者遗漏罪行、遗漏同案犯罪嫌疑人等情形需要补充侦查的，应当提出具体的书面意见，连同案卷材料一并退回公安机关补充侦查；人民检察院也可以自行侦查，必要时可以要求公安机关提供协助。《最高检规则》还规定，人民检察院公诉部门对本院侦查部门移送审查起诉的案件审查后，认为犯罪事实不清、证据不足或者遗漏罪行、遗漏同案犯罪嫌疑人等情形需要补充侦查的，应当向侦查部门提出补充侦查的书面意见，连同案卷材料一并退回侦查部门补充侦查；必要时也可以自行侦查，可以要求侦查部门予以协助。对于退回公安机关补充侦查的案件，应当在1个月以内补充侦查完毕，补充侦查以2次为限。补充侦查完毕移送审查起诉后，人民检察院重新计算审查起诉期限。人民检察院在审查起诉中决定自行侦查的，应当在审查起诉期限内侦查完毕。

四、认罪认罚与具结书的签署

犯罪嫌疑人认罪认罚的，人民检察院应当告知其享有的诉讼权利和认罪认罚的法律规定，听取犯罪嫌疑人、辩护人或者值班律师、被害人及其诉讼代理人对下列事项的意见，并记录在案：(1)涉嫌的犯罪事实、罪名及适用的法律规定；(2)从轻、减轻或者免除处罚等从宽处罚的建议；(3)认罪认罚后案件审理适用的程序；(4)其他需要听取意见的事项。

《刑事诉讼法》第174条规定，犯罪嫌疑人自愿认罪，同意量刑建议和程序适用的，应当在辩护人或者值班律师在场的情况下签署认罪认罚具结书。犯罪嫌疑人认罪认罚，有下列情形之一的，不需要签署认罪认罚具结书：(1)犯罪嫌疑人是盲、聋、哑人，或者是尚未完全丧失辨认或者控制自己行为能力的精神病人的；(2)未成年犯罪嫌疑人的法定代理人、辩护人对未成年人认罪认罚有异议的；(3)其他不需要签署认罪认罚具结书的情形。

五、审查起诉的期限

《刑事诉讼法》第172条规定，人民检察院对于监察机关、公安机关移送起诉的案件，应当在1个月以内作出决定，重大、复杂的案件，可以延长15日；犯罪嫌疑人认罪认罚，符合速裁程序适用条件的，应当在10日以内作出决定，对可能判处的有期徒刑超过1年的，可以延长至15日。人民检察院审查起诉的案件，改变管辖的，从改变后的人民检察院收到案件之日起计算审查起诉期限。

对于补充侦查的案件，应当在1个月以内补充侦查完毕。补充侦查以2次为限。补充侦查完毕移送人民检察院后，人民检察院重新计算审查起诉期限。在审查起诉过程中犯罪嫌疑人潜逃或者患有精神病及其他严重疾病不能接受讯问，丧失诉讼行为能力的，人民检察院可以中止审查。共同犯罪中的部分犯罪嫌疑人潜逃的，对潜逃犯罪嫌疑人可以中止审查；对其他犯罪嫌疑人的审查起诉应当照常进行。

此外，根据《刑事诉讼法》第 170 条的规定，对于监察机关移送起诉的已采取留置措施的案件，人民检察院应当对犯罪嫌疑人先行拘留，留置措施自动解除。人民检察院应当在拘留后的 10 日以内作出是否逮捕、取保候审或者监视居住的决定。在特殊情况下，决定的时间可以延长 1 日至 4 日。人民检察院决定采取强制措施的期间不计入审查起诉期限。

六、审查后的处理

人民检察院认为犯罪嫌疑人的犯罪事实已经查清，证据确实、充分，依法应当追究刑事责任的，应当作出起诉决定，按照审判管辖的规定，向人民法院提起公诉，并将案卷材料、证据移送人民法院。犯罪嫌疑人认罪认罚的，人民检察院应当就主刑、附加刑、是否适用缓刑等提出量刑建议，并随案移送认罪认罚具结书等材料。

犯罪嫌疑人没有犯罪事实，或者有《刑事诉讼法》第 16 条规定的情形之一的，人民检察院应当作出不起诉决定。对于犯罪情节轻微，依照刑法规定不需要判处刑罚或者免除刑罚的，人民检察院可以作出不起诉决定。以及符合证据不足不起诉和附条件不起诉的适用条件，人民检察院做出相应的不起诉决定。人民检察院决定不起诉的案件，应当同时对侦查中查封、扣押、冻结的财物解除查封、扣押、冻结。对被不起诉人需要给予行政处罚、处分或者需要没收其违法所得的，人民检察院应当提出检察意见，移送有关主管机关处理。有关主管机关应当将处理结果及时通知人民检察院。

对于公安机关移送起诉的案件，人民检察院决定不起诉的，应当将不起诉决定书送达公安机关。对于有被害人的案件，决定不起诉的，人民检察院应当将不起诉决定书送达被害人。

第三节　提 起 公 诉

一、提起公诉的概念和条件

提起公诉，是指人民检察院代表国家，对于公安机关侦查终结移送审查起诉的案件、监察机关移送起诉的案件以及自行侦查终结的案件，经过全面审查，认为犯罪事实已经查清，证据确实、充分，依法应当追究刑事责任的，向人民法院提起诉讼，要求对被告人进行刑事处罚的活动。

《刑事诉讼法》第 176 条规定：“人民检察院认为犯罪嫌疑人的犯罪事实已经查清，证据确实、充分，依法应当追究刑事责任的，应当作出起诉决定，按照审判管辖的规定，向人民法院提起公诉，并将案卷材料、证据移送人民法院。”由该条文可知，人

民检察院提起公诉,必须同时具备三个条件:

1. 犯罪嫌疑人的行为已经构成犯罪。提起公诉的目的是要求审判机关追究犯罪,是国家实现刑罚权的活动。国家刑罚权是否发生,首先取决于犯罪嫌疑人是否有犯罪行为或者其行为是否已经构成犯罪。因此,公诉的首要条件是犯罪嫌疑人被指控的行为已经构成犯罪。

2. 有确实、充分的证据证明犯罪行为是犯罪嫌疑人所实施。人民检察院对案件进行审查后,认为犯罪嫌疑人的犯罪事实已经查清,证据确实、充分,依法应当追究刑事责任的,应当作出起诉决定。具有下列情形之一的,可以确认犯罪事实已经查清:(1)属于单一罪行的案件,查清的事实足以定罪量刑或者与定罪量刑有关的事实已经查清,不影响定罪量刑的事实无法查清的;(2)属于数个罪行的案件,部分罪行已经查清并符合起诉条件,其他罪行无法查清的;(3)无法查清作案工具、赃物去向,但有其他证据足以对被告人定罪量刑的;(4)证人证言、犯罪嫌疑人供述和辩解、被害人陈述的内容中主要情节一致,只有个别情节不一致且不影响定罪的。[5]

3. 依法应当追究犯罪嫌疑人的刑事责任。依法应当追究刑事责任,是指犯罪嫌疑人实施了某种犯罪行为,而且既不具有《刑事诉讼法》第16条规定的特定情形之一,也不具有《刑事诉讼法》第177条第2款规定的"犯罪情节轻微,依照刑法规定不需要判处刑罚或者免除刑罚"的情形。

对于符合起诉条件的案件,人民检察院应当按照审判管辖的规定,向有管辖权的人民法院提起公诉。

二、起诉书的制作

人民检察院决定对犯罪嫌疑人提起公诉的,应当制作起诉书。起诉书的主要内容及其制作要求如下:

1. 被告人的基本情况。包括姓名、性别、出生年月日、出生地和户籍地、身份证号码、民族、文化程度、职业、工作单位及职务、住址,是否受过刑事处分及处分的种类和时间,采取强制措施的情况等;如果是单位犯罪,应当写明犯罪单位的名称和组织机构代码、所在地址、联系方式,法定代表人和诉讼代表人的姓名、职务、联系方式;如果还有应当负刑事责任的直接负责的主管人员或其他直接责任人员,应当按上述被告人基本情况的内容叙写。

2. 案由和案件来源。案由是指案件的内容摘要,通常只写出犯罪主体和认定的罪名。案件来源则主要写明哪个公安机关、监察机关或者侦查部门侦查终结,并于

---

[5] 我国《刑事诉讼法》第176条对人民检察院决定提起公诉的案件在事实和证据上的要求是:"人民检察院认为犯罪嫌疑人的犯罪事实已经查清,证据确实、充分"。《刑事诉讼法》对事实和证据的要求前面加上了"人民检察院认为"这样带有主观色彩的限制词,区别于《刑事诉讼法》第195条关于对有罪判决的证明标准的规定:案件事实清楚,证据确实、充分。这体现了检察机关在审查起诉中的裁量权,同时,也与《刑事诉讼法》第12条确立的"未经人民法院依法判决,对任何人不得确定有罪"这一原则相适应。

何时移送人民检察院审查起诉,何时受理,何时因何种原因退回补充侦查或者延长审查起诉期间,何时审查终结等。

3. 案件事实。包括犯罪的时间、地点、经过、手段、动机、目的、危害后果等与定罪量刑有关的事实要素。起诉书叙述的指控犯罪事实的必备要素应当明晰、准确。被告人被控有多项犯罪事实的,应当逐一列举,对于犯罪手段相同的同一犯罪可以概括叙写。

4. 起诉的根据和理由。包括被告人触犯的刑法条款、犯罪的性质及认定的罪名、处罚条款、法定从轻、减轻或者从重处罚的情节,共同犯罪各被告人应负的罪责等。

此外,起诉书还包括首部、尾部、附项等内容。

三、案卷与证据材料的移送

人民检察院提起公诉,应当将起诉书连同案卷材料、证据一并移送同级人民法院。如果是公安机关移送起诉的案件,还应将起诉书抄送公安机关。

案卷和证据材料的移送应当注意以下几点:(1)人民检察院建议适用简易程序的,须经检察长决定并制作适用简易程序建议书,与起诉书一并移送人民法院。(2)对提起公诉的案件提出量刑建议的,可以制作量刑建议书,与起诉书一并移送人民法院。量刑建议书的主要内容应当包括被告人所犯罪行的法定刑、量刑情节、人民检察院建议人民法院对被告人处以刑罚的种类、刑罚幅度、可以适用的刑罚执行方式以及提出量刑建议的依据和理由等。犯罪嫌疑人认罪认罚的,人民检察院应当就主刑、附加刑、是否适用缓刑等提出量刑建议,并随案移送认罪认罚具结书等材料。(3)人民检察院对于犯罪嫌疑人、被告人或者证人等翻供、翻证的材料以及对于犯罪嫌疑人、被告人有利的其他证据材料,应当移送人民法院。(4)在提起公诉后,人民法院宣告判决前补充收集的证据材料,人民检察院应当及时移送人民法院。

需要特别注意的是,2012 年《刑事诉讼法》对我国审查起诉后的案卷移送方式做出了重大修改,由 1996 年《刑事诉讼法》确立的“主要证据复印件移送主义”变革为“全案移送主义”。

关于案卷的移送,当今世界范围内主要存在两种模式:(1)全案移送主义,即检察机关在提起公诉时,不仅将起诉书移送法院,而且要将案卷材料和证据一并移送法院,使得法官在庭审之前可以通过阅卷等活动对案件事实和证据进行了解,以便更好地组织庭审调查和辩论活动。如德国,检察官将案件卷宗与起诉书一同移交法院。这一案卷必须是完整的,甚至包括应当秘密的信息,以供法院裁决。法官在没有非职业法官参加的情况下,审查检察官的卷宗,决定是否存在充分的证据将被告人提交审判。法院是基于卷宗中的书面信息作出决定的。[6] (2)起诉书一本主义,即检察机关在提起公诉时,只能将起诉书移送法院,而不能随案移送案卷材料和证据,也不得在起诉书中记载可能使法官形成预断的内容。如日本,检察官在提出起

〔6〕 [德]托马斯·魏根特:《德国刑事诉讼程序》,岳礼玲、温小洁译,中国政法大学出版社 2004 年版,第 131 页。

诉书的时候,不得附加能够使法官预先对案件产生预断的任何文件或其他物品。也不得在起诉书中引用这些内容。“这是为了使法官在进入第一次开庭前对被告人的罪责不抱任何偏见,是为了实现‘公平法院’而采取的措施。”〔7〕

1996 年《刑事诉讼法》修改之前,我国实行的是全案移送主义模式,这导致司法实践中存在较为严重的“先判后审”的情况。1996 年《刑事诉讼法》实行“主要证据复印件移送主义”,即人民检察院提起公诉,应当向人民法院移送起诉书、证据目录、证人名单和主要证据复印件或者照片。从实践来看,这一改革在一定程度上减低了法官的预断,但没有彻底实行起诉状一本主义,运行过程中又产生了因不进行全卷移送造成的辩护人无法在审前有效阅卷等问题。2012 年《刑事诉讼法》修改过程中,听取了人民法院和人民检察院的修改意见,〔8〕将提起公诉后的案卷移送模式重新改为全案移送主义,规定人民检察院提起公诉,应一并将案卷材料、证据移送人民法院。

四、公诉变更

公诉变更是指人民检察院提起公诉以后,在案件审理过程中,发现起诉书指控的被告人或者犯罪事实与案件事实不相符合时,撤回、追加或者变更指控的一种诉讼活动。〔9〕 公诉变更包括三种形态:撤回公诉、追加起诉和狭义的变更公诉。

1. 撤回公诉,是指人民检察院提起公诉后,发现本不应该起诉或不必要起诉时,撤回已经提起的控诉的诉讼活动。在人民法院宣告判决前,人民检察院发现具有下列情形之一的,可以撤回起诉:(1)不存在犯罪事实的;(2)犯罪事实并非被告人所为的;(3)情节显著轻微、危害不大,不认为是犯罪的;(4)证据不足或证据发生变化,不符合起诉条件的;(5)被告人因未达到刑事责任年龄,不负刑事责任的;(6)法律、司法解释发生变化导致不应当追究被告人刑事责任的;(7)其他不应当追究被告人刑事责任的。对于撤回起诉的案件,人民检察院应当在撤回起诉后 30 日以内作出不起诉决定。需要重新侦查的,应当在作出不起诉决定后将案卷材料退回公安机关,建议公安机关重新侦查并书面说明理由。对于撤回起诉的案件,没有新的事实或者新的证据,人民检察院不得再行起诉。宣告判决前,人民检察院要求撤回起诉的,人民法院应当审查撤回起诉的理由,作出是否准许的裁定。

2. 追加公诉,是指人民检察院提起公诉后,发现了起诉书中遗漏的被告人或者遗漏的罪行,依法追加被告人、犯罪事实或者罪名的诉讼活动。发现遗漏的同案犯

---

〔7〕［日］松尾浩也:《日本刑事诉讼法》(上卷),丁相顺译,中国人民大学出版社 2005 年版,第 192 页。

〔8〕陈光中主编:《〈中华人民共和国刑事诉讼法〉修改条文释义与点评》,人民法院出版社 2012 年版,第 251 页。

〔9〕对于公诉的变更,理论上认为其应当受到诉审同一原则限制。诉审同一原则的基本含义是指审判的对象和范围必须与起诉的对象和范围保持同一,审判机关不能脱离起诉指控的被告人或犯罪事实而另审被告、另审事实。诉审同一原则的贯彻实施有利于保障审判的中立性,实现程序公正。然而,我国《刑事诉讼法》对于公诉的变更规定的较为宽松,实践中程序倒流、改变罪名等较为随意,这便有待于深化刑事司法改革予以完善。

罪嫌疑人或者罪行可以一并起诉和审理的,可以追加、补充起诉。

3. 狭义的变更公诉,则是指人民检察院提起公诉后,发现起诉书指控的被告人、犯罪事实或者罪名有误而予以改变的诉讼活动。在人民法院宣告判决前,人民检察院发现被告人的真实身份或者犯罪事实与起诉书中叙述的身份或者指控犯罪事实不符的,或者事实、证据没有变化,但罪名、适用法律与起诉书不一致的,可以变更起诉。审判期间,人民法院发现新的事实,可能影响定罪的,可以建议人民检察院补充或者变更起诉;人民检察院不同意或者在 7 日内未回复意见的,人民法院应当就起诉指控的犯罪事实,依法作出判决、裁定。

变更、追加、补充或者撤回起诉应当报经检察长或者检察委员会决定,并以书面方式在人民法院宣告判决前向人民法院提出。

第四节 不 起 诉

一、不起诉的概念与意义

不起诉,是指人民检察院对公安机关侦查终结移送审查起诉的案件、监察机关移送起诉的案件和自己侦查终结的案件进行审查后,认为犯罪嫌疑人的行为不符合起诉条件或者没有必要起诉的,从而依法作出不将案件交付人民法院审判的一种处理决定。

不起诉制度的意义主要体现在以下方面:

1. 不起诉是起诉裁量权的体现。它的法律效力在于不将案件交付人民法院审判,从而在审查起诉阶段终止刑事诉讼。不起诉的裁量权是检察官的一种权力,是检察官根据自己基于专业素养而产生的认知,选择对犯罪嫌疑人起诉或不起诉。需要注意的是,不起诉不同于免予起诉。1979 年《刑事诉讼法》规定的免予起诉制度在 1996 年被废除。免予起诉是检察机关对虽构成犯罪,但依法不需要判处刑罚或者可以免除刑罚的被告人作出的免予追究刑事责任的决定。根据 1979 年《刑事诉讼法》的规定,免予起诉仅适用于同时具备以下条件的被告人:(1)被告人的行为触犯了刑法,已构成犯罪;(2)具有刑法规定的不需要判处刑罚或免除刑罚的情节。免予起诉由于侵犯了法院的统一定罪权而备受争议,并最终在 1996 年被废除。

2. 不起诉是宽严相济的刑事政策的体现。贯彻宽严相济刑事政策,要求司法机关根据犯罪的具体情况,实行区别对待,做到该宽则宽、当严则严、宽严相济、罚当其罪。不起诉制度有利于教育、感化和挽救大多数,打击和孤立极少数,最大限度地减少社会对立面,促进社会和谐稳定,维护国家长治久安。

3. 不起诉有利于程序分流,保障审判中心之实现。审判中心主义必然要求庭审实质化,这意味着法庭审判程序将更加复杂,庭审的对抗性将进一步加强。不起诉制度可以使部分案件在审前分流,提高诉讼效率,使进入审判的案件减少,从而为刑事审判提供司法资源保障。

此外，不起诉有利于保障被追诉人的合法权益。

二、不起诉的种类和适用条件

在我国，《刑事诉讼法》确立了四种不同的不起诉。其中，附条件不起诉仅适用于未成年人刑事案件诉讼程序，将在后面的特别程序一章中专门讨论。本章中仅分析法定不起诉、酌定不起诉、证据不足不起诉这三种不起诉种类。

（一）法定不起诉

法定不起诉又称为绝对不起诉，指根据《刑事诉讼法》第 177 条第 1 款的规定，犯罪嫌疑人没有犯罪事实，或者有《刑事诉讼法》第 16 条规定的情形之一的，人民检察院应当作出不起诉决定。

也就是说，法定不起诉适用于犯罪嫌疑人没有犯罪事实的情况，以及以下六种情形：(1)情节显著轻微、危害不大，不认为是犯罪的；(2)犯罪已过追诉时效期限的；(3)经特赦令免除刑罚的；(4)依照刑法告诉才处理的犯罪，没有告诉或者撤回告诉的；(5)犯罪嫌疑人、被告人死亡的；(6)其他法律规定免予追究刑事责任的。

在法定不起诉中，检察官没有自由裁量权，“应当”作出不起诉决定。

（二）酌定不起诉

酌定不起诉又称相对不起诉，指《刑事诉讼法》第 177 条第 2 款规定的，对于犯罪情节轻微，依照刑法规定不需要判处刑罚或者免除刑罚的，人民检察院可以作出不起诉决定。

从《刑事诉讼法》的规定来看，酌定不起诉的适用必须具备两个条件：一是犯罪嫌疑人的行为已经构成犯罪，应当负刑事责任；二是犯罪情节轻微，依照刑法规定不需要判处刑罚或者免除刑罚。其中，“依照刑法规定不需要判处刑罚”的情况主要是指《刑法》第 37 条的规定：“对于犯罪情节轻微不需要判处刑罚的，可以免予刑事处罚。”关于“可以免除刑罚”的情况，主要包括以下几种：(1)犯罪嫌疑人在我国领域外犯罪，依照我国刑法应当负刑事责任，但在外国已经受过刑事处罚的；(2)犯罪嫌疑人又聋又哑，或者是盲人的；(3)犯罪嫌疑人因正当防卫或者紧急避险过当而犯罪的；(4)为犯罪准备工具，制造条件的；(5)在犯罪过程中自动中止犯罪或者自动有效防止犯罪结果发生，没有造成损害的；(6)在共同犯罪中，起次要或辅助作用的；(7)被胁迫参加犯罪的；(8)犯罪嫌疑人自首或者有重大立功表现或者自首后又有重大立功表现的；(9)双方当事人达成和解协议，符合法律规定不起诉条件的。

此外，根据《刑事诉讼法》第 182 条的规定，犯罪嫌疑人自愿如实供述涉嫌犯罪的事实，有重大立功或者案件涉及国家重大利益的，经最高人民检察院核准，公安机关可以撤销案件，人民检察院可以作出不起诉决定，也可以对涉嫌数罪中的一项或者多项不起诉。根据前款规定不起诉或者撤销案件的，人民检察院、公安机关应当及时对查封、扣押、冻结的财物及其孳息作出处理。

值得注意的是，人民检察院在确认犯罪嫌疑人具有上述情形之一后，还必须在犯罪情节轻微的前提条件下才能考虑适用不起诉。也就是说，人民检察院要根据犯罪嫌疑人的年龄、犯罪目的和动机、犯罪手段、危害后果、悔罪表现以及一贯表现等进行综合考虑，只有在确实认为不起诉比起诉更为有利时，才能作出不起诉决定。

酌定不起诉体现了检察机关的起诉裁量权，立法采用了“可以”一词，即人民检察院对于符合条件的情况，既可以作出起诉的决定，也可以作出不起诉的决定，需要在综合考虑后作出判断。

（三）证据不足不起诉

证据不足不起诉，是指根据《刑事诉讼法》第175条第4款的规定，对于二次补充侦查的案件，人民检察院仍然认为证据不足，不符合起诉条件的，应当作出不起诉的决定。

具有下列情形之一，不能确定犯罪嫌疑人构成犯罪和需要追究刑事责任的，属于证据不足，不符合起诉条件：（1）犯罪构成要件事实缺乏必要的证据予以证明的；（2）据以定罪的证据存在疑问，无法查证属实的；（3）据以定罪的证据之间、证据与案件事实之间的矛盾不能合理排除的；（4）根据证据得出的结论具有其他可能性，不能排除合理怀疑的；（5）根据证据认定案件事实不符合逻辑和经验法则，得出的结论明显不符合常理的。《最高检规则》规定，人民检察院基于证据不足决定不起诉的，在发现新的证据，符合起诉条件时，可以提起公诉。

对于证据不足不起诉，检察机关具有有限的裁量权。人民检察院对于二次退回补充侦查的案件，仍然认为证据不足，不符合起诉条件的，经检察长或者检察委员会决定，应当作出不起诉决定。人民检察院对于经过一次退回补充侦查的案件，认为证据不足，不符合起诉条件，且没有退回补充侦查必要的，可以作出不起诉决定。〔10〕

三、不起诉的程序

（一）不起诉决定书的制作和送达

人民检察院决定不起诉的，应当制作不起诉决定书。不起诉决定书的主要内容包括：（1）被不起诉人的基本情况，包括姓名、性别、出生年月日、出生地和户籍地、民族、文化程度、职业、工作单位及职务、住址、身份证号码，是否受过刑事处分，采取强制措施的情况以及羁押处所等；如果是单位犯罪，应当写明犯罪单位的名称和组织机构代码、所在地址、联系方式，法定代表人和诉讼代表人的姓名、职务、联系方式；（2）案由和案件来源；（3）案件事实，包括否定或者指控被不起诉人构成犯罪的事实以及作为不起诉决定根据的事实；（4）不起诉的法律根据和理由，写明作出不起诉决

〔10〕 1996年《刑事诉讼法》第140条第4款规定：“对于补充侦查的案件，人民检察院仍然认为证据不足，不符合起诉条件的，可以作出不起诉的决定。”此条规定意为当案件证据存疑达不到起诉要求时，检察机关可裁量是否起诉。该条被认为与无罪推定原则有所矛盾，因而在2012年《刑事诉讼法》修改时，改为：“对于二次补充侦查的案件，人民检察院仍然认为证据不足，不符合起诉条件的，应当作出不起诉的决定。”

定适用的法律条款;(5)查封、扣押、冻结的涉案款物的处理情况;(6)有关告知事项。

不起诉的决定,由人民检察院公开宣布。公开宣布不起诉决定的活动应当记录在案。不起诉决定书自公开宣布之日起生效。被不起诉人在押的,应当立即释放;被采取其他强制措施的,应当通知执行机关解除。

不起诉决定书应当送达被害人或者其近亲属及其诉讼代理人、被不起诉人及其辩护人以及被不起诉人的所在单位。对于公安机关移送起诉的案件,人民检察院决定不起诉的,应当将不起诉决定书送达公安机关。

(二)被不起诉人和涉案财物的处理

我国《刑事诉讼法》第177条第3款规定,人民检察院决定不起诉的案件,应当同时对侦查中查封、扣押、冻结的财物解除查封、扣押、冻结。对被不起诉人需要给予行政处罚、处分或者需要没收其违法所得的,人民检察院应当提出检察意见,移送有关主管机关处理。有关主管机关应当将处理结果及时通知人民检察院。《最高检规则》规定,人民检察院决定不起诉的案件,可以根据案件的不同情况,对被不起诉人予以训诫或者责令具结悔过、赔礼道歉、赔偿损失。

人民检察院决定不起诉的案件,对犯罪嫌疑人违法所得及其他涉案财产的处理,参照《最高检规则》区分不同情形,作出相应处理:(1)因犯罪嫌疑人死亡的,依照《刑法》规定应当追缴其违法所得及其他涉案财产的,按照《刑事诉讼法》关于犯罪嫌疑人、被告人逃匿、死亡案件违法所得的没收程序处理。(2)因其他原因不起诉的,对于查封、扣押、冻结的犯罪嫌疑人违法所得及其他涉案财产需要没收的,应当提出检察建议,移送有关主管机关处理。(3)对于冻结的犯罪嫌疑人存款、汇款、债券、股票、基金份额等财产需要返还被害人的,可以通知金融机构返还被害人;对于查封、扣押的犯罪嫌疑人的违法所得及其他涉案财产需要返还被害人的,直接决定返还被害人。

人民检察院申请人民法院裁定处理犯罪嫌疑人涉案财产的,应当向人民法院移送有关案件材料。人民检察院决定不起诉的案件,需要对侦查中查封、扣押、冻结的财物解除查封、扣押、冻结的,应当书面通知作出查封、扣押、冻结决定的机关或者执行查封、扣押、冻结决定的机关解除查封、扣押、冻结。

(三)对不起诉决定的救济和规制

关于不起诉决定的申诉、复议和复核,我国《刑事诉讼法》第179～181条作出了具体的规定。《最高检规则》进一步具体化了针对不起诉决定的不同救济措施。

1. 公安机关的复议、复核。《刑事诉讼法》第179条规定,对于公安机关移送起诉的案件,人民检察院决定不起诉的,应当将不起诉决定书送达公安机关。公安机关认为不起诉的决定有错误的时候,可以要求复议,如果意见不被接受,可以向上一级人民检察院提请复核。《最高检规则》规定,公安机关认为不起诉决定有错误,要求复议的,人民检察院公诉部门应当另行指定检察人员进行审查并提出审查意见,经公诉部门负责人审核,报请检察长或者检察委员会决定。

2. 被不起诉人的救济途径。《刑事诉讼法》第181条规定，对于人民检察院依照本法第177条第2款规定作出的不起诉决定，被不起诉人如果不服，可以自收到决定书后7日以内向人民检察院申诉。人民检察院应当作出复查决定，通知被不起诉的人，同时抄送公安机关。这里的不起诉特指酌定不起诉。《最高检规则》规定，被不起诉人对不起诉决定不服，在收到不起诉决定书后7日以内提出申诉的，应当由作出决定的人民检察院刑事申诉检察部门立案复查。被不起诉人在收到不起诉决定书7日后提出申诉的，由刑事申诉检察部门审查后决定是否立案复查。人民检察院刑事申诉检察部门复查后应当提出复查意见，认为应当维持不起诉决定的，报请检察长作出复查决定；认为应当变更不起诉决定的，报请检察长或者检察委员会决定。复查决定书应当送达被不起诉人、被害人，撤销不起诉决定或者变更不起诉的事实或者法律根据的，应当同时将复查决定书抄送移送审查起诉的公安机关和本院有关部门。

示例16-1 王锡辉、李清华申诉案

时任某村民小组组长的王锡辉以某公司在该组河坝采砂、越界开采和无证开采及未给组上交管理费为由，召开群众代表会议和群众会议，自2012年6月至2013年4月，组织本组村民76人，李清华为骨干，先后312人次到河坝阻工，致使该公司无法正常经营，造成直接损失48万元。2013年9月2日，王锡辉因涉嫌聚众扰乱社会秩序罪被公安机关移送审查起诉。同年12月3日，四川省广元市利州区人民检察院依据《刑事诉讼法》第173条第2款之规定，对王锡辉、李清华作出不起诉决定。王锡辉、李清华不服，先后向四川省广元市利州区人民检察院、广元市人民检察院提出申诉。2014年4月2日，广元市人民检察院对该案立案复查，2014年6月20日，经复查决定将依照《刑事诉讼法》第173条第2款作出的不起诉决定纠正为依照《刑事诉讼法》第173条第1款作出不起诉决定。即在查明事实真相的基础上，将酌定不起诉改为法定不起诉。[11]

3. 被害人的救济途径。《刑事诉讼法》第180条规定，对于有被害人的案件，决定不起诉的，人民检察院应当将不起诉决定书送达被害人。被害人如果不服，可以自收到决定书后7日以内向上一级人民检察院申诉，请求提起公诉。人民检察院应当将复查决定告知被害人。对人民检察院维持不起诉决定的，被害人可以向人民法院起诉。被害人也可以不经申诉，直接向人民法院起诉。《最高检规则》规定，人民检察院收到人民法院受理被害人对被不起诉人起诉的通知后，人民检察院应当终止复查，将作出不起诉决定所依据的有关案件材料移送人民法院。这是1996年修改《刑事诉讼法》时，针对司法实践中老百姓"告状难"的问题，为切实保护被害人的合法权益，在保留原来被害人对人民检察院不起诉决定享有申诉权基础上增加的"公诉转自诉"之规定。

---

〔11〕"刑事申诉十大检察精品案件之六：王锡辉、李清华申诉案"，北大法宝引证码：CLI. C. 7997552。

此外,对于不起诉的制约,还有检察系统内部的规制。《最高检规则》规定,上一级人民检察院收到公安机关对不起诉决定提请复核的意见书后,应当交由公诉部门办理。公诉部门指定检察人员进行审查并提出审查意见,经公诉部门负责人审核,报请检察长或者检察委员会决定。上一级人民检察院应当在收到提请复核意见书后的30日以内作出决定,制作复核决定书送交提请复核的公安机关和下级人民检察院。经复核改变下级人民检察院不起诉决定的,应当撤销或者变更下级人民检察院作出的不起诉决定,交由下级人民检察院执行。最高人民检察院对地方各级人民检察院的起诉、不起诉决定,上级人民检察院对下级人民检察院的起诉、不起诉决定,发现确有错误的,应当予以撤销或者指令下级人民检察院纠正。人民检察院发现不起诉决定确有错误,符合起诉条件的,应当撤销不起诉决定,提起公诉。

第五节　自　诉

一、自诉案件的概念和范围

(一)自诉案件的概念

自诉,是指法律规定的享有自诉权的个人直接向有管辖权的人民法院提起的刑事诉讼。在我国,法律规定可以由被害人或者其法定代理人、近亲属直接向人民法院起诉,要求追究被告人刑事责任,人民法院能够直接受理刑事自诉案件。

(二)自诉案件的范围

根据《刑事诉讼法》第210条的规定,自诉案件主要包括三类:

1.告诉才处理的案件。此类案件包括:(1)侮辱、诽谤案(《刑法》第246条),但严重危害社会秩序和国家利益的除外;(2)暴力干涉婚姻自由案(《刑法》第257条第1款);(3)虐待案(《刑法》第260条第1款),但被害人没有能力告诉,或者因受强制、威吓无法告诉的除外;(4)侵占案(《刑法》第270条)。

2.被害人有证据证明的轻微刑事案件。此类案件包括:(1)故意伤害案(《刑法》第234条第1款);(2)非法侵入住宅案(《刑法》第245条);(3)侵犯通信自由案(《刑法》第252条);(4)重婚案(《刑法》第258条);(5)遗弃案(《刑法》第261条);(6)生产、销售伪劣商品案(《刑法》分则第三章第一节),但严重危害社会秩序和国家利益的除外;(7)侵犯知识产权案(《刑法》分则第三章第七节),但严重危害社会秩序和国家利益的除外;以及(8)属于《刑法》分则第四章、第五章规定的,对被告人可能判处3年有期徒刑以下刑罚的案件。

3.被害人有证据证明对被告人侵犯自己人身、财产权利的行为应当依法追究刑事责任,而公安机关或者人民检察院不予追究被告人刑事责任的案件。此处的公安机关、人民检察院不予追究被告人刑事责任是指公安机关、人民检察院已经作出不予追究的书面决定,如不起诉决定、不予立案决定等。这类自诉案件是刑事诉讼法为解决司法实践中老百姓告状无门，强化对公安机关、人民检察院不追究犯罪嫌疑人刑事责任的制约而确立的公诉转自诉的案件。

二、提起自诉的条件

根据法律规定，提起自诉必须具备以下条件：

1. 自诉人是本案的被害人或者其法定代理人、近亲属。《刑事诉讼法》第114条规定，对于自诉案件，被害人有权向人民法院直接起诉。被害人死亡或者丧失行为能力的，被害人的法定代理人、近亲属有权向人民法院起诉。人民法院应当依法受理。

2. 案件属于《刑事诉讼法》第210条规定的案件范围。即属于下列案件：(1)告诉才处理的案件；(2)被害人有证据证明的轻微刑事案件；(3)被害人有证据证明对被告人侵犯自己人身、财产权利的行为应当依法追究刑事责任，而公安机关或者人民检察院不予追究被告人刑事责任的案件。

3. 有明确的被告人、具体的诉讼请求和能证明被告人犯罪事实的证据。

4. 案件属于受诉人民法院管辖范围。自诉人提起自诉，必须向有管辖权的人民法院提出。对于不属于本院管辖的案件，即使具备自诉的其他条件，该人民法院也有权不予受理。因此，自诉人提起自诉时，应当遵守《刑事诉讼法》关于管辖的有关规定。

5. 对于公诉转自诉案件，还应当提交公安机关或者人民检察院已经作出不予追究刑事责任的书面决定。

示例16-2　陈某自诉案

启东市人民法院于2015年3月30日作出(2015)启刑诉初字第00001号刑事裁定，对自诉人陈某的起诉不予受理。陈某不服，提出上诉称，被害人陈某有证据证明曾经向公安机关和人民检察院对徐亚松提出控告，而两机关均不追究徐亚松的刑事责任，并有法律文书为证，这已经符合法律和司法解释规定的公诉转自诉案件的受理条件。请求撤销原审裁定，依法受理本案。法院经审查认为，本案中，自诉人陈某对徐亚松及案外人提起了妨害作证罪及帮助毁灭、伪造证据罪的起诉，该类犯罪所侵犯的客体是司法机关正常的诉讼活动，不属于《刑事诉讼法》第204条规定的人民法院直接受理自诉案件的范围。因此，陈某的上诉理由不能成立。[12]

三、提起自诉的程序

提起自诉应当提交刑事自诉状；同时提起附带民事诉讼的，应当提交刑事附带民事自诉状。自诉状应当包括以下内容：(1)自诉人(代为告诉人)、被告人的姓名、

---

〔12〕江苏省南通市中级人民法院《刑事裁定书》(〔2015〕通中刑诉终字第00001号)，北大法宝引证码：CLI.C.16646163。

性别、年龄、民族、出生地、文化程度、职业、工作单位、住址、联系方式;(2)被告人实施犯罪的时间、地点、手段、情节和危害后果等;(3)具体的诉讼请求;(4)致送的人民法院和具状时间;(5)证据的名称、来源等;(6)证人的姓名、住址、联系方式等。自诉人书写自诉状确有困难的,可以口头告诉。

对已经立案,经审查缺乏罪证的自诉案件,自诉人提不出补充证据的,人民法院应当说服其撤回起诉或者裁定驳回起诉;自诉人撤回起诉或者被驳回起诉后,又提出了新的足以证明被告人有罪的证据,再次提起自诉的,人民法院应当受理。自诉案件当事人因客观原因不能取得的证据,申请人民法院调取的,应当说明理由,并提供相关线索或者材料。人民法院认为有必要的,应当及时调取。

自诉人明知有其他共同侵害人,但只对部分侵害人提起自诉的,人民法院应当受理,并告知其放弃告诉的法律后果;自诉人放弃告诉,判决宣告后又对其他共同侵害人就同一事实提起自诉的,人民法院不予受理。共同被害人中只有部分人告诉的,人民法院应当通知其他被害人参加诉讼,并告知其不参加诉讼的法律后果。被通知人接到通知后表示不参加诉讼或者不出庭的,视为放弃告诉。第一审宣判后,被通知人就同一事实又提起自诉的,人民法院不予受理。但是,当事人另行提起民事诉讼的除外。被告人实施两个以上犯罪行为,分别属于公诉案件和自诉案件,人民法院可以一并审理。对自诉部分的审理,按照自诉案件的相关规定。

第十七章 审判程序:第一审程序

导读

第一审程序是人民法院审判活动的基本程序,就其在整个刑事诉讼中的地位和作用而言,是体现审判中心主义的关键所在,是展现看得见的司法正义的核心场域,可以说是正当法律程序的基石。第一审程序是刑事审判的必经程序,后续程序往往以第一审程序作出的裁判为基础,且第一审程序中的许多规定是其他审判程序参照执行的标准。刑事审判过程中,尽管个别当事人可能获益,但总体来看,诉讼是让当事人及其他诉讼参与人不安的过程。"法律体系和程序存在的理由在于它是一种较轻的邪恶,用法律来解决争端执胜于血亲复仇、野蛮的犯罪和暴力等。"[1]可以说,简化审判程序并对刑事案件进行繁简分流,不仅是提高诉讼效率的需要,也是实现正当法律程序的必然要求。

第一节 公诉案件的第一审程序

公诉案件的第一审程序,是人民法院对人民检察院提起公诉的案件进行初次审判时应当遵循的程序。公诉案件第一审程序包括了庭前审查、庭前准备、法庭审判、宣判等诉讼环节。

一、庭前审查

(一)公诉案件审查的概念及意义

对公诉案件的审查,是指人民法院对人民检察院提起公诉的案件,对有关材料进行开庭前的审查,并决定是否开庭审判的诉讼活动。根据我国《刑事诉讼法》相关规定,人民检察院在提起公诉时实行全案移送制,人民法院对公诉案件进行程序性审查。即庭前审查解决的是是否符合开庭审理的条件,而不是对案件实质性问题进

〔1〕[美]迈克尔·D. 贝勒斯:《法律的原则——一个规范的分析》,张文显等译,中国大百科全书出版社1996年版,第37页。

行审判。

对公诉案件进行庭前审查的意义在于:(1)对公诉案件是否符合法定起诉条件进行审查和监督,防止不必要的起诉,降低司法资源的浪费。(2)为之后正式的庭审做好准备,保障诉讼顺利有效进行。(3)通过庭前审查,防止因不必要的控诉启动审判程序而侵害当事人特别是被追诉人的合法权益。

(二)庭前审查的内容和方法

关于对公诉案件的庭前审查内容,《最高法解释》对此作出了较为详细的规定。对提起公诉的案件,人民法院应当在收到起诉书(一式8份,每增加一名被告人,增加起诉书5份)和案卷、证据后,指定审判人员审查以下内容:(1)是否属于本院管辖;(2)起诉书是否写明被告人的身份,是否受过或者正在接受刑事处罚,被采取强制措施的种类、羁押地点,犯罪的时间、地点、手段、后果以及其他可能影响定罪量刑的情节;(3)是否移送证明指控犯罪事实的证据材料,包括采取技术侦查措施的批准决定和所收集的证据材料;(4)是否查封、扣押、冻结被告人的违法所得或者其他涉案财物,并附证明相关财物依法应当追缴的证据材料;(5)是否列明被害人的姓名、住址、联系方式;是否附有证人、鉴定人名单;是否申请法庭通知证人、鉴定人、有专门知识的人出庭,并列明有关人员的姓名、性别、年龄、职业、住址、联系方式;是否附有需要保护的证人、鉴定人、被害人名单;(6)当事人已委托辩护人、诉讼代理人,或者已接受法律援助的,是否列明辩护人、诉讼代理人的姓名、住址、联系方式;(7)是否提起附带民事诉讼;提起附带民事诉讼的,是否列明附带民事诉讼当事人的姓名、住址、联系方式,是否附有相关证据材料;(8)侦查、审查起诉程序的各种法律手续和诉讼文书是否齐全;(9)有无《刑事诉讼法》第16条第2项至第6项规定的不追究刑事责任的情形。

此外,人民法院受理单位犯罪案件,除依照上述有关规定进行审查外,还应当审查起诉书是否列明被告单位的名称、住所地、联系方式,法定代表人、主要负责人以及代表被告单位出庭的诉讼代表人的姓名、职务、联系方式。需要人民检察院补充材料的,应当通知人民检察院在3日内补送。

结合以上审查内容及我国《刑事诉讼法》第186条之规定:“人民法院对提起公诉的案件进行审查后,对于起诉书中有明确的指控犯罪事实的,应当决定开庭审判”,人民法院在收到人民检察院的起诉书后,应指定审判员以书面审查为主的方式对公诉案件进行程序性审查。即通过阅读起诉书来判断案件是否具备开庭审判的条件;且不审查起诉主张是否真实、正确,弱化法官庭前接触和了解案件实体问题,以推动庭审向实质化发展。

(三)审查后的处理

按照《最高法解释》规定的内容,对公诉案件是否受理,应当在7日内审查完毕;审查后,应当按照下列情形分别处理:(1)属于告诉才处理的案件,应当退回人民检察院,并告知被害人有权提起自诉;(2)不属于本院管辖或者被告人不在案的,应当退回人民检察院;(3)不符合《最高法解释》相关规定,需要补充材料的,应当通知人民检察院在3日内补送;(4)依照《刑事诉讼法》第200条第3项规定宣告被告人无罪后,人民检察院根据新的事实、证据重新起诉的,应当依法受理;(5)依照《最高法解释》规定裁定准许撤诉的案件,没有新的事实、证据,重新起诉的,应当退回人民检察院;(6)符合《刑事诉讼法》第16条第2项至第6项规定情形的,应当裁定终止审理或者退回人民检察院;(7)被告人真实身份不明,但符合《刑事诉讼法》第160条第2款规定的,应当依法受理。

示例17-1 李×抢劫案

广东省东莞市第二人民法院刑事判决书中这样写道:关于本案被告人李×的身份问题。根据被告人归案后所供述的身份情况,经向其户籍所在地的公安机关发函核实,至今未得到回复。根据《刑事诉讼法》第158条第2款"对于犯罪事实清楚,证据确实、充分的,确实无法查明其身份的,也可以按其自报的姓名起诉、审判",以及《最高法解释》第181条第2款第(7)项"被告人真实身份不明,但符合《刑事诉讼法》第158条第3款规定的,应当依法受理"的有关规定,本院依法对本案被告人李×以其自报身份予以判决。〔2〕

二、庭前准备

人民法院通过庭前审查决定开庭审判后,为保障法庭审判顺利有效进行,应当按照《刑事诉讼法》第187条及《最高法解释》相关规定做好庭前准备工作。开庭审理前,人民法院应当进行下列工作:

1.确定审判长及合议庭组成人员。除基层人民法院适用简易程序审理的可能判处3年有期徒刑以下刑罚的案件可以由审判员1人独任审判外,由人民法院院长或者庭长指定审判长并确定合议庭组成人员。组成合议庭时,应同时确定书记员。根据2013年最高人民法院颁布的《关于建立健全防范刑事冤假错案工作机制的意见》第16条的规定,合议庭成员共同对案件事实负责,承办法官为案件质量第一责任人。

2.开庭10日前将起诉书副本送达被告人、辩护人。对未委托辩护人的被告人,告知其可以委托辩护人,犯罪嫌疑人、被告人因经济困难或者其他原因没有委托辩护人的,本人及其近亲属可以向法律援助机构提出申请。对符合法律援助条件的,法律援助机构应当指派律师为其提供辩护。体现了对被告人及其辩护人知情权和辩护权的充分保障。

开庭3日前将开庭的时间、地点通知人民检察院。开庭3日前将传唤当事人的传票和通知辩护人、诉讼代理人、法定代理人、证人、鉴定人等出庭的通知书送达;通知有关人员出庭,也可以采取电话、短信、传真、电子邮件等能够确认对方收悉的方式。开庭审理单位犯罪案件,应当通知被告单位的诉讼代表人出庭;没有诉讼代表

〔2〕 参见广东省东莞市第二人民法院《刑事判决书》(〔2013〕东二法刑初字第1048号),北大法宝引证码:CLI.C.2230305。

人参与诉讼的,应当要求人民检察院确定。被告单位的诉讼代表人不出庭的,应当按照下列情形分别处理:(1)诉讼代表人系被告单位的法定代表人或者主要负责人,无正当理由拒不出庭的,可以拘传其到庭;(2)因客观原因无法出庭,或者下落不明的,应当要求人民检察院另行确定诉讼代表人;(3)诉讼代表人系被告单位的其他人员的,应当要求人民检察院另行确定诉讼代表人出庭。

通知当事人、法定代理人、辩护人、诉讼代理人在开庭5日前提供证人、鉴定人名单,以及拟当庭出示的证据;申请证人、鉴定人、有专门知识的人出庭的,应当列明有关人员的姓名、性别、年龄、职业、住址、联系方式。

公布案件审判信息。依据程序公开原则,我国《刑事诉讼法》及司法解释规定:公开审理的案件,在开庭3日前公布案由、被告人姓名、开庭时间和地点。

3. 召开庭前会议。2012年《刑事诉讼法》新确立的庭前会议制度,被寄予厚望。立法机关认为,该制度有利于确定庭审重点,便于法官把握庭审的主要争议点,妥善安排庭审过程,进而有助于提高庭审效率,保证庭审质量。〔3〕根据《刑事诉讼法》及相关司法解释规定了,案件具有下列情形之一的,审判人员可以召开庭前会议:(1)当事人及其辩护人、诉讼代理人申请排除非法证据的;(2)证据材料较多、案情重大复杂的;(3)社会影响重大的;(4)需要召开庭前会议的其他情形。召开庭前会议,根据案件情况,可以通知被告人参加。〔4〕

《关于建立健全防范刑事冤假错案工作机制的意见》第10条明确了:"庭前会议应当归纳事实、证据争点。控辩双方有异议的证据,庭审时重点调查;没有异议的,庭审时举证、质证适当简化。"具体而言,在庭前会议中,审判人员可以召集公诉人、当事人和辩护人、诉讼代理人,就下列问题向控辩双方了解情况,听取意见:(1)是否对案件管辖有异议;(2)是否申请有关人员回避;(3)是否申请调取在侦查、审查起诉期间公安机关、人民检察院收集但未随案移送的证明被告人无罪或者罪轻的证据材料;(4)是否提供新的证据;(5)是否对出庭证人、鉴定人、有专门知识的人的名单有异议;(6)是否申请排除非法证据;(7)是否申请不公开审理;(8)与审判相关的其他问题。审判人员可以询问控辩双方对证据材料有无异议,对有异议的证据,应当在庭审时重点调查;无异议的,庭审时举证、质证可以简化。被害人或者其法定代理人、近亲属提起附带民事诉讼的,可以调解。庭前会议情况应当制作笔录。

---

〔3〕参见全国人大常委会法制工作委员会刑法室编:《〈关于修改中华人民共和国刑事诉讼法的决定〉条文说明、立法理由及相关规定》,北京大学出版社2012年版,第215~216页。

〔4〕实践中,我国庭前会议制度的实施呈现出功能失范的问题,主要表现为:解决程序争议的功能失灵,组织庭前准备的功能失范,提高诉讼效益的功能也难以发挥。有学者指出,庭前会议决定的效力缺失是该程序功能失范的主要成因。其间的因果律为:决定的效力缺失,使程序争议拖延至一审庭审,对合议庭和被告人参与未形成有效激励,并导致当事人失去了救济方式。参见吉冠浩:"论庭前会议功能失范之成因——从庭前会议决定的效力切入",载《当代法学》2016年第1期。

示例 17－2　姚某违法发放贷款案

法院认定：三杉公司担保数额认定直接关系到本案的定罪量刑，而担保数额认定又影响到三杉公司民事责任的承担，因此将三杉公司列为被害人参与法庭审理并无不当。况且，庭前会议参与各方对此已形成统一意见并签字确认，辩护人违反庭前会议承诺仍提出该意见，故不予支持。〔5〕

三、法庭审判

法庭审判，是指人民法院的审判组织采取开庭的方式，在公诉人、当事人和其他诉讼参与人的参加下，调查核实证据，充分听取控、辩双方对证据、案件事实和法律适用的意见的情况下，依法确定被告人是否有罪，应否判刑，给予何种刑事处罚的诉讼活动。2014 年《依法治国的决定》提出，“推进以审判为中心的诉讼制度改革”。这便必然要求审判案件应当以庭审为中心，事实证据调查在法庭，定罪量刑辩论在法庭，裁判结果形成于法庭。

根据我国《刑事诉讼法》的规定，法庭审判程序大致可分为开庭、法庭调查、法庭辩论、被告人最后陈述、评议和宣判五个阶段。

（一）开庭

开庭是正式进行法庭审判前的准备阶段。在审判长宣布开庭前，书记员应当依次进行下列工作：（1）受审判长委托，查明公诉人、当事人、证人及其他诉讼参与人是否到庭；（2）宣读法庭规则；（3）请公诉人及相关诉讼参与人入庭；（4）请审判长、审判员（人民陪审员）入庭；（5）审判人员就座后，向审判长报告开庭前的准备工作已经就绪。

开庭时，审判长查明当事人是否到庭，宣布案由；宣布合议庭的组成人员、书记员、公诉人、辩护人、诉讼代理人、鉴定人和翻译人员的名单；告知当事人有权对合议庭组成人员、书记员、公诉人、鉴定人和翻译人员申请回避；告知被告人享有辩护权利。被告人认罪认罚的，审判长应当告知被告人享有的诉讼权利和认罪认罚的法律规定，审查认罪认罚的自愿性和认罪认罚具结书内容的真实性、合法性。

根据我国《刑事诉讼法》第 190 条及《最高法解释》规定，开庭阶段的具体程序和内容包括：

1. 审判长宣布开庭，传被告人到庭后，应当查明被告人的下列情况：（1）姓名、出生日期、民族、出生地、文化程度、职业、住址，或者被告单位的名称、住所地、诉讼代表人的姓名、职务；（2）是否受过法律处分及处分的种类、时间；（3）是否被采取强制措施及强制措施的种类、时间；（4）收到起诉书副本的日期；有附带民事诉讼的，附带民事诉讼被告人收到附带民事起诉状的日期。被告人较多的，可以在开庭前查明上

〔5〕　浙江省温州市中级人民法院《刑事裁定书》（〔2015〕浙温刑终字第 974 号），北大法宝引证码：CLI.C.8317747。

述情况,但开庭时审判长应当作出说明。

2. 审判长宣布案件的来源、起诉的案由、附带民事诉讼当事人的姓名及是否公开审理;不公开审理的,应当宣布理由。

3. 审判长宣布合议庭组成人员、书记员、公诉人名单及辩护人、鉴定人、翻译人员等诉讼参与人的名单。并应当询问当事人及其法定代理人、辩护人、诉讼代理人是否申请回避、申请何人回避和申请回避的理由。当事人及其法定代理人、辩护人、诉讼代理人申请回避的,依照《刑事诉讼法》及司法解释的有关规定处理。同意或者驳回回避申请的决定及复议决定,由审判长宣布,并说明理由。必要时,也可以由院长到庭宣布。

4. 审判长应当告知当事人及其法定代理人、辩护人、诉讼代理人在法庭审理过程中依法享有下列诉讼权利:(1)可以申请合议庭组成人员、书记员、公诉人、鉴定人和翻译人员回避;(2)可以提出证据,申请通知新的证人到庭、调取新的证据,申请重新鉴定或者勘验、检查;(3)被告人可以自行辩护;(4)被告人可以在法庭辩论终结后作最后陈述。

(二)法庭调查

法庭调查,是指在审判人员的主持下,在公诉人、当事人和其他诉讼参与人的参加下,当庭对案件事实和证据进行审查、核实的诉讼活动。其任务是查明案件事实,核实证据,而所有的证据只有在法庭上经过查证属实才能作为定案依据。因此,法庭调查是法庭审判的中心环节,法庭调查的成效直接关系到案件的处理情况。

法庭调查的范围是人民检察院起诉书中所指控的被告人的犯罪事实和证明被告人有罪、无罪、罪轻、罪重的各种证据。根据我国《刑事诉讼法》第 191 ~ 197 条及《最高法解释》的规定,法庭调查的具体步骤和内容包括:

1. 公诉人宣读起诉书。审判长宣布法庭调查开始后,应当先由公诉人宣读起诉书;有附带民事诉讼的,再由附带民事诉讼原告人或者其法定代理人、诉讼代理人宣读附带民事起诉状。起诉书指控的被告人的犯罪事实为两起以上的,法庭调查一般应当分别进行。

2. 被告人、被害人陈述。在审判长主持下,被告人、被害人可以就起诉书指控的犯罪事实分别陈述。

3. 讯问被告人、向附带民事诉讼当事人发问。在审判长主持下,被告人、被害人可以就起诉书指控的犯罪事实分别陈述。公诉人可以就起诉书指控的犯罪事实讯问被告人。讯问同案审理的被告人,应当分别进行。必要时,可以传唤同案被告人等到庭对质。审判人员可以讯问被告人。必要时,可以向被害人、附带民事诉讼当事人发问。经审判长准许,被害人及其法定代理人、诉讼代理人可以就公诉人讯问的犯罪事实补充发问;附带民事诉讼原告人及其法定代理人、诉讼代理人可以就附带民事部分的事实向被告人发问;被告人的法定代理人、辩护人,附带民事诉讼被告人及其法定代理人、诉讼代理人可以在控诉一方就某一问题讯问完毕后向被告人发问。经审判长准许,控辩双方可以向被害人、附带民事诉讼原告人发问。

示例17-3 快播涉嫌传播淫秽物品牟利案

部分庭审实录如下：

公诉人：你对于指控的事实和罪名有何意见？

快播公司：单位的意见是公司是无罪的，公司从成立以来到关闭都是从事技术研发的。

公诉人：公安机关起获的服务器中有大量的淫秽视频，你怎么解释？

王欣：这个服务器是缓存服务器，是网民点播网络视频的时候自动缓存的数据。这个在行业里是通用的做法，是为了提高服务质量，比如让用户观看时不卡顿。

公诉人：起诉书上快播软件被用户用为点播在线淫秽视频，你知道吗？

王欣：我们知道互联网上是存在不良信息的，上亿的用户是会有个别用户点播淫秽色情软件的。

公诉人：你明确一下你是否知道用户用快播播放器点播淫秽视频？

王欣：不管是普通网页还是色情网页都有可能被播放器打开，这个行业里面会认为这个是会存在的。

公诉人：对此你们公司和你都是明知的吗？

王欣：对于播放器的使用不管是点播网络文件也好还是本地文件也好，我们是未知的，不管是普通文件还是色情文件。

公诉人：知道后你们快播公司是否采取了措施？

王欣：我们对于文件名进行了过滤，我们也有一个完善的举报系统。

公诉人：效果如何？

王欣：效果还是不错的。

公诉人：你是否知道具体屏蔽了多少文件？

王欣：不知道具体数据，屏蔽的网站应该有上千个。

公诉人：抽检的视频中有大概70%的视频都是淫秽视频，你怎么解释？

王欣：我也很奇怪，用户点播什么文件我们是不掌握的，快播在中国有上亿的用户，我认为这个数据是不切实际的，我认为小区宽带存在盲点，和传统的中国电信等是有所区别的，在这种网络里面也许会存在盲点。

王欣辩护人：你是否知道你已经被通缉了？

王欣：不知道。

王欣辩护人：快播公司是否属于互联网信息服务企业？

王欣：快播是软件技术提供商。

王欣辩护人：你是否提供内容给广大网民？

王欣：不提供。

王欣辩护人：你们是否可以从技术上提前知道该视频是否是淫秽视频？

王欣:不可以,全世界的公司都做不到。[6]

4. 询问证人、鉴定人。公诉人可以提请审判长通知证人、鉴定人出庭作证,或者出示证据。被害人及其法定代理人、诉讼代理人,附带民事诉讼原告人及其诉讼代理人也可以提出申请。在控诉一方举证后,被告人及其法定代理人、辩护人可以提请审判长通知证人、鉴定人出庭作证,或者出示证据。

关于证人、鉴定人出庭,根据《刑事诉讼法》第192条的规定:(1)公诉人、当事人或者辩护人、诉讼代理人对证人证言有异议,且该证人证言对案件定罪量刑有重大影响,人民法院认为证人有必要出庭作证的,证人应当出庭作证。(2)人民警察就其执行职务时目击的犯罪情况作为证人出庭作证,适用上述证人出庭的规定。[7] (3)公诉人、当事人或者辩护人、诉讼代理人对鉴定意见有异议,人民法院认为鉴定人有必要出庭的,鉴定人应当出庭作证。经人民法院通知,鉴定人拒不出庭作证的,鉴定意见不得作为定案的根据。

示例 17-4 蒙某某贩卖毒品案

法官就因证人拒绝出庭作证而将其证言予以排除:对于凭祥市人民检察院当庭予以举证的证人黄某某证言,以及蒙某某对黄甲的辨认笔录和其在警方关于黄甲欲向其购买毒品的有关供述,因该证人没有正当理由不到庭作证,而该证人证言对本案定性处理有重要作用,在蒙某某予以否认该证人书面证言,本案又没有其他有效证据佐证蒙某某在与黄甲之间有贩卖毒品的意图与行动的情况下,根据《刑事诉讼法》第187条第1款的规定,对以上相应的证据,依法不予采纳。[8]

经人民法院通知,证人没有正当理由不出庭作证的,人民法院可以强制其到庭,但是被告人的配偶、父母、子女除外。强制证人出庭的,应当由院长签发强制证人出庭令。证人没有正当理由拒绝出庭或者出庭后拒绝作证的,予以训诫,情节严重的,经院长批准,处以10日以下的拘留。被处罚人对拘留决定不服的,可以向上一级人民法院申请复议。复议期间不停止执行。证人具有下列情形之一,无法出庭作证

---

〔6〕 王巍:"快播CEO王欣受审否认犯罪:无法掌握用户看什么",载《新京报》2016年1月8日,北大法宝引证码:CLI. CR. 9866608。

〔7〕 2012年《刑事诉讼法》首次对警察出庭作证作出了规定,这对于完善证人制度、推进庭审方式的改革、培育警察的法治精神、完善我国的证据制度具有重要意义。警察出庭作证有两个目的:一是对证据收集的合法性加以证明;二是接受当事人或者辩护人、诉讼代理人对警察证言的质证。警察出庭作证的内容,一是对证据收集的合法性加以证明;二是就其执行职务时目击的犯罪情况出庭作证,对犯罪事实加以证明。但由于法律的规定较为简单,实践中还存在诸多问题。参见樊学勇:"评刑事诉讼法修正案(草案)中'警察出庭作证'条款的设置",载《中国人民公安大学学报》(社会科学版)2012年第1期。

〔8〕 参见广西壮族自治区凭祥市人民法院《刑事判决书》(〔2013〕凭刑初字第23号),北大法宝引证码:CLI. C. 2351138。

的，人民法院可以准许其不出庭：(1)在庭审期间身患严重疾病或者行动极为不便的；(2)居所远离开庭地点且交通极为不便的；(3)身处国外短期无法回国的；(4)有其他客观原因，确实无法出庭的。具有上述情形的，可以通过视频等方式作证。

示例 17－5　王某某等运输毒品、非法持有毒品案

本案一审法院传唤负责缉毒的侦查人员出庭，即采用了法院自行研制开发的视频屏蔽作证系统，对出庭作证的侦查人员进行保护。在该种方式下，出庭作证的侦查人员不出现在法庭，而是在特定的证人作证室内，通过视频方式作证。在侦查人员作证的视频和音频信号传送到法庭时，技术人员可以通过后台编辑功能，同步处理该侦查人员的头像信号，使法庭内的人员在法庭的显示屏上看到的是隐藏了侦查人员面部特征的图像。在必要的情况下，技术人员还可以对侦查人员的声音进行处理，使法庭内的人员听不到该侦查人员的真实声音。采用视频屏蔽作证方式，有利于保护出庭作证的证人的安全，充分打消证人出庭的顾虑，对于推动证人出庭作证的实践，具有重要的探索价值。〔9〕

证人、鉴定人到庭后，审判人员应当核实其身份、与当事人以及本案的关系，并告知其有关作证的权利义务和法律责任。证人、鉴定人作证前，应当保证向法庭如实提供证言、说明鉴定意见，并在保证书上签名。向证人、鉴定人发问，应当先由提请通知的一方进行；发问完毕后，经审判长准许，对方也可以发问。向证人发问应当遵循以下规则：(1)发问的内容应当与本案事实有关；(2)不得以诱导方式发问；(3)不得威胁证人；(4)不得损害证人的人格尊严。审判人员认为必要时，可以询问证人、鉴定人、有专门知识的人。向证人、鉴定人、有专门知识的人发问应当分别进行，发问时同样适用上述原则。控辩双方的讯问、发问方式不当或者内容与本案无关的，对方可以提出异议，申请审判长制止，审判长应当判明情况予以支持或者驳回；对方未提出异议的，审判长也可以根据情况予以制止。

公诉人、当事人及其辩护人、诉讼代理人申请法庭通知有专门知识的人出庭，就鉴定意见提出意见的，应当说明理由。法庭认为有必要的，应当通知有专门知识的人出庭。申请有专门知识的人出庭，不得超过 2 人。有多种类鉴定意见的，可以相应增加人数。有专门知识的人出庭，适用鉴定人出庭的有关规定。这里“有专门知识的人”是指刑事诉讼中的专家辅助人，即以自身专业知识为基础，针对案件中的专业性问题客观公正地提出意见的人员。该制度在 2012 年《刑事诉讼法》中的确立，一方面，增强了当事人对鉴定意见的有效质证能力，更好地保障了当事人的合法权益，有利于确保案件真相的查明和公正的审判；另一方面，该制度的确立也能从侧面

〔9〕 余剑：“王文勇等运输毒品、非法持有毒品案”，北大法宝引证码：CLI. C. 1764890。

强化鉴定人责任意识,提高鉴定意见的真实性和科学性。[10] 证人、鉴定人、有专门知识的人经控辩双方发问或者审判人员询问后,审判长应当告知其退庭,即证人、鉴定人、有专门知识的人不得旁听对本案的审理。

5. 出示实物证据、宣读鉴定意见和有关笔录。公诉人、辩护人应当向法庭出示物证,让当事人辨认,对未到庭的证人的证言笔录、鉴定人的鉴定意见、勘验笔录和其他作为证据的文书,应当当庭宣读。审判人员应当听取公诉人、当事人和辩护人、诉讼代理人的意见。控辩双方申请出示实物证据,应当说明证据的名称、来源和拟证明的事实。法庭认为有必要的,应当准许;对方提出异议,认为有关证据与案件无关或者明显重复、不必要,法庭经审查异议成立的,可以不予准许。已经移送人民法院的实物证据,控辩双方需要出示的,可以向法庭提出申请。法庭同意的,应当指令值庭法警出示、播放;需要宣读的,由值庭法警交由申请人宣读。当庭出示的证据,尚未移送人民法院的,应当在质证后移交法庭。

公诉人申请出示开庭前未移送人民法院的证据,辩护方提出异议的,审判长应当要求公诉人说明理由;理由成立并确有出示必要的,应当准许。辩护方提出需要对新的证据作辩护准备的,法庭可以宣布休庭,并确定准备辩护的时间。辩护方申请出示开庭前未提交的证据,参照上述规定。

6. 调取新证据。法庭审理过程中,当事人和辩护人、诉讼代理人有权申请通知新的证人到庭,调取新的物证,申请重新鉴定或者勘验。法庭对于上述申请,应当作出是否同意的决定。法庭审理过程中,当事人及其辩护人、诉讼代理人申请通知新的证人到庭,调取新的证据,申请重新鉴定或者勘验的,应当提供证人的姓名、证据的存放地点,说明拟证明的案件事实,要求重新鉴定或者勘验的理由。法庭认为有必要的,应当同意,并宣布延期审理;不同意的,应当说明理由并继续审理。延期审理的案件,符合《刑事诉讼法》关于公诉案件审理期限规定的,可以报请上级人民法院批准延长。人民法院同意重新鉴定申请的,应当及时委托鉴定,并将鉴定意见告知人民检察院、当事人及其辩护人、诉讼代理人。

7. 法庭调查核实证据。人民法院向人民检察院调取需要调查核实的证据材料,或者根据被告人、辩护人的申请,向人民检察院调取在侦查、审查起诉期间收集的有关被告人无罪或者罪轻的证据材料,应当通知人民检察院在收到调取证据材料决定书后 3 日内移交。审判期间,合议庭发现被告人可能有自首、坦白、立功等法定量刑情节,而人民检察院移送的案卷中没有相关证据材料的,应当通知人民检察院移送。

---

〔10〕 从《最高法解释》来看,专家辅助人的身份具有模糊性,在证人、鉴定人、辩护人之间徘徊,尚缺乏明晰、独立的定位。虽然司法解释已经将专家辅助人的意见限定为对鉴定意见的一种质证方式,但司法实践中表现出来的对专家辅助人的需求来看,参与质证只是其中的一项内容。在证据短缺之下,专家辅助人原本可以发挥更大的作用,且司法解释中实质上在某些条文中已经将专家辅助人意见作为一种证据来审查。能否将专家辅助人意见作为一种独立的证据,尚待深入研究,对于专家辅助人出庭的程序规范也尚待进一步明确。参见胡铭:“专家辅助人:模糊身份与短缺证据——以新《刑事诉讼法》司法解释为中心”,载《法学论坛》2014 年第 1 期。

法庭对证据有疑问的,可以告知公诉人、当事人及其法定代理人、辩护人、诉讼代理人补充证据或者作出说明;必要时,可以宣布休庭,对证据进行调查核实。对公诉人、当事人及其法定代理人、辩护人、诉讼代理人补充的和法庭庭外调查核实取得的证据,应当经过当庭质证才能作为定案的根据。但是,经庭外征求意见,控辩双方没有异议的除外。

8. 补充侦查。审判期间,公诉人发现案件需要补充侦查,建议延期审理的,合议庭应当同意,但建议延期审理不得超过两次。人民检察院将补充收集的证据移送人民法院的,人民法院应当通知辩护人、诉讼代理人查阅、摘抄、复制。补充侦查期限届满后,经法庭通知,人民检察院未将案件移送人民法院,且未说明原因的,人民法院可以决定按人民检察院撤诉处理。

9. 量刑事实和证据的调查。《刑事诉讼法》第 198 条规定,法庭审理过程中,对与定罪、量刑有关的事实、证据都应当进行调查、辩论。《最高法解释》规定,人民法院对量刑事实、证据进行调查,除应当审查被告人是否具有法定量刑情节外,还应当根据案件情况审查以下影响量刑的情节:(1)案件起因;(2)被害人有无过错及过错程度,是否对矛盾激化负有责任及责任大小;(3)被告人的近亲属是否协助抓获被告人;(4)被告人平时表现,有无悔罪态度;(5)退赃、退赔及赔偿情况;(6)被告人是否取得被害人或者其近亲属谅解;(7)影响量刑的其他情节。

(三)法庭辩论

法庭辩论,是指在法庭调查的基础上,控诉方与辩护方就被告人是否实施了犯罪行为、其行为是否构成犯罪、罪责轻重、证据是否确实充分,是否应负刑事责任以及如何适用刑罚等问题,发表各自的意见并进行互相辩论。根据我国《刑事诉讼法》第 198 条第 1 款规定可知,法庭辩论不仅集中在法庭调查后的法庭辩论阶段,在法庭调查阶段,经审判长许可,控辩双方可以随时根据案件情况进行辩论。法庭辩论的目的在于通过控辩双方的辩论,使控辩双方充分表达自己的观点,保障当事人和诉讼参与人的合法权益,特别是保障被告人辩护权的有效行使。同时也利于进一步揭示案情,明确法律适用,为案件的正确裁判奠定基础。

1. 法庭辩论的顺序。法庭辩论应当在审判长的主持下,按照下列顺序进行:(1)公诉人发言;(2)被害人及其诉讼代理人发言;(3)被告人自行辩护;(4)辩护人辩护;(5)控辩双方进行辩论。其中前四项活动称之为第一回合,在审判长主持下,控辩双方可以进行多个回合的辩论,直至双方意见阐述完毕。附带民事诉讼部分的辩论应当在刑事部分的辩论结束后进行,先由附带民事诉讼原告人及其诉讼代理人发言,后由附带民事诉讼被告人及其诉讼代理人答辩,也可以进行多轮辩论。

在司法实践中,公诉人的第一次发言被称为发表公诉词,辩护人的第一次发言被称为发表辩护词。发表公诉词时,公诉人代表人民检察院,为揭露犯罪,在总结法庭调查的事实、证据和适用法律的基础上,集中阐明人民检察院对追究被告人刑事责任的意见。其重点是阐明指控被告人犯罪的根据和理由,指出犯罪的危害后果,以达到支持公诉、宣传法制、教育群众的目的。辩护人在发表辩护词时要以法庭调查情况为基础,综合全案,从保护被告人合法权益角度出发提出综合性的辩护意见。其中重点应是指出指控的不实之处,说明被告人应当无罪、罪轻、从轻、减轻、免除处罚的理由和根据,并在最后请求法院采纳己方的辩护意见。如果同一案件有多名被告人,其辩护人应当依次分别进行辩护。

对法庭辩论过程中,合议庭发现与定罪、量刑有关的新的事实,有必要调查的,审判长可以宣布暂停辩论,恢复法庭调查,在对新的事实调查后,继续法庭辩论。

2. 检察官的量刑建议。人民检察院可以提出量刑建议并说明理由。[11] 除有减轻处罚或者免除处罚情节外,量刑建议应当在法定量刑幅度内提出。建议判处有期徒刑、管制、拘役的,可以具有一定的幅度,也可以提出具体确定的建议。当事人及其辩护人、诉讼代理人可以对量刑提出意见并说明理由。量刑程序是近年来刑事诉讼法学界关注的一个热点问题,构建与定罪程序相对分离的量刑程序是基本的思路,并进行了积极的实践探索和实验。[12]

3. 法官引导控辩双方的辩论。法庭辩论过程中,控辩双方应当以事实为依据、以法律为准绳,围绕双方争论的焦点进行论证与反驳。审判长应善于抓住双方辩论焦点,把辩论引向深入。法庭辩论过程中,审判长应当充分听取控辩双方的意见,对控辩双方与案件无关、重复或者指责对方的发言应当提醒、制止。对被告人认罪的案件,法庭辩论时,可以引导控辩双方主要围绕量刑和其他有争议的问题进行。对被告人不认罪或者辩护人作无罪辩护的案件,法庭辩论时,可以引导控辩双方先辩论定罪问题,后辩论量刑问题。

4. 辩论终结。合议庭认为经过反复辩论,案情已经查明、罪责已经分清或者控

---

〔11〕 根据《最高检规则》第400条的规定,检察机关对提起公诉的案件提出量刑建议的,可以制作量刑建议书,与起诉书一并移送人民法院。量刑建议书的主要内容应当包括被告人所犯罪行的法定刑、量刑情节、人民检察院建议人民法院对被告人处以刑罚的种类、刑罚幅度、可以适用的刑罚执行方式以及提出量刑建议的依据和理由等。

〔12〕 如有学者研究并提出了量刑程序改革的“芜湖模式”。这一模式的基本要素包括:(1)区别认罪案件与不认罪案件。对认罪案件,法官在简要审理定罪问题后主要围绕量刑问题开展法庭调查与辩论,在定罪与量刑两个问题上不作隔离,即法官无须当庭先定罪再量刑;对不认罪案件,先进行定罪问题的审理,包括定罪事实的调查与定罪方面法律适用的辩论,在法官初步决定是否有罪之后,进入一个专门的量刑程序中讨论量刑问题。(2)定罪事实与量刑事实的区分。对既涉及定罪又涉及量刑的事实,统一在定罪阶段查明,对仅涉及量刑问题的事实则在量刑程序中查明。这些量刑事实既包括法定情节也包括酌定情节,既包括犯罪前的一贯表现和前科等品格证据,也包括犯罪时的情境,犯罪后的表现和悔罪态度。(3)起诉时人民检察院提出书面量刑建议附于起诉书后,检察官关于适用非监禁刑、免于刑罚处罚或者死刑的量刑建议应当确定、明确,对于拟建议有期徒刑的案件,检察官量刑建议的幅度不超过2年。(4)量刑建议书及法院参与量刑程序告知书在审判前附随起诉书一并送达被告人。(5)在定罪阶段结束后开展的量刑程序中,审判人员首先归纳定罪阶段已经查明的量刑事实,之后如果案件中制作有关于被告人各种量刑信息的社会调查报告,则宣读该报告,接下来由控辩双方就量刑问题进行举证、辩论,最后是控辩双方就量刑问题发表总结陈词。(6)法官在判决书中就量刑问题进行充分说理。参见陈卫东、程雷:“隔离式量刑程序实验研究报告——以芜湖模式为样本”,载《中国社会科学》2012年第9期。

辩双方的意见已经充分发表，审判长应及时宣布辩论终结。从保障被告人权益出发，宣布辩论终结前，审判长应询问被告人和辩护人是否还有新的辩护意见。附带民事诉讼部分可以在法庭辩论结束后当庭调解。不能达成协议的，可以同刑事部分一并判决。

（四）被告人最后陈述

《刑事诉讼法》第198条第3款规定："审判长在宣布辩论终结后，被告人有最后陈述的权利。"被告人最后陈述不仅是法庭审判的一个独立阶段，同时也是法律赋予被告人的一种重要的诉讼权利。

审判长宣布法庭辩论终结后，合议庭应当保证被告人充分行使最后陈述的权利。被告人在最后陈述中多次重复自己的意见，法庭可以制止；被告人的陈述内容蔑视法庭、公诉人，损害他人及社会公共利益，或者与本案无关；在公开审理的案件中，被告人最后陈述的内容涉及国家秘密、个人隐私或者商业秘密的，法庭应当制止。除上述情形外，被告人的陈述只要不超出本案范围，一般不应当限制其发言时间或随意打断其发言。

被告人在最后陈述中提出新的事实、证据，合议庭认为可能影响正确裁判的，应当恢复法庭调查；被告人提出新的辩解理由，合议庭认为可能影响正确裁判的，应当恢复法庭辩论。

（五）评议和宣判

被告人最后陈述后，审判长应当宣布休庭，由合议庭进行评议，法庭审判进入评议和宣判阶段。

1. 评议

评议，是指合议庭组成人员在已经进行的法庭审理活动的基础上，对案件事实、证据和法律适用进行讨论、分析、判断并依法对案件作出裁判的诉讼活动。合议庭评议案件，应当根据已经查明的事实、证据和有关法律规定，在充分考虑控辩双方意见的基础上，确定被告人是否有罪、构成何罪，有无从重、从轻、减轻或者免除处罚情节，应否处以刑罚、判处何种刑罚，附带民事诉讼如何解决，查封、扣押、冻结的财物及其孳息如何处理等，并依法作出判决、裁定。

合议庭评议由审判长主持，一律秘密进行。评议时，如果意见分歧，应当按照多数人的意见作出决定，但是少数人的意见应当写入笔录，评议笔录由合议庭组成人员签名。一般情况下，合议庭经过开庭审理并且评议后，应当作出判决，但对于疑难、复杂、重大的案件，合议庭成员意见分歧较大，难以对案件作出决定的，由合议庭提请院长决定提交审判委员会讨论决定，审判委员会的决定，合议庭应当执行。

根据我国《刑事诉讼法》第200条及《最高法解释》相关规定，人民法院应当根据已经查明的事实、证据和有关的法律规定，按照下列情形分别作出判决、裁定：（1）起诉指控的事实清楚，证据确实、充分，依据法律认定指控被告人的罪名成立的，应当作出有罪判决；（2）起诉指控的事实清楚，证据确实、充分，指控的罪名与审理认定的罪名不一致的，应当按照审理认定的罪名作出有罪判决；（3）案件事实清楚，证据确实、充分,依据法律认定被告人无罪的,应当判决宣告被告人无罪;(4)证据不足,不能认定被告人有罪的,应当以证据不足、指控的犯罪不能成立,判决宣告被告人无罪;(5)案件部分事实清楚,证据确实、充分的,应当作出有罪或者无罪的判决;对事实不清、证据不足部分,不予认定;(6)被告人因不满16周岁,不予刑事处罚的,应当判决宣告被告人不负刑事责任;(7)被告人是精神病人,在不能辨认或者不能控制自己行为时造成危害结果,不予刑事处罚的,应当判决宣告被告人不负刑事责任;(8)犯罪已过追诉时效期限且不是必须追诉,或者经特赦令免除刑罚的,应当裁定终止审理;(9)被告人死亡的,应当裁定终止审理;根据已查明的案件事实和认定的证据,能够确认无罪的,应当判决宣告被告人无罪。

审判期间,人民法院发现新的事实,可能影响定罪的,可以建议人民检察院补充或者变更起诉;人民检察院不同意或者在7日内未回复意见的,人民法院应当就起诉指控的犯罪事实,依照上述规定作出判决、裁定。对依照《刑事诉讼法》第200条第3项规定,以“证据不足,不能认定被告人有罪”为由宣告被告人无罪后,人民检察院根据新的事实、证据重新起诉的,法院依法受理的案件,对于之前作出的无罪判决,不予撤销。但是,人民法院应当在判决中写明被告人曾被人民检察院提起公诉,因证据不足,指控的犯罪不能成立,被人民法庭依法判决宣告无罪的情况。

合议庭成员应当在评议笔录上签名,在判决书、裁定书等法律文书上署名。裁判文书应当写明裁判依据,阐释裁判理由,反映控辩双方的意见并说明采纳或者不予采纳的理由。

2. 宣判

宣判,是指人民法院将判决书的内容向当事人和社会公开宣告,使当事人和广大人民群众知道人民法院对案件的处理决定。宣判可以分为当庭宣判和定期宣判两种:(1)当庭宣告判决的,应当在5日内送达判决书。(2)定期宣告判决的,应当在宣判前,先期公告宣判的时间和地点,传唤当事人并通知公诉人、法定代理人、辩护人和诉讼代理人;判决宣告后,应当立即送达判决书。

判决书应当送达人民检察院、当事人、法定代理人、辩护人、诉讼代理人,并可以送达被告人的近亲属。判决生效后,还应当送达被告人的所在单位或者原户籍地的公安派出所,或者被告单位的注册登记机关。从2014年1月1日起,最高人民法院《关于人民法院在互联网公布裁判文书的规定》正式生效,按照该规定,“人民法院的生效裁判文书应当在互联网公布”。[13]

---

〔13〕 2014年,依据《人民法院在互联网公布裁判文书的规定》,最高人民法院在互联网设立了中国裁判文书网(网址为 http://wenshu.court.gov.cn/),统一公布各级人民法院的生效裁判文书。审判文书公开是法院系统积极回应社会关切,主动接受社会监督的重要举措,标志着人民法院司法公开迈出了关键一步。裁判文书公开是司法公开的重要一环,有利于增强司法透明度,强化监督,防止司法权滥用。中国裁判文书网已经成为全球最大的裁判文书网,截至2015年11月1日,公布裁判文书1165万份,总访问量达到3.4亿人次。

无论案件是否公开审理,宣告判决一律公开进行。宣告判决结果时,法庭内全体人员应当起立。公诉人、辩护人、诉讼代理人、被害人、自诉人或者附带民事诉讼原告人未到庭的,不影响宣判的进行。合议庭成员应当在判决书、裁定书等法律文书上署名。地方各级人民法院的第一审判决书应当写明上诉的法院和期限。

四、与法庭审判有关的几个问题

(一)法庭审判笔录

法庭审判笔录是由法院书记员制作的记载全部法庭审判活动的诉讼文书。审判笔录不仅是合议庭讨论、评议和对案件作出处理决定的重要依据,而且是上级人民法院处理上诉案件和审判监督案件时审查一审庭审活动是否合法的重要依据。

我国《刑事诉讼法》第207条规定,法庭审判的全部活动,应当由书记员写成笔录,经审判长审阅后,由审判长和书记员签名。法庭笔录中的证人证言部分,应当当庭宣读或者交给证人阅读。证人在承认没有错误后,应当签名或者盖章。法庭笔录应当交给当事人阅读或者向他宣读。当事人认为记载有遗漏或者差错的,可以请求补充或者改正。当事人承认没有错误后,应当签名或者盖章。

(二)法庭秩序

法庭秩序,是指人民法院开庭审判案件时,所有诉讼参与人和旁听人员都必须遵守的秩序和纪律。法庭审判是人民法院代表国家行使审判权的严肃的法律行为,任何诉讼参与人、旁听人员或者采访记者都必须维护法庭尊严,不得有妨碍法庭秩序的行为。

法庭审理过程中,诉讼参与人、旁听人员应当遵守以下纪律:(1)服从法庭指挥,遵守法庭礼仪;(2)不得鼓掌、喧哗、哄闹、随意走动;(3)不得对庭审活动进行录音、录像、摄影,或者通过发送邮件、博客、微博客等方式传播庭审情况,但经人民法院许可的新闻记者除外;(4)旁听人员不得发言、提问;(5)不得实施其他扰乱法庭秩序的行为。

根据我国《刑事诉讼法》第199条及《最高法解释》的规定,法庭审理过程中,诉讼参与人或者旁听人员扰乱法庭秩序的,审判长应当按照下列情形分别处理:(1)情节较轻的,应当警告制止并进行训诫;(2)不听制止的,可以指令法警强行带出法庭;(3)情节严重的,报经院长批准后,可以对行为人处1千元以下的罚款或者15日以下的拘留;(4)未经许可录音、录像、摄影或者通过邮件、博客、微博客等方式传播庭审情况的,可以暂扣存储介质或者相关设备;(5)聚众哄闹、冲击法庭或者侮辱、诽谤、威胁、殴打司法工作人员或者诉讼参与人,严重扰乱法庭秩序,构成犯罪的,应当依法追究刑事责任。[14]

诉讼参与人、旁听人员对罚款、拘留的决定不服的,可以直接向上一级人民法院申请复议,也可以通过决定罚款、拘留的人民法院向上一级人民法院申请复议。通过决定罚款、拘留的人民法院申请复议的,该人民法院应当自收到复议申请之日起3日内,将复议申请、罚款或者拘留决定书和有关事实、证据材料一并报上一级人民法院复议。复议期间,不停止决定的执行。

担任辩护人、诉讼代理人的律师严重扰乱法庭秩序,被强行带出法庭或者被处以罚款、拘留的,人民法院应当通报司法行政机关,并可以建议依法给予相应处罚。辩护人严重扰乱法庭秩序,被强行带出法庭或者被处以罚款、拘留,被告人自行辩护的,庭审继续进行;被告人要求另行委托辩护人,或者被告人属于应当提供法律援助情形的,应当宣布休庭。

(三)审判障碍

审判障碍,是指人民法院受理刑事案件之后到评议之前,可能遇到的使审判无法按照诉讼程序正常进行或者不能开庭之情况的统称。

1. 延期审理

延期审理,是指在法庭审理过程中,由于发生法律规定的某些事项,导致不能按时开庭或者无法继续开庭审理,法院另定日期对案件进行审理的制度。

根据我国《刑事诉讼法》第204条及相关司法解释规定,在法庭审判过程中,遇有下列情形之一,影响审判进行的,可以延期审理:(1)需要通知新的证人到庭,调取新的物证,重新鉴定或者勘验的;(2)检察人员发现提起公诉的案件需要补充侦查,提出建议的;(3)由于申请回避而不能进行审判的;(4)鉴定人由于不能抗拒的原因或者有其他正当理由无法出庭的,人民法院可以根据情况决定延期审理或者重新鉴定。此外,在审判实践中,有下列情形之一的也可以延期审理:人民检察院变更起诉范围,指控被告人有新的罪行,被告人、辩护人要求重新进行辩护准备的;被告人、辩护人、合议庭成员、公诉人等在审理过程中因身体原因,审理无法继续进行的。

法庭审判过程中遇有下列情形之一的,公诉人可以建议法庭延期审理:(1)发现事实不清、证据不足,或者遗漏罪行、遗漏同案犯罪嫌疑人,需要补充侦查或者补充提供证据的;(2)被告人揭发他人犯罪行为或者提供重要线索,需要补充侦查进行查证的;(3)发现遗漏罪行或者遗漏同案犯罪嫌疑人,虽不需要补充侦查和补充提供证据,但需要补充、追加或者变更起诉的;(4)申请人民法院通知证人、鉴定人出庭作证或者有专门知识的人出庭提出意见的;(5)需要调取新的证据,重新鉴定或者勘验

---

〔14〕 对于扰乱法庭秩序罪的修改,在法学理论和实务界曾引起极大争议。根据2015年的《刑法修正案(九)》规定,《刑法》第309条修改为:有下列扰乱法庭秩序情形之一的,处3年以下有期徒刑、拘役、管制或者罚金:(1)聚众哄闹、冲击法庭的;(2)殴打司法工作人员或者诉讼参与人的;(3)侮辱、诽谤、威胁司法工作人员或者诉讼参与人,不听法庭制止,严重扰乱法庭秩序的;(4)有毁坏法庭设施,抢夺、损毁诉讼文书、证据等扰乱法庭秩序行为,情节严重的。

的;(6)公诉人出示、宣读开庭前移送人民法院的证据以外的证据,或者补充、变更起诉,需要给予被告人、辩护人必要时间进行辩护准备的;(7)被告人、辩护人向法庭出示公诉人不掌握的与定罪量刑有关的证据,需要调查核实的;(8)公诉人对证据收集的合法性进行证明,需要调查核实的。

延期审理要求计入审判期限,因此,延期审理的时间原则上应有一个确定的时间,不能无限期推延。延期审理的开庭时间和地点能当庭确定的,应当当庭通知公诉人、当事人和其他诉讼参加人;不能当庭确定的,应当在确定后另行通知。

示例 17-6 金某某受贿案

法院的延期审理决定书如下:"庐江县人民检察院:你院 2015 年 2 月 5 日以庐江检公诉刑诉〔2015〕25 号起诉书控被告人金某某犯受贿罪,向本院提起公诉。本院审理期间,你院提出指控的部分事实需要补充侦查,建议对该案延期审理。根据《刑事诉讼法》第 198 条第(2)项、《最高法解释》第 223 条的规定,决定:对被告人金某某犯受贿罪一案延期审理。"〔15〕

2. 中止审理

中止审理,是指人民法院在受理案件后,作出判决之前,出现了某些使审判在较长时间内无法继续进行的情况时,决定暂时停止案件审理,待有关情形消失后,再行恢复审理的制度。

根据我国《刑事诉讼法》第 206 条的规定,在审判过程中,有下列情形之一,致使案件在较长时间内无法继续审理的,可以中止审理:(1)被告人患有严重疾病,无法出庭的;(2)被告人脱逃的;(3)自诉人患有严重疾病,无法出庭,未委托诉讼代理人出庭的;(4)由于不能抗拒的原因。有多名被告人的案件,部分被告人具有以上情形的,人民法院可以对全案中止审理;根据案件情况,也可以对该部分被告人中止审理,对其他被告人继续审理。对中止审理的部分被告人,可以根据案件情况另案处理。中止审理的原因消失后,应当恢复审理。中止审理的期间不计入审理期限。

示例 17-7 张某某信用卡诈骗案

判决书指出:本院在审理过程中,因被告人张某某在取保候审期间脱逃。依照《刑事诉讼法》第 200 条第 1 款第(2)项之规定,本院于 2013 年 4 月 25 日裁定本案中止审理。2013 年 7 月 26 日被告人张某某被执行逮捕,本案中止审理的原因消失,依照《刑事诉讼法》第 200 条第 2 款的规定,本院于 2013 年 7 月 26 日裁定本案恢复审理……〔16〕

---

〔15〕 安徽省庐江县人民法院《延期审理决定书》(〔2015〕庐江刑初字第 00079 号),北大法宝引证码:CLI. C. 21998491。

〔16〕 参见河南省睢县人民法院《刑事判决书》(〔2013〕睢刑初字第 116 号),北大法宝引证码:CLI. C. 1803521。

(四)审理期限

我国《刑事诉讼法》第208条规定了关于公诉案件第一审程序的期限。一般情况下,人民法院审理公诉案件,应当在受理后2个月以内宣判,至迟不得超过3个月。

对于可能判处死刑的案件或者附带民事诉讼的案件,以及有《刑事诉讼法》第158条规定情形之一的,经上一级人民法院批准,可以延长3个月;因特殊情况还需要延长的,报请最高人民法院批准。这里的法定情形包括:(1)交通十分不便的边远地区的重大复杂案件;(2)重大的犯罪集团案件;(3)流窜作案的重大复杂案件;(4)犯罪涉及面广,取证困难的重大复杂案件。

人民法院改变管辖的案件,从改变后的人民法院收到案件之日起计算审理期限。人民检察院补充侦查的案件,补充侦查完毕移送人民法院后,人民法院重新计算审理期限。

第二节　自诉案件的第一审程序

刑事自诉案件,是指被害人或其法定代理人、近亲属为追究被告人的刑事责任,直接向司法机关提起诉讼,并由司法机关直接受理的刑事案件。根据我国《刑事诉讼法》第210条的规定,自诉案件包括下列案件:(1)告诉才处理的案件;[17] (2)被害人有证据证明的轻微刑事案件;(3)被害人有证据证明对被告人侵犯自己人身、财产权利的行为应当依法追究刑事责任,而公安机关或者人民检察院不予追究被告人刑事责任的案件。

刑事自诉案件的第一审程序,则是指《刑事诉讼法》规定的人民法院对自诉人起诉的案件进行第一次审判时所应遵守的程序。

一、提起自诉的条件及程序

自诉人提起自诉,必须符合以下条件才能被人民法院受理:(1)符合《刑事诉讼法》第210条规定的自诉案件的范围;(2)属于本院管辖;(3)被害人告诉;(4)有明确的被告人、具体的诉讼请求和证明被告人犯罪事实的证据;(5)对于公诉转自诉的案件,还应当提供公安机关或者人民检察院曾作出不予追究被告人刑事责任的证明。

根据《刑事诉讼法》第114条及相关司法解释规定,对于自诉案件,被害人有权向人民法院直接起诉。如果被害人死亡、丧失行为能力或者因受强制、威吓等无法

---

〔17〕 根据我国《刑法》相关规定,告诉才处理的罪名包括:侮辱罪、诽谤罪、暴力干涉婚姻自由罪、虐待罪、侵占罪。参见本书第五章第一节相关部分。

告诉,或者是限制行为能力人以及因年老、患病、盲、聋、哑等不能亲自告诉,其法定代理人、近亲属有权向人民法院起诉。被害人的法定代理人、近亲属告诉或者代为告诉,应当提供与被害人关系的证明和被害人不能亲自告诉的原因的证明。

自诉人提起自诉应当提交刑事自诉状;同时提起附带民事诉讼的,应当提交刑事附带民事自诉状。为了便于自诉人告诉,我国《刑事诉讼法》规定,自诉人书写自诉状确有困难的,可以口头告诉,由法院工作人员作成告诉笔录,向自诉人宣读;自诉人确认无误后,应当签名或者盖章。自诉状或自诉笔录应当包括以下内容:(1)自诉人(代为告诉人)、被告人的姓名、性别、年龄、民族、出生地、文化程度、职业、工作单位、住址、联系方式;(2)被告人实施犯罪的时间、地点、手段、情节和危害后果等;(3)具体的诉讼请求;(4)致送的人民法院和具状时间;(5)证据的名称、来源等;(6)证人的姓名、住址、联系方式等。对两名以上被告人提出告诉的,应当按照被告人的人数提供自诉状副本。

二、自诉案件的受理、审查

自诉人提起自诉后,要经过人民法院审查,符合条件的才能受理和进行进一步的审判。自诉案件的受理条件和提起自诉的条件相同,两者的区别仅在于前者是从人民法院角度予以界定,而后者是从自诉人角度进行界定的。

人民法院收到自诉状或者口头告诉后应当在15日内审查完毕。人民法院对于自诉案件进行审查后,应当按照《刑事诉讼法》第211条及《最高法解释》的规定分别处理:

1. 犯罪事实清楚,有足够证据的案件,应当开庭审判。

2. 缺乏罪证的自诉案件,如果自诉人提不出补充证据,应当说服自诉人撤回自诉,或者裁定驳回。自诉人撤回起诉或者被驳回起诉后,又提出了新的足以证明被告人有罪的证据,再次提起自诉的,人民法院应当受理。具有下列情形之一的,应当说服自诉人撤回起诉;自诉人不撤回起诉的,裁定不予受理:(1)不属于人民法院直接受理的自诉案件的;(2)缺乏罪证的;(3)犯罪已过追诉时效期限的;(4)被告人死亡的;(5)被告人下落不明的;(6)除因证据不足而撤诉的以外,自诉人撤诉后,就同一事实又告诉的;(7)经人民法院调解结案后,自诉人反悔,就同一事实再行告诉的。

示例17-8 马某故意伤害案

该案中,针对自诉案件的审查处理结果,裁定书中作如下表述:“本院审查认为,自诉人杨某某指控被告人马某犯故意伤害罪的事实不清,证据不足,依照《刑事诉讼法》第205条第1款第(2)项和《最高法解释》第264条之规定,裁定如下:驳回自诉人杨某某对被告人马某的控诉。”〔18〕

---

〔18〕 参见江苏省扬州市广陵区人民法院《刑事裁定书》(〔2013〕扬广刑初字第0300号),北大法宝引证码:CLI. C. 456285。

此外,在对自诉案件的审查中还应当注意以下问题:(1)自诉人经两次依法传唤,无正当理由拒不到庭的,或者未经法庭许可中途退庭的,按撤诉处理。(2)自诉人对不予受理或者驳回起诉的裁定不服的,可以提起上诉。第二审人民法院查明第一审人民法院作出的不予受理裁定有错误的,应当在撤销原裁定的同时,指令第一审人民法院立案受理。(3)自诉人明知有其他共同侵害人,但只对部分侵害人提起自诉的,人民法院应当受理,并告知其放弃告诉的法律后果;自诉人放弃告诉,判决宣告后又对其他共同侵害人就同一事实提起自诉的,人民法院不予受理。共同被害人中只有部分人告诉的,人民法院应当通知其他被害人参加诉讼,并告知其不参加诉讼的法律后果。被通知人接到通知后表示不参加诉讼或者不出庭的,视为放弃告诉。第一审宣判后,被通知人就同一事实又提起自诉的,人民法院不予受理。但是,当事人另行提起民事诉讼的,不受此限制。(4)被告人实施两个以上犯罪行为,分别属于公诉案件和自诉案件,人民法院可以一并审理。对自诉部分的审理,适用自诉案件第一审程序的相关规定。(5)自诉案件当事人因客观原因不能取得的证据,申请人民法院调取的,应当说明理由,并提供相关线索或者材料。人民法院认为有必要的,应当及时调取。

三、自诉案件审理程序的特点

人民法院对决定受理的自诉案件,应当开庭审理。自诉案件,符合简易程序适用条件的,可以适用简易程序审理,由审判员一人独任审判。适用简易程序审理自诉案件,宣读起诉书后,经审判人员许可,被告人及其辩护人可以同自诉人及其诉讼代理人互相辩论。不适用简易程序审理的自诉案件,参照适用公诉案件第一审普通程序的有关规定进行。

由于自诉案件本身的特殊性,根据《刑事诉讼法》第 211 ~ 213 条的规定,自诉案件的审理程序有不同于公诉案件第一审普通程序的特点:

1. 人民法院对告诉才处理的案件和被害人有证据证明的轻微刑事案件,可以在查明事实、分清是非的基础上,根据自愿、合法的原则进行调解。调解达成协议的,应当制作刑事调解书,由审判人员和书记员署名,并加盖人民法院印章。调解书经双方当事人签收后,即具有法律效力。调解没有达成协议,或者调解书签收前当事人反悔的,应当及时作出判决。《刑事诉讼法》第 210 条第 3 项规定的被害人有证据证明对被告人侵犯自己人身、财产权利的行为应当依法追究刑事责任,而公安机关或者人民检察院不予追究被告人刑事责任的案件,不适用调解。

2. 判决宣告前,自诉案件的当事人可以自行和解,自诉人可以撤回自诉。人民法院经审查,认为和解、撤回自诉确属自愿的,应当裁定准许;认为系被强迫、威吓等,并非出于自愿的,不予准许。人民法院裁定准许自诉人撤诉或者当事人自行和解的案件,被告人被采取强制措施的,应当立即予以解除。自诉人是 2 人以上的,其中部分人撤诉的,不影响案件的继续审理。

3. 告诉才处理和被害人有证据证明的轻微刑事案件的被告人或者其法定代理

人在诉讼过程中,可以对自诉人提起反诉。反诉必须符合下列条件:(1)反诉的对象必须是本案自诉人;(2)反诉的内容必须是与本案有关的行为;(3)反诉的案件必须是告诉才处理的案件或者人民检察院没有提起公诉,被害人有证据证明的轻微刑事案件。反诉案件适用自诉案件的规定,应当与自诉案件一并审理。自诉人撤诉的,不影响反诉案件的继续审理。

4. 人民法院审理自诉案件的期限,被告人被羁押的,适用公诉案件第一审程序的审理期限的规定;未被羁押的,应当在受理后6个月以内宣判。

第三节　简易程序与速裁程序

一、简易程序的概念及意义

简易程序是相对于普通程序而言的,是指基层人民法院在按照第一审程序审理某些简单轻微、具备特定条件的刑事案件时所适用的,较第一审普通程序相对简化的一种程序。

目前,英、美、德、日等世界主要国家以及我国台湾地区的刑事诉讼法中都对简易程序做出了相应的规定。世界各国的实践均表明,在犯罪不断增长的情况下,普通程序因其较为烦琐导致司法资源难以承受并给当事人带来严重的讼累,简易程序的设立则极大地提高了诉讼效率,对案件进行繁简分流已经是世界刑事诉讼之大势所趋。

我国自1996年《刑事诉讼法》设立简易程序以来,随着司法实践的发展不断完善,对刑事司法实务的重要意义更为凸显:

1. 简易程序提高了人民法院的审判效率,有助于缓解人民法院面临的日益繁重的审判任务。近年来,我国的刑事案件发案率呈现不断上升的趋势,人民法院受理的刑事案件数量也随之逐渐增长,"案多人少"已经成为困扰我国刑事司法的一大难题。[19] 因此,对案件事实清楚、证据充分且控辩双方无争议的刑事案件适用简易程序审理,可以及时结案,降低成本,使人民法院审理案件可以有所侧重,从而提高了审判效率。

2. 简易程序的适用有利于保护当事人的合法权益。就如法谚"迟来的正义非正

〔19〕"案多人少"的表层原因包括:(1)公民权利意识的增强;(2)司法便民措施的采用;(3)若干新法的颁行;(4)法官数量过少。其背后的根本性原因则是公共政治审议机制萎缩、公民缺少诉求表达方式、矛盾纠纷拥堵至司法领域的不同表现。参见姜峰:"法院'案多人少'与国家治道变革——转型时期中国的政治与司法忧思",载《政法论坛》2015年第2期。

义”所言,[20]审判迅速本身是刑事审判的一项基本要求。采用简易程序,一方面可以使刑事被告人早日摆脱缠诉之苦;另一方面,也使自诉人能以简便有效的方式行使自诉权来维护自身权益,不会因程序的烦琐而对维权形成阻碍。

3. 简易程序的设置使刑事审判程序更加的科学化、合理化,是对审判中心主义的有力保障。从刑事案件本身来看,即存在着繁简轻重的重大差异,对不同情况的案件适用不同的程序进行审理,才能使审判更为科学、合理,才能促进刑事审判程序的合理分流,才能集中司法资源对有争议的重大案件进行实质化的庭审。

二、简易程序的适用范围

根据我国《刑事诉讼法》第214条及相关司法解释规定,基层人民法院管辖的案件符合下列条件的,可以适用简易程序审判:(1)案件事实清楚、证据充分的;(2)被告人承认自己所犯罪行,对指控的犯罪事实没有异议的;(3)被告人对适用简易程序没有异议的。

与1996年《刑事诉讼法》相比,2012年《刑事诉讼法》对简易程序的适用条件作出了重大修改。不再将简易程序的适用范围限定在可能判处3年有期徒刑以下刑罚,而是将被告人认罪和同意作为程序适用的条件。这种修改将简易程序的适用扩展到基层人民法院管辖的几乎所有刑事案件。《刑事诉讼法》第217条规定,适用简易程序审理案件,审判人员应当询问被告人对指控的犯罪事实的意见,告知被告人适用简易程序审理的法律规定,确认被告人是否同意适用简易程序审理。这样的变化充分显示了程序的适用以刑事被告人意愿为前提,在节省诉讼时间和成本的同时,也更有利于保障被告人合法权益。

我国《刑事诉讼法》第215条及《最高法解释》同时规定了,有下列情形之一的,不适用简易程序:(1)被告人是盲、聋、哑人;(2)被告人是尚未完全丧失辨认或者控制自己行为能力的精神病人;(3)有重大社会影响的;(4)共同犯罪案件中部分被告人不认罪或者对适用简易程序有异议的;(5)辩护人作无罪辩护的;(6)被告人认罪但经审查认为可能不构成犯罪的;(7)不宜适用简易程序审理的其他情形。

三、简易程序的特点

根据我国《刑事诉讼法》及相关规定可知,我国的简易程序作为对第一审程序的简化程序,具有以下特点:

1. 在适用范围上,简易程序相关内容规定在我国《刑事诉讼法》的第一审程序中,且仅适用于基层人民法院,即简易程序只适用于基层人民法院按照第一审程序审理的刑事案件。

---

〔20〕 迟来的正义非正义(Justice delayer is justice denied),是英国的一句法谚,它体现了对司法程序正义和诉讼效率的格外强调。意思是说,即使司法裁判的结果是公正的,如果过迟做出裁判,或者过迟告知当事人,程序上的不公正将使裁判成为非正义的。

2. 在审判组织上，我国《刑事诉讼法》第216条规定，适用简易程序审理案件，对可能判处3年有期徒刑以下刑罚的，可以组成合议庭进行审判，也可以由审判员1人独任审判；对可能判处的有期徒刑超过3年的，应当组成合议庭进行审判。适用简易程序独任审判过程中，发现对被告人可能判处的有期徒刑超过3年的，应当转由合议庭审理。

3. 在控诉职能上，适用简易程序审理公诉案件，人民检察院应当派员出席法庭。这样的规定不仅可以维护基本的诉讼构造，还有利于人民检察院更好地实现其检察监督的职能。

4. 在庭前准备程序和庭审程序上大为简化。我国《刑事诉讼法》及相关司法解释规定，适用简易程序审理案件，不受公诉案件的第一审程序中关于送达期限、讯问被告人、询问证人、鉴定人、出示证据、法庭辩论程序规定的限制。但在判决宣告前应当听取被告人的最后陈述意见。适用简易程序审理案件，人民法院应当在开庭3日前，将开庭的时间、地点通知人民检察院、自诉人、被告人、辩护人，也可以通知其他诉讼参与人。通知可以采用简便方式，但应当记录在案。其中，被告人有辩护人的，应当通知其出庭。此外，适用简易程序审理案件，可以对庭审作如下简化：(1)公诉人可以摘要宣读起诉书；(2)公诉人、辩护人、审判人员对被告人的讯问、发问可以简化或者省略；(3)对控辩双方无异议的证据，可以仅就证据的名称及所证明的事项作出说明；对控辩双方有异议，或者法庭认为有必要调查核实的证据，应当出示，并进行质证；(4)控辩双方对与定罪量刑有关的事实、证据没有异议的，法庭审理可以直接围绕罪名确定和量刑问题进行。

示例17-9　危险驾驶案

判决书载明：上述事实，被告人×××在开庭审理过程中亦无异议，且有被害人姚某某的陈述，证人范某某的证言，公安机关制作的《非道路交通事故简易程序处理书》、《辨认笔录》、“110”接警登记表、查获经过、照片，司法鉴定科学技术研究所司法鉴定中心出具的《检验报告书》，相关的车辆信息、行驶证、驾驶证信息，被告人的户籍资料及供述等证据证实，足以认定。[21]

在上述程序的简化过程中，有以下几点需要注意：(1)适用简易程序审理案件，经审判人员许可，被告人及其辩护人可以同公诉人、自诉人及其诉讼代理人互相辩论。(2)适用简易程序审理案件，判决宣告前应当听取被告人的最后陈述。为了充分保障被告人权益，这一环节不能省略。(3)适用简易程序审理案件，在法庭审理过程中，有下列情形之一的，应当转为普通程序审理：其一，被告人的行为可能不构成犯罪的；其二，被告人可能不负刑事责任的；其三，被告人当庭对起诉指控的犯罪事

〔21〕 上海市嘉定区人民法院《刑事判决书》(〔2016〕沪0114刑初595号)，北大法宝引证码：CLI. C. 23658142。

实予以否认的;其四,案件事实不清、证据不足的;其五,不应当或者不宜适用简易程序的其他情形。转为普通程序审理的案件,审理期限应当从决定转为普通程序之日起计算。

5. 在宣判形式上,适用简易程序审理案件,一般应当当庭宣判。

6. 在庭审期间上,适用简易程序审理案件,人民法院应当在受理后20日以内审结;对可能判处的有期徒刑超过3年的,可以延长至1个半月。

四、刑事案件速裁程序

2014年6月27日,十二届全国人大常委会通过了《关于授权最高人民法院、最高人民检察院在部分地区开展刑事案件速裁程序的试点工作的决定》,被看作开创了刑事诉讼试验性立法的先河。[22] 根据该决定,刑事案件速裁程序试点两年期满后,如被实践证明可行的,应当修改完善法律;被实践证明不宜调整的,恢复施行有关法律规定。2014年8月22日,最高人民法院、最高人民检察院、公安部和司法部联合印发了《关于在部分地区开展刑事案件速裁程序试点工作的办法》,这项试点工作正式在全国18个城市全面推开。[23]

在改革试点经验的基础上,2018年《刑事诉讼法》新增速裁程序,从法律规范层面确立了普通程序、简易程序和速裁程序的三种繁简分流类型。

1. 适用范围。根据《刑事诉讼法》第222条的规定,满足以下四个条件,可以适用速裁程序:(1)基层人民法院管辖的可能判处3年有期徒刑以下刑罚的案件;(2)案件事实清楚、证据充分的;(3)被告人认罪认罚;(4)被告人同意适用速裁程序的。同时,《刑事诉讼法》第223条规定了不适用速裁程序的情形:(1)被告人是盲、聋、哑人,或者是尚未完全丧失辨认或者控制自己行为能力的精神病人的;(2)被告人是未成年人的;(3)案件有重大社会影响的;(4)共同犯罪案件中部分被告人对指控的犯罪事实、罪名、量刑建议或者适用速裁程序有异议的;(5)被告人与被害人或者其法定代理人没有就附带民事诉讼赔偿等事项达成调解或者和解协议的;(6)其他不宜适用速裁程序审理的。

2. 审查起诉。《关于在部分地区开展刑事案件速裁程序试点工作的办法》第8条规定,人民检察院一般应当在受理案件后8个工作日内作出是否提起公诉的决定。决定起诉并建议人民法院适用速裁程序的,应当在起诉书中提出量刑建议,并提供犯罪嫌疑人的具结书等材料。起诉书可以简化。

3. 庭审程序。根据《刑事诉讼法》第222条至第226条的规定,速裁程序的庭审程序主要包括:(1)人民法院适用速裁程序审理案件,由审判员1人独任审判,送达期限不受刑事诉讼法规定的限制;(2)人民法院适用速裁程序审理案件,应当当庭询

---

〔22〕 李本森:"我国刑事案件速裁程序研究",载《环球法律评论》2015年第2期。

〔23〕 试点城市包括:北京、天津、上海、重庆、沈阳、大连、南京、杭州、福州、厦门、济南、青岛、郑州、武汉、长沙、广州、深圳、西安。

问被告人对被指控的犯罪事实、量刑建议及适用速裁程序的意见，听取公诉人、辩护人、被害人及其诉讼代理人的意见，被告人当庭认罪、同意量刑建议和使用速裁程序的，不再进行法庭调查、法庭辩论；(3)在判决宣告前应当听取被告人的最后陈述意见，如果人民法院在审理过程中，发现不符合速裁程序适用条件的，应当转为简易程序或者普通程序审理。

4. 审限。适用速裁程序审理案件，人民法院应当在受理后10日以内审结；对可能判处的有期徒刑超过1年的，可以延长至15日。

第十八章　审判程序：第二审程序

导读

“对刑事判决不服的，有权上告”是记载于《十二铜表法》的一项古老的诉讼制度。第二审程序具有对一审判决、裁定进行审查和救济的功能，能够及时发现和纠正第一审判决或裁定的错误，保证刑事审判的公正性。“我国刑事二审程序在惩罚犯罪和保障人权方面发挥了重要作用，但在权利救济和保障公正方面的功能尚未完全发挥出来。”[1]完善的第二审程序是体现审判中心的刑事审判程序的有机内核，是保障公民权利的基本要求。

第一节　第二审程序概述

一、第二审程序的概念及特点

第二审程序，又称上诉审程序，是指上一级人民法院根据上诉人的上诉或者人民检察院的抗诉，就下一级人民法院尚未发生法律效力的判决或裁定认定的事实和适用法律进行审理时，所应当遵循的步骤和方式、方法。其是刑事审判程序的一个有机组成部分。

第二审程序具有以下特点：(1)第二审程序是第一审程序的延伸，但并非第一审程序的重复。第二审程序具有独立于第一审程序的特点，并具有自身应遵守的特殊原则，如上诉不加刑原则。(2)第二审程序并不是审理刑事案件的必经程序。第二审程序的审理对象是第一审人民法院尚未生效的判决或裁定，因此，要根据当事人的上诉或者人民检察院的抗诉而启动；如果没有当事人上诉或者人民检察院的抗诉，就不会引起第二审程序。不论是当事人上诉，还是人民检察院抗诉，必须在法律规定的期限内提出。如果超出法律规定的期限，即使提起上诉或者抗诉，也不能引起第二审程序。(3)第二审案件由原审人民法院的上一级人民法院审理，即基层人民法院无权审判第二审刑事案件。(4)第二审程序为终审程序。由于我国采行的是

---

〔1〕 陈光中、曾新华：“刑事诉讼法再修改视野下的二审程序改革”，载《中国法学》2011年第5期。

四级两审终审制，所以，第二审程序也是终审的程序。除了死刑案件需复核外，第二审人民法院的判决或者裁定一经宣告，即发生法律效力，即使当事人不服，也不能再提起上诉。

二、第二审程序的功能及意义

第二审程序主要发挥了救济和纠错两大功能：(1)救济。第二审程序的设立为当事人在刑事诉讼特别是第一审程序中权利的实现提供了救济空间。“无救济则无权利”，[2]第二审程序便是一个重要的司法救济途径。(2)纠错。第二审人民法院通过对第一审人民法院作出的判决、裁定所认定的事实是否清楚，证据是否确实、充分，适用法律是否正确，诉讼程序是否合法进行全面审查和审理，实现对司法错误的纠正。第二审程序的提起还是人民检察院作为法律监督机关履行其职能的重要途径。

第二审程序的意义主要包括：(1)确保当事人诉权的行使，保障其合法权益。上诉权是当事人的重要权利，对上诉权的行使予以保障，直接关系到案件当事人合法权益的维护。(2)保证判决和裁定的准确性。人民法院通过第二审程序，依法驳回被告人的无理上诉，从而维护第一审的正确裁判结果；在发生错误裁判的情况下，则及时纠正第一审裁判中出现的错误，从而保证裁判的准确性。(3)有利于上级法院对下级法院进行指导、监督，保证办案质量。上级人民法院通过维护或者撤销、变更下级人民法院的裁判，对下级人民法院正确裁判予以肯定和对错误裁判予以纠正，从而更好地指导和监督下级人民法院审判工作，保证办案质量的提高。(4)落实两审终审制度，实现审判中心。第二审程序是我国两审终审制的程序保障。第一审程序和第二审程序构成了普通刑事审判的主体，共同形塑以法庭为核心场域实现看得见的正义。

第二节　第二审程序的提起

一、提起第二审程序的方式

第二审程序只能因上诉或抗诉引起。

上诉，是指当事人对人民法院所作的尚未发生法律效力的一审判决、裁定，在法

---

[2] “无救济则无权利”又称为“救济先于权利”或“没有救济的权利不是权利”。这一法谚所强调的是，救济对于权利实现的重要作用。如果人们关注权利的实现，就必须关注权利的救济，权利自始就是与救济紧密相联的。在现代国家，救济总是与司法紧密的联系在一起。公民的某一权利在受到侵犯之后，只有可以诉诸司法裁判机构获得有效的司法救济，该权利的存在才能具有法律上的意义。这可以说已经成为人类社会经过长期的“试错”所获得的一个基本的司法经验。

定期限内,依法声明不服,提请上一级人民法院重新审判的活动。

抗诉,是指人民检察院对人民法院作出的判决、裁定,认为确有错误时,依法向人民法院提出重新审理要求的诉讼活动。在我国,抗诉是法律授予人民检察院代表国家行使法律监督权的重要方式。

二、提起第二审程序的主体

(一)提起上诉的主体

上诉权是被告人依法享有的重要诉讼权利之一,保证被告人上诉权的有效行使是保障人权、维护司法公正的重要体现。我国《刑事诉讼法》中明确规定,对被告人的上诉权,不得以任何借口加以剥夺。由于各种上诉人在刑事诉讼中所处的地位不同,因此《刑事诉讼法》对他们的上诉权限也作了不同的规定。

根据我国《刑事诉讼法》第227条的规定,被告人、自诉人和他们的法定代理人,不服地方各级人民法院第一审的判决、裁定,有权用书状或者口头向上一级人民法院上诉。被告人的辩护人和近亲属,经被告人同意,可以提出上诉。附带民事诉讼的当事人和他们的法定代理人,可以对地方各级人民法院第一审的判决、裁定中的附带民事诉讼部分,提出上诉。由此,可将提起第二审程序的上诉权主体分为以下几类:

1. 刑事部分的上诉主体。(1)被告人、自诉人和他们的法定代理人享有独立的上诉权。自诉人和被告人属于案件的原告或被告一方,与案件的裁判结果有着最为紧密的利害关系,因此,法律赋予其独立上诉的权利。未成年人或精神病人属于限制行为能力人或无行为能力人,不能进行正常的诉讼活动,法定代理人作为其权益的维护者,法律也赋予了他们独立的上诉权。(2)被告人的辩护人和近亲属经被告人同意方可提出上诉。被告人的辩护人和近亲属没有独立的上诉权,而是有条件地享有上诉权。这是因为只有被告人才对自身是否存在犯罪行为及罪行轻重最为了解,与法院的裁判结果有着最为直接的利害关系,所以应将是否上诉的处断权交由被告人行使。同时,法律考虑到被告人可能掌握的法律知识有限,且常常处于被羁押状态,行使上诉权多有不便,因此,允许在其同意的情况下由辩护人和近亲属代为上诉。

2. 附带民事诉讼部分的上诉主体。附带民事诉讼的上诉主体包括了案件当事人和他们的法定代理人。

示例18－1　聂树斌强奸杀人案

二审判决书中写道:上诉人(原审附带民事诉讼原告人)康孟东,男,60岁,井陉矿务局退休工人,系被害人康菊花之父。上诉人(原审被告人)聂树斌……1994年10月1日被拘留,同年10月9日被逮捕。现押于石家庄市看守所。石家庄市中级人民法院审理被告人聂树斌故意杀人、强奸妇女一案,于1995年3月15日作出〔1995〕石刑初字第53号刑事附带民事判决。被告人聂树斌、附带民事诉讼原告人康孟东均不服,提出上诉。[3]

(二)提起抗诉的主体

人民检察院是我国的法律监督机关,抗诉权是人民检察院行使法律监督权的重要组成部分。我国《刑事诉讼法》第228条规定,地方各级人民检察院认为本级人民法院第一审的判决、裁定确有错误的时候,应当向上一级人民法院提出抗诉。由此可知,只要是一审的判决、裁定确有错误,无论对被告人是否有利,人民检察院都应当依法提起抗诉。抗诉通常分为对第一审未生效判决、裁定的抗诉和对已生效判决、裁定的抗诉两种,分别称为上诉审程序的抗诉和再审程序的抗诉。此处所指的为上诉审程序的抗诉。根据我国审级制度,最高人民检察院不能成为上诉审抗诉的主体。

示例18-2 乐某某交通肇事案

第一审宣判后,"原审被告人乐某某未提出上诉。抗诉机关浙江省宁波市鄞州区人民检察院认为该裁定认定了原审被告人酒后驾车且交通肇事后让其妻顶替的事实,但未改变原审被告人乐某某的刑期,导致量刑明显不当,提出抗诉"。此为对第一审未生效判决、裁定的抗诉。"本案中抗诉启动了第二审程序,在第二审判决生效后浙江省宁波市人民检察院再次提出抗诉称:原审判决未认定原审被告人乐某某酒后驾驶机动车及交通肇事后让庄某某顶替的事实,属事实认定错误;原审判决对原审被告人乐某某的量刑明显不当,与同类案件判决失衡,要求再审予以改判。"[4]与鄞州区人民检察院的二审抗诉不同,宁波市人民检察院的抗诉则是针对已生效的判决提出的再审抗诉。

(三)请求抗诉的主体

我国《刑事诉讼法》第229条规定,被害人及其法定代理人不服地方各级人民法院第一审的判决的,自收到判决书后5日以内,有权请求人民检察院提出抗诉。人民检察院自收到被害人及其法定代理人的请求后5日以内,应当作出是否抗诉的决定并且答复请求人。

被害人及其法定代理人虽然具有当事人的地位,但是考虑到在公诉案件中,在国家追诉主义原则之下,[5]公诉机关代表国家承担了追诉犯罪的职责,且赋予被害人上诉权在理论上和司法实践操作中会带来一系列问题,如果被害人具有上诉权还会对被告人的权利带来挤压效应,甚至导致上诉不加刑原则的名存实亡。因此,法律仅赋

---

[3] 河北省高级人民法院《刑事附带民事判决书》([1995]冀刑一终字第129号),《聂树斌案最新进展:死亡时间引发质疑》,北大法宝引证码:CLI. CR. 1539558。

[4] 浙江省宁波市中级人民法院《刑事判决书》([2013]浙甬刑再终字第2号),北大法宝引证码:CLI. C. 2435966。

[5] 国家追诉主义,又称公诉原则,与私人追诉主义相对。是刑事诉讼活动的基本法律准则之一。该原则的基本含义是:对犯罪行为的追诉权应当由法定的国家机构依法行使。这种代表国家对涉嫌实施犯罪的人向法院提起诉讼的机构通常为检察机关,其所提起的诉讼称为公诉。从历史上看,国家追诉主义是在废除私人追诉主义的基础上得到确立的。

予了被害人申请抗诉的权利,而被害人申请抗诉并不必然导致第二审程序的启动。

三、上诉、抗诉、请求抗诉的对象

根据我国《刑事诉讼法》第227～229条的相关规定,被告人、自诉人和他们的法定代理人,及经被告人同意的被告人的法定代理人和近亲属可以针对地方各级人民法院第一审的判决、裁定向上一级人民法院提出上诉。

附带民事诉讼的当事人和他们的法定代理人,可以对地方各级人民法院第一审的判决、裁定中的附带民事诉讼部分,提出上诉。

地方各级人民检察院依照第二审程序的提出抗诉的对象是确有错误的本级人民法院第一审的判决、裁定。

被害人及其法定代理人请求人民检察院抗诉的对象只能是地方各级人民法院第一审的判决。《刑事诉讼法》第218条规定的申请抗诉,没有将裁定纳入。主要原因是裁定通常不涉及事实认定和法律适用的问题,因而不以请求抗诉的方式进行救济。对于生效裁定不服,可以通过申诉的方式。

四、上诉、抗诉、请求抗诉的理由

我国《刑事诉讼法》对上诉的理由没有规定任何限制,因此,上诉权人只要不服一审未生效的判决、裁定而在法定期限内提起上诉的,均应允许。这体现了对上诉权的充分保障。

根据我国《刑事诉讼法》第229条的规定,人民检察院只有在有充分的根据认定原判决、裁定确有错误的前提下,才能提出抗诉。结合司法实践,可将抗诉理由归纳为以下几种:(1)判决、裁定在认定事实上有错误,或者缺乏确实、充分的证据;(2)判决、裁定在适用法律、定罪量刑上存在错误;(3)存在违反诉讼程序的行为,侵犯当事人依法享有的诉讼权利,可能影响判决、裁定的正确性。其中,前两项属于实体错误,第三项属于程序错误,在司法实践中又表现为诸多具体形式。

根据《刑事诉讼法》第229条的规定,被害人及其法定代理人请求抗诉的原因是不服一审判决。具体可能是对一审判决的定罪不服或者量刑不服,但其请求抗诉的行为并不必然产生检察机关抗诉的结果。请求只有经过人民检察院依法审查,认为确有错误时,才能由人民检察院提出抗诉,且人民检察院的抗诉理由不受被害人请求抗诉理由的限制。

五、上诉、抗诉、请求抗诉的期限

对地方各级人民法院第一审判决、裁定的上诉、抗诉应当在法定期限内提出。《刑事诉讼法》第230条规定,不服判决的上诉和抗诉的期限为10日,不服裁定的上诉和抗诉的期限为5日,从接到判决书、裁定书的第2日起算。根据《最高法解释》的规定,对附带民事判决、裁定的上诉、抗诉期限,应当按照刑事部分的上诉、抗诉期限确定。附带民事部分另行审判的,上诉期限也应当按照《刑事诉讼法》规定的期限确定。而请求人民检察院抗诉的期限则是:被害人及其法定代理人不服地方各级人民法院第一审的判决的,自收到判决书后5日以内,有权请求人民检察院提出抗诉。人民检察院自收到被害人及其法定代理人的请求后5日以内,应当作出是否抗诉的决定并且答复请求人。

之所以需要规定上诉、抗诉期限,在于上诉、抗诉具有阻止第一审判决、裁定生效的作用,如果没有时间限制则无法确定裁判生效的日期。而对于上诉、抗诉期限的规定,一方面可以保障上诉权人的上诉权,给予其充分的考虑时间;另一方面期限的规定可以确保上级人民法院及时对下级人民法院的审判工作进行监督、指导,保证诉讼效率,避免拖延。

六、上诉、抗诉、请求抗诉的方式和程序

(一)上诉、抗诉、请求抗诉的方式

根据我国《刑事诉讼法》及相关司法解释,被告人、自诉人和他们的法定代理人,不服地方各级人民法院第一审的判决、裁定,有权用书状或者口头向上一级人民法院上诉。人民法院受理的上诉案件,一般应当有上诉状正本及副本。上诉状内容应当包括:第一审判决书、裁定书的文号和上诉人收到的时间,第一审人民法院的名称,上诉的请求和理由,提出上诉的时间等。被告人的辩护人、近亲属经被告人同意提出上诉的,还应当写明其与被告人的关系,并应当以被告人作为上诉人。上诉人书写上诉状确有困难的,可以口头提出上诉。

根据《刑事诉讼法》第232条及《最高检规则》的相关规定,地方各级人民检察院对同级人民法院第一审判决、裁定的抗诉,应当通过原审人民法院提出抗诉书,并且将抗诉书抄送上一级人民检察院。上述规定意味着,地方各级人民检察院认为同级人民法院第一审判决、裁定确有错误决定抗诉时,必须制作抗诉书,即抗诉只能以书状形式而不能以口头形式提出。

被害人及其法定代理人请求抗诉的方式,我国相应法律并未作出明确规定,司法实践中,通常允许其以口头或者书面的方式向检察机关提出,为被害人及其法定代理人行使权利提供最大的便利,从而切实保障其合法权益。

(二)提出上诉、抗诉的程序

上诉既可以通过原审人民法院提出,也可以通过上一级人民法院提出。我国《刑事诉讼法》第231条及《最高法解释》规定,被告人、自诉人、附带民事诉讼的原告人和被告人通过原审人民法院提出上诉的,原审人民法院应当在3日以内将上诉状连同案卷、证据移送上一级人民法院,同时将上诉状副本送交同级人民检察院和对方当事人。上诉人通过第一审人民法院提出上诉的,第一审人民法院应当审查。上诉符合法律规定的,应当在上诉期满后3日内将上诉状连同案卷、证据移送上一级人民法院,并将上诉状副本送交同级人民检察院和对方当事人。被告人、自诉人、附带民事诉讼的原告人和被告人直接向第二审人民法院提出上诉的,第二审人民法院应当在3日以内将上诉状交原审人民法院送交同级人民检察院和对方当事人。

抗诉只能通过原审人民法院提出。根据《刑事诉讼法》第 232 条第 1 款及司法解释的相关规定,地方各级人民检察院对同级人民法院第一审判决、裁定的抗诉,应当通过原审人民法院提出抗诉书,并且将抗诉书抄送上一级人民检察院。第一审人民法院应当在抗诉期满后 3 日内将抗诉书连同案卷、证据移送上一级人民法院,并将抗诉书副本送交当事人。上一级人民检察院在上诉、抗诉期限内,发现下级人民检察院应当提出抗诉而没有提出抗诉的案件,可以指令下级人民检察院依法提出抗诉。

七、上诉、抗诉的撤回

上诉人在上诉期限内要求撤回上诉的,人民法院应当准许。

上诉人在上诉期满后要求撤回上诉的,第二审人民法院应当审查。经审查,认为原判认定事实和适用法律正确,量刑适当的,应当裁定准许撤回上诉;认为原判事实不清、证据不足或者将无罪判为有罪、轻罪重判等的,应当不予准许,继续按照上诉案件审理。被判处死刑立即执行的被告人提出上诉,在第二审开庭后宣告裁判前申请撤回上诉的,应当不予准许,继续按照上诉案件审理。

人民检察院在抗诉期限内撤回抗诉的,第一审人民法院不再向上一级人民法院移送案件;在抗诉期满后第二审人民法院宣告裁判前撤回抗诉的,第二审人民法院可以裁定准许,并通知第一审人民法院和当事人。

上一级人民检察院对下级人民检察院按照第二审程序提出抗诉的案件,认为抗诉正确的,应当支持抗诉;认为抗诉不当的,应当向同级人民法院撤回抗诉,并且通知下级人民检察院。下级人民检察院如果认为上一级人民检察院撤回抗诉不当的,可以提请复议。上一级人民检察院应当复议,并将复议结果通知下级人民检察院。

在上诉、抗诉期满前撤回上诉、抗诉的,第一审判决、裁定在上诉、抗诉期满之日起生效。在上诉、抗诉期满后要求撤回上诉、抗诉,第二审人民法院裁定准许的,第一审判决、裁定应当自第二审裁定书送达上诉人或者抗诉机关之日起生效。

示例 18-3　挪用公款罪案

在抗诉期满后,上一级人民检察院认为下级人民检察院抗诉错误要求撤回,而人民法院以原判事实不清,证据不足为由未予准许。“浉河区人民检察院不服一审判决,提出抗诉。本院依法组成合议庭审理了本案。在本院审理期间,信阳市人民检察院认为浉河区人民检察院抗诉不当,要求撤回抗诉。合议庭通过阅卷,讯问原审被告人并听取辩护人的意见,认为原判事实不清,证据不足……虽然信阳市人民检察院在二审期间要求撤回抗诉,但是涉及两被告人是否构成犯罪的重大原则问题,故不准许信阳市人民检察院撤回抗诉。”〔6〕

〔6〕 河南省信阳市中级人民法院《刑事裁定书》(〔2013〕信刑终字第 361 号),北大法宝引证码:CLI. C. 2206545。

第三节 第二审程序的审判

一、对第二审案件的审查

关于上诉、抗诉案件的审查,根据《最高法解释》的规定,第二审人民法院对第一审人民法院移送的上诉、抗诉案卷、证据,应当审查是否包括下列内容:(1)移送上诉、抗诉案件函;(2)上诉状或者抗诉书;(3)第一审判决书、裁定书8份(每增加1名被告人增加1份)及其电子文本;(4)全部案卷、证据,包括案件审理报告和其他应当移送的材料。前述所列材料齐全的,第二审人民法院应当收案;材料不全的,应当通知第一审人民法院及时补送。

二、全面审查原则

全面审查原则是我国第二审程序的一项基本原则。从我国《刑事诉讼法》第233条针对全面审查原则的法律规定中可以看出,全面审查原则,是指第二审人民法院应当就第一审判决认定的事实和适用法律进行全面审查,不受上诉或者抗诉范围的限制。共同犯罪的案件只有部分被告人上诉的,应当对全案进行审查,一并处理。

具体来看,全面审查原则的内容包括以下几个方面:(1)全面审查原则要求第二审人民法院不仅要审查案件实体性问题,也要审查程序性问题;(2)第二审人民法院不仅要对上诉、抗诉的内容进行审理,对未上诉、抗诉的内容也要进行审理;(3)对共同犯罪案件,不仅要审理提出上诉的被告人的部分,也要审理未提出上诉的被告人的部分;即使在上诉人已经死亡,其他被告人未上诉的情形下,仍应对全案进行全面审理,若认定已经死亡的上诉人不构成犯罪的,应当宣告其无罪,同时对同案其他被告人作出相应的判决或裁定;(4)对附带民事诉讼部分提出上诉的,不仅要审理附带民事诉讼部分,也要审理刑事诉讼部分。经审查,第一审判决的刑事部分并无不当,第二审人民法院只需就附带民事部分作出处理;第一审判决的附带民事部分事实清楚,适用法律正确的,应当以刑事附带民事裁定维持原判,驳回上诉。第一审刑事部分的判决,在上诉期满后即发生法律效力。

对上诉、抗诉案件,应当着重审查下列内容:(1)第一审判决认定的事实是否清楚,证据是否确实、充分;(2)第一审判决适用法律是否正确,量刑是否适当;(3)在侦查、审查起诉、第一审程序中,有无违反法定诉讼程序的情形;(4)上诉、抗诉是否提出新的事实、证据;(5)被告人的供述和辩解情况;(6)辩护人的辩护意见及采纳情况;(7)附带民事部分的判决、裁定是否合法、适当;(8)第一审人民法院合议庭、审判委员会讨论的意见。

对于全面审查原则,理论界存在改良该原则的呼声。全面审查作为我国《刑事诉讼法》界定第二审程序的审判对象的根本原则,其建立在司法能动主义、真实发现主义的基础上,有其历史的合理性。但随着我国社会的整体转型,司法能动主义受到削弱、真实发现主义受到限制,加之全面审查要求与司法实践有所脱节,与司法其他价值及与司法整体改革方向存在冲突。因此,有学者提出应对全面审查原则进行改良,适当限制全面审查原则。相关改革应充分考虑事实问题与法律问题调查方式的不同,案件性质对程序保障要求的差别,当事人程序选择权与法官能动性的协调,贯彻有利于被告人的原则,考虑法官中立与诉讼经济问题。[7]

三、上诉不加刑原则

上诉不加刑原则是我国第二审程序的另一项基本原则。上诉不加刑原则,是指第二审人民法院审理只有被告人一方提出的上诉案件时,不得以任何理由加重被告人的刑罚。“上诉不加刑是世界各国普遍采用的一项重要的刑事诉讼原则,自其肇始于 1877 年德国刑事诉讼法典后,就在全球范围内被推广,其间只有在法西斯统治下的德国和日本,在‘二战’前夕被废黜。”[8]这一原则的核心目的在于切实保障被告人一方的上诉权。我国《刑事诉讼法》第 237 条对此作了具体规定:“第二审人民法院审理被告人或者他的法定代理人、辩护人、近亲属上诉的案件,不得加重被告人的刑罚。第二审人民法院发回原审人民法院重新审判的案件,除有新的犯罪事实,人民检察院补充起诉的以外,原审人民法院也不得加重被告人的刑罚。人民检察院提出抗诉或者自诉人提出上诉的,不受前款规定的限制。”

上诉不加刑原则的意义主要包括:(1)上诉不加刑原则有利于保障被告人充分行使其上诉权。上诉权是犯罪嫌疑人、被告人重要诉讼权利之一。坚持上诉不加刑原则,可以消除被告人一方对上诉的思想顾虑,使其敢于依法上诉,充分行使宪法和法律赋予的合法权利,维护自身权益。(2)有利于维护上诉制度,保证人民法院正确行使审判权。被告人提出上诉,是启动第二审程序的重要方式之一。实行上诉不加刑的原则,可以疏通一审通往二审的渠道,消除被告人等上诉的障碍,更好地发挥上诉制度的作用,保证两审制的贯彻执行。(3)有利于促使第一审法院的审判人员加强责任心,努力提高审判工作质量,并使上级法院能够及时发现下级法院审判工作中的错误并及时纠正,保证审判权的正确行使。(4)有利于促使检察院认真履行审判监督职责,并提高检察机关的公诉和抗诉水平。

根据法律及相关司法解释的规定,上诉不加刑原则的含义包括了以下方面:

1. 上诉是被告人的法定权利,无论上诉理由是否妥当,都不能以被告人不服判决或态度不好而在二审判决中加重原判刑罚。上诉不加刑原则仅适用于只有被告人一方提起上诉的案件,包括被告人本人或其法定代理人、辩护人及近亲属提起的上诉案件。若人民检察院提出了抗诉或自诉人提出上诉的,则第二审人民法院不再

---

〔7〕 参见秦宗文:“刑事二审全面审查原则新探”,载《现代法学》2007 年第 3 期。

〔8〕 陈光中主编:《外国刑事诉讼程序比较研究》,法律出版社 1988 年版,第 305 页。另可参见陈林林:“论上诉不加刑”,载《法学研究》1998 年第 4 期。

受上诉不加刑原则的限制。

2. 对只有被告人一方上诉的案件,上诉不加刑原则既禁止第二审人民法院直接改判加刑,也禁止原审人民法院对第二审人民法院发回重审的案件在重新审判后加重刑罚。即使判处的刑罚畸轻、应当适用附加刑而没有适用的,也不得直接加重刑罚、适用附加刑,亦不得以事实不清、证据不足为由发回第一审人民法院重新审判。

3. 在共同犯罪案件中,若检察院没有抗诉、自诉人没有上诉,只有部分被告人上诉的,第二审法院对该部分被告人及同案其他未上诉被告人均适用上诉不加刑原则;若检察院只对部分被告人的判决提出抗诉或自诉人只针对部分被告人的判决提出上诉,则第二审人民法院不得对其他同案被告人加重刑罚。

4. 上诉不加刑原则的具体适用,根据《最高法解释》的规定,应按照以下几种情形处理:(1)同案审理的案件,只有部分被告人上诉的,既不得加重上诉人的刑罚,也不得加重其他同案被告人的刑罚;(2)原判事实清楚,证据确实、充分,只是认定的罪名不当的,可以改变罪名,但不得加重刑罚;(3)原判对被告人实行数罪并罚的,不得加重决定执行的刑罚,也不得加重数罪中某罪的刑罚;(4)原判对被告人宣告缓刑的,不得撤销缓刑或者延长缓刑考验期;(5)原判没有宣告禁止令的,不得增加宣告;原判宣告禁止令的,不得增加内容、延长期限;(6)原判对被告人判处死刑缓期执行没有限制减刑的,不得限制减刑;(7)原判事实清楚,证据确实、充分,但判处的刑罚畸轻、应当适用附加刑而没有适用的,不得直接加重刑罚、适用附加刑,也不得以事实不清、证据不足为由发回第一审人民法院重新审判。必须依法改判的,应当在第二审判决、裁定生效后,依照审判监督程序重新审判。

在司法实践中,上诉不加刑原则在许多案件中都有体现。

示例 18-4 张某某受贿犯罪案

刑事裁定书中写道:本院认为,原判认定上诉人张某某受贿犯罪的事实清楚,证据确实、充分,定罪准确,审判程序合法。上诉人张某某的上诉理由不能成立。在量刑上,被宣告缓刑的犯罪分子张某某,在缓刑考验期内犯新罪,原判本应撤销缓刑,数罪并罚,但未予撤销缓刑。二审审理中,依据上诉不加刑原则以及《最高法解释》第 325 条第 4 项之规定,现不宜变更。[9]

四、第二审案件的审理方式及程序

(一)庭前准备程序

根据我国《刑事诉讼法》、《最高法解释》及《最高检规则》的相关规定,人民检察院提出抗诉的案件或者第二审人民法院开庭审理的公诉案件,同级人民检察院都应

---

〔9〕 河南省三门峡市中级人民法院《刑事裁定书》(〔2014〕三刑终字第 8 号),北大法宝引证码:CLI. C. 2303296。

当派员出席法庭。第二审人民法院应当在决定开庭审理后及时通知人民检察院查阅案卷,人民检察院应当在1个月以内查阅完毕。自通知后的第2日起,人民检察院查阅案卷的时间不计入审理期限。

检察人员应当客观全面地审查原审案卷材料,不受上诉或者抗诉范围的限制。审查原审判决认定案件事实、适用法律是否正确,证据是否确实、充分,量刑是否适当,审判活动是否合法,并应当审查下级人民检察院的抗诉书或者上诉人的上诉书,了解抗诉或者上诉的理由是否正确、充分,重点审查有争议的案件事实、证据和法律适用问题,有针对性地做好庭审准备工作。

检察人员在审查第一审案卷材料时,还应当复核主要证据,可以讯问原审被告人,必要时可以补充收集证据、重新鉴定或者补充鉴定。需要原侦查机关补充收集证据的,可以要求原侦查机关补充收集。被告人、辩护人提出被告人自首、立功等可能影响定罪量刑的材料和线索的,人民检察院可以依照管辖规定交侦查机关调查核实,也可以自行调查核实。发现遗漏罪行或者同案犯罪嫌疑人的,应当建议侦查机关侦查。对于下列原审被告人,应当进行讯问:(1)提出上诉的;(2)人民检察院提出抗诉的;(3)被判处无期徒刑以上刑罚的。

人民检察院办理死刑上诉、抗诉案件,应当进行下列工作:(1)讯问原审被告人,听取原审被告人的上诉理由或者辩解;(2)必要时听取辩护人的意见;(3)复核主要证据,必要时询问证人;(4)必要时补充收集证据;(5)对鉴定意见有疑问的,可以重新鉴定或者补充鉴定;(6)根据案件情况,可以听取被害人的意见。

第二审期间,被告人除自行辩护外,还可以继续委托第一审辩护人或者另行委托辩护人辩护。共同犯罪案件,只有部分被告人提出上诉,或者自诉人只对部分被告人的判决提出上诉,或者人民检察院只对部分被告人的判决提出抗诉的,其他同案被告人也可以委托辩护人辩护。

(二)审理方式及程序

1. 开庭审理的程序

开庭审理,是指第二审人民法院在合议庭的主持下,由检察人员和诉讼参与人参加,通过法庭调查和辩论、评议、宣判的方式审理案件。根据我国《刑事诉讼法》第234条第1款及相关司法解释的规定可知,以下几类案件应当组成合议庭开庭审理:(1)被告人、自诉人及其法定代理人对第一审认定的事实、证据提出异议,可能影响定罪量刑的上诉案件;(2)被告人被判处死刑的上诉案件;(3)人民检察院抗诉的案件;(4)其他应当开庭审理的案件。被判处死刑立即执行的被告人没有上诉,同案的其他被告人上诉的案件,第二审人民法院应当开庭审理。被告人被判处死刑缓期2年执行的上诉案件,虽不属于上述(2)规定的情形,有条件的,也应当开庭审理。

第二审程序是在第一审程序的基础上进行的,我国法律规定,开庭审理上诉、抗诉案件,除参照适用第一审程序的有关规定外,应当按照下列规定进行:(1)确定开庭审理的地点。第二审人民法院开庭审理上诉、抗诉案件,可以到案件发生地或者原审人民法院所在地进行。(2)人民检察院派员出席法庭。开庭审理上诉、抗诉的公诉案件,应当通知同级人民检察院派员出庭;同级人民检察院应当派员出席第二审法庭。[10] (3)被告人出庭。同案审理的案件,未提出上诉、人民检察院也未对其判决提出抗诉的被告人要求出庭的,应当准许。出庭的被告人可以参加法庭调查和辩论。(4)法庭调查阶段,审判人员宣读第一审判决书、裁定书后,上诉案件由上诉人或者辩护人先宣读上诉状或者陈述上诉理由,抗诉案件由检察人员先宣读抗诉书;既有上诉又有抗诉的案件,先由检察人员宣读抗诉书,再由上诉人或者辩护人宣读上诉状或者陈述上诉理由。(5)法庭辩论阶段,上诉案件,先由上诉人、辩护人发言,后由检察人员、诉讼代理人发言;抗诉案件,先由检察人员、诉讼代理人发言,后由被告人、辩护人发言;既有上诉又有抗诉的案件,先由检察人员、诉讼代理人发言,后由上诉人、辩护人发言。(6)开庭审理上诉、抗诉案件,可以重点围绕对第一审判决、裁定有争议的问题或者有疑问的部分进行。根据案件情况,可以按照下列方式审理:其一,宣读第一审判决书,可以只宣读案由、主要事实、证据名称和判决主文等;其二,法庭调查应当重点围绕对第一审判决提出异议的事实、证据以及提交的新的证据等进行;对没有异议的事实、证据和情节,可以直接确认;其三,对同案审理案件中未上诉的被告人,未被申请出庭或者人民法院认为没有必要到庭的,可以不再传唤到庭;其四,被告人犯有数罪的案件,对其中事实清楚且无异议的犯罪,可以不在庭审时审理。(7)辩论终结后,上诉人(被告人)有权进行最后陈述,然后由合议庭评议,作出裁判。第二审人民法院可以委托第一审人民法院代为宣判,并向当事人送达第二审判决书、裁定书。

2. 不开庭审理的方式

不开庭审理的方式,是指第二审人民法院合议庭依照法律规定决定不开庭审理,经过阅卷、讯问被告人、听取意见后,作出裁判的审理方式。

不开庭审理并不等同于书面审理。《最高法解释》强调,第二审案件依法不开庭审理的,应当讯问被告人,听取其他当事人、辩护人、诉讼代理人的意见。合议庭全体成员应当阅卷,必要时应当提交书面阅卷意见。

3. 审理的期限

我国《刑事诉讼法》第 234 条及《最高法解释》的规定,第二审人民法院受理上诉、抗诉案件,应当在 2 个月以内审结。对于可能判处死刑的案件或者附带民事诉讼的案件,以及有《刑事诉讼法》第 158 条规定情形之一的,经省、自治区、直辖市高级人民法院批准或者决定,可以延长 2 个月;因特殊情况还需要延长的,报请最高人民法院批准。最高人民法院受理上诉、抗诉案件的审理期限,由最高人民法院决定。

---

〔10〕 检察人员出席第二审法庭的任务是:支持抗诉或者听取上诉意见,对原审人民法院作出的错误判决或者裁定提出纠正意见;维护原审人民法院正确的判决或者裁定,建议法庭维持原判;维护诉讼参与人的合法权利;对法庭审理案件有无违反法律规定的诉讼程序的情况制作笔录;依法从事其他诉讼活动。

五、对第二审案件的处理

(一)对不服第一审判决、裁定上诉、抗诉案件的处理

根据《刑事诉讼法》第236~238条的规定,第二审人民法院对不服第一审判决的上诉、抗诉案件,经过审理后,应当按照下列情形分别处理:

1. 原判决认定事实和适用法律正确、量刑适当的,应当裁定驳回上诉或者抗诉,维持原判。

2. 原判决认定事实没有错误,但适用法律有错误,或者量刑不当的,应当改判。

3. 因事实不清、证据不足发回重审的只限一次。原判决事实不清楚或者证据不足的,可以在查清事实后改判;也可以裁定撤销原判,发回原审人民法院重新审判。原审人民法院对于依照此项规定发回重新审判的案件作出判决后,被告人提出上诉或者人民检察院提出抗诉的,第二审人民法院应当依法作出判决或者裁定,不得再发回原审人民法院重新审判,即因事实不清、证据不足发回重审的只限一次。该规定是为了最大限度地避免程序倒流、重复审判、超期羁押等现象,切实保障被告人人权。[11]

4. 第一审程序违法,第二审发回重审。这是《刑事诉讼法》规定的一种重要的程序性制裁。[12] 第二审人民法院发现第一审人民法院的审理有下列违反法律规定的诉讼程序的情形之一的,应当裁定撤销原判,发回原审人民法院重新审判:(1)违反有关公开审判的规定的;(2)违反回避制度的;(3)剥夺或者限制了当事人的法定诉讼权利,可能影响公正审判的;(4)审判组织的组成不合法的;(5)其他违反法律规定的诉讼程序,可能影响公正审判的。以上第(3)种和第(5)种情形下,要求违反诉讼程序的程度在具体案件中达到了可能影响公正审判的程度才应当发回重审;若违反程度较轻,则可由第二审人民法院酌情决定是否发回重审。

原审人民法院对于发回重新审判的案件,应当另行组成合议庭,依照第一审程序进行审判。对于重新审判后的判决,依照《刑事诉讼法》第227~229条的规定可以上诉、抗诉。第二审人民法院对不服第一审裁定的上诉或者抗诉,经过审查后,应当参照《刑事诉讼法》第236、238、239条的规定,分别情形用裁定驳回上诉、抗诉,或者撤销、变更原裁定。

---

〔11〕 例如,广州市花都区邓秀琼杀夫骗保案,曾被称为"审判次数创下司法纪录"。自2003年广州市中级人民法院一审后,被二审法院广东省高级人民法院在7年内陆续发回重审3次。无休止的、不受限制的发回重审,不但违背了无罪推定原则,也违背了避免"双重危险"这一公认的法治原则,损害了审判的公信力和司法权威。为避免案件在一二审法院之间反复"踢皮球",2012年《刑事诉讼法》明确规定发回重审只限一次。

〔12〕 程序性制裁是通过对那些违反法律程序的侦查、公诉和审判行为宣布无效、使其不再发生所预期的法律后果的方式,来惩罚和遏制程序性违法行为。程序性制裁有终止诉讼、撤销原判、排除非法证据、诉讼行为绝对无效、诉讼行为相对无效、从轻量刑等主要方式。参见陈瑞华:《程序性制裁理论》,中国法制出版社2005年版,第535~544页。

（二）对第二审附带民事诉讼案件的处理

按照《最高法解释》中的相关规定，第二审法院对附带民事诉讼的案件应当分别做如下处理：

1. 刑事附带民事诉讼案件，只有附带民事诉讼当事人及其法定代理人上诉的，第二审人民法院应当对全案进行审查。经审查，第一审判决的刑事部分并无不当的，第二审人民法院只需就附带民事部分作出处理；第一审判决的附带民事部分事实清楚，适用法律正确的，应当以刑事附带民事裁定维持原判，驳回上诉。

2. 第二审人民法院审理对刑事部分提出上诉、抗诉，附带民事部分已经发生法律效力的案件，发现第一审判决、裁定中的附带民事部分确有错误的，应当依照审判监督程序对附带民事部分予以纠正。

3. 第二审人民法院审理对附带民事部分提出上诉，刑事部分已经发生法律效力的案件，发现第一审判决、裁定中的刑事部分确有错误的，应当依照审判监督程序对刑事部分进行再审，并将附带民事部分与刑事部分一并审理。

4. 第二审期间，第一审附带民事诉讼原告人增加独立的诉讼请求或者第一审附带民事诉讼被告人提出反诉的，第二审人民法院可以根据自愿、合法的原则进行调解；调解不成的，告知当事人另行起诉。

（三）对第二审自诉案件的处理

对第二审自诉案件，必要时可以调解，当事人也可以自行和解。调解结案的，应当制作调解书，第一审判决、裁定视为自动撤销；当事人自行和解的，应当裁定准许撤回自诉，并撤销第一审判决、裁定。第二审期间，自诉案件的当事人提出反诉的，应当告知其另行起诉。

第四节　对查封、扣押、冻结财产的处理

对刑事诉讼中已查封、扣押、冻结的财产进行处理，应当依照《刑事诉讼法》第245条及中央全面深化改革领导小组审议通过的《关于进一步规范刑事诉讼涉案财物处置工作的意见》的内容分别如下进行：

1. 公安机关、人民检察院和人民法院对查封、扣押、冻结的犯罪嫌疑人、被告人的财物及其孳息，应当由公安机关、国家安全机关、人民检察院、人民法院指定本机关的一个部门或者专职人员统一保管，严禁由办案部门、办案人员自行保管。相关部门应当妥善保管，以供核查，对查封、扣押、冻结的财物，均应制作详细清单，随案移送。对扣押款项应当逐案设立明细账，在扣押后立即存入扣押机关唯一合规账户。对赃物特别是贵重物品实行分类保管，做到一案一账、一物一卡、账实相符。公安机关、人民检察院和人民法院查封、扣押、冻结、处理涉案财物，应当依照相关规定将财物清单及时录入信息平台，实现信息共享，确保涉案财物管理规范、移送顺畅、

处置及时。任何单位和个人不得挪用或者自行处理。

2.对易损毁、灭失、变质等不宜长期保存的物品,易贬值的汽车、船艇等物品,或者市场价格波动大的债券、股票、基金份额等财产,规定经权利人同意或申请,批准后可以依法出售、变现或者先行变卖、拍卖。所得款项统一存入各单位唯一合规账户。涉案财物处置工作应当做到公开、公平。

3.严禁在立案之前查封、扣押、冻结财物。不得查封、扣押、冻结与案件无关的财物。查封、扣押、冻结涉案财物,应当为犯罪嫌疑人、被告人及其所扶养的亲属保留必需的生活费用和物品,减少对涉案单位正常办公、生产、经营等活动的影响。经查明确实与案件无关的,应当在3日内予以解除、退还。对权属明确的被害人合法财产,凡返还不损害其他被害人或者利害关系人的利益、不影响诉讼正常进行的,公安机关、国家安全机关、人民检察院、人民法院都应当及时返还。

4.对作为证据使用的实物应当随案移送,对不宜移送的,应当将其清单、照片或者其他证明文件随案移送。

5.人民法院作出的判决,应当对查封、扣押、冻结的财物及其孳息作出处理。人民法院作出的判决生效以后,有关机关应当根据判决对查封、扣押、冻结的财物及其孳息进行处理。对查封、扣押、冻结的赃款赃物及其孳息,除依法返还被害人的以外,一律上缴国库。

6.公安部确定专门机构统一负责到境外开展追逃追赃工作。完善境外追逃追赃侦查取证工作制度,构建集中统一、分工合作、高效顺畅的境外追赃追逃工作体制机制,形成追赃追逃工作合力。

7.法院、人民检察院、公安机关、国家安全机关应当建立有效的权利救济机制,对于当事人、利害关系人提出异议、复议、申诉、投诉或举报的,应当依法及时受理并反馈处理结果。人民法院、人民检察院、公安机关、国家安全机关应当对涉案财物处置工作进行相互监督。人民检察院应当加强法律监督。上级政法机关发现下级政法机关涉案财物处置工作确有错误的,应当依照法定程序要求限期纠正。除此之外,在对查封、扣押、冻结财产管理的责任规制上,法律也给出了明确的规定,即司法工作人员贪污、挪用或者私自处理查封、扣押、冻结的财物及其孳息的,依法追究刑事责任;不构成犯罪的,给予处分。

第五节　法定刑以下判处刑罚和特殊假释的核准

一、法定刑以下判处刑罚的核准

法定刑以下判处刑罚,是指在刑事审判活动中,被告人本应当在上一个刑罚幅度内量刑,但有减轻处罚的情节,依法可以在法定刑以下的刑罚幅度内量刑。法定刑以下判处刑罚需要报最高人民法院核准。引起社会极大关注的许霆案,是法定刑以下判处刑罚的典型一例。

示例18-5 许霆案

该案重审判决书认定：许霆盗窃金融机构，数额特别巨大，依法本应适用“无期徒刑或者死刑，并处没收财产”的刑罚。鉴于许霆是在发现银行自动柜员机出现异常后产生犯意，采用持卡窃取金融机构经营资金的手段，其行为与有预谋或者采取破坏手段盗窃金融机构的犯罪有所不同；从案发具有一定偶然性看，许霆犯罪的主观恶性尚不是很大。根据本案具体的犯罪事实、犯罪情节和对于社会的危害程度，对许霆可在法定刑以下判处刑罚……判决：1. 被告人许霆犯盗窃罪，判处有期徒刑5年，并处罚金2万元；2. 追缴被告人许霆的犯罪所得173826元，发还受害单位。本判决依法报请最高人民法院核准后生效。[13]

报请最高人民法院核准在法定刑以下判处刑罚的案件，应当按照下列情形分别处理：(1)被告人未上诉、人民检察院未抗诉的，在上诉、抗诉期满后3日内报请上一级人民法院复核。上一级人民法院同意原判的，应当书面层报最高人民法院核准；不同意的，应当裁定发回重新审判，或者改变管辖按照第一审程序重新审理。原判是基层人民法院作出的，高级人民法院可以指定中级人民法院按照第一审程序重新审理。(2)被告人上诉或者人民检察院抗诉的，应当依照第二审程序审理。第二审维持原判，或者改判后仍在法定刑以下判处刑罚的，应当依照前项规定层报最高人民法院核准。

对在法定刑以下判处刑罚的案件，最高人民法院予以核准的，应当作出核准裁定书；不予核准的，应当作出不核准裁定书，并撤销原判决、裁定，发回原审人民法院重新审判或者指定其他下级人民法院重新审判。

依照上述规定发回第二审人民法院重新审判的案件，第二审人民法院可以直接改判；必须通过开庭查清事实、核实证据或者纠正原审程序违法的，应当开庭审理。

最高人民法院和上级人民法院复核在法定刑以下判处刑罚案件的审理期限，参照适用《刑事诉讼法》第243条关于第二审案件审理期限的规定。

二、特殊假释的核准

特殊假释，是指因罪犯具有特殊情况，不受执行刑期限制的假释案件。特殊假释需要报最高人民法院核准。

根据《最高法解释》，报请最高人民法院核准因罪犯具有特殊情况，不受执行刑期限制的假释案件，应当按照下列情形分别处理：(1)中级人民法院依法作出假释裁定后，应当报请高级人民法院复核。高级人民法院同意的，应当书面报请最高人民

〔13〕 广州市中级人民法院《刑事判决书》(〔2008〕穗中法刑二重字第2号重审二审)，参见钟育周：《许霆盗窃案——许霆盗窃案犯罪构成及特殊情况之分析》，北大法宝引证码：CLI. C. 1761723。

法院核准;不同意的,应当裁定撤销中级人民法院的假释裁定;(2)高级人民法院依法作出假释裁定的,应当报请最高人民法院核准。

报请最高人民法院核准因罪犯具有特殊情况,不受执行刑期限制的假释案件,应当报送报请核准的报告、罪犯具有特殊情况的报告、假释裁定书各五份,以及全部案卷。

对因罪犯具有特殊情况,不受执行刑期限制的假释案件,最高人民法院予以核准的,应当作出核准裁定书;不予核准的,应当作出不核准裁定书,并撤销原裁定。

第十九章　审判程序:死刑复核程序

导读

“与其杀不辜,宁失不经,好生之德,洽于民心。”[1]自古以来,中国便强调对死刑的适用慎之又慎。唐及以后有死刑的定案权属于中央的规定,凡判处死刑的案件必须经刑部复核,还有“三复奏”、“五复奏”制度规定对死囚执行死刑之前奏请皇帝审慎考虑是否立即执行,即所谓的“朱批勾决”。在现代中国,死刑复核制度是对上述传统的承继与发展。生命权是最基本的人权,死刑复核程序面对的就是生与死的问题。死刑复核程序作为一种特殊的审判程序,不是一种行政程序,应具备诉讼的基本构造。

第一节　死刑复核程序概述

一、死刑复核程序的概念和特点

死刑复核程序,是指人民法院对判处死刑的案件进行复审、核准所遵循的特别审判程序,其任务是由享有复核权的人民法院对下级人民法院报请复核的死刑判决、裁定,在认定事实和适用法律方面是否正确进行全面审查,依法作出是否核准死刑的决定。其目的主要是通过对死刑的适用进行程序上的限制,来达到慎用死刑之效果。

死刑复核程序作为我国《刑事诉讼法》规定的一项特殊审判程序,具有如下主要特点:

1. 审理对象具有单一性。该程序只适用于死刑案件,而不适用于其他的案件。死刑案件具体包括判处死刑立即执行的案件和判处死刑缓期二年执行的案件(死缓案件)。

2. 诉讼程序具有特殊性。我国实行两审终审制度,一般刑事案件经过一审、二审之后,判决就发生法律效力。但是死刑复核程序却是一个例外。被告人被判处死

〔1〕《尚书·大禹谟》。

刑的判决,经过一审、二审之后,还必须经过死刑复核程序,判决才能最终发生效力(最高人民法院判决的除外),也才能最终交付执行。

3. 核准权的权力主体具有专属性。《刑事诉讼法》第249条规定,最高人民法院复核死刑案件,高级人民法院复核死刑缓期执行的案件,应当由审判员3人组成合议庭进行。也就是说,最高人民法院对死刑具有核准权,高级人民法院对死刑缓期执行具有核准权,而不是一切法院都具有死刑的核准权。

4. 程序启动的自动性。根据《刑事诉讼法》的规定,第一审程序和第二审程序都遵循不告不理的原则。如第一审程序必须通过人民检察院提起公诉或者自诉人提起自诉才会启动;第二审程序要通过人民检察院提起抗诉或者被告人、自诉人提起上诉才能启动。死刑复核程序是人民法院通过逐级上报,而既不需要任何检察院提起上诉或者抗诉,也不需要被告人或者自诉人提出上诉或自诉。

二、死刑复核程序的意义

在全球范围内,废除死刑是一个大的趋势。根据相关资料显示,截至2009年6月30日,世界上超过2/3的国家和地区已经在法律上或事实上废止了死刑。[2] 在美国伊利诺伊州,DNA检测表明许多死囚都是无辜的,于是在2003年,伊利诺伊州州长将该州所有的167名死刑判决减为终身监禁。

基于我国的现实情况,完全废除死刑还无法做到。但是,考虑到生命权的特殊性与重要性,我们必须尽量地做到少杀、慎杀。死刑复核程序作为保障生命权的最后一道防线,对于正确适用死刑,防止错杀、滥杀,无疑具有重要意义。具体而言,其意义主要体现在:

1. 死刑复核程序有利于严格控制死刑的适用,体现了对生命权的尊重。在当前我国还无法做到废除死刑的情况下,如何少杀、慎杀是我们必须认真思考的问题。在经过第一审程序、第二审程序之后,有核准权的人民法院再通过对原审判决在认定事实和适用法律上是否正确进行判定,对于原判决认定事实和适用法律正确、量刑适当、诉讼程序合法的,裁定予以核准。而对于原判决认定事实有误或者适用法律不当的,就可以作出不予核准的决定,并依照法定程序,作出不同的处理。这便是通过程序严格控制死刑的适用。

2. 死刑复核程序有利于纠正错误判决,保证正确地适用死刑。一般的案件,经过一审程序和二审程序之后,就已经两审终审。而死刑案件还有一个死刑复核程序,相当于在第一审和第二审程序之外,又多了一层保障,有利于防止误判。“所有的法律系统,无论多么完善,都是由人来实施的,因此总是可能偶然地透露出人性的弱点。我们不可能要求法律尽善尽美,但纠正不可避免的人性弱点而引发的错误的

---

〔2〕 [英]罗吉尔·胡德、卡罗琳·霍伊儿:《死刑的全球考察》(第4版),曾彦等译,中国人民公安大学出版社2009年版,第1页。

能力，则是衡量一个文明的法律机制的标志。”[3]也正因此，我们对死刑复核程序寄予厚望，在死刑复核收归最高人民法院之后，通过严格、统一的复核程序来纠错更是被视为改革的核心目标之一。

3. 死刑复核程序有利于统一死刑的适用标准。规范法官的自由裁量，实现量刑均衡，确保罪责刑相适应原则和同案同判的实现，是刑事司法公正的重要目标。2010年最高人民法院发布了《人民法院量刑指导意见（试行）》，[4]2014年开始实施最高人民法院《关于常见犯罪的量刑指导意见》，意图朝着这个方向迈进。死刑（死缓）判决的核准权由最高人民法院和高级人民法院行使，有利于统一死刑适用的量刑标准和证明标准，避免不同地区轻重不一的状况，体现了法律的尊严。

从死刑复核权收归最高人民法院后的司法实践来看，其主要功能在于在“可杀可不杀”的案件中控制了死刑的适用。如《法制资讯》报道的下列四个不核准死刑的典型案件，便能很形象地说明当前死刑复核程序在控制死刑中是如何发挥作用的。[5]

涉嫌案件	案发时间、地点	一、二审结果	不核准理由	背后的原因	法官的作用
马涛故意伤害案	2006年9月，广东省东莞市	一审死刑，二审驳回上诉、维持原判	因生活琐事引发，主观恶性不深，无前科，认罪态度较好，有悔罪表现	亲属代偿了附带民诉原告人经济损失，取得谅解	被告人无赔偿能力，法官跨三省调解，说服亲属代偿
刘兵故意杀人盗窃案	2008年1月，重庆市	一审死刑，二审驳回上诉、维持原判	因民间矛盾激化，被告人事先无预谋，一时冲动杀人	被害人家属谅解	被告人无赔偿能力，法官帮助申请救助基金，说服被害人家属谅解

〔3〕 Jeffrey L. Kirchmeier, “Dead Innocent: The Death Penalty Abolitionist Search for a Wrongful Execution”, Tulsa Law Review, Vol. 42, 2006, p. 403.

〔4〕 根据2014年12月30日由最高人民法院审判委员会第1639次会议通过的最高人民法院《关于废止部分司法解释和司法解释性质文件（第十一批）的决定》，《人民法院量刑指导意见（试行）》已经废止。

〔5〕 “法官跨三省调解马涛案起死回生——依法不核准死刑典型案例（之一）”；“死刑复核如女人绣花般精细——依法不核准死刑典型案例（之二）”；“死刑复核考验法官群众工作能力——依法不核准死刑典型案例（之三）”；“冯福生死伴着死刑复核环节跌宕——依法不核准死刑典型案例（之四）”，载《法制资讯》2009年第8期。

续表

涉嫌案件	案发时间、地点	一、二审结果	不核准理由	背后的原因	法官的作用
陈斯故意杀人案	2008年2月，安徽省安庆市	一审死刑，二审驳回上诉、维持原判	因民间纠纷引发，被告人有自首情节	经调解，双方达成谅解	两级法院反复做双方工作，就赔偿达成和解
冯福故意伤害案	2007年5月，浙江省台州市	一审死刑，二审驳回上诉、维持原判	系邻里纠纷引发，激情杀人，认罪态度好，主观恶性相对较小	亲属赔偿被害人家属经济损失，取得谅解	法官说服被告方增加赔偿，赢得被害人家属谅解

从上述四个被作为典型宣传的不予核准的案件中，我们可以看到案件性质、不予核准的理由、死刑复核法官所做的工作等方面有着众多的相似之处，结果都是实现了少杀、慎杀之目的。这些案件在事实和法律上都没有太大争议，只是对于量刑的轻重存在不同意见。死刑复核法官所做的也不是通过证据调查、事实审查、法律研究等来纠正错案，而是通过反复调解来说服被告人及其亲属向被害人及其家人赔偿，并最终让被害方接受改判死缓。

第二节 死刑立即执行案件的复核程序

一、死刑核准权及其沿革

死刑复核制度是中国古代法律规定的地方各级司法部门对拟判处死刑的案件应逐级申报中央司法机关或者皇帝进行审查核准，以便最终决定是否适用死刑并交付执行的一项诉讼制度。它被认为是我国古代刑事诉讼中的传统特点之一，也是中华法系区别于世界其他法系的显著标志之一，更是华夏民族对人类诉讼法律文化宝库的巨大贡献。[6]

死刑核准权，是指对死刑(含死缓)判决、裁定由哪一审判机关进行复核与审批的权限。死刑核准权是死刑复核程序中最为关键和重要的问题，死刑核准权的归属及有效行使，直接关系到死刑复核程序设立的目的之实现。

新中国成立之后，死刑核准权经历了一个不断变化的过程。

---

〔6〕 有学者将我国古代死刑复核制度的特点归纳为:复核模式的双轨性、复核权限的集中性、复核对象的明确性、复核程序的审转性、复核责任的严格性。参见周国钧、巩富文:“我国古代死刑复核制度的特点及其借鉴”，载《中国法学》2005年第1期。

1954年以前,死刑的核准权由大行政区人民政府或其主席,或者中央人民政府政务院行使。1954年《人民法院组织法》第11条规定:"中级人民法院和高级人民法院对于死刑案件的终审判决和裁定,如果当事人不服,可以申请上一级人民法院复核。基层人民法院对于死刑案件的判决和中级人民法院对于死刑案件的判决和裁定,如果当事人不上诉,不申请复核,应当报请高级人民法院核准后执行。"这表明,当时的基层人民法院具有对死刑案件的判决权,该时期的死刑复核权则由高级人民法院和最高人民法院共同享有。

1957年7月15日,第一届全国人大第四次会议经讨论决定:今后一切死刑案件,都由最高人民法院判决或核准。这一时期的死刑核准权集中于最高人民法院。1958年5月29日,最高人民法院对死刑缓期执行案件的核准权作出规定:凡是由高级人民法院判处或者审核的死刑缓期执行案件,一律不再报最高人民法院核准。这样就确立了死刑缓期执行案件和死刑立即执行的案件由高级人民法院和最高人民法院分别核准的做法。

1966年以后的"文化大革命"时期,社会主义法制遭到了空前严重的破坏。死刑复核程序和其他法律制度一样都遭到了严重的冲击。在这个时期,公检法系统被砸烂,各类刑事案件的判决,由各级"军事管制委员会"报请各级革命委员会批准,死刑核准权被下放给各省、市、自治区革命委员会。

"文化大革命"结束后,1979年7月1日第五届全国人民代表大会第二次会议上通过了新中国第一部《刑事诉讼法》。该法第144条规定:"死刑由最高人民法院核准"。但是,由于社会情况的变化和发展,全国人民代表大会及其常务委员会和最高人民法院曾经对死刑案件的核准权问题作过多次调整。

第一次是在1980年2月12日的第五届全国人大常委会第十三次会议。此次会议批准最高人民法院和最高人民检察院的建议,同意在1980年内对现行的杀人、强奸、抢劫、放火等犯有严重罪行应当判处死刑的案件,最高人民法院可以授权省、自治区、直辖市高级人民法院批准。

第二次是在1981年6月的第五届全国人大常委会第十九次会议。该次会议通过了《关于死刑案件核准权问题的决定》,规定除反革命和贪污等判处死刑的案件由最高人民法院核准外,在1981~1983年对杀人、强奸、抢劫、放火、投毒、决水和破坏交通、电力等设备的罪行,由高级人民法院终审判处死刑的,或者中级人民法院一审判处死刑后被告人不上诉、经高级人民法院核准的,以及由高级人民法院一审判处死刑、被告人不上诉的,都不必再报最高人民法院核准。

第三次是在1983年9月2日第六届全国人大常委会第二次会议。该次会议通过了《关于修改〈人民法院组织法〉的决定》,将该法第13条修改为:死刑案件除由最高人民法院判决的以外,应当报请最高人民法院核准。杀人、抢劫、强奸、爆炸以及其他严重危害公共安全和社会治安判处死刑案件的核准,最高人民法院在必要的时候,得授权省、自治权、直辖市的高级人民法院行使。据此,最高人民法院于1983年9月7日发布了《关于授权高级人民法院核准部分死刑案件的通知》,规定:在当前严厉打击刑事犯罪活动期间,为了及时严惩严重危害公共安全和社会治安的罪大恶极的刑事犯罪分子,除由最高人民法院判处死刑的案件以外,各地对反革命案件和贪污等严重经济犯罪案件判处死刑的,仍应由高级人民法院复核同意后,报最高人民法院核准;对杀人、抢劫、强奸、爆炸以及其他严重危害公共安全和社会治安判处死刑案件的核准权,最高人民法院依法授权由省、自治权、直辖市高级人民法院和解放军军事法院行使。

第四次是1991~1997年,最高人民法院分别以通知的形式授予云南、广东、广西、甘肃、四川和贵州等高级人民法院对毒品犯罪判处死刑案件(本院判决的和涉外、涉港澳台地区的毒品犯罪死刑案件除外)的核准权。

第五次是1997年,最高人民法院发出《关于授权高级人民法院和解放军军事法院核准部分死刑案件的通知》,规定:"除本院判处的死刑案件以外,各地对刑法分则第一章规定的危害国家安全罪,第三章规定的社会主义市场经济秩序罪,第八章规定的贪污贿赂罪判处死刑的案件,高级人民法院、解放军军事法院二审或复核同意后,仍应报本院核准。对刑法分则第二章、第四章、第五章、第六章(毒品犯罪除外)、第七章、第十章规定的犯罪,判处死刑的案件(本院判决的和涉外的除外)的核准权,本院依据《中华人民共和国人民法院组织法》第13条的规定,仍授权各省、自治区、直辖市高级人民法院和解放军军事法院行使。但涉港澳台地区死刑案件在一审宣判前仍须报本院复核。对于毒品犯罪死刑案件,除已获得授权的高级人民法院可以行使死刑案件核准权外,其他高级人民法院和解放军军事法院在二审或复核同意后,仍应报本院批准。"这表明了最高人民法院以"通知"的形式授权高级人民法院和解放军军事法院行使部分死刑案件的核准权。这种做法有利于及时打击犯罪,维护社会的稳定。但在实践过程中,也存在一些缺陷与不足,比如说一些高级人民法院将第二审程序与死刑复核程序合二为一,这就使当事人的权利无法得到有效的救济,导致死刑复核程序名存实亡。

2006年10月31日,第十届全国人大常委会第二十四次会议讨论通过了《关于修改〈人民法院组织法〉的决定》,该决定将《人民法院组织法》第13条规定的"杀人、强奸、抢劫、爆炸以及其他严重危害公共安全和社会治安判处死刑的案件的核准权,最高人民法院在必要的时候,得授权省、自治区、直辖市的高级人民法院行使",修改为"死刑除依法由最高人民法院判决的以外,应当报请最高人民法院核准"。该决定自2007年1月1日起施行,这就意味着自2007年1月1日起,死刑立即执行案件的核准权收归最高人民法院统一行使,从而使《刑事诉讼法》关于"死刑由最高人民法院核准"的规定得以落实。同时,最高人民法院在2006年12月13日发布了《关于统一行使死刑案件核准权有关问题的决定》,规定:(1)自2007年1月1日起,最高人民法院根据全国人民代表大会常务委员会有关决定和《人民法院组织法》原第13条的规定发布的关于授权高级人民法院和解放军军事法院核准部分死刑案件的通知,一律予以废止。(2)自2007年1月1日起,死刑案件除依法由最高人民法院判决的以外,各高级人民法院和解放军军事法院依法判决和裁定的,应当报请最高人民法院核准。

2012年修改《刑事诉讼法》,不仅保留了“死刑由最高人民法院核准”的规定,而且在第2条的任务中增加规定了“尊重和保障人权”。这就从根本上夯实了由最高人民法院行使死刑核准权的基石。

死刑是剥夺被告人生命权的最严重的刑罚。将死刑案件的复核权统一收归最高人民法院行使,既有利于保障被告人的权利,有利于法治的统一,也有利于社会的稳定与和谐。

二、报请核准程序

(一)判处死刑立即执行案件的报请复核

《刑事诉讼法》第247条规定:“中级人民法院判处死刑的第一审案件,被告人不上诉的,应当由高级人民法院复核后,报请最高人民法院核准。高级人民法院不同意判处死刑的,可以提审或者发回重新审判。高级人民法院判处死刑的第一审案件被告人不上诉的,和判处死刑的第二审案件,都应当报请最高人民法院核准。”根据这一规定及相关司法解释,最高人民法院核准的死刑立即执行案件,应当按照下列情形报请:

1. 中级人民法院判处死刑的第一审案件,被告人未上诉、人民检察院未抗诉的,在上诉、抗诉期满后10日内报请高级人民法院复核。高级人民法院同意判处死刑的,应当在作出裁定后10日内报请最高人民法院核准;不同意的,应当依照第二审程序提审或者发回重新审判。

2. 中级人民法院判处死刑的第一审案件,被告人上诉或者人民检察院抗诉,高级人民法院裁定维持的,应当在作出裁定后10日内报请最高人民法院核准。

3. 高级人民法院判处死刑的第一审案件,被告人未上诉、人民检察院未抗诉的,应当在上诉、抗诉期满后10日内报请最高人民法院核准。

4. 依法判处死刑缓期二年执行的罪犯,在死刑缓期执行期间,如果故意犯罪,查证属实,应当执行死刑的,由高级人民法院报请最高人民法院核准。

示例19-1　郝某某抢劫罪死刑复核案

裁定书记载:河南省商丘市中级人民法院审理商丘市人民检察院指控被告人郝某某犯抢劫罪一案,于2013年6月26日以(2013)商刑初字第31号刑事附带民事判决,认定被告人郝某某犯抢劫罪,判处死刑,剥夺政治权利终身,并处没收个人全部财产。宣判后,郝某某提出上诉。河南省高级人民法院经依法开庭审理,于2014年7月12日以(2013)豫法刑二终字第00243号刑事附带民事裁定,驳回上诉,维持原判,并依法报请本案核准。本院依法组成合议庭,对本案进行了复核,依法讯问了被告人。现已复核终结。[7]

---

〔7〕 郝某某抢劫死刑复核裁定书,北大法宝引证码:CLI. C. 16441519。

(二)判处死刑立即执行案件报请复核所需的材料及要求

根据《最高法解释》规定,报请复核的死刑、死刑缓期执行案件,应当一案一报。报送的材料包括报请复核的报告,第一、二审裁判文书,死刑案件综合报告各5份以及全部案卷、证据。死刑案件综合报告,第一、二审裁判文书和审理报告应当附送电子文本。同案审理的案件应当报送全案案卷、证据。曾经发回重新审判的案件,原第一、二审案卷应当一并报送。

报请复核的报告,应当写明案由、简要案情、审理过程和判决结果。死刑案件综合报告应当包括以下内容:(1)被告人、被害人的基本情况。被告人有前科或者曾受过行政处罚的,应当写明;(2)案件的由来和审理经过。案件曾经发回重新审判的,应当写明发回重新审判的原因、时间、案号等;(3)案件侦破情况。通过技术侦查措施抓获被告人、侦破案件,以及与自首、立功认定有关的情况,应当写明;(4)第一审审理情况。包括控辩双方意见,第一审认定的犯罪事实,合议庭和审判委员会意见;(5)第二审审理或者高级人民法院复核情况。包括上诉理由、检察机关意见,第二审审理或者高级人民法院复核认定的事实,证据采信情况及理由,控辩双方意见及采纳情况;(6)需要说明的问题。包括共同犯罪案件中另案处理的同案犯的定罪量刑情况,案件有无重大社会影响,以及当事人的反应等情况;(7)处理意见。写明合议庭和审判委员会的意见。

三、核准程序

(一)判处死刑立即执行案件的复核程序

《刑事诉讼法》第249条规定,最高人民法院复核死刑案件,高级人民法院复核死刑缓期执行的案件,应当由审判员3人组成合议庭进行。2007年3月9日发布的最高人民法院、最高人民检察院、公安部、司法部《关于进一步严格依法办案确保办理死刑案件质量的意见》(以下简称《办理死刑案件意见》)对死刑复核程序作出了进一步的规定。《办理死刑案件意见》规定,复核死刑案件,应当对原审裁判的事实认定、法律适用和诉讼程序进行全面审查。具体而言,死刑立即执行案件的复核程序应按照以下规定进行:

1. 全面审查。《最高法解释》规定,复核死刑、死刑缓期执行案件,应当全面审查以下内容:(1)被告人的年龄,被告人有无刑事责任能力、是否系怀孕的妇女;(2)原判认定的事实是否清楚,证据是否确实、充分;(3)犯罪情节、后果及危害程度;(4)原判适用法律是否正确,是否必须判处死刑,是否必须立即执行;(5)有无法定、酌定从重、从轻或者减轻处罚情节;(6)诉讼程序是否合法;(7)应当审查的其他情况。

2. 讯问被告人,听取辩护人和最高人民检察院的意见。根据2018年《刑事诉讼法》第251条以及《最高法解释》规定,最高人民法院复核死刑案件,应当讯问被告人,辩护律师提出要求的,应当听取辩护律师的意见。在复核死刑案件过程中,最高人民检察院可以向最高人民法院提出意见。最高人民法院应当将死刑复核结果通报最高人民检察院。上述规定表明，我国死刑复核程序不是最高人民法院单方面审查死刑判决的内部程序，也不是死刑案件的第三审程序，而是允许以灵活的方式吸收控辩双方参加，特别是必须听取被告人意见的一种特殊审判程序。立法采用了刚性的“应当”，而不是用柔性的“可以”，表明了对讯问被告人的重视。关于听取辩护律师的意见，《最高法解释》规定：(1)高级人民法院复核死刑案件，被告人没有委托辩护人的，应当通知法律援助机构指派律师为其提供辩护。(2)死刑复核期间，辩护律师要求当面反映意见的，最高人民法院有关合议庭应当在办公场所听取其意见，并制作笔录；辩护律师提出书面意见的，应当附卷。

3. 阅卷与调查核实证据。《办理死刑案件意见》第41条规定，复核死刑案件，合议庭成员应当阅卷，并提出书面意见存查。对证据有疑问的，应当对证据进行调查核实，必要时到案发现场调查。

从上述规定可以看出，我国的死刑复核程序还是一种行政化的裁判程序。〔8〕从未来的发展走向来看，应设计死刑复核中的听审程序，以对现行的过于行政化的复核方式进行诉讼化的改革。基于行政化书面审方式的种种弊端，而少量的调查审程序亦不能解决问题，设计诉讼化的听审程序是一种必然选择。只有让控辩双方有效参与，使死刑复核程序具有诉讼的基本特质，实现诉讼的三方构造，才能使核准程序真正发挥纠错、慎杀之作用。这体现了对被告人的诉讼主体地位的尊重，是充分保障被告人人权的需要，更是符合现代法治和诉讼规律的做法。对于死刑复核听审的范围，应包括下列案件：(1)在一审、二审中对事实、证据的认定和法律适用有较大分歧的案件；(2)当事人、辩护人或者其他诉讼代理人提出新的事实和证据的案件；(3)检察机关发现审判机关存在违法情形的案件；(4)社会影响较大的案件。〔9〕

死刑案件听审程序设计中的关键是要充分发挥律师的作用，以便实现控辩平等对抗的基本诉讼构造。死刑复核仅仅允许律师提供口头或书面意见，显然是不够的。应当充分保障死刑案件被告人及其律师在死刑复核程序中的如下权利：(1)死刑案件被告人应有权自我辩护，有权委托任何符合法定条件的人担任辩护人。(2)死刑案件被告人有权获得法律援助，如果其在死刑复核中没有委托辩护人，由最高人民法院依法为其指定辩护人。如果被告人拒绝原审指定辩护人继续辩护的，法院应当另行指定辩护人。(3)充分保障辩护人在死刑复核程序中的阅卷权、会见权、调查取证权等辩护权利，这些权利不得少于第一、二审程序中的辩护权。

(二)对死刑案件复核后的处理

《刑事诉讼法》第250条规定：“最高人民法院复核死刑案件，应当作出核准或者

---

〔8〕有学者指出，我国死刑复核程序是一种行政化裁判程序，具体表现在以下方面：最高人民法院只是通过秘密、书面和间接的阅卷工作对下级法院的事实裁判进行复审；不在公开的法庭上听取检察官和辩护律师的意见；核准被告人死刑不在公开的法庭上进行，只采取秘密提审的方式；等等。参见陈瑞华：“通过行政方式实现司法正义？——对最高人民法院死刑复核程序的初步考察”，载《法商研究》2007年第4期。

〔9〕万春：“死刑复核法律监督制度研究”，载《中国法学》2008年第3期。

不核准死刑的裁定。对于不核准死刑的,最高人民法院可以发回重审或者予以改判。"根据《最高法解释》的规定,最高人民法院复核死刑案件,应当按照下列情形分别处理:(1)原判认定事实和适用法律正确、量刑适当、诉讼程序合法的,应当裁定核准。(2)原判认定的某一具体事实或者引用的法律条款等存在瑕疵,但判处被告人死刑并无不当的,可以在纠正后作出核准的判决、裁定。(3)原判事实不清、证据不足的,应当裁定不予核准,并撤销原判,发回重新审判。(4)复核期间出现新的影响定罪量刑的事实、证据的,应当裁定不予核准,并撤销原判,发回重新审判。(5)原判认定事实正确,但依法不应当判处死刑的,应当裁定不予核准,并撤销原判,发回重新审判。(6)原审违反法定诉讼程序,可能影响公正审判的,应当裁定不予核准,并撤销原判,发回重新审判。

最高人民法院裁定不予核准死刑的,根据案件情况,可以发回第二审人民法院或者第一审人民法院重新审判。第一审人民法院重新审判的,应当开庭审理。第二审人民法院重新审判的,可以直接改判;必须通过开庭查清事实、核实证据或者纠正原审程序违法的,应当开庭审理。高级人民法院依照复核程序审理后报请最高人民法院核准死刑,最高人民法院裁定不予核准,发回高级人民法院重新审判的,高级人民法院可以依照第二审程序提审或者发回重新审判。最高人民法院裁定不予核准死刑,发回重新审判的案件,原审人民法院应当另行组成合议庭审理,但有两种案件除外:(1)复核期间出现新的影响定罪量刑的事实、证据的;(2)原判认定事实正确,但依法不应当判处死刑的。

示例 19-2　郝某某抢劫罪死刑复核案

裁定书记载:本院认为,被告人郝某某以非法占有为目的,使用暴力手段劫取他人财物,其行为已构成抢劫罪。郝某某抢劫致 1 人死亡,犯罪情节恶劣,手段残忍,社会危害大,罪行极其严重,应依法惩处。第一审判决、第二审裁定认定的事实清楚,证据确实、充分,定罪准确,量刑适当。审判程序合法。依照《刑事诉讼法》第 235 条、第 239 条和《最高法解释》第 350 条第(1)项的规定,裁定如下:核准河南省高级人民法院(2013)豫法刑二终字第 00243 号维持第一审以抢劫罪判处被告人郝某某死刑,剥夺政治权利终身,并处没收个人全部财产的刑事附带民事裁定。[10]

(三)数罪并罚案件和共同犯罪案件的复核

对一人有两罪以上被判处死刑的数罪并罚案件,最高人民法院复核后,认为其中部分犯罪的死刑判决、裁定事实不清、证据不足的,应当对全案裁定不予核准,并撤销原判,发回重新审判;认为其中部分犯罪的死刑判决、裁定认定事实正确,但依法不应当判处死刑的,可以改判,并对其他应当判处死刑的犯罪作出核准死刑的判决。

〔10〕 郝某某抢劫死刑复核裁定书,北大法宝引证码:CLI. C. 16441519。

对有两名以上被告人被判处死刑的案件,最高人民法院复核后,认为其中部分被告人的死刑判决、裁定事实不清、证据不足的,应当对全案裁定不予核准,并撤销原判,发回重新审判;认为其中部分被告人的死刑判决、裁定认定事实正确,但依法不应当判处死刑的,可以改判,并对其他应当判处死刑的被告人作出核准死刑的判决。

第三节 死刑缓期二年执行案件的复核程序

一、复核程序

《刑事诉讼法》第248条规定,中级人民法院判处死刑缓期二年执行的案件,由高级人民法院核准。根据这一规定以及《最高检解释》的规定,中级人民法院判处死刑缓期二年执行的第一审案件,被告人不上诉、人民检察院未抗诉的,应当报请高级人民法院核准。

中级人民法院报请高级人民法院复核、核准死刑缓期二年执行的案件,应当遵守下列程序:

1. 中级人民法院判处死刑缓期二年执行的案件,被告人不上诉,人民检察院不抗诉的,应当报请高级人民法院核准。高级人民法院同意判处死刑缓期二年执行的,应当裁定并予以核准;如果认为事实不清、证据不足的,应当裁定发回原审法院重新审判,重新审判所作的判决、裁定,被告人可以提出上诉,人民检察院可以提出抗诉;如果认为原判量刑过重的,高级人民法院应当依法改判。

2. 中级人民法院判处死刑缓期二年执行的案件,被告人提出上诉或者人民检察院提出抗诉的,高级人民法院经过第二审程序,同意判处死刑缓期二年执行的,作出维持原判并核准死刑缓期二年执行的裁定;如果认为原判量刑过重,应当依法改判;如果认为事实不清、证据不足的,应当裁定发回重新审判。

3. 高级人民法院判处死刑缓期二年执行的一审案件,被告人不上诉、人民检察院不抗诉的,上诉、抗诉期满后判决即发生法律效力。

4. 高级人民法院复核死刑缓期二年执行的案件,应当由审判员3人组成合议庭。高级人民法院复核死刑缓期二年执行案件的程序与最高人民法院复核死刑立即执行案件的程序相同。

5. 高级人民法院核准死刑缓期二年执行的案件,不得加重被告人的刑罚,也不得以提高审级等方式加重被告人的刑罚。

二、对死缓案件复核后的处理

高级人民法院复核死刑缓期执行案件,根据《最高法解释》规定,应当按照下列情形分别处理:

1. 原判认定事实和适用法律正确、量刑适当、诉讼程序合法的,应当裁定核准。

2. 原判认定的某一具体事实或者引用的法律条款等存在瑕疵,但判处被告人死刑缓期执行并无不当的,可以在纠正后作出核准的判决、裁定。

3. 原判认定事实正确,但适用法律有错误,或者量刑过重的,应当改判。

4. 原判事实不清、证据不足的,可以裁定不予核准,并撤销原判,发回重新审判,或者依法改判。

5. 复核期间出现新的影响定罪量刑的事实、证据的,可以裁定不予核准,并撤销原判,发回重新审判,或者依照《最高法解释》规定审理后依法改判。即法庭对证据有疑问的,可以告知公诉人、当事人及其法定代理人、辩护人、诉讼代理人补充证据或者作出说明;必要时,可以宣布休庭,对证据进行调查核实。对公诉人、当事人及其法定代理人、辩护人、诉讼代理人补充的和法庭庭外调查核实取得的证据,应当经过当庭质证才能作为定案的根据。但是,经庭外征求意见,控辩双方没有异议的除外。有关情况,应当记录在案。

6. 原审违反法定诉讼程序,可能影响公正审判的,应当裁定不予核准,并撤销原判,发回重新审判。

示例 19-3　平阴地沟油案

朱氏三兄弟合伙加工销售地沟油,2014 年 1 月,济南市中级人民法院对轰动国内的制售地沟油案件进行宣判。朱传峰犯生产、销售有毒、有害食品罪,判处死刑,缓期两年执行。随后,朱传峰不服判决提起上诉。山东省高级人民法院经过审理调查,依法作出终审维持原判的决定:法院审理认为,朱传峰等人在生产、销售的食品中掺入有毒、有害的非食品原料,数额特别巨大;发达公司违反增值税专用发票管理规定,让他人为自己虚开增值税专用发票用于抵扣税款,数额巨大,依法判决朱传峰犯生产、销售有毒、有害食品罪,判处死刑,缓期两年执行,剥夺政治权利终身,并处没收个人全部财产。[11]

第四节　死刑复核程序的法律监督

为了确保死刑案件的复核质量,《刑事诉讼法》第 251 条第 2 款规定:"在复核死刑案件过程中,最高人民检察院可以向最高人民法院提出意见。最高人民法院应当将死刑复核结果通报最高人民检察院。"此规定表明,最高人民检察院对死刑复核程序应当实行法律监督。

对此,司法解释做出了具体规定。《最高检规则》规定,死刑复核法律监督工作由最高人民检察院死刑复核检察厅负责承办,发现案件具有下列情形之一:(1)认为

---

〔11〕"平阴地沟油案",北大法宝引证码:CLI. CR. 307757。

死刑二审裁判确有错误,依法不应该核准死刑的;(2)发现新情况、新证据,可能影响被告人定罪量刑的;(3)严重违反法律规定的诉讼程序,可能影响公正审判的;(4)司法工作人员在办理案件时,有贪污受贿、徇私舞弊,枉法裁判等行为的;(5)其他需要提出意见的。经审查认为确有必要的,应当在最高人民法院裁判文书下发前经报请检察长或者检察委员会批准或决定,以死刑复核案件意见书的形式向最高人民法院提出意见。《最高法解释》规定,死刑复核期间,最高人民检察院提出意见的,最高人民法院应当审查,并将采纳情况及理由反馈最高人民检察院。最高人民法院应当根据有关规定向最高人民检察院通报死刑案件复核结果。

对死刑复核监督案件的审查方式有:(1)书面审查;(2)听取原办案检察院意见;(3)必要时可以阅卷、讯问被告人及复核主要证据。对死刑复核监督案件,应当在1个月内作出决定;因案件重大、疑难、复杂,需要延长审查期限的,应当报请检察长批准,适当延长办理期限。

第二十章　审判程序:审判监督程序

导读

“一次不公正的裁判,其恶果甚至超过十次犯罪。因为犯罪虽是冒犯法律——好比污染了水流,而不公正的审判则毁坏法律——好比污染了水源。”[1] 冤假错案是污染司法的最大污染源头。纠正司法错误,自然而然就成为任何司法体制倾尽全力而为之的重大使命。在刑事诉讼中,审判监督程序作为一种特殊救济机制,不具有普通程序的普遍适用性,但其对于纠正司法错误却是至关重要的。尤其是在我国,通过申诉来要求再审具有传统上的正当性和合理性。然而,“倘若人们求助法律程序来解决争执,那么争执须在某一阶段上最终解决,否则求助法律程序就毫无意义”。[2] 再审的启动应该受到既判力和法的安定性之限制,法院应作出解决争议的最终决定。

第一节　审判监督程序概述

一、审判监督程序的概念及特点

审判监督程序,又称再审程序,是指人民法院、人民检察院对已经发生法律效力的判决和裁定,发现在认定事实或适用法律上确有错误,依法提起并对案件进行重新审判的一项特别审判程序。

与普通程序相比,审判监督程序的特点主要体现在以下方面:

1. 审判监督程序是为纠正错误裁判,而设立的一种特殊程序。而第一审程序是人民法院审判活动的基本程序,其任务是准确查明案件事实、正确适用法律,作出正确判决,从而使犯罪分子受到应有的法律制裁,无罪的人不受刑事处罚;第二审程序除了有纠正一审错误裁判的功能外,还有维护一审正确裁判、满足当事人合理要求,

---

〔1〕［英］弗兰西斯·培根:《培根论人生》,何新译,中国友谊出版公司2001年版,第103页。

〔2〕［美］迈克尔·D. 贝勒斯:《法律的原则——一个规范的分析》,张文显等译,中国大百科全书出版社1996年版,第37页。

实现上下级法院之间的审级监督的功能。

2. 审判监督程序可以由人民法院自行启动。而一审程序、二审程序必须依诉(起诉、上诉、抗诉)而启动,人民法院无权自行启动,即实行“不告(起诉、上诉或者抗诉)不理”。

3. 审判监督程序的审理对象是已经发生法律效力的判决和裁定。而一审程序是对尚未经过审理的案件所进行的初次审理,二审程序的审理对象是未生效的一审判决和裁定。

4. 提起审判监督程序的理由必须是生效裁判确有错误。而一审程序的启动是基于人民检察院或自诉人有充分证据证明被告人的行为构成犯罪且应当追究刑事责任;二审程序提起的理由根据提起主体的不同而有所不同:当事人的上诉理由是对一审判决、裁定不服,并不要求必须阐明一审判决、裁定的错误之处,人民检察院提起抗诉的理由是一审判决确有错误。

5. 有权按照审判监督程序重新审理案件的法院可以是任何一级人民法院。而一审法院必须严格按照审判管辖的原则确定;二审法院则只能是一审法院的上一级人民法院。

审判监督程序与死刑复核程序尽管均属特殊审判程序,但二者在适用对象、有权审理的法院以及审理后所作裁判的效力等方面都有不同。审判监督程序适用的是确有错误的生效裁判,可依法由各级人民法院进行审判,所作的判决或裁定取决于原审裁判的程序和审级。而死刑复核程序只适用于未生效的死刑(含死缓)案件,由最高人民法院或者高级人民法院核准后生效,立即执行死刑的,由最高人民法院院长签发执行死刑命令后才能执行。

审判监督程序除不同于普通审判程序和死刑复核程序外,自身还有如下特点:首先,从诉讼实质看,审判监督程序是一种补救性程序,或称救济程序。审判监督程序针对的是已经发生法律效力的判决、裁定,只有在判决或裁定可能是错误的情况下才能启动审判监督程序,其目的是解决裁判的确定性与案件的真实性之间的矛盾,保障当事人权利,实现司法公正。因此,审判监督程序正是为纠正错判而设立的补救程序。其次,从诉讼进程看,审判监督程序不是刑事诉讼的必经程序。审判监督程序不仅只适用于特殊对象,并由法定的主体提起,而且它也不像一审、二审程序那样,只要有诉就必须进行审判,还不像死刑复核程序那样,凡是判处死刑(含死缓)的案件都必须逐级上报核准,而本程序的提起与否,不取决于当事人等的申诉,有的甚至虽经过多次、反复申诉、请求,也未必一定对案件进行重新审判,更不是无条件地逐级上报再审。

二、审判监督程序的意义

审判程序既是特殊程序,又是刑事审判程序的重要组成部分,在刑事诉讼中具有十分重要的意义。具体表现在:

1. 审判监督程序是使刑罚权得以正确行使的可靠保障。刑罚权是国家权力重要的组成部分。人民法院是国家审判机关，代表国家行使刑罚权，其判决和裁定以国家强制力保护其严肃性和权威性，一旦发生法律效力，就具有了稳定性，任何机关和个人都不能变更或撤销。但是，生效裁判的稳定性应当建立在认定事实和适用法律正确性和客观真实性的基础之上。然而刑事案件错综复杂，虽然经过侦查、起诉和审判，甚至还经过了二审、死刑复核等程序，仍然可能有错误，尽管这种确有错误的裁判是极少数的。因此，审判监督程序是使国家刑罚权得以正确行使的最后的程序保障。

示例20－1　陈满故意杀人案

"裁判生效后，陈满不服，向最高人民检察院提出申诉。2015年2月10日，最高人民检察院作出高检刑申抗(2015)1号刑事抗诉书，按照审判监督程序向最高人民法院提出抗诉。最高人民法院于同年4月24日作出(2015)刑抗字第2号再审决定书，决定将本案指令本院再审。本院依法组成合议庭，于2015年12月29日在海南省海口市琼山区人民法院，公开开庭审理了本案……本院认为，原裁判认定原审被告人陈满杀死被害人钟某并放火焚尸灭迹的事实不清，证据不足，指控的犯罪不能成立，依法应予改判纠正。检、辩双方要求撤销原裁判，宣告陈满无罪的意见成立，均予以采纳。"〔3〕

除陈满案外，张氏叔侄案、呼格吉勒图案、钱仁凤案等都是通过审判监督程序得以纠正，审判监督程序的重要意义可见一斑。就如十八届四中全会所强调的，"再审重在解决依法纠错、维护裁判权威"。

2. 审判监督程序有利于实现上级司法机关对下级人民法院审判工作的监督。按照法律规定，最高人民检察院和上级人民检察院、最高人民法院和上级人民法院在接受申诉及办案过程中，发现下级人民法院的生效裁判确有错误，通过提出抗诉或提审、指令再审等方式，对下级人民法院的审判工作实行监督，纠正错误。而下级人民法院通过接受抗诉和重新审判案件，发现自己在认定事实和适用法律上存在的问题及其原因，以便及时纠正错误并且有针对性地总结教训，改进审判工作，提高办案质量。

3. 审判监督程序有利于保障当事人的合法权利。按照法律规定，当事人及其法定代理人、近亲属，不服已生效的判决、裁定有权向司法机关提出申诉。由于刑事判决和裁定是对被告人的生命、自由和财产等权利的处分，事关重大，如果处分不当，就会造成对被告人权利的剥夺或侵犯。同时，刑事裁判也是对被害人、自诉人的控告、起诉、上诉及其请求的权利的处分，如果处分错误，也会对他们造成损害。因此，我国现行法律规定的审判监督程序是保护当事人双方利益的重要程序。

三、再审纠错的理念更新

一事不再理原则是《公民权利和政治权利国际公约》确立的一项基本原则，在该

---

〔3〕　浙江省高级人民法院《刑事判决书》(〔2015〕浙刑再字第2号)，北大法宝引证码：CLI. C. 8223309。

公约第14条第7款中表述为:“任何人已依一国的法律及刑事程序被最后定罪或宣告无罪者,不得就同一罪名再予审判或惩罚。”这与我国传统的实事求是、有错必纠的理念存在差异。实事求是对于实体真实的追求,它要求更多地启动再审程序,必然会对既判力造成冲击从而直接影响到法的安定性,而一事不再理强调司法的克制性、终结性和不可逆转性。实事求是不仅倡导消极真实主义也追求积极真实主义,而一事不再理排斥或至少是严格限制不利于被告人的纠错活动。[4] 为此,在权衡中,我们需要更新理念,深入理解既判力、法的安定性、有利被告等理念,以指导我国的审判监督程序的制度和实践之完善。

既判力是指判决确定以后,判决中针对当事人请求而作出的实体判断就成为规定当事人之间法律关系的基准,此后当事人既不能再提起与此基准相冲突的主张来进行争议,法院也不得作出与此基准矛盾的判断。[5] 既判力的作用主要体现在维护裁判的终局性和稳定性。终审判决作出以后,便形成了既判力,即使发现裁判有一定的瑕疵,也不能随意更改。这种相对稳定的法律裁判所确立的司法权威,不仅能保障裁判的执行,防止无休止的争议,更重要的是能给人们程序上的正义感,增加人们对司法裁判的可预见性,从而也使司法裁判更能被人们所接受。相反,如果检察院反复追诉,法院自己主动修改已经生效的判决,就会极大地破坏人们对司法的预见性和信任感。“法院的一个最重要的作用是捍卫每个人秉于人的自我价值而怀有的正当期望。”[6] 当人们不能满足这种正当期望时就会对司法失望,甚至采用私力救济,这就极易导致新的混乱,这显然是与刑事审判目的相背离的。但是,实践中甚至出现过将判处有期徒刑并已经投入监狱改造的犯人通过再审改判死刑,这无疑是对既判力和司法权威性的极大冲击。

保障被告人在法律上的安定性。被告人作为被刑事追诉的对象,其权利无时无刻不面临着强大的国家机器的威胁,因此,为保障被告人人权,国家发现实体真实的价值追求就必然要受到约束。也就是说,国家在行使刑事追诉权时有义务保持手段

---

〔4〕 实事求是原则从总的精神上来看显然是正确的。但实事求是原则在诉讼制度中运用时,我们必须摆脱口号式束缚,将其与现代诉讼的基本原理真正相契合。实事求是原则强调诉讼中的实体真实,在刑事再审制度中,实事求是原则必然要求纠正冤假错案;必然要求保障公民的申诉权,解决申诉难问题;必然排斥“假大空”的申诉制度,而要求将我国的再审制度建立在合理、可行的基础之上。这些是实事求是原则在刑事诉讼领域积极的一面,但是,如果一味地强调实事求是、有错必纠就会走向一个极端,即只顾实体真实,而忽略了程序公正的重要性。实事求是原则和一事不再理原则的冲突始终交织在一起,使得我们在改革刑事再审制度时必须权衡利弊,一方面,我们应当参照国际公约确立一事不再理原则并相应地改革我国的再审制度;另一方面,我们又必须考虑普通公民和司法工作人员的承受能力,一事不再理原则的本土化等问题。那么,在我国确立一事不再理原则,就必须考虑到普通公民和司法工作人员的纠错心理,必须结合我国的实际确立一事不再理的例外,而且这种例外可能要比别的国家的范围更宽一点。

〔5〕 王新亚:《对抗与判定——日本民事诉讼的基本结构》,清华大学出版社2002年版,第338页。

〔6〕 美国的William Brennan法官在Daul v. Davis一案中的评论,参见陈端洪:“法律程序价值观”,载《中外法学》1997年第6期。

的节制,即所谓的司法克制。在一个民主法治的社会里,国家权力和公民权利应当保持一定的张力。国家权力的行使必须以不侵害到公民的个人权利为限度,而国家对公民因同一事实、同一罪名进行反复追诉,便打破了这种限度,直接侵害了被告人在法律上的安定性,使得公民的权利、义务关系长期处于不确定状态,不能实现正常的生活。因此,“如果重视保障被告人的法律上的安定性,就应当承认约束力,这就要求禁止追诉一方的矛盾行为。也就是说,约束力具有禁止检察官翻诉的性质”。〔7〕禁止翻诉是英美法系的普遍做法,主要指在有利于被告人的判断作出以后,检察官就不能再作出与此相矛盾的主张,法院也不能再作出与此相矛盾的判断。这里所谓的判断不仅包括生效裁判,还包括在诉讼中形成的有利于被告人的争点。基于同样的原因,许多国家有再审制度的国家也都禁止不利于被告人的再审,如法国、日本等。也就是说,检察院和法院主动发动再审并作出不利被告人的变更,是与这种理念相违背的。

有利被告也是现代刑事诉讼的一项基本理念。被告人作为刑事诉讼中的被追诉者,其面对的是拥有大量资源的强大的国家机器,因此被告人无疑是刑事诉讼程序中的弱者,其权利很容易受到国家追诉机关的侵害。也正因此,在刑事诉讼中,我们特别强调保障被告人的权利,在设计诉讼程序时着力于有利于被告的诉讼构造和具体制度。同时,国家不能从自己的错误中获得利益,“如果政府能够重新起诉,那么它就可能从首次起诉中掌握辩方的有利辩护理由,同时也清楚自己软肋所在,并从中获益”。〔8〕哪怕是国家的追诉活动让被追诉人占了便宜,那国家也必须承担这种后果,这也是有利被告原则的体现。根据一事不再理原则,国家只能对犯罪进行一次追诉,但是对一事不再理原则的理解不能绝对化,为了实现真实主义,特别是保护无罪者不受罚,通过申诉启动再审实际上是国家追诉犯罪的必要补充。然而,补充毕竟是一种例外,适当限制再审的启动,体现有利被告原则,严格限制不利于被告人的再审是各国的普遍做法。我们应当在区分有利被告和不利被告的再审的基础上,对不利于被告人的再审的期限、次数、理由等作出更严格的限制。

基于裁判的安定性与实体公正性间的冲突,保护被判刑人与保护被害方利益间的冲突,实现实体真实与维护生效裁判的既判力间的冲突,通过审判监督程序纠正司法错误需要考虑各种利益之间的平衡,在难以兼顾的情况下,既需要作出具体的制度安排也需要司法适用中利益衡量。“有错必纠”在刑事司法中只是一种理想状态,而对于有利被告的司法错误的纠正应放在优先位置。

---

〔7〕[日]田口守一:《刑事诉讼法》,刘迪等译,法律出版社2000年版,第299页。

〔8〕[美]伟恩·R.拉费弗等:《刑事诉讼法》(下册),卞建林等译,中国政法大学出版社2003年版,第1276页。

第二节 审判监督程序的提起

一、提起审判监督程序的材料来源

提起审判监督程序的材料来源,是人民法院和人民检察院获得错案信息从而启动审判监督程序的重要途径。根据刑事诉讼法的规定和司法实践,这些材料来源主要如下。

(一)申诉

审判监督程序中的申诉,是指当事人及其法定代理人、近亲属以及案外人对人民法院的生效裁判不服,以书面形式向人民法院或者人民检察院提出该裁判在认定事实或适用法律上的错误,并要求人民法院对案件进行重新审判或者人民检察院按照审判监督程序提出抗诉的行为。在司法实践中,申诉是我国提起审判监督程序最主要的材料来源。

申诉权是我国《宪法》确立的一项重要权利,[9]民众对于任何国家机关和国家工作人员的违法失职行为,有提出申诉、控告或者检举的权利。对于刑事案件的申诉,既则是对刑事司法的一种监督,纠正冤假错案的要求,是法治国的内在要求,也被视为一种合理的小反抗权。[10] 就如考夫曼所说:"没有一个国家,且没有一个法治国家可免于被扭曲为不法国家的危险且陷于不可归责于掌权者的不法状态。因而问题是,是否在法治国家内不可能有被允许的反抗行为、'小反抗'行为,可即时产生效用,以免等到有一天,或许已经太晚了,必要采取'大反抗'。"[11]诸如申诉之类的"小反抗"行为在法治国家是存在的,也是被法律所允许的,这种反抗权实质上是反抗司法不公的合法行为。申诉行为是一种警钟,在尊重既判力的前提下,申诉对于监督国家司法权的公正行使,及时矫正不法行为,以及及时调整法律和政策都是有益的。

根据《刑事诉讼法》第252条的规定:"当事人及其法定代理人、近亲属,对已经发生法律效力的判决、裁定,可以向人民法院或者人民检察院提出申诉。"

示例20-2 宋皓受贿案

宋皓因犯受贿罪,被判处无期徒刑,且剥夺政治权利终身,并处没收个人财产。判决发生法律效力后,原审被告人宋皓以有新的证据证实其与黄某某存在合伙关系,是贵州

---

〔9〕 我国《宪法》第41条规定,公民有向有关国家机关提出申诉、控告或者检举的权利。

〔10〕 对于申诉的性质的相关分析,参见胡铭:《刑事申诉论》,中国人民公安大学出版社2005年版,第181~185页。

〔11〕 [德]考夫曼:《法律哲学》,刘幸义等译,法律出版社2004年版,第298页。

新世纪集团房地产开发有限公司的股东为由,向人民法院提出申诉。贵州省人民法院通知驳回申诉后,宋皓又向最高人民法院申诉。经最高人民法院审查认为:“宋皓申诉理由符合《刑事诉讼法》第242条,即有新证据证明原判决、裁定认定的事实确有错误,可能影响定罪量刑,人民法院可以根据当事人申诉重新审判。据此,指定贵州省高级人民法院依法另行组成合议庭,对本案进行再审。”〔12〕

对生效判决、裁定的申诉可以委托律师代为进行。申诉应当提出申诉状,写明当事人的基本情况、联系方式以及申诉的事实与理由,并提供原审裁判文书;以有新的证据证明原判决、联系方式以及申诉确有错误为由申诉的,应当同时附有相关证据材料;申请人民法院调查取证的,应当附有相关线索或者材料。

当事人及其法定代理人、近亲属认为已经发生法律效力的判决、裁定确有错误,向人民法院申诉的,一般由终审人民法院审查处理。但是,第二审人民法院裁定准许撤回上诉的案件,申诉人对第一审判决提出申诉的,可以由第一审人民法院审查处理。上一级人民法院对未经终审人民法院审查处理的申诉,可以告知申诉人向终审人民法院提出申诉,或者直接交终审人民法院审查处理,并告知申诉人;案件疑难、复杂、重大的,也可以直接审查处理。对未经终审人民法院及其上一级人民法院审查处理,直接向上级人民法院申诉的,上级人民法院可以告知申诉人向下级人民法院提出。对死刑案件的申诉,既可以由原核准的人民法院直接审查处理,也可以交由原审人民法院审查。原审人民法院应当写出审查报告,提出处理意见,层报原核准的人民法院审查处理。对立案审查的申诉案件,应当在3个月内作出决定,至迟不得超过6个月。申诉人对驳回申诉不服的,可以向上一级人民法院申诉。上一级人民法院经审查认为申诉不符合《刑事诉讼法》第253条和《最高法解释》规定的,应当说服申诉人撤回申诉;对仍然坚持申诉的,应当驳回或者通知不予重新审判。

当事人及其法定代理人、近亲属认为人民法院已经发生法律效力的刑事判决、裁定确有错误,向人民检察院申诉的,由作出生效判决、裁定的人民法院的同级人民检察院刑事申诉检察部门依法受理。当事人及其法定代理人、近亲属直接向上级人民检察院申诉的,上级人民检察院可以交由作出生效判决、裁定的人民法院的同级人民检察院受理;案情重大、疑难、复杂的,上级人民检察院可以直接受理。当事人及其法定代理人、近亲属对人民法院已经发生法律效力的判决、裁定提出申诉,经人民检察院复查决定不予抗诉后继续提出申诉的,上一级人民检察院应当受理。不服人民法院死刑终审判决、裁定尚未执行的申诉,由刑事执行检察部门办理。对不服人民法院已经发生法律效力的刑事判决、裁定的申诉,经两级人民检察院办理且省级人民检察院已经复查的,如果没有新的事实和理由,人民检察院不再立案复查,但原审被告人可能被宣告无罪或者判决、裁定有其他重大错误可能的除外。人民检察

〔12〕 最高人民法院《指令再审决定书》(〔2012〕刑监字第182号),北大法宝引证码:CLI. C. 1768319。

院刑事申诉检察部门对已经发生法律效力的刑事判决、裁定的申诉复查后，认为需要提出抗诉的，报请检察长或者检察委员会讨论决定。

当事人及其法定代理人、近亲属的申诉并不必然导致审判监督程序的启动，也不具有停止判决、裁定执行的效果。根据《刑事诉讼法》第253条，只有当申诉满足下列条件之一时，人民法院、人民检察院才会决定启动审判监督程序：(1)有新的证据证明原判决、裁定认定的事实确有错误，可能影响定罪量刑的。“新的证据”包括：原判决、裁定生效后新发现的证据；原判决、裁定生效前已经发现，但未予收集的证据；原判决、裁定生效前已经收集，但未经质证的证据；原判决、裁定所依据的鉴定意见，勘验、检查等笔录或者其他证据被改变或者否定的。(2)据以定罪量刑的证据不确实、不充分、依法应当予以排除，或者证明案件事实的主要证据之间存在矛盾的。(3)原判决、裁定适用法律确有错误的，如认定罪名错误或者量刑明显不当的，或者违反了法律关于追诉时效或溯及力的规定等。(4)违反法律规定的诉讼程序，可能影响公正审判的。(5)审判人员在审理该案件的时候，有贪污受贿、徇私舞弊、枉法裁判行为的。[13]

对于案外人的申诉，《最高法解释》还规定：案外人认为已经发生法律效力的判决、裁定侵害其合法权益，提出申诉的，人民法院应当审查处理。

（二）其他材料来源

1. 公安机关通过办案或者复查案件发现的错案。公安司法机关在办案过程中往往会发生办理一个案件的同时牵出其他案件，尤其是发现错案的情况。例如，真凶在其他案件中主动交代了犯罪事实而发现的错案，如呼格吉勒图一案的再审，就是源于涉嫌作案27起、身负十条人命的“杀人狂魔”赵志红被内蒙古警方抓获。在赵志红供认的10起强奸杀人案中，有一起就是1996年4月发生在呼市毛纺大院公厕内的强奸杀人案。而这起案件当初被认定的凶手正是呼格吉勒图。[14] 另外，公安司法机关为了保证办案质量，在定期或不定期主动自查或依照上级批示进行总结检查、复查过程中，也能发现错案。

2. 各级人民代表大会代表提出纠正错案的议案。人大代表在视察工作和调查访问过程中了解到群众对于人民法院的判决、裁定认为可能有错误，经过调查了解之后有针对性地提出议案，或者向司法机关提出质询意见，也是审判监督程序提起的重要材料来源。在司法实践中，人大个案监督与审判权依法独立行使，会产生矛盾，这便需要准确定位人大个案监督的性质，不能将人大个案监督异化为事实的最

---

〔13〕《最高法解释》第375条第2款对《刑事诉讼法》第242条规定的五种情况，细化为以下九种情况：(1)有新的证据证明原判决、裁定认定的事实确有错误，可能影响定罪量刑的；(2)据以定罪量刑的证据不确实、不充分、依法应当排除的；(3)证明案件事实的主要证据之间存在矛盾的；(4)主要事实依据被依法变更或者撤销的；(5)认定罪名错误的；(6)量刑明显不当的；(7)违反法律关于溯及力规定的；(8)违反法律规定的诉讼程序，可能影响公正裁判的；(9)审判人员在审理该案件时有贪污受贿、徇私舞弊、枉法裁判行为的。

〔14〕汤计：“为呼格案奔走9年，我一直相信正义等得到”，载《新华每日电讯》2014年11月28日。

终裁判。[15]

3. 人民群众的来信来访。人民群众来信来访虽然不同于法律规定的当事人等提出的申诉,但是它不泛指人民群众对诉讼和非诉讼问题的一般反映,也不同于群众向党政机关反映情况和提出要求,而是他们出于司法正义感,对已经生效的裁判认为有错误而提出的材料和意见。这些材料和意见同样是审判监督程序提起的重要材料来源。

4. 机关、团体、企业、事业单位和新闻媒体、网络等对生效裁判反映的意见。党政领导部门、各级监察机关和国家经济管理机关(海关、税务、工商)等,在社会调查和履行职责中,发现生效裁判可能有错误,向有关司法机关所作的建议、复查案件的文件及其材料等,都是提起审判监督程序的材料来源。而随着媒体行业的兴盛,尤其是网络平台和自媒体的发展,新闻媒体和网络所反映的意见已经成为启动审判监督程序的重要材料来源。如在"钱仁凤投毒案"中,据媒体报道,改判的关键转折点即是2012年12月"天涯网"上一篇题为《投毒案证据冲突,少女被冤入狱十年》的帖子,云南省检方新媒体工作人员监控到该贴,之后是云南省人民检察院领导就舆情做批示,检察机关启动立案复查程序,向云南省高级人民法院发出再审检察建议;云南省高级人民法院启动再审程序……正是一则网帖启动了"正义的云图",让司法机关意识到这起陈案可能是一起冤案。[16]

二、提起审判监督程序的主体

我国法律对提起审判监督程序的主体作了严格限制。根据《刑事诉讼法》的规定,有权提起审判监督程序的,限于如下主体。

(一)各级人民法院审判委员会

《刑事诉讼法》第254条第1款规定:"各级人民法院院长对本院已经发生法律效力的判决和裁定,如果发现在认定事实上或者在适用法律上确有错误,必须提交审判委员会处理。"

各级人民法院院长和审判委员会共同行使对本院生效裁判启动审判监督程序的权力。各级人民法院院长具有提交权而无决定权,而审判委员会对提交讨论的案件,经过讨论后,具有重新审判与否的决定权。

各级人民法院院长和审判委员会提起再审的对象,只能是本院的生效裁判,包括本院一审生效、二审终审或者核准的裁判,也就是经过本院裁判或核准而发生法

---

〔15〕 有学者指出人大个案监督存在以下问题:(1)从监督主体方面来看,极易形成个人监督,违背民主原则;(2)从监督案件的范围来看,具有很大的随意性,不能为公民提供普遍的救济;(3)从个案监督对案件实体处理的作用来看,容易受多方面因素的影响,偏离法律轨道;(4)从个案监督对正常诉讼程序的影响来看,易对正常的审判工作造成不当冲击;(5)从个案监督的实际后果来看,由于受案标准的不确定性,人大监督的启动就失去了衡准,因此救济的机会就不均等,违反了法律面前一律平等的原则。参见卞建林:《刑事诉讼的现代化》,中国法制出版社2003年版,第215~216页。

〔16〕 沈彬:"一则网帖启动'正义的云图'背后",载《深圳特区报》2015年12月28日。

律效力的判决、裁定。

各级人民法院提起审判监督程序重新审判案件的次数,《刑事诉讼法》虽然没有作出明确规定,但最高人民法院以司法解释的形式规定,上级人民法院对经终审法院的上一级人民法院依照审判监督程序审理后维持原判或者经两级人民法院依照审判监督程序复查均驳回的申请再审或申诉案件,一般不予受理。同时,《最高检规则》规定:“对不服人民法院已经发生法律效力的刑事判决、裁定的申诉,经两级人民检察院办理且省级人民检察院已经复查的,如果没有新的事实和理由,人民检察院不再立案复查,但原审被告人可能被宣告无罪或者判决、裁定有其他重大错误可能的除外。”

(二)最高人民法院和上级人民法院

根据《刑事诉讼法》第254条第2款的规定,最高人民法院对各级人民法院已经发生法律效力的判决和裁定,上级人民法院对下级人民法院已经发生法律效力的判决和裁定,如果发现确有错误,有权提审或者指令下级人民法院再审。提审和指令再审,既是最高人民法院和其他上级法院对下级法院生效裁判行使审判监督权的体现,也是提起审判监督程序的两种方式。

1. 最高人民法院和上级人民法院提审。所谓提审,是最高人民法院或上级人民法院认为确有错误的案件不需要或不宜由原审人民法院重新审判,而决定由自己进行审判的方式。根据《最高法解释》规定,提审适用于原判决、裁定认定事实正确但适用法律错误,或者案件疑难、复杂、重大,或者有不宜由原审人民法院审理情形的。

示例20-3 刘涌案

该案即由最高人民法院提审,最高人民法院以原二审判决对刘涌的判决不当为由,依照审判监督程序提审本案,最终认定:“原一审判决认定的事实清楚,证据确实、充分,定罪准确,量刑适当。原二审判决定罪准确,但认定‘不能从根本上排除公安机关在侦查过程中存在刑讯逼供情况’,与再审庭审质证查明的事实不符;原二审判决‘鉴于其犯罪的事实、性质、情节和对于社会的危害程度以及本案的具体情况’,对刘涌所犯故意伤害罪的量刑予以改判的理由不能成立,应予纠正……判决如下:一、撤销辽宁省高级人民法院(2002)辽刑一终字第152号刑事附带民事判决中对再审被告人刘涌故意伤害罪的量刑及决定执行的刑罚部分。二、再审被告人刘涌犯故意伤害罪,判处死刑,剥夺政治权利终身。维持原二审对刘涌以组织、领导黑社会性质组织罪,判处有期徒刑十年;故意毁坏财物罪,判处有期徒刑五年;非法经营罪,判处有期徒刑五年,并处罚金1500万元;行贿罪,判处有期徒刑五年;妨害公务罪,判处有期徒刑三年;非法持有枪支罪,判处有期徒刑三年的判决部分。对刘涌上列被判处的刑罚并罚,决定执行死刑,剥夺政治权利终身,并处罚金1500万元。三、再审被告人刘涌组织、领导黑社会性质组织犯罪聚敛的全部财物及其收益,依法追缴;供其犯罪使用的工具,予以没收”。[17]

---

〔17〕 最高人民法院《刑事判决书》(〔2003〕刑提字第5号),北大法宝引证码:CLI. C. 12221。

2. 最高人民法院和上级人民法院指令再审。指令再审，是指上级法院依法指示、命令下级法院重新审判案件的方式。根据《刑事诉讼法》第 255 条的规定，上级人民法院指令下级人民法院再审的，应当指令原审人民法院以外的下级人民法院审理；由原审人民法院审理更为适宜的，也可以指令原审人民法院审理。

那么，最高人民法院或上级人民法院对生效错案哪些进行提审，哪些指令下级人民法院再审？根据法律规定和司法实践经验，一般做法是：原审裁判在认定事实上有误或事实不清、证据不足或发现新事实、新证据的，为了便于就地调查和传唤当事人等出庭核实，由最高人民法院或上级人民法院指令下级人民法院再审。相反，对于那些原判认定事实正确，但在适用法律上有错误，或者属于案件疑难、复杂、重大的，或者有不宜由原审人民法院审理情形的，可以由最高或上级人民法院依法提审。

传统理论认为，我国的审判监督程序基于实事求是原则之要求，人民法院应有权主动提起审判监督程序以纠正司法错误。对此，已经有不少学者及实务工作者提出了不同意见，认为审判监督程序应遵循诉讼的控审分离原则，人民法院为了加重被告人刑事责任而主动提起审判监督程序时，实际上充当了控诉人与裁判者的双重角色，明显违背了这一原则。因此，有必要加以限制，为加重被告人责任而进行的再审，应不允许法院单方面主动提起，必须由人民检察院或者被害方才能提起。法院主动提起的再审，应限于为被告人利益而启动。[18]

（三）最高人民检察院和上级人民检察院

《刑事诉讼法》第 254 条第 3 款规定："最高人民检察院对各级人民法院已经发生法律效力的判决和裁定，上级人民检察院对下级人民法院已经发生法律效力的判决和裁定，如果发现确有错误，有权按照审判监督程序向同级人民法院提出抗诉。"这一规定表明：

1. 有权通过审判监督程序提出抗诉的机关只能是最高人民检察院或者其他原审人民法院的上级人民检察院。地方各级人民检察院和下级人民检察院发现同级人民法院或者上级人民法院的判决、裁定确有错误，无权提出抗诉，只能向其上级人民检察院提出《提请抗诉报告书》，请求上级人民检察院向同级人民法院提出抗诉，是否提出抗诉，由接到请求的人民检察院决定。最高人民法院的判决和裁定，一经宣布立即生效，最高人民检察院无权提起二审程序的抗诉，但有权按照审判监督程序提出抗诉。

2. 对按照审判监督程序提出抗诉的案件，人民检察院认为人民法院作出的判决、裁定仍然确有错误的，如果案件是依照第一审程序审判的，同级人民检察院应当向上一级人民法院提出抗诉；如果案件是依照第二审程序审判的，上一级人民检察院应当按照审判监督程序向同级人民法院提出抗诉。

3. 审判监督程序的抗诉与第二审程序的抗诉有明显区别。虽然都是人民检察

---

〔18〕 参见陈卫东、石献智："法院主动提起审判监督程序之研讨"，载《中国刑事法杂志》2001 年第 2 期。

院对审判活动的监督，但是两者抗诉的对象、有权抗诉的机关、抗诉的期限、接受抗诉的人民法院和抗诉的作用及法律后果等方面均有明显区别。

抗诉作为国家法律监督机关对国家审判机关的活动实行法律监督的一种重要形式，在审判监督程序中有着极为重要的意义，有利于保证国家法律统一、正确地实施，也有利于维护被告人和被害人的合法权益。

示例 20－4 于英生申诉案

该案中，人民检察院的抗诉就不仅维护了被告人的利益，也为被害人伸张了正义。安徽省蚌埠市中级人民法院认定于英生杀害了其妻韩某，以故意杀人罪判处于英生死刑，缓期二年执行，剥夺政治权利终身。于英生提出上诉。经安徽省高级人民法院两次发回重审，2000 年 10 月 25 日，蚌埠市中级人民法院以故意杀人罪判处于英生无期徒刑，剥夺政治权利终身。于英生又提出上诉。2002 年 7 月 1 日，安徽省高级人民法院终审裁定驳回上诉，维持原判。于英生不服，向安徽省人民检察院提出申诉。2008 年 5 月，安徽省人民检察院对该案立案复查，2012 年 9 月 3 日，安徽省人民检察院依法提请最高人民检察院对该案提出抗诉，最高人民检察院经审查后向最高人民法院提出再审检察建议。最高人民法院指令安徽省高级人民法院再审。2013 年 8 月 13 日，安徽省高级人民法院再审宣判于英生无罪。在没有发现真凶的情况下，检察机关通过对事实和证据进行全面细致地复查，认为原审判决存在错误，主动提出监督意见，促使案件得以改判。安徽省高级人民法院宣告于英生无罪后，公安机关重新侦查韩某被害一案，并抓获真凶。[19]

值得关注的是，有学者通过研究发现，目前的抗诉中存在“抗轻不抗重”的问题，[20] 人民检察院不仅是公诉机关，还负有法律监督的职能，对刑事审判实行监督，不仅是为了维护控诉一方的利益，而且是为了维护被控告一方的合法权益。因此，人民检察院不能有所偏重，对于确有错误的判决、裁定，无论是将有罪判无罪或者将无罪判有罪，无论是重罪轻判还是轻罪重判，都应依法提出抗诉。只有这样，才能切实保障被告人和被害人合法权益的实现，使国家法律得到统一、正确地贯彻执行。[21]

三、提起审判监督程序的理由

提起审判监督程序的理由，又称提起审判监督程序的条件，是指人民法院、人民检察院在什么条件下或者具有什么样的理由才可以依法提起审判监督程序并进行重新审判。《刑事诉讼法》第 254 条将各级人民法院对本院生效裁判提起审判监督程序的理由定位为“已生效法律效力的判决和裁定，如果发现在认定事实上或者在适用法律上确有错误”；对于最高人民法院和上级人民法院、最高人民检察院和上级

〔19〕 “刑事申诉十大检察精品案件之一：于英生申诉案”，北大法宝引证码：CLI. C. 7997544。

〔20〕 2008～2010 年，上海市对量刑畸轻而抗诉的 15 件，而对量刑畸重、偏重抗诉的则为零。参见叶青：“刑事审判监督述评”，载《华东政法大学学报》2012 年第 3 期。

〔21〕 参见陈卫东：“论刑事审判监督程序的提起方式”，载《法学论坛》2003 年第 1 期。

人民检察院对地方各级人民法院或者下级人民法院已经发生法律效力的判决和裁定启动审判监督程序的理由规定为"确有错误"。这里的"确有错误"，包括在认定事实上或者在适用法律上确有错误两大类。准确理解和适用提起审判监督程序的条件，应注意以下两个方面：

1. 原判决、裁定在认定事实上确有错误。原裁判在认定事实上的错误包括事实不清和证据不确实、不充分两个方面。所谓事实不清，是指原裁判所认定的主要犯罪事实不清，或者罪与非罪不清，或者此罪与彼罪不明，或者影响定罪量刑的重大情节不清楚，或者一罪数罪不清，以及共同犯罪中各被告人的罪责相混淆等。所谓证据不确实、不充分，是指认定案件事实的证据不客观真实或者证据与案件事实之间无客观联系，或者证据之间有矛盾且矛盾不能得以合理排除，或者所得的结论显然不能排除其他可能性等。只要具备上述情况之一者，均属于原裁判在认定事实上确有错误。

示例 20－5 赵作海故意杀人冤案

1998 年 2 月 15 日，河南省商丘市拓城县老王集乡赵楼村赵振晌的侄子赵作亮到公安机关报案，其叔父赵振晌于 1997 年 10 月 30 日离家后已失踪四个多月，怀疑被同村的赵作海杀害。公安机关当年进行了相关调查。1999 年 5 月 8 日，赵楼村在挖井时发现一具高度腐烂的无头、膝关节以下缺失的无名尸体，公安机关遂将赵作海作为重大嫌疑人于 5 月 9 日刑拘。1999 年 5 月 10 日至 6 月 18 日，赵作海做了九次有罪供述。2002 年 10 月 22 日，河南省商丘市人民检察院以被告人赵作海犯故意杀人罪向河南省商丘市中级人民法院提起公诉。2002 年 12 月 5 日，河南省商丘市中级人民法院作出一审判决，以故意杀人罪判处被告人赵作海死刑，缓期二年执行，剥夺政治权利终身。河南省高级人民法院经复核，于 2003 年 2 月 13 日作出裁定，核准河南省商丘市中级人民法院的上述判决。2010 年 4 月 30 日，赵振晌回到赵楼村。经调查，1997 年 10 月 30 日夜，赵振晌携自家菜刀在杜某某家中向赵作海头上砍了一下，怕赵作海报复，也怕把赵作海砍死，就收拾东西于 10 月 31 日凌晨骑自行车，带 400 元人民币和被子、身份证等外出，以捡废品为生。因 2009 年患偏瘫无钱医治，才回到村里。

2010 年 5 月 5 日下午，河南省高级人民法院决定启动再审程序。2010 年 5 月 7 日下午，河南省商丘市中级人民法院递交了对赵振晌身份确认的证据材料。2010 年 5 月 8 日下午，河南省高级人民法院召开审判委员会，认为赵作海故意杀人一案是一起明显的错案，审判委员会决定：撤销省法院〔2003〕豫法刑一复字第 13 号刑事裁定和商丘市中级人民法院〔2002〕商刑初字第 84 号刑事判决，宣告赵作海无罪。[22]

2. 原判决、裁定在适用法律上确有错误。首先是适用实体法即适用《刑法》的错误。在对事实作出认定后，适用法律规定进行定性及具体处理时存在错误，如罪与非罪不清、将此罪定位彼罪以及在对罪轻、罪重的法律适用等问题上出现错误而导

---

〔22〕 河南省高级人民法院《刑事再审决定书》，北大法宝引证码：CLI. C. 11292332。另可参见高传伟、刘立新："让赵作海悲剧不再重演"，载《检察日报》2010 年 6 月 11 日。

致轻罪重判、重罪轻判等。其次是严重违反法律规定的诉讼程序而导致的程序法上的错误,其法律依据是《刑事诉讼法》第238条规定的,违反公开审判、回避制度、审判组织的规定以及剥夺或限制当事人的法定权利可能影响公正审判等情形。

示例20-6 陈某某等盗窃案

该案中,法院对违反程序法的错误进行了纠正,原审二被告人均系聋哑人,理应享有法律援助权,因此,再审法院认定,"本案原审二被告人没有委托辩护人,人民法院应当通知法律援助机构指派律师为其辩护,故原审没有为二被告指定辩护人属程序违法,应予纠正……判决如下:撤销本院(2015)鼓刑初字第19号刑事判决书。"〔23〕

第三节 按照审判监督程序对案件进行重新审判

一、审判监督程序的启动

《最高法解释》规定,对决定依照审判监督程序重新审判的案件,除人民检察院抗诉的以外,人民法院应当制作再审决定书。据此,人民法院制作的再审决定书是启动审判监督程序的标志。如果审判监督程序的启动是由人民检察院的抗诉引起的,启动审判监督程序的标志应当是人民检察院正式向人民法院提起抗诉,人民法院无须再制作再审决定书。

对人民检察院依照审判监督程序提出抗诉的案件,人民法院应当在收到抗诉书后1个月内立案。但是有下列情形之一的应当区别情况予以处理:(1)对不属于本院管辖的,应当将案件退回人民检察院;(2)按照抗诉书提供的住址无法向被抗诉的原审被告人送达抗诉书的,应当通知人民检察院在3日内重新提供原审被告人的住址;(3)以有新的证据为由提出抗诉,但未附相关证据材料或者有关证据不是指向原起诉事实的,应当通知人民检察院在3日内补送相关材料。决定退回的抗诉案件,人民检察院经补充相关材料后再次抗诉,经审查符合受理条件的,人民法院应当受理。对人民检察院依照审判监督程序提出抗诉的案件,接受抗诉的人民法院应当组成合议庭审理。对原判事实不清、证据不足,包括有新的证据证明原判可能有错误,需要指令下级人民法院再审的,应当在立案之日起1个月内作出决定,并将指令再审决定书送达抗诉的人民检察院。

二、重新审判案件的程序

根据《刑事诉讼法》第256条的规定,人民法院按照审判监督程序重新审判的案

〔23〕 河南省开封市鼓楼区人民法院《刑事判决书》(〔2015〕鼓刑再字第1号),北大法宝引证码:CLI. C. 6376568。

件,由原审人民法院审理的,应当另行组成合议庭进行。即按照审判监督程序重新审理的审判组织均为合议制,不能采用独任审判。

重新审判的程序主要有三个问题:一是应当按照一审程序还是按照二审程序进行;二是检察人员应否出席法庭;三是对被判刑人需要采取强制措施的,由哪一机关决定。

根据《刑事诉讼法》第256条第1款的规定,人民法院按照审判监督程序重新审判的案件,由原审人民法院审理的应当另行组成合议庭进行。如果原来是第一审案件,应当依照第一审程序进行审判,所作的判决、裁定,可以上诉、抗诉;如果原来是第二审案件,或者是上级人民法院提审的案件,应当依照第二审程序进行审判,所作的判决、裁定,是终审的判决、裁定。

根据《刑事诉讼法》第256条规定的精神和司法实践经验,对于人民检察院按照审判监督程序提起抗诉的案件,受理抗诉的人民法院应当依照第二审程序进行审判;但受理抗诉以后指令下级人民法院再审的,下级人民法院应当依照第一审程序进行审判。

根据《刑事诉讼法》第256条第2款的规定,人民法院开庭审理的再审案件,同级人民检察院应当派员出席法庭。法律这样规定,即是控、辩、审三方构造的需要,便于法官兼听则明,居中作出正确裁判,也是人民检察院法律监督职责的要求,更是为了保障被判刑人的有效辩护和对证据质证、辩论等诉讼权利的实现。

对被判刑人需要采取强制措施的,根据《刑事诉讼法》第257条第1款的规定:“人民法院决定再审的案件,需要对被告人采取强制措施的,由人民法院依法决定;人民检察院提出抗诉的再审案件,需要对被告人采取强制措施的,由人民检察院依法决定。”这里的“需要对被告人采取强制措施的”,应当包括强制措施的适用和变更。

三、重新审判的方式

审判方式是指人民法院审理案件的方法和形式。根据法律规定,审判方式不外有两种:开庭审理和不开庭审理。不开庭审理在学理上又分为:调查讯问式和书面审理。前者一般是对事实清楚的,经过阅卷、讯问被告人、听取其他当事人、辩护人、诉讼代理人的意见后,不开庭审理;后者指人民法院采用调阅案卷、书面审查核实各种证据和适用法律等情形后作出裁判。

按照审判监督程序重新审判的案件,采用开庭审理还是不开庭审理,需要区别不同情况分别对待。根据最高人民法院《关于刑事再审案件开庭审理程序的具体规定》,对于下列案件应当开庭审理:(1)依照第一审程序审理的;(2)依照第二审程序需要对事实或者证据进行审理的;(3)人民检察院按照审判监督程序提出抗诉的;(4)可能对原审被告人(原审上诉人)加重刑罚的;(5)有其他应当开庭审理情形的。

对于下列案件可以不开庭审理:(1)原判决、裁定认定事实清楚,证据确实、充分,但适用法律错误,量刑畸重的;(2)1979年《刑事诉讼法》施行以前裁判的;(3)原审被告人(原审上诉人)、原审自诉人已经死亡、或者丧失刑事责任能力的;(4)原审被告人(原审上诉人)在交通十分不便的边远地区监狱服刑,提押到庭确有困难的;但人民检察院提出抗诉的,人民法院应征得人民检察院的同意;(5)人民法院按照审判监督程序决定再审,经两次通知,人民检察院不派员出庭的。

示例 20－7 张明贵贩卖毒品案

浙江省宁波市鄞州区人民法院认定,由于原审被告人张明贵在黑龙江省佳木斯监狱服刑,路途遥远,提押到庭确有困难,且不开庭也不影响本案的审理,现征得抗诉机关的同意,决定不开庭审理,对本案进行书面审理。[24]

开庭审理的再审案件,再审决定书或者抗诉书只针对部分原审被告人,其他同案原审被告人不出庭不影响审理的,可以不出庭参加诉讼。

示例 20－8 赵某等开设赌场案

原审被告有原审被告人赵某、李某、陈某甲、侯某、陈某乙、汤某、朱某、郑某,法院的"再审决定书中只对原审被告人赵某提起再审,其他未涉及的同案原审被告人李某、陈某甲、侯某、陈某乙、汤某、朱某、郑某不出庭不影响案件的审理;原审被告人李某、陈某甲、侯某、陈某乙、汤某、朱某、郑某可以不出庭参与诉讼"。[25]

根据《最高法解释》规定,人民法院审理人民检察院抗诉的再审案件,人民检察院在开庭审理前撤回抗诉的,应当裁定准许;人民检察院接到出庭通知后不派员出庭,且未说明原因的,可以裁定按撤回抗诉处理,并通知诉讼参与人。人民法院审理申诉人申诉的再审案件,申诉人在再审期间撤回申诉的,应当裁定准许;申诉人经依法通知无正当理由拒不到庭,或者未经法庭许可中途退庭的,应当裁定按撤回申诉处理,但申诉人不是原审当事人的除外。

依照审判监督程序重新审判的案件,无论是否开庭审理,人民法院应当重点针对申诉、抗诉和决定再审的理由进行审理。必要时,应当对原判决、裁定认定的事实、证据和适用法律进行全面审查。开庭审理的再审案件,系人民法院决定再审的,由合议庭组成人员宣读再审决定书;系人民检察院抗诉的,由检察人员宣读抗诉书;系申诉人申诉的,由申诉人或者其辩护人、诉讼代理人陈述申诉理由。

四、重新审判期间原审判决、裁定的效力

根据《刑事诉讼法》第 257 条第 2 款的规定,人民法院按照审判监督程序审判的

---

〔24〕 浙江省宁波市鄞州区人民法院《刑事判决书》(〔2013〕甬鄞刑再字第 5 号),北大法宝引证码:CLI.C.2460467。

〔25〕 浙江省温州市鹿城区人民法院《刑事判决书》(〔2014〕温鹿刑再字第 3 号),北大法宝引证码:CLI.C.4222138。

案件，可以决定中止原判决、裁定的执行。所谓中止执行，是指暂时停止执行，并不是否定原判决、裁定的效力。只有依据审判监督程序再次审理案件完毕，作出改判或者撤销原判、发回重审的裁定之后，原裁判才失去法律效力。在司法实践中，在再审期间，不中止原判决、裁定的执行是原则，中止执行是例外。即根据《最高法解释》的规定，再审期间不停止原判决、裁定的执行，但被告人可能经再审改判无罪，或者可能经再审减轻原判刑罚而致刑期届满的，可以决定中止原判决、裁定的执行，必要时，可以对被告人采取取保候审、监视居住措施。如果人民法院认为应当中止原判决、裁定执行的，应当制作书面的决定书。

五、重新审判案件的期限

重新审判案件的期限，是指人民法院从确定对生效裁判重新审判开始到审理终结之间所必须遵守的法定期限。《刑事诉讼法》明确规定再审案件的审理期限，是提高再审程序的效率，防止案件久拖不决，及时纠正错误的判裁，保护公民的合法权益的需要。

根据《刑事诉讼法》第258条及相关司法解释的规定，人民法院按照审判监督程序重新审判的案件，应当在作出提审、再审决定之日起3个月以内审结，需要延长期限的，不得超过6个月。延长审限，需经本院院长批准。

接受抗诉的人民法院按照审判监督程序审判抗诉的案件，审理期限适用以上规定；对需要指令下级人民法院再审的，应当自接受抗诉之日起1个月以内作出决定，下级人民法院应当在接到再审决定书起3个月内审结，需要延长期限的，不得超过6个月。

六、重新审判后的案件处理

《刑事诉讼法》对于重新审理后的案件处理未作出明确规定。根据《最高法解释》的规定，人民法院按照审判监督程序对案件重新审理后应当区分不同情况分别作出如下处理：

1. 裁定驳回申诉或者抗诉，维持原判。原判决、裁定认定事实和适用法律正确、量刑适当的，应当裁定驳回申诉或者抗诉，维持原判。原判决、裁定定罪准确、量刑适当，但在认定事实、适用法律等方面有瑕疵的，应当裁定纠正并维持原判。

示例20－9　朱明启等交通肇事案

法院在维持原判下纠正了适用法律方面的瑕疵："根据《侵权责任法》的相关规定，《侵权责任法》施行前发生的侵权行为引起的民事纠纷案件，应适用当时的法律规定。本案事故发生于2007年3月7日，《侵权责任法》尚未施行，再审一审中引用《侵权责任法》的相关规定进行判决，适用法律存在瑕疵，本院予以纠正。综上，原审判决认定事实清楚，审理程序合法，虽然适用法律存在瑕疵，但原判处理结果并无不当。依据《最高法解释》

第389条第1款第(2)项的规定,裁定如下:驳回上诉,维持原判。"〔26〕

2. 裁定撤销原判,依法改判。原判决、裁定认定事实没有错误,但适用法律错误,或者量刑不当的,应当撤销原判,依法改判。

示例20-10 庄某某非法持有毒品案

法院认为,"原审认定被告人庄某某犯非法持有毒品罪的事实清楚,证据确实充分,定性正确,但未对庄某某撤销缓刑,实行数罪并罚,属于适用法律错误导致量刑不当,应当撤销原判决,依法改判。南靖县人民检察院提出原判适用法律错误,导致量刑不当的意见,具有事实和法律依据,应予采纳"。〔27〕

3. 改判或者裁定撤销原判,发回重审。依照第二审程序审理的案件,原判决、裁定事实不清或者证据不足的,可以在查清事实后改判,也可以裁定撤销原判,发回原审人民法院重新审判。原判决、裁定事实不清或者证据不足,经审理事实已经查清的,应当根据查清的事实依法裁判;事实仍无法查清,证据不足,不能认定被告人有罪的,应当撤销原判决、裁定,判决宣告被告人无罪。根据《最高法解释》第391条的规定,对再审改判宣告无罪并依法享有申请国家赔偿权利的当事人,人民法院宣判时,应当告知其在判决发生法律效力后可以依法申请国家赔偿。

示例20-11 呼格吉勒图案

法院认为,"原判认定原审被告人呼格吉勒图犯故意杀人罪、流氓罪的事实不清,证据不足。对辩护人的辩护意见、检察机关的检察意见予以采纳。对申诉人的请求予以支持……判决如下:一、撤销本院(1996)内刑终字第199号刑事裁定和内蒙古自治区呼和浩特市中级人民法院(1996)呼刑初字第37号刑事判决;二、原审被告人呼格吉勒图无罪。"〔28〕

需要特别指出的是,除人民检察院抗诉的以外,再审一般不得加重原审被告人的刑罚。再审决定书或者抗诉书只针对部分原审被告人的,不得加重其他同案原审被告人的刑罚。

〔26〕 湖北省武汉市中级人民法院《刑事附带民事裁定书》(〔2015〕鄂武汉中刑再终字第00003号),北大法宝引证码:CLI. C. 7072868。

〔27〕 福建省南靖县人民法院《刑事判决书》(〔2015〕靖刑再初字第2号),北大法宝引证码:CLI. C. 7759836。

〔28〕 内蒙古自治区高级人民法院《刑事判决书》(〔2014〕内刑再终字第00005号),北大法宝引证码:CLI. C. 8307739。

第二十一章 执　　行

导读

执行乃审判之终局及果实。如果裁判结果不能得到及时、准确执行，裁判文书所确定的刑事责任将仅停留在纸面，即使整个刑事诉讼程序和裁判结果都是公正的，刑事诉讼活动也将失去意义，公众也会对法治丧失信心和信任。因此，执行是以审判为中心的刑事诉讼的重要组成部分，是维护司法权威的终点站。执行的过程，是改造犯罪人的过程，应承载刑罚的人道性，是国家理性应对犯罪的体现。

第一节 执行概述

一、执行的概念和特点

刑事诉讼中的执行，是指人民法院、人民检察院、公安机关及其他刑罚执行机关将已经发生法律效力的判决、裁定所确定的内容依法付诸实施及解决实施中出现的变更执行等问题而进行的诉讼活动。

执行程序是刑事诉讼的最后一个程序阶段，也是使刑罚权得以实现的关键性程序。但是并非对判决、裁定执行的整个过程和全部活动都属于刑事诉讼活动的范围。属于刑事诉讼活动的仅指人民法院的交付执行、监狱及其他执行机关对刑罚的执行和刑罚变更等，而执行机关等对罪犯进行的监管、教育、组织劳动等则属于司法行政活动，不具有诉讼活动的性质。

执行程序具有如下几个特点：

1. 合法性。执行的合法性，是指刑罚执行机关所执行的对象必须是已经发生法律效力的判决和裁定，即已过法定期限没有上诉、抗诉的判决和裁定（宣告被告人无罪、免除刑事处罚时立即释放在押被告人的除外）；执行活动必须依照法律规定的诉讼程序进行。包括交付执行时，必须移送完备的司法文书及办理相应的法律手续；刑罚变更时，应当依据法定条件和遵照有关管辖及程序的规定进行，不可任意变更或停止执行，否则就是违法。

2. 及时性。执行的及时性，是指人民法院的判决和裁定一经发生法律效力，就应当迅速执行,任何机关、团体和个人都无权阻止和拖延。只有及时有效地执行生效的有罪裁判,才能使犯罪分子受到应得的惩罚,使国家利益和公民的人身、财产等权利得到保护,实现国家刑罚权;也只有及时执行无罪或者免除刑事处罚的裁判,才能使无辜或者不应受到刑罚的公民尽快被释放或者恢复人身自由。反之,无故干扰和拖延生效裁判的执行就会造成严重的后果:或使人民法院的判决和裁定失去严肃性和权威性,使法律文书成为一纸空文;或使生效裁判丧失执行条件,使犯罪分子逍遥法外,继续危害国家和人民;或使错误追究得不到及时纠正,使无罪的、应当免除刑事处罚的公民的合法权益继续遭受侵犯。所有这些都说明执行人民法院的生效裁判必须迅速、及时。

3. 强制性。执行的强制性,是指发生法律效力的判决和裁定具有普遍约束力。任何机关、团体和个人都应当执行。尤其是被判刑人,不论其是否同意裁判所确定的内容都应当被强制无条件执行。如果抗拒执行,情节严重的根据《刑法》第313条的规定,以拒不执行判决、裁定罪追究其刑事责任。生效的有罪判决和裁定是人民法院对实施犯罪行为的人,代表国家、依据法律做出的处理决定,并以国家强制力为后盾和保障加以强制实施,任何人不得阻碍生效裁判的执行。

二、执行程序的意义

1. 执行程序是刑事诉讼的最后一个阶段,是对审判所作出刑罚的实现过程,对实现刑事诉讼目的和完成刑事诉讼任务具有重要的意义,有利于加强社会主义法治理念教育,通过实际案例教育公民尊法、学法、守法用法。

2. 执行程序关涉规范刑罚执行活动,确保生效裁判所确定的刑罚得到切实执行,从而使犯罪分子受到应有的法律制裁,使被害人及其家属的精神得到抚慰,使社会秩序和人民群众正常生产生活秩序得以维护,使那些正在犯罪、预备犯罪及其他社会危险分子受到震慑,从而达到减少犯罪、预防犯罪的目的。

3. 执行程序对于依法公正地解决减刑、假释、暂予监外执行等刑罚执行的变更问题是一种重要的程序保障,有利于防止刑罚执行变更过程中的权力滥用。执行程序关涉规范有关机关对罪犯申诉的处理,保障罪犯的合法权益。执行程序还关涉依法追诉罪犯判决生效前的漏罪及罪犯在服刑过程中实施的新罪,以保证《刑法》的实施。

4. 执行程序还具有法治教育之意义,有利于加强社会主义法治理念教育,通过实际案例教育公民尊法、学法、守法、用法。

三、执行的依据和机关

(一)执行的依据

刑事执行的依据,是发生法律效力的判决和裁定。根据我国《刑事诉讼法》第259条和《刑法》的相关规定,发生法律效力的判决和裁定包括以下几种:(1)已过法定期限没有上诉、抗诉的判决和裁定;(2)终审的判决和裁定;(3)高级人民法院核准的死刑缓期二年执行的判决和裁定;(4)最高人民法院的判决和核准的死刑,对具有特殊情况的案件在法定刑以下处刑、特殊假释核准的裁判。

(二)执行的机关

按照各种刑罚的不同特点和各执行主体的不同职能,可以把执行机关分为三种不同的类型,即交付执行机关、执行机关和执行监督机关。

1. 交付执行机关。交付执行机关是将生效判决及罪犯依照法定程序交给有关机关执行的机关。《宪法》、《刑事诉讼法》和《人民法院组织法》规定,人民法院是将生效裁判交付执行的机关。人民法院根据已生效裁判所确定的内容及其刑罚执行方式交由相应的执行机关执行。发生法律效力的判决和裁定一般由原第一审人民法院交付执行,但如果有罪犯关押在第二审人民法院所在地的情况,也可以由第二审人民法院交付执行。

2. 执行机关。执行机关是指将生效裁判所确定的刑罚付诸实施的机关。我国法律规定的执行机关包括人民法院、监狱、公安机关以及社区矫正机构。这些执行机关及其所执行的刑罚种类分别是:(1)人民法院。负责对无罪、免予刑事处罚、罚金、没收财产和死刑立即执行判决和裁定的执行;(2)监狱和未成年犯管教所。对于被判处死刑缓期二年执行、无期徒刑、有期徒刑的罪犯,由监狱执行。为了减少押解成本、节省时间和有利于改造,对于被判处有期徒刑的罪犯,在被交付执行刑罚前,剩余刑期在3个月以下的,由看守所代为执行。未成年犯管教所负责对未成年犯的执行;(3)公安机关。对判处拘役、剥夺政治权利的罪犯,由公安机关执行;(4)社区矫正机构。对判处管制、宣告缓刑、假释或者暂予监外执行的罪犯由社区矫正机构负责执行。

3. 执行监督机关。人民检察院是国家法律监督机关,依法对刑事诉讼实行法律监督。执行是刑事诉讼的重要阶段,人民检察院也是刑事执行的监督机关。对此,我国《刑事诉讼法》在第四编“执行”中有多项条款作出了明确规定,如第263条规定,人民法院在交付执行死刑前,应当通知同级人民检察院派员临场监督;第266条、第267条、第273条、第274条规定了人民检察院对决定暂予监外执行、减刑、假释以及罪犯在服刑期间又犯罪的等情况实行监督;第275条规定,监狱和其他执行机关在执行中,如果认为判决有错误或罪犯提出申诉的应当转请人民检察院或者原判人民法院处理;第276条还规定,人民检察院对执行机关执行刑罚的活动是否合法实行监督。如果发现有违法的情况,应当通知执行机关纠正等。此外,《最高检规则》也对“刑事判决、裁定执行监督”作了专章规定。

第二节 各种判决、裁定的执行

一、死刑立即执行判决的执行

死刑是我国刑罚体系中最严厉的刑种,是剥夺罪犯生命的刑罚,无论是作出判决或者执行死刑,都应当十分慎重。为了从诉讼程序上确保死刑的正确适用,防止错杀,我国《刑事诉讼法》和《最高法解释》对死刑立即执行判决的执行程序作出了严格的规定。

1. 关于死刑执行命令的签发。根据《刑事诉讼法》第 261 条的规定,最高人民法院判处和核准的死刑立即执行判决应当由最高人民法院院长签发执行死刑的命令。执行死刑命令应当按照统一格式填写,然后由院长签名,并加盖人民法院印章。

2. 关于执行死刑的机关及期限。最高人民法院的执行死刑命令应当由高级人民法院交付第一审人民法院执行。第一审人民法院接到执行死刑命令后,应当在 7 日以内执行。根据《最高法解释》的规定,死刑缓期执行的期间,从判决或者裁定核准死刑缓期执行的法律文书宣告或者送达之日起算。同时,根据《最高法解释》还规定,被判处死缓的罪犯在死刑缓期执行期间故意犯罪,应由犯罪服刑地的中级人民法院依法审判,所作判决可以上诉、抗诉。认定构成故意犯罪的判决、裁定发生法律效力后,应当报最高人民法院核准执行死刑的,由罪犯服刑地的中级人民法院执行。

3. 关于死刑执行的监督。人民检察院收到同级人民法院执行死刑临场监督通知后,应当立即派员并做好如下监督工作:(1)查明同级人民法院是否收到最高人民法院核准死刑的判决或者裁定和执行死刑的命令;(2)检查执行死刑的场所、方法和执行死刑的活动是否合法;(3)执行死刑前发现有《刑事诉讼法》规定的“应当停止执行”或“暂停执行”的情形后,应当建议人民法院立即停止执行;(4)执行死刑过程中,根据需要可以进行拍照、录像;执行死刑后,检查罪犯是否确已死亡,并填写死刑临场监督笔录,签名后入卷归档。

4. 关于执行死刑的指挥人员及其工作。根据《刑事诉讼法》第 263 条第 4 款的规定,执行死刑由人民法院的审判人员负责指挥。首先,执行前对罪犯验明正身,核实罪犯姓名、别名、性别、年龄、职业、拘留、逮捕时间等,旨在进一步核实是否确系应当执行的罪犯,防止错杀;其次,讯问罪犯有无遗言、信札,并制作笔录,然后交执行人员执行死刑。

5. 关于死刑罪犯同近亲属会见。在执行死刑前罪犯能否同近亲属会见,《刑事诉讼法》没有规定。但是根据《最高法解释》规定,应当告知罪犯有权会见其近亲属。罪犯申请会见并提供具体联系方式的,人民法院应当通知其近亲属。罪犯近亲属申请会见的,人民法院应当准许,并及时安排会见。这一规定既体现了人道精神,又为罪犯向其家属交代后事提供了方便条件,同时也符合对所有罪犯在交付执行前允许会见家属的法律规定。当然,在会见时,应当做好警戒等事宜,以防发生意外。

6. 关于执行死刑的方法和场所。《刑事诉讼法》第 263 条和《最高法解释》的规定,死刑采用枪决或注射等方法执行。采用枪决、注射以外的其他方法执行死刑的应当先报请最高人民法院批准。死刑可以在刑场或者指定的羁押场所内执行。采用枪决方法执行死刑,人民法院有条件执行的,交由司法警察执行;没有条件执行的交由武装警察执行。采用注射方法执行死刑的,由法医执行。当今世界各国对执行死刑的方法日益文明化、人道化。现代国家普遍放弃了车裂、砍头、火刑等残酷执行死刑的方法。大多数国家采用枪决、绞刑等方式,采用注射方法执行死刑的,目前主要有美国和我国。1997 年 3 月 28 日,昆明市中级人民法院在国内首次采用药物注射的方法执行死刑,由昆明法医院院长汪军打下第一针。[1] 采用注射方法不仅具有方便、罪犯痛苦少、死亡迅速等优点,而且节省人力、物力和时间,同时还可以防止有辱罪犯人格的不良现象发生。目前我国大多数死刑案件采用注射方法执行死刑,至于《刑事诉讼法》中规定的采用枪决、注射等方法中的"等"字,一般应理解为随着现代科技的发展,发现有比前两种方法更为人道和文明方法的,经报请最高人民法院批准,也可以采用。

7. 关于执行死刑后的处理。执行死刑完毕,由法医验明罪犯确实死亡后,在场书记员制作笔录。负责执行的人民法院应当将执行死刑情况(包括执行死刑前后照片)在 15 日内逐级上报最高人民法院。执行死刑后,通知罪犯家属,对罪犯遗物、遗款等应当查点清楚,并列出清单,交其家属领取,并将收条交付执行的人民法院附卷。除此之外,负责执行的人民法院还应当办理以下事项:(1)对于死刑罪犯的遗书、遗言笔录,应当及时进行审查,涉及财产集成、债务清偿、家事嘱托等内容的,将遗书、遗言笔录交给其家属,同时复制存卷被查,涉及案件线索等问题的,应当抄送有关机关。(2)通知罪犯家属在限期内领取罪犯骨灰;没有火化条件或者因民族、宗教等原因不宜火化的,通知领取尸体;过期不领取的,由人民法院通知有关单位处理,并要求有关单位出具处理情况的说明;对罪犯骨灰或尸体的处理情况,应当记录在案。(3)对外国籍罪犯执行死刑后,通知外国驻华使、领馆的程序和时限,按照有关规定办理。

此外,执行死刑应当公布,不应示众。公布执行死刑,可以震慑犯罪,鼓舞人民群众同犯罪作斗争,但是张贴布告应当选择适当的场所,防止发生负面效应和不良影响。对于在刑场执行死刑的罪犯,禁止游街示众以及一切有辱罪犯人格、有伤风化的情况发生。

二、死刑缓期二年执行、无期徒刑、有期徒刑和拘役判决的执行

1. 关于执行的主体。根据《刑事诉讼法》第 264 条第 2、3 款的规定,对被判处死刑缓期二年执行、无期徒刑、有期徒刑的罪犯,由公安机关依法将该罪犯送交监狱执行刑罚。对判处有期徒刑的罪犯,在被交付执行刑罚前,剩余刑期在 3 个月以下的,由看守所代为执行。对判处拘役的罪犯,由公安机关执行。对未成年犯应当在未成年犯管教所执行刑罚。

2. 关于交付执行应移送的法律文书。根据《刑事诉讼法》第 264 条和《监狱法》第 16 条规定,罪犯被交付执行刑罚的时候,应当由第一审人民法院在判决生效后 10 日内将下列四种法律文书送达执行机关:(1)人民检察院起诉书副本、自诉状复印件;(2)人民法院的判决书、裁定书;(3)人民法院的执行通知书;(4)人民法院的结案登记表。上述文书不全或者记载有误的,作出生效判决的法院应当及时补充齐全或者作出更正;对其中可能造成错误收监的,不予收监。

---

〔1〕 周琼:"注射死刑:12 年的静止与变化",载《人民公安》2009 年第 15 期。

3. 关于交付执行的期限。根据《监狱法》第 15 条的规定，人民法院对被判处死刑缓期二年执行、无期徒刑、有期徒刑的罪犯，应当执行通知书、判决书送达羁押该罪犯的公安机关，公安机关应当自收到执行通知书、判决书之日起 1 个月内将该罪犯送交监狱执行刑罚。同案审理的案件中，部分被告人被判处死刑，对未判处死刑的同案被告人需要羁押执行刑罚的，应当在其判决、裁定生效后 10 日内交付执行。但是该同案被告人参与实施有关死刑之罪的，应当在最高人民法院复核讯问被判处死刑的被告人后交付执行。对于被判处拘役的罪犯，公安机关在收到上述文书后应当立即送交执行，并将执行通知书的回执经看守所盖章后附入审判卷内。罪犯需要收押执行刑罚，而判决裁定生效前未被羁押的，人民法院应当根据生效的判决书、裁定书将罪犯送交看守所羁押，并按照规定程序办理执行手续。

4. 关于收押和执行程序。执行机关收押罪犯应当对罪犯进行身体检查，对于不适合在监狱或其他执行场所执行的，可以暂不予收押。但如果对其暂予监外执行有社会危害性的应当收监。对罪犯收监时应当严格检查其人身和所携带物品。属于非生活必需品的由执行机关代为保管或者征得罪犯同意后退回其家属，对违禁品一律没收。执行机关对罪犯收押后应当将罪犯罪名、刑期、执行地址等自收监日起 5 日内通知罪犯家属。对于罪犯在服刑中死亡、调动、脱逃满 2 个月未捕回或捕回后有变动的，执行机关应当书面报告交付执行的人民法院及对该监所实行监督的人民检察院。

5. 关于刑期的计算。被判处有期徒刑、拘役的刑期，从判决执行之日起计算。判决前被拘留和逮捕的，羁押 1 日抵刑期 1 日；判决前被指定居所监视居住的，监视居住 2 日抵刑期 1 日。服刑期满，执行机关应立即释放并发放释放证明。

三、有期徒刑缓刑、拘役缓刑判决的执行

缓刑是在具备一定的法定条件下对判处拘役、3 年以下有期徒刑的罪犯在一定期间内暂缓执行刑罚，若其在暂缓执行期间未犯新罪，则原判刑罚不再执行的一种刑罚执行制度。缓刑不是刑种，而是刑罚运用的一种特殊执行方式。

根据《刑法》第 72 条的规定，缓刑包括拘役缓刑和有期徒刑缓刑。根据《刑事诉讼法》第 269 条的规定，被宣告缓刑的罪犯由社区矫正机构负责执行，宣告缓刑的判决发生法律效力后人民法院应当将判决书和执行通知书送达社区矫正机构，由其执行缓刑。根据《最高法解释》规定，宣告缓刑的罪犯，人民法院应当核实其居住地。宣判时，应当书面告知罪犯到居住地县级司法行政机关报到的期限和不按期报到的后果。判决、裁定生效后 10 日内，应当将判决书、裁定书、执行通知书等法律文书送达罪犯居住地的县级司法行政机关，同时抄送罪犯居住地的县级人民检察院。另外，一审法院判处拘役或者有期徒刑缓刑的，如果被宣告人在押，应当先行将逮捕变更为取保候审或者监视居住，并通知公安机关。对于被判处有期徒刑、拘役缓刑的罪犯，在宣告缓刑时，应当同时宣告缓刑考验期。根据《刑法》第 73 条的规定，拘役的缓刑考验期为原判刑期以上 1 年以下，但是不能少于 2 个月。有期徒刑的缓刑考

验期为原判刑期以上5年以下,但是不能少于1年。缓刑考验期限,从判决之日起计算。

示例21-1 王召成等非法买卖、储存危险物质案

法院裁判认为:“王召成、金国淼、孙永法、钟伟东、周智明到案后均能如实供述自己的罪行,且购买氰化钠用于电镀生产,未发生事故,未发现严重环境污染,没有造成严重后果,依法可以从轻处罚。根据五被告人的犯罪情节及悔罪表现等情况,对其可依法宣告缓刑”“分别判处被告人王召成有期徒刑三年,缓刑五年;被告人金国淼有期徒刑三年,缓刑四年六个月;被告人钟伟东有期徒刑三年,缓刑四年;被告人周智明有期徒刑三年,缓刑三年六个月;被告人孙永法有期徒刑三年,缓刑三年。宣判后,五被告人均未提出上诉,判决已发生法律效力。”〔2〕

被宣告缓刑的罪犯应当遵守下列规定:(1)遵守法律、行政法规,服从监督;(2)按照考察机关的规定报告自己的活动情况;(3)遵守考察机关关于会客的规定;(4)离开居住的城市、县或者迁居应当报告考察机关批准。

被宣告缓刑的罪犯没有附加剥夺政治权利的,缓刑期间不应限制其政治权利,参加劳动的实行同工同酬。另外,根据《刑法修正案(八)》的规定,可以根据犯罪情况同时禁止罪犯在缓刑考验期内从事特定活动、进入特定区域、场所或接触特定的人。2011年最高人民法院、最高人民检察院、公安部、司法部《关于对判处管制、宣告缓刑的犯罪分子适用禁止令有关问题的规定(试行)》第9条规定,禁止令由司法行政机关指导管理的社区矫正机构负责执行。

示例21-2 董某某等抢劫案

法院作出了禁止令,“考虑到被告人主要是因上网吧需要网费而诱发了抢劫犯罪;二被告人长期迷恋网络游戏,网吧等场所与其犯罪有密切联系;如果将被告人与引发其犯罪的场所相隔离,有利于家长和社区在缓刑期间对其进行有效管教,预防再次犯罪;被告人犯罪时不满十八周岁,平时自我控制能力较差,对其适用禁止令的期限确定为与缓刑考验期相同的三年,有利于其改过自新”。〔3〕

罪犯如果在考验期内没有违反上述规定及人民法院判决书中的禁止令的,缓刑考验期满,原判刑罚不再执行,并向群众公开宣告;如果罪犯在考验期内犯新罪或发现判决报告以前还有其他没有判决的罪行,应当撤销缓刑,对新罪或漏罪作出判决,然后把前罪和后罪依照数罪并罚原则决定执行的刑罚,收监执行。

被宣告缓刑的罪犯,在缓刑考验期内违反法律、行政法规以及有关缓刑监督管

〔2〕“指导案例13号:王召成等非法买卖、储存危险物质案”,北大法宝引证码:CLI. C. 1181154。
〔3〕“指导案例14号:董某某等抢劫案”,北大法宝引证码:CLI. C. 1181156。

理规定如《社区矫正实施办法》等,情节严重的应当撤销缓刑,执行原判刑罚。已执行的缓刑考验期不能折抵刑期,但是判决执行前先行羁押日期应予折抵。

四、管制判决的执行

管制,是指对轻微犯罪人不予关押,在社区矫正机构的管理和监督下实行矫正的一种刑罚。管制是独立的刑种,为我国独创。这种刑种的适用对于减少监狱压力,促使罪犯自食其力,防止其在监内交叉感染等方面有着重要的意义。

根据《刑事诉讼法》第269条的规定,被判处管制的罪犯由社区矫正机构负责执行。第一审人民法院判决被告人管制,宣判时如果被告人在押的,应当通知公安机关变更强制措施,判决生效后将有关法律文书送达社区矫正机构执行。

管制的期限为3个月以上2年以下,从判决执行之日计算;判决执行以前先行羁押的,羁押1日折抵刑期2日;判决执行以前被制定居所监视居住的,监视居住1日折抵刑期1日。管制在执行期间,罪犯应遵守下列规定:(1)遵守法律、行政法规、服从监督;(2)未经执行机关批准不得行使言论、出版、集会、结社、示威自由的权利;(3)按执行机关规定报告活动情况;(4)遵守关于会客的规定;(5)离开所居住的市、县或迁居,应经批准。此外,不得从事特定活动、进入特定区域、场所和接触特定的人,违者由公安机关依照《治安管理处罚法》处罚。罪犯在被管制期间有权参加劳动并得到同工同酬的待遇。

执行和解除管制应当向公众宣布。管制期满,执行机关应当及时解除;附加剥夺政治权利的应当同时宣布恢复其政治权利。管制的刑期,从判决执行之日起计算;判决执行以前先行羁押的,羁押1日折抵刑期2日,判决执行前被指定居所监视居住的,1日折抵刑期1日。

示例21-3 罗某甲等开设赌场案

法院判决:"……五、被告人潘某犯开设赌场罪,判处管制七个月,并处罚金人民币四千元(管制的刑期,从判决执行之日起计算;判决执行以前先行羁押的,羁押一日折抵刑期二日。罚金已缴纳)。六、被告人陈某丙犯开设赌场罪,判处管制六个月,并处罚金人民币三千元(管制的刑期,从判决执行之日起计算;判决执行以前先行羁押的,羁押一日折抵刑期二日。罚金已缴纳)"。[4]

五、剥夺政治权利判决的执行

剥夺政治权利是我国《刑法》规定的一种附加刑,也可以单独适用。

---

〔4〕 台州市椒江区人民法院《刑事判决书》(〔2016〕浙1002刑初30号),北大法宝引证码:CLI. C. 23038476。

示例 21－4 刘志军受贿、滥用职权案

该案中就适用了这一附加刑，“北京市高级人民法院作出裁定，依法核准对被告人刘志军以受贿罪判处死刑缓期两年执行，剥夺政治权利终身，并处没收个人全部财产；以滥用职权罪，判处有期徒刑十年，决定执行死刑缓期两年执行，剥夺政治权利终身，并处没收个人全部财产的刑事判决”。[5]

根据《刑事诉讼法》第 270 条的规定，被判处剥夺政治权利的罪犯，由公安机关执行。对单处剥夺政治权利的罪犯，人民法院应当在判决、裁定生效后 10 日内将判决书、裁定书、执行通知书等法律文书送达罪犯居住地的县级公安机关，并抄送罪犯居住地的县级人民检察院。

根据我国《刑法》第 54 条的规定，对罪犯剥夺政治权利，主要是指剥夺其选举权和被选举权；言论、出版、集会、结社、游行、示威自由权；担任国家机关职务权；担任国有公司、企事业单位和人民团体领导职务等权利。

剥夺政治权利的刑期，从徒刑、拘役执行完毕之日或从假释之日起计算，其效力当然适用于主刑执行期间。判处管制附加剥夺政治权利的，剥夺政治权利的期限与管制期限相等，同时执行。在执行期间罪犯应当遵守法律、行政法规和公安部门指定的监督管理规定，服从监督。执行期满应当由执行机关书面通知本人及其所在单位、居住地基层组织。

六、罚金、没收财产判决的执行

罚金，是人民法院依法判决犯罪公民或者犯罪单位向国家缴纳一定数额金钱的刑罚方法。罚金刑的执行，是指人民法院将已经生效的判处罚金的判决、裁定付诸实施的程序。

1. 关于罚金刑的执行方式。根据《刑法》第 53 条的规定，我国罚金刑的执行方式分为：一次缴纳、分期缴纳、强制缴纳、随时追缴。根据《刑事诉讼法》第 271 条和最高人民法院《关于财产刑执行问题若干问题的规定》第 11 条规定，判处罚金的罪犯或犯罪单位在判决确定的期限内一次或者分期缴纳。被判处罚金的罪犯在判决、裁定确定的期限内未足额缴纳的，人民法院应当在期满后强制缴纳。强制缴纳仍不能全部缴纳的，人民法院在任何时候包括在判处的主刑执行完毕后，发现被执行人有可以执行的财产的，应当随时追缴。如果由于遭遇不能抗拒的灾祸等原因缴纳确实有困难的，经人民法院裁定，可以延期缴纳、酌情减少或者免除。

2. 关于罚金刑的执行期限及终结执行。罚金应当在判决、裁定发生法律效力后 3 个月内执行完毕，至迟不能超过 6 个月。对于罪犯缴纳的罚金，应当按照规定及时上缴国库，任何机关、单位和个人都不得挪用或者私分。

---

[5] “人民法院报推出 2013 年度十大热点案件之六、2013 十大典型刑事案例：刘志军受贿、滥用职权案”，北大法宝引证码：CLI. C. 2117907。

执行财产刑过程中，具有下列情形之一的，人民法院应当裁定中止执行：(1)执行标的物系人民法院或者仲裁机构正在审理案件的争议标的物，需等待该案件审理完毕确定权属的；(2)案外人对执行标的物提出异议的；(3)应当中止执行的其他情形。中止执行的原因消除后应当恢复执行。

在执行财产刑过程中具有下列情形之一的人民法院应当裁定终结执行：(1)根据执行的判决、裁定被撤销的；(2)被执行人死亡或者被执行死刑，且无财产可供执行的；(3)被判处罚金的单位终止，且无财产可供执行的；(4)依照《刑法》第53条规定免除罚金的；(5)应当终结执行的其他情形。

示例21－5　仲晋锐非法吸收公众存款罪案

法院认为，"人民法院生效判决书具有国家强制力，依法必须履行，但其能否实现取决于被执行人是否有履行债务的能力。本案于2015年8月3日立案受理，并于同日立案执行，在执行过程中，本院依法查询被执行人财产线索，查明本案被执行人仲晋锐名下有股票，经本院变卖，共得价款43,933.44元，并已将30,000元退还被害人潘某，剩余13,933.44元在缴纳执行费3250元后为本案罚金。至此，本案已追缴罚金10,683.44元，被执行人仲晋锐尚有189,316.56元罚金未缴纳；另查，本案被执行人仲晋锐名下银行存款、车辆、房产、股权均无可供执行财产。本次执行程序依法应予终结"。〔6〕

裁定终结执行后，发现被执行人财产有被隐匿、转移等情形的，应当追缴。为了保障公民的财产权利，《最高法解释》规定，财产刑全部或者部分被撤销的，已经执行的财产应当全部或者部分返还给被执行人；无法返还的应当依法赔偿。行政机关对被告人就同一事实已经处以罚款的，人民法院判处罚金时应当折抵，扣除行政处罚已执行的部分。

3.没收财产，是指将罪犯个人所有财产的一部分或者全部依法无偿地收归国有的一种刑罚。根据《刑事诉讼法》第272条的规定，没收财产的判决无论附加适用还是独立适用都由人民法院执行；在必要的时候可以会同公安机关执行。为了防止没收财产判决在执行前罪犯或者其他人转移财产影响执行，第一审人民法院可以先行查封、扣押和冻结被告人财产。没收财产的范围只限于罪犯个人所有财产的一部或全部。没收全部财产的应对罪犯个人及其抚养的家属保留必要的费用，不得没收属于其家属所有或者应得的财产。对于没收财产以前罪犯所负的正当债务，需要以没收的财产偿还的，经债权人请求，应当偿还。对于没收的财产，人民法院应当按照有关规定及时上缴国库或财政部门，任何机关、单位和个人都不得私用、调换及压价拍卖或变相私分。对附带民事诉讼中财产部分的执行应当依照我国《民事诉讼法》和最高人民法院有关规定执行。

---

〔6〕 淮安市清河区人民法院《执行裁定书》(〔2015〕河执字第1055号)，北大法宝引证码：CLI. C. 23434207。

对判处财产刑的罪犯或者附带民事诉讼裁判中有执行财产内容的被告人，在本地无财产可供执行的，原审人民法院可以委托财产所在地的人民法院代为执行。代为执行的人民法院执行后或无法执行的，应当将情况及时通知委托的人民法院。代为执行的人民法院可以将执行财产刑的财产直接上缴国库；需要退赔的财产应当由执行的人民法院移交委托的人民法院依法退赔。

目前财产刑“空判”问题较为严重，即不少案件虽然判处罚金或者没收财产，但是实际上无法得到有效执行。造成这种现象的原因很多，其中最为重要的一个原因是财产调查制度缺位以及犯罪分子为了逃避财产刑的执行而转移、隐匿财产。为了解这一问题，保障财产刑判决的真正执行，根据最高人民法院《关于财产刑执行问题的若干规定》第 4 条的规定，人民法院应当依法对被执行人的财产状况进行调查，发现有可供执行的财产需要查封、扣押、冻结的，应当及时采取上述强制执行措施。

七、无罪判决和免除刑罚判决的执行

无罪判决，是指人民法院依法确认被告人的行为不构成犯罪或者依法不追究刑事责任的一种决定。它包括被告人行为不构成犯罪、具有法定不应追究刑事责任和证据不足、指控的犯罪不能成立的无罪判决。

免除刑事处罚判决，是人民法院依法作出的确认报告人有罪但因具有法定免除刑罚情形而免予刑事处罚的判决。

示例 21－6 陈乙走私普通物品案

法院认为，“被告人陈乙违反中华人民共和国海关法规，逃避海关监管，携带依法应当缴纳税款的物品入境时，未向海关申报，从中偷逃应缴税款人民币 131,783.40 元，偷逃税额较大，其行为已构成走私普通物品罪，依法应追究刑事责任。公诉机关的指控，事实清楚，证据确实充分，应予支持。被告人陈乙在犯罪后能自动投案，如实供述自己的罪行，是自首，到案后认罪、悔罪态度较好，且系初犯、偶犯，此次犯罪属法律意识淡薄所致，故可认为其犯罪较轻。综上，根据被告人陈乙犯罪的事实、性质、情节、对于社会的危害程度等，可对其免予刑事处罚……判决如下：被告人陈乙犯走私普通物品罪，免予刑事处罚”。〔7〕

根据《刑事诉讼法》第 260 条规定，如果人民法院作出无罪和免除刑罚判决，在其未发生法律效力前就应当立即释放已被羁押的被告人，即使在判决宣告后当事人提出上诉或者人民检察院提出抗诉，人民法院也应当将判决书立即送达公安机关，由公安机关通知看守所填写《释放证明》并立即发给被告人，不能对其继续关押。这体现了及时恢复无罪公民人身自由、名誉和人格尊严以及保障人权的立法精神，同

〔7〕 上海市第三中级人民法院《刑事判决书》（〔2016〕沪 03 刑初 18 号），北大法宝引证码：CLI. C. 8317327。

时使虽然有罪但应当免除刑罚的人免受继续羁押之苦,及时得到法律保护。[8]

八、社区矫正的执行

社区矫正是与监禁矫正相对的行刑方式,是指将符合社区矫正条件的罪犯置于社区内,由专门的国家机关在相关社会团体和民间组织以及社会志愿者的协助下,在判决、裁定或者决定确定的期限内,矫正其犯罪心理和行为恶习,并促进其顺利回归社会的非监禁刑罚执行活动。

在我国,社区矫正还是一个比较新的概念。2003 年,最高人民法院、最高人民检察院、公安部、司法部联合下达了《关于开展社区矫正工作试点的通知》,全国在北京、天津、上海、江苏、浙江和山东 6 个省市,对 5 种人(受管制、缓刑、监外执行、假释和剥夺政治权利者)实行社区矫正工作试点。2011 年《刑法修正案(八)》明确规定:"依法实行社区矫正",明确了社区矫正的法律地位,是社区矫正立法化的里程碑,标志着社区矫正进入了全新的历史发展阶段。2012 年 3 月施行的《社区矫正实施办法》对社区矫正执行体制、执行程序、调查评估、矫正措施、法律监督等主要内容作出了系统全面的规定。2012 年《刑事诉讼法》将社区矫正纳入了刑罚执行体系。我国社区矫正执行制度的主要内容有以下几个方面:

1. 关于社区矫正的适用范围。根据《刑事诉讼法》第 269 条的规定,对被判处管制、宣告缓刑、假释或者暂予监外执行的罪犯,依法实行社区矫正,由社区矫正机构负责执行。

2. 关于社区矫正的实施主体。根据《刑事诉讼法》的规定,社区矫正的实施主体为社区矫正机构。2010 年,经中央编制委员会办公室批准,司法部设立社区矫正管理局,统一领导全国社区矫正工作。同时各地也在司法行政机关陆续成立了社区矫正工作专门管理部门,成为吸纳和整合社会资源和力量参与社区矫正的平台。根据《社区矫正实施办法》第 2 条、第 3 条的规定,司法行政机关负责指导管理、组织实施社区矫正工作。县级司法行政机关社区矫正机构对社区矫正人员进行监督管理和教育帮助。司法所承担社区矫正日常工作,社会工作者和志愿者在社区矫正机构的组织指导下参与社区矫正工作,有关部门、村(居)民委员会、社区矫正人员所在单位、就读学校、家庭成员或者监护人、保证人等协助社区矫正机构进行社区矫正。[9]

3. 关于社区矫正的交付执行及接收。对于适用社区矫正的罪犯,人民法院、公

---

[8] 关于第一审法院在无罪判决或免除刑罚的判决宣告后对在押被告人立即释放在性质上是否属于执行,理论上存在争议。从立法体例上看,《刑事诉讼法》将第 249 条所规定的内容放在"执行"一章,也就是在法律上将其视为"判决和裁定在发生法律效力后执行"这一原则的特殊情况。有观点认为,这种情况下释放在押被告人的性质不属于执行,而属于撤销逮捕决定,因此将其设立在第一审程序中更为适宜。

[9] 需要注意的是,真正意义上的社区矫正并不是政府的"大包大揽",否则将会异化为"政府矫正",因此,需要在政府的组织、协调、指导下,由非政府的社会组织、团体、社工和志愿者等共同参与。参见张绍彦:"社区矫正在中国——基础分析、前景与困境",载《环球法律评论》2006 年第 3 期。

安机关、监狱应当核实其居住地，在向其宣判时或者在其离开监所之前，书面告知其到居住地县级司法行政机关报到的时间期限以及逾期报到的后果，并通知居住地县级司法行政机关；在判决、裁定生效起3个工作日内，送达判决书、裁定书、决定书、执行通知书、假释证明书副本等法律文书，同时抄送其居住地县级人民检察院和公安机关。县级司法行政机关收到法律文书后，应当在3个工作日内送达回执。

社区矫正人员应当自人民法院判决、裁定生效之日或者离开监所之日起10日内到居住地县级司法行政机关报到。县级司法行政机关应当及时为其办理登记接收手续，并告知其3日内到指定的司法所接受社区矫正。发现社区矫正人员未按规定时间报到的，县级司法行政机关应当及时组织查找，并通报决定机关。

暂予监外执行的社区矫正人员，由交付执行的监狱、看守所将其押送至居住地，与县级司法行政机关办理交接手续。罪犯服刑地与居住地不在同一省、自治区、直辖市，需要回居住地暂予监外执行的，服刑地的省级监狱管理机关、公安机关监所管理部门应当书面通知罪犯居住地的同级监狱管理机关、公安机关监所管理部门，指定一所监狱、看守所接收罪犯档案，负责办理罪犯收监、释放等手续。人民法院决定暂予监外执行的，应当通知其居住地县级司法行政机关派员到庭办理交接手续。

4. 关于社区矫正的内容。根据《社区矫正实施办法》的规定，司法所应当为社区矫正人员确定专门的矫正小组，社区矫正人员为女性的，矫正小组应当有女性成员。司法所应当为社区矫正人员制订矫正方案，在对社区矫正人员被判处的刑罚种类、犯罪情况、悔罪表现、个性特征和生活环境等情况进行综合评估的基础上，制定有针对性的监管、教育和帮助措施。根据矫正方案的实施效果，适时予以调整。社区矫正人员应当定期向司法所报告遵纪守法、接受监督管理、参加教育学习、社区服务和社会活动的情况。发生居所变化、工作变动、家庭重大变故以及接触对其矫正产生不利影响人员的，社区矫正人员应当及时报告。保外就医的社区矫正人员还应当每个月向司法所报告本人身体情况，每3个月向司法所提交病情复查情况。对于人民法院禁止令确定需经批准才能进入的特定区域或者场所，社区矫正人员确需进入的，应当经县级司法行政机关批准，并告知人民检察院。社区矫正人员未经批准不得离开所居住的市、县，未经批准不得变更居住的市、县。社区矫正人员应当参加公共道德、法律常识、时事政策等教育学习活动，增强法制观念、道德素质和悔罪自新意识。社区矫正人员每月参加教育学习时间不少于8小时。根据社区矫正人员的心理状态、行为特点等具体情况，应当采取有针对性的措施进行个别教育和心理辅导，矫正其违法犯罪心理，提高其适应社会能力。司法行政机关应当根据社区矫正人员的需要，协调有关部门和单位开展职业培训和就业指导，帮助落实社会保障措施。

5. 关于社区矫正的结束程序。社区矫正期满前，社区矫正人员应当作出个人总结，司法所应当根据其在接受社区矫正期间的表现、考核结果、社区意见等情况作出书面鉴定，并对其安置帮教提出建议。社区矫正人员矫正期满，司法所应当组织解除社区矫正宣告。宣告由司法所工作人员主持，按照规定程序公开进行。司法所应当针对社区矫正人员不同情况，通知有关部门、村（居）民委员会、群众代表、社区矫正人员所在单位、社区矫正人员的家庭成员或者监护人、保证人参加宣告。宣告事项应当包括：宣读对社区矫正人员的鉴定意见；宣布社区矫正期限届满，依法解除社区矫正；对判处管制的，宣布执行期满，解除管制；对宣告缓刑的，宣布缓刑考验期满，原判刑罚不再执行；对裁定假释的，宣布考验期满，原判刑罚执行完毕。县级司法行政机关应当向社区矫正人员发放解除社区矫正证明书，并书面通知决定机关，同时抄送县级人民检察院和公安机关。暂予监外执行的社区矫正人员刑期届满的，由监狱、看守所依法为其办理刑满释放手续。社区矫正人员死亡、被决定收监执行或者被判处监禁刑罚的，社区矫正终止。

九、驱逐出境的执行

驱逐出境，是强迫犯罪外国人离开我国国（边）境的刑罚方法。《刑法》第35条规定："对于犯罪的外国人，可以独立适用或者附加适用驱逐出境。"驱逐出境仅适用于犯罪的外国人（包括具有外国国籍与无国籍的人），是一种特殊的刑罚。独立适用驱逐出境的，从判决确定之日起执行；附加适用驱逐出境的，从主刑执行完毕之日起执行。

《刑法》和《刑事诉讼法》对驱逐出境的执行程序未作明确的规定，根据《公安部规定》和《关于强制外国人出境的执行办法的规定》，执行驱逐出境的一般程序如下：

1. 关于执行机关。执行和监视强制外国人出境的工作，由省级公安机关指定的公安机关进行。（1）对判处独立适用驱逐出境刑罚的外国人，省级公安机关在收到人民法院的刑事判决书、执行通知书的副本后，应当指定该外国人所在地的设区的市一级公安机关执行。（2）被判处徒刑的外国人，主刑执行期满后应当执行驱逐出境附加刑的，省级公安机关在收到执行监狱的上级主管部门转交的刑事判决书、执行通知书副本或者复印件后，应当指定该外国人所在地的设区的市一级公安机关执行。

2. 关于执行程序。（1）执行准备。对被驱逐出境的外国人持有的准予在我国居留的证件，一律收缴。对护照上的签证应当缩短有效期，加盖不准延期章，或者予以注销，执行机关必须查验其本人的有效护照或者其他替代护照的身份证件，以及过境国家或者地区的有效签证。被驱逐出境的外国人应当办妥离境的机票、车票、船票。（2）执行方式。被人民法院判决独立适用驱逐出境和被公安部处以驱逐出境的外国人，由公安机关看守所武警和外事民警共同押送；对主刑执行期满后再驱逐出境的外国人由原羁押监狱的管教干警、看守武警和公安机关外事民警共同押送。对上述两类人员押送途中确有必要时，可以使用手铐。执行人员的数量视具体情况而定，原则上应不少于2人。边防检查站凭对外国人强制出境的执行通知书、决定书或者裁决书以及被强制出境人的护照、证件安排放行。执行人员要监督被强制出境的外国人登上交通工具并离境后方可离开。从边境通道出境的，要监督其离开我国国境后方可离开。(3)执行驱逐出境的公安机关应当将执行情况记录在卷,以接受人民检察院的监督。

3. 关于出境口岸、出境方式及费用承担。对被强制出境的外国人,其出境的口岸,应事先确定,就近安排。可将犯罪的外国人押解上开往国外的国际列车、船舶,或者是开往国外的飞机。如果被强制出境的外国人前往与我国接壤的国家,也可以安排从边境口岸出境。被驱逐出境的外国人离境的机票、车票、船票费用由本人负担,本人负担不了的,也不属于按协议由我国有关单位提供旅费的,须由其本国使、领馆负责解决。对使、领馆拒绝承担费用或者在华无使、领馆的,由我国政府承担。

第三节　刑罚执行的变更程序

一、死刑执行的变更

为防止错杀,我国《刑事诉讼法》对已经发生法律效力的死刑判决、裁定在执行程序中规定了“停止执行”和“暂停执行”的内容,即变更死刑执行的条件。这充分体现了我国对适用死刑的特别慎重。

(一)停止执行的条件

对于死刑的停止执行,我国《刑事诉讼法》第262条第1款规定,下级人民法院接到最高人民法院执行死刑的命令后,应当在7日内交付执行。但是发现有下列情形之一的应当停止执行,并且立即报告最高人民法院,由最高人民法院作出裁定:(1)在执行前发现判决可能有错误的;(2)在执行前罪犯揭发重大犯罪事实或者有其他重大立功表现,可能需要改判的;(3)罪犯正在怀孕。

对于死刑的暂停执行,我国《刑事诉讼法》第263条第4款规定,指挥执行的审判人员对罪犯应当验明正身,讯问有无遗言、信札,然后交付执行人员执行死刑。在执行前,如果发现可能有错误,应当暂停执行,报请最高人民法院裁定。

上述规定中的“停止执行”和“暂停执行”都是附条件的停止执行。对于前者,法律规定了三种情形;对于后者,法律只作了原则规定即“可能有错误”。所以《最高法解释》对此作了具体规定:(1)罪犯可能有其他犯罪的;(2)共同犯罪的其他犯罪嫌疑人到案,可能影响罪犯量刑的;(3)共同犯罪的其他罪犯被暂停或者停止执行死刑,可能影响罪犯量刑的;(4)罪犯揭发重大犯罪事实或者有其他重大立功表现,可能需要改判的;(5)罪犯怀孕的;(6)判决、裁定可能有影响定罪量刑的其他错误的。此外,根据《刑法》的规定,还应当包括发现罪犯属于犯罪时未满18周岁或者审判时已满75周岁(特别残忍手段致人死亡的除外)的人。

《刑事诉讼法》第262条规定的停止执行的条件之一,“在执行前罪犯揭发重大犯罪事实或者有其他重大立功表现,可能需要改判的”,是指罪犯在被处决前良心未泯,幡然醒悟,或者由于求生欲望揭发重大犯罪事实或者实施重大立功行为等。对此,法律予以支持,司法机关予以鼓励,只要经查证属实,应当改判。这些行为不仅利国利民,而且说明其主观恶性未达到非杀不可的程度,属于可杀可不杀的不杀。

示例 21-7 李先故意杀人案

2004 年 6 月 25 日李先被押赴刑场准备执行死刑时,要求交代余罪并检举揭发他人的犯罪行为,被停止执行死刑。李先交代及检举揭发的犯罪行为经查实后,海南省高级人民法院于 2005 年 12 月 1 日作出(2005)琼刑再终字第 5 号刑事裁定,撤销原一审判决和二审裁定,发回海南中级人民法院重新审判,最终法院判决"被告人李先犯故意杀人罪,判处死刑,缓期二年执行,剥夺政治权利终身;犯抢劫罪,判处无期徒刑,剥夺政治权利终身,并处没收个人全部财产,决定执行死刑,缓期二年执行,剥夺政治权利终身,并处没收个人全部财产"。[10]

应当指出,虽然"停止执行"和"暂停执行"都是对死刑的执行变更,但是两者之间还有区别的,主要表现在:(1)停止执行的原因不完全相同。前者停止的原因有三种法定情形,只要有证据证明具备其中之一的则应当停止执行;后者停止的原因《刑事诉讼法》只规定"可能有错误"(对此《最高法解释》作了六种情形的具体解释)。(2)停止执行的时间与场合不同。前者是在接到执行死刑命令后的 7 日内在羁押场所发现的;后者则是在交付执行后、实施执行前、在刑场或者羁押场所(注射方法)发现的。(3)决定停止执行的主体不同。有权决定"停止执行"的是原审人民法院;有权决定"暂停执行"的是临场指挥执行的审判人员(临场监督的检察人员有权建议人民法院立即停止执行)。

(二)停止执行的程序

为了确保死刑案件停止执行死刑程序依法进行,根据最高人民法院的相关规定,停止执行的程序是:

1. 下级人民法院在接到最高人民法院执行死刑命令后、执行前,发现该案具有"可能有错误"的法定情形的,应当暂停执行死刑,并立即将请求停止执行死刑的报告及相关材料层报告最高人民法院审批。如果是最高人民法院在执行死刑命令签发后、执行前,发现有上述情形的,应当立即裁定下级人民法院停止执行死刑,并将有关材料移交下级人民法院。

2. 下级人民法院接到最高人民法院裁定停止执行死刑后,应当立即会同有关部门调查核实停止执行死刑的事由,并及时将调查结果和意见层报最高人民法院审核。

3. 最高人民法院经审查,认为不影响罪犯定罪量刑的,应当裁定下级人民法

〔10〕 海南省海南中级人民法院《刑事判决书》(〔2007〕海南刑初字第 62 号),北大法宝引证码:CLI. C. 88298。

院继续执行死刑;认为可能影响定罪量刑的,应当裁定下级人民法院停止执行死刑。最高人民法院对下级人民法院报送请求停止执行死刑的调查结果和相关材料,由作出核准死刑裁判的原合议庭负责审查,必要时,依法另行组成合议庭进行审查。

4. 最高人民法院对于依法已停止执行死刑的案件,应当依照下列情形分别作出处理:(1)确认罪犯正在怀孕或属于犯罪时未满18周岁的及审判时已满75周岁(特别残忍手段致人死亡的除外)的,应当依法改判;(2)确认罪犯有其他犯罪,依法应当追诉的,应当裁定不予核准死刑,撤销原判,发回重审;(3)确认原判决、裁定有错误或者罪犯有重大立功表现,需要改判的,应当裁定不予核准死刑,撤销原判,发回重审;(4)确认原判决、裁定没有错误或者罪犯有重大立功表现,或者重大立功表现不影响原判决、裁定执行的,应当裁定继续执行死刑,并由院长重新签发执行死刑的命令。

二、死刑缓期二年执行的变更

死刑缓期二年执行不是一种独立的刑种,是我国死刑的一种特殊执行方法,是对罪该判处死刑但具有不必立即执行的法定条件而在判处死刑的同时宣告缓期二年执行,实行监督改造以观后效的制度。死刑缓期二年执行会产生减刑或者执行死刑两种结果,无论出现哪一种结果都涉及执行的变更。

(一)减刑的条件及幅度

根据《刑事诉讼法》第261条第2款和《刑法》第50条的规定,被判处死刑缓期二年执行的罪犯在死刑缓期执行期间如果没有故意犯罪,死刑缓期执行期满应当减为无期徒刑;如果确有重大立功表现,2年期满后减为25年有期徒刑。

为了加大对被判处死刑缓期执行的累犯以及严重暴力犯罪的犯罪分子的惩处和改造力度,《刑法修正案(八)》在此基础上增加了限制减刑的规定,最高人民法院于2011年颁布了《关于死刑缓期执行限制减刑案件审理程序若干问题的规定》。对被判处死刑缓期执行的累犯以及因故意杀人、强奸、抢劫、绑架、放火、爆炸、投放危险物质或者有组织的暴力性犯罪被判处死刑缓期执行的犯罪分子,人民法院根据犯罪情节、人身危险性等情况,可以在作出裁判的同时决定对其限制减刑。

蒋某故意杀人案是我国《刑法修正案(八)》自2011年5月1日实施之后,首例对判处死缓的被告人决定限制减刑的案件。

示例21-8 蒋某故意杀人案

2010年8月,上海出租车司机蒋某载乘欲赶赴外埠出差而前往长途汽车站的赵某某。因赵某某与蒋某就行驶路线等问题发生矛盾,蒋某使用车内备用的螺丝刀朝赵某某头部戳刺十几下,并以手扼其颈部,导致赵某某机械性窒息合并颅脑损伤死亡。后蒋某将赵某某尸体抛入河中,作案工具等物品丢弃。蒋某因涉嫌故意杀人罪被公诉至上海市第一中级人民法院。法院认为,蒋某的行为依法已构成故意杀人罪。蒋某作为出租车驾驶员,理应提供服务,但其在搭载被害人过程中,因行驶线路等事由与被害人发生矛盾,即采用螺丝刀戳刺、扼颈等手段决意将被害人杀害并抛尸,犯罪手段残忍,主观恶性及人身危险性极大,罪行极其严重,依法应予严惩。鉴于蒋某并非预谋作案,到案后对杀人、抛尸的罪行供认不讳,以及本案的起因等实际情况,对其判处死刑,可不立即执行。但根据其犯罪情节、人身危险性等情况决定对其限制减刑。2011 年 5 月 4 日,上海市第一中级人民法院判决被告人蒋某犯故意杀人罪,判处有期徒刑死刑,缓期二年执行,同时宣告决定限制减刑。[11]

(二)报请减刑的程序

罪犯在死刑缓期执行期间没有故意犯罪,2 年期满由执行机关提出减刑书面建议,报经省级司法厅(局)监狱管理部门审核后,提交当地高级人民法院依法裁定。减刑裁定书应当发给罪犯及交付执行机关,并将副本送达原审人民法院和对执行机关实行监督的人民检察院。死刑缓期执行期满后尚未裁定减刑前又犯罪的应当依法减刑后对其所犯新罪另行审判。

死缓的考验期自判决确定之日起计算,判决前羁押的日期不能折抵刑期,因此减刑必须待 2 年考验期满以后才能进行。人民法院应在收到执行机关的减刑建议书之日起 1 个月内审理并作出裁定,案情复杂或有特殊情况的,可以延长 1 个月。例如,在吴英集资诈骗案中,吴英的死刑缓期执行就减为无期徒刑。

示例 21－9　吴英集资诈骗案

2012 年 5 月,浙江省高级人民法院重审后,吴英被以集资诈骗罪判处死刑,缓期两年执行,剥夺政治权利终身,并处没收其个人全部财产。此后,吴英一直在浙江省女子监狱服刑。死刑缓期执行期满后,浙江省女子监狱依法提出减刑建议书,浙江省监狱管理局审核后,报送浙江省高级人民法院审理。7 月 11 日,浙江省高级人民法院依法进行公开开庭审理。法庭查明:吴英在死刑缓期执行期间,没有故意犯罪,经教育能认罪悔罪,服从管教,无违规扣分;积极参加政治、文化和技能学习,自觉参加生产劳动,确有悔改表现。根据以上情况,浙江省高级人民法院认为应予减刑。依照《刑事诉讼法》第 250 条第 2 款,裁定将吴英的死缓刑减为无期徒刑,剥夺政治权利终身。[12]

(三)执行死刑的条件及程序

被判处死刑缓期二年执行的罪犯,在死刑缓期执行期间,如果故意犯罪,情节恶劣,查证属实,应当执行死刑的,由高级人民法院报请最高人民法院核准;对于故意犯罪未执行死刑的,死刑缓期执行的期间重新计算,并报最高人民法院备案。

罪犯在二年死刑缓期执行期间故意犯罪的,由罪犯服刑的监狱进行侦查,侦查

---

〔11〕“首例被判死缓同时被宣告限制减刑”,北大法宝引证码:CLI. CR. 128131。

〔12〕“浙江亿万富姐吴英背后”,北大法宝引证码:CLI. CR. 154314。

终结后移送罪犯服刑地的省、州、市人民检察院审查起诉并向服刑地的中级人民法院提起公诉，人民法院经审理所作的判决可以上诉、抗诉。应当执行死刑的，最高人民法院核准死刑后，由院长签发执行死刑命令，交罪犯服刑地的中级人民法院依照法定程序和方式执行死刑。例如，在夏俊脱逃、故意杀人案中，被告人夏俊就因在死刑缓期二年执行期间犯罪而被执行死刑。

示例 21－10 夏俊脱逃、故意杀人案

被告人夏俊因犯抢劫罪被判处死刑，缓期二年执行，于 2010 年 1 月 19 日被送往重庆市渝州监狱服刑。2011 年 3 月 29 日，夏俊因患病被送往重庆市红十字会医院治疗。同年 4 月 4 日 4 时许，夏俊从该医院脱逃。在逃脱期间与营业员周万蓉（女，殁年 29 岁）发生争执，恐其脱逃罪行败露残忍将其杀害。最终，重庆市高级人民法院裁定：同意重庆市第一中级人民法院以被告人夏俊犯脱逃罪，判处有期徒刑 4 年；犯故意杀人罪，判处死刑，剥夺政治权利终身；决定执行死刑，剥夺政治权利终身的刑事判决……同时，依法报请最高人民法院核准。最高人民法院于 2013 年 9 月 3 日作出刑事裁定书，核准了重庆市高级人民法院作出的决定执行死刑的刑事裁定书。[13]

然而，并不是所有死刑缓期二年执行期间故意犯罪的情形都要被执行死刑，对于"故意犯罪"也应当区分具体情况，体现"少杀、慎杀"，落实宽严相济的刑事政策。例如，在陈文英故意杀人案中，最高人民法院就没有核准其死刑。

示例 21－11 陈文英故意杀人案

陈文英因犯故意杀人罪被判处死刑，缓期 2 年执行，剥夺政治权利终身，在天津市监狱服刑。因琐事与被害人发生矛盾，咬伤被害人耳部，致被害人轻伤，一审法院天津市第一中级法院认为被告人陈文英的行为已构成故意伤害罪，应依法予以惩处，"依据《刑法》第 50 条、《刑事诉讼法》第 210 条第 2 款和《最高法解释》第 339 条第 2 款的规定，本判决生效以后，经最高人民法院核准，对被告人陈文英应当执行死刑"。上诉后，天津市高级人民法院依据《刑事诉讼法》第 189 条第（1）项之规定，裁定驳回上诉，维持原判。最高人民法院认为："鉴于本案的具体情况，可不核准其死刑"，将案件发回天津市高级人民法院重新审判。天津市高级人民法院经重新审理后认为："在死刑缓期执行期间，陈文英不思悔改，故意伤害他人身体，致被害人轻伤，其行为已构成故意伤害罪。鉴于本案的具体情况，根据最高人民法院裁定，对陈文英可不执行死刑。依照《刑法》第 69 条、第 70 条、第 71 条，和《刑事诉讼法》第 189 条第（1）项、第（2）项之规定，判决驳回陈文英的上诉，维持天津市第一中级人民法院（2010）一中刑初字第 94 号刑事附带民事判决对被告人陈文英犯故意伤害罪的定罪和量刑部分，与天津市第一中级人民法院（2008）一中刑初字第 62

---

〔13〕"夏俊脱逃、故意杀人案——死缓期间又犯应判处死刑之罪的数罪并罚"，北大法宝引证码：CLI. C. 3059429。

号刑事附带民事判决以故意杀人罪判处其死刑，缓期二年执行，剥夺政治权利终身并罚，决定执行死刑，缓期二年执行，剥夺政治权利终身”。[14]

三、暂予监外执行

暂予监外执行，是指对判处无期徒刑、有期徒刑、拘役的罪犯因具备或者出现某种法定特殊情形不宜在监内执行时，暂时将其放在监外交由社区矫正机构执行的一种变通方法。它不仅变更了执行场所，而且变更了执行方式。

暂予监外执行体现了刑罚的人道性、谦抑性以及刑罚经济性，符合当前刑罚轻缓化和行刑社会化的刑罚改革潮流，而且对于特定罪犯的教育感化和改造起到了积极的作用。但是，暂予监外执行毕竟改变了法院的原判刑罚、罪犯的服刑期限、服刑地点和服刑方式，可能面临着执行不力以及监督不到位的问题，成为容易滋生腐败的环节。因此，暂予监外执行必须严格依照法律规定的对象、条件和程序进行。

（一）暂予监外执行的对象

暂予监外执行可以适用于被判处无期徒刑、有期徒刑或者拘役的罪犯。《刑事诉讼法》和《监狱法》关于暂予监外执行的对象的规定经历了一个发展变化的过程。1979 年《刑事诉讼法》第 157 条规定的是“被判处无期徒刑、有期徒刑或者拘役的罪犯”，《监狱法》在适用范围上作了相同的规定。1996 年《刑事诉讼法》第 214 条将其缩减为“被判处有期徒刑或者拘役的罪犯”。2012 年《刑事诉讼法》第 254 条将其扩大至被判处无期徒刑的罪犯，同时又对其使用条件作了明确限定。2018 年《刑事诉讼法》第 265 条继续保留了该条规定。这不仅解决了《刑事诉讼法》与《监狱法》相冲突的问题，而且体现了保障服刑罪犯人权的理念以及人道主义精神。

（二）暂予监外执行的条件

被判处有期徒刑或拘役的罪犯，有下列情形之一的可以暂予监外执行：(1)有严重疾病需要保外就医的。但是对于适用保外就医可能有社会危险性的罪犯，或者自伤自残的罪犯不得保外就医；(2)怀孕或者正在哺乳自己婴儿的妇女；(3)生活不能自理，适用暂予监外执行不致危害社会的。只要具备以上 3 种情形之一的，对罪犯就可以决定暂予监外执行。

被判处无期徒刑的罪犯只有是怀孕或者正在哺乳自己的婴儿的妇女时才可以适用暂予监外执行。

为了防止暂予监外执行成为某些不法分子逃脱刑罚的手段，对于暂予监外执行的条件要严格执行，尤其是在职务犯罪中。如在合肥“房叔”案中，法院就没有同意其暂予监外执行的申请。

---

〔14〕“陈文英故意杀人案——死缓考验期间故意犯罪案件的审查与处理”，北大法宝引证码：CLI. C. 3472364。该案详情刊载于《人民司法·案例》2013 年第 24 期。该案的裁判发生在 2012 年修改《刑事诉讼法》之前，该示例所引用法条和司法解释系 1996 年《刑事诉讼法》及其司法解释。

示例 21－12 合肥“房叔”案

方广云原任合肥市站北社区居委会党支部书记,2012 年底当地 12 名村民实名举报其“非法侵占 136 套回迁安置房”,方广云因此被称为合肥“房叔”。2014 年 12 月 26 日,庐江法院以贪污罪、滥用职权罪、受贿罪,判处方广云有期徒刑二十年;并处没收个人财产 15 万元,后庐江法院分别于 2014 年 12 月 26 日、2015 年 1 月 9 日两次对罪犯方广云作出逮捕决定并交庐江县公安局执行,因罪犯方广云患有多种疾病,不能行走,庐江县看守所未予收押。2015 年 1 月 10 日,方广云向庐江法院申请暂予监外执行。经安徽省监狱总医院鉴定,方广云的病情为高血压二级(很高危)和糖尿病。法院经审查认为,最高人民法院、最高人民检察院、公安部、司法部、国家卫生计生委联合制定的《暂予监外执行规定》第 6 条第 2 款规定,对职务犯罪的罪犯适用保外就医应当从严审批,对患有高血压、糖尿病、心脏病等严重疾病,但经诊断短期内没有生命危险的,不得暂予监外执行,方广云的病情因不符合暂予监外执行的法定条件,故决定对其不予暂予监外执行。[15]

(三)暂予监外执行的决定或批准程序

根据《刑事诉讼法》第 265 条第 5 款、第 266 条、第 267 条的规定,对罪犯确有严重疾病,必须保外就医的,由省级人民政府指定的医院诊断并开具证明文件。在交付执行前,暂予监外执行由交付执行的人民法院决定;在交付执行后,暂予监外执行由监狱或者看守所提出书面意见,报省级以上监狱管理机关或者设区的市一级以上公安机关批准。监狱、看守所提出暂予监外执行的书面意见的,应当将书面意见的副本抄送人民检察院。人民检察院可以向决定或者批准机关提出书面意见。决定或者批准暂予监外执行的机关应当将暂予监外执行决定抄送人民检察院。人民检察院可以向决定或者批准机关提出书面意见。

根据全国人民代表大会常务委员会关于《刑事诉讼法》第 265 条第 5 款、第 268 条第 2 款的解释,罪犯在被交付执行前,因有严重疾病、怀孕或者正在哺乳自己婴儿的妇女、生活不能自理的原因,依法提出暂予监外执行的申请的,有关病情诊断、妊娠检查和生活不能自理的鉴别,由人民法院负责组织进行。

(四)暂予监外执行罪犯的矫正和收监程序

根据《刑事诉讼法》第 269 条以及《社区矫正实施办法》的相关规定,对被判处管制、宣告缓刑、假释或者暂予监外执行的罪犯,依法实行社区矫正,由社区矫正机构负责执行。暂予监外执行的社区矫正人员,由交付执行的监狱、看守所将其押送至居住地,与县级司法行政机关办理交接手续。罪犯服刑地与居住地不在同一省、自治区、直辖市,需要回居住地暂予监外执行的,服刑地的省级监狱管理机关、公安机关监所管理部门应当书面通知罪犯居住地的同级监狱管理机关、公安机关监所管理部门,指定一所监狱、看守所接收罪犯档案,负责办理罪犯收监、释放等手续。人民法院决定暂予监外执行的,应当通知其居住地县级司法行政机关派员到庭办理交

---

〔15〕“合肥‘房叔’被依法收监,执行有期徒刑二十年”,北大法宝引证码:CLI. CR. 1570133。

接手续。

在执行中,暂予监外执行情形消失后,刑期未满的,负责执行的机关应当及时通知监狱或者其他执行机关予以收监;刑期届满的,由原执行机关办理释放手续。根据《刑事诉讼法》第268条和《最高法解释》的相关规定,对暂予监外执行的罪犯,有下列情形之一的,应当及时收监:(1)发现不符合暂予监外执行条件的。(2)严重违反有关暂予监外执行监督管理规定的,具体包括:未经批准离开所居住的市、县,经警告拒不改正,或者拒不报告行踪,脱离监管的;因违反监督管理规定受到治安管理处罚,仍不改正的;受到执行机关两次警告,仍不改正的;保外就医期间不按规定提交病情复查情况,经警告拒不改正的;暂予监外执行的情形消失后,刑期未满的;保证人丧失保证条件或者因不履行义务被取消保证人资格,不能在规定期限内提出新的保证人的;违反法律、行政法规和监督管理规定,情节严重的其他情形。(3)暂予监外执行的情形消失后,罪犯刑期未满的。

示例21-13 黄谨依法收监案

判决生效交付执行时,上海市监狱总医院鉴定黄谨患有严重疾病,不宜收监执行刑罚。上海市徐汇区看守所建议对其暂予监外执行。徐汇区人民法院审查后对黄谨作出暂予监外执行决定,执行期间自2013年4月9日起至2014年4月8日止。2014年4月,执行机关上海市闵行区司法局提出收监执行建议,检察机关闵行区人民检察院对黄谨进行鉴定并出具了意见。徐汇区人民法院经审理查明,罪犯黄谨患肥厚型心肌病,经治疗,现病情较为稳定,心功能未达ⅲ级且未见器质性心脏病导致的心律失常等临床体征变化,不符合《罪犯保外就医疾病伤残范围》的相关要求。法院认为,罪犯黄谨暂予监外执行情形已消失,但刑期未满。遂依法作出收监执行决定,及时将黄谨收监执行剩余刑期。[16]

人民法院决定暂予监外执行的,罪犯符合收监情形之一的,原作出暂予监外执行决定的人民法院,应当在收到执行机关的收监执行建议书后15日内,作出收监执行的决定。人民法院收监执行决定书,一经作出,立即生效。人民法院应当将收监执行决定书送交罪犯居住地的县级司法行政机关,由其根据有关规定将罪犯交付执行。收监执行决定书应当同时抄送罪犯居住地的同级人民检察院和公安机关。其他机关决定暂予监外执行的,罪犯符合法定的收监情形之一的,应当由执行机关提出收监执行建议书,报原批准暂予监外执行的机关作出批准收监执行的决定,并将有关法律文书送达公安机关、监狱或者其他执行机关。

暂予监外执行期满前收监的,下列两种期间不计入执行刑期:(1)不符合暂予监外执行条件的罪犯通过贿赂等非法手段被暂予监外执行的,在监外执行的期间;

---

〔16〕“最高人民法院发布严格规范减刑、假释、暂予监外执行典型案例之五:罪犯黄谨依法收监案”,北大法宝引证码:CLI. C. 6596923。

(2)罪犯在暂予监外执行期间脱逃的期间。

四、减刑和假释

减刑和假释是我国刑罚执行制度中的重要内容,体现了惩罚与教育改造相结合的刑事政策。

(一)减刑

减刑,是指被判处管制、拘役、有期徒刑和无期徒刑的罪犯在执行期间确有悔改或者立功表现的,可以依法减轻其刑罚的制度。减刑既可以减少原判刑期,也可以将原判较重的刑种改为较轻的刑种。死缓减为无期徒刑或有期徒刑也是一种广义上的减刑。但是它是一种特殊形式的减刑,与其他刑罚的减刑相比,在适用对象、减刑条件及使用时间的限制等方面均有不同。

根据《刑事诉讼法》第273条第2款和《监狱法》的有关规定,我国减刑制度的内容包括:

1.减刑的对象及条件。减刑的对象是被判处管制、拘役、有期徒刑和无期徒刑的罪犯。上述罪犯只要符合在服刑期间确有悔改表现或在服刑期间有立功表现的即可。

2.减刑的幅度及其限制。根据《刑法》的规定,减刑以后实际执行的刑期,判处管制、拘役及有期徒刑的,不得少于原判刑期的1/2,判处无期徒刑的,不能少于13年。无期徒刑减为有期徒刑后的刑期从裁定之日起计算,已执行的刑期,不计入减刑后的刑期内,而其他刑罚的刑期,原判刑期已执行的部分,则应当计入减刑后的刑期。附加剥夺政治权利的无期徒刑减为有期徒刑时,应当把附加剥夺政治权利的期限改为3年以上10年以下;有期徒刑、拘役、管制减刑时,可以酌减附加剥夺政治权利的期限。

3.减刑建议的提出及裁定主体。针对原判刑罚的不同,法律规定了相应的提出减刑建议以及审核裁定的机关:(1)对无期徒刑罪犯的减刑,由监狱或者未成年犯管教所提出减刑建议书,经省级监狱管理部门核准同意后,报当地高级人民法院审核裁定;(2)对有期徒刑罪犯的减刑,由监狱或未成年犯管教所提出减刑建议书,报请当地中级人民法院审核裁定;(3)对拘役罪犯的减刑,由拘役所提出减刑建议书,报请当地中级人民法院审核裁定;(4)对管制、宣告缓刑罪犯的减刑,由县级司法行政机关的社区矫正机构提出书面意见,报请当地中级人民法院审核裁定。

示例21-14 陈某某故意伤害案

2008年7月11日陈某某因为故意伤害罪,被判处有期徒刑15年,剥夺政治权利3年。后于2013年12月5日因陈某某在服刑改造期间,悔罪认真,积极改造,所以北京市监狱管理局清河分局对罪犯陈某某提出减刑建议并将减刑的证据材料及减刑建议书报至法院审理。经审理查明,罪犯陈某某在服刑改造期间,认真悔罪,认真遵守法律法规及监规，接受教育改造，积极参加思想、文化、职业技术教育，有犯罪评审鉴定表等综合材料证据证实。人民法院认为：罪犯陈某某在服刑改造期间，确有悔改表现，符合减刑法定条件，可以减刑。根据《刑事诉讼法》第262条第2款规定，对罪犯陈某某减去有期徒刑11个月。[17]

对于减刑的条件应当严格把握。

示例21-15 鲁龙不予减刑案

尽管其在服刑期间能积极参加劳动和教育改造，并记功2次，但在狱中仍有多次盗窃他人财物的行为，非法占有他人财物的恶习未革除，需要进一步接受教育和改造。综合其原判情况和改造表现，不能认定鲁龙确有悔改表现。遂依法作出对鲁龙不予减刑的裁定。[18]

（二）假释

假释，是指对判处有期徒刑、无期徒刑的罪犯在执行一定刑期以后，确有悔改表现且不致危害社会的，将其附条件地予以提前释放并进行社区矫正的制度。

1. 假释的对象。根据《刑法》第81条的规定，假释的对象只能是被判处有期徒刑和无期徒刑的罪犯，不包括判处拘役的罪犯。对累犯及因故意杀人、强奸、抢劫、绑架、防火、爆炸、投放危险物质或者有组织的暴力性犯罪被判处10年以上有期徒刑、无期徒刑的犯罪分子不得假释。

2. 假释的条件。根据我国《刑法》第81条的规定，假释的条件是：(1)执行期限的要求：被判处有期徒刑的罪犯应当执行原判刑期1/2以上，被判处无期徒刑的罪犯应当已执行13年以上。对于具有"特殊情况"的案件，最高人民法院核准可以不受上述执行刑期限制；(2)"特殊情况"是指与国家、社会利益有重要关系的情况；(3)判断"没有再犯罪的危险"，除符合《刑法》第81条规定的情形外，还应根据犯罪的具体情节、原判刑罚情况，在刑罚执行中的一贯表现，罪犯的年龄、身体状况、性格特征、假释后生活来源以及监管条件等因素综合考虑。

示例21-16 王晓梦不予假释案

原判认定其以介绍工作为由骗取被害人信任，而后采取非法拘禁、暴力、胁迫等手段，强迫两被害人卖淫5次，后果严重。2009年11月25日山东省胶州市人民法院以强迫卖淫罪判处王晓梦有期徒刑11年。判决生效后交付执行。济南市中级人民法院于2012年、2014年分别裁定对王晓梦减去有期徒刑1年3月和1年5月。2015年3月30日执行

---

〔17〕"陈某某故意伤害案"，北大法宝引证码：CLI. C. 2125483。

〔18〕"最高人民法院发布严格规范减刑、假释、暂予监外执行典型案例之二：罪犯鲁龙不予减刑案"，北大法宝引证码：CLI. C. 6596920。

机关山东省女子监狱以王晓梦确有悔改表现为由，向济南中院提出对其予以假释的建议。济南中院经审理查明，罪犯王晓梦自上次减刑以来能认罪悔罪，积极改造，受记功1次、表扬1次、嘉奖1次、2013年度被评为省级改造积极分子、2014年度被评为监狱级改造积极分子。济南中院认为，罪犯王晓梦在服刑期间虽有悔改表现，但其所犯罪行性质恶劣，其犯罪活动严重影响到社会正常务工秩序，社会危害性较大，故在假释时应从严掌握。遂依法作出对王晓梦不予假释的裁定。[19]

3. 假释案件的管辖。法律规定，对假释案件的管辖与减刑案件基本相同，即对被判处无期徒刑罪犯的假释，由罪犯服刑地的高级人民法院根据省、自治区、直辖市监狱管理机关审核同意的监狱假释建议书作出裁定；对于被判处有期徒刑（包括死缓、无期徒刑减刑为有期徒刑）的罪犯的假释，由罪犯服刑的中级人民法院根据当地执行机关提出的假释建议书作出裁定。

（三）对减刑、假释的审理程序

根据《刑事诉讼法》第273条的规定，被判处管制、拘役、有期徒刑或者无期徒刑的罪犯，在执行期间确有悔改或者立功表现，应当依法予以减刑、假释的时候，由执行机关提出建议书，报请人民法院审核裁定，并将建议书副本抄送人民检察院。人民检察院可以向人民法院提出书面意见。人民法院审理减刑、裁判案件，应当组成合议庭进行。经法庭审理，具备减刑、假释条件的，依法作出裁定，制作裁定书。裁定书应当及时送达执行机关、同级人民检察院、负责监督的公安机关、负责对假释罪犯进行社区矫正的机构及罪犯本人。

为进一步规范减刑、假释案件的审理程序，确保减刑、假释案件审理的合法、公正，根据《刑法》、《刑事诉讼法》有关规定，以及最高人民法院《关于减刑、假释案件审理程序的规定》，对减刑、假释案件的审判，应当遵守如下规定：

1. 对减刑、假释案件，应当按照下列情形分别处理：(1)对被判处死刑缓期执行的罪犯的减刑，由罪犯服刑地的高级人民法院在收到同级监狱管理机关审核同意的减刑建议书后1个月内作出裁定；(2)对被判处无期徒刑的罪犯的减刑、假释，由罪犯服刑地的高级人民法院在收到同级监狱管理机关审核同意的减刑、假释建议书后1个月内作出裁定，案情复杂或者情况特殊的，可以延长1个月；(3)对被判处有期徒刑和被减为有期徒刑的罪犯的减刑、假释，由罪犯服刑地的中级人民法院在收到执行机关提出的减刑、假释建议书后1个月内作出裁定，案情复杂或者情况特殊的，可以延长1个月；(4)对被判处拘役、管制的罪犯的减刑，由罪犯服刑地中级人民法院在收到同级执行机关审核同意的减刑、假释建议书后1个月内作出裁定。

2. 人民法院受理减刑、假释案件，应当审查执行机关移送的下列材料：(1)减刑或者假释建议书；(2)终审法院裁判文书、执行通知书、历次减刑裁定书的复印件；

[19] "最高人民法院发布严格规范减刑、假释、暂予监外执行典型案例之四：罪犯王晓梦不予假释案"，北大法宝引证码：CLI. C. 6596922。

(3)罪犯确有悔改或者立功、重大立功表现的具体事实的书面证明材料;(4)罪犯评审鉴定表、奖惩审批表等;(5)其他根据案件审理需要应予移送的材料。报请假释的,应当附有社区矫正机构或者基层组织关于罪犯假释后对所居住社区影响的调查评估报告。人民检察院对报请减刑、假释案件提出检察意见的,执行机关应当一并移送受理减刑、假释案件的人民法院。经审查,材料齐备的,应当立案;材料不齐的,应当通知执行机关在3日内补送,逾期未补送的,不予立案。

3. 人民法院审理减刑、假释案件,应当在立案后5日内将执行机关报请减刑、假释的建议书等材料依法向社会公示。公示内容应当包括罪犯的个人情况、原判认定的罪名和刑期、罪犯历次减刑情况、执行机关的建议及依据。公示应当写明公示期限和提出意见的方式。公示期限为5日。

4. 人民法院审理减刑、假释案件,应当依法由审判员或者由审判员和人民陪审员组成合议庭进行,可以采取开庭审理或者书面审理的方式。但下列减刑、假释案件,应当开庭审理:(1)因罪犯有重大立功表现报请减刑的;(2)报请减刑的起始时间、间隔时间或者减刑幅度不符合司法解释一般规定的;(3)公示期间收到不同意见的;(4)人民检察院有异议的;(5)被报请减刑、假释罪犯系职务犯罪罪犯,组织(领导、参加、包庇、纵容)黑社会性质组织犯罪罪犯,破坏金融管理秩序和金融诈骗犯罪罪犯及其他在社会上有重大影响或社会关注度高的;(6)人民法院认为其他应当开庭审理的。

5. 人民法院开庭审理减刑、假释案件,应当通知人民检察院、执行机关及被报请减刑、假释罪犯参加庭审。人民法院根据需要,可以通知证明罪犯确有悔改表现或者立功、重大立功表现的证人,公示期间提出不同意见的人,以及鉴定人、翻译人员等其他人员参加庭审。开庭审理应当在罪犯刑罚执行场所或者人民法院确定的场所进行。有条件的人民法院可以采取视频开庭的方式进行。在社区执行刑罚的罪犯因重大立功被报请减刑的,可以在罪犯服刑地或者居住地开庭审理。人民法院对于决定开庭审理的减刑、假释案件,应当在开庭3日前将开庭的时间、地点通知人民检察院、执行机关、被报请减刑、假释罪犯和有必要参加庭审的其他人员,并于开庭3日前进行公告。减刑、假释案件的开庭审理由审判长主持。庭审过程中,合议庭人员对报请理由有疑问的,可以向被报请减刑、假释罪犯、证人、执行机关代表、检察人员提问。庭审过程中,检察人员对报请理由有疑问的,在经审判长许可后,可以出示证据,申请证人到庭,向被报请减刑、假释罪犯及证人提问并发表意见。被报请减刑、假释罪犯对报请理由有疑问的,在经审判长许可后,可以出示证据,申请证人到庭,向证人提问并发表意见。庭审过程中,合议庭对证据有疑问需要进行调查核实,或者检察人员、执行机关代表提出申请的,可以宣布休庭。人民法院开庭审理减刑、假释案件,能够当庭宣判的应当当庭宣判;不能当庭宣判的,可以择期宣判。例如,河南审判了全国首例探索“确有悔改表现”证明制度减刑案即采用了开庭审理的方式。

示例 21－17 王某减刑案

河南省驻马店市中级人民法院第十二审判庭，由驻马店市中院副院长曹宝川、审判员肖萌菊、人民陪审员宋宁组成的合议庭公开审理王某减刑案，驻马店市人民检察院专门指派检察员李付祥、黄建虎出庭履行法律监督职责，整个庭审过程通过网络进行直播。法庭核实罪犯王某的基本情况后，直接围绕监狱减刑建议书中提到的“确有悔改表现”展开调查。豫南监狱当庭出示了王某的个人改造总结、悔过书、证人证言、计分考核汇总表等证据，证明王某确有悔改表现。在法庭准许下，王某的管教警察杨群、王全新出庭，介绍了其入狱后的改造情况。王某家庭所在地村委会干部出庭，介绍了其在家庭极其贫困的条件下，积极赔付被害人亲属并取得谅解的情况。值得注意的是，王某同监区的两名罪犯出席庭审，列举了王某热心帮助其他罪犯的具体事例，证明其确实改过自新。法庭组织监狱、王某、检察机关对所有证据进行了质证，并当庭组织对提请减刑程序合法性举证质证。监狱出示的证据有：监区公示两天的减刑公告；监狱公示 5 日的拟减刑罪犯名单、公示情况记录；减刑审核表及驻狱检察室签署的同意减刑意见。庭审结束后，合议庭进行了合议。审判长当庭宣读了刑事裁定书，认定王某确有悔改表现，符合减刑条件，监狱提请的减刑建议书成立，依法裁定减去罪犯王某刑期 1 年，剥夺政治权利 5 年不变。[20]

通过开庭审理，让庭审各方对服刑人员是否符合确有悔改表现的减刑条件进行公开质证，有利于法官居中裁判，使减刑裁定体现庭审透明和结果说理充分的特点，可以充分保障被告人的权益，也使得裁判结果更易被服刑人员和社会公众接受。

6. 人民法院书面审理减刑、假释案件，可以就被报请减刑、假释罪犯是否符合减刑、假释条件进行调查核实或听取有关方面意见，可以提讯被报请减刑罪犯；书面审理假释案件，应当提讯被报请假释罪犯。

7. 人民法院审理减刑、假释案件，应当按照下列情形分别处理：(1)被报请减刑、假释罪犯符合法律规定的减刑、假释条件的，作出予以减刑、假释的裁定；(2)被报请减刑的罪犯符合法律规定的减刑条件，但执行机关报请的减刑幅度不适当的，对减刑幅度作出相应调整后作出予以减刑的裁定；(3)被报请减刑、假释罪犯不符合法律规定的减刑、假释条件的，作出不予减刑、假释的裁定。减刑、假释裁定书应当写明罪犯原判和历次减刑情况，确有悔改表现或者立功、重大立功表现的事实和理由，以及减刑、假释的法律依据。裁定减刑的，应当注明刑期的起止时间；裁定假释的，应当注明假释考验期的起止时间。裁定调整减刑幅度或者不予减刑、假释的，应当在裁定书中说明理由。减刑、假释裁定书应当通过互联网依法向社会公布。

8. 人民法院作出减刑、假释裁定后，应当在 7 日内送达报请减刑、假释的执行机关、同级人民检察院以及罪犯本人。作出假释裁定的，还应当送达社区矫正机构或者基层组织。人民检察院认为人民法院减刑、假释裁定不当，在法定期限内提出书面纠正意见的，人民法院应当在收到纠正意见后另行组成合议庭审理，并在 1 个月

〔20〕“河南开审全国首例探索‘确有悔改表现’证明制度减刑案”，北大法宝引证码：CLI. CR. 4132862。

内作出裁定。在人民法院作出减刑、假释裁定前，执行机关书面申请撤回减刑、假释建议的，是否准许，由人民法院决定。

9. 人民法院发现本院已经生效的减刑、假释裁定确有错误的，应当依法重新组成合议庭进行审理并作出裁定；上级人民法院发现下级人民法院已经生效的减刑、假释裁定确有错误的，应当指令下级人民法院另行组成合议庭审理，也可以自行依法组成合议庭进行审理并作出裁定。

（四）对假释罪犯的社区矫正

根据《刑法修正案（八）》和《刑事诉讼法》第269条的规定，对被宣告假释的罪犯，在假释考验期内，由公安机关监督，依法实行社区矫正，由社区矫正机构负责执行。有期徒刑的假释考验期为尚未执行的刑期，无期徒刑的假释考验期为10年。假释考验期自假释之日起计算。如果原判决附加剥夺政治权利的，应当自假释之日起执行。

五、缓刑和假释的撤销

罪犯在缓刑、假释期限内犯新罪或者被发现在判决宣告前还有其他罪没有判决，应当撤销缓刑、假释的，由审判新罪的人民法院撤销原判决、裁定宣告的缓刑、假释，并书面通知原审人民法院和执行机关。

罪犯在缓刑、假释考验期限内，有下列情形之一的，原作出缓刑、假释判决、裁定的人民法院应当在收到执行机关的撤销缓刑、假释建议书后1个月内，作出撤销缓刑、假释的裁定：（1）违反禁止令，情节严重的；（2）无正当理由不按规定时间报到或者接受社区矫正期间脱离监管，超过1个月的；（3）因违反监督管理规定受到治安管理处罚，仍不改正的；（4）受到执行机关3次警告仍不改正的；（5）违反有关法律、行政法规和监督管理规定，情节严重的其他情形。人民法院撤销缓刑、假释的裁定，一经作出，立即生效。

示例21－18 陈金平被撤销缓刑案

罪犯陈金平2000年1月28日因犯盗窃罪被判处有期徒刑2年，缓刑3年，缓刑考验期自2000年1月31日起至2003年1月31日止。2002年8月，陈金平先后两次在镇江市运输三站陆东健经营的七里电动工具商店，用事先窃得的钥匙入室行窃，分别窃得100元和200元。2002年10月，罪犯陈金平明知一辆本田70摩托车来路不正，仍以500元的价格予以收购，该车系被害人曾志伟被窃车辆，价值830元。法院认为："罪犯陈金平在缓刑考验期限内违反《治安管理处罚条例》第23条第（1）项、第24条第（1）项之规定，情节严重，应当撤销缓刑，执行原判刑罚。"〔21〕

〔21〕"陈金平被撤销缓刑案"，北大法宝引证码：CLI. C. 47109。

六、对新罪、漏罪和申诉的处理

新罪，是指罪犯在服刑期间又犯的新罪行；漏罪，是指判决生效后在执行过程中发现的判决的时候所没有发现的罪行。根据《刑事诉讼法》第 273 条第 1 款、第 308 条以及《监狱法》第 60 条的规定，罪犯在服刑期间又犯新罪或者发现漏罪的，应当区分不同情形予以处理：

1. 罪犯在刑罚执行期间又犯新罪或者发现漏罪，在监狱、未成年犯管教所服刑的，由执行机关进行侦查终结后移送当地人民检察院审查起诉；在看守所、拘役所服刑的，由负责执行的公安机关侦查终结后移送当地人民检察院审查起诉；对于在社区机构进行矫正的被宣告缓刑、假释、暂予监外执行的人员，由矫正机构所在地的公安机关侦查终结后移送当地人民检察院审查起诉。

2. 对服刑罪犯脱逃后又犯新罪的，如果新罪是在监狱将罪犯抓捕后发现的，由监狱侦查终结后移送人民检察院审查起诉；如果是在犯罪地发现的，由犯罪地的公安机关侦查终结后移送人民检察院审查起诉、人民法院判决后，原则上仍应当将罪犯送回原所在监狱或其他执行机关执行。

根据《刑事诉讼法》第 275 条和《监狱法》的相关规定，监狱和其他执行机关在刑罚执行中，如果认为判决有错误或者罪犯提出申诉，应当转请人民检察院或者原判人民法院处理。对于罪犯的申诉材料，监狱和其他执行机关应当及时转递，不得扣留。

人民检察院、人民法院接到执行机关转递的罪犯的申诉材料后，应当及时进行审查。对于确有错误的，应依法提起审判监督程序。对于不符合再审条件的，可以驳回申诉，并将处理结果通知申诉人和有关执行机关。人民检察院或人民法院应当自收到监狱及其他执行机关提请处理意见书之日起 6 个月内将处理结果通知监狱等执行机关。

第四节　人民检察院对判决、裁定执行的监督

一、对执行死刑的监督

根据《刑事诉讼法》第 263 条第 1 款和《最高法解释》、《最高检规则》的规定，人民法院在交付死刑 3 日以前，应当通知同级人民检察院派员临场监督。检察人员执行临场监督的主要内容包括：(1)查明同级人民法院是否收到最高人民法院核准死刑的裁定，或者作出的死刑裁判和有无执行死刑命令；(2)有无《刑事诉讼法》第 262、263 条及《最高法解释》、《最高检规则》关于“停止执行”和“暂停执行”的情形发生及应当采取的相应措施；(3)执行死刑的指挥人员、执行人员及其执行死刑的场所、方法和程序是否合法；(4)执行死刑的刑场秩序有无足以造成其他人伤亡的情况；(5)执行死刑活动中有无侵犯被执行死刑罪犯的人身权、财产权或者其近亲属、

继承人合法权利等情形。经检察监督,只要发现以上情形其中之一者,应当及时提出纠正意见;(6)临场监督的检察人员根据需要,可以进行拍照、录像;(7)执行死刑后应当检查罪犯是否确已死亡,并制作笔录入卷归档。

二、对暂予监外执行的监督

根据《刑事诉讼法》第267条的规定,决定或者批准暂予监外执行的机关应当将暂予监外执行决定抄送人民检察院。根据《最高检规则》的相关规定,人民检察院对暂予监外执行的监督内容如下:

1. 监督的对象。人民检察院发现监狱、看守所、公安机关暂予监外执行的执行活动有违法情形的应当提出纠正意见。

2. 审查的内容。人民检察院接到决定或者批准机关抄送的暂予监外执行的决定后,应当对以下内容进行审查:(1)是否属于可以被暂予监外执行的对象;(2)是否符合法律规定的暂予监外执行的条件;(3)决定或者批准机关是否符合法律规定;(4)办理暂予监外执行是否符合法定程序。

3. 监督的程序。人民检察院收到监狱、看守所抄送的暂予监外执行书面意见副本后,应当逐案进行审查,发现罪犯不符合暂予监外执行法定条件或者提请暂予监外执行违反法定程序的,应当在10日以内向决定或者批准机关提出书面检察意见,同时也可以向监狱、看守所提出书面纠正意见。

人民检察院经审查认为暂予监外执行不当的,应当自接到通知之日起1个月内,报经检察长批准,向决定或者批准暂予监外执行的机关提出书面纠正意见。下级人民检察院认为暂予监外执行不当的,应当立即层报决定或者批准暂予监外执行的机关的同级人民检察院,由其决定是否向决定或者批准暂予监外执行的机关提出书面纠正意见。

人民检察院向决定或者批准暂予监外执行的机关提出不同意暂予监外执行的书面意见后,应当监督其对决定或者批准暂予监外执行的结果进行重新核查,并监督重新核查的结果是否符合法律规定。对核查不符合法律规定的,应当依法提出纠正意见,并向上一级人民检察院报告。

三、对减刑、假释的监督

根据《刑事诉讼法》第274条的规定,人民检察院认为人民法院减刑、假释的裁定不当,应当在收到裁定书副本后20日内向人民法院提出书面纠正意见。人民法院应当在收到纠正意见后1个月内重新组成合议庭进行审理,作出最终裁定。人民检察院对减刑、假释的监督包括以下方面:

1. 监督内容。包括对监狱等执行机关提请行为是否合法的监督以及对人民法院的裁定是否合法的监督两个方面。

人民检察院发现监狱等执行机关提请人民法院裁定减刑、假释的活动有下列情形之一的,应当依法提出纠正意见:(1)将不符合减刑、假释法定条件的罪犯,提请人民法院裁定减刑、假释的;(2)对依法应当减刑、假释的罪犯,不提请人民法院裁定减刑、假释的;(3)提请对罪犯减刑、假释违反法定程序,或者没有完备的合法手续的;(4)提请对罪犯减刑的减刑幅度、起始时间、间隔时间或者减刑后又假释的间隔时间不符合有关规定的;(5)被提请减刑、假释的罪犯被减刑后实际执行的刑期或者假释考验期不符合有关法律规定的;(6)其他违法情形。

人民检察院对人民法院减刑、假释的裁定书副本后进行审查的内容包括:(1)被减刑、假释的罪犯是否符合法定条件,对罪犯减刑的减刑幅度、起始时间、间隔时间或者减刑后又假释的间隔时间、罪犯被减刑后实际执行的刑期或者假释考验期是否符合有关规定;(2)执行机关提请减刑、假释的程序是否合法;(3)人民法院审理、裁定减刑、假释的程序是否合法;(4)按照有关规定应当开庭审理的减刑、假释案件,人民法院是否开庭审理。检察人员审查人民法院减刑、假释裁定,可以向罪犯所在单位和有关人员进行调查,可以向有关机关调阅有关材料。

2. 监督程序。人民检察院收到执行机关抄送的减刑、假释建议书副本后,应当逐案进行审查,发现减刑、假释建议不当或者提请减刑、假释违反法定程序的,应当在10日以内向审理减刑、假释案件的人民法院提出书面检察意见,同时也可以向执行机关提出书面纠正意见。人民法院开庭审理减刑、假释案件,人民检察院应当指派检察人员出席法庭,发表意见。

3. 监督效果及后续监督。人民法院应当认真接受人民检察院的监督,在收到纠正意见书后的1个月内对案件进行重新审理。人民检察院对人民法院减刑、假释的裁定提出纠正意见后,应当监督人民法院是否在收到纠正意见后1个月内重新组成合议庭进行审理,并监督重新作出的裁定是否符合法律规定。对最终裁定不符合法律规定的,应当向同级人民法院提出纠正意见。

四、对执行其他刑罚活动的监督

根据法律和相关司法解释的规定,人民检察院除了对死刑、暂予监外执行、减刑和假释这些刑罚执行活动进行监督之外,也有权对其他刑罚执行活动进行监督。人民检察院对其他刑罚执行活动的监督主要包括:

1. 对交付执行的裁判进行监督。人民检察院审查这些判决和裁定是否已经发生法律效力;对于一审宣告被告人无罪或者免除刑罚的判决,对在押的被告人是否已经释放进行监督。

2. 对执行机关的收押、执行和监督考察活动实行法律监督。主要包括:对罪犯是否依照法定条件和手续收押,对于不予收监的是否有书面说明;监狱、未成年犯管教所、拘役所等对罪犯执行刑罚是否合法;对交付执行的死缓罪犯是否按时提出减刑意见;对刑满罪犯是否及时予以释放。

3. 对社区矫正执行法活动进行监督,发现违法情形的依法向社区矫正机构提出纠正意见。

4. 对人民法院执行罚金、没收财产以及执行生效判决、裁定中没收违法所得及其他涉案财产的活动监督。

5. 对公安机关执行剥夺政治权利活动的监督。

根据《最高检规则》的相关规定，人民检察院在监督过程中发现有违法情况的，应当及时通知执行机关予以纠正，对情节较轻的违纪行为，以口头方式向违纪人提出纠正意见；对情节严重的违法行为，经检察长批准，以书面形式向执行机关发出《纠正违法通知书》；对违法行为构成犯罪的，提请有关机关追究责任人员的刑事责任。

对于人民检察院的《纠正违法通知书》，执行机关应当回复纠正违法的落实情况，没有回复的，人民检察院应当及时报告上一级人民检察院，并抄报执行机关的上级主管机关。上级检察机关认为下级人民检察院的纠正违法意见有错误的，应当通知下级人民检察院撤销已经发出的《纠正违法通知书》，并通知同级执行机关。

第二十二章　特别程序

导读

2012年《刑事诉讼法》新增了刑事诉讼特别程序，专设一编，下设四章，包括未成年人刑事案件特别程序，当事人和解的公诉案件特别程序，犯罪嫌疑人、被告人逃匿、死亡案件违法所得的没收程序，依法不负刑事责任的精神病人的强制医疗程序。这是我国刑事司法领域回应司法实践需求和借鉴域外经验，缓解司法资源和实际需求之间的矛盾，逐步走向精密化的体现。

第一节　未成年人刑事案件诉讼程序

一、概念与原则

未成年人刑事案件诉讼程序，是指专门适用于已满14周岁、不满18周岁的犯罪嫌疑人、被告人的特别诉讼程序。作为特别程序，其内容不同于普通的诉讼程序，因为未成年犯罪嫌疑人、被告人的特殊性，使其程序在被追诉人权利保障方面比普通程序更充分，体现了国家对未成年被追诉人的特别关怀和特殊待遇，体现了对未成年人保护的优先性。根据我国《刑法》第17条的规定，已满14周岁不满18周岁者，实施了危害社会、应受刑罚处罚的行为，即属于未成年人犯罪。

对未成年人适用刑事诉讼程序，应当实行“教育、感化、挽救”的方针和坚持“教育为主、惩罚为辅”的原则，加强了对未成年人的特殊保护，有利于保障未成年人的合法权益。[1]“教育、感化、挽救”的方针，是指在依法追究未成年人刑事责任时，必须以教育、感化、挽救为基本原则和前提，通过教育、感化，增强未成年人的法制观念，提高其法制意识，使其重新认识自己的错误，给予其改过自新的机会，重新回归社会。“教育为主、惩罚为辅”的原则，是指在处理教育与惩罚两者的关系时，要偏重于教育，即教育是基础，惩罚只是在必要的时候实施的手段。我国作为联合国《公民权利和政治权利国际公约》、联合国《儿童权利公约》的缔结者，作为联合国《少年司

〔1〕参见王敏远：“论未成年人刑事诉讼程序”，载《中国法学》2011年第6期。

法最低限度标准规则》(《北京规则》)、联合国《非拘禁措施最低限度标准规则》(《东京规则》)和联合国《预防少年犯罪准则》(《利雅得准则》)的赞成并通过者,我国未成年人刑事诉讼程序的原则、方针体现并符合上述国际公约的内在精神及要求。

未成年人与成年人有着显著区别,所以在处理未成年人案件的原则以及程序上都与一般刑事案件有所不同。从生理上来看,未成年人正值青春发育期,身体各组织、各器官发育很快,智力也迅速发育,新陈代谢明显加强,显得精力旺盛。从心理上来看,进入了一个从幼稚慢慢转向成熟的过渡时期,具有儿童、青年人的双重混合特点。在这一阶段主要表现为具有较强的模仿欲和好奇心,对外界的反应较为敏感,开始具有独立的意识,尝试着挣脱于自己的家庭或父母,自尊心很强。但是,毕竟由于其思想不成熟,思考问题能力较为片面,辨别是非的能力较弱,特别容易受到周围环境的影响。所以,在这个阶段如果犯了罪,未成年人可塑性比较强,能通过教育以后回归社会,对个人或者社会而言,都有利而无害。

这就要求在办理未成年人刑事案件过程中查清犯罪事实,确保法律的正确实施,保护未成年人的合法权利,同时也应当根据犯罪原因、性质、社会危害性进行针对性的法制教育,以矫正其犯罪心理和不良行为习惯,促使其改过自新,重新融入社会。

二、未成年人刑事诉讼中的重要制度保障

未成年人刑事案件的特殊性,需要法律规定特别的制度予以保障其合法权利。在我国《刑事诉讼法》中,主要规定了分案处理制度、审理不公开制度、社会调查制度和隐私特别保护制度。通过这些制度保障,既能够使未成年人得到教育又可以有效保护未成年人的权利。

(一)分案处理制度

分案处理制度,是指公安司法机关在刑事诉讼过程中将未成年人与成年人共同犯罪案件,在不妨碍案件诉讼的情况下,对未成年人与成年人进行分案侦查、起诉、审判和执行的制度。由于未成年人犯罪时身心发育不全,其特有的叛逆、模仿等心理特征,比较容易受到周围环境和他人的影响。另外,初入监所的未成年人多数是涉世未深的初犯、偶犯,如果将他们与成年犯罪嫌疑人一起关押,在经过一段时间的混合关押之后,不仅可能学会多种作案技巧,还可能学会应付讯问以及审判的方法,所造成的后果甚至比犯罪本身更为严重。

我国《刑事诉讼法》第280条第2款规定,对被拘留、逮捕和执行刑罚的未成年人与成年人应当分别关押、分别管理、分别教育。《最高法解释》规定,分案起诉至同一人民法院的未成年人与成年人共同犯罪案件,可以在同一审判组织审理;不宜由同一审判组织审理的,可以分别由少年法庭、刑事审判庭审理。可见,法律规定分案处理制度,是为了使进入诉讼阶段的未成年人,免受来自成年犯罪嫌疑人或罪犯的不良影响;同时,分案处理对于贯彻未成年犯罪人“教育、感化、挽救”的方针政策,更

好地挽救犯罪的未成年人具有重要价值。

（二）审理不公开制度

司法公开、透明是刑事诉讼程序公正的重要保障，但为保护未成年人的身心健康，世界上大多数国家均规定了未成年人刑事案件的审理不公开制度。为了保护未成年人利益，对未成年人刑事案件不公开审判，这是审判公开原则的例外。所谓审理不公开制度，是指人民法院在开庭审理未成年人刑事案件时，不允许群众旁听，不允许记者采访，不允许媒体报道，不允许报纸等印刷品刊登未成年被告人的姓名、年龄、职业、住址及照片等有关个人信息。[2]

我国《刑事诉讼法》第285条规定，审判的时候被告人不满18周岁的案件，不公开审理。但是，经未成年被告人及其法定代理人同意，未成年被告人所在学校和未成年人保护组织可以派代表到场。无论其审理是否公开，宣告判决一律公开进行。审理不公开是对于未成年人的一种特殊保护：一方面，是避免其因涉嫌犯罪而遭到社会的不良干扰，也为了能够使刑事诉讼活动顺利进行。如果未成年人刑事案件的审判过程予以公开，审判内容遭到"曝光"，其自尊心易受到伤害，不利于对其进行教育和挽救。另一方面，也是出于对未成年人今后发展的考虑，为其能够顺利回归社会提供保障。

（三）社会调查制度

社会调查制度，是指在办理未成年人刑事案件过程中，除了对案件事实和证据调查之外，应对未成年犯罪嫌疑人、被告人的成长经历、犯罪原因、监护教育等情况进行调查，必要时还可以进行医学、精神病学及心理学方面的鉴定，并根据调查的结果选择最恰当的处理机制。也有学者将其称为"人格调查"。[3] 未成年社会调查制度对于保护未成年人有重要的意义，不但是决定未成年违法行为进入刑事司法体系的评判标准之一，而且在进入刑事程序以后，与基本的犯罪行为事实共同决定了未成年被告人的定罪、量刑和行刑。在掌握了未成年人犯罪的规律，了解其生活背景，分析其犯罪原因之后，有关机关、社会机构才能针对性地采取相应措施，对其施以教育，矫正其不良习惯，可以起到良好的社会效果。

示例22-1　赵某某故意伤害案

被告人赵某某与被害人李某某系河南省驻马店市某高中同班同学。经法院审理查明：2011年11月14日，二人因琐事产生矛盾。同年11月16日18时许，赵某某持水果刀

---

〔2〕未成年人刑事案件不公开并不是绝对的，应与正当法律程序、被告人利益、新闻自由等利益平衡后确定是否公开，以确保未成年人利益与公众知情权的合理平衡。参见高一飞、李维佳："审判公开的限度——以未成年人刑事审判为例"，载《法律科学》2013年第3期。

〔3〕人格调查，是指为了在刑事程序中对每一个犯罪人都能选择恰当的处遇方法，使法院能在判决前的审理中，对被告人的素质和社会环境做出科学的分析而制定的制度。参见［日］菊田幸一：《犯罪学》，海沫等译，群众出版社1989年版，第178页。

在教室内将李某某腹部捅伤，造成李某某脾破裂摘除、肝破裂、胃破裂。经鉴定，李某某的损伤构成重伤。案发后，赵某某亲属积极赔偿李某某经济损失，取得了李某某及其亲属谅解。法院在审理过程中，对被告人赵某某进行了社会调查，了解到赵某某平时在学校表现较好，其实施犯罪系一时冲动所为。在庭审过程中，赵某某也认识到了自己行为的社会危害性，当庭表示悔，最终依法做出了缓刑判决。判后，法院与赵某某原先学校联系，学校愿意接受赵某某复学。〔4〕

我国《刑事诉讼法》第279条规定，公安机关、人民检察院、人民法院办理未成年人刑事案件，根据情况可以对未成年犯罪嫌疑人、被告人的成长经历、犯罪原因、监护教育等情况进行调查。《最高法解释》将其明细化。这一制度主要包括以下内容：首先，调查的主体是公安机关、人民检察院和人民法院。公安机关主要是在侦查阶段对于是否要采取强制措施、是否要提请批准逮捕等相关问题的决定上做参考。检察院主要是针对是否要批准逮捕以及是否提起公诉等问题上了解犯罪嫌疑人的相关背景和情况。人民法院通过社会调查，了解未成年被告人的相关情况后，决定是否要判处缓刑以及量刑轻重等。其次，社会调查的内容是未成年犯罪嫌疑人、被告人的成长经历、犯罪原因、监护教育等情况，除此之外，还可以根据具体案件情况，对于犯罪嫌疑人的性格特点、家庭情况、社会交往、犯罪前后的表现等情况进行调查。最后，公安司法机关调查所获得的材料仅限于本案使用，不能用于其他途径。因为这些材料涉及未成年人的隐私，如果扩大其使用范围，可能会侵害其合法权益。

（四）犯罪记录封存制度

犯罪记录封存制度，是指对犯罪时不满18周岁，被判处5年有期徒刑以下刑罚的，对其犯罪记录应当予以封存，除了依法查询外，不得向任何单位和个人提供。《刑事诉讼法》第286条对此作出了明确规定。犯罪记录被封存的，不得向任何单位和个人提供，但司法机关为办案需要或者有关单位根据国家规定进行查询的除外。依法进行查询的单位，应当对被封存的犯罪记录的情况予以保密。为了更好地保护未成年人的权益，《最高法解释》赋予了这一规定溯及力，对于2012年12月31日以前审结的案件符合前款规定的，相关犯罪记录也应当予以封存。犯罪记录封存制度具有表现为以下三方面：

1. 公检法机关都有对未成年罪犯的前科进行封存的义务。对于符合封存犯罪记录条件的，公安机关、人民检察院应当在收到人民法院生效判决后对犯罪记录予以封存。人民法院在判决生效后及时对相关犯罪记录予以封存，除此之外，犯罪记录封存的主体还包括国家安全机关、看守所、拘留所、社区矫正机构、监狱等部门。

2. 被封存的犯罪记录主要包括在侦查、审查起诉和审理过程中所形成的与未成年人犯罪相关的各种材料。这就要求司法行政机关不仅要对未成年犯罪人的相关

---

〔4〕“最高人民法院通报14起未成年人审判典型案例之十一：赵某某故意伤害案”，北大法宝引证码：CLI. C. 3636335。

犯罪档案信息予以保密，而且要对其曾经犯罪与受到过刑罚处罚的客观事实要进行保密。

3. 对被封存的记录，除司法机关办案需要或者有关单位根据国家规定进行查询的以外，公、检、法机关不得向任何单位和个人提供，也不允许其他有关单位和个人查阅、复制或者摘抄未成年人犯罪相关材料。这对于未成年犯的复学、升学、就业以及顺利回归社会具有积极的现实意义，体现了国家责任与个人权利之间的平衡，也是贯彻宽严相济刑事政策的具体体现。

三、未成年人刑事案件诉讼程序

（一）立案程序

未成年人刑事案件的立案与成年人刑事案件的立案有所不同，主要体现在两个方面：一方面，在进行立案审查时，除了需要查明是否具备立案条件外，还应当查明犯罪嫌疑人确切的出生时间，调查其走上犯罪道路的原因，犯罪前的生活居住环境以及犯罪嫌疑人自身的性格、心理特征。另一方面，在制作立案报告时，应当将未成年犯罪嫌疑人出生日期、犯罪原因等信息情况着重记录。

（二）侦查程序

1. 讯问未成年人

讯问未成年犯罪嫌疑人前，应当了解其生活、学习环境、成长经历、性格特点、心理状态以及社会交往情况等，以便有针对性地制作讯问提纲。

我国《刑事诉讼法》第 281 条确立了合适成年人参与制度。合适成年人参与制度，是指在讯问和审判未成年犯罪嫌疑人、被告人或者询问未成年被害人、证人时，应当有其法定代理人、其他成年家属或者其他合适成年人在场，以保护未成年人的合法权益。[5] 其中，依据法律规定，合适成年人的具体范围是：未成年人的法定代理人，未成年人的其他成年亲属，未成年人所在学校、单位、居住基层组织或者未成年保护组织的代表。在讯问女性未成年人时，应当有女性工作人员在场。

到场的法定代理人可以代为行使未成年犯罪嫌疑人、被告人、被害人、证人的诉讼权利。在未成年人陈述以后，法定代理人可以进行补充陈述。法庭应当询问法定代理人是否补充陈述。到场的合适成年人认为办案人员在讯问、询问、审判中侵犯未成年合法权益的，可以提出意见。对讯问笔录、询问笔录、法庭记录，应当交给到场的合适成年人阅读或者向其宣读，并由其在笔录上签字、盖章等确认。对笔录有异议的，应当核实清楚，准予更正或者补充。

---

〔5〕 合适成年人参与制度起源英国著名的啃菲特（Kenfeit）冤案，英国通过 1984 年《警察与刑事证据》正式确立了合适成年人参与制度。美国、新西兰、澳大利亚等多个国家相继确立了其制度，其目的在于维护未成年犯罪嫌疑人、被告人和精神障碍犯罪嫌疑人的权益，避免对其身心健康造成伤害。

2. 逮捕的适用

《刑事诉讼法》第 280 条规定:“对未成年犯罪嫌疑人、被告人应当严格限制适用逮捕措施。人民检察院审查批准逮捕和人民法院决定逮捕,应当讯问未成年犯罪嫌疑人、被告人,听取辩护律师的意见。”由此规定可见,公安司法机关对未成年人犯罪嫌疑人、被告人适用逮捕强制措施时,应当注意如下:

(1)公安机关决定对未成年犯罪嫌疑人适用逮捕措施时,应当充分考虑未成年犯罪嫌疑人所涉嫌的犯罪事实、主观恶性、有无监护与社会帮教条件等,综合衡量其社会危害性,然后再确定是否有逮捕必要,慎用逮捕措施。对于罪行较轻,具备有效监护或者帮教条件,社会危害性较小,不逮捕不至妨害诉讼正常进行的未成年犯罪嫌疑人,应当不批准逮捕。

(2)对于罪行比较严重,但主观恶性不大,有悔罪表现,具备有效监护或者帮教条件,符合下列情形之一的,不逮捕不致妨害诉讼正常进行的未成年犯罪嫌疑人,可以不批准逮捕:其一,初次犯罪,过失犯罪的;其二,犯罪预备、中止、未遂的;其三,有自首或者立功表现的;其四,犯罪后如实交代罪行,真诚悔罪,积极退赃,尽力减少和赔偿损失,被害人谅解的;其五,不属于共同犯罪的主犯或者集团犯罪中的首要分子的;其六,属于已满 14 周岁不满 16 周岁的未成年人或者系在校学生的;其七,其他可以不批准逮捕的情形。人民检察院审查批准逮捕时,应当讯问未成年犯罪嫌疑人,听取辩护律师的意见。

(3)执行时,原则上不得对未成年人使用械具。对确有行凶、逃跑、自杀等具有现实紧迫危害性的行为,不使用械具难以避免危害发生的,可以使用械具,但是在这种具有现实危害性的情形消失后,应当停止使用。

(三)公诉程序

1. 一般程序规定

根据《刑事诉讼法》、《最高法解释》和《最高检规则》的规定,我国未成年人起诉程序与普通刑事案件诉讼程序的区别,主要表现在以下三个方面:

(1)人民检察院应当指定熟悉未成年人身心特点的检察人员办理未成年人刑事案件。

(2)人民检察院受理案件后,应当向未成年犯罪嫌疑人及其法定代理人了解其委托辩护人的情况,并告知其有权委托辩护人。未成年犯罪嫌疑人没有委托辩护人的,人民检察院应当书面通知法律援助机构指派律师为其提供辩护。

(3)在审查批准逮捕时,审查逮捕未成年犯罪嫌疑人,应当重点查清其是否已满 14、16、18 周岁。对犯罪嫌疑人实际年龄难以判断,影响对该犯罪嫌疑人是否应当负刑事责任认定的,应当不批准逮捕。需要补充侦查的,同时通知公安机关。

2. 附条件不起诉

我国的附条件不起诉制度,源于对国外类似制度的借鉴以及基层检察机关试点的经验总结。自19世纪后半叶开始，起诉便宜主义日益盛行，[6]法国、德国、意大利、日本等国家深受影响而纷纷结合本国国情制定了名称不尽相同的不起诉制度，如暂缓起诉、缓起诉、起诉犹豫等。我国《刑事诉讼法》第282条规定："对于未成年人涉嫌刑法分则第四章、第五章、第六章规定的犯罪，可能判处一年有期徒刑以下刑罚，符合起诉条件，但有悔罪表现的，人民检察院可以作出附条件不起诉的决定。人民检察院在作出附条件不起诉的决定以前，应当听取公安机关、被害人的意见。"这在法律上正式确立了附条件不起诉制度。

附条件不起诉，是指人民检察院在审查起诉过程中对于符合提起公诉条件而罪行较轻的，有悔罪表现的未成年犯罪嫌疑人，决定暂时不起诉，对其进行监督考察，根据其表现，再决定提起公诉或者不起诉的制度。由概念可知，附条件不起诉制度与其他不起诉制度相比存在一定的特殊性，其特殊性主要表现在适用对象、适用条件、适用程序和制约机制等方面。

（1）附条件不起诉的适用条件。其一，实施对象。法律中特别规定了是"未成年人"，其年龄的界定不仅是指其在涉嫌实施犯罪行为时的年龄条件，也包括在审查起诉、作出决定时仍然是未成年人，因为《刑事诉讼法》中使用的是"未成年犯罪嫌疑人"这一术语，由此，可推出其具体年龄界限。其二，罪名限制。能够适用此制度的罪名，只能是《刑法》分则第四章、第五章、第六章规定的犯罪，即侵犯公民人身权利、民主权利、侵犯财产和妨害社会秩序罪名。其三，刑罚条件。不仅对罪名做了限制，对于量刑也做了规定。未成年人涉嫌的罪名，依照法律规定，只可能是判处一年以下有期徒刑的。在此，对于"可能判处"的理解，应该是指结合未成年人的主观恶性和客观危害，综合考虑案件的事实和情节，人民检察院经过审查起诉以后，认为人民法院实际能够判处的刑罚，而不是指罪名的法定刑。其四，罪后主观表现。未成年犯罪嫌疑人在犯罪后，有悔罪的表现。鉴于未成年犯罪嫌疑人因其身心发育未成熟，主观恶性较小，如果主动交代，积极悔罪，回到社会才能够最大程度上避免其重新犯罪的可能性。此外，应尽可能取得被害人的谅解。

（2）附条件不起诉适用的具体程序。人民检察院在作出附条件不起诉决定之前，应当讯问未成年犯罪嫌疑人，听取公安机关、被害人及其法定代理人、未成年犯罪嫌疑人的法定代理人、辩护人的意见，并制作笔录附卷。人民检察院听取公安机关的意见时，公安机关应当提出书面意见，经县级以上公安机关负责人批准，移送同级人民检察院。

（3）附条件不起诉的异议程序。公安机关认为附条件不起诉决定有错误时，应当在收到不起诉决定书后7日内制作要求复议意见书，经县级以上公安机关批准，

---

〔6〕 起诉便宜主义，又称起诉合理主义、起诉裁量主义，是指检察官对于存有足够的犯罪嫌疑，并具备起诉条件的案件，可以斟酌决定是否起诉的原则。根据此原则，公诉方可以依据法律的授权，基于刑事惩戒的目的和权衡各种利益，对其所审查起诉的刑事案件，选择是否作出控诉以继续或停止刑事程序。起诉便宜主义是与起诉法定主义相对应的原则。

移送同级人民检察院复议。要求复议的意见不被接受的,可以在收到人民检察院的复议决定书后7日内制作提请复核意见书,经县级以上公安机关负责人批准后,连同人民检察院的复议决定书,一并提请上一级人民检察院复核。

被害人不服的,可以自收到决定书后7日内向上一级人民检察院申诉,请求提起公诉。上一级人民检察院审查后,应当将复查决定通知被害人。根据全国人民代表大会常务委员会关于《刑事诉讼法》第282条第2款的解释,人民检察院办理未成年人刑事案件,在作出附条件不起诉的决定以及考验期满作出不起诉的决定以前,应当听取被害人的意见。被害人对人民检察院对未成年犯罪嫌疑人作出的附条件不起诉的决定和不起诉的决定,可以向上一级人民检察院申诉,不适用《刑事诉讼法》第180条关于被害人可以向人民法院起诉的规定。

未成年犯罪嫌疑人及其法定代理人对附条件不起诉决定有异议的,人民检察院应当做出起诉决定,但必须以该附条件不起诉决定本身在认定事实和适用法律方面没有错误、案件符合起诉条件为前提。如果作出附条件不起诉决定本身并不符合法定条件,则应当变更原决定,依法改作其他形式的不起诉决定,而不能作出起诉的决定。人民检察院公诉部门或者未成年人犯罪检察工作机构负责对复议、复核、申诉的处理。

(4)附条件不起诉的监督考察机制。其一,监督考察的主体。对附条件不起诉未成年犯罪嫌疑人,由人民检察院进行监督考察。监护人应当对未成年人加强管教,配合人民检察院做好监督考察工作。依据《未成年人保护法》第48条的规定,居民委员会、村民委员会应当协助有关部门教育和挽救违法犯罪的未成年人。〔7〕其二,监督考察的期限。人民检察院在作出附条件不起诉决定时。应当确定监督考察的期限。《刑事诉讼法》第283条规定,附条件不起诉的考验期为6个月以上1年以下,从人民检察院做出附条件不起诉的决定之日起计算。检察机关应当根据未成年犯罪嫌疑人所涉嫌的具体罪名、主观恶性等因素来综合考量,确定其具体的考察期限。其三,监督考察的内容。未成年犯罪嫌疑人应当在考察期限内遵守下列规定:遵守法律法规,服从监督;按照考察机关的规定报告自己的活动情况;离开所居住的市、县或者迁居,应当报考察机关批准;按照考察机关的要求接受矫治和教育。其四,撤销。被附条件不起诉的未成年犯罪嫌疑人,在考验期内有下列情形之一的,人民检察院应当撤销附条件不起诉的决定,提起公诉:实施新的犯罪的;发现决定附条件不起诉以前还有其他犯罪需要追诉的;违反治安管理规定,造成严重后果,或者多次违反治安管理规定的;违反考察机关有关附条件不起诉的监督管理规定,造成严重后果,或者多次违反考察机关有关附条件不起诉的监督管理规定的。其五,考察期满的处理。被附条件不起诉的未成年犯罪嫌疑人,在考验期内没有出现上述规定

---

〔7〕监督考察的核心在于帮助未成年人克服不良习惯,纠正错误思想,积极改进,使其能够顺利回到社会、学校和家庭,而不致发生危险。所以,在此方面,相对于检察院,监护人、居民委员会和学校等就更加具有优势来帮助未成年人。

的情形，考验期满的，人民检察院应当作出不起诉的决定。考验期届满，办案人员应当制作附条件不起诉考察意见书，提出起诉或者不起诉的意见，经部门负责人审核，报请检察长决定。

（四）审判程序

1. 少年法庭的设置

未成年人刑事案件通常由专门的少年法庭进行审理。关于法庭的设置，基层人民法院和中级人民法院可以设立独立建制的未成年人案件审判庭。尚不具备条件的，应当在刑事审判庭内设立未成年人刑事案件合议庭，或者由专人负责审理未成年人刑事案件。高级人民法院应当在刑事审判庭内设立未成年人刑事案件合议庭，具备条件的，可以设立独立建制的未成年人案件审判庭。未成年人案件审判庭和未成年人刑事案件合议庭统称少年法庭。

2. 审判人员的资格

审理未成年人刑事案件，应当由熟悉未成年人身心特点、善于做未成年人思想教育工作的审判人员进行，并应当保持有关审判人员工作的相对稳定性。未成年人刑事案件的人民陪审员，一般由熟悉未成年人身心特点，热心教育、感化、挽救失足未成年人工作，并经过必要培训的共青团、妇联、工会、学校、未成年人保护组织等单位的工作人员或者有关单位的退休人员担任。

3. 受案范围

少年法庭的受案范围主要是下列两种类型的案件：（1）被告人实施被指控的犯罪时不满 18 周岁，人民法院立案时不满 20 周岁的案件；（2）被告人实施被指控的犯罪时不满 18 周岁、人民法院立案时不满 20 周岁，并被指控为首要分子或者主犯的共同犯罪案件。其他共同犯罪案件有未成年被告人的，以及其他涉及未成年人的刑事案件是否由少年法庭审理的，由院长根据少年法庭工作的实际情况决定。

4. 审判流程

未成年被告人的法庭审理除了遵循普通刑事案件审理的程序规定以外，还需注意以下特殊规定：

（1）开庭前的准备。其一，送达起诉文书时的详细说明义务。为了保障未成年被告人的合法权益，方便其行使诉讼权利，人民法院向未成年被告人送达起诉书副本时，应当向其讲明被指控罪行和有关法律规定，被告知其审判程序和诉讼权利、义务。其二，近亲属到场。开庭审理前，应当通知未成年被告人的法定代理人出庭。无法通知、法定代理人不能到场或者法定代理人是共犯的，也可以通知犯罪嫌疑人、被告人的其他成年近亲属，所在学校、单位或者居住地的村民委员会、居民委员会、未成年人保护组织的代表到场，人民法院应当将有关情况记录在卷。其三，心理疏导和心理测评。对未成年刑事案件，人民法院根据情况，可以对未成年被告人进行心理疏导；经未成年被告人及其法定代理人同意，也可以对未成年被告人进行心理测评。其四，近亲属会见。开庭前和休庭时，法庭根据具体情况，可以安排未成年被告人与法定代理人或者其他成年亲属、其他合适成年人会见。其五，法庭旁听席的设置。人民法院应当在辩护台靠近旁听区一侧为合适成年人设置席位。审理可能判处5年以下有期徒刑刑罚或者过失犯罪的未成年人刑事案件,可以采取适合未成年人特点的方式设置法庭席位。

(2)审理和判决。其一,简易程序的适用。对未成年人刑事案件,人民法院决定适用简易程序审理的,应当征求未成年被告人及其法定代理人、辩护人的意见。上述人员提出异议的,不适用简易程序。其二,未成年被害人、证人出庭。确实有必要未成年被害人、证人出庭的作证的,人民法院应当根据案件的具体情况采取相应的保护性措施。其三,提出管制、缓刑等量刑建议应当提交的材料。控辩双方提出对未成年被告人判处管制、宣告缓刑等量刑建议的,应当向法庭提供有关未成年被告人能够获得监护、帮教以及对所居住社区不产生重大不良影响的书面材料。其四,调查报告的使用。对未成年被告人情况的调查报告,以及辩护人提交的有关未成年被告人有关情况的书面材料,法庭应当审查并听取控辩双方意见。上述报告和材料可以作为法庭教育和量刑的参考。其五,法庭教育。法庭辩论结束后,法庭可以根据案件情况,对未成年被告人进行教育;判决未成年被告人有罪的,宣判后,应当对未成年被告人进行教育。对未成年被告人进行教育,可以邀请诉讼参与人、其他成年亲属、社区、学校代表、社会调查员以及心理咨询师等参加。其六,法定代理人补充陈述。在被告作最后陈述后,其法定代理人可以进行补充陈述。陈述的内容主要是针对庭审的情况,提出对被告人有利的事实和情节,请求被害人的谅解等。其七,宣告判决。对未成年人刑事案件宣告判决应当公开进行,但不得采取召开大会等形式。对依法应当封存犯罪记录的案件,宣判时,不得组织人员旁听;有旁听人员的,应当告知其不得传播案件信息。定期宣告判决的未成年人刑事案件,未成年被告人的法定代理人无法通知、不能到庭或者是共犯的,法庭可以通知其他成年亲属到庭,并在宣判后向未成年被告人的成年亲属送达判决书。

(五)执行程序

将未成年罪犯送监执行刑罚或者送交社区矫正时,人民法院应当将有关未成年罪犯的调查报告及其在案件审理中的表现材料,连同有关法律文书,一并送达执行机关。人民法院可以与未成年罪犯管教所等服刑场所建立联系,了解未成年罪犯的改造情况,协助做好帮教、改造工作,并可以对正在服刑的未成年罪犯进行回访考察。人民法院认为必要时,可以督促被收监服刑的未成年罪犯的父母或者其他监护人及时探视。对被判处管制、宣告缓刑、裁定假释、决定暂予监外执行的未成年罪犯,人民法院可以协助社区矫正机构制定帮教措施。

人民法院可以适时走访被判处管制、宣告缓刑、免除刑事处罚、裁定假释、决定暂予监外执行等的未成年罪犯及其家庭,了解未成年罪犯的管理和教育情况,引导未成年罪犯的家庭承担管教责任,为未成年罪犯改过自新创造良好环境。被判处管制、宣告缓刑、免除刑事处罚、裁定假释、决定暂予监外执行等的未成年罪犯,具备就学、就业条件的,人民法院可以就其安置问题向有关部门提出司法建议,并附送必要的材料。

第二节　当事人和解的公诉案件诉讼程序

一、概述

当事人和解的公诉案件诉讼程序，是指公安机关、人民检察院、人民法院在法定范围的公诉案件中，犯罪嫌疑人、被告人真诚悔罪，通过向被害人赔偿损失、赔礼道歉等方式获得被害人谅解，双方当事人达成自愿协议的，可以对犯罪嫌疑人、被告人依据具体情况作出不同方式的从宽处理的程序。

刑事和解有着深厚的中国传统法律底蕴。传统中国在追求“和合”状态的过程中对于“无讼”的崇尚，促成人们更多地适用和解，这对于及时、有效地缓解矛盾及其带来的社会问题是有益的。这被西方学者视为“东方经验”。“和合”两字自我国春秋时期开始连用，其包含了和谐、和睦、和平、平衡、融合、合作等含义。和合思想并不主张取消事物之间的差分；相反，其存在前提就是事物普遍的差异性，是通过矛盾的克服与解决，形成总体上的和谐状态。和合思想可以见诸于我国古代诸子百家的众多学说中，如孔子讲“和为贵”、“和而不同”，老子讲“知和日常”，荀子讲“天地和而万物生，阴阳接而变化起”，《周易》讲“阴阳和合”，《诗经》讲“和羹”，《中庸》讲“和也者，天下之达道也”，佛教讲“因缘和合”等。[8]

刑事和解亦是学习、吸收西方有益经验的一种制度。西方刑事和解的典型代表是美国的 VOR 模式，即“被害人—加害人的和解”（Victim-Offender Reconciliation, VOR）；或者也称为刑事调解，即“被害人—加害人的调解”（Victim-Offender Mediation, VOM）。在美国，刑事和解与刑事调解并没有做严格区分，从总体上来看，都是试图在被害人与加害人之间达成一定的共识，来恢复因为犯罪所破坏的社会关系。“被害人—加害人和解”模式自 20 世纪 70 年代中期在美国开始兴起，最初起源于一些小社会团体、学者、司法人员自发的讨论和探索，他们试图寻找对于正式刑事诉讼程序的一种适当的替代性方式。“该运动的第一个里程碑发生在 1994 年，美国律师协会正式支持被害人与加害人调解，以及建议全国的法院采用。”[9] 自此，VOR 模式作为一种替代性纠纷解决机制（Alternative Dispute Resolution, ADR）得到

---

〔8〕 参见胡铭：“论刑事和解的理念基础——浙江‘枫桥经验’与美国 VOR 模式之比较”，载《浙江社会科学》2010 年第 9 期。

〔9〕 Brian Sapir, “Healing a Fractured Community: the Use of Community Sentencing Circles in Response to Hate Crimes”, Cardozo Journal of Conflict Resolution, ol. 9, 2007, p. 211.

了广泛的推广与使用,〔10〕成为多元纠纷解决机制的一部分。

我国2012年《刑事诉讼法》新确立的刑事和解制度,是针对当事人和解的情形,作出的特别程序规定。这是符合我国刑事诉讼实际的,契合了我国传统的"和合"文化,以及和睦相亲、冤家宜解不宜结等深入人心的观念。在司法实践中,当事人和解,对于犯罪嫌疑人、被告人而言,通过悔罪态度,以及积极赔偿被害人能够得到相对较轻的处罚;对被害人而言,能够通过犯罪嫌疑人、被告人的道歉和积极赔偿,从精神和物质上得到一定的安慰;对司法机关而言,则减少了不必要的诉讼程序,节省司法成本和诉讼资源,可以将精力投入更重要、更复杂的案件中。可见,这一新型司法程序满足了冲突双方的利益需求,使公安司法机关可以获得一系列诉讼收益,并有助于社会关系的修复和社会的和谐。〔11〕

示例22-2 徐某某交通肇事案

2013年7月2日,被告人徐某某无证酒后驾驶车牌号为豫FD6268二轮摩托车,因被告人操作不慎,将车驶入路东侧排水沟内,致摩托车乘坐人秦某某当场死亡,徐某某受伤。浚县公安局交通警察大队道路交通事故认定书认定:徐某某应承担此事故的全部责任,秦某某无责任。法院审理后认为:被告人徐某某违反道路交通运输管理法规,致一人死亡,其行为已触犯《刑法》第133条之规定,已构成交通肇事罪。浚县人民检察院对被告人徐某某的指控成立,本院予以支持。案发后,被告人徐某某就民事赔偿部分与被害人的近亲属达成和解协议,并取得了被害人近亲属的谅解,应当从轻处罚。〔12〕

二、当事人和解与其他概念的区别

1. 当事人和解与调解。调解制度主要在民事诉讼程序中普遍适用,在刑事诉讼中,仅适用于自诉案件和刑事附带民事案件。当事人和解与调解的最主要区别在于,调解一开始就是在第三方的主持和促进下双方达成解决纠纷的协议;而和解则强调双方当事人在没有第三方介入的情况下自主达成和解协议。在当事人和解案件中,当事人之间和解协议达成后,公、检、法机关必须依照各自的职权对和解协议进行审查并对案件作出处理。

---

〔10〕 ADR在民事诉讼中的适用已经有了不少研究,代表性成果可参见范愉:《非诉讼纠纷解决机制研究》,中国人民大学出版社2000年版。即在民事诉讼中适用谈判、调解、和解、仲裁等,而在刑事诉讼领域适用ADR机制,囿于刑事法的特点,该领域在国内的研究并不多。在美国,ADR在刑事诉讼中的适用并无禁忌,适用非常广泛,不仅有VOR模式,还有恢复性司法、问题解决型法庭、治疗性法理、社区警察模式等。See Maggie T. Grace, "Current Developments in Alternative Dispute Resolution: Criminal Alternative Dispute Resolution: Restoring Justice, Respecting Responsibility, and Renewing Public Norms", Vermont Law Review, ol. 34, 2010, pp. 563-590.

〔11〕 参见陈瑞华:"刑事诉讼的私力合作模式——刑事和解在中国的兴起",载《中国法学》2006年第5期。

〔12〕 河南省浚县人民法院《刑事判决书》(〔2014〕浚刑初字第21号),北大法宝引证码:CLI. C. 2419403。

2. 刑事和解与“私了”。所谓“私了”，是我国的传统文化中不可忽视的民间纠纷解决方式，是指在脱离了公权力的监督和审查，纠纷双方不经过国家专门机关处理，而是自行协商解决纠纷的方式。在民事纠纷中，当事人拥有较大的诉讼处分权，可以对自己的诉权进行自由处分，民间广泛存在“私了”。但是在刑事案件中，除了自诉案件的被害人具有诉权可自由处分之外，公诉案件的追诉权由国家专门机关行使，因此，在公诉案件领域，“私了”是不符合法律规定的，其结果也是不具有法律效力的。由于传统文化的影响，加之“私了”能够使被害人得到较多的经济赔偿，所以，不少刑事案件的当事人愿意“私了”。刑事和解在一定范围和程度上将当事人“私了”纳入了公诉案件诉讼程序中。

3. 刑事和解与辩诉交易。辩诉交易（plea bargaining）是发端于美国的刑事司法制度，是指在刑事被告人就较轻的罪名或者数项指控中的一项或者几项作出有罪答辩，以换取检察官的某种让步，通常是获得较轻的判决或者撤销其他指控的情况下，检察官和被告人之间经过协商达成的协议。〔13〕 但是，这种交易协议并非双方当事人之间达成而具有效力，必须得到法庭的认可后才具有法律上的效力。辩诉交易与当事人和解案件的区别在于：(1)辩诉交易的主体是检察官和被告人，被害人不参与其中，不以被害人的同意为其交易成立的条件，被害人对辩诉交易的达成所能够施加的影响力有限。我国刑事和解的主体是犯罪嫌疑人、被告人和被害人。被害人是和解协议达成的主体之一，对最后的结果具有决定性的作用。(2)辩诉交易的前提条件之一是被告人认罪，而不要求对被害人进行道歉、赔偿；刑事和解的内容是犯罪嫌疑人、被告人对被害人进行赔礼道歉，积极地进行经济上的赔偿，取得被害人的谅解。(3)辩诉交易主要是在刑事诉讼的审判阶段进行，由法官作出最后的处理；刑事和解在侦查、审查起诉和审判任何一个阶段都可以进行，并由此根据具体情况作出处理。(4)辩诉交易的主要目的是通过被告人的认罪，简化庭审程序，减少诉讼风险和损失；刑事和解由于案情相对简单，案件结果的确定性较高，双方通过和解协议，都能够使得自己的利益最大化。

4. 刑事和解与恢复性司法。恢复性司法（restorative justice），又称修复性司法，是国外一项刑事司法改革运动，是各方参与犯罪处理活动的一种司法模式。具体是指通过道歉、赔偿、社区服务、生活帮助等补偿被害人因犯罪所造成的物质及精神损失，使被害人受犯罪影响的生活恢复常态，同时，也使犯罪人通过积极而负责任的行为重新取得被害人及其家庭和社区成员的谅解，从而重新融入社区、回归社会。恢复性司法的目标，是要通过被害人、犯罪人与社区成员之间的交流与对话，使社区人际关系恢复到一种更和谐、人与人之间的纽带更牢固的境界，这有利于平衡各方利益，并能够在解决法院积案和监狱人满为患的困境，促进司法活动的透明公开、减少

---

〔13〕 实用主义哲学观是辩诉交易制度的思想基础；契约观念是辩诉交易制度的文化基础；当事人主义诉讼形式是辩诉交易的制度基础；沉默权和证据开示制度是辩诉交易的共生基础。参见汪建成：“辩诉交易的理论基础”，载《政法论坛》2002年第6期。

再犯等方面起到积极作用。恢复性司法与刑事和解有一些相同之处，如都考虑被害人的感受，让其作为参与者加入案件处理中。但二者之间亦有一定区别：首先，恢复性司法的目的是强调加害人回归社会；而刑事和解重在和解，强调社会纠纷的解决。其次，恢复性司法没有设定具体的法定刑，既可以适用于轻罪，也可以适用于重罪，刑事和解仅适用于一些社会危害较轻的案件。最后，恢复性司法不仅适用于刑事诉讼的各个阶段，而且对于其后续程序，即在执行阶段中也能够适用；而刑事和解只适用于刑事案件的侦查、起诉和审判阶段。〔14〕

三、当事人和解公诉案件的适用范围

依据《刑事诉讼法》第 288 ~ 290 条的规定，对于当事人和解的公诉案件适用从宽处理的原则。结合《最高法解释》的规定，我国刑事立法对当事人和解的公诉案件，尤其是其中的轻微刑事案件，明确采取刑罚轻缓化或非刑罚化的基本立场，以犯罪嫌疑人或被告人从宽承担刑事责任的方式，调整了以往刑事和解探索实践中对轻微刑事案件实质上作非犯罪化处理的方式。〔15〕我国当事人和解公诉案件的适用范围具体包括：

1. 因民间纠纷引起，涉嫌《刑法》分则第四章、第五章规定的犯罪案件，可能判处 3 年以下有期徒刑的。主要包括如下情况：首先，引起犯罪的原因是“民间纠纷”，而排除其他。所谓“民间纠纷”一般是指邻里纠纷，也就是公民之间相互因财产关系、人身关系或者其他日常生活利益所引发的纠纷或者冲突，从而导致犯罪的发生。《公安部规定》从反面规定了符合下列情形之一的，不属于因民间纠纷引起的犯罪案件：(1)雇凶伤害他人的；(2)涉及黑社会性质组织犯罪的；(3)涉及寻衅滋事的；(4)涉及聚众斗殴的；(5)多次故意伤害他人身体的；(6)其他不宜和解的。其次，所涉嫌的犯罪罪名是《刑法》第四章、第五章所规定的。《刑法》第四章所规定的是“侵犯公民人身、民主权利罪”，第五章是“侵犯财产罪”。可见，除了这两章之外的其他章节的犯罪，不能适用公诉案件和解程序。最后，在量刑方面，可能是判处 3 年以下有期徒刑。一般认为，量刑在 3 年以下是轻罪，社会危害性不是特别大，因此，立法限定在刑罚幅度 3 年以下的犯罪适用当事人和解的程序，以求最大限度减少其所带来的负面影响。

---

〔14〕　参见胡铭、赵骏、周翠：《转型社会多元纠纷解决》，知识产权出版社 2011 年版，第 43 ~ 48 页。

〔15〕　有学者指出，我国的刑事和解已由政策性运行转型为法制化运行，对于这一转型应予以刑事一体化的考察。刑事诉讼法规定的刑事和解制度应当定位为与刑事实体法规定相适应的、以刑事谅解为基础的刑事和解制度。刑事和解的法律后果，不是非犯罪化，仅是非刑罚化或刑罚轻缓化。刑事和解中的案件分流，是实体性分流与程序性分流的有机结合。参见黄京平：“刑事和解的政策性运行到法制化运行”，载《中国法学》2013 年第 3 期。

示例 22－3　唐某故意伤害案

法院审理后认为："被告人唐某故意非法伤害他人身体健康，致人轻伤，其行为已构成故意伤害罪……本案系因民间纠纷引发，在本院审理期间，被告人唐某自愿真诚悔罪，通过赔偿损失、赔礼道歉等方式获得被害人谅解，双方达成刑事和解协议……"。[16] 该案中，故意伤害罪是《刑法》第四章侵犯公民人身权利、民主权利罪的内容。被告人唐某的故意伤害行为系因民间纠纷引起的故意伤害行为，在案发后，唐某能够真诚悔罪，意识到自己犯罪的恶劣性，对被害人进行赔礼道歉等行为，获得被害人谅解，并与被害人达成和解协议，说明虽然其造成了一定的损害，但其主观恶性不大，符合当事人和解的特别程序的规定。

2. 除渎职犯罪以外的可能判处 7 年有期徒刑以下刑罚的过失犯罪案件。具体情况包括：首先，必须是过失犯罪。一般认为，过失犯罪是指应当预见自己的行为可能发生危害社会的结果，因为疏忽大意没有预见，或者因为轻信自己能够避免，以致发生危害结果的犯罪。《刑法》分则中明确规定了过失犯罪的罪名。例如，失火罪、交通肇事罪、过失致人死亡罪等。其次，可能判处 7 年以下有期徒刑的。最后，排除适用渎职犯罪。渎职犯罪是《刑法》第九章所规定的犯罪类型。渎职犯罪虽然也是过失犯罪的类型，但是由于其犯罪主体（国家公务人员）的特殊性，所以排除在外，因为它与当事人和解案件的目的不同。

3. 例外规定。犯罪嫌疑人、被告人在 5 年内曾经故意犯罪的案件不得适用当事人和解程序。也就是说，虽然属于上述情形，但由于被告人是在 5 年内故意犯罪的，则排除适用刑事和解程序。这里的犯罪限于故意犯罪。如果 5 年内是过失犯罪，那么还可以适用刑事和解程序。

四、当事人和解公诉案件的诉讼程序

（一）和解协议书的达成

1. 刑事和解的主体。我国《刑事诉讼法》规定的当事人和解的主体是犯罪嫌疑人、被告人和被害人。司法解释规定，犯罪嫌疑人、被告人系限制行为能力人的，其法定代理人可以代为和解；犯罪嫌疑人、被告人的法定代理人、近亲属经犯罪嫌疑人、被告人同意的，可以代为其和解。如果法定代理人、近亲属达成和解协议的，和解协议约定的赔礼道歉等具有人身依附性的义务，应当由犯罪嫌疑人、被告人亲自履行。另外，根据《最高法解释》和《最高检规则》的相关规定，被害人死亡的，其近亲属可以与被告人和解。近亲属有多人的，达成和解协议，应当经处于同一继承顺序的所有近亲属同意。被害人系无行为能力人或者限制行为能力人的，其法定代理人、近亲属可以代其和解。

---

〔16〕 浙江省宁波市鄞州区人民法院《刑事判决书》（〔2014〕甬鄞刑初字第 176 号），北大法宝引证码：CLI. C. 2288493。

2. 刑事和解的方式。主要方式有:(1)犯罪嫌疑人、被告人通过赔礼道歉、赔偿损失等方式取得被害人的谅解。赔偿损失主要是物质性的赔偿,赔礼道歉主要是对被害人精神上造成的伤害进行弥合。(2)被害人必须同意和解。这是最重要的一步,如果被害人不同意和解,那么当事人和解协议就无法达成,就不能适用当事人和解的诉讼程序。(3)刑事和解是建立在合法、双方自愿达成和解协议的基础上,公安机关司法机关才能够介入审查。

（二）和解协议书的审查

1. 审查主体。对于当事人和解协议的审查,依照《刑事诉讼法》第 289 条的规定,公安机关、人民检察院和人民法院对当事人和解的自愿性、合法性进行审查。依照上述法律规定,公安机关、人民检察院和人民法院有义务对当事人达成的和解协议进行审查,以确定其是否出于双方当事人的真实意愿,进而确定和解协议是否有效,三机关在不同的诉讼阶段进行审查。

2. 审查内容。审查的内容主要是和解协议的"自愿性"和"合法性"。自愿性是当事人和解协议的内容反映了双方当事人之间的真实意愿,而非出于一方强迫另一方在违背真实意愿的情形之下所做出的结果。合法性则是和解协议必须符合法律的规定,如关于所涉嫌罪名的限制、关于量刑的限制等。

（三）和解协议的处理

1. 侦查阶段。《刑事诉讼法》第 290 条规定:"对于达成和解协议的案件,公安机关可以向人民检察院提出从宽处理的建议……"。因此,公安机关对于当事人和解案件只能向人民检察院移送起诉,并且在起诉意见书中提出从宽处理的意见,而不能撤销案件或者适用其他的处理方式。

2. 审查起诉阶段。在审查起诉阶段,当事人达成和解协议,人民检察院有两者处理方式:(1)符合法律规定的不起诉条件的,可以不起诉。主要依据是《刑事诉讼法》第 177 条第 2 款规定:"对于犯罪情节轻微,依照刑法规定不需要判处刑罚或者免除刑罚的,人民检察院可以作出不起诉决定。"此即酌定不起诉决定。(2)对于提起公诉的当事人和解案件,人民检察院在提起公诉时可以在公诉书中载明当事人已达成和解协议,建议人民法院对被告人从轻处罚,并在案卷中附当事人和解协议书。

3. 审判阶段。对达成和解协议的案件,人民法院依法可以对被告人从宽处罚。《最高法解释》规定,对达成和解协议的案件,人民法院应当对被告人从轻处罚;符合非监禁刑适用条件的,应当适用非监禁刑;判处法定最低刑仍然过重的,可以减轻处罚;综合全案认为犯罪情节轻微不需要判处刑罚的,可以免除刑事处罚。由此可见,对于达成和解协议的案件,应当对被告人从宽处罚。

示例 22－4 黄某某、赖某某故意伤害案

法院审理后认为:被告人黄某某、赖某某故意非法伤害他人身体,致一人重伤(致被害人王某某脑挫伤、颅骨凹陷性粉碎性骨折),其行为已构成故意伤害罪。公诉机关指控的罪名成立。对被告人黄某某、赖某某依法应处三年以上十年以下有期徒刑……被告人黄某某、赖某某在到案后如实供述了自己的罪行,依法可以从轻处罚。在本案审判期间,被告人黄某某、赖某某家属与被害人达成了刑事和解,并取得了被害人的书面谅解,依法可以从宽处罚。[17]

第三节 缺席审判程序

一、刑事缺席审判程序概述

(一)刑事缺席审判程序的概念与意义

刑事缺席审判程序,是指在特定的刑事案件中对不在场的被告人所进行的特殊审判,以解决其刑事责任的特别程序。首先,所谓特定的刑事案件,是指法律规定的可以适用缺席审判的特殊刑事案件。除法律规定的特殊案件,其他刑事案件均不得适用缺席审判。其次,被告人审判时不在场,是指对特定的刑事案件中的刑事被告人,因法定事由而不到庭参加法庭审判的情形,而且只是在法庭审判的某个阶段被告人不在场,并不属于其在整个庭审过程中都不在场的缺席审判。最后,所谓适用特殊程序进行审判,是指对被告人缺席的刑事案件应采用不同于普通程序的特殊程序进行审判,不仅是指法庭审理过程中应当采用的特殊程序,而且包括开庭审理之前所适用的特殊程序。

刑事缺席审判制度的确立是多元价值平衡后的理性选择,其合理性、正当性表现在:被告人放弃出席法庭权利的情况下,缺席审判体现了对被告人诉讼主体地位的尊重;刑事缺席审判有助于节约诉讼成本,提高诉讼效率;有利于严厉打击腐败犯罪等重大犯罪。针对不同类型的刑事缺席审判,制度设计的意义和价值并不尽相同。例如,在外逃贪官的缺席审判中,有助于推动司法机关积极履职,丰富惩治犯罪的手段,促进反腐败国际追逃工作;有助于提升中国反腐败国际合作和追逃追赃工作法治化水平,为依法同外逃犯罪分子作斗争,不断加大反腐败国际合作和追逃追赃工作力度提供有力武器;有助于惩治外逃犯罪,保障国家、集体及个人利益,为海外追逃追赃奠定坚实的法律基础,发挥法律的震慑和惩治双重效果。在确有证据证明无罪,因而需要对已经死亡的被告人进行的缺席审判中,旨在加强对被告人的权利保护,即使被告人已经死亡,也应通过缺席审判予以平反。在被告因患有严重疾病而不能出席审判的缺席审判中,一方面是对被告人权利保护的考虑,另一方面是对审判效率的考虑。

---

〔17〕 重庆市北碚区人民法院《刑事判决书》(〔2014〕碚法刑初字第00060号),北大法宝引证码:CLI. C. 2318185。

(二)刑事缺席审判程序的适用情形

根据《刑事诉讼法》第291、296、297条的规定,刑事缺席审判的适用情形包括:

1. 贪污贿赂犯罪案件,以及需要及时进行审判,经最高人民检察院核准的严重危害国家安全犯罪、恐怖活动犯罪案件,犯罪嫌疑人、被告人在境外的情形。人民法院在审查立案时必须严格审查把关,对于起诉书中有明确的指控犯罪事实,符合缺席审判程序适用条件的,方应决定开庭审判。上述案件,由犯罪地、被告人离境前居住地或者最高人民法院指定的中级人民法院组成合议庭进行审理。

2. 因被告人患有严重疾病无法出庭,中止审理超过6个月,被告人仍无法出庭的情形。对于此种情形,则必须是在"被告人及其法定代理人、近亲属申请或者同意恢复审理"的条件之下,人民法院方可进行缺席审理,这类缺席审判比较类似于诸多法治发达国家缺席审判的制度设计。

3. 被告人死亡,但有证据证明被告人无罪的情形。对于此种情形,人民法院经缺席审理确认无罪的,应当依法作出判决,以还亡者清白。

4. 人民法院按照审判监督程序重新审判的案件,被告人死亡的情形。对于此种情形,人民法院可以缺席审理,依法作出判决。

二、刑事缺席审判的具体程序

(一)缺席审判程序中被告人权利保障

作为一项"天然"有缺陷的特殊审判制度,必须充分尊重和保障缺席审判被告人的相关权利,使缺席审判程序同样体现程序正义。根据《刑事诉讼法》第292~295条规定,应从告知、送达以及辩护等方面保障被告人的诉讼权利,主要包括:

1. 人民法院应当通过有关国际条约规定的或者外交途径提出的司法协助方式,或者被告人所在地法律允许的其他方式,将传票和人民检察院的起诉书副本送达被告人,通过告知程序以保障被告人的知情权和参与权等。

2. 人民法院缺席审判案件,被告人有权委托辩护人,被告人的近亲属可以代为委托辩护人,以弥补该制度可能对被告人权利带来的减损。

3. 被告人及其近亲属没有委托辩护人的,人民法院应当通知法律援助机构指派律师为其提供辩护。赋予被告人强制法律援助辩护的权利,不仅可以有效保障被告人的辩护权,而且更有利于法院在"兼听"的基础上查明案件事实真相,准确打击犯罪。

4. 交付执行刑罚前,人民法院应当告知罪犯有权对判决、裁定提出异议。罪犯对判决、裁定提出异议的,人民法院应当重新审理。世界范围内,各国在确立缺席审判制度时均强调赋予被告人异议权,如在法国,"只有对缺席作出的裁判决定,才能提出缺席裁判异议;只有庭审缺席的当事人才能按照某些特定的形式并在规定的期限内,提出缺席裁判异议”。[18]

(二)缺席审判程序的救济途径

根据《刑事诉讼法》第294、295条的规定,可以行使以下主要的救济措施:

1. 人民法院应当将判决书送达被告人及其近亲属、辩护人。被告人或者其近亲属不服判决的,有权向上一级人民法院上诉。辩护人经被告人或者其近亲属同意,可以提出上诉。

2. 人民检察院认为人民法院的判决确有错误的,应当向上级人民法院提出抗诉。

3. 交付执行刑罚前,人民法院应当告知罪犯有权对缺席判决、裁定提出异议;罪犯对判决、裁定提出异议的,人民法院应当重新审理。依照生效缺席判决、裁定对罪犯的财产进行的处理确有错误的,应当予以返还、赔偿。

第四节 犯罪嫌疑人、被告人逃匿、死亡案件违法所得的没收程序

一、概念及立法背景

犯罪嫌疑人、被告人逃匿、死亡案件违法所得的没收程序,是指对贪污贿赂犯罪、恐怖活动犯罪等重大犯罪案件,犯罪嫌疑人、被告人逃匿,在通缉1年后不能到案,或者犯罪嫌疑人、被告人死亡,依照《刑法》第64条规定应当追缴其违法所得及其他涉案财产的,由人民检察院提出申请,人民法院审理后裁定予以没收的程序。

在我国司法实践中,一些犯罪嫌疑人、被告人实施犯罪以后,长期潜逃在外或者死亡,这便使得原有的刑事程序失去功能,无法对其进行审判,同时也无法及时挽回国家或者被害人的经济损失。在我国,这种情形在贪污贿赂等腐败案件中尤为常见。一些腐败分子在案发后,潜逃至国外,将贪污等非法所得赃款转移至境外,给国家财产造成了巨大的损失。为了严厉打击贪污贿赂犯罪、恐怖活动犯罪等严重犯罪行为,及时追缴犯罪活动违法所得及其涉案财物,我国政府于2003年12月10日签署了《联合国反腐败公约》,2005年10月27日第10届全国人大委员会第18次会议批准了该公约。《联合国反腐败公约》要求成员国积极采取措施追缴腐败犯罪资产,并规定了跨国协作机制。《联合国反腐败公约》第54条第1款第3项规定:“各缔约国应根据本国法律,采取必要的措施,以便在因为犯罪嫌疑人死亡、逃匿或者缺席而无法对其进行起诉的情形或其他有关情形下,能够不经过刑事定罪而没收因腐败犯

---

[18] [法]卡斯东·斯特法尼等:《法国刑事诉讼法精义》(下),罗结珍译,中国政法大学出版社1999年版,第811页。

罪所获得财产。”〔19〕

为了切实履行我国缔结的《联合国反腐败公约》的义务，并且考虑到我国《刑事诉讼法》在 2018 年修订之前并没有规定缺席审判，〔20〕犯罪嫌疑人、被告人逃匿或者死亡时无法对其进行审判从而导致无法追缴涉案财产，2012 年修订《刑事诉讼法》时增加了犯罪嫌疑人、被告人逃匿、死亡案件违法所得没收程序，明确规定了没收程序的适用条件、诉讼程序等问题，意在回应反腐败和反恐怖斗争中的需要，解决司法实践中的突出问题。

二、违法所得案件的没收程序适用条件

1. 被追诉人不能到案。依照《刑事诉讼法》第 298 条的规定，被追诉人不能到案的情形有以下两种：(1)贪污贿赂犯罪、恐怖活动等重大犯罪案件，犯罪嫌疑人、被告人逃匿，在通缉 1 年后不能到案。此处的贪污贿赂犯罪，指的是《刑法》第八章中所规定的贪污贿赂犯罪的罪名，而并不是单纯的“贪污罪”或者“受贿罪”。这里的恐怖活动犯罪包括以各种手段，包括恐吓、暴力、破坏等，制造社会恐慌、危害公共安全或者胁迫国家机关、社会组织为目的，造成人员伤亡、重大财产损失、公共设施破坏、社会秩序混乱等严重危害的犯罪。这里的重大犯罪主要包括：犯罪嫌疑人、被告人可能被判处无期徒刑以上刑罚的；案件在本省、自治区、直辖市或者全国范围内有较大影响的。(2)犯罪嫌疑人、被告人死亡。这一情形没有具体所要求的罪名、案件影响程度等的限制。

2. 依法应当追缴涉案财产。适用违法所得没收程序最主要的目的，是追缴犯罪嫌疑人、被告人所涉案的财产。如果案件符合上述第一个条件，但是没有追缴财产的需要，那么也不适用此程序。追缴则是将涉案财产强制收归国有，追缴财产范围限于违法所得及其他涉案财产。

---

〔19〕《联合国反腐败公约》创设了腐败犯罪所得资产追回的法律机制，并对这类资产的追回、处置和返还的依据、条件、程序、方式等作了较为完整的规定。该公约规定了两种追回机制，即直接追回机制和通过没收的间接追回机制。前者是指当一缔约国的资产因腐败犯罪被转移到另一缔约国，在另一缔约国没有采取没收等措施处置时，通过一定的途径，主张对该资产的合法所有权予以追回；后者是指当一缔约国依据本国法律或者执行另一缔约国法院发出的没收令，没收被转移到本国境内的腐败犯罪所得资产后，再返还给另一缔约国。参见杨宇冠、吴高庆主编：《〈联合国反腐败公约〉解读》，中国人民公安大学出版社 2004 年版，第 457 ~ 485 页。

〔20〕我国《民事诉讼法》规定了缺席审判制度，也称为缺席判决，即法院在一方当事人缺席时所为的判决。通常情况下，当事人为了避免遭受不利于自己的诉讼后果，都会于言词辩论之日到庭并进行辩论。但由于民事诉讼具有私法的性质，当事人对自己的权利具有处分权，而且，实践中经常存在一些阻碍当事人到庭的因素，所以当事人不能到庭的情形实属难免。在民事案件中，在一方当事人不能到庭的情况下，应对有关的诉讼争议问题作出处理。

三、违法所得案件的诉讼程序

（一）违法所得没收申请的提出

没收违法所得，应当由犯罪地或者犯罪嫌疑人、被告人居住地的中级人民法院同级的人民检察院提出申请。人民检察院提出没收违法所得申请的程序，主要分以下两种情形：

1. 如果是公安机关侦查的案件，对于符合没收违法所得条件的，经县级以上公安机关负责人批准，可以提出没收违法所得意见书，连同证据材料一并移送同级人民检察院。没收违法所得意见书应当包括：（1）犯罪嫌疑人的基本情况；（2）犯罪事实和相关的证据材料；（3）犯罪嫌疑人逃匿、被通缉或者死亡情形；（4）犯罪嫌疑人的违法所得及其他涉案财产的种类、数量、所在地；（5）查封、扣押、冻结的情况等。

2. 如果是人民检察院直接立案侦查的案件，犯罪嫌疑人逃匿或者犯罪嫌疑人死亡的案件，符合《刑事诉讼法》第 298 条第 1 款规定的条件，侦查部门应当启动违法所得没收程序进行调查，调查内容包括：查明犯罪嫌疑人涉嫌犯罪的事实；犯罪嫌疑人逃匿、被通缉或者死亡的情况；犯罪嫌疑人的违法所得及其他涉案财产情况。侦查机关可以对违法所得及其他涉案财产依法进行查封、扣押、查询、冻结。经调查认为符合条件的，侦查部门应当写出没收违法所得意见书，连同案卷材料一并移送有管辖权的人民检察院侦查部门，并由有管辖权的人民检察院的侦查部门移送本院公诉部门。

人民检察院应当在接到公安机关或本院侦查部门移送的没收违法所得意见书后，30 日内作出是否提出没收违法所得申请的决定。30 日内不能作出决定的，经检察长批准，可以延长 15 日。经人民检察院审查后，认为不符合适用违法所得没收程序的条件的，应当作出不提出没收违法所得申请的决定，并向公安机关或人民检察院侦查部门说明理由；认为需要补充证据的，应当书面要求公安机关或者人民检察院侦查部门补充证据，必要时也可以自行调查。公安机关或人民检察院侦查部门补充证据的时间，不计入人民检察院办案期限。

（二）违法所得案件的审判管辖

《刑事诉讼法》第 299 条第 1 款规定："没收违法所得的申请，由犯罪地或者犯罪嫌疑人、被告人居住地的中级人民法院组成合议庭进行审理。"该款规定了非法所得案件的审判管辖，包括地域管辖和级别管辖。其中，犯罪地包括犯罪行为发生地和犯罪结果发生地，被告人居住地包括被告人的户籍所在地、居所地。有时犯罪地有多个，或者犯罪地界域不明确，则可以由被告人居住地法院管辖。

此条款还规定了此类案件的级别管辖，即由中级人民法院管辖。由于违法所得没收程序涉及的犯罪案件性质严重，罪行重大，案件社会危害性较大，所涉及的可能是重要公共利益，因此，此类案件由中级人民法院审理。

（三）违法所得案件的公告程序

《刑事诉讼法》第 299 条第 2 款规定："人民法院受理没收违法所得的申请后，应当发出公告。公告期间为 6 个月……"。法院决定受理没收违法所得的申请后，应当在15日内发出公告。公告应写明的主要内容为:(1)案由;(2)犯罪嫌疑人、被告人通缉在逃或者死亡等基本情况;(3)申请没收财产的种类、数量、所在地;(4)犯罪嫌疑人、被告人的近亲属和其他利害关系人申请参加诉讼的期限、方式;(5)应当公告的其他情况。

公告应当在全国公开发行的报纸或者人民法院的官方网站刊登,并在人民法院公告栏张贴、发布;必要时,可以在犯罪地、犯罪嫌疑人、被告人居住地、申请没收的不动产所在地张贴、发布。人民法院已经掌握犯罪嫌疑人、被告人近亲属和其他利害关系人的联系方式的,应当采取电话、传真、邮件等方式直接告知其公告内容,并记录在案。

(四)违法所得案件的审理方式

根据《刑事诉讼法》第299条的规定,没收违法犯罪所得的申请,由犯罪地或者犯罪嫌疑人、被告人居住地的中级人民法院组成合议庭进行审理。人民法院在公告期满后对没收违法所得的申请进行审理。利害关系人参加的,人民法院应当开庭审理。

违法所得案件的审判组织为合议庭,有两种审理方式:(1)开庭审理的方式,即人民法院在确定的日期按照法定的程序和方式,在法庭上对涉案财物进行审理。犯罪嫌疑人、被告人近亲属或者其他利害关系人申请参加诉讼的,法院必须开庭审理。通过开庭的方式,利害关系人可以提出关于涉案财物与己方权益有关的证据材料或意见。但当没有利害关系人申请参加诉讼时,法院也可以开庭审理。法院对没收违法所得的申请开庭审理的,人民检察院应当派员出席法庭。(2)不开庭审理的方式。在没有利害关系人参与的情形下,此程序只有两方参与,即申请方检察院和裁判方法院。法院审理没收违法所得案件的举证责任,由人民检察院承担。因为没有利害关系人的参与,此类案件所涉及的利益纠纷比较单一,为了节省司法资源和诉讼成本,法律规定此情形时可以不开庭审理。

开庭审理违法所得案件应按照下列程序进行:(1)审判长宣布法庭调查开始后,先由检察员宣读申请书,后由利害关系人、诉讼代理人发表意见。(2)法庭应当依次就犯罪嫌疑人、被告人是否实施了贪污贿赂犯罪、恐怖活动犯罪等重大犯罪并已经通缉1年不能到案,或者是否已经死亡,以及申请没收的财产是否依法应当追缴时进行调查;调查时,先由检察员出示有关证据,后由利害关系人发表意见、出示有关证据,并进行质证。(3)法庭辩论阶段,先由检察员发言,然后由利害关系人及诉讼代理人发言、辩论。人民检察院发现人民法院或者审判人员审理没收违法所得案件违反法律规定的诉讼程序,应当向人民法院提出纠正意见。

(五)违法所得案件的审理结果

人民法院在对没收违法所得的案件进行审理后,应当依照下列情形分别处理:(1)案件事实清楚,证据确实、充分,申请没收的财产确属违法所得及其他涉案财产的,除依法返还被害人的以外,应当裁定没收。(2)不符合没收条件的,应当裁定驳回申请。

（六）违法所得案件的救济程序

对于人民法院作出的违法所得案件裁定，犯罪嫌疑人、被告人的近亲属或者其他利害关系人或者人民检察院可以提出上诉、抗诉。具体而言，犯罪嫌疑人、被告人的近亲属和其他利害关系人不服第一审没收违法所得或者驳回申请裁定的，可以在5日以内提出上诉。检察机关认为同级人民法院所做的第一审裁定确有错误的，应当在5日内向上一级人民法院提出抗诉。

对上诉、抗诉的审理，参照刑事诉讼第二审程序的规定进行。第二审人民法院经审理，应当按照下列情形分别作出裁定：（1）原裁定正确的，应当裁定驳回上诉或者抗诉，维持原裁定；（2）原裁定确有错误的，可以在查清事实后改变原裁定；也可以撤销原裁定，发回重新审判；（3）原审违反法定诉讼程序，可能影响公正审判的，应当撤销原裁定，发回重新审判。

没收违法所得裁定生效后，犯罪嫌疑人、被告人到案并对没收裁定提出异议，人民检察院向原作出裁定的人民法院提起公诉的，可以由同一审判组织审理。人民法院经审理，应当按照下列情形分别处理：（1）原裁定正确的，予以维持，不再对涉案财产作出判决；（2）原裁定确有错误的，应当撤销原裁定，并在判决中对有关涉案财产一并作出处理。人民法院生效的没收裁定确有错误的，应当依照审判监督程序予以纠正。已经没收的财产，应当及时返还；财产已经上缴国库的，由原没收机关从财政机关申请退库，予以返还；原物已经出卖、拍卖的，应当退还价款；造成犯罪嫌疑人、被告人以及利害关系人财产损失的，应当依法赔偿。

第五节　依法不负刑事责任的精神病人的强制医疗程序

一、概述

为了保障公共安全，维护社会秩序，依法对不负刑事责任的精神病人实施强制医疗，是世界各国的一个通行做法。所谓强制医疗程序，是指对实施暴力行为、危害公共安全或者严重危害公民人身安全，经法定程序鉴定依法不负刑事责任的精神病人，有继续危害社会之虞，由人民法院决定对其强制医疗的特别程序。

我国早在1997年《刑法》就已经对强制医疗程序有过一个原则性规定，其中第18条规定："精神病人在不能辨认或者不能控制自己的时候造成危害后果，经法定程序鉴定确认的，不负刑事责任，但是应当责令他的家属或者监护人严加看管和医疗；在必要的时候，由政府强制医疗。"从实践中反映的情况来看，该规定较为笼统、模糊,在实施过程中造成了许多问题和混乱,甚至出现"被精神病"的乱象,[21]十分不利于对精神病人的人身安全和其他合法权益的保护,也不利于有效防止精神病人再度对社会实施危害行为,保护社会的利益。2012年《刑事诉讼法》及相关司法解释专门针对强制医疗的申请、审查、决定、解除和监督等问题作出专门规定,具有积极作用。

精神病患者由于丧失辨别和控制能力,在不具备刑事责任能力的情形下对其实施的危害行为并不负刑事责任。但是,如果放任这种情况,就会对社会秩序构成一定的威胁,为了能够防止其行为对社会、个人继续造成危害,并从精神病患者的情况考虑,国家对其人身自由进行一定的限制并对其采取强制医疗措施。从目的来看,强制医疗并不是为了追求惩治精神病患者,而是为了社会安定,维持正常社会秩序的一种防卫措施。因此,对依法不负刑事责任的精神病人的强制医疗程序的目的也不是为了解决其刑事责任问题,而是通过司法程序审查是否对其使用强制医疗措施。精神病人完全丧失辨别能力和控制能力,法律规定即使实施了违法行为,构成犯罪,但是也不负刑事责任。这是刑罚对精神病人的一种特殊适用方式。因此,对不负刑事责任的精神病人适用强制医疗程序的必要性进行审查,具有重大的现实意义。[22]

示例22－5　彭某某被申请强制医疗案

2013年1月21日,彭某某因怀疑有人要加害于他,持菜刀将其未成年的女儿彭某及路人龚某某砍伤。经鉴定,龚某某构成重伤。在侦查过程中,公安机关发现彭某某可能患有精神病,遂通过司法鉴定机构对彭某某的精神状况进行鉴定。2013年2月28日,经宁波安康医院司法鉴定所鉴定,彭某某患×××症(偏执型),鉴定为无刑事责任能力,建议对其强制医疗。同日,慈溪市公安局以不应当对彭某某追究刑事责任为由,对彭某某故意伤害案撤案处理,并将彭某某依法释放,改对其采取临时的保护性约束措施,将其送至慈溪市第七人民医院临时治疗。同年3月7日,慈溪市公安局向慈溪市人民检察院提交了强制医疗意见书。慈溪市人民检察院经审查,于同月27日向慈溪市人民法院申请对彭某某强制医疗。慈溪市人民法院受理此案后,依法会见了彭某某及其法定代理人,并依法组成合议庭,公开开庭审理了此案。公诉人、被申请人、被申请人的法定代理人、诉讼代理人共同参加了庭审。法院经审理认为:被申请人彭某某持刀故意伤害公民身体,致人重伤,严重危害公民人身安全,其社会危害已达到犯罪程度,经法定程序鉴定属于依法不负刑事责任的精神病人,且具有继续危害社会可能,符合强制医疗条件,依法应对被申请人彭某某予以强制医疗。据此,依照《刑法》第18条,《刑事诉讼法》第284条、第285条

〔21〕"被精神病",通常指不该收治的个人被送进精神病院进行隔离治疗,随意启动精神病治理,住院期间没有任何纠错机制,受害者投诉、申诉、起诉皆无门。而"被精神病"的根源就是权力的滥用和肆意扩张。

〔22〕参见田圣斌:"强制医疗程序初论",载《政法论坛》2014年第1期。

第 1 款之规定,决定对被申请人彭某某予以强制医疗。[23]

二、强制医疗程序的适用条件

《刑事诉讼法》第 302 条规定:"实施暴力行为,危害公共安全或者严重危害公民人身安全,经法定程序鉴定依法不负刑事责任的精神病人,有继续危害社会可能的,可以予以强制医疗。"该条明确了强制医疗程序的适用条件:

1. 行为条件。对不负刑事责任的精神病人适用强制医疗的前提条件是行为人实施了暴力行为,危害公共安全或者严重危害公民人身安全,其客观危害已经达到犯罪程度。其中,暴力行为则是以人身、财产等为侵害目标,采取暴力手段,对被害人的身心健康和生命财产安全造成极大的损害,直接危及人的生命、健康及公共安全的行为。

2. 医学条件。强制医疗程序的适用对象必须是经过法定鉴定程序依法不负刑事责任的精神病人。确定犯罪嫌疑人、被告人是否适用强制医疗程序的关键,是查明其在实施暴力行为时,是否患有精神病或者严重精神障碍而丧失辨别能力、控制能力。间歇性精神病人在精神正常的时候犯罪,或者不完全丧失辨认或者控制自己行为能力的精神病人犯罪的,不属于依法不负刑事责任的精神病人。

3. 社会危险性条件。对行为人适用强制医疗程序,除了满足上述两项条件之外,还应符合有继续危害社会的可能性。也就是说,精神病人在实施违法行为以后,根据司法鉴定结果以及其后续行为显示,其有继续实施违法犯罪的可能性,对社会秩序构成潜在威胁的,使社会关系处于一种紧张状态。相反,行为人实施了暴力行为,但是不再具有社会危害性的,如已经严重残疾,丧失了继续危害社会的能力,则不需要对其进行强制医疗。

三、强制医疗程序的启动方式

我国强制医疗程序启动的方式有两种:一种方式是人民检察院提出申请而启动;另一种方式是人民法院自行启动。

人民检察院既可以在对公安机关移送的强制医疗意见进行审查以后,认为符合强制医疗条件时,再启动强制医疗程序;也可以对审查起诉过程中发现的符合强制医疗条件的犯罪嫌疑人启动强制医疗程序。在我国司法实践中,一般是由公安机关侦查犯罪,犯罪嫌疑人可能是精神病人的情况往往也是由公安机关发现。但是,依照我国《刑事诉讼法》的规定,公安机关不能够直接向人民法院提出对犯罪嫌疑人进行强制医疗的申请,而必须提交检察院,由检察院向法院提出申请。主要原因在于强制医疗程序不仅关系到行为人自由的限制和剥夺,而且还会涉及行为人的行为是否达到犯罪程度以及行为人有无刑事责任能力问题,因此,应当严格依照法定的程序进行。

---

〔23〕 浙江省慈溪市人民法院《刑事判决书》(〔2013〕甬慈刑特字第 1 号),北大法宝引证码:CLI. C. 1795428。

公安机关发现实施暴力行为、危害社会公共安全或者严重危害公民人身安全的犯罪嫌疑人,可能属于依法不负刑事责任的精神病人的,应当对其进行精神病鉴定。对经过法定程序鉴定,符合强制医疗条件的,公安机关应当在7日内写出强制医疗意见书,经县级以上公安机关负责人批准,连同证据材料和鉴定意见一并移送同级人民检察院。根据《最高检规则》规定,人民检察院审查公安机关移送的强制医疗意见书,向人民法院提出强制医疗的申请以及对强制医疗决定的监督,由公诉部门办理。人民检察院公诉部门审查公安机关移送的强制医疗意见书,应当查明:(1)是否属于本院管辖;(2)涉案精神病人身份状况是否清楚,包括姓名、性别、国籍、出生年月日、职业和单位等;(3)涉案精神病人实施危害公共安全或者严重危害公民人身安全的暴力行为的事实;(4)公安机关对涉案精神病人进行鉴定的程序是否合法,涉案精神病人是否依法不负刑事责任;(5)涉案精神病人是否有继续危害社会的可能;(6)证据材料是否随案移送,不宜移送的证据清单、复制件、照片或者其他证明文件是否随案移送;(7)证据是否确实、充分;(8)采取的临时保护性约束措施是否适当。

审查之后,人民检察院应当在接到公安机关移送强制医疗意见书后30日内作出是否提出强制医疗申请的决定。经审查后,认为不符合强制医疗条件的,应当作出不提出强制医疗申请的决定,并向公安机关书面说明理由;认为需要补充证据的,应当书面要求公安机关补充证据,必要时也可以自行调查。公安机关补充证据的时间不计入办案期限。经审查认为符合强制医疗条件的,应当向人民法院提出强制医疗申请。人民检察院向人民法院提出强制医疗的申请,应当制作强制医疗申请书。申请书内容应当包括涉案精神病人的基本情况,案由及案件来源,等等。

法院在特殊情况下,也能够直接启动强制医疗程序。人民法院在审理案件过程中发现被告人可能符合强制医疗条件的,应当依照法定程序对被告人进行司法精神病学鉴定。经鉴定,被告人属于依法不负刑事责任的精神病人的,应当适用强制医疗程序对案件进行审理。

四、强制医疗案件的审判程序

(一)人民检察院申请强制医疗的审理程序

对人民检察院提出的强制医疗申请,人民法院应当审查以下内容:(1)是否属于本院管辖;(2)是否写明被申请人的身份,实施暴力行为的时间、地点、手段、所造成的损害等情况,并附相关证据材料;(3)是否附有法医精神病鉴定意见和其他证明被申请人属于依法不负刑事责任的精神病人的证据材料;(4)是否列明被申请人的法定代理人的姓名、住址、联系方式;(5)需要审查的其他事项。

对人民检察院提出的强制医疗申请,人民法院应当在7日内审查完毕,并按照下列情形分别处理:(1)不属于本院管辖的,应当退回人民检察院;(2)材料不全的,应当通知人民检察院在3日内补送;(3)属于强制医疗程序受案范围和本院管辖,且材料齐全的,应当受理。

人民法院受理强制医疗的申请后,应当组成合议庭进行审理。但被申请人、被告人的法定代理人请求不开庭审理,并经人民法院审查同意的除外。审理人民检察院申请强制医疗的案件,应当会见被申请人;人民法院对强制医疗案件开庭审理,人民检察院应当派员出席法庭。

开庭审理申请强制医疗的案件,按照下列程序进行:(1)审判长宣布法庭调查开始后,先由检察员宣读申请书,后由被申请人的法定代理人、诉讼代理人发表意见;(2)法庭依次就被申请人是否实施了危害公共安全或者严重危害公民人身安全的暴力行为、是否属于依法不负刑事责任的精神病人、是否有继续危害社会的可能进行调查;调查时,先由检察员出示有关证据,后由被申请人的法定代理人、诉讼代理人发表意见、出示有关证据,并进行质证;(3)法庭辩论阶段,先由检察员发言,后由被申请人的法定代理人、诉讼代理人发言,并进行辩论。被申请人要求出庭,人民法院经审查其身体和精神状态,认为可以出庭的,应当准许。出庭的被申请人,在法庭调查、辩论阶段,可以发表意见。检察员宣读申请书后,被申请人的法定代理人、诉讼代理人无异议的,法庭调查可以简化。

对申请强制医疗的案件,人民法院审理后,应当按照下列情形分别处理:(1)符合《刑事诉讼法》第 302 条规定的强制医疗条件,应当作出对被申请人强制医疗的决定;(2)被申请人属于依法不负刑事责任的精神病人,但不符合强制医疗条件的,应当作出驳回强制医疗申请的决定;被申请人已经造成危害结果的,应当同时责令其家属或者监护人严加看管和医疗;(3)被申请人具有完全或者部分刑事责任能力,依法应当追究刑事责任的,应当作出驳回强制医疗申请的决定,并退回人民检察院依法处理。

(二)人民法院自行启动的审理程序

第一审人民法院在审理案件过程中发现被告人可能符合强制医疗条件的,应当依照法定程序对被告人进行法医精神病鉴定。经鉴定,被告人属于依法不负刑事责任的精神病人,应当适用强制医疗程序,对案件进行审理。

开庭审理时,应当先由合议庭组成人员宣读对被告人的法医精神病鉴定意见,说明被告人可能符合强制医疗的条件,后依次由公诉人和被告人的法定代理人、诉讼代理人发表意见。经审判长许可,公诉人和被告人的法定代理人、诉讼代理人可以进行辩论。

人民法院审理后,应当按照下列情形分别处理:(1)被告人符合强制医疗条件的,应当判决宣告被告人不负刑事责任,同时作出对被告人强制医疗的决定;(2)被告人属于依法不负刑事责任的精神病人,但不符合强制医疗条件的,应当判决宣告被告人无罪或者不负刑事责任;被告人已经造成危害结果的,应当同时责令其家属或者监护人严加看管和医疗;(3)被告人具有完全或者部分刑事责任能力,依法应当追究刑事责任的,应当依照普通程序继续审理。

人民法院在审理第二审刑事案件过程中,发现被告人可能符合强制医疗条件的,可以依照强制医疗程序对案件作出处理,也可以裁定发回原审人民法院重新审判。人民法院决定强制医疗的,应当在作出决定后 5 日内,向公安机关送达强制医疗决定书和强制医疗执行通知书，由公安机关将被决定强制医疗的人送交强制医疗。

五、强制医疗的救济程序

强制医疗程序不仅赋予了当事人及其利害关系人充分的程序参与权，而且还赋予了他们程序上的救济权，即对于法院强制医疗的决定不服，当事人及其法定代理人或者近亲属有权要求有关机关对此决定进行再次审查，可自收到决定书之日起5日内向上一级人民法院申请复议，但复议期间不停止执行强制医疗的决定。

示例22-6 宋某某被申请强制医疗案

北京市海淀区人民法院决定对被申请人宋某某予以强制医疗。宣判后，被申请人宋某某的法定代理人向北京市第一中级人民法院申请复议。宋某某法定代理人的申请理由是：宋某某已不具有社会危害性，其有能力对宋某某进行治疗与监管，申请撤销原审法院的强制医疗决定。宋某某诉讼代理人的意见是：宋某某目前病情有所缓解，且其亲属表示可以提供治疗与安保措施，可以避免宋某某再次发生危害社会的行为，故请求撤销对宋某某的强制医疗决定。北京市第一中级人民法院经复议后认为：宋某某目前的病情尚未康复，仍有继续危害社会的可能，其法定代理人并不能够提供足以防止其可能继续危害社会的安全保障措施。综合宋某某目前的疾病治疗及其监护人的看管情况，宋某某仍有继续危害社会的可能，应当予以强制医疗。依照《最高法解释》第537条第(1)项之规定，决定驳回复议申请，维持原决定。〔24〕

对不服强制医疗决定的复议申请，上一级人民法院应当组成合议庭审理，并在1个月内作出复议决定：(1)被决定强制医疗的人符合强制医疗条件的，应当驳回复议申请，维持原决定；(2)被决定强制医疗的人不符合强制医疗条件的，应当撤销原决定；(3)原审违反法定诉讼程序，可能影响公正审判的，应当撤销原决定，发回原审人民法院重新审判。

如果对第一审人民法院在审理案件过程中，发现被告人符合强制医疗条件的，从而适用强制医疗程序并对案件进行审理得出的判决、决定，人民检察院提出抗诉，同时被决定强制医疗的人、被害人及其法定代理人、近亲属申请复议的，上一级人民法院应当依照第二审程序一并处理。

六、强制医疗程序的复查和监督程序

（一）定期复查制度

《刑事诉讼法》第306条规定："强制医疗机构应当定期对被强制医疗的人进行诊断评估"。同时，根据《最高法解释》规定，被强制医疗的人及其近亲属可于解除强

〔24〕 北京市第一中级人民法院《刑事判决书》(〔2013〕一中刑医复字第1420号)，北大法宝引证码：CLI.C.1795427。

制医疗申请被人民法院驳回的6个月内再次申请，由此可以推断出，复查周期最长不应超过6个月。强制医疗程序是对具有社会危害性的精神病人采取的强制医疗措施，主要目的是维护社会的安全和稳定。如果精神病人已经痊愈或者不再具有社会危害性，强制医疗也就失去了其前提性和必要性。所以，为了能够及时保障被强制医疗对象的权利，强制医疗机构应当定期对被强制医疗对象的精神状态进行检查。如果经检查发现，其不再具有社会危险性，就应当对其解除强制医疗措施。

（二）申请解除强制医疗及决定机构

被强制医疗的人及其近亲属提出解除强制医疗申请的，应当向作出强制医疗决定的人民法院提出。如果申请被驳回，6个月后再次提出申请的，人民法院应当受理。

强制医疗机构提出解除强制医疗意见，或者被强制医疗的人及其近亲属申请解除强制医疗的，应当附有对被强制医疗的人的诊断评估报告。如果强制医疗机构提出解除强制医疗意见，未附诊断评估报告，人民法院应当要求其提供；如果被强制医疗的人及其近亲属向人民法院申请解除强制医疗，强制医疗机构未提供诊断评估报告，申请人可以申请人民法院调取。必要时，人民法院可以委托鉴定机构对被强制医疗的人进行鉴定。

强制医疗机构提出解除强制医疗意见，或者被强制医疗的人及其近亲属申请解除强制医疗的，人民法院应当组成合议庭进行审查，并在1个月内，按照下列情形分别处理：(1)被强制医疗的人已不具有人身危险性，不需要继续强制医疗的，应当作出解除强制医疗的决定，并可责令被强制医疗的人的家属严加看管和医疗；(2)被强制医疗的人仍具有人身危险性，需要继续强制医疗的，应当作出继续强制医疗的决定。人民法院应当在作出决定后5日内，将决定书送达强制医疗机构、申请解除强制医疗的人、被决定强制医疗的人和人民检察院；决定解除强制医疗的，应当通知强制医疗机构在收到决定书的当日解除强制医疗。由此可见，有权决定对被强制医疗的人解除强制医疗措施的机构限于人民法院。

（三）检察机关的监督

《刑事诉讼法》第307条规定："人民检察院对强制医疗的决定和执行实行监督。"在我国刑事诉讼程序中，检察院不仅承担着审查起诉等职责，而且还承担着法律监督职责，对于刑事诉讼活动中的违法或者不当行为进行监督，并提出相应的纠正意见。在强制医疗程序中，人民检察院认为强制医疗决定或者解除强制医疗决定不当，在收到决定书后20日内提出书面纠正意见的，人民法院应当另行组成合议庭审理，并在1个月内作出决定。此外，人民检察院对于人民法院批准解除强制医疗的决定实行监督，发现人民法院解除强制医疗的决定不当的，应当依法向人民法院提出纠正意见。

第二十三章　刑事赔偿

导读

"有损害便有救济。"刑事赔偿作为一种国家赔偿责任，是对国家错误行使侦查权、起诉权、审判权和刑罚执行权等公权力的一种救济制度。"国家刑事赔偿制度是一项重要的人权保障制度"，[1]它对于维护司法公正、遏制权力滥用，促进严格执法，保障公民的合法权益有重要意义。国家承担赔偿责任的理念及其制度化与人类社会民主、宪政和法治文明发展程度密切关联，是一个国家人权保障、法治完善的重要标志。

第一节　刑事赔偿概述

一、刑事赔偿的概念

刑事赔偿，又称国家刑事赔偿，是指行使侦查、检察、审判、刑罚执行权的机关及其工作人员，在行使职权时，违法侵犯公民、法人和其他组织的合法权利并造成损害，由国家进行赔偿的制度。

刑事赔偿是一项重要的人权保障制度，联合国人权国际公约对此有明确的规定。联合国《公民权利和政治权利国际公约》第9条第5款规定："任何遭受非法逮捕或拘禁的受害者，有得到可予执行之赔偿的权利。"该公约第14条第6款规定："在一人按照最后决定已被判定犯刑事罪而其后根据新的或新发现的事实确实表明发生误审，他的定罪被推翻或被赦免的情况下，因这种定罪而受刑罚的人应依法得到赔偿，除非经证明当时不知道的事实的未被及时揭露完全是或部分是由于他自己的缘故。"[2]

刑事赔偿是国家赔偿制度的一部分。我国法律所确立的国家赔偿包括行政赔偿和刑事赔偿。行政赔偿是指行政机关违法行使权力，给公民权利造成损害的，而

---

〔1〕 陈光中、赵琳琳："国家刑事赔偿制度改革若干问题探讨"，载《中国社会科学》2008年第2期。

〔2〕 [奥]曼弗雷德·诺瓦克：《〈公民权利和政治权利国际公约〉评注》（修订第2版），孙世彦等译，生活·读书·新知三联书店2008年版，第246～249页。

依法进行赔偿。国家赔偿不同于国家补偿,后者主要是国家机关在法律限度内、合法行使权力给公民人身财产造成损害的,由国家给予一定的补偿,两者的判断标准在于国家机关行使权力是否违反法律。

二、刑事赔偿的意义

刑事赔偿作为国家赔偿的重要组成部分,刑事赔偿制度的构建与国家法治程度、人权保障的发展水平密切相关。在公民权利遭到来自公安司法机关的侵害时,国家作为其授权主体,就应当承担由其带来的违法后果。刑事赔偿制度的重要意义主要表现在以下三个方面:

1. 刑事赔偿制度能够使蒙受冤狱的受害人获得国家的赔偿,弥合冤假错案带来的损害。这体现了国家对其权力行使带来的后果必然承担责任之原则。国家权力的行使必须在合法的限度内,这也有利于反过来督促公安司法机关严格遵守刑事诉讼的正当程序,依法行使权力,防范冤假错案。

2. 刑事赔偿制度有利于促进刑事诉讼中的人权保障。如果公民权利在刑事诉讼程序中受到侵害,或者因为其他原因而被卷入刑事诉讼程序,在此过程中,因公安机关、检察机关、审判机关以及监狱管理机关的违法行使权力,而使其权利受到损害,为了保障其权利,维护社会公平正义的理念,国家应当对其进行赔偿。

3. 刑事赔偿制度的确立,能够在一定程度上维护社会的稳定,保障社会秩序的良好运转。在民事领域内,如果个人权利遭到来自外部的侵害,个人具有依法主张损害赔偿的权利,寻求一种救济,包括私力救济和公力救济,最终使自己遭受的损失得到弥补。同样,当个人的私权利受到国家公权力的侵害时,也应当受到赔偿。公权力作为一种特殊的维护社会秩序的手段,对公民权利的侵害比一般民事侵权更具杀伤力,因此,如果受到公权力的伤害而不能够获得赔偿,将导致公权力随意介入公民私生活领域,对社会安宁和秩序造成极大的破坏。

三、刑事赔偿制度的修法历程

在我国制定并实施《国家赔偿法》之前,对于在刑事诉讼中因为被错误逮捕、羁押的人,主要采用经济补偿的做法,包括补发工资、提高待遇等。主要体现在一些指导性的政策中,而没有正式的法律文件。

1994 年 5 月 12 日全国人大常委会第七次会议正式通过了《国家赔偿法》。在该法的第三章中,专门规定了刑事赔偿,包括刑事赔偿的范围、赔偿请求人和赔偿义务机关、赔偿程序等;在第四章中,规定了损害赔偿的计算标准和方式等。《国家赔偿法》的出台,使国家赔偿有了正式的法律依据,也意味着将刑事赔偿的程序纳入了刑事诉讼程序之中。刑事赔偿有了明确的法律依据,赔偿程序、方式、数额等也得以规范化。

随着经济发展与社会变迁,1994 年《国家赔偿法》日益不能够满足司法实践的需要,《国家赔偿法》的修改被提上了议事日程。2008 年 10 月 24 日,全国人大常委会对《国家赔偿法修正案》草案首次进行了审议,随后在中国人大网上公布并向社会公众征求意见。在征求意见和进一步完善之后,2010 年 4 月 29 日,《国家赔偿法修正案》提交全国人民代表大会并获得通过。修正后的《国家赔偿法》主要对赔偿适用范围和条件、健全赔偿程序等方面作了修改。2011 年,最高人民法院出台了《关于适用〈中华人民共和国国家赔偿法〉若干问题的解释(一)》。2012 年 10 月 26 日,全国人大常委会第二次修正《国家赔偿法》,进一步根据实践情况完善了国家赔偿的相关内容,如在刑事损害赔偿的赔偿范围中,确立了精神损害赔偿。这标志着我国的国家赔偿制度迈向了一个新的台阶。

近年来,"张氏叔侄案"、"萧山五青年案"、"王本余案"、"福清纪委爆炸案"、"呼格吉勒图案"等刑事赔偿案件,引起了社会的广泛关注。为进一步完善刑事赔偿制度,2016 年 1 月 1 日,最高人民法院、最高人民检察院新出台的《关于办理刑事赔偿案件适用法律若干问题的解释》开始实施,并发布了人民法院、人民检察院刑事赔偿典型案例。新司法解释的内容包括对"终止追究刑事责任"的认定、侵犯财产权的赔偿审查范围、违法刑事拘留赔偿、再审无罪赔偿、免责条款的适用、赔偿法律关系主体、赔偿标准、赔偿金的确定、赔偿决定的效力等方面的多个重要问题。2017 年 2 月 27 日,最高人民法院审判委员会会议通过《关于国家赔偿监督程序若干问题的规定》,并自 2017 年 5 月 1 日起施行,进一步保障赔偿请求人和赔偿义务机关的申诉权,规范国家赔偿监督程序。

第二节　刑事赔偿的适用条件和范围

一、刑事赔偿的适用条件

国家机关及其工作人员行使职权的行为侵犯了公民、法人或者其他组织的合法权益,由此造成的损害,应当依照何种标准来确认国家机关的赔偿责任。这属于国家赔偿归责原则的问题。从世界范围来看,主要有三种归责原则:(1)过错责任原则。即只要国家机关及其工作人员在行使职权的过程中有过错,就应当承担赔偿责任。(2)违法责任原则。即国家机关及其工作人员在行使职权的过程中,违反了相关法律的规定,就应当承担赔偿责任。(3)结果责任原则。不论国家机关及其工作人员是否有过错,是否违反法律,只要造成了损害的结果,就应当承担赔偿责任。三种不同的归责原则依据不同的评价机制,其产生的效果也不同。我国《国家赔偿法》第 2 条规定:"国家机关和国家机关工作人员行使职权,有本法规定的侵犯公民、法人或者其他组织的合法权益的情形,造成损害的,受害人有依照本法规定取得国家赔偿的权利。”据此可以看出，我国采用的是结果责任原则。[3]

国家承担刑事赔偿责任需要具备的要件：(1)加害主体即侵权人必须是行使侦查、检察、审判和执行的公安机关、检察机关、审判机关、看守所或监狱管理机关。也就是说，加害主体是特定的，这些机关都是刑事诉讼过程中承担一定职责的国家机关。当犯罪嫌疑人、被告人的合法权益在刑事诉讼过程中遭受到侵犯时，就可以依据法律向被侵权主体提起赔偿。(2)国家机关及其工作人员必须是行使职权的行为。只有在行使职权的范围内，才承担责任，这也是国家承担赔偿责任的前提条件。不能把国家机关工作人员在任何时间的任何行为所造成的损害，都归结为其职权行为。国家赔偿正是因为其代表国家行使一定行为，其行为具有公务性，一旦这种“公务性”消失，那么就不再具有职务行为的性质，其所造成的损害可由民事侵权相关法律调整，而不适用《国家赔偿法》的规定。(3)国家机关及其工作人员的行为造成了司法错误，即错误地进行了扣押、逮捕、审判等，也即国家机关及其工作人的行为具有违法性。(4)行为承受人遭受到了损害。这种损害是由国家机关及其工作人员的职权行为引起的，损害既可以是人身损害也可以是财产损害，只要有损害结果的产生即可。(5)受害人本身没有过错。对于上述由国家机关及其工作人员的职权行为所产生的损害，被害人没有过错。如果因为被害人的原因，如虚假供述、陈述等造成损害结果的，国家不承担赔偿责任。

二、刑事赔偿的范围

刑事赔偿的范围，依据《国家赔偿法》中有关刑事赔偿内容的规定可知，既含有积极赔偿的内容，也含有消极赔偿的内容。所谓积极赔偿的内容，是由国家依法应当承担的赔偿责任的情形；所谓消极赔偿内容，则是国家不承担赔偿责任的情形。

(一)国家承担刑事赔偿责任的范围

《国家赔偿法》依据侵权内容的不同，将承担赔偿责任的内容分别确定为侵犯人身权的情形和侵犯财产权的情形。

1. 侵犯人身权的赔偿情形

(1)错误拘留。《国家赔偿法》规定，违反《刑事诉讼法》的规定对公民采取拘留措施的，或者依照《刑事诉讼法》规定的条件和程序对公民采取拘留措施，但是拘留时间超过《刑事诉讼法》规定的时限，其后决定撤销案件、不起诉或者判决宣告无罪终止追究刑事责任的，应当纳入国家赔偿。也就是说，错误拘留具体包括：其一，违反《刑事诉讼法》规定的条件采取拘留措施的；其二，违反《刑事诉讼法》规定的程序采取拘留措施的；其三，依照《刑事诉讼法》规定的条件和程序对公民采取拘留措施，但是拘留时间超过刑事诉讼法规定的时限。违法刑事拘留的人身自由赔偿金自拘留之日起计算。

---

[3] 有学者认为，刑事赔偿应当以结果责任原则为主，辅之以违法责任原则，原因是有利于保障人权，立法的统一，也有利于将国家赔偿责任与错案责任追究问题分离开来。参见陈光中、赵琳琳：“国家刑事赔偿制度改革若干问题探讨”，载《中国社会科学》2008 年第 2 期。

需要注意的是，司法解释明确了“终止追究刑事责任”的情形，〔4〕即解除、撤销拘留或者逮捕措施后虽尚未撤销案件、作出不起诉决定或者判决宣告无罪，但是符合下列情形之一的，属于《国家赔偿法》第17条第1项、第2项规定的终止追究刑事责任：其一，办案机关决定对犯罪嫌疑人终止侦查的；其二，解除、撤销取保候审、监视居住、拘留、逮捕措施后，办案机关超过一年未移送起诉、作出不起诉决定或者撤销案件的；其三，取保候审、监视居住法定期限届满后，办案机关超过一年未移送起诉、作出不起诉决定或者撤销案件的；其四，人民检察院撤回起诉超过30日未作出不起诉决定的；其五，人民法院决定按撤诉处理后超过30日，人民检察院未作出不起诉决定的；其六，人民法院准许刑事自诉案件自诉人撤诉的，或者人民法院决定对刑事自诉案件按撤诉处理的。

（2）错误逮捕。具体是指对公民采取逮捕措施后，决定撤销案件、不起诉或者判决宣告无罪终止追究刑事责任的。需要注意的是，司法解释明确规定，尽管被超期监禁的公民并非完全无罪，但由于其中的部分罪名已经不成立，针对这类具体个罪而言的超期羁押行为构成无罪羁押，应当予以赔偿。这样规定也是对刑事赔偿司法实践发展的回应，如“萧山五青年案”中的部分赔偿请求人就存在“再审改判部分罪名不成立，监禁期限超出再审判决确定的刑期”的情形。

（3）错误判决。具体是指依照审判监督程序再审改判无罪，原判刑罚已经执行的。司法错误很难杜绝，发现错误时应当启动审判监督程序依照有关法律的规定纠正司法错误，并根据刑罚执行情况对错误裁判的被害人进行赔偿。

（4）错误使用审讯方法。具体指刑讯逼供或者以殴打、虐待等行为或者唆使、放纵他人以殴打、虐待等行为造成公民身体伤害或者死亡的。刑讯逼供、殴打或者虐待都是一种严重侵害人身权的情形，对生命健康具有直接的威胁，是一种残酷的审讯手段。我国《刑事诉讼法》明确规定了刑讯逼供等非法方法获得的证据不具有可采性，应在诉讼程序中予以排除。所以，由此造成的损害国家应当承担赔偿责任。

示例23－1 程显民、程宇、曹世艳、杨桂兰申请辽宁省丹东市公安局刑讯逼供致死国家赔偿案

2001年8月下旬，丹东市公安局成立“7·21”专案组，侦查程绍武涉嫌黑社会性质组织犯罪一案，程绍贵被列为该涉嫌黑社会性质组织成员之一接受审讯，2001年9月11日程绍贵在审讯中死亡。2001年9月27日，辽宁省检察院、法院、公安厅法医联合对程绍贵的死因进行鉴定，结论为：程绍贵系在患有脂肪心、肺结核、胸膜粘连等疾病基础上，因带械具长时间处于异常体位而使呼吸、循环功能发生障碍，最终导致肺功能衰竭而死亡。2003年12月11

---

〔4〕 根据《国家赔偿法》第17条规定，公民申请赔偿应当以“撤销案件、不起诉或者判决宣告无罪终止追究刑事责任”为前提，从司法实践的情况来看，刑事诉讼过程中久拖未果的案件在各地普遍存在，这便需要对“终止追究刑事责任”的内涵与外延进行明确，对公民申请刑事赔偿的程序性权利予以保障。

日，抚顺市望花区人民法院作出〔2003〕望刑初字第269号刑事判决，认定丹东市公安局原案审处处长卢兆忠为获取口供，指使办案人员将程绍贵戴口罩、头套、双臂平行拷在铁笼子两侧的栏杆上长达18小时，其行为构成刑讯逼供罪。该判决后经抚顺市中级人民法院二审维持。2005年8月3日，程绍贵父亲程远洪向丹东市公安局提出国家赔偿申请……〔5〕

(5) 错误使用执法工具。即违法使用武器、警械造成公民身体伤害或者死亡的。前提条件是违法使用武器、警械，结果条件是身体伤害或者死亡。如果合法使用武器、警械造成损害伤害抑或死亡，或者违法使用武器、警械没有损害结果的，都不承担赔偿责任。

2. 侵犯财产权的赔偿情形

(1) 违法对财产采取查封、扣押、冻结、追缴等措施的。对财产采取查封、扣押、冻结、追缴等措施后，有下列情形之一，且办案机关未依法解除查封、扣押、冻结等措施或者返还财产的，属于《国家赔偿法》第18条规定的侵犯财产权：其一，赔偿请求人有证据证明财产与尚未终结的刑事案件无关，经审查属实的；其二，终止侦查、撤销案件、不起诉、判决宣告无罪终止追究刑事责任的；其三，采取取保候审、监视居住、拘留或者逮捕措施，在解除、撤销强制措施或者强制措施法定期限届满后超过一年未移送起诉、作出不起诉决定或者撤销案件的；其四，未采取取保候审、监视居住、拘留或者逮捕措施，立案后超过两年未移送起诉、作出不起诉决定或者撤销案件的；其五，人民检察院撤回起诉超过30日未作出不起诉决定的；其六，人民法院决定按撤诉处理后超过30日，人民检察院未作出不起诉决定的；其七，对生效裁决没有处理的财产或者对该财产违法进行其他处理的。有前三至六项规定情形之一，赔偿义务机关有证据证明尚未终止追究刑事责任，且经人民法院赔偿委员会审查属实的，应当决定驳回赔偿请求人的赔偿申请。

示例23－2　许秀琴申请吉林省长春市公安局刑事违法扣押国家赔偿案

2003年6月26日，长春市公安局对长春市工商局移送的许秀琴等人违法经营案件予以立案，并于同年7月4日、21日先后将许秀琴投资经营的铁艺制品厂设备、产品、圆钢、方钢等予以扣押，但相关文书对于被扣押财产情况记载不明。2003年8月17日，长春市公安局向许秀琴返还钢材61.7吨。2005年2月4日，长春市公安局决定撤销该违法经营刑事案件。许秀琴随即提出国家赔偿申请。〔6〕

(2) 依照审判监督程序再审改判无罪，原判罚金、没收财产已经执行的。如果改判无罪，就意味着审判错误，那么在原刑事诉讼程序中对犯罪嫌疑人、被告人所采取的对财产的没收等，应当进行赔偿。

〔5〕“最高人民法院行政指导性案例2010年第4例”，北大法宝引证码：CLI. C. 1345903。
〔6〕“最高人民法院性质指导性案例2010年第5例”，北大法宝引证码：CLI. C. 1345904。

（二）国家不承担刑事赔偿责任的范围

1. 因公民自己故意作虚伪供述，或者伪造其他有罪证据被羁押或者被判处刑罚的。这一规定主要从两个方面来理解：(1)公民自己的行为导致损害结果的发生，其行为包括故意作虚伪陈述或者伪造其他有罪证据；(2)必须被羁押或者被判处刑罚。无论其目的如何，只要其行为与损害结果（被羁押、判处刑罚）有因果关系，那么对此所造成的损害就不需要国家承担。因为公民需要对自己的虚假行为承担责任，且不能强求国家机关及其工作人员都有能力来鉴别当事人行为的真实性。

2. 依照《刑法》第17条、第18条规定不负刑事责任的人被羁押的。根据《刑法》第17条、第18条的规定，不负刑事责任的人主要包括以下几种：(1)未满14周岁的人；(2)已满14周岁不满16周岁的人，犯故意杀人、故意伤害致人重伤或者死亡、强奸、抢劫、贩卖毒品、放火、爆炸、投毒罪以外的罪行的；(3)精神病人在不能辨认或者不能控制自己行为的时候犯罪的。这些主体之所以能够免予刑事处罚，是因为其作为社会弱势群体，对于自己的行为所造成的结果不具备认识能力，也不具备承担刑事责任的能力，但并不意味其没有犯罪事实。此外，所造成的损害仅限于被羁押。如果被判决而执行刑期或者刑讯逼供等，国家还是依旧应当承担刑事赔偿。

3. 依照《刑事诉讼法》的规定不追究刑事责任的人以及被酌定不起诉的人被羁押的。《刑事诉讼法》第16条规定的不追究刑事责任的情形包括：(1)情节显著轻微、危害不大，不认为是犯罪的；(2)犯罪已过诉讼时效期限的；(3)经特赦令免除刑罚的；(4)依照《刑法》告诉才处理的犯罪，没有告诉或者撤回告诉的；(5)犯罪嫌疑人、被告人死亡的；(6)其他法律规定免于追究刑事责任的。酌定不起诉是依据《刑事诉讼法》第177条第2款的规定：对于犯罪情节轻微，依照《刑法》规定不需要判处刑罚或者免除刑罚的，人民检察院可以作出不起诉决定。不追究刑事责任的人和被酌定不起诉的人，国家不承担赔偿责任，仅限于羁押措施。

4. 行使侦查、检察、审判职权的机关以及看守所、监狱管理机关的工作人员与行使职权无关的个人行为。国家承担由国家机关及其工作人员的公职行为所造成的侵犯公民合法权益的责任，主要原因在于国家机关及其工作人员代表的是国家，其行为具有“公务性”，是在履行国家的职责。如果其行为与职权无关，那么其行为就不代表国家的授权行为，国家也就不承担由此行为而造成的损害赔偿责任。

5. 因公民自伤、自残等故意行为致使损害发生的。在刑事诉讼过程中，有的犯罪嫌疑人、被告人，为了解除羁押、取保候审或者其他原因，故意伤害自己的身体，因这种自伤、自残行为致使身体受到伤害或者死亡的，应该归咎于自己，而非国家机关及其工作人员的责任，因此国家不承担责任。

6. 法律规定的其他情形。这是一个概括性的条款。法律中规定了五种国家不承担刑事赔偿责任的情形，如果在实践中有新情况、情形出现，而非归咎于国家机关及其工作人员，国家也不承担刑事赔偿责任。

需要注意两点：(1)依照《刑法》第17条、第18条规定不负刑事责任的人和依照《刑事诉讼法》第16条、第177条第2款规定不追究刑事责任的人被羁押，国家不承担赔偿责任。但是,对起诉后经人民法院错判拘役、有期徒刑、无期徒刑并已执行的,人民法院应当对该判决确定后继续监禁期间侵犯公民人身自由权的情形予以赔偿。(2)明确免责条款适用的举证责任承担。即赔偿义务机关以公民存在故意虚伪供述、伪造其他有罪证据或自伤、自残等行为为由,主张免除赔偿责任的,应当就该免责事由的成立承担举证责任。

第三节　刑事赔偿的程序

一、刑事赔偿请求的提起

(一)刑事赔偿的申请人

刑事赔偿申请人,也可称为刑事赔偿请求人,是在刑事赔偿中享有提起赔偿权利的人。根据《国家赔偿法》第6条的规定,刑事赔偿的申请人主要有以下三类:

1. 受害的公民、法人或者其他组织。在刑事赔偿活动中,作为权利的直接损害者,公民、法人或者其他组织当然有权提起赔偿的请求。

2. 继承人或者有扶养关系的亲属。此规定主要是考虑到受害人死亡的情形,国家赔偿不能因为直接影响对象受害人的死亡而终止,否则就不符合一般规律和常理,也不能够很好地维护社会的稳定,抚慰受害人家属的情绪。受害人死亡的,应当由其继承人或者有扶养关系的亲属提起。依照法律的规定,继承人有优先提起赔偿的权利,在继承人不能或者怠于行使权利时,有扶养关系的亲属才能够提起。

3. 权利承受人。同样的,既然公民死亡后,其继承人或者有扶养关系的亲属可以提起申请,那么,作为相同受害主体的法人或者其他组织"终止"的,它的权利承受人有权利要求赔偿。

(二)刑事赔偿义务机关

刑事赔偿义务机关,就是在刑事赔偿活动中,接受刑事赔偿请求、支付赔偿费用、参加赔偿诉讼的义务方。依照《国家赔偿法》第21条的规定,下列机关为刑事赔偿的义务机关:

1. 行使侦查、检察、审判职权的机关以及看守所、监狱管理机关及其工作人员,在行使职权时侵犯公民、法人和其他组织的合法权益造成损害的,该机关为赔偿义务机关。

2. 对公民采取拘留措施,依法应当给予国家赔偿的,作出拘留决定的机关为赔偿义务机关。

3. 对公民采取逮捕措施后决定撤销案件、不起诉或者判决宣告无罪的,作出逮捕决定的机关为赔偿义务机关。

4. 再审改判无罪的,作出原生效判决的人民法院为赔偿义务机关。二审改判无罪,以及二审发回重审后作无罪处理的,作出一审有罪判决的人民法院为赔偿义务机关。

需要注意的是，公安机关对公民采取拘留措施后，检察机关又采取逮捕措施的，或者对公民采取拘留和逮捕措施后，审判机关曾作出有罪判决的，在公民最终确定无罪的情形下，在实践中由谁作为赔偿义务机关存在不同认识。司法解释为了方便赔偿请求人申请刑事赔偿，规范刑事赔偿处理程序，采取赔偿义务机关后置设定方式，明确了以有罪方式作出过最后处理的国家机关为赔偿义务机关，如对公民采取拘留措施后又采取逮捕措施，国家承担赔偿责任的，作出逮捕决定的机关为赔偿义务机关；又如对公民采取拘留和逮捕措施后，法院一审判决有罪，二审发回重审后作无罪处理的，作出一审有罪判决的人民法院为赔偿义务机关。

（三）刑事赔偿的提起时间

赔偿请求人请求国家赔偿的时效为2年，自其知道或者应当知道国家机关及其工作人员行使职权时的行为侵犯了其人身权、财产权之日起计算，但被羁押等限制人身自由期间不计算在内。

赔偿请求人在赔偿请求时效的最后6个月内，因不可抗力或者其他障碍不能行使请求权的，时效中止。从中止时效的原因消除之日起，赔偿请求时效期间继续计算。

二、刑事赔偿的申请决定程序

（一）先行处理程序

先行处理，是指赔偿请求人在最终解决刑事损害赔偿争议之前须经赔偿义务机关先行处理。根据《国家赔偿法》第22条的规定，赔偿义务机关有该法第17条、第18条规定情形之一的，应当给予赔偿。赔偿请求人要求赔偿，应当先向赔偿义务机关提出。也就是说，赔偿义务机关有侵犯人身权、财产权情形的，应当先向该机关申请赔偿，而不能够直接向法院赔委会提起申请。

（二）赔偿申请人提出赔偿申请

赔偿请求人根据受到的不同损害，可以同时提出数项赔偿要求。要求赔偿应当递交申请书，申请书应当载明下列事项：(1)受害人的姓名、性别、年龄、工作单位和住所，法人或者其他组织的名称、住所和法定代表人或者主要负责人的姓名、职务；(2)具体的要求、事实根据和理由；(3)申请的年、月、日。

赔偿请求人书写申请书确有困难的，可以委托他人代书；也可以口头申请，由赔偿义务机关记入笔录。赔偿请求人不是受害人本人的，应当说明与受害人的关系，并提供相应证明。赔偿请求人当面递交申请书的，赔偿义务机关应当当场出具加盖本行政机关专用印章并注明收讫日期的书面凭证。申请材料不齐全的，赔偿义务机关应当当场或者在5日内一次性告知赔偿请求人需要补正的全部内容。

（三）赔偿义务机关的决定

赔偿义务机关应当自收到申请之日起2个月内，作出是否赔偿的决定。赔偿义务机关作出赔偿决定，应当充分听取赔偿请求人的意见，并可以与赔偿请求人就赔偿方式、赔偿项目和赔偿数额依照《国家赔偿法》及相关司法解释的规定进行协商。

赔偿义务机关决定赔偿的，应当制作赔偿决定书，并自作出决定之日起10日内送达赔偿请求人。赔偿义务机关决定不予赔偿的，应当自作出决定之日起10日内书面通知赔偿请求人，并说明不予赔偿的理由。

三、刑事赔偿的复议程序

关于复议的理由。刑事赔偿的复议申请的理由主要有：(1)赔偿义务机关在规定期限内未作出是否赔偿的决定；(2)赔偿请求人对赔偿的方式、项目、数额有异议的；(3)赔偿义务机关作出不予赔偿决定的。

关于复议机关。复议机关是赔偿义务机关的上一级机关。如果赔偿义务机关是人民法院，赔偿申请人可以向其上一级人民法院赔偿委员会申请作出赔偿决定。

关于复议的期限。赔偿义务机关在规定期限内未作出是否赔偿的决定，赔偿请求人可以自期限届满之日起30日内向赔偿义务机关的上一级机关申请复议。赔偿请求人对赔偿的方式、项目、数额有异议的，或者赔偿义务机关作出不予赔偿决定的，赔偿请求人可以自赔偿义务机关作出赔偿或者不予赔偿决定之日起30日内，向赔偿义务机关的上一级机关申请复议。

关于复议申请的决定。复议机关应当自收到申请之日起2个月内作出决定，而且复议决定的内容不受原赔偿义务机关所作书面决定的制约。既可以维持原决定，也可以撤销原决定而重新作出决定，或改变原决定的内容。

四、刑事赔偿的最终决定程序

(一)刑事赔偿最终决定程序的启动

赔偿请求人不服复议决定的，可以在收到复议决定之日起30日内，向复议机关所在地的同级人民法院赔偿委员会申请作出赔偿决定；复议机关逾期不作决定的，赔偿请求人可以自期限届满之日起30日内向复议机关所在地的同级人民法院赔偿委员会申请作出赔偿决定。

示例23-3	程显民、程宇、曹世艳、杨桂兰申请辽宁省丹东市公安局刑讯逼供致死国家赔偿案

2005年8月3日，程绍贵父亲程远洪向丹东市公安局提出国家赔偿申请，丹东市公安局于2005年8月30日作出不予确认决定书。程远洪不服，于2005年9月19日向辽宁省公安厅申请复议，辽宁省公安厅逾期未予答复。2006年4月5日，程远洪向辽宁省高级人民法院赔偿委员会申请作出赔偿决定。案件审理中，丹东市公安局提出，复议机关逾期未作决定，赔偿请求人应在期限届满之日起30日内向同级人民法院赔偿委员会申请作出赔偿决定，本案赔偿请求人的申请已经超过法定申请期限，人民法院赔偿委员会不

应受理。辽宁省高级人民法院赔偿委员会经审理认为:《国家赔偿法》第22条第2款的规定,是体现方便当事人和有利于及时赔偿的原则,而非对当事人权利的限制。复议机关受理案件后,逾期不作出决定,也未告知赔偿请求人诉权,即复议机关逾期不作决定的,赔偿请求人可以向复议机关所在地的同级人民法院赔偿委员会申请作出赔偿决定,由此造成赔偿请求人逾期申请赔偿,其过错在于复议机关,不能因为复议机关的过错剥夺赔偿请求人的诉权。因此,人民法院赔偿委员会应当受理赔偿申请。本案中,有人民法院生效判决认定丹东市公安局干警卢兆忠刑讯逼供罪名成立,并处以刑罚,故丹东市公安局应承担国家赔偿责任。在案件审理中,经该院主持协调,赔偿义务机关与赔偿请求人自愿达成协议。辽宁省高级人民法院赔偿委员会据此作出决定,由丹东市公安局向赔偿请求人支付赔偿金40万元。〔7〕

赔偿请求人向赔偿委员会申请作出赔偿决定,应当提供以下法律文书和证明材料:(1)赔偿义务机关作出的决定书;(2)复议机关作出的复议决定书,但赔偿义务机关是人民法院的除外;(3)赔偿义务机关或者复议机关逾期未作出决定的,应当提供赔偿义务机关对赔偿申请的收讫凭证等相关证明材料;(4)行使侦查、检察、审判职权的机关在赔偿申请所涉案件的刑事诉讼程序、民事诉讼程序、行政诉讼程序、执行程序中作出的法律文书;(5)赔偿义务机关职权行为侵犯赔偿请求人合法权益造成损害的证明材料;(6)证明赔偿申请符合申请条件的其他材料。

(二)委托代理

赔偿请求人可以委托1~2人作为代理人。律师、提出申请公民的近亲属、有关的社会团体或者所在单位推荐的人,经赔偿委员会许可的其他公民,都可以被委托为代理人。

赔偿义务机关、复议机关可以委托本机关工作人员1~2人作为代理人。赔偿请求人、赔偿义务机关、复议机关委托他人代理,应当向赔偿委员会提交由委托人签名或者盖章的授权委托书。授权委托书应当载明委托事项和权限。代理人代为承认、放弃、变更赔偿请求,应当有委托人的特别授权。

(三)赔偿委员会的审查和立案

赔偿委员会收到赔偿申请,经审查认为符合申请条件的,应当在7日内立案,并通知赔偿请求人、赔偿义务机关和复议机关;认为不符合申请条件的,应当在7日内决定不予受理;立案后发现不符合申请条件的,决定驳回申请。上述7日的期限,自赔偿委员会收到赔偿申请之日起计算。申请材料不齐全的,赔偿委员会应当在5日内一次性告知赔偿请求人需要补正的全部内容,收到赔偿申请的时间应当自赔偿委员会收到补正材料之日起计算。赔偿委员会应当在立案之日起5日内将赔偿申请书副本或者申请赔偿登记表副本送达赔偿义务机关和复议机关。

(四)赔偿委员会的审理

人民法院赔偿委员会处理赔偿请求,赔偿请求人和赔偿义务机关对自己提出的

---

〔7〕“最高人民法院行政指导性案例2010年第4例”,北大法宝引证码:CLI. C. 1345903。

主张,应当提供证据。没有证据或者证据不足以证明其事实主张的,由负有举证责任的一方承担不利后果。赔偿义务机关对其职权行为的合法性负有举证责任。此外,被羁押人在羁押期间死亡或者丧失行为能力的,赔偿义务机关的行为与被羁押人的死亡或者丧失行为能力是否存在因果关系,赔偿义务机关应当提供证据。

赔偿委员会审理赔偿案件,应当指定1名审判员负责具体承办。负责具体承办赔偿案件的审判员应当查清事实并写出审理报告,提请赔偿委员会讨论决定。赔偿委员会作赔偿决定,必须有3名以上审判员参加,按照少数服从多数的原则作出决定。

赔偿委员会审理赔偿案件,可以组织赔偿义务机关与赔偿请求人就赔偿方式、赔偿项目和赔偿数额依照《国家赔偿法》相关规定进行协商。组织协商应当遵循合法和自愿的原则。赔偿请求人、赔偿义务机关一方或者双方不愿协商,或者协商不成的,赔偿委员会应当及时作出决定。赔偿请求人和赔偿义务机关经协商达成协议的,赔偿委员会审查确认后应当制作国家赔偿决定书。

人民法院赔偿委员会处理赔偿请求,采取书面审查的办法。必要时,可以向有关单位和人员调查情况、收集证据。赔偿请求人与赔偿义务机关对损害事实及因果关系有争议的,赔偿委员会可以听取赔偿请求人和赔偿义务机关的陈述和申辩,并可以进行质证。有下列情形之一的,赔偿委员会可以组织赔偿请求人和赔偿义务机关进行质证:(1)对侵权事实、损害后果及因果关系存在争议较大的;(2)对是否属于《国家赔偿法》第19条规定的国家不承担赔偿责任的情形争议较大的;(3)对赔偿方式、赔偿项目或者赔偿数额争议较大的;(4)赔偿委员会认为应当质证的其他情形。

(五)赔偿委员会的决定

人民法院赔偿委员会应当自收到赔偿申请之日起3个月内作出决定,属于疑难、复杂、重大案件的,经本院院长批准,可以延长3个月。赔偿委员会认为重大、疑难的案件,应报请院长提交审判委员会讨论决定。审判委员会的决定,赔偿委员会应当执行。中级以上的人民法院设立赔偿委员会,由人民法院3名以上审判员组成,组成人员的人数应当为单数。赔偿委员会作出赔偿决定,实行少数服从多数的原则。赔偿委员会作出的赔偿决定,是发生法律效力的决定,必须执行。赔偿委员会作出决定前,赔偿请求人撤回赔偿申请的,赔偿委员会应当依法审查并作出是否准许的决定。

赔偿委员会审理赔偿案件应当按照下列情形,分别作出决定:(1)赔偿义务机关的决定或者复议机关的复议决定认定事实清楚,适用法律正确的,依法予以维持;(2)赔偿义务机关的决定、复议机关的复议决定认定事实清楚,但适用法律错误的,依法重新决定;(3)赔偿义务机关的决定、复议机关的复议决定认定事实不清、证据不足的,查清事实后依法重新决定;(4)赔偿义务机关、复议机关逾期未作决定的,查清事实后依法作出决定。

赔偿委员会审理赔偿案件作出决定,应当制作国家赔偿决定书,加盖人民法院印章。国家赔偿决定书应当载明以下事项:(1)赔偿请求人的基本情况,赔偿义务机关、复议机关的名称及其法定代表人;(2)赔偿请求人申请事项及理由,赔偿义务机关的决定、复议机关的复议决定情况;(3)赔偿委员会认定的事实及依据;(4)决定的理由及法律依据;(5)决定内容。赔偿委员会作出的决定应当分别送达赔偿请求人、赔偿义务机关和复议机关。

(六)救济

赔偿请求人或者赔偿义务机关对赔偿委员会作出的决定,认为确有错误的,可以向上一级人民法院赔偿委员会提出申诉。赔偿委员会作出的赔偿决定生效后,如发现赔偿决定违反本法规定的,经本院院长决定或者上级人民法院指令,赔偿委员会应当在两个月内重新审查并依法作出决定,上一级人民法院赔偿委员会也可以直接审查并作出决定。

最高人民检察院对各级人民法院赔偿委员会作出的决定,上级人民检察院对下级人民法院赔偿委员会作出的决定,发现违反《国家赔偿法》规定的,应当向同级人民法院赔偿委员会提出意见,同级人民法院赔偿委员会应当在两个月内重新审查并依法作出决定。

五、刑事赔偿追偿程序

根据《国家赔偿法》第16条规定,赔偿义务机关赔偿损失后,应当责令有故意或者重大过失的工作人员或者受委托的组织或者个人承担部分或者全部赔偿费用。该法第31条进一步规定,赔偿义务机关赔偿后,应当向有下列情形之一的工作人员追偿部分或者全部赔偿费用:(1)有《国家赔偿法》第17条第4项、第5项规定情形的。即刑讯逼供或者以殴打、虐待等行为或者唆使、放纵他人以殴打、虐待等行为造成公民身体伤害或者死亡的;违法使用武器、警械造成公民身体伤害或者死亡的;(2)在处理案件中有贪污受贿,徇私舞弊,枉法裁判行为的。由上述规定可见,赔偿义务机关进行国家赔偿后,应当向有故意或重大过失的工作人员或者受委托的组织或者个人追偿部分或全部赔偿费用。对有上述规定情形的责任人员,有关机关还应当依法给予处分;构成犯罪的,应当依法追究刑事责任。

第四节　刑事赔偿的方式和计算标准

一、刑事赔偿的方式

《国家赔偿法》第32条规定,国家赔偿以支付赔偿金为主要方式。能够返还财产或者恢复原状的,予以返还财产或者恢复原状。由此可知,国家赔偿以金钱赔偿为主,以返还财产、恢复原状为辅。

依据上述规定,刑事赔偿的方式有:(1)金钱赔偿。金钱赔偿是国家刑事赔偿中最主要的方式，是国家以支付货币的方式给予赔偿请求人一定数量金钱的赔偿。金钱赔偿既可以适用于人身损害赔偿中，也可以适用于财产权的损害赔偿中。(2)返还财产。返还财产是赔偿义务机关将非法占有的财物归还，以恢复到合法占有状态。(3)恢复原状。恢复原状是国家机关的行为侵害他人财产，对受害的财产进行修复，使之恢复到受损害前的形状和性能的赔偿方式。(4)其他方式。例如，为受害人消除影响，恢复名誉，赔礼道歉；造成严重后果的，应当支付相应的精神损害抚慰金。

示例 23－4　念斌国家赔偿案

2015 年 2 月 15 日，福州市中级人民法院依法对赔偿请求人念斌二审宣告无罪赔偿案作出国家赔偿决定。决定先支付赔偿请求人念斌人身自由损害赔偿金 589225.84 元；在侵权行为影响的范围内为赔偿请求人念斌消除影响，恢复名誉，赔礼道歉；支付赔偿请求人念斌精神损害抚慰金 55 万元。[8]

二、刑事赔偿的计算标准

刑事赔偿的计算标准主要依据《国家赔偿法》的相关规定。2016 年《关于办理刑事赔偿案件适用法律若干问题的解释》对赔偿标准做了进一步细化。在确定赔偿标准方面，该司法解释不仅借鉴了民事侵权的赔偿标准，[9]而且还考虑到刑事赔偿的特殊情况，最大限度地给予受害人以权利救济。

(一)侵犯人身自由的计算标准

《国家赔偿法》第 33 条规定了侵犯人身权的赔偿的计算标准，即侵犯人身自由的，每日的赔偿金按照国家上年度职工日平均工资计算。“上一年度”是指赔偿义务机关作出赔偿决定时的上年度，复议机关或者人民法院赔偿委员会决定维持原赔偿决定的，按作出原赔偿决定时的上年度执行。

(二)侵犯生命健康权的计算标准

《国家赔偿法》第 34 条规定了侵犯生命健康权的赔偿计算标准。分别依照不同的情况，做出了以下三种不同的赔偿标准：

1.造成身体伤害的，应当支付医疗费、护理费，以及赔偿因误工减少的收入。减少的收入每日的赔偿金按照国家上年度职工日平均工资计算，最高额为国家上年度职工年平均工资的 5 倍。

---

〔8〕“福州市中级人民法院对念斌做出国家赔偿决定”，载 http://fzszy.chinacourt.org/public/detail.php? id=11370，2016 年 4 月 17 日访问。

〔9〕该司法解释对民事侵权赔偿标准的借鉴，如医疗费赔偿标准、护理费赔偿标准、残疾生活辅助具费赔偿标准、误工减少的收入赔偿标准、身体伤残赔偿标准、抚养费赔偿标准等；又如财产损害赔偿标准，借鉴《侵权责任法》第 19 条“侵害他人财产的，财产损失按照损失发生时的市场价格或者其他方式计算”进行了相应的规定。

2. 造成部分或者全部丧失劳动能力的，应当支付医疗费、护理费、残疾生活辅助具费、康复费等因残疾而增加的必要支出和继续治疗所必需的费用，以及残疾赔偿金。残疾赔偿金根据丧失劳动能力的程度，按照国家规定的伤残等级确定，最高不超过国家上年度职工年平均工资的20倍。造成全部丧失劳动能力的，对其扶养的无劳动能力的人，还应当支付生活费。有扶养义务的公民部分丧失劳动能力的，残疾赔偿金可以根据伤残等级并参考被扶养人生活来源丧失的情况进行确定，最高不超过国家上年度职工年平均工资的20倍。

3. 造成死亡的，应当支付死亡赔偿金、丧葬费，总额为国家上年度职工年平均工资的20倍。例如，在呼格吉勒图再审改判无罪案中，向赔偿请求人李三仁、尚爱云支付死亡赔偿金、丧葬费共计1,047,580元。[10] 对死者生前扶养的无劳动能力的人，还应当支付生活费。生活费的发放标准，参照当地最低生活保障标准执行。被扶养的人是未成年人的，生活费给付至18周岁止；其他无劳动能力的人，生活费给付至死亡时止。能够确定扶养年限的，生活费可协商确定并一次性支付。不能确定扶养年限的，可按照20年上限确定扶养年限并一次性支付生活费，被扶养人超过60周岁的，年龄每增加1岁，扶养年限减少1年；被扶养人年龄超过确定扶养年限的，被扶养人可逐年领取生活费至死亡时止。

（三）侵犯财产权的计算标准

《国家赔偿法》第36条规定了侵犯公民、法人或者其他组织的财产权，造成损害的赔偿计算标准：

1. 处罚款、罚金、追缴、没收财产或者违法征收、征用财产的，返还财产。

2. 查封、扣押、冻结财产的，解除对财产的查封、扣押、冻结，造成财产损坏或者灭失的，依照本条第3项、第4项的规定赔偿。可以在赔偿决定机关的主持下，双方进行协商确定赔偿的具体数额。

示例23-5　许秀琴申请吉林省长春市公安局刑事违法扣押国家赔偿案

“在吉林省高级人民法院赔偿委员会主持下，长春市公安局与许秀琴经协商达成了角钢损失126万元、其他钢材损失25.821万元的协议。吉林省高级人民法院赔偿委员会据此作出决定，由长春市公安局赔偿许秀琴前述各项损失共计305.086万元”。[11]

3. 应当返还的财产损坏的，能够恢复原状的恢复原状，不能恢复原状的，按照损害程度给付相应的赔偿金。

4. 应当返还的财产灭失的，给付相应的赔偿金。

5. 财产已经拍卖或者变卖的，给付拍卖或者变卖所得的价款；变卖的价款明显

〔10〕“呼格吉勒图再审改判无罪案”，载http://nmgfy.chinacourt.org/article/detail/2014/12/id/1506487.shtml，2016年4月17日访问。

〔11〕“最高人民法院性质指导性案例2010年第5例”，北大法宝引证码：CLI.C.1345804。

低于财产价值的,应当支付相应的赔偿金。

6. 吊销许可证和执照、责令停产停业的,赔偿停产停业期间必要的经常性费用开支。

7. 返还执行的罚款或者罚金、追缴或者没收的金钱,解除冻结的存款或者汇款的,应当支付银行同期存款利息。

8. 对财产权造成其他损害的,按照直接损失给予赔偿。

赔偿请求人凭生效的判决书、复议决定书、赔偿决定书或者调解书,向赔偿义务机关申请支付赔偿金。赔偿义务机关应当自收到支付赔偿金申请之日起 7 日内,依照预算管理权限向有关的财政部门提出支付申请。财政部门应当自收到支付申请之日起 15 日内支付赔偿金。

第二十四章　涉外刑事诉讼程序与国际刑事司法协助

导读

当今世界,各国政治、经济、文化交往频繁。国际性、涉外性质的刑事犯罪日益增多。为了有效打击跨国犯罪,联合国牵头签订了一系列涉及刑事司法的国际公约,不少国家也订立了双边或多边的刑事司法协助的协议。正确处理涉外刑事案件不仅关系到同国内、国际犯罪作斗争,还关系到国家主权和司法尊严,关系到贯彻国家的外交路线、方针和政策,关系到国际关系的维护与完善。涉外刑事诉讼程序与国际刑事司法协助既是刑事诉讼法学的一部分,又有国际法学的某些属性。"无论是直接适用与刑事诉讼相关的国际法,还是通过转化的方式适用,其最终目的是,在保持国际法与国内法律体系的统一和协同的基础上,遵循国际法优先原则,保持相关的国际公约能够切实在我国得到执行,从而有效实现国际条约追诉犯罪或人权保障的宗旨。"〔1〕

第一节　涉外刑事诉讼程序

一、概述

涉外刑事诉讼程序,是指公安司法机关办理具有涉外因素的刑事案件时适用的特别诉讼程序。所谓涉外因素,主要包括诉讼当事人全部或者部分为外国人(包括无国籍人、外国法人或组织),或者刑事案件发生在国外等情形。

具有涉外因素的刑事案件主要包括以下几种情形:(1)在中华人民共和国领域内,外国人犯罪的或者我国公民侵犯外国人合法权利的刑事案件;(2)符合《刑法》第7条、第10条规定情形的我国公民在中华人民共和国领域外犯罪的案件,即中华人民共和国公民在本国领域外犯我国《刑法》规定之罪的;(3)符合《刑法》第8条、

〔1〕 陈光中主编:《〈公民权利和政治权利国际公约〉与我国刑事诉讼》,商务印书馆2005年版,第23页。

第10条规定情形的外国人对中华人民共和国国家或者公民犯罪的案件，即外国人、无国籍人、外国法人在中华人民共和国领域外对中华人民共和国国家和公民实施的按照中国《刑法》规定最低刑为3年以上有期徒刑的犯罪案件，但是按照犯罪地的法律不受处罚的除外；(4)符合《刑法》第10条规定情形的中华人民共和国在所承担国际条约义务范围内行使管辖权的案件，即中华人民共和国缔结的或者参加的国际条约所规定的，中国有义务管辖的国际犯罪行为。

由于涉外刑事诉讼具有跨国属性，所以其案件处理具有特殊性，有时涉及国家主权，有时还需要考虑外交关系；既要考虑本国法律的有效管辖和实施，又要尊重和遵守我国缔结的国际公约的相关内容，因此其处理程序较为烦琐。

我国《刑事诉讼法》中并未专门规定涉外刑事诉讼程序，相关规定散落于《刑法》《刑事诉讼法》《公安部规定》《最高法解释》等。从将来《刑事诉讼法》进一步完善的角度来看，有必要增设专章规定涉外刑事诉讼程序。其目的不是赋予涉外刑事案件的诉讼参与人不同于普通案件的权利和义务，使他们享有特权或者对他们加以歧视，而是根据涉外案件的特点作出专门规定，以保证涉外案件得到及时、准确和公正的处理。涉外刑事诉讼程序的具体内容应当包括：适用范围、国际条约优先适用、国籍的确认、享有外交特权和外交豁免的处理、诉讼权利平等、使用的语言文字、辩护人的委托、涉外管辖、外交通知、外交探视、限制出境、死亡通知、涉外送达等。其中，尤其需要注意的是，应当规定国际公约优先适用，即规定：中华人民共和国缔结或者参加的国际条约同本法有不同规定的，适用该国际条约的规定，但中华人民共和国声明保留的条款除外。[2]

二、涉外刑事诉讼程序的特有原则

涉外刑事诉讼程序自身的特殊性，决定了其应遵循一些特有的原则。包括国家主权原则、诉讼权利和义务平等原则、信守国际条约原则、使用中国通用的语言文字进行诉讼原则以及指定和委托中国律师参加诉讼的原则等。

(一)国家主权原则

国家主权原则，指尊重各国主权或各国相互尊重主权是处理国与国之间关系的基本原则。主权是国家的固有权利，是国家的重要属性。[3]

《刑事诉讼法》第17条规定："对于外国人犯罪应当追究刑事责任的，适用本法

---

〔2〕陈光中、胡铭："《联合国反腐败公约》与刑事诉讼法再修改"，载《政法论坛》2006年第1期。

〔3〕从国际法来看，主权作为国家的固有权利，其基本内容表现为三个方面：(1)对内表现为最高权。指国家对其领土内的一切人和事物以及领土外的本国人实行管辖的权利，即属地和属人优越权，但按照国际法的规定享有外交特权和豁免者除外。(2)对外表现为独立权。国家主权在国际关系上的体现，即国家独立自主地不受任何外来干涉地处理国家的内外事务的权力，主要是指国家有权按照自己的意志决定国家的制度、国家的形式，制定国家法律，决定国家的对内对外政策等。(3)反抗侵略的自卫权。自卫权是指国家为了维护其政治独立和领土完整而对外来侵略或威胁进行防卫的权利，既包括单独自卫的权利，也包括集体自卫的权利，还包括在和平时期进行国防建设的权利。

的规定。对于享有外交特权和豁免权的外国人犯罪应当追究刑事责任的,通过外交途径解决”。国家主权原则是一国处理涉外事务最基本的原则,司法权是国家主权的重要组成内容。依法独立行使司法权应该是主权独立的特征和表现之一。在刑事诉讼中,具体表现为公安司法机关不受任何外来(域外)干预的影响,不接受外来的任何司法限制等。刑事诉讼法中的国家主权原则,强调追究外国人犯罪适用中国法律。

国家主权原则在涉外刑事诉讼中的基本内容包括如下:(1)外国人、无国籍人在中华人民共和国领域内进行刑事诉讼,一律适用中华人民共和国的《刑事诉讼法》,依照我国《刑事诉讼法》的相关程序进行。(2)依法应当由我国公安司法机关管辖的涉外刑事案件,一律由我国公安司法机关受理,外国司法机关无管辖权。(3)外国法院的刑事判决,只有依照我国法律、我国缔结或参加的有关国际条约或双边协定予以承认的,才能在我国境内发生法律效力,由我国的有关机关协助办理或执行。(4)在委托办理或者进行国际刑事司法协助时应当坚持对等原则以及互惠原则。

(二)诉讼权利和义务平等原则

诉讼权利和义务平等原则,是指在涉外刑事诉讼中,外国人、无国籍人或者外国法人同我国公民一样,享有同样的权利,承担同样的义务。

我国《刑事诉讼法》对此并未明确做出规定。但根据《刑事诉讼法》第 17 条关于追究外国人刑事责任适用本法的规定以及第 14 条规定的“人民法院、人民检察院和公安机关应当保障犯罪嫌疑人、被告人和其他诉讼参与人依法享有的辩护权和其他诉讼权利”,我们可以推导出诉讼权利和义务平等原则。

诉讼权利和义务平等的核心在于否认对外国人或者无国籍人实行差别待遇。该原则要求司法机关在办理刑事案件时,既不能对外国人、无国籍人任意采取限制、剥夺其依法应当享有的相关诉讼权利,也不能够给予其优先特权或者待遇,减少其应承担的相应义务。

(三)信守国际条约原则

信守国际条约,是指公安司法机关办理涉外案件时,凡是我国缔结或者参加的国际条约规定的,除声明保留的条款外,都应当严格遵守。国际条约是国家间签订的调整某个方面事务、据以确定相互权利义务关系的协议。在国际法上,有所谓“条约必须遵守”原则。[4] 信守国际条约,是我国在涉外刑事诉讼中所应承担的国际义务。

信守国家条约,主要内容包括两个方面:一方面,对我国参加的双边条约或者多边条约和协定应当信守承诺,但是我国声明保留的条款除外。我国没有参加或签订的条约对我国司法机关没有约束力。另一方面,我国参加或缔结的国际条约的规定同国内法规定发生冲突时,应当优先适用国际条约的有关规定。

---

〔4〕“条约必须遵守”是一项古老的习惯法规则,源于古罗马法“对契约的遵守”的概念。凡是有效的条约对其各当事国有拘束力,必须由各当事国善意履行。

我国《刑事诉讼法》对于涉外刑事诉讼和司法协助只有原则性的规定，但我国《民事诉讼法》采取了在国内法中规定承认和适用国际条约的原则。世界各国对于执行信守国际条约原则，一般采用两种模式：(1)转化适用(transformation)，即为了在国内实施条约的内容，原则上必须制定相应的法律，这便产生了国际条约向国内法的"转化"，英国及英联邦诸国以及意大利均属此种模式。(2)直接适用(adoption)，即不需要国内进行相应的立法而直接将条约适用于国内，当条约与国内法相抵触时，采取国际法优于国内法的原则，如美国、德国、法国和日本等国均采用这一模式。

(四)使用中国通用的语言文字进行诉讼原则

使用中国通用的语言文字进行诉讼原则，是指在涉外刑事诉讼活动中，必须使用中国的语言、文字。这是我国司法主权独立和尊严的体现。

根据《最高法解释》以及《公安部规定》，该原则主要包括以下内容：(1)公安司法机关在办理刑事案件中，讯问犯罪嫌疑人、被告人，询问被害人、证人以及其他诉讼参与人，进行法庭审理和宣判，一律使用中国通用的语言、文字。(2)司法机关在涉外刑事诉讼中制作的诉讼文书应为中文本，同时应当附有被告人通晓的外文译本，译本不加盖司法机关印章，以中文本为准。(3)为保障外国籍诉讼参与人的合法权益，司法机关在办理涉外刑事诉讼中，应当为外国籍犯罪嫌疑人、被告人提供翻译。如果外国籍被告人通晓中国语言、文字，拒绝他人翻译的，应当由本人出具书面说明。

(五)指定或委托中国律师参加诉讼的原则

指定或委托中国律师参加诉讼的原则，是指外国人、无国籍人在我国进行刑事诉讼，需要委托辩护人、代理人时，只能委托中国律师担任，不得委托外国律师参加中国涉外刑事诉讼。律师作为重要的刑事诉讼参与人，在刑事诉讼中发挥着重要的作用。律师制度作为我国司法制度的一部分，体现了国家司法主权。根据《公安部规定》的规定："外国籍犯罪嫌疑人委托辩护人的，必须委托在中华人民共和国的律师事务所执业的律师"。

《最高法解释》排除性地规定了外国人或者无国籍人不得担任辩护人。根据《最高法解释》规定：(1)外国籍被告人委托律师辩护，或者外国籍附带民事诉讼原告人、自诉人委托律师代理诉讼的，应当委托具有中华人民共和国律师资格并依法取得执业证书的律师。(2)外国籍被告人在押的，其监护人、近亲属或者其国籍国驻华使、领馆可以代为委托辩护人。其监护人、近亲属代为委托的，应当提供与被告人关系的有效证明。(3)外国籍当事人委托其监护人、近亲属担任辩护人、诉讼代理人的，被委托人应当提供与当事人关系的有效证明。经审查，符合《刑事诉讼法》、有关司法解释规定的，人民法院应当准许。(4)外国籍被告人没有委托辩护人的，人民法院可以通知法律援助机构为其指派律师提供辩护。被告人拒绝辩护人辩护的，应当由其出具书面声明，或者将其口头声明记录在案。被告人属于应当提供法律援助情形的，被告人拒绝指派的律师为其辩护的，人民法院应当查明原因。理由正当的，应当准许，但被告人须另行委托辩护人；被告人未另行委托辩护人的，人民法院应当在3日内书面通知法律援助机构另行指派律师为其提供辩护。

三、涉外刑事诉讼程序的特别规定

（一）被告人、被害人外国国籍的确认

在刑事诉讼程序中，是否要适用涉外刑事诉讼程序，关键是看是否有“涉外因素”。涉外因素最主要的认定依据为是否有外国国籍的诉讼当事人。因此，确定被告人、被害人的国籍，是适用涉外刑事的先决条件。

外国人的国籍以其入境时的有效证件予以确认；国籍不明的，在侦查阶段由公安机关出入境管理部门协助予以查明，在审判阶段根据公安机关或者有关国家驻华使领馆出具的证明确认；国籍确实无法查明的，以无国籍人对待，适用涉外刑事案件审理程序。

（二）涉外刑事诉讼管辖

1. 立案管辖。根据《公安部规定》，涉外刑事案件立案管辖的范围为：（1）外国人犯罪案件，由犯罪地的县级以上公安机关立案侦查。（2）外国人犯中华人民共和国缔结或者参加的国际条约规定的罪行后进入我国领域内的，由该外国人被抓获地的设区的市一级以上公安机关立案侦查。（3）外国人在中华人民共和国领域外的中国船舶或者航空器内犯罪的，由犯罪发生后该船舶或者航空器最初停泊或者降落地、目的地的中国港口的县级以上交通或民航公安机关或者该外国人居住地的县级以上公安机关立案侦查；未设交通或者民航公安机关的，由地方公安机关管辖。（4）外国人在国际列车上犯罪的，由犯罪发生后列车最初停靠的中国车站所在地、目的地的县级以上铁路公安机关或者该外国人居住地的县级以上公安机关立案侦查。（5）外国人在中华人民共和国领域外对中华人民共和国国家或者公民犯罪，应当受刑罚处罚的，由该外国人入境地或者入境后居住地的县级以上公安机关立案侦查；该外国人未入境的，由被害人居住地的县级以上公安机关立案侦查；没有被害人或者是对中华人民共和国国家犯罪的，由公安部指定管辖。（6）发生重大或者可能引起外交交涉的外国人犯罪案件的，有关省级公安机关应当及时将案件办理情况报告公安部，同时通报同级人民政府外事办公室。必要时，由公安部商外交部将案件情况通知我国驻外使馆、领事馆。

2. 审判管辖。对于涉及外国人的刑事案件，2012年《刑事诉讼法》取消了原先规定的“外国人犯罪案件由中级法院审理的规定”，这一修改体现了法律面前人人平等，改变了原来在立法上中国人和外国人享有的诉讼权利不平等。这也就意味着在审判实践中，一般情况下，涉及外国人犯罪的级别管辖，应当是基层人民法院，而不是中级人民法院。根据《刑事诉讼法》第21～23条的规定：（1）外国人、无国籍人犯危害国家安全、恐怖活动案件；可能判处无期徒刑、死刑的案件，第一审由中级人民法院管辖。（2）外国人、无国籍人犯的如果是全省（自治区、直辖市）性的重大刑事案件，第一审由高级人民法院管辖。（3）外国人、无国籍人犯的如果是全国性的重大

刑事案件,第一审由最高人民法院管辖。

3. 地域管辖。根据《最高法解释》有关规定如下:(1)在中华人民共和国领域外的中国船舶内的犯罪,由该船舶最初停泊的中国口岸所在地的人民法院管辖。(2)在中华人民共和国领域外的中国航空器内的犯罪,由该航空器在中国最初降落地的人民法院管辖。(3)在国际列车上的犯罪,根据我国与相关国家签订的协定确定管辖;没有协定的,由该列车最初停靠的中国车站所在地或者目的地的铁路运输法院管辖。(4)中国公民在中国驻外使、领馆内的犯罪,由其主管单位所在地或者原户籍地的人民法院管辖。(5)中国公民在中华人民共和国领域外的犯罪,由其入境地或者离境前居住地的人民法院管辖;被害人是中国公民的,也可由被害人离境前居住地的人民法院管辖。(6)外国人在中华人民共和国领域外对中华人民共和国国家或者公民犯罪,根据我国《刑法》应当受处罚的,由该外国人入境地、入境后居住地或者被害中国公民离境前居住地的人民法院管辖。(7)对中华人民共和国缔结或者参加的国际条约所规定的罪行,中华人民共和国在所承担条约义务的范围内,行使刑事管辖权的,由被告人被抓获地的人民法院管辖。

(三)涉外刑事诉讼中强制措施的适用

根据《最高法解释》和《公安部规定》的有关内容,对于外国人适用强制措施,有如下特别规定:

1. 对外国籍犯罪嫌疑人依法作出取保候审、监视居住决定或者执行拘留、逮捕后,应当在48小时内层报省级公安机关,同时通报同级人民政府外事办公室。重大涉外案件应当在48小时内层报公安部,同时通报同级人民政府外事办公室。

2. 对外国籍犯罪嫌疑人依法作出取保候审、监视居住决定或者执行拘留、逮捕后,由省级公安机关根据有关规定,将其姓名、性别、入境时间、护照或者证件号码、案件发生的时间、地点,涉嫌犯罪的主要事实,已采取的强制措施及其法律依据等,通知该外国人所属国家的驻华使馆、领事馆,同时报告公安部。经省级公安机关批准,领事通报任务较重的副省级城市公安局可以直接行使领事通报职能。

3. 公安机关侦查终结前,外国驻华外交、领事官员要求探视被监视居住、拘留、逮捕或者正在看守所服刑的本国公民的,应当及时安排有关探视事宜。犯罪嫌疑人拒绝其国籍国驻华外交、领事官员探视的,公安机关可以不予安排,但应当由其本人提出书面声明。在公安机关侦查羁押期间,经公安机关批准,外国籍犯罪嫌疑人可以与其近亲属、监护人会见、与外界通信。

4. 对涉外刑事案件的被告人,可以决定限制出境;对开庭审理案件时必须到庭的证人,可以要求暂缓出境。作出限制出境的决定,应当通报同级公安机关或者国家安全机关;限制外国人出境的,应当同时通报同级人民政府外事主管部门和当事人国籍国驻华使、领馆。

5. 人民法院决定限制外国人和中国公民出境的,应当书面通知被限制出境的人,在案件审理终结前不得离境,并可以采取扣留护照或者其他出入境证件的办法限制其出境;扣留证件的,应当履行必要手续,并发给本人扣留证件的证明。对需要在边防检查站阻止外国人和中国公民出境的,受理案件的人民法院应当层报高级人民法院,由高级人民法院填写口岸阻止人员出境通知书,向同级公安机关办理交控手续。控制口岸不在本省、自治区、直辖市的,应当通过有关省、自治区、直辖市公安机关办理交控手续。紧急情况下,确有必要的,也可以先向边防检查站交控,再补办交控手续。

(四)涉外刑事诉讼文书的送达

向居住在中华人民共和国领域外的诉讼参与人送达文书,可以采用以下方式:(1)根据受送达人所在国与中华人民共和国缔结或者共同参加的国际条约规定的方式送达;(2)通过外交途径送达;(3)对中国籍当事人,可以委托我国驻受送达人所在国的使、领馆代为送达;(4)当事人是自诉案件的自诉人或者附带民事诉讼原告人的,可以向有权代其接受送达的诉讼代理人送达;(5)当事人是外国单位的,可以向其在中华人民共和国领域内设立的代表机构或者有权接受送达的分支机构、业务代办人送达;(6)受送达人所在国法律允许的,可以邮寄送达;自邮寄之日起满3个月,送达回证未退回,但根据各种情况足以认定已经送达的,视为送达;(7)受送达人所在国法律允许的,可以采用传真、电子邮件等能够确认受送达人收悉的方式送达。

人民法院通过外交途径向在中华人民共和国领域外居住的受送达人送达刑事诉讼文书的,所送达的文书应当经高级人民法院审查后报最高人民法院审核。最高人民法院认为可以发出的,由最高人民法院交外交部主管部门转递。外国法院通过外交途径请求人民法院送达刑事诉讼文书的,由该国驻华使馆将法律文书交我国外交部主管部门转最高人民法院。最高人民法院审核后认为属于人民法院职权范围,且可以代为送达的,应当转有关人民法院办理。

第二节　国际刑事司法协助

一、概述

所谓刑事司法协助,是指不同国家公安司法机关之间按照缔结或参加的国际条约,或者按照互惠原则,相互请求,代为进行某些刑事诉讼行为的活动。我国《刑事诉讼法》第18条规定,根据中华人民共和国缔结或者参加的国际条约,或者按照互惠原则,我国司法机关和外国司法机关可以相互请求刑事司法协助。

刑事司法协助制度的建立具有重要意义:一方面,能有效地保护我国的国家和公民利益。在实践中,一旦发生对我国或者我国公民的犯罪,需要国外警察或司法机关予以配合协助时,就可以通过刑事司法协助机制来达到维护国家主权和公民权益的目的。如在著名的"湄公河惨案"中,为了抓获相关罪犯,泰国、老挝、中国的公安机关进行了卓有成效的联合行动。另一方面,有利于加强我国与外国司法机关之间的刑事司法合作，惩治国际性犯罪。特别是国际贩毒、海盗犯罪日趋严重，单靠一个国家的力量很难有效打击此类恶性犯罪，必须通过多个国家、地区之间的相互合作、协助，才能够达到打击犯罪的目的。

近年来，我国与世界上的众多国家开展了刑事司法协助。例如，我国公安部的“天网”行动就是针对外逃的犯罪嫌疑人所展开的行动，这其中显然需要两个国家或者多个国家之间的相互合作。

示例 24－1　李华波案

李华波原系江西省鄱阳县财政局经济建设股原股长，因涉嫌贪污公款 9400 万元，2011 年 1 月潜逃至新加坡。案发后多部门组成工作组先后 8 次赴新加坡进行磋商。经过不懈努力，中新两国在没有缔结引渡条约的情况下积极开展司法执法合作。中方向新方提出司法协助请求，提供有力证据，由新方冻结了李华波涉案资产，对李实行了逮捕、起诉，以“不诚实接受偷窃财产罪”判处其 15 个月有期徒刑，并在李华波出狱当天将其遣返回国。〔5〕

我国《刑事诉讼法》并未专门规定刑事司法协助程序，相关规定散落于法律和相关司法解释中。为了进一步规范国际刑事司法协助，将来有必要在《刑事诉讼法》中专章规定刑事司法协助。其目的主要是实现和加强我国与其他国家之间的司法协助，以便我国和其他国家能按照共同缔结的国际公约，或者按照对等互惠原则，相互请求、代为或合作进行某些诉讼行为。这里说的司法协助采狭义的概念，即除引渡程序以外的司法协助，主要原因是我国已经制定了《引渡法》，而无须再在《刑事诉讼法》中具体规定。就司法协助程序的具体内容而言，主要应当涉及：司法协助的范围、司法协助的原则、实施机关、请求书的要求、案件的移管、裁判的承认与执行、赃款赃物的没收与移交、信息与资料的交流、争议的解决、费用等。鉴于司法协助内容的庞杂，《刑事诉讼法》中不可能规定的面面俱到，我们可以主要规定一些较为成熟的原则性条款，具体内容由司法解释、有关专门法律文件或双边、多边条约予以规定。〔6〕 也有学者认为应采用单独立法，即制定专门的刑事司法协助的法律。〔7〕

---

〔5〕 据介绍，李华波案件是中新双方依据《联合国反腐败公约》和《北京反腐败宣言》开展追逃追赃合作的成功案例，也是我国检察机关侦查人员在境外刑事法庭出庭作证、检察机关和人民法院运用违法所得没收程序追缴潜逃境外腐败分子涉案赃款的第一起案例。参见“‘天网’织就，虽远必追”，载 http://www.ccdi.gov.cn/special/ztzz/ztzzjxs_ztzz/201505/t20150512_56309.html，2016 年 4 月 17 日访问。

〔6〕 参见陈光中、胡铭：“《联合国反腐败公约》与刑事诉讼法再修改”，载《政法论坛》2006 年第 1 期。

〔7〕 参见黄风：“制定我国《国际刑事司法协助法》的几个问题”，载《中外法学》2011 年第 6 期。

二、国际刑事司法协助的内容

(一)刑事司法协助的主体

根据《刑事诉讼法》第18条的规定,刑事司法协助的主体是指我国的司法机关和外国的司法机关。一般理解,在我国,司法机关指的是检察院和法院;在国外,司法机关仅指法院。但是,在国际刑事司法实践中,对于司法机关应作广义上的理解,具体是指我国的公安机关、检察院、法院和国外相对应的各机关。

(二)刑事司法协助的依据

依据《刑事诉讼法》第18条的规定,我国刑事司法协助的主要依据是我国缔结或者参加的国际条约和互惠原则。

1. 我国缔结或者参加的国际条约。主要有三类:(1)中国与其他国家签订的双边或多边协定或者安排。中国已经与美国、俄罗斯、哈萨克斯坦、吉尔吉斯斯坦、乌克兰、白俄罗斯、蒙古、罗马尼亚、波兰、古巴、希腊、保加利亚、埃及、土耳其等国家缔结了司法协助条约,这些合作文件和条约的签署,对于推动中国和上述国家的刑事司法协助发挥了积极作用。如2000年6月19日,《中美刑事司法协助协定》在北京正式签署,条约的签署对双方在刑事司法领域的合作起到了推动和约束作用,但是至今未签署引渡条约。(2)国家之间共同参加的国际条约,如1959年与欧洲一些国家签订的《欧洲刑事司法协助公约》。(3)我国参加的一些具有司法协助条款的公约,如1961年《麻醉品单一公约》、1970年《海牙公约》、1971年《蒙特利尔公约》等。

2. 互惠原则。互惠原则是现代国际法的一项基本原则,在刑事诉讼领域也有一定的体现。互惠原则是双方之间就同一事项给予互相优惠的待遇。在刑事司法实践中,就是互相提供刑事司法的协助和配合,该项原则主要针对的是没有与我国签订或者加入含有司法协助条款的国际条约的国家。如果该国司法机关根据我国司法机关的请求提供司法协助,那么我国也应当根据该国的司法协助请求提供协助。

(三)刑事司法协助的内容

根据我国缔结和参加的国际条约的规定,刑事司法协助的主要内容有:(1)送达刑事诉讼文书;(2)调查取证,具体包括代为询问证人、被害人、鉴定人,讯问被告人、罪犯,进行搜查、鉴定、勘验、检查等;(3)移交物证、书证及赃款、赃物等;(4)引渡;(5)外国法院刑事判决的承认与执行;(6)通报诉讼结果;(7)犯罪情报信息的交流与合作,等等。

如果没有国际公约或者双边、多边协定或者安排,可以在个案基础上商定进行司法协助。如在跨国联合侦查中,视各国合作的意愿、合作需要以及合作习惯方式而协商具体的方案,大体上都要经历下列各个阶段:(1)首先立案的国家在查明某些事实后,向某个相关或是若干相关国家提出联合侦查的倡议。倡议的名称可以定为联合侦查,但更多的只是要求联合办理具体的案件。当立案国和其他当事国都是国际刑警组织成员国时,双方就可以按照国际刑警组织的章程和工作规则,办理相关事务。先由立案国依照国内法完成法定程序后,即可通过国际刑警组织渠道,向有关国家提出联合侦查相关案件的倡议和请求。(2)被请求国经审查研究后决定是否响应立案国的要求。如果一方决定接受联合侦查倡议，则应尽可能不延迟地通知对方并立即开始商谈具体的合作内容和原则、程序和步骤等事宜。如果决定拒绝，也应尽可能将有关决定和理由通知对方。(3)参与各国就联合侦查的事宜进行协商，就具体的合作原则、规则、方式、方法制定联合侦查的具体方案。这些具体事宜主要包括情报交流、联络方式、文书送达、证据移交等。(4)按照参加联合侦查的各国商定的条件和事项，各国在明确各自职责的前提下，分工开展必要的侦查行动，完成预定的侦查任务。一般说来，合作双方按照商定的联合侦查任务，分别由各自警方在本国采取相应的侦查手段和措施。(5)在实施联合侦查过程中，联合侦查各国之间互相通报犯罪情报以及侦查进展情况，适时采取必要的侦查手段以获取证据、缉捕犯罪分子和追回赃款。联合侦查过程中，一国可以邀请另一国派遣警察来本国进行侦查，但被邀请的警察必须按照邀请国的法律办理相关侦查事务，不能无视甚至践踏邀请国的法律。(6)联合侦查任务完成后，联合侦查行动即告结束。结案程序由当事国先行依本国法予以结案，然后再通知合作各国予以结案。

三、刑事司法协助的程序

1. 请求和提供司法协助的联系途径。请求和提供司法协助，依照中国缔结或者参加的国际条约确定的路径进行，没有缔结条约的，通过外交途径解决。我国与外国签订的司法协助条约中，均各自制定并相互通报提出或接受司法协助请求书的主管机关。

2. 对外国司法机关请求协助事项的审查和拒绝。为维护国家主权和利益，根据国际惯例和国与国之间签订的有关司法协助条约，接受请求国对外国有关司法机关请求协助的事项要进行审查，判断是否符合条约规定的协助条件或者是否存在应当拒绝提供司法协助的情形。

3. 请求刑事司法协助。请求刑事司法协助应当提交请求书或者委托书，请求书应当写明的主要内容是：(1)请求机构的名称和进行请求所涉及的侦查或者起诉当局的名称；(2)请求的目的和所需协助的简要说明；(3)请求所涉及的犯罪事实及相关法律的规定或文本；(4)必要情况下，收件人的姓名和地址；(5)请求国希望遵守的任何特定程序或要求的理由和细节，如说明要求得到的宣誓或证词；(6)对希望在某一期限内执行请求的说明；(7)请求执行所必需的其他材料。

4. 司法协助使用的语言文字。司法协助中应当采用何种语言文字的问题必须体现尊重国家主权的原则。一般情况下，应使用被请求国语言或该国可以接受的另一种语言文字制作的译本。

四、引渡

引渡，是指一国把在该国境内而被他国指控为犯罪或已被他国判刑的人，根据有关国家的请求移交给请求国审判或处罚。引渡制度是国际司法协助的一项重要制度，也是国家有效行使管辖权和制裁犯罪的重要保障。在国际法上，国家没有必须引渡的义务，引渡的法律依据应为含引渡条款的国际条约、国际公约以及相关国内立法。我国《引渡法》的颁布施行，为中国国内有关机关处理中外之间的引渡问题提供了重要的法律依据。

我国已经和南非、厄瓜多尔、阿根廷、巴西、秘鲁、韩国、西班牙、法国、意大利、比利时、瑞典、泰国、老挝、柬埔寨、菲律宾、俄罗斯、白俄罗斯、保加利亚、罗马尼亚、哈萨克斯坦、蒙古、吉尔吉斯斯坦等国家签订了引渡条约。

1. 引渡的条件。在实行引渡时，须符合以下三个基本条件：(1)请求引渡的主体必须是有请求权的国家，包括罪犯本人所属国和犯罪发生地国，个人不能成为请求引渡的主体。(2)引渡的发生须以被请求引渡罪犯居留在他国且犯有可引渡之罪为基本前提。(3)引渡应当根据引渡条约进行。

2. 引渡的主体。引渡是国家的主权行为。根据主权不可分割原理，一国的主权必须由国家统一行使，任何国家的公民、内部行政单位或地方政府均无权与外国缔结条约，也无权安排两国之间的引渡事宜。因此，引渡的主体必须是国家，包括提出请求的国家和被请求的国家。能够提出引渡请求的国家包括：犯罪发生地国和罪犯国籍国。

3. 引渡的对象。引渡的对象是指一个被某国指控为犯罪或已判刑的人。他可以是请求引渡国的国民，也可以是被请求引渡国的国民，或第三国的国民。其例外是政治犯不引渡，也就是说，如果逃亡的罪犯是政治犯，即使提出请求也不予引渡。有的国家还拒绝引渡本国国民。

4. 引渡的罪行。可构成引渡理由的犯罪，一般是普通刑事犯罪，而且必须是请求引渡国家和被请求引渡的国家双方都认为是犯罪的行为（所谓"相同原则"或"双重犯罪原则"），或者是引渡条约中所规定的行为。各国间引渡条约关于可构成引渡理由的犯罪事项有不同的规定方式。(1)列举法，将可引渡的罪行逐一罗列；(2)概括法，根据应受的惩罚规定某些标准以确定哪些是可引渡的罪行。

近年来，我国与不少国家进行了引渡领域的司法协助。中国与周边国家的引渡合作较为顺利，但是跟西方国家涉及引渡问题时，常常比较困难，如著名的赖昌星案便是一例。

示例 24－2　赖昌星案

与加拿大经过十几年的谈判后，赖昌星才得以引渡回国接受审判。最终厦门市中级人民法院作出裁判，赖昌星犯走私普通货物罪，判处无期徒刑，剥夺政治权利终身，并处没收个人全部财产，犯行贿罪，判处有期徒刑15年，并处没收个人财产人民币2000万元。两罪并罚，决定执行无期徒刑，剥夺政治权利终身，并处以没收个人全部财产。[8]

---

〔8〕"厦门远华特大走私案一审宣判　主犯赖昌星两罪并罚获刑无期"，北大法宝引证码：CLI. CR. 136218。

后　记

在大学当老师，在我看来，最大的快乐莫过于给学生上课。而上课最快乐的莫过于把自己想说的向一群优秀学子尽情表达，并得到鲜活的回应。呈现在大家面前的这本教材，便是我在浙大主讲刑事诉讼法学十年的表达以及得到的回应的总结。一直想把这本教材写出来，但总觉得各位前辈和先进已经有诸多教材而不敢动笔，而近期的一些新变化让我下定了决心。

首先，2013 年开始实施的新《刑事诉讼法》对 1996 年《刑事诉讼法》做了诸多修改，新的法条和司法解释给了我们从规范层面进行解读的新的空间。此次修正《刑事诉讼法》增删改共计 149 条，条文从原来的 225 条增加到 290 条，可以说是一次全面的修改。此外，修法后新出台的《六机关规定》共 40 条、《最高法解释》共 548 条、《最高检规则》共 708 条、《公安部规定》共 376 条，给刑事诉讼带来了全面而深远的影响。对此的细致梳理，对我来说也是一个很好的学习过程。

其次，以审判为中心的刑事诉讼制度构建等司法改革举措，使得刑事诉讼法有了新的体系化解释的必要。《中共中央关于全面推进依法治国若干重大问题的决定》中提出了刑事司法改革的诸多愿景，尤其是“推进以审判为中心的诉讼制度改革”，为优化司法职权配置，构建以审判为中心的刑事诉讼制度，实现看得见的公正司法提供了绝佳的契机。本书在体例上的主要创新便是以审判为中心对具体程序进行了重新梳理，按照审前程序和审判程序两大部分来替代传统的诉讼阶段论。

最后，刑事诉讼法学理论研究的发展和实证分析的深入，使得我们可以重新审视一些基本问题。这便需要教材从理论上更加深刻地阐释正当法律程序、司法人权保障、刑事诉讼构造、严格司法、司法规律等，理性解释国家追诉犯罪的过程。同时，需要从经验层面深入解读我国刑事司法实践的现况与问题。近年来，刑事诉讼法学界对于实证研究的深耕已经取得了诸多成果，使得本书可以更好地从经验层面解释中国刑事诉讼的现象和问题，探讨刑事司法背后的程序逻辑。作为一种新尝试，本书大量引用判决书原文和现实案例，在刑事诉讼法条文和刑事司法实践之间力图搭建互通的桥梁。

作为教材，受到的约束要远远多于学术专著，如必须紧扣法律条文和直面司法考试，写作的过程正是不断调试成规与创新的过程。本书抓住了上述三个方面的新机遇，在程序法理、实证分析与体系化解释之间，在理想模型与现实路径之间来回穿梭中，尝试将刑事诉讼的中国模式呈现给读者。

本书秉持现实主义的立场，直面中国刑事诉讼中的现象和问题，又希望有着理想主义的情怀，勾勒一幅中国刑事诉讼之理想愿景。在此，借用林语堂先生曾说过的几个公式："现实"+"梦想"="理想主义"；"现实"+"幽默"="现实主义"；"现实"+"梦想"+"幽默"="智慧"。在林语堂先生看来，智慧或最高型的思想，它的形成就是在现实的支持下，用适当的幽默感把我们的梦想或理想主义调和配合起来。[1] 这也是本书的愿望，虽不能至，心向往之。

本书的撰写过程中，参考了大量的国内外优秀教材，特别是陈光中先生的《刑事诉讼法》（北大/高教版）等前辈和先进之教材，以及王兆鹏教授的《刑事诉讼讲义》（元照版）、林钰雄教授的《刑事诉讼法（上册、下册）》（元照版）等海外教材，给我诸多启迪和帮助。在此无法一一列举，只能一并谢过。我指导的博士后、博士生和硕士生们参与了本书的资料收集、校对、讨论等工作，为本书付出了诸多辛劳和汗水。当然，文责皆由我承担。

在本书即将面世之际，不禁惶恐，深怕由于自己的疏失而有所纰漏。还请各位先进和读者不吝赐教，以便在将来的修订过程中不断完善。

是为记。

胡 铭

2016年盛夏于紫金港启真湖畔

---

〔1〕 参见林语堂：《生活的艺术》，越裔汉译，湖南文艺出版社2012年版，第6～7页。

2019 年版后记

本书自 2016 年出版以来,得到了诸多的鼓励和肯定;同时,热心的读者特别是我的学生们,在仔细研读的基础上,也发现了若干问题需要完善,在此,一并表示由衷的感谢。自己的教科书能够在教学、研究的过程中不断进行完善,本应就是一位大学老师的本分,也是教学相长的真谛。

近年来,我国的司法改革进入快车道,相关成果亟待在《刑事诉讼法学》教材中体现。《宪法》《监察法》《人民法院组织法》《人民检察院组织法》《人民陪审员法》等法律法规进行了修订;《关于推进以审判为中心的刑事诉讼制度改革的意见》《关于办理刑事案件严格排除非法证据若干问题的规定》《关于办理刑事案件收集提取和审查判断电子数据若干问题的规定》等文件出台并实施;《人民法院办理刑事案件庭前会议规程(试行)》《人民法院办理刑事案件排除非法证据规程(试行)》《人民法院办理刑事案件第一审普通程序法庭调查规程(试行)》等新举措部署并试点,我国的刑事诉讼制度改革正在逐步深化。

2018 年 10 月 26 日起实施的新《刑事诉讼法》更是此次教材修订的最直接动因。新法是继 2012 年修改《刑事诉讼法》后的再次完善,主要涉及三个方面的内容:完善监察与刑事诉讼的衔接机制,建立刑事缺席审判制度,完善刑事案件认罪认罚从宽制度和增加速裁程序。此次修订《刑事诉讼法》中增、删、改共计 36 条,条文从原来的 290 条增加到 308 条,在一定程度上改变了我国刑事诉讼的体系,给予我们从规范层面进行解读的新空间。

基于以上三个方面的考量,我对本书进行了修订。学海无涯,无论如何,这是我的教学、研究工作向前迈出的新一步,也在此怀着谦卑的心再次向各位先进和读者请教。

是为记。

胡　铭

2019 年年初于钱塘江畔月轮山

图书在版编目(CIP)数据

刑事诉讼法学 / 胡铭著. -- 北京:法律出版社,
2016.7(2020.1 重印)
ISBN 978-7-5118-9738-1

Ⅰ.①刑… Ⅱ.①胡… Ⅲ.①刑事诉讼法-法的理论
-中国-高等学校-教材 Ⅳ.①D925.201

中国版本图书馆 CIP 数据核字(2016)第 156505 号

刑事诉讼法学
XINGSHI SUSONG FAXUE

胡 铭 著

责任编辑 吴 昉
装帧设计 凌点工作室

编辑统筹 法律教育出版分社

出版 法律出版社
总发行 中国法律图书有限公司
经销 新华书店
印刷 三河市龙大印装有限公司
责任印制 沙 磊

开本 720 毫米×960 毫米 1/16
印张 31.25
字数 636 千
版本 2016 年 8 月第 1 版
印次 2020 年 1 月第 3 次印刷

法律出版社/北京市丰台区莲花池西里 7 号(100073)
网址/www.lawpress.com.cn
投稿邮箱/info@lawpress.com.cn
举报维权邮箱/jbwq@lawpress.com.cn
销售热线/400-660-8393
咨询电话/010-63939796

中国法律图书有限公司/北京市丰台区莲花池西里 7 号(100073)
全国各地中法图分、子公司销售电话:
统一销售客服/400-660-8393/6393
第一法律书店/010-83938432/8433
西安分公司/029-85330678
重庆分公司/023-67453036
上海分公司/021-62071639/1636
深圳分公司/0755-83072995

书号: ISBN 978-7-5118-9738-1
定价: 65.00 元